Manque de temps ?
Envie de réussir ?
Besoin d'aide ?

MW01608699

La solution

Le *Compagnon Web* : **www.erpi.com/jammal.cw**

Il contient des outils qui vous permettront de tester et d'approfondir vos connaissances.

- ✔ **Des questions à choix de réponses**
- ✔ **Des phrases à compléter**
- ✔ **Des questions à court développement**
- ✔ **Des mots croisés**
- ✔ **Des rappels des notions clés de chaque chapitre**
- ✔ **Des adresses Internet liées aux thématiques des chapitres**

ENSEIGNANTS, profitez d'une panoplie d'outils pédagogiques pour construire et animer vos cours.

- ✔ Des plans de cours détaillés
- ✔ La liste des compétences développées dans chaque chapitre
- ✔ Des présentations PowerPoint pour chacun des chapitres
- ✔ Des scénarios de cours incluant des activités et des ateliers liés au livre
- ✔ Des études de cas supplémentaires
- ✔ Le corrigé complet du manuel et du Compagnon Web

Comment accéder
au Compagnon Web de votre manuel ?

Étudiants

Étape 1 : Allez à l'adresse **www.erpi.com/jammal.cw**

Étape 2 : Lorsqu'ils seront demandés, entrez le nom d'usager et le mot de passe ci-dessous :

Nom d'usager

Mot de passe

Ce livre **ne peut être retourné** si les cases ci-contre sont découvertes.

SOULEVEZ ICI

Étape 3 : Suivez les instructions à l'écran

Assistance technique : tech@erpi.com

Enseignants

Veuillez communiquer avec votre représentant pour obtenir un mot de passe.

20514W

COMMERCE INTERNATIONAL

MONDIALISATION, ENJEUX ET APPLICATIONS 2ᵉ ÉDITION

COMMERCE INTERNATIONAL

MONDIALISATION, ENJEUX ET APPLICATIONS   2ᵉ ÉDITION

Naji JAMMAL
Collège Ahuntsic

Avec la collaboration de
Nathalie MORIN
Cégep du Vieux Montréal

ÉDITIONS DU RENOUVEAU PÉDAGOGIQUE INC.

5757, RUE CYPIHOT, SAINT-LAURENT (QUÉBEC) H4S 1R3
TÉLÉPHONE : **514 334-2690**   TÉLÉCOPIEUR : **514 334-4720**
erpidlm@erpi.com   **w w w . e r p i . c o m**

Développement de produits
Micheline Laurin

Supervision éditoriale
Sophie Breton-Tran et Bérengère Roudil

Révision linguistique
Nicolas Calvé

Correction d'épreuves
Andrée Hamelin

Recherche iconographique
Yasmine Mazani

Direction artistique
Hélene Cousineau

Supervision de la production
Muriel Normand

Conception graphique de l'intérieur et de la couverture
Martin Tremblay

Édition électronique
Infographie GL

© ÉDITIONS DU RENOUVEAU PÉDAGOGIQUE INC., 2009.
Tous droits réservés.

On ne peut reproduire aucun extrait de ce livre sous quelque forme ou par quelque procédé que ce soit — sur machine électronique, mécanique, à photocopier ou à enregistrer, ou autrement — sans avoir obtenu, au préalable, la permission écrite des ÉDITIONS DU RENOUVEAU PÉDAGOGIQUE INC.

Dépôt légal – Bibliothèque et Archives nationales du Québec, 2009
Dépôt légal – Bibliothèque et Archives nationales Canada, 2009

Imprimé au Canada   3 4 5 6 7 8 9   IG   13 12
ISBN 978-2-7613-2716-9   20514 ABCD   V07

À Shirley,
Alexandra et Dominique

AVANT-PROPOS

Né d'un travail de concertation entre des enseignants, des étudiants et des professionnels du domaine, cette seconde édition de *Commerce international – Mondialisation, enjeux et applications* constitue une entrée en la matière complète et pratique. Elle se destine au lecteur qui veut s'initier au commerce international ou à l'étudiant qui veut approfondir ses connaissances dans ce domaine.

Le commerce international est malheureusement traité de manière fort théorique dans les ouvrages présentement offerts sur le marché. Ce livre-ci mise plutôt sur une approche très pragmatique du commerce international, de ses enjeux, de ses rouages et de ses techniques. Plusieurs mises en situation mettent d'abord en relief les questions clés auxquelles les notions abordées apportent ensuite des réponses. Des rubriques s'attardent à dépeindre la réalité du commerce international relative à un produit particulier, ou encore à un pays donné. Enfin, la tangibilité de la matière se reflète aussi dans des rubriques insistant sur les enjeux socioculturels, les tendances économiques et les contingences culturelles inhérentes au commerce international. En somme, le livre montre bien que par commerce international, on entend aussi bien l'importation des céréales que l'on déguste au déjeuner que l'art de la négociation d'un contrat avec des interlocuteurs n'ayant pas nécessairement les mêmes valeurs et la même langue que nous : le commerce international est loin de se résumer à des colonnes de chiffres. En s'attachant à concilier savoirs théoriques et applications concrètes, le livre illustre la composante à la fois relationnelle et technique du commerce international.

* * *

Les forces de la première édition demeurent présentes tout en faisant place à une présentation visuelle améliorée et un contenu plus imagé. La mise à jour complète des données, l'ajout de nombreuses rubriques et la bonification des aspects culturels du commerce international sont des atouts certains de l'ouvrage.

Cette deuxième édition se veut plus pratique et encore moins conceptuelle que la première. Elle contient les notions qui permettront à l'étudiant et au praticien de bien comprendre l'univers du commerce international, et ce, de l'évaluation initiale de la capacité d'une entreprise à exporter, en passant par l'élaboration du projet jusqu'à sa réalisation.

Les récentes évolutions du commerce international sont également présentées : mondialisation accrue, accords de libre-échange, rôle majeur d'Internet, émergence des pays en développement et enjeux économiques et géographiques sont tour à tour abordés.

Nous avons utilisé une approche progressive et dynamique. Le texte est parsemé d'exemples, de mises en situation, d'adresses Internet et de définitions. Chaque chapitre se termine par un résumé, une liste de mots clés avec le terme anglais correspondant, puis une série d'exercices.

En adoptant un style direct, la lecture de ce manuel devient limpide même pour des non-initiés. Toujours rédigé selon les critères ministériels en matière de compétences, ce manuel est le seul de son genre à fournir l'ensemble des informations requises pour l'atteinte des objectifs 01UF 01HS des cours collégiaux abordant le commerce international.

Il présente le commerce international dans un ordre logique où chaque chapitre correspond à un maillon de cette chaîne logistique qui mènera l'entreprise à la conquête des marchés étrangers. Ainsi en se référant à cet ouvrage, les étudiants trouveront une réponse claire et pratique à chacune de leurs questions. Le livre contient plusieurs figures et tableaux mettant en relief les éléments cruciaux à l'apprentissage. Des exemples de formulaires ou des situations soulignent les enjeux auxquels l'étudiant est amené à réfléchir tandis que les exercices qui figurent en fin de chapitre permettent une révision approfondie de la matière.

La structure

Les chapitres sont organisés de façon à assurer une progression dans l'acquisition des connaissances, le livre est ainsi divisé en quatre grande parties.

Les fondements et l'environnement du commerce international
Première partie : chapitres 1 et 2

La première partie porte sur l'environnement. Le chapitre 1 constitue une introduction qui présente certaines statistiques du commerce international ainsi que les raisons qui incitent une entreprise à étendre son commerce à un pays étranger. Le chapitre 2 donne un aperçu de l'environnement politique et juridique international et montre l'importance pour une entreprise de bien connaître cet environnement.

Concevoir le projet d'exportation : s'informer et s'outiller
Deuxième partie : chapitres 3, 4 et 5

La deuxième partie concerne la dimension commerciale à l'international et présente la situation d'une entreprise qui veut s'ouvrir à l'exportation. Le chapitre 3 propose des indications méthodologiques sur la manière de mener un diagnostic export, de choisir et d'étudier un marché étranger ainsi que les sources d'informations disponibles pour y arriver. Le chapitre 4 constitue une initiation au marketing international. Il vous permet de comprendre l'importance de bien concevoir sa politique internationale du produit, sa politique internationale de distribution et sa politique internationale de communication, le tout dans un cadre fortement influencé par des facteurs culturels, religieux et linguistiques. Enfin, le chapitre 5 présente les multiples canaux de distribution par lesquels l'entreprise peut acheminer son produit à l'étranger. Le lecteur pourra constater que chaque mode de distribution comporte des avantages et des inconvénients que le gestionnaire doit évaluer afin de faire un choix qui conviendra à ces besoins.

La logistique : les douanes, les incoterms, le transport et les assurances
Troisième partie : chapitres 6, 7, 8 et 9

Les chapitres de cette partie, conçus comme des guides pour la conduite des opérations du commerce international, répondent à la question suivante : Comment gérer la logistique du commerce international ? Le chapitre 6 traite de tous les aspects relatifs au dédouanement de la marchandise, on y explique en détail le système harmonisé de nomenclature de la marchandise et on montre par des exemples pratiques comment et à quel moment il faut remplir les divers documents douaniers. Le chapitre 7 couvre d'une façon complète et détaillée les incoterms de la Chambre de commerce internationale, les termes de vente internationaux qui fixent le partage des coûts et les responsabilités entre le vendeur et l'acheteur. Le chapitre 8 présente les moyens de transport qui permettent d'acheminer la marchandise à destination ainsi que le coût, les avantages et les inconvénients de chacun. Enfin, le chapitre 9 est consacré à l'assurance transport et aux principaux intervenants de ce domaine. Il présente, notamment, les différentes couvertures possibles, les avantages et les inconvénients de chacune d'elles ainsi que les critères qui permettent de la choisir adéquatement.

Les aspects financiers : le prix à l'exportation, le financement, le paiement et les risques financiers
Quatrième partie : chapitres 10 et 11

La quatrième partie aborde l'aspect financier des opérations commerciales et constitue d'une certaine façon le dernier maillon de la chaîne logistique de l'importation et de l'exportation. Le chapitre 10 montre comment calculer le coût de revient et fixer le prix de vente du produit destiné à l'exportation. Enfin, le chapitre 11 est consacré au paiement, au financement et aux risques financiers liés à la vente internationale.

Le Compagnon Web

Les professeurs et les étudiants consulteront avec profit le Compagnon Web du manuel, à l'adresse [www.erpi.com/jammal.cw]. Celui-ci propose un éventail d'outils pédagogiques s'adressant tant au professeur qu'à l'étudiant.

La section de l'étudiant contient, pour chaque chapitre du manuel, un minitest récapitulatif, une grille de mots croisés, avec leur solution qui permettront à l'utilisateur d'obtenir une rétroaction rapide sur sa performance aux exercices proposés. Une liste commentée de sites Internet complète cette section en offrant aux lecteurs l'opportunité d'en apprendre davantage.

La section réservée à l'enseignant contient, pour chaque chapitre, des exercices additionnels et une analyse de cas accompagnée de pistes de solution qui favoriseront le travail en équipe et la discussion entre étudiants. Le professeur y trouvera aussi les réponses aux nombreuses questions du manuel, des présentations PowerPoint pour chaque cours de la session ainsi que deux plans de cours (l'un pour le programme de gestion commerciale et l'autre pour les techniques de comptabilité de gestion), incluant une table de concordance avec les éléments des compétences spécifiques de chacun de ces deux cours.

Les remerciements

Un manuel scolaire ne s'écrit jamais seul, *Commerce international − Mondialisation, Enjeux et Applications* n'aurait pu voir le jour sans la collaboration de plusieurs personnes qui ont mis la main à la pâte.

Nathalie Morin, qui a collaboré à la structure et au contenu du manuel dont les commentaires constructifs ont amené une dimension plus technique, plus moderne et plus humaine à cet ouvrage, merci Nathalie.

Les professeurs qui ont évalué et commenté le manuscrit, soit:

- Philippe Chapuis, UQAM et UQAT
- Gilles Lamontagne, Collège François-Xavier Garneau à Québec;
- Marie-Claude Lévesque, Cégep de Rimouski;
- Nathalie Morin, Cégep du Vieux Montréal;
- Mario Ouellet, Cégep de Ste-Foy;
- Vincent Turgeon, Cégep de Ste-Foy;

Les professionnels du domaine qui ont répondu aux questions et qui ont validé certains passages de ce volume:

- Miguel Barrieras, vice-président de HSBC Canada pour le Québec et les provinces de l'Atlantique;

- Normand Ducharme, directeur de la Société Gestion des Entreprises;
- Gerard Melançon, spécialiste du dédouanement, Fedex du Canada.

Je suis très reconnaissant aux Éditions du Renouveau Pédagogique, qui ont cru dans ce projet et y ont travaillé sans relâche. Plus particulièrement, je tiens à souligner l'apport incroyable de Sophie Breton-Tran, qui a contribué au contenu, à la présentation visuelle, à la terminologie et à l'harmonisation des textes et des graphiques. C'est grâce à sa compréhension du projet, sa passion et à son professionnalisme que cette seconde édition s'est concrétisée. Visuellement, le livre a pris forme grâce au formidable travail du typographe Gaétan Lapointe, sans lequel cette seconde édition n'aurait pu paraître.

Je tiens à souligner l'apport des étudiants suivants qui m'ont aidé à concevoir le contenu du Compagnon Web: Myriam Bensmaia, Ayoub Elboukhari et Mohammed El Yabouri.

Finalement, j'adresse un merci tout spécial à Jeannette qui était présente depuis le tout début et qui m'a aidé à affronter les obstacles de la vie.

Le mot de la fin

Au cours des dernières années, le commerce international a connu un essor aussi attendu que phénoménal. Associé au phénomène de la mondialisation, il exige des entreprises québécoises et canadiennes une connaissance de plus en plus pointue des techniques d'import-export.

Nous croyons sincèrement que cette seconde édition arrive à point pour répondre aux besoins des utilisateurs et favoriser le succès des entrepreneurs.

Bonne lecture
Naji Jammal

Table des matières

CHAPITRE 5

LES RÉSEAUX DE COMMERCIALISATION ET DE DISTRIBUTION À L'ÉTRANGER

CHAPITRE 6

LES DOUANES

CHAPITRE 10
LE PRIX À L'EXPORTATION

CHAPITRE 11
LE PAIEMENT, LE FINANCEMENT ET LES RISQUES FINANCIERS 469

INTRODUCTION AU COMMERCE INTERNATIONAL

OBJECTIF

I. INTRODUCTION

Ce chapitre présente le commerce international en tant que tel, son évolution à travers les années ainsi que son importance pour les régions et les États qui y participent. Le commerce international est une source de grande prospérité pour ceux-ci, bien qu'il semble parfois être une cause seconde qu'une cause première de cette prospérité. En effet, le commerce dépend surtout de l'habileté productive d'un pays, c'est-à-dire de sa capacité à produire un bien ou un service selon un meilleur rapport qualité-prix que celui des autres pays. Cette habileté productive est elle-même déterminée à long terme par les capacités d'organisation, par le progrès technique et l'innovation ainsi que par la démographie du pays en question. Un pays ou une entreprise ne peut pas décider de vendre son produit ou son service à l'étranger du jour au lendemain : il lui faut d'abord une certaine structure organisationnelle, puis des ressources humaines, matérielles et financières.

Le commerce est, avec la diplomatie et la guerre, l'un des trois principaux modes par lesquels les États entrent en relation. Il est à la fois source de dialogue, de paix et de conflit. Normalement, en période de **protectionnisme**, le commerce entre pays a tendance à diminuer. Mais l'histoire montre que des périodes de protectionnisme ont coïncidé avec un fort développement économique et un commerce international malgré tout florissant. Cette contradiction illustre simplement le fait que l'idéologie du protectionnisme et les autres formes de restriction au commerce international ne concernent qu'un aspect de la réalité des rapports commerciaux entre les pays.

Le commerce offre également une capacité de projection et d'influence au-delà des frontières. On n'a qu'à penser aux souliers italiens, au vin français, au chocolat belge, au café colombien, au blé canadien, au sirop d'érable québécois et ainsi de suite. Le commerce contribue à l'établissement de la hiérarchie des puissances et au rayonnement de ces dernières.

L'évolution du commerce mondial est donc étroitement liée à la production des nations, à leur puissance ainsi qu'à l'état de leurs relations avec les autres États. De même, l'étude du commerce sur de longues périodes est indissociable de celle des environnements économique, démographique, institutionnel et géopolitique dans lesquels il s'inscrit.

Ces dernières années, l'économie mondiale a connu d'importants changements. Ces derniers ont transformé un commerce fondamentalement national en un commerce mondial, c'est-à-dire un commerce dans lequel le marché représente l'ensemble des pays. En ce moment, vous utilisez probablement un ordinateur fabriqué en Chine, comprenant des puces japonaises et fonctionnant grâce à des logiciels américains. Vous portez peut-être des pantalons fabriqués au Maroc, des lunettes italiennes ou une montre suisse. Il se peut que vous ayez envie d'un bon vin espagnol ou français ou d'un café kenyan, que vous conduisiez une voiture coréenne ou japonaise, que vous utilisiez un téléphone de fabrication turque, etc. La mondialisation fait partie de notre quotidien.

Protectionnisme
Ensemble de mesures visant à protéger la production d'un pays contre la concurrence étrangère. On distingue le protectionnisme tarifaire et le protectionnisme administratif. Nous examinerons ces notions dans le chapitre 2, p. 44.

UN PEU D'HISTOIRE[1]

OBJECTIF

Découvrir l'histoire du commerce international.

Les habitants de l'antique cité de Carthage (près de l'actuelle ville de Tunis, au nord de l'Afrique), qu'on appelait Carthaginois ou Phéniciens, étaient d'habiles navigateurs et des commerçants hors pair. Ils étaient connus des Égyptiens contemporains de Ramsès II sous le nom de peuple de la mer et sont à l'origine de notre alphabet phonétique.

Les cités phéniciennes telles que Sidon et Tyr créèrent des colonies tout autour de la mer Méditerranée, dans les anses rocheuses propices à l'amarrage des navires. L'agriculture, l'arboriculture et la céramique furent les principales ressources de Carthage, mais le commerce compta aussi pour beaucoup dans sa prospérité. Les premiers échanges commerciaux se déroulèrent comme suit.

Les vendeurs carthaginois tiraient leurs marchandises de leurs vaisseaux et les étalaient sur le rivage. Ils réintégraient ensuite leurs bâtiments maritimes et y allumaient des feux, de manière à faire beaucoup de fumée. Les Autochtones du pays, apercevant cette fumée, venaient au bord de la mer, étalaient de l'or sur le sol en guise de paiement de la marchandise offerte, puis s'éloignaient.

Les Carthaginois sortaient alors de leurs vaisseaux et examinaient la quantité d'or apportée; si elle leur paraissait suffisante, ils l'emportaient sur leurs navires puis s'en allaient. En revanche, si la quantité d'or ne répondait pas à leurs attentes, ils retournaient dans leurs vaisseaux et attendaient tranquillement de nouvelles offres. Les acheteurs revenaient alors et ajoutaient de l'or ce scénario se poursuivant jusqu'à ce que les Carthaginois soient satisfaits. Ni les uns ni les autres ne s'engageaient dans des échanges verbaux ou physiques violents. Les Carthaginois ne touchaient jamais à l'or avant que la quantité offerte ne fut, selon eux, de valeur égale à celle de leurs marchandises, et les acheteurs n'emportaient pas les marchandises avant que les Carthaginois n'eussent accepté l'or.

Ce fut là le début du commerce international. Depuis des millénaires, les échanges commerciaux dépassent les frontières nationales.

Au Canada, c'est le commerce de la fourrure entre les colons français et les Amérindiens qui a entraîné l'exploration du pays et la formation de la société la plus ancienne et la plus importante de l'histoire du pays : la Compagnie de la Baie d'Hudson. Par ailleurs, en ce qui a trait au développement économique du Canada, le bois fut à la base du commerce pendant la majeure partie du XIXe siècle. « Fondé sur la demande européenne, le commerce du bois contribue à l'essor économique de l'Est du pays en y favorisant les investissements et l'immigration, explique Graeme Winn dans *L'encyclopédie canadienne*. Il transforme [aussi] l'environnement beaucoup plus radicalement que ne [l'ont] fait les pêches et la traite des fourrures, en encourageant le développement de villes et de villages, l'ouverture de routes et l'exploration. Ce commerce [engendre parfois] de l'instabilité, car les changements

---

1. Tiré et adapté de la rubrique « Jours d'Histoire » du site *Hérodote*, s.d., [www.herodote.net], (25 septembre 2008).

dans les cycles économiques [font] fluctuer la demande et les prix. Les conditions climatiques, les aléas du commerce et la méconnaissance des marchés [amplifient] ces difficultés[2]. »

Tant que les gens ignorent ce qui peut exister dans d'autres régions du globe, ils se contentent de ce qu'ils ont. Or, dû à la mondialisation, dont il est une composante majeure, le commerce international a récemment connu un essor. Cette intégration des marchés favorisée par la réduction des barrières tarifaires et par la libre circulation de l'information a permis aux gens de prendre connaissance de ce qui existe ailleurs et de ne plus se contenter de ce que leur marché national leur offrait.

UNE TRANSACTION TYPIQUE

Le commerce international peut sembler pour certains un jeu d'enfant et pour d'autres un défi immense. On doit comprendre que le déroulement d'une transaction commerciale internationale correspond à une chaîne de processus et d'intervenants dont tous les maillons sont d'égale importance. Le maillon administratif, qui s'occupe de la commercialisation d'un bien, est aussi important que celui qui veille à son transport, et ce dernier l'est tout autant que celui qui en assure le paiement. Nulle part le dicton voulant que la force d'une chaîne soit celle de son maillon le plus faible n'est plus vrai que dans le monde du commerce international.

Le nombre élevé d'intervenants, l'éloignement et la méfiance des partis ainsi que les clivages culturel et juridique entre l'importateur et l'exportateur ont pour effet qu'une transaction internationale comporte plus de risques d'échouer que de chances de réussir. Plusieurs problèmes peuvent survenir entre le moment de la signature du contrat et celui du paiement de la marchandise ; chacun peut faire échouer la transaction.

La figure 1.1 (voir page suivante) donne un aperçu d'une transaction typique ayant pour objet la vente d'une poutre d'acier, expédiée par bateau de Saint-Georges-de-Beauce à Miami.

Nous examinerons dans les prochains chapitres les problèmes éventuels qui peuvent survenir ainsi que les manières de les résoudre dans le but de renforcer les maillons de notre chaîne.

OBJECTIF **2**

Connaître l'évolution récente du commerce international.

LE COMMERCE MONDIAL EN STATISTIQUES

Au sein de l'économie mondiale, aucune nation n'est autosuffisante. Chacune dépend d'autres pays pour répondre à ses besoins. Les pays participent donc, à divers degrés, à des processus d'échanges visant à satisfaire les besoins de leur population en produits et en services.

2. Graeme Winn, « Histoire du commerce du bois », *L'encyclopédie canadienne*, s.d.,
   [www.thecanadianencyclopedia.com/index.cfm?pgnm=tce&params=f1artf0008014],
   (25 septembre 2008).

Figure 1.1

Les étapes d'une transaction typique de commerce international

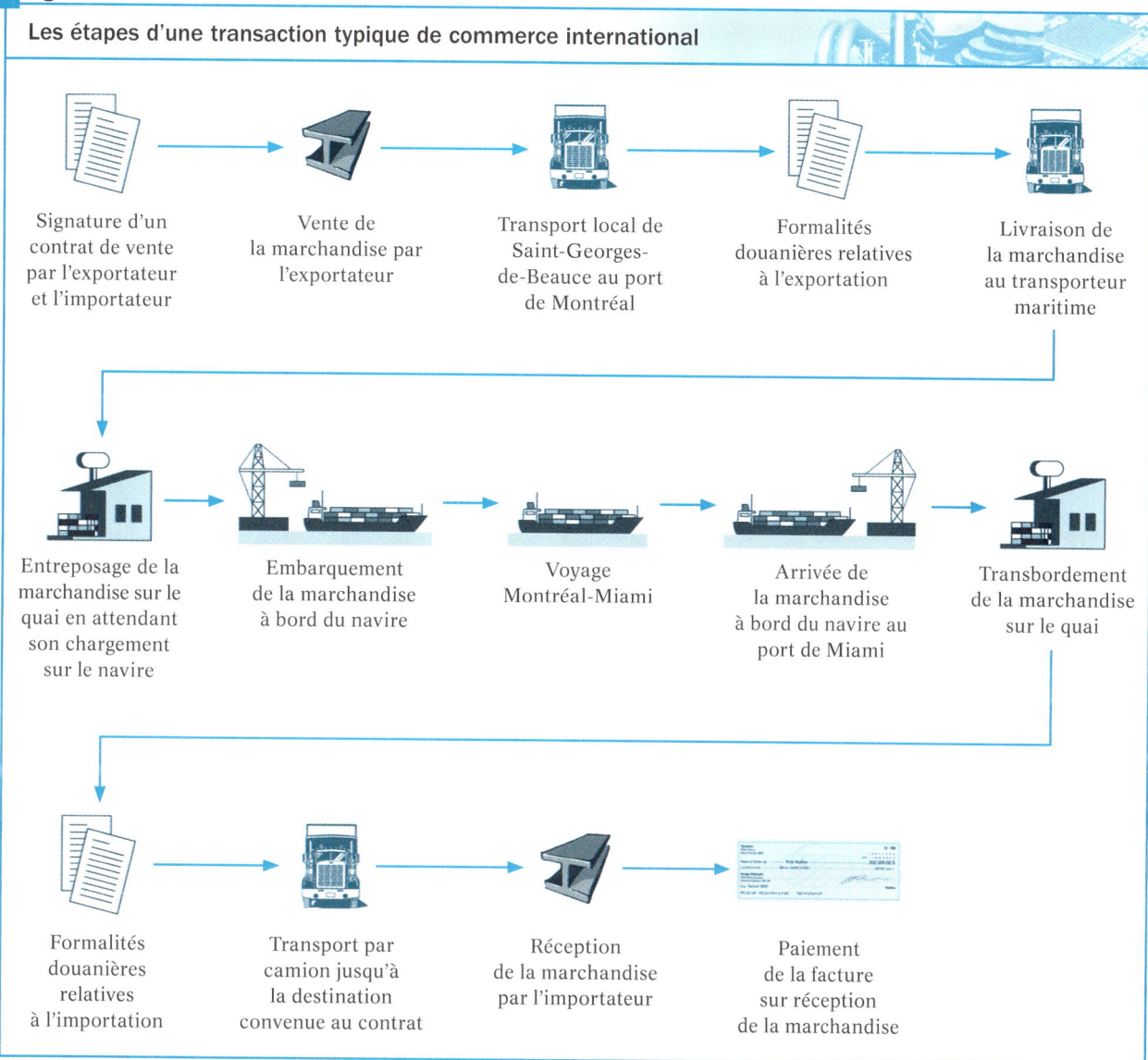

Signature d'un contrat de vente par l'exportateur et l'importateur

Vente de la marchandise par l'exportateur

Transport local de Saint-Georges-de-Beauce au port de Montréal

Formalités douanières relatives à l'exportation

Livraison de la marchandise au transporteur maritime

Entreposage de la marchandise sur le quai en attendant son chargement sur le navire

Embarquement de la marchandise à bord du navire

Voyage Montréal-Miami

Arrivée de la marchandise à bord du navire au port de Miami

Transbordement de la marchandise sur le quai

Formalités douanières relatives à l'importation

Transport par camion jusqu'à la destination convenue au contrat

Réception de la marchandise par l'importateur

Paiement de la facture sur réception de la marchandise

Le *Rapport sur le commerce mondial 2006*[3], publié par l'Organisation mondiale du commerce (OMC), met en évidence cette interdépendance des nations et l'augmentation des échanges entre les pays. En 2006, le volume du commerce mondial de marchandises a augmenté de 8,2 %, tandis que le produit intérieur brut mondial enregistrait une hausse de 3,8 %. Cela confirme la tendance du commerce mondial de marchandises à croître annuellement près de deux fois plus vite que la production (voir figure 1.2, page suivante).

---

3. Tiré et adapté de l'Organisation mondiale du commerce, *Rapport sur le commerce mondial 2006*, Genève, 2007, [www.wto.org/French/res_f/booksp_f/anrep_f/world_trade_report07_f.pdf], 468 p. (25 septembre 2008).

Figure 1.2

La croissance du PIB mondial et de la valeur des échanges internationaux de marchandises, 1996-2006, croissance annuelle en pourcentage

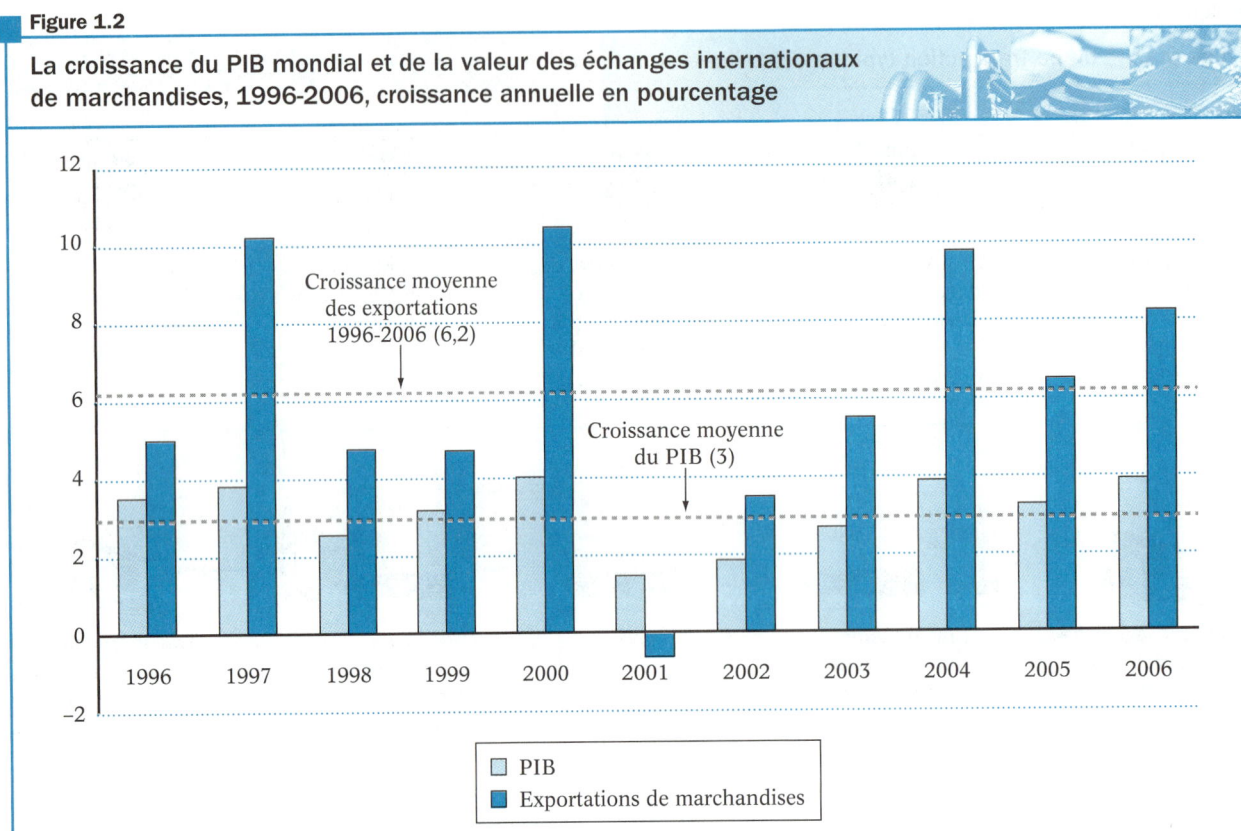

Source : Organisation mondiale du commerce, *Rapport sur le commerce mondial 2006*, Genève, 2007, p. 3, [www.wto.org/french/res_f/booksp_f/anrep_f/world_trade_report07_f.pdf], (25 septembre 2008).

Termes réels
Chiffres absolus, dont on a éliminé les effets de la variation des prix.

Selon ce rapport de l'OMC, « la reprise de l'activité économique mondiale a été le facteur déterminant de l'expansion vigoureuse des échanges mondiaux en 2006[4] ». En **termes réels**, on estime provisoirement la croissance du volume des exportations de marchandises à 8 % en 2006. Elle dépasse ainsi de près de 2 points celle de 2005 et est nettement supérieure à l'expansion moyenne de la décennie 1996-2006, pendant laquelle l'essor du commerce en termes réels a dépassé la croissance de la production mondiale de plus de trois points de pourcentage.

Toujours en termes réels, les variations de croissance du commerce régional ont été plus marquées, bien que la croissance économique par région (PIB) ait moins fluctué que l'année précédente. On peut principalement attribuer ces divergences à une évolution des termes de l'échange favorisant les pays et les régions qui exportent des combustibles (voir tableau 1.1 et figure 1.3, page suivante).

L'Amérique du Nord compte deux exportateurs nets de combustibles, le Canada et le Mexique, et un grand importateur net de ces produits, les États-Unis.

4. *Ibid.*, p. 5.

Tableau 1.1

Le PIB et le commerce des marchandises par région, 2004-2006

	PIB			Exportations			Importations		
	2004	2005	2006	2004	2005	2006	2004	2005	2006
Amérique du Nord	3,9	3,2	3,4	8,0	6,0	8,5	10,5	6,5	6,5
États-Unis	3,9	3,2	3,4	8,5	8,0	10,5	11,0	6,0	5,5
Amérique du Sud et Amérique centrale[a]	6,9	5,2	5,2	13,0	8,0	2,0	18,5	14,0	10,5
Europe	2,4	1,8	2,8	7,0	4,0	7,5	7,0	4,0	7,0
Union européenne (à 25)	2,3	1,6	2,8	7,0	4,0	7,5	6,5	3,5	6,5
Communauté des États indépendants (CEI)	8,0	6,7	7,5	12,0	3,5	3,0	16,0	18,0	20,0
Afrique et Moyen-Orient	6,0	5,5	5,4	8,0	5,0	1,0	14,0	13,0	8,5
Asie	4,8	4,1	4,4	15,5	11,5	13,5	14,5	8,0	8,5
Chine	10,1	9,9	10,7	24,0	25,0	22,0	21,5	11,5	16,5
Japon[b]	2,7	1,9	2,2	13,5	5,0	10,0	6,5	2,0	2,0
Inde	8,0	8,5	8,3	15,5	20,5	11,5	16,0	20,5	12,0
Monde	3,9	3,2	3,7	10,0	6,5	8,0	...	...	...

a. Incluant les Caraïbes.
b. Les données sur le volume des échanges sont établies à partir des valeurs douanières corrigées en fonction des valeurs unitaires types et d'un indice des prix ajusté pour les produits électroniques.

Source : Organisation mondiale du commerce, *Rapport sur le commerce mondial 2006*, Genève, 2007, p. 4, [www.wto.org/french/res_f/booksp_f/anrep_f/world_trade_report07_f.pdf], (25 septembre 2008).

Figure 1.3

Croissance du commerce des marchandises en termes réels par région, 2006, croissance annuelle en pourcentage

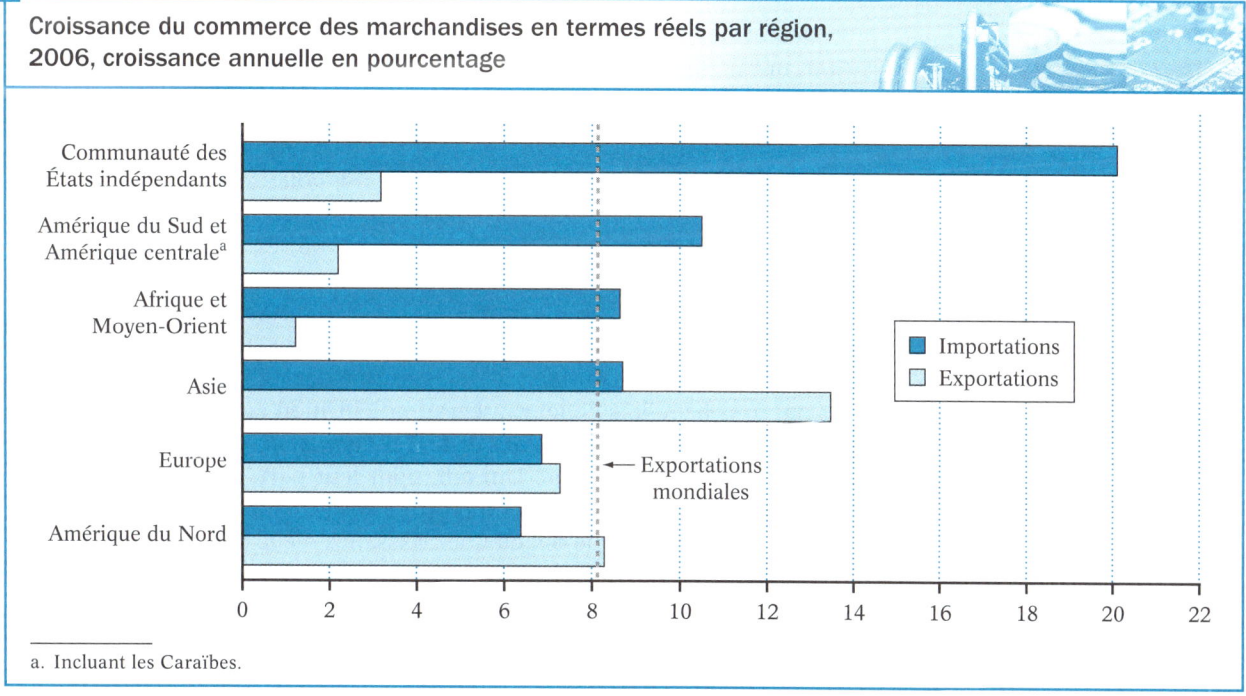

a. Incluant les Caraïbes.

Source : Organisation mondiale du commerce, *Rapport sur le commerce mondial 2006*, Genève, 2007, p. 5, [www.wto.org/french/res_f/booksp_f/anrep_f/world_trade_report07_f.pdf], (25 septembre 2008).

Extraction du pétrole des sables bitumineux, en Alberta.

En termes réels, les exportations de marchandises des États-Unis ont progressé de 10,5 % en 2006, le taux de croissance le plus élevé depuis 1997 et presque le double de celui des importations. L'importation de produits pétroliers liés à la production d'énergie a diminué de 2,5 % en volume. « Le ralentissement de la demande intérieure aux États-Unis, la baisse du taux de change du dollar américain et un raffermissement de la croissance de la demande mondiale ont contribué à cette évolution positive. Les exportations de marchandises du Canada ont nettement ralenti sous l'effet conjugué d'une diminution de la demande aux États-Unis et d'une appréciation marquée du dollar canadien depuis 2002[5]. » Quant au Mexique, il a connu cette année-là une vigoureuse expansion de son commerce extérieur qui s'est traduite par un taux de croissance à deux chiffres de ses importations et de ses exportations. La progression de l'économie n'avait pas été aussi forte depuis 2000.

Estimées à 13,7 % en termes réels, les exportations de marchandises par l'Asie ont été les plus dynamiques en 2006. Cette année-là, les importations du même continent ont augmenté plus rapidement que l'année précédente et plus vite que les échanges mondiaux, sans toutefois rattraper le taux de croissance des exportations. On peut très largement attribuer cet écart en faveur des exportations aux deux grands pays commerçants du continent, la Chine et le Japon (voir tableau 1.1, page précédente). En 2006, la Chine a connu un moins grand dynamisme de ses exportations qu'en 2005, ce qui n'a pas été le cas du Japon qui a plutôt vu son taux de croissance des exportations doubler, passant de 5 à 10 %. Par contraste, en 2006, les importations du Japon n'ont progressé que de 2 %.

En 2006, l'Europe a enregistré la plus forte croissance annuelle de ses exportations de marchandises, en termes réels, depuis 2000, croissance qui dépasse celle des importations (estimée à 7 %). Mais la croissance de ses exportations de marchandises est restée inférieure au taux mondial d'expansion du commerce. Les résultats commerciaux des pays d'Europe ont été très variables. Les pays situés à la frontière orientale de l'Europe, de la Finlande et des États baltes au nord jusqu'à la Turquie au sud, ont connu un taux de croissance à deux chiffres de leurs exportations. Ils ont tous bénéficié de leur intégration à l'Union européenne (UE) et de la vigueur de la demande d'importations de la Communauté des États indépendants (CEI)[6]. L'Allemagne et le Royaume-Uni ont, pour leur part, enregistré une croissance de leurs exportations et de leurs importations bien supérieure à la moyenne européenne. L'Italie et l'Espagne ont eu une croissance réelle de leurs échanges peu dynamique. Enfin, la France et l'Irlande ont connu une stagnation de leurs échanges.

---

5. *Ibid.*
6. Les pays qui composent la CEI sont l'Arménie, l'Azerbaïdjan, la Biélorussie, l'Estonie, la Georgie, le Kazakhstan, le Kirghizstan, la Lettonie, la Lituanie, la Moldavie, l'Ouzbékistan, la Russie, le Tadjikistan, le Turkménistan et l'Ukraine.

Encadré 1.1

«Quand la Chine s'éveillera, le monde tremblera»

– Napoléon Bonaparte

C'est officiel, selon le *Wall Street Journal*, le PIB de la Chine a dépassé celui de l'Allemagne. C'est beaucoup plus tôt qu'anticipé que la Chine a devancé la France et l'Angleterre, début 2006, pour désormais produire davantage que l'Allemagne. Bien entendu, nous parlons d'un pays disposant d'une population de 15 à 30 fois plus élevée que l'autre, mais peu d'économistes avaient prévu un tel développement dès 2007.

Ainsi, le PIB chinois devrait atteindre 3 billions[a] de USD dès la fin 2007, devançant tout juste celui de l'Allemagne et suivant celui du Japon. Pire, si l'on prend en compte la parité de pouvoir d'achat (PPA)[b], la Chine se place déjà en deuxième position avec un PIB atteignant quelque 10 billions de USD.

Les projections de Goldman Sachs placent la Chine en première position dans l'économie mondiale vers 2050, devant les États-Unis (2e), l'Inde (3e), le Japon (4e), le Brésil (5e), la Russie (6e), le Royaume-Uni (7e), l'Allemagne (8e), la France (9e) et l'Italie (10e). Il semble que ce classement puisse être avéré dès 2030, voire avant.

a. 1 billion = 1 000 milliards.
b. La parité de pouvoir d'achat (PPA) est un taux de conversion monétaire qui permet d'exprimer dans une unité commune les pouvoirs d'achat des différentes monnaies. Ce taux exprime le rapport entre la quantité d'unités monétaires nécessaire dans des pays différents pour se procurer le même «panier» de biens et de services.

Source: Adaptation d'un texte de M. Le Guigo-Denis, «Classement des puissances mondiales. Actualisation», publié sur le blogue *Hgsecondechaptal*, 8 mars 2008 [www.hgsecondechaptal.mabulle.com/index.php/2007/12/29/ 105433-classement-des-puissances-mondiales-actualisation], (3 octobre 2008).

Comme le montre la figure 1.3 (voir p. 7), en 2006, le volume des exportations des quatre régions exportatrices nettes de combustibles (CEI, Moyen-Orient, Afrique, Amérique du Sud, Amérique centrale et Caraïbes) n'a que légèrement augmenté (environ 2 %), tandis que celui de leurs importations s'est accru plus rapidement que celui des échanges mondiaux. C'est la CEI qui a vu ses importations progresser de la manière la plus dynamique (20 %). Mais ses exportations, en termes réels, ont peu bougé en 2006. Contrairement à l'évolution du commerce mondial, le taux d'expansion des exportations de l'Amérique du Sud et de l'Amérique centrale a ralenti en 2006, tout comme celui des importations.

Les exportations du Venezuela ont diminué de manière significative, tandis que celles du Brésil ont progressé de moins de 4 %. «Les exportations conjuguées de l'Afrique et du Moyen-Orient ont pratiquement stagné, d'après les estimations, tandis que [leurs] importations, malgré un ralentissement, ont continué d'augmenter sensiblement plus vite que la moyenne mondiale[7].» Si on pouvait attribuer le repli des exportations de ces régions au ralentissement de la demande de certains produits coûteux tels que les combustibles et les métaux, on pourrait considérer que la progression des importations est modeste, vu la croissance exceptionnelle des revenus constatée dans ces régions depuis trois ans.

7. OMC, *Rapport sur le commerce mondial 2006, op. cit.*, p. 4.

L'analyse des échanges internationaux révèle que certains facteurs locaux peuvent freiner ou accentuer l'intégration de certaines économies à la division internationale du travail. En effet, les sièges sociaux et les unités décisionnelles se concentrent de plus en plus dans les métropoles des pays industrialisés (riches), alors que les tâches d'exécution et de fabrication sont de plus en plus attribuées aux pays pauvres, où la main-d'œuvre est abondante et les salaires peu élevés.

Le tableau 1.2 compare la participation approximative des dix principaux pays au commerce international en 2007 à celle de l'année précédente.

Tableau 1.2

Les principaux importateurs et exportateurs participant au commerce mondial des marchandises en 2007, en milliards de dollars USD

Importateurs					Exportateurs				
	Rang	2006	2007	Variation %		Rang	2006	2007	Variation %
États-Unis	1	1 919,4	2 020,4	5	Allemagne	1	1 112,0	1 326,4	20
Allemagne	2	908,6	1 058,6	17	Chine	2	968,9	1 217,8	26
Chine	3	791,5	956,0	21	États-Unis	3	1 038,3	1 162,5	12
Japon	4	579,6	621,1	7	Japon	4	649,9	712,8	10
Royaume-Uni	5	619,4	619,6	3	France	5	490,4	553,4	12
France	6	534,9	615,2	14	Pays-Bas	6	462,4	551,3	19
Italie	7	437,4	504,5	14	Italie	7	410,6	491,5	18
Pays-Bas	8	416,4	491,6	18	Royaume-Uni	8	448,3	437,8	–2
Belgique	9	353,7	413,2	17	Belgique	9	369,2	430,8	17
Canada	10	357,7	389,6	9	Canada	10	389,5	419,0	8

Sources: «Tableau 1.8 Principaux exportateurs et importateurs participant au commerce mondial des marchandises, 2006», *Statistiques du commerce international 2007*, Genève, 2007, p. 12, [www.wto.org/french/res_f/statis_f/its2007_f/its2007_f.pdf], (25 septembre 2008); Organisation mondiale du commerce, «Tableau 1.8 Principaux exportateurs et importateurs participant au commerce mondial des marchandises, 2007», *Statistiques du commerce international 2007*, Genève, 2008, p. 14, [www.wto.org/french/res_f/statis_f/its2008_f/its2008_f.pdf], (25 septembre 2008.

Balance commerciale
Différence entre la valeur des exportations d'un pays et celle de ses importations, pour une période donnée. Un montant négatif correspond à un déficit commercial, tandis qu'un montant positif correspond à un excédent.

On remarque que le Royaume-Uni est le seul pays qui a vu ses exportations reculer. On voit aussi que le Canada fait partie des pays qui affichent une **balance commerciale** excédentaire en 2006 et en 2007. Sa balance commerciale est passée de 32,2 milliards en 2006 à 29,4 milliards en 2007. Enfin, alors que l'Allemagne affiche une balance exédentaire les deux années, c'est le cas inverse pour les États-Unis.

OBJECTIF

Saisir les enjeux canadiens

LE COMMERCE CANADIEN[8]

En 2006, la performance du Canada a été essentiellement nourrie par le secteur des ressources naturelles, en particulier le pétrole, à la fois principale source de son **excédent commercial** et élément motivant la majorité des nouveaux investis-

Excédent commercial
Si la valeur des exportations dépasse celle des importations, on dit qu'il y a excédent commercial ou que la balance commerciale est excédentaire.

8. Tiré et adapté du ministère des Affaires étrangères et du Commerce international du Canada, Direction de l'analyse commerciale et économique, *Septième rapport annuel sur le commerce international: Le point sur le commerce*, Canada, ministre des Travaux publics et Services gouvernementaux, juin 2006, [www.international.gc.ca/eet/trade/sot_2006/sot-2006-fr.asp], (25 septembre 2008).

sements étrangers au pays. Cependant, malgré la vigueur de ce secteur, l'excédent commercial a continué de diminuer, de même que la part du Canada dans le commerce mondial. Le secteur manufacturier a continué d'être affecté par la valeur élevée du dollar canadien, par le ralentissement de l'économie américaine dans la deuxième moitié de l'année et par la concurrence accrue de l'Asie. Enfin, en dépit d'une légère amélioration, la productivité du Canada reste plus faible que celle de ses principaux concurrents.

À l'échelle planétaire, le Canada a été devancé par ses concurrents. Il l'a été non seulement par les économies émergentes en croissance rapide, telles que la Chine et l'Inde, mais aussi par ses rivaux de longue date que sont les États-Unis et l'Europe, qui appliquent avec fougue des politiques internationales ayant pour but d'affermir leur avantage concurrentiel.

Le rapport du ministère des Affaires étrangères et du Commerce international soutient que, plutôt que de miser sur sa réussite actuelle, le Canada doit préparer l'avenir et chercher à se dépasser.

Trois autres facteurs méritent une analyse distincte et poussée parce qu'ils représentent à la fois des menaces et des occasions pour le Canada. Il s'agit de l'essor des économies émergentes, de la vigueur du dollar canadien et de l'augmentation des prix du pétrole.

L'ESSOR DES ÉCONOMIES ÉMERGENTES[9]

Grâce à leurs immenses bassins de main-d'œuvre bon marché, les économies émergentes que sont la Chine, l'Inde et le Brésil occupent une place grandissante dans l'économie mondiale. Leurs faibles coûts de main-d'œuvre leur ont traditionnellement été bénéfiques et ils resteront moins élevés que ceux du Canada dans un avenir proche. Des liens commerciaux et financiers bonifient cet avantage, tout comme des échanges d'information de plus en plus efficaces avec d'autres participants de l'économie mondiale.

Grâce à la libéralisation des échanges, aux progrès des technologies de l'information et au coût relativement faible du transport, les entreprises s'établissent là où les conditions sont les plus avantageuses. De nombreuses activités requérant beaucoup de main-d'œuvre sont maintenant implantées dans les économies émergentes, tandis que les pays industrialisés se tournent de plus en plus vers les activités à grande valeur ajoutée, telles que la recherche et le développement, l'ingénierie et la conception de produits, qui font plus appel aux machines et au savoir.

L'essor des économies émergentes menace le Canada tout en lui offrant de nouvelles possibilités. À court terme, ces économies ont exercé une pression concurrentielle croissante sur les secteurs peu spécialisés, à forte concentration en main-d'œuvre ; au fil du temps, leur capacité à soutenir la concurrence concernant les activités à grande valeur ajoutée augmentera également (voir encadré 1.2, page suivante). Le Canada devra continuer d'innover en misant sur ces activités s'il

---

9. Tiré et adapté du ministère des Finances du Canada, « Un Canada fort dans un monde en évolution », *Avantage Canada. Bâtir une économie forte pour les Canadiens*, 2006, p. 23-24, [www.fin.gc.ca/ec2006/pdf/planf.pdf], (25 septembre 2008).

Encadré 1.2

Quels sont ces « BRIC » qui nous tombent sur la tête ?

« L'acronyme BRIC, créé en 1969 par Jim O'Neil, responsable de la recherche économique à la banque Goldman Sachs, a connu un succès rapide. En français, la consonance de ce sigle évoque un objet lourd que l'on aurait pris sur la tête sans l'avoir demandé... Il est formé de la première lettre du nom des quatre nouveaux champions de la concurrence mondiale : le Brésil, la Russie, l'Inde et la Chine. [...]

« La Russie, par exemple, a affiché un taux de croissance de 6,5 % ces dernières années. Pour l'Europe, où les économies développées stagnent autour de 2 %, c'est beaucoup. Sans compter la Chine, qui n'arrive pas à faire "redescendre" sa croissance en dessous de 11 % ! De son côté, l'Inde se rapproche des 10 % de croissance annuelle et n'a pas dit son dernier mot. Le Brésil, le « petit dernier » du groupe, enregistre une croissance de 3 %, mais les experts nous assurent que nous n'avons encore rien vu. D'autres pays offrent un potentiel comparable ; le Mexique, par exemple, fait dire aux analystes de Goldman Sachs que s'ils pouvaient revenir cinq ans en arrière, ils parleraient de BRIMC, plutôt que de BRIC. [...]

« Le dynamisme de certains pays émergents fait la une de tous les journaux d'affaires depuis plusieurs années. À eux la croissance à deux chiffres et des taux de progression annuelle de 20, 30 et 50 % dans certains secteurs. [...]

« La conquête de parts de marché chez nous ou chez notre voisin états-unien par les BRIC est impressionnante. C'est à se demander si nous n'allons pas devenir un pays "immergent" qui risque de glisser sur la mauvaise pente, celle de la perte de compétitivité et de l'effacement progressif face à des économies plus jeunes et plus dynamiques. [...]

« Face à ces nouveaux concurrents, les entreprises québécoises se montrent capables d'inventer des produits que l'on ne trouve nulle part ailleurs, d'exploiter des créneaux hors de portée des pays émergents, de combattre le feu par le feu en allant produire en Asie, et même d'aller prendre, à l'autre bout du monde, des parts de marché dans ces économies en plein essor. Les stratégies de riposte existent, et nos PME savent les trouver et les mettre en pratique [...]. Ne faisons pas d'angélisme pour autant : toutes les activités, dans tous les secteurs, ne pourront pas résister à l'avantage compétitif qu'offrent les pays émergents, où les coûts de revient peuvent être jusqu'à 40 % moins élevés que chez nous. Sans céder au pessimisme, nous devons toutefois demeurer lucides. [...]

« Les économistes comparent la dynamique de croissance de ces pays à l'essor des États-Unis à la fin du XIXe siècle ou encore à l'expansion du Japon dans les années 1960 et 1970. La croissance soutenue des BRIC se traduira par un changement dans le classement mondial des grandes puissances économiques. La Russie pourrait être la cinquième économie mondiale dès 2025. Pour ce qui est de la Chine, à moins d'un incident majeur, le problème n'est plus de savoir si elle rattrapera ou même dépassera un jour les États-Unis, mais quand : dans 25 ans, dans 20 ans, ou plus tôt encore ? [...]

« La Chine, qui arrive au premier rang des BRIC, est passée [en 2007] devant les États-Unis, jusque-là numéro deux mondial après l'Allemagne, au chapitre du volume de ses exportations, qui représentent environ 40 % de son PIB. Depuis longtemps "l'atelier du monde" pour ce qui est des vêtements à faible valeur ajoutée, la Chine est aussi le premier exportateur mondial de biens liés aux TIC (technologies de l'information et de la communication) depuis 2004. En 2006, elle devenait le deuxième pays du monde sur le plan des investissements en R-D. Et [en mai 2007], on apprenait que les Chinois commençaient à commercialiser leur jet régional ARJ-21 à un prix plus que compétitif, venant ainsi chasser sur les terres de Bombardier et du concurrent brésilien de celle-ci, Embraer. [...]

« Le Brésil, le plus petit des BRIC, a déjà des allures de géant. Classé au onzième rang de l'économie mondiale en 2005 et cinquième pays du monde par sa population, ce pays compte à lui seul pour 51 % du PIB de l'Amérique du Sud. Gêné par le poids de sa dette publique (51,4 % de son PIB), il fait cependant bonne figure, en raison de la stabilité qu'il a retrouvée et de ses efforts de développement, notamment sur le marché de l'exportation. Ses ventes à l'étranger sont constituées à 42 % de produits du secteur agroalimentaire. Cependant, cela ne l'empêche pas d'être sur le marché mondial le premier producteur mondial d'avions "moyens courriers", le troisième fabricant de chaussures, le quatrième constructeur aéronautique et le onzième fabricant d'automobiles. [...] »

Source : Alain Marie Caron, « Quand les BRIC changent l'économie mondiale », *PME*, vol. 23, n° 4, juin 2007, p. 8.

souhaite conserver un avantage concurrentiel et créer de meilleurs emplois. Il ne doit pas se fier uniquement à ses atouts traditionnels ou à son expertise passée, mais plutôt continuer de renouveler et de maintenir un avantage comparatif à long terme (notion expliquée dans le présent chapitre, page 31) en se concentrant sur les composantes de la chaîne d'approvisionnement mondiale dont la valeur ajoutée est la plus grande.

De vastes possibilités s'offrent aussi au Canada grâce à l'essor des économies émergentes :

- La progression des revenus dans ces pays entraîne la création de nouveaux marchés pour les exportations canadiennes de produits finis et de services.
- L'intégration croissante de l'économie mondiale incite à produire à moindre coût, ce qui fait baisser les prix des biens de consommation.
- Au fil de leur développement, les économies émergentes voient leurs besoins en matières premières augmenter. La hausse de la demande de pétrole, de métaux et d'autres produits de base profite aux exportateurs canadiens, puisque les prix de ces matières augmentent. Par exemple, entre 2002 et 2005, la Chine a été responsable de la hausse de la demande mondiale de pétrole dans une proportion de plus du quart et de celle de tous les métaux de base dans une proportion de près de 80 %.

Le document du ministère des Finances affirme : « Les entreprises canadiennes doivent profiter de ces possibilités, et les gouvernements du Canada doivent faire de leur mieux pour aider à ouvrir les marchés et [pour] doter le pays du contexte économique et social optimal [lui permettant de] demeurer à l'avant-garde de la scène mondiale[10]. »

LA VIGUEUR DU DOLLAR CANADIEN

Le prix d'une devise répond, comme d'autres prix, à la loi de l'offre et de la demande. Si l'offre est plus élevée que la demande, il baisse ; si la demande est plus élevée, il augmente. Le ralentissement économique aux États-Unis, combiné à une augmentation des dépenses militaires, a provoqué au cours des dernières années un déficit budgétaire de l'ordre de 811 milliards de USD. Pour compenser ce déficit, les États-Unis doivent emprunter sur les marchés internationaux l'équivalent de 2,2 milliards de USD par jour. L'augmentation de la quantité de billets sur le marché a diminué la valeur de la devise américaine.

Ainsi, le dollar canadien s'est apprécié de 40 % par rapport au dollar américain entre la fin de 2002 et 2008. Mais la parité avec le dollar américain est loin de faciliter la tâche des exportateurs canadiens, surtout ceux du secteur manufacturier et, plus particulièrement, de l'industrie touristique.

Dans l'ensemble, l'économie canadienne s'est bien adaptée à la hausse de la valeur du dollar canadien. Bien que les pertes d'emploi dans le secteur manufacturier aient à l'évidence engendré des difficultés pour les travailleurs concernés et leurs familles, nombre d'emplois ont été créés dans des industries offrant des salaires élevés, telles que les services professionnels, scientifiques et techniques, l'assurance, les finances, l'immobilier, l'information et la culture.

---

10. Ministère des Finances du Canada, *op. cit.*, p. 11.

Ainsi, la hausse de la valeur de la devise canadienne ne comporte pas que des inconvénients. Au contraire, plusieurs bienfaits en découlent. D'abord, la hausse du dollar canadien entraîne une hausse du niveau de vie. Par exemple, les produits importés coûtent moins cher, et les voyages à l'étranger sont plus abordables. Ensuite, elle exerce des pressions à la baisse sur les prix des produits importés et, donc, sur le taux d'inflation[11] au pays. Grâce à un faible taux d'inflation, la Banque du Canada peut sans difficulté baisser les taux d'intérêt pour stimuler l'économie intérieure, comme ce fut le cas au cours des deux premiers trimestres de 2008. Enfin, l'appréciation du dollar entraîne une forte diminution du coût des biens d'investissement, majoritairement importés des États-Unis. Il s'agit là d'une occasion pour les entreprises d'investir en vue d'améliorer leur productivité, de réduire leurs coûts de production et d'accroître leur capacité concurrentielle.

Dans le secteur manufacturier, l'appréciation du dollar canadien a fait baisser les coûts des machines et du matériel. Ainsi, l'investissement dans ce secteur est en forte hausse et la production manufacturière est plus élevée en 2008 qu'elle ne l'était en 2002.

Cette tendance positive montre que les entreprises canadiennes sont en train de remplacer les avantages artificiels découlant d'un dollar faible par de réels gains de productivité, ce qui doit se poursuivre. Elles doivent faire tout ce qu'elles peuvent pour accroître leur compétitivité, leur productivité et la qualité de leurs produits tout en se spécialisant dans des activités à grande valeur ajoutée.

L'AUGMENTATION DU PRIX DU PÉTROLE

Au troisième trimestre de 2008, le baril de pétrole se transigeait à près de 145 USD, du jamais vu ! Cette flambée a eu des répercussions sur la santé des entreprises manufacturières et exportatrices du Québec.

Le ralentissement économique[12]

Si une seule raison devait inquiéter les manufacturiers lorsqu'ils observent des hausses du prix de l'essence, c'est le ralentissement économique qu'elles provoquent ; « plus les consommateurs dépensent pour mettre de la gazoline dans leur voiture, moins ils ont d'argent pour consommer d'autres produits[13] ».

L'augmentation des coûts de production

Plusieurs entreprises du secteur manufacturier utilisent le pétrole en tant que matière première ou pour produire l'énergie dont elles ont besoin. En effet, des secteurs tels que la chimie, la plasturgie et l'alimentation se servent directement du pétrole et de ses dérivés dans leurs opérations ou pour

---

11. L'inflation représente l'augmentation générale des prix au cours d'une période donnée. L'indice des prix à la consommation (IPC) est l'indice le plus couramment utilisé pour mesurer l'inflation.
12. Les passages qui suivent sont une adaptation de Jean-Marie Laurin, « Hausse des prix du pétrole : un phénomène aux impacts bien réels », *Bulletin MEQ, Manufacturiers et exportateurs du Québec*, octobre 2005, [www.cme-mec.ca/qc/media.asp?id=565], (25 septembre 2008).
13. Daniel Charron, pdg de Manufacturiers et exportateurs du Québec, cité par Jean-Marie Laurin dans *ibid*.

l'emballage. L'augmentation des coûts d'approvisionnement vient comprimer leurs marges bénéficiaires, du moins à court terme, puisque les prix de vente sont généralement déterminés à l'avance, par contrat, et qu'il revient au fabricant de prévoir et de subir les hausses des coûts pouvant survenir entre le moment où il signe le contrat et celui où il livre le produit.

L'augmentation des coûts de transport

L'impact que constitue l'augmentation des coûts de transport est le plus médiatisé, et ce, pour des raisons évidentes. Lorsqu'il est question de ses effets sur la compétitivité des exportateurs québécois, on entend souvent dire que la hausse des prix du pétrole touche toutes les entreprises du monde, quelle que soit la région où elles sont établies. Il ne faut cependant pas oublier que, sur ce point, le Québec a un handicap, au contraire de plusieurs de ses concurrents dont les États-Unis. Comme il est généralement situé plus loin de ses clients que ne le sont ses concurrents, ses produits doivent parcourir une distance plus longue, ce qui exige plus de carburant, que ce soit par camion, par train ou par un autre moyen de transport.

L'impact sur le dollar canadien

Compte tenu du fait que le Canada est un exportateur net de pétrole, une augmentation du prix du pétrole contribue à la vigueur de sa devise. En fait, la plupart des économistes affirment qu'une hausse a relativement peu d'effet sur le dollar, du moins à long terme, le Canada important également de grandes quantités de pétrole. C'est que les effets potentiels d'une hausse des prix du pétrole varient selon les économies des diverses régions du Canada. Si l'économie albertaine profite de prix élevés, qui créent une pression à la hausse sur le dollar canadien, les économies des autres provinces sont quant à elles affectées négativement, ce qui fait subir une pression inverse au dollar.

QUELQUES DONNÉES SUR LE COMMERCE CANADIEN

Le tableau 1.3 (voir page suivante) présente les exportations et les importations du Canada pour les années 2000, 2003 et 2007. Parmi les principales industries exportatrices, certaines ont subi une baisse, notamment celles des produits automobiles (voitures, camions et pièces), de la machinerie et des équipements (machines industrielles et agricoles, aéronefs), et des produits forestiers. D'autres, au contraire, ont connu une croissance de leurs exportations, notamment celles des biens et des matières industrielles (métaux, ressources naturelles et produits chimiques), et des produits énergétiques[14].

---

14. Tiré de Statistique Canada, « Exportation de biens sur la base de la balance des paiements, selon le produit », 2007, [www.statcan.ca/francais/Pgdb/gblec05_f.htm], (25 septembre 2008).

Tableau 1.3

Importations et exportations de produits, en millions de CAD

	2000	%	2003	%	2007	%
Total des importations	**362 337**		**342 709**		**415 005**	
Produits énergétiques	17,85	5	19,81	6	36,57	9
Biens et matières industriels	69,25	19	65,27	19	85,13	20
Machinerie et équipement	122,91	34	98,68	29	116,63	28
Produits de l'automobile	77,43	21	76,49	22	80,00	19
Produits de l'agriculture et de la pêche	18,56	5	21,51	6	25,50	6
Produits forestiers	3,06	1	3,00	1	2,99	1
Total des exportations	**429 372**		**399 122**		**463 051**	
Produits énergétiques	53,16	12	60,52	15	91,64	20
Biens et matières industriels	67,98	16	66,80	17	104,49	23
Machinerie et équipement	110,00	26	88,67	22	94,17	20
Produits de l'automobile	97,88	23	87,38	22	77,69	17
Produits de l'agriculture et de la pêche	27,60	6	29,23	7	34,61	7
Produits forestiers	42,77	10	34,52	9	29,16	6

Sources : Tiré et adapté de Statistique Canada, « Exportations de biens sur la base de la balance des paiements, selon le produit », s.d., [www40.statcan.ca/l02/cst01/gblec04_f.htm], (25 septembre 2008) ; « Importations de biens sur la base de la balance des paiements, selon le produit », s.d., [www40.statcan.ca/l02/cst01/gblec05_f.htm], (25 septembre 2008).

Groupe des huit (G8)
Groupe des huit pays les plus industrialisés : France, Allemagne, États-Unis, Japon, Royaume-Uni, Italie, Canada et Russie.

Le Canada est le pays qui, parmi les pays industrialisés du **Groupe des Huit (G8)**, exporte le plus par personne ; il occupe également le dixième rang mondial en ce qui a trait aux échanges commerciaux. Voici quelques données à ce sujet :

- Dans l'économie canadienne, le commerce international est le secteur de croissance dont l'expansion est la plus rapide.

- On estime que chaque milliard de CAD d'exportation crée ou soutient 11 000 emplois au Canada.

- Un emploi canadien sur trois relève de l'exportation de produits et de services.

- L'exportation compte pour 40 % du **produit national brut (PNB)** du Canada.

- On estime que plus de 1,3 million d'emplois (1 sur 10), plus de la moitié de l'ensemble des exportations et 75 % des produits manufacturés exportés sont directement liés à l'**investissement direct à l'étranger (IDE)** au Canada.

Produit national brut (PNB)
Valeur des biens et services produits au cours d'une année par l'ensemble des agents économiques d'un pays.

Investissement direct à l'étranger (IDE)
Investissement qui se fait par l'installation ou le développement d'unités de production à l'étranger.

Les figures 1.4 à 1.6 et le tableau 1.4 (voir p. 17-18) situent le commerce international du Canada dans le paysage mondial, son évolution et sa dépendance à l'égard des autres pays, particulièrement des États-Unis. On remarque que la dépendance de l'économie canadienne à l'égard de son partenaire du Sud diminue graduellement et que le pays se tourne vers d'autres régions pour assurer sa croissance économique. La part du commerce transfrontalier avec les États-Unis a diminué d'environ 7,2 % depuis 2003, tandis que les exportations vers le Royaume-Uni, par exemple, ont augmenté de 61 %.

Figure 1.4

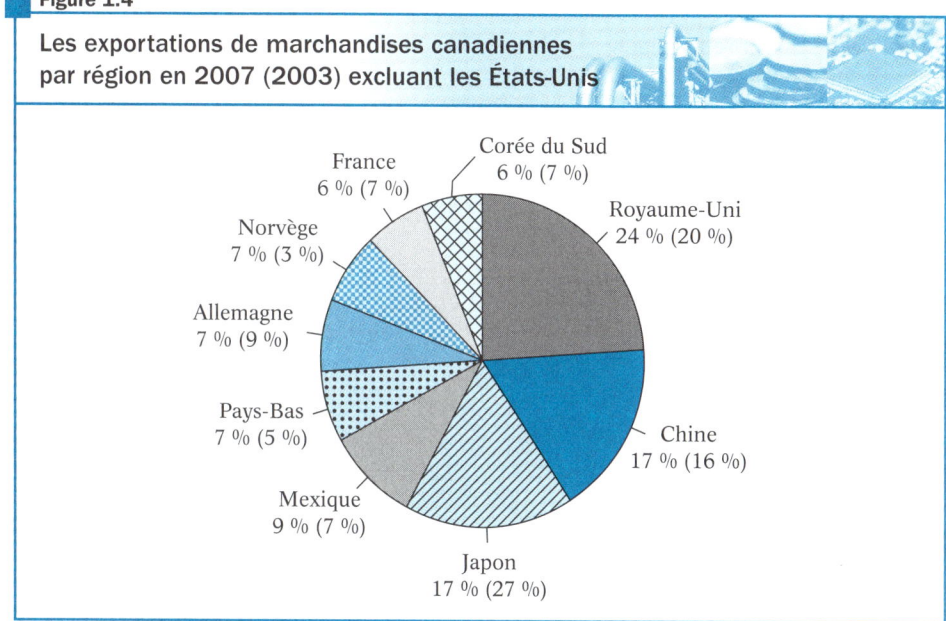

Les exportations de marchandises canadiennes
par région en 2007 (2003) excluant les États-Unis

Source: Industrie Canada, *Données sur le commerce en direct*, s.d.,
[www.ic.gc.ca/epic/site/tdo-dcd.nsf/fr/accueil], (25 septembre 2008).

Figure 1.5

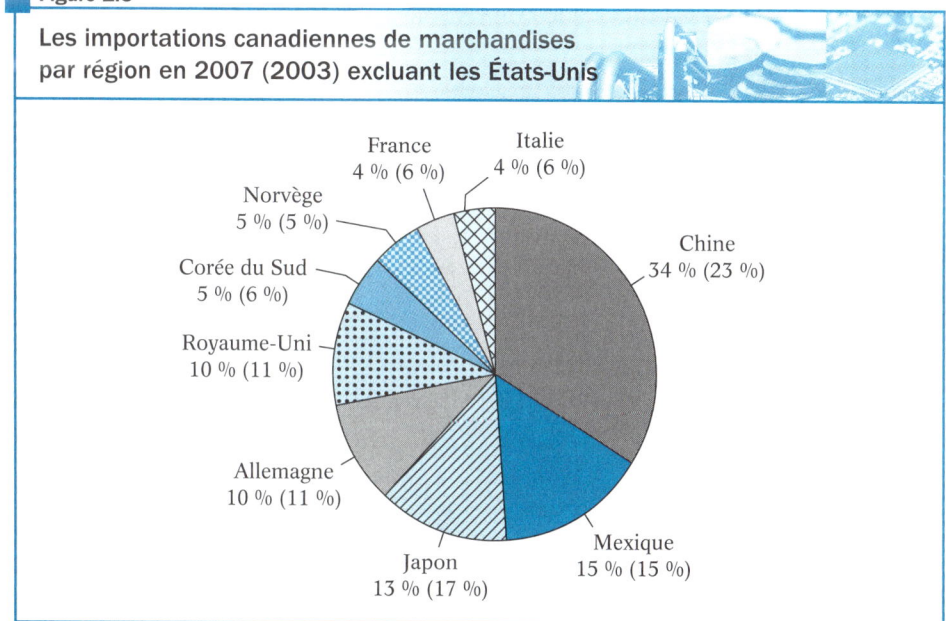

Les importations canadiennes de marchandises
par région en 2007 (2003) excluant les États-Unis

Source: Industrie Canada, *Données sur le commerce en direct*, s.d.,
[www.ic.gc.ca/epic/site/tdo-dcd.nsf/fr/accueil], (25 septembre 2008).

Figure 1.6

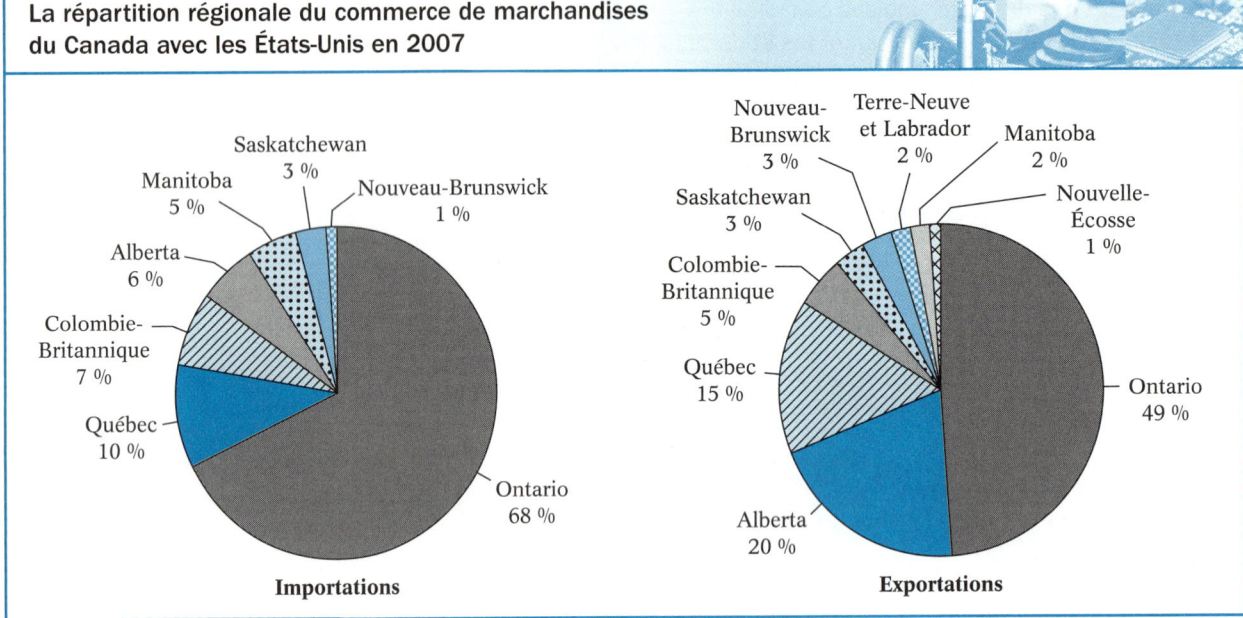

La répartition régionale du commerce de marchandises du Canada avec les États-Unis en 2007

Source : Industrie Canada, *Données sur le commerce en direct*, 2008, [www.ic.gc.ca/epic/site/tdo-dcd.nsf/fr/accueil], (25 septembre 2008).

Tableau 1.4

Les importations et les exportations canadiennes de biens sur la base de la balance des paiements, selon le pays ou le groupe de pays (2003-2007), en millions de CAD

	2003	%	2005	%	2007	%	% Variation 2003-2007
Importations	**342 709**	100	**387 804**	100	**415 005**	100	21,10
États-Unis[a]	240 356	70,13	259 348	66,91	269 752	65,00	12,23
Japon	10 645	3,11	11 210	2,89	11 972	2,88	12,47
Royaume-Uni	9 183	2,68	9 061	2,34	9 894	2,38	7,74
Autres pays de l'UE[b]	26 001	7,59	29 457	7,59	32 403	7,80	1,25
Autres pays membres de l'OCDE[c]	19 696	5,75	24 304	6,26	25 034	6,02	27,10
Autres pays[d]	36 827	10,75	54 422	14,02	65 949	15,87	79,08
Exportations	**399 122**	100	**450 149**	100	**463 051**	100	16,01
États-Unis[a]	328 983	82,43	368 414	81,84	356 094	76,90	8,24
Japon	9 799	2,46	10 168	2,25	9 989	2,16	1,93
Royaume-Uni	7 695	1,93	9 355	2,08	14 155	3,06	83.95
Autres pays de l'UE[b]	16 423	4,11	18 630	4,14	24 187	5,22	47.28
Autres pays membres de l'OCDE[c]	12 754	3,20	15 528	3,45	19 690	4,25	54,38
Autres pays[d]	23 466	5,88	29 053	6,45	38 936	8,40	65,09

a. Incluant Puerto Rico et les Îles Vierges.
b. Pays membres de l'Union européenne (UE), excluant le Royaume-Uni.
c. Pays membres de l'Organisation de coopération et de développement économique (OCDE), excluant les États-Unis, le Japon, le Royaume-Uni et l'UE.
d. Pays ne faisant pas partie de l'UE ni de l'OCDE.

Source : Tiré et adapté de Statistique Canada, « Importations et exportations de biens sur la base de la balance des paiements, selon le pays ou le groupe de pays », 2008, [www.statcan.ca/francais/Pgdb/gblec02a_f.htm], (13 août 2008).

Parmi les dix provinces et les trois territoires canadiens, l'Ontario est la province qui entretient les liens les plus étroits avec les États-Unis, ayant fourni 49 % des exportations canadiennes vers ce pays et reçu 68 % des importations qui en provenaient en 2007. L'Alberta se démarque aussi en ce qui a trait aux exportations vers les États-Unis. Dans le cas de l'Ontario, c'est le secteur de l'automobile qui occupe la première place. Dans celui des Prairies, les exportations d'énergie représentent une part élevée des exportations.

De 2006 à 2007, les exportations de marchandises canadiennes ont augmenté de 2,88 % (soit de 12,61 milliards de CAD), pour s'établir à 464,39 milliards de CAD. Cette hausse, la plus faible depuis 2001, est attribuable à une baisse des exportations vers les États-Unis et le Japon causée par la force du dollar canadien et par la concurrence des pays émergents. Le Canada a maintenu sa balance commerciale excédentaire grâce à une croissance des échanges avec de nouveaux partenaires tels que le Royaume-Uni (22,72 %) et des pays ne faisant partie ni de l'UE ni de l'OCDE (17,73 %).

Malgré le déclin important des exportations vers les États-Unis en 2007, ce pays demeure la principale destination des exportations canadiennes, celles-ci s'y dirigeant dans une proportion de 76,48 % en 2007 ; cette part représente toutefois une baisse d'environ 5,1 % par rapport à l'année 2005.

En 2007, la proportion d'importations canadiennes de marchandises en provenance des États-Unis a chuté de 1,86 % par rapport à celle de 2006, pour s'établir à 65,05 %. La proportion d'importations de marchandises provenant du Japon a aussi fléchi, passant de 3,11 % en 2003 à 2,88 % en 2007. Bien que les importations en provenance de l'UE aient augmenté de 6,4 milliards de CAD depuis 2003, leur proportion est restée stable, à environ 7,8 % par rapport à l'ensemble. Cela s'explique par le fait que cette hausse a été aussi rapide que celle de l'ensemble des importations. Collectivement, les importations en provenance des pays de l'UE ont augmenté de 2003 à 2007, passant de 5,75 à 6,02 %, tandis que la part des pays membres de l'OCDE est passée de 36,8 en 2003 à 65,9 milliards de CAD en 2007, soit de 10,75 à 15,87 %.

LA PLACE DU QUÉBEC ET DU CANADA DANS LE COMMERCE INTERNATIONAL

Le Québec ne diffère pas du reste du Canada, son économie dépendant elle aussi énormément de son partenaire principal, les États-Unis. Les données de 2007 indiquent que 74,6 % des exportations du Québec ont trouvé preneur aux États-Unis (voir tableau 1.6, p. 21). Ainsi, un grand nombre d'autres marchés peuvent et doivent encore être conquis par les entreprises québécoises (et canadiennes).

D'abord, le *taux de change*[15] a sans doute poussé nos voisins du Sud à se tourner vers d'autres marchés (voir tableau 1.5, page suivante). Le 1er janvier 2006, on pouvait obtenir 1,00 CAD pour 0,8585 USD, c'est-à-dire qu'un produit vendu par un exportateur canadien au prix de 10 000 CAD coûtait 8 585 USD à l'acheteur

---

15. Nous examinerons la notion de taux de change dans le chapitre 11, qui porte sur le paiement international et le financement, p. 515.

américain. Le 7 novembre 2007, le dollar canadien s'obtenait pour 1,0905 USD, un sommet inégalé depuis 1976 ; pour le même produit, l'acheteur américain devait donc débourser 10 905 USD.

Tableau 1.5

L'évolution du taux de change

	CAD	USD
1er janvier 2006	1,00	0,8585
1er janvier 2007	1,00	0,8578
31 décembre 2007	1,00	1,0124

Pour obtenir quotidiennement la valeur des devises du monde entier, consulter *Le Convertisseur universel de devises*, [www.xe.com], (25 septembre 2008).

D'autre part, la concurrence des pays émergents et l'abolition des quotas ont obligé plusieurs entreprises du secteur primaire à fermer leurs portes ou à s'installer ailleurs. Enfin, le ralentissement de l'économie mondiale, et surtout l'imposition des droits compensateurs américains sur le bois d'œuvre canadien (le Québec exporte beaucoup de bois d'œuvre aux États-Unis), ont lourdement affecté le commerce québécois et le bilan des exportations québécoises en 2007.

Les tableaux 1.6 et 1.7 (voir page suivante) indiquent avec quelles régions du monde le Québec et l'Alberta font du commerce international. Pour chacune, on donne la valeur des transactions en argent et en pourcentage. On voit qu'en 2007, les exportations internationales du Québec en biens et en services s'élevaient à 69,92 milliards de CAD, ce qui représente une baisse de 3,27 milliards par rapport aux 73,19 milliards de CAD de 2006. On remarque aussi que l'Alberta a un énorme surplus commercial et que cette province exporte plus que le Québec. Cependant, au contraire de l'Alberta, la diversité de son économie représente un atout pour le Québec. L'Alberta exporte plus de 85 % de sa production aux États-Unis. Un ralentissement économique au sud de la frontière pourrait causer des dommages à la province de l'Ouest.

Le tableau 1.6 montre que, par rapport à 2006, la valeur des exportations en 2007 a diminué d'environ 4,5 % au Québec, tandis qu'elle a augmenté d'environ 4,9 % en Alberta. Le tableau montre aussi que la balance commerciale du Québec a diminué en 2007 par rapport à 2006, l'excédent passant de 9,7 milliards à 6,3 milliards de CAD.

TENDANCES ET ENJEUX

La place du pétrole et de l'aluminium dans l'économie québécoise

En 2007, le Québec a importé pour environ 13 milliards de CAD de pétrole et d'autres minéraux bitumineux, les produits les plus importés en termes de valeur (pour 5 milliards de CAD en provenance de l'Algérie et pour 3 milliards de CAD du Royaume-Uni). Selon vous, quel produit québécois occupe le premier rang des exportations en termes de valeur, et vers quels pays est-il surtout exporté ?

Réponse : L'aluminium sous forme brute, exporté vers les États-Unis, occupe le premier rang des exportations québécoises en 2007.

Tableau 1.6

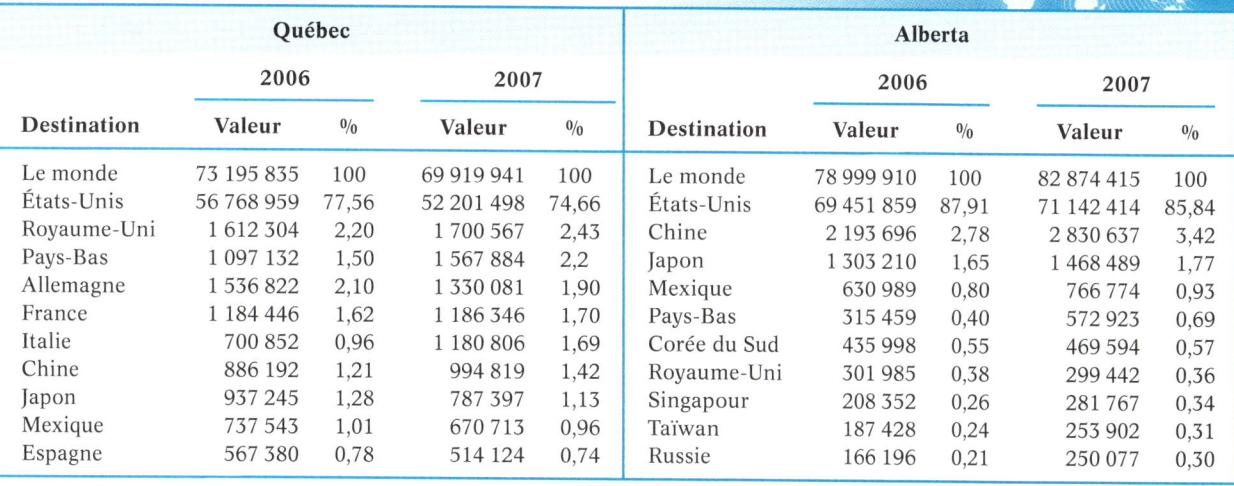

Les exportations internationales de marchandises québécoises et albertaines, en milliards de CAD

	Québec					Alberta			
	2006		**2007**			**2006**		**2007**	
Destination	**Valeur**	**%**	**Valeur**	**%**	**Destination**	**Valeur**	**%**	**Valeur**	**%**
Le monde	73 195 835	100	69 919 941	100	Le monde	78 999 910	100	82 874 415	100
États-Unis	56 768 959	77,56	52 201 498	74,66	États-Unis	69 451 859	87,91	71 142 414	85,84
Royaume-Uni	1 612 304	2,20	1 700 567	2,43	Chine	2 193 696	2,78	2 830 637	3,42
Pays-Bas	1 097 132	1,50	1 567 884	2,2	Japon	1 303 210	1,65	1 468 489	1,77
Allemagne	1 536 822	2,10	1 330 081	1,90	Mexique	630 989	0,80	766 774	0,93
France	1 184 446	1,62	1 186 346	1,70	Pays-Bas	315 459	0,40	572 923	0,69
Italie	700 852	0,96	1 180 806	1,69	Corée du Sud	435 998	0,55	469 594	0,57
Chine	886 192	1,21	994 819	1,42	Royaume-Uni	301 985	0,38	299 442	0,36
Japon	937 245	1,28	787 397	1,13	Singapour	208 352	0,26	281 767	0,34
Mexique	737 543	1,01	670 713	0,96	Taïwan	187 428	0,24	253 902	0,31
Espagne	567 380	0,78	514 124	0,74	Russie	166 196	0,21	250 077	0,30

Source : Industrie Canada, *Données sur le commerce en direct*, s.d., [www.ic.gc.ca/epic/site/tdo-dcd.nsf/fr/accueil], (25 septembre 2008).

Tableau 1.7

Les importations internationales du Québec et de l'Alberta, en milliards de CAD

	Québec					Alberta			
	2006		**2007**			**2006**		**2007**	
Origine	**Valeur**	**%**	**Valeur**	**%**	**Origine**	**Valeur**	**%**	**Valeur**	**%**
Le monde	63 516 884	100	63 635 374	100	Le monde	18 494 489	100	18 437 811	100
États-Unis	26 084 692	41,0	23 787 201	37,0	États-Unis	12 646 657	68,38	12 653 308	68,63
Mexique	2 207 030	3,4	2 137 246	3,3	Chine	1 250 993	6,76	1 353 764	7,34
Brésil	560 398	0,9	687 651	1,1	Mexique	727 411	3,93	730 181	3,96
Venezuela	903 941	1,4	407 097	0,6	Allemagne	401 851	2,17	417 426	2,26
Royaume-Uni	4 631 796	7,3	4 544 215	7,1	Royaume-Uni	456 692	2,47	406 284	2,20
France	2 272 563	3,6	2 348 271	3,7	Italie	316 919	1,71	267 141	1,45
Allemagne	2 532 755	4,0	2 548 469	4,0	Japon	218 533	1,18	250 582	1,36
Italie	1 251 662	2,0	1 373 620	2,2	France	299 470	1,62	250 463	1,36
Norvège	1 856 250	3,0	2 258 349	3,5	Taïwan	163 015	0,88	196 793	1,07
Algérie	1 723 447	2,7	2 385 759	3,7	Malaisie	221 170	1,20	189 326	1,03
Chine	3 436 122	5,4	3 916 669	6,1					
Japon	2 979 788	4,7	2 740 120	4,3					

Source : Industrie Canada, *Données sur le commerce en direct*, s.d., [www.ic.gc.ca/epic/site/tdo-dcd.nsf/fr/accueil], (25 septembre 2008).

LE MYTHE DE LA GRANDE ENTREPRISE

La majeure partie des échanges mondiaux s'effectuent entre les filiales de multinationales (commerce intersociété). Au Canada, en 2007, 72 % des exportations de produits manufacturiers étaient le fait d'entreprises multinationales, le reste étant ventilé entre les PME manufacturières et les agents commerciaux[16].

Cela démontre que les grandes entreprises ont un plus grand potentiel d'exportation que les PME, et on peut être porté à croire que ce potentiel est lié à la taille des entreprises, c'est-à-dire à leur chiffre d'affaires et à leur nombre d'employés. Or, un examen approfondi de la situation des entreprises exportatrices invite à tenir compte d'autres considérations.

On observe que les firmes qui ont du succès à l'exportation sont celles qui offrent des produits novateurs et dont les dirigeants font preuve d'une volonté ferme de développer de nouveaux marchés. Cela s'observe tant chez les petites entreprises que chez les grandes.

Trois facteurs fondamentaux[17] déterminent l'aptitude d'un pays à faire du commerce :

1) ses ressources naturelles, c'est-à-dire ce qu'un pays peut exporter ;
2) sa base de connaissances, soit les compétences et les connaissances de sa population ;
3) sa capacité à produire de manière concurrentielle, c'est-à-dire à utiliser les deux facteurs précédents de façon optimale, en vue d'atteindre une productivité et une croissance maximales.

L'émergence d'une économie véritablement mondiale signifie que le marché fonctionne désormais 24 heures sur 24, tous les jours de l'année. C'est un marché indépendant des distances et des moyens utilisés, et qui se soucie peu du pays d'origine du produit ou du service. Pour garder la position enviable qu'il occupe en tant que l'un des principaux pays commerciaux et l'une des principales économies du monde, le Canada doit être au fait de ces nouvelles réalités et en tirer profit.

OBJECTIF  **4**

Comprendre les avantages de l'exportation.

II. POURQUOI EXPORTER ?

On doit d'abord comprendre que l'exportation est synonyme de nouveaux débouchés pour un produit et donc, d'augmentation des ventes. Voyons certains avantages qui découlent de cela au niveau international et à celui de l'entreprise même, avantages qui peuvent pousser une entreprise à vendre à l'étranger.

---

16. Mandaté par une entreprise exportatrice, un agent commercial a pour tâche de la représenter de façon permanente sur un territoire donné, où il jouit de l'exclusivité de cette représentation. Indépendant de l'entreprise qu'il représente, l'agent commercial dispose généralement de sa propre force de vente. Nous aborderons ces notions dans le chapitre 5, « Les réseaux de commercialisation et de distribution à l'étranger », p. 175.
17. Nous verrons que l'avantage absolu et l'avantage comparatif, deux notions que nous introduirons aux pages 29 et 31, peuvent s'ajouter à ces trois facteurs.

LES RAISONS D'ORDRE NATIONAL

LA CONCURRENCE INTERNATIONALE

Les entreprises qui travaillent uniquement sur le marché national peuvent facilement s'en satisfaire et ignorer ce qui se passe dans leur industrie à l'échelle internationale, alors que celles qui exportent doivent traiter avec les meilleurs concurrents mondiaux. C'est un peu comme un athlète qui remporte le premier prix dans une compétition régionale : pour bien évaluer son talent, il doit se mesurer à des athlètes de niveau international en participant à des événements tels que les Jeux olympiques.

LE RAYONNEMENT HORS FRONTIÈRES

En acheminant à l'étranger un produit québécois, une entreprise transmet aussi aux acheteurs une partie du savoir, de la technologie et même de la culture du Québec. Exporter équivaut donc à affirmer une certaine présence québécoise à l'étranger de même qu'importer équivaut à reconnaître et accepter la présence d'autres nations, cultures ou technologies. Pensons seulement au rayonnement de la langue anglaise et à sa grande influence chez nous.

LA CROISSANCE ÉCONOMIQUE NATIONALE

La croissance d'une économie s'évalue par l'augmentation plus ou moins rapide de la production. Celle-ci peut être le fait de l'accroissement de la consommation et de l'investissement, mais aussi de l'accroissement du volume des exportations. En conséquence, une balance commerciale excédentaire rend un pays créditeur par rapport au reste du monde, le met en position de créancier et lui confère une certaine autorité ; à l'inverse, une position débitrice le rend dépendant de ses créanciers et des organisations internationales.

UNE CONJONCTURE FAVORABLE

Les entreprises canadiennes et québécoises n'ont jamais bénéficié d'un climat aussi favorable à l'exportation. Les efforts que déploient les gouvernements pour réduire les obstacles au commerce ainsi que la cadence des améliorations techniques relatives aux transports et aux moyens de communication à l'échelle planétaire font de l'exportation une option intéressante, tant pour les grandes entreprises que pour les petites. Dans le contexte commercial actuel, tirer parti des débouchés internationaux pourrait bien être le meilleur moyen d'assurer la croissance et la survie des entreprises. En effet, les exportations sont synonymes de création d'emplois et de croissance économique continue.

Depuis sa création, en 1984, le Cirque du Soleil a présenté des spectacles devant plus de 80 millions de personnes dans 200 villes du monde. En 2008, l'entreprise de Montréal présentait huit spectacles en tournée et sept en résidence permanente. Avec les spectacles qui s'ajoutent en 2009, cela porte le total à 20 spectacles présentés simultanément. On ne peut trouver meilleur exemple de rayonnement international.

LES RAISONS D'ORDRE PARTICULIER

LA TAILLE DU MARCHÉ

Se borner à un marché national peut limiter la croissance future de certaines entreprises, voire diminuer le cycle de vie de leurs produits. L'exportation donne accès à de vastes marchés, aux marchés émergents et aux marchés à créneaux, où les produits et services d'une entreprise peuvent être considérés rares ou uniques.

LA DIVERSIFICATION DES MARCHÉS

En diversifiant ses marchés, l'entreprise ne doit pas mettre tous ses œufs dans le même panier : si elle vend son produit dans un seul pays et que celui-ci traverse une période de récession, les conséquences seront plus graves que si elle le vend dans plusieurs pays. La diversification rend donc l'entreprise moins vulnérable aux fluctuations économiques nationales, car, même si un marché est en récession, un autre peut être en croissance.

LES ÉCONOMIES D'ÉCHELLE

Économies d'échelle
Économies réalisées sur le coût moyen d'un produit consécutivement à une augmentation de la production.

En ayant accès à une plus grande part de marché, les entreprises qui exportent peuvent produire en plus grande quantité, ce qui leur permet de réaliser des **économies d'échelle** puisque leurs frais fixes sont répartis sur un volume plus élevé. Ainsi, le marché québécois peut être trop étroit pour permettre à une entreprise de rentabiliser les investissements en immobilisations qu'elle devrait faire pour augmenter sa production. De même, la spécialisation dans l'offre de certains produits ou services peut être freinée parce que la demande nationale est insuffisante pour couvrir les frais de mise en marché.

LA SURVIE DE L'ENTREPRISE

L'exportation constitue, en quelque sorte, une riposte à la concurrence étrangère sur notre territoire. Il pourrait sembler plus facile d'adopter un style protectionniste et de refuser l'accès aux importations, mais avec l'abaissement des barrières douanières, les effets négatifs d'une telle mesure seraient bien plus graves que les avantages qu'elle procurerait. Nous avons plus à gagner à exporter nos produits qu'à empêcher des produits étrangers de pénétrer notre marché. Il faut donc vivre avec cette concurrence et y répondre en exportant nos produits.

OBJECTIF 5

Apprendre les notions économiques de base touchant au commerce mondial.

III. QUELQUES NOTIONS ÉCONOMIQUES CONCERNANT LE COMMERCE

Les notions économiques liées au commerce incluent notamment :

1) le troc, cet échange sans monnaie ;
2) l'approvisionnement et l'écoulement, les deux fonctions du commerce ;
3) les termes de l'échange, ou le rapport entre les prix des produits échangés ;
4) la balance des paiements, cette comptabilité des échanges mondiaux.

LE TROC

Le **troc** a toujours fait partie des activités humaines. Les premières tribus avaient le choix entre échanger des surplus et se faire la guerre. Il en résultait toujours une redistribution des ressources disponibles.

Le troc implique l'échange de deux ou de quelques produits différents en ce qui a trait à leur nature et à leur valeur économique. La tribu A offrait un produit abondant chez elle et rare chez sa voisine B, qui, pour sa part, en avait besoin et qui offrait, en retour, un produit abondant chez elle et rare chez l'autre. Les deux groupes y gagnaient.

Le produit en abondance chez l'une ou l'autre tribu n'avait que peu de *valeur d'usage* puisqu'il était en surplus. Par contre, la valeur du même produit était grande pour la tribu qui en manquait : c'est la notion de *valeur d'échange*. Nous avons donc une valeur d'échange supérieure à une valeur d'usage pour chaque produit troqué : ce rapport est la base d'un troc satisfaisant. L'encadré 1.3 montre quelle tournure peut prendre le troc.

La valeur d'échange dépend des besoins du groupe acquéreur et se réalise par le commerce. Si un seul bien est en cause, le groupe qui en a besoin aura tendance à faire la guerre pour l'obtenir. L'échange se produit alors selon les aléas de la bataille.

Troc
Échange direct d'un bien contre un autre, excluant l'emploi de monnaie.

Encadré 1.3

Combien un Airbus vaut-il de crevettes ?

Soulevée au début de l'année 2004, cette question était au cœur d'un marchandage pour le moins original entre la European Aeronautic Defence and Space Co. (EADS) et le gouvernement thaïlandais. « Combien de crevettes vaut un Airbus ? La question paraît incongrue. Il faudra bien, pourtant, y trouver une réponse si [...] le constructeur européen donne suite à la volonté de la Thaïlande, qui, faute d'argent, offre d'échanger des avions contre ses succulents crustacés. Un accord de troc, en somme, [...] qui viserait à obliger l'Union européenne à ne plus bouder les crevettes thaïlandaises, trois fois plus taxées [...] que leurs homologues malaises », par exemple. « En cas de refus, Bangkok menace même de se tourner vers Boeing. » Il n'est pas certain, cependant, « que la compagnie américaine soit plus friande de ce [mode de] paiement en nature qui, contrairement à l'argent, a de l'odeur. » Ni Airbus ni Boeing n'ont accepté cette offre. En conséquence, le gouvernement thaïlandais s'est vu obligé d'emprunter les fonds nécessaires pour acheter, en 2007, les avions d'Airbus.

Source : Tiré et adapté de *L'Expansion,* 16 décembre 2003, [www.lexpansion.com/art/2250.72350.0.html], (17 octobre 2008).

L'APPROVISIONNEMENT ET L'ÉCOULEMENT

Le commerce implique deux agents économiques : l'acheteur, éventuel consommateur, et le vendeur, auparavant producteur. Ils accomplissent respectivement les deux fonctions d'approvisionnement et d'écoulement.

L'APPROVISIONNEMENT

Dès qu'il y a eu spécialisation dans le commerce, certaines personnes sont devenues importatrices ou grossistes afin d'assurer l'approvisionnement. Avant même l'époque de la navigation à voile, l'**approvisionnement** était une fonction vitale : il fallait assurer à la ville des provisions pour que les besoins des citoyens soient satisfaits. En cas de pénurie, c'était la famine, fréquente à l'époque. On pouvait alors recourir à l'organisation militaire pour répondre aux besoins pressants, faute d'autres moyens.

Approvisionnement
Activité consistant à se procurer les matières premières, produits ou fournitures dont on a besoin.

Aujourd'hui, l'approvisionnement a dépassé le cadre des besoins essentiels. Les produits stratégiques tels que le pétrole, les métaux de base, les ressources naturelles en général et l'ensemble des matières premières forment la base de l'approvisionnement mondial. La Terre semble être dans une période de surproduction, tant de denrées alimentaires que de biens divers, mais l'abondance a toujours été relative, et certaines régions du globe vivent toujours dans la misère et la famine. L'abondance, typique des pays riches ne peut donc être considérée comme la norme.

L'ÉCOULEMENT

Écoulement
Activité consistant à vendre sa production sur le marché.

La contrepartie de l'approvisionnement est l'**écoulement**. Les premiers vendeurs itinérants transportaient les produits excédentaires d'une région à une autre qui en avait besoin, et en faisaient donc profiter tout le monde. Le commerçant tirait ainsi profit de son commerce en profitant de la valeur d'échange de ses produits.

Aujourd'hui, le monde voit se construire des réseaux mondiaux de distribution, contrôlés par plusieurs sociétés multinationales interreliées. Même la publicité fait maintenant partie du processus de production.

LES TERMES DE L'ÉCHANGE

Termes de l'échange
Rapport entre la valeur des importations et celle des exportations d'un pays, plus précisément entre la valeur des produits vendus et celle des produits achetés au cours d'une même année.

Les **termes de l'échange** d'un pays sont le rapport, pour une année donnée, entre le prix moyen qu'il a reçu pour ce qu'il a exporté et le prix moyen qu'il a payé pour ce qu'il a importé. Ce rapport sert d'indicateur et permet d'apprécier l'avantage qu'un pays retire de ses relations commerciales avec l'extérieur. « Les termes de l'échange constituent une information complexe mais fort utile pour comprendre le commerce international », indique-t-on sur le site *Perspectives Monde* de l'École de politique appliquée de l'Université de Sherbrooke[18]. » En effet, les termes de l'échange concrétisent les « rapports de force » économiques qui s'établissent entre les pays participants au commerce international. Dans le cadre du débat sur la dégradation des termes de l'échange, par exemple, ils illustrent clairement que la dynamique du commerce international contribue inexorablement à accentuer l'écart entre les pays riches et les pays pauvres. En observant les termes de l'échange des pays du Sud, on constate que ces derniers sont désavantagés parce que les prix des matières premières (essentiellement dans le secteur agroalimentaire) tendent à être stables ou à diminuer, tandis que ceux des produits transformés ou manufacturés tendent à augmenter rapidement (voir figure 1.7, page suivante). Résultat, les pays moins riches du Sud obtiennent de moins en moins pour une quantité donnée de

---

18. Université de Sherbrooke, École de politique appliquée, *Perspectives Monde*, s.d., [www.perspective.usherbrooke.ca/bilan/stats/0/2005/fr/7/carte/tt.pri.mrch.xd.wd/x.html], (11 novembre 2008).

Figure 1.7

Les termes de l'échange de deux pays pauvres et de deux pays riches

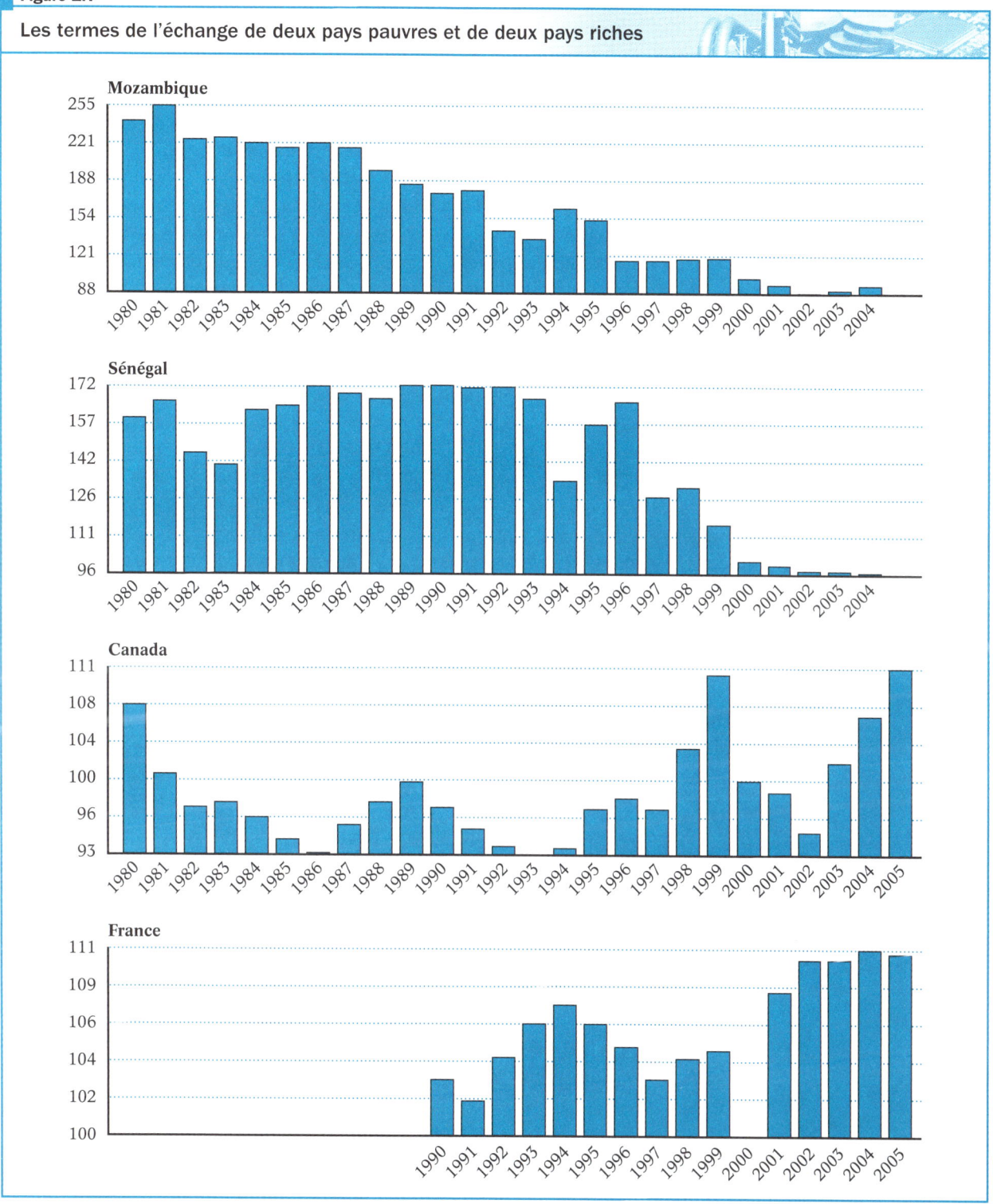

Source : Université de Sherbrooke, École de politique appliquée, *Perspectives Monde*, s.d., [www.perspective.usherbrooke.ca/bilan/stats/0/2005/fr/7/carte/tt.pri.mrch.xd.wd/x.html], (11 novembre 2008).

matière première (réduction du pouvoir d'achat). Il leur faut donc exporter davantage pour obtenir les produits transformés dont ils ont besoin.

LA BALANCE DES PAIEMENTS

Balance des paiements
Dispositif comptable qui résume les transactions d'un pays avec le reste du monde.

www.banqueducanada.ca/fr/revue

La **balance des paiements** fait état de la comptabilité du commerce international d'un pays pour une période donnée, c'est-à-dire de ses opérations de débit et de crédit avec le reste du monde. Les données de la balance des paiements canadienne sont publiées trimestriellement dans la *Revue de la Banque du Canada*, et mensuellement dans des numéros spéciaux de cette même revue.

La balance des paiements inclut le commerce de produits – comme les biens manufacturés, les matières premières et les produits agricoles – et le commerce de services – comme les voyages et le transport. Elle se divise en deux parties : la balance commerciale et le solde des capitaux.

La *balance commerciale* est la différence entre la valeur des biens et services qu'un pays exporte et la valeur des biens et services qu'il importe. Si la valeur des exportations d'un pays dépasse celle de ses importations, il y a un excédent commercial, et la balance est positive. Si à l'inverse, la valeur des importations excède celle des exportations, le pays a un déficit commercial et sa balance est négative.

Le *solde des capitaux* constitue quant à lui un énoncé beaucoup plus large des mouvements monétaires internationaux, qui comprennent non seulement le commerce de biens et de services, mais aussi les mouvements des revenus de placements et d'investissements ainsi que les transferts de paiements.

La balance commerciale à elle seule n'indique pas dans quelle mesure l'économie d'un pays se porte bien ou mal. Une balance positive ou négative peut être attribuable simplement à un changement des coûts relatifs des marchandises nationales par rapport aux prix internationaux. Toutefois, pour ce qui est des branches d'activité fortement exportatrices, telles que le secteur de l'automobile, une balance commerciale positive peut être la conséquence d'une plus forte demande internationale. Elle peut alors se traduire par une augmentation du nombre d'emplois dans cette branche d'activité.

www.oecd.org/home

Généralement, le Canada affiche une balance commerciale positive, c'est-à-dire qu'en termes de valeur, il exporte plus qu'il n'importe. D'ordinaire, le pays affiche une importante balance commerciale clairement positive en regard des États-Unis, mais une balance négative face au Japon, à l'Union européenne et aux autres pays membres de l'*OCDE*.

IV. LES THÉORIES CLASSIQUES DU COMMERCE INTERNATIONAL

LE MERCANTILISME

Mercantilisme
Doctrine des économistes des XVIe et XVIIe siècles, fondant la richesse des États sur leurs réserves en or et en argent.

Le **mercantilisme** est une philosophie économique des XVIe et XVIIe siècles selon laquelle la richesse d'un pays se mesure à la quantité d'or et d'argent (métal) qu'il possède. Le pays est ainsi encouragé à augmenter ses réserves d'or et d'argent en augmentant ses exportations et en réduisant ses importations, de façon qu'il lui reste plus de richesse.

Adam Smith (voir l'avantage absolu ci-dessous) a sérieusement critiqué la théorie mercantiliste, disant qu'elle fait plus de mal que de bien. En effet, le pays qui limite ses importations est obligé de gaspiller ses ressources dans une production de biens en laquelle il n'est pas expert. Selon Smith, cette inefficacité de production réduit la richesse d'un pays même si la taille de son trésor augmente.

Encore de nos jours, lorsqu'on parle d'un pays qui impose des tarifs et des quotas sur les biens provenant d'un autre pays, on dit que le pays adopte une politique commerciale mercantiliste.

L'AVANTAGE ABSOLU

OBJECTIF 6

Distinguer l'avantage comparatif de l'avantage absolu.

Avantage absolu
Position avantageuse qui permet à une entreprise ou à un pays de produire un bien ou un service en utilisant moins de ressources qu'un tiers.

Un pays A possède un avantage absolu sur un pays B s'il peut produire un bien ou un service à moindre coût, c'est-à-dire en utilisant moins de ressources que le pays B. Le concept d'**avantage absolu**, élaboré par Adam Smith en 1776, implique qu'un pays gagne à se spécialiser dans les produits pour lesquels il dispose d'un avantage absolu, c'est-à-dire de meilleures conditions de production que celles des autres pays.

Le fait que les possibilités de production diffèrent grandement d'un pays à l'autre est à la base des échanges internationaux. Chaque pays pourrait tenter d'être autarcique en produisant la marchandise dont il a besoin. Ainsi, le Canada pourrait essayer de cultiver ses bananes et son café en serre. Cela serait possible, mais les produits risqueraient d'être de mauvaise qualité et leurs coûts seraient prohibitifs.

Même si deux pays peuvent produire les mêmes biens, l'expérience montre que chacun a intérêt à se spécialiser et à échanger certains produits locaux contre d'autres provenant de l'extérieur. Cela est d'autant plus avantageux si chacun des pays dispose d'un bien qu'il est à même de produire à moindre coût que son concurrent.

Prenons pour exemple un monde constitué de deux pays, le Canada et l'Australie, qui existent en n'entretenant aucune relation commerciale et qui produisent deux biens : du vin et du pétrole. Le facteur unique de production est la main-d'œuvre. Pour produire une unité de pétrole (un baril), le Canada a besoin de 4 employés, et l'Australie, de 10 employés. Pour produire une unité de vin (une bouteille), le Canada a besoin de 8 employés, et l'Australie, de 2 employés.

	Employés requis pour produire une unité	
Pays	**Vin**	**Pétrole**
Canada	8 employés	4 employés
Australie	2 employés	10 employés

Dans cet exemple, on peut remarquer que le Canada est plus « productif » en matière de pétrole, car il a besoin de moins de main-d'œuvre que l'Australie, qui, elle, est plus « productive » en matière de vin, car elle a besoin de moins de main-d'œuvre que le Canada. On peut constater que le Canada détient un avantage absolu sur l'Australie pour la production de pétrole, et que l'Australie détient un avantage absolu sur le Canada pour la production de vin.

Le principe de l'avantage absolu veut qu'un pays se spécialise dans la production de ce qu'il est capable de produire en utilisant un minimum de facteurs de production (dans notre cas, la main-d'œuvre). Avec sa main-d'œuvre (12 employés), le Canada peut produire une bouteille de vin et un baril de pétrole. Avec sa main-d'œuvre (12 employés), l'Australie peut aussi produire une bouteille de vin et un baril de pétrole. La production mondiale correspond à deux bouteilles de vin et deux barils de pétrole. Si le Canada se spécialise dans le pétrole et l'Australie, dans la production de vin, la main-d'œuvre canadienne qui se consacrait au vin travaillera au pétrole, tandis que la main-d'œuvre australienne qui se consacrait au pétrole travaillera au vin. Le Canada, qui peut produire 1 baril de pétrole avec 4 employés, produira désormais 3 barils de pétrole. L'Australie, qui peut produire 1 bouteille de vin avec 2 employés, en produira désormais 6 bouteilles. Avec cette spécialisation des deux pays, la production mondiale de vin et de pétrole atteindra 6 bouteilles et 3 barils, comparativement à deux bouteilles et deux barils dans la situation d'origine.

Prenons un autre exemple, en utilisant cette fois un autre facteur de production, le dollar, au lieu de la main-d'œuvre. Le Canada peut produire, avec un investissement de 100 CAD, 500 boisseaux de blé ou 25 mètres de toile. En situation de concurrence, le prix de 500 boisseaux de blé sera le même que celui de 25 mètres de toile. Supposons également qu'en Inde, on obtient, toujours avec 100 CAD, 50 boisseaux de blé ou 125 mètres de toile.

Pays	Quantités équivalentes à 100 CAD	
	Blé (boisseaux)	Toile (mètres)
Canada	500	25
Inde	50	125

On voit que le blé coûte moins cher au Canada qu'en Inde : le Canada a là un avantage absolu. En revanche, le mètre de toile coûte moins cher en Inde qu'au Canada : l'Inde a un avantage absolu en cette matière. Aussi simple qu'il soit, cet exemple illustre que le commerce entre le Canada et l'Inde est extrêmement profitable. Le Canada exporte du blé vers l'Inde, et l'Inde exporte de la toile vers le Canada.

Pays	Prix à l'unité	
	Blé (boisseaux)	Toile (mètres)
Canada	0,20 CAD	4,00 CAD
Inde	2,00 CAD	0,80 CAD

Si le Canada produit le blé et la toile, les ressources qu'il affectera à une unité de chacun de ces deux produits apparaissent dans un ratio de 1:20 (un boisseau coûte 0,20 CAD et un mètre coûte 4 CAD). Il en coûte en effet 20 fois plus pour produire un mètre de toile qu'un boisseau de blé. Dans une telle situation, le Canada acceptera tout commerce susceptible de lui fournir des mètres de toile à un coût inférieur à ce qu'il lui en coûterait pour le produire chez lui, donc à un prix inférieur à 4 CAD.

Une transaction commerciale avec l'Inde qui lui offrirait 1 mètre de toile indienne en échange d'au plus 20 boisseaux de blé canadien serait intéressante. En effet, il paierait alors 4 CAD (20 × 0,20 CAD) de blé pour obtenir la valeur équivalente en toile (100 CAD ÷ 25). Si l'Inde exigeait davantage, disons 21 boisseaux de blé canadiens pour 1 mètre de toile indienne, le Canada serait désavantagé. Il n'obtiendrait que 4,00 CAD pour une marchandise en valant 4,20 (21 × 0,20 CAD), ce qui reviendrait à payer 4,20 CAD chaque mètre de toile indienne, ce qui est plus coûteux même que ce qu'il lui en coûterait pour produire sa propre toile.

De son côté, l'Inde peut consacrer ses ressources à la production d'unités de toile et de blé dans un ratio de 2,5:1 (un mètre coûte 0,80 CAD et un boisseau coûte 2,00 CAD). Il lui en coûte en efeet 2,5 fois plus pour produire un boisseau de blé qu'un mètre de toile. Dans une telle situation, l'Inde acceptera tout commerce susceptible de lui fournir des boisseaux de blé à un coût inférieur à ce qu'il lui en coûterait pour le produire chez lui, donc à un prix inférieur à 2 $ CAD. Une transaction commerciale avec le Canada qui lui offrirait 1 boisseau de blé canadien en échange d'au plus 2,5 mètres de toile indienne serait intéressante. En effet, il paierait alors 2 CAD (1 × 2,00 CAD) de toile pour obtenir la valeur équivalente en blé (2,5 × 0,80 CAD).

De manière globale donc, le Canada tend à être plus spécialisé en blé qu'en toile et l'Inde, en toile qu'en blé. Ils ont donc tous deux avantage à tirer profit de cette complémentarité en établissant des liens commerciaux durables et donc, avantageux pour les deux parties. En ce sens, ils pourraient convenir d'échanger 5 boisseaux de blé pour 1 mètre de toile et ainsi sortir tous deux gagnants de la transaction. En effet, il en coûterait alors au Canada 1,00 $ (5 boisseaux × 0,20 CAD/boisseau) pour recevoir l'équivalent de 4,00 CAD (1 m de toile indienne × 4 CAD/m), et l'Inde remettrait 1 mètre de toile (qui lui coûte 0,80 CAD) pour recevoir une valeur de 10,00 CAD en blé (5 boisseaux × 2,00 CAD/boisseau).

Si la loi de l'avantage absolu marque un changement important par rapport au mercantilisme, elle ne peut cependant expliquer qu'une partie du commerce international. En effet, si on se limite à cette théorie, un pays qui aurait dans tous les domaines une productivité inférieure à celle des autres pays ne pourrait strictement rien se procurer sur le marché international.

L'AVANTAGE COMPARATIF

Pour remédier aux lacunes de la théorie de l'avantage absolu, en 1817, David Ricardo a démontré, grâce à une analyse des **avantages comparatifs**, que l'échange entre deux pays est favorable à chacun d'entre eux à partir du moment où le coût de production relatif des objets diffère. Chaque pays a donc intérêt à se spécialiser là où il est comparativement le meilleur ou le moins mauvais.

Le grand mérite de Ricardo a été précisément de montrer que le flux d'échanges réciproques ne dépend pas de l'existence d'un avantage absolu pour chaque pays, mais seulement de la différence des rapports de coûts entre les deux pays. Un flux

Avantage comparatif
Position d'avantage qui permet à une entreprise ou à un pays de produire un bien ou service à un coût moindre que d'autres produits ou services.

d'échanges réciproques peut exister même si l'un des deux pays produit les deux biens à moins bon compte que l'autre pays. C'est ce que nous allons examiner.

Reprenons l'exemple du Canada et de l'Australie avec le pétrole et le vin, et modifions-le pour donner un avantage de productivité au Canada par rapport à l'Australie, et ce, pour les deux produits.

Pays	Employés requis pour produire une unité	
	Vin	Pétrole
Canada	2 employés	4 employés
Australie	12 employés	6 employés

Le Canada, parce qu'il a besoin de moins de main-d'œuvre que l'Australie, détient un avantage absolu sur cette dernière dans la production de vin et de pétrole. A-t-il encore un intérêt à échanger avec l'Australie ? Si oui, à quelles conditions ? Au Canada, un baril de pétrole s'échange contre deux unités de vin[19]. En Australie, un baril de pétrole s'échange contre une demi-unité de vin. En d'autres termes, au Canada, une bouteille de vin correspond à un demi-baril de pétrole et en Australie, au double, soit à deux barils de pétrole.

Canada	1 baril de pétrole = 2 bouteilles de vin
	1 bouteille de vin = 0,5 baril de pétrole
Australie	1 baril de pétrole = 0,5 bouteille de vin
	1 bouteille de vin = 2 barils de pétrole

Une entreprise australienne pourra alors exporter un baril de pétrole au Canada et recevoir en échange deux bouteilles de vin, au lieu de la demi-bouteille qu'elle aurait obtenue sur le marché local. De la même manière qu'une entreprise canadienne pourra exporter une bouteille de vin et recevoir en échange deux barils de pétrole, au lieu du demi-baril qu'elle aurait obtenu sur le marché local.

Imaginons l'exemple suivant. Le Canada et l'Inde ont 1 000 travailleurs chacun. Chaque pays produit deux biens, du blé et de la toile, et l'économie canadienne est plus productive que l'économie indienne. Le commerce entre les deux pays n'existe pas et chaque pays a affecté la moitié de sa main-d'œuvre à chaque industrie. Le Canada produit ainsi 500 boisseaux de blé et 250 mètres de toile, tandis que l'Inde produit 50 boisseaux de blé et 125 mètres de toile.

Supposons maintenant que les deux pays se spécialisent. Même si le Canada est plus efficace que l'Inde dans la production des deux produits, il a un plus grand avantage dans la production de blé (10 fois plus que l'Inde, comparativement à 2 fois plus pour la toile). Cette constatation amène le Canada à consacrer la majorité de sa main-d'œuvre, soit 700 travailleurs au lieu de 500, à la production de blé et 300 à la production de toile. Cette mesure augmente la production de blé à 700 boisseaux et réduit la production de toile à 150 mètres.

19. Transférés vers le vin, les 4 employés canadiens qui produisaient du pétrole produiront 2 bouteilles de vin.

De son côté, l'Inde décide de consacrer toute sa main-d'œuvre à la production de toile, qui atteint maintenant 250 mètres au lieu de 125. Le tableau suivant résume la situation. On y voit que la production mondiale des deux produits a augmenté, le blé passant de 550 à 700 boisseaux, et la toile, de 375 à 400 mètres.

	Production et consommation avant la spécialisation		Production après la spécialisation		Consommation après l'échange	
	Blé (boisseaux)	Toile (mètres)	Blé (boisseaux)	Toile (mètres)	Blé (boisseaux)	Toile (mètres)
Canada	500	250	700	150	600	270
Inde	50	125	0	250	100	130
Total	**550**	**375**	**700**	**400**	**700**	**400**

Les pays décident maintenant de commercer ensemble ; mais à quel prix ? Les deux pays ne voudront pas importer un produit à un prix supérieur à celui en cours avant la spécialisation. Le Canada voudra au minimum 0,5 mètre de toile pour chaque boisseau de blé (500 boisseaux de blé = 250 mètres de toile, donc 1 boisseau = 0,5 mètre), et l'Inde ne donnera pas plus de 2,5 mètres de toile pour chaque boisseau reçu (50 boisseaux de blé = 125 mètres de toile, donc 1 boisseau = 2,5 mètres). Ces valeurs correspondent au **ratio d'échange intérieur**.

Supposons maintenant que les termes de l'échange soient établis à 1,2 mètre de toile par boisseau de blé, ce qui correspond au **ratio d'échange international**, et que, par conséquent, 120 mètres de toile sont échangés pour 100 boisseaux. Le Canada se retrouve avec 270 mètres de toile (150 + 120) et 600 boisseaux de blé (700 – 100), et l'Inde aura 130 mètres de toile (250 – 120) et 100 boisseaux de blé (0 + 100), ce qui est suffisant pour la consommation locale de chaque pays. Dans de telles conditions d'échange, les deux pays ont amélioré leur situation.

Contrairement à Smith, Ricardo a bien montré que l'échange de produits entre pays ne dépend pas des coûts absolus, mais des différences dans les coûts relatifs ou prix relatifs. À partir du moment où les prix relatifs de deux biens sont différents dans les deux pays, il y a forcément un bien qui a un prix relatif plus faible dans un pays et un autre qui a un prix relatif plus faible dans l'autre pays. On dit que chaque pays a forcément un avantage comparatif. On peut illustrer cette loi de l'avantage comparatif par l'exemple suivant.

Une femme de ménage entreprend des études pour devenir médecin. Son sens de l'organisation et sa rapidité à faire le ménage sont restés tels qu'en une heure elle peut nettoyer son bureau de pratique privée, alors que la meilleure des femmes de ménage sur le marché y mettrait deux heures. Cependant, malgré ce rendement exceptionnel dans l'entretien ménager, a-t-elle avantage à nettoyer elle-même son bureau ? Ne devrait-elle pas plutôt embaucher une femme de ménage, plus lente qu'elle ? Évidemment, la médecin aura avantage à embaucher une femme de ménage : l'heure de consultation médicale est beaucoup mieux payée (disons dix fois plus) que l'heure de travail ménager, et la femme médecin ne nettoie que deux fois plus vite que la femme de ménage. La femme de ménage, bien que plus lente, conserve un avantage comparatif.

Ratio d'échange intérieur
Ratio qui définit la limite dans laquelle l'échange international doit se trouver pour que les deux pays tirent avantage de leur commerce.

Ratio d'échange international
Ratio qui définit l'échange sur lequel deux pays se sont entendus pour échanger leurs biens.

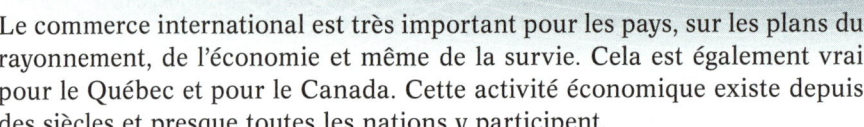

RÉSUMÉ

Le commerce international est très important pour les pays, sur les plans du rayonnement, de l'économie et même de la survie. Cela est également vrai pour le Québec et pour le Canada. Cette activité économique existe depuis des siècles et presque toutes les nations y participent.

Nous avons présenté dans ce chapitre un aperçu historique du commerce international, de ses débuts jusqu'à nos jours. Nous nous sommes penchés en particulier sur l'évolution du commerce canadien et québécois au cours des dix dernières années, en ayant recours à des statistiques et à des données diverses. Nous avons ensuite porté notre regard sur cette nouvelle tendance que constitue la mondialisation et sur le rôle qu'y jouent certains pays émergents ainsi que le Canada.

Puis nous avons présenté quelques notions économiques du commerce international telles que le troc (cet échange sans monnaie), l'approvisionnement et l'écoulement (les deux fonctions principales du commerce), les termes de l'échange ainsi que la balance des paiements (sorte de résumé comptable des échanges d'un pays avec le reste du monde). Enfin, nous avons résumé les théories classiques du commerce international, dont le mercantilisme, l'avantage absolu et l'avantage comparatif.

MOTS CLÉS

Français	Anglais
Approvisionnement (p. 26)	Supply
Avantage absolu (p. 29)	Absolute advantage
Avantage comparatif (p. 31)	Comparative advantage
Balance commerciale (p. 10)	Balance of trade
Balance des paiements (p. 28)	Balance of payments
Économies d'échelle (p. 24)	Economies of scale
Écoulement (p. 26)	Selling
Excédent commercial (p. 10)	Trade surplus
Groupe des huit (G8) (p. 16)	Group of Eight
Investissement direct à l'étranger (IDE) (p. 16)	Foreign direct investment
Mercantilisme (p. 28)	Mercantilism
Produit national brut (PNB) (p. 16)	Gross national product
Protectionnisme (p. 2)	Protectionism
Ratio d'échange intérieur (p. 33)	Domestic exchange ratio

Français	Anglais
Ratio d'échange international (p. 33)	International exchange ratio
Termes de l'échange (p. 26)	Terms of trade
Termes réels (p. 6)	Real terms
Troc (p. 25)	Barter

VÉRIFIEZ VOS CONNAISSANCES

Questions à choix de réponses

1. Quelle est la notion économique qui inclut le commerce de produits et de services, mais aussi les mouvements de revenus de placements et d'investissements et les transferts de paiements ?

   a) La balance des paiements   c) La balance commerciale

   b) Les termes de l'échange   d) La balance économique

2. Quelle région du globe est peu présente dans les échanges internationaux de produits et de services ?

   a) L'Afrique   c) Le Moyen-Orient

   b) La Russie   d) L'Amérique latine

3. Le Canada a comme principal partenaire commercial les États-Unis. Quelle province canadienne a les liens les plus étroits avec notre voisin du sud ?

   a) L'Ontario   c) La Colombie-Britannique

   b) Le Québec   d) L'Alberta

Questions à court développement

4. Quelles sont les trois principales destinations géographiques des exportations canadiennes ? Dans quelles proportions les exportations canadiennes vont-elles dans ces zones ? Quelles sont les trois principales destinations des biens que le Québec exporte ? Dans quelles proportions les exportations québécoises vont-elles dans ces zones ?

5. a) Le Canada exporte-t-il plus qu'il n'importe ou est-ce l'inverse ?

   b) Donnez la définition de la balance commerciale.

   c) La balance commerciale du Canada était-elle excédentaire ou déficitaire en 2006 ? En 2007 ? En 2008 ?

6. Soit deux pays A et B dotés de ressources limités. Si le pays A se consacre entièrement à la production de vin, il pourra produire 5 000 unités (bouteilles de 750 ml), et s'il ne produit que de l'acier, il pourra en produire 25 tonnes. Le pays B pourra produire 500 unités de vin ou 125 tonnes d'acier.

   a) Le pays A a-t-il un avantage absolu ? Si oui, pour quel produit ?

   b) Lequel des deux pays devrait exporter l'acier ?

   c) L'échange serait-il bénéfique aux deux pays ? Pourquoi ?

   d) Si la bouteille de vin se vend 12 $, quel pourrait être le prix d'une tonne d'acier ?

7. Une entreprise peut avoir plusieurs raisons d'exporter son produit. Parmi celles-ci, comment se nomme celle qui permet à l'entreprise de réaliser des économies sur ses frais fixes par leur répartition sur un volume plus élevé d'un produit donné ?

8. Quel est le pays constituant le troisième grand pôle du commerce international après les États-Unis et l'Union européenne ?

Recherches Internet

9. L'encadré 1.2 « Quels sont ces "BRIC" qui nous tombent sur la tête », page 12, présente le **B**résil, la **R**ussie, l'**I**nde et la **C**hine comme les quatre nouveaux champions de la concurrence mondiale. À l'aide d'Internet, faites une recherche comparative sur ces quatre pays et déterminez le vrai champion selon vous. Pour vous aider, nous avons énuméré des critères qui vous permettront de faire votre choix. À titre de comparaison, nous avons ajouté une colonne additionnelle pour le Canada.

	Brésil	Russie	Inde	Chine	Canada
Exportations (USD)					
Importations (USD)					
Excédent ou déficit					
Population (millions d'h.)					
Taux de chômage (%)					
PIB (USD)					
Taux d'inflation (%)					

Sites Internet à consulter :
- www.diplomatie.gouv.fr/fr
- www.ducroire.be
- www.trading-safely.com/sitecwp/cefr.nsf
- www.cia.gov/library/publications/the-world-factbook

10. En visitant le site d'Industrie Canada et en faisant une recherche par produits, répondez aux questions suivantes pour la dernière année dont les données sont affichées.

   a) Quel produit le Nouveau-Brunswick exporte-t-il le plus ? Vers quel pays ?

   b) Quel produit le Québec exporte-t-il le plus ? Vers quel pays ?

   c) De quel pays le Québec importe-t-il le plus de bananes fraîches ? Pour quelle valeur ?

   d) De quel pays le Québec importe-t-il le plus de noix de cajou sans coques ? Pour quelle valeur ?

   e) De quel pays la Colombie-Britannique importe-t-elle le plus de noix de cajou sans coques ? Pour quelle valeur ?

   f) Commentez les réponses obtenues aux questions D et E : d'après vous, pourquoi sont-elles différentes l'une de l'autre ?

   g) Nommez quatre pays avec lesquels le Canada a un surplus commercial et quantifiez cet excédent.

   h) Nommez quatre pays avec lesquels le Canada a un déficit commercial et quantifiez ce déficit.

   Site Internet à consulter :

   www.ic.gc.ca/eic/site/tdo-dcd.nsf/fra/accueil

Études de cas

11. La Mondanie (pays fictif), située sur la côte méditerranéenne, jouit d'un climat exceptionnel pour la production maraîchère. Depuis des siècles, les habitants y ont perfectionné l'art de cultiver la tomate. Comme la plupart des pays en voie de développement, la Mondanie exporte ses produits agricoles, notamment les tomates, et importe de la machinerie lourde. Son seul partenaire commercial est le Canada, qui reçoit la production totale de sa réputée tomate, la mondaniera. Par ailleurs, l'infrastructure du Canada lui permet de fabriquer des machines en quantité et, donc, de bénéficier d'une certaine économie d'échelle.

   Le tableau suivant présente les coûts de production dans les deux pays. La devise de la Mondanie est le rati et 1 rati correspond à 1 CAD.

Pays	Tomates mondaniennes (coût à la caisse)	Machines (coût à l'unité)
Canada	25 CAD	200 CAD
Mondanie	20 ratis	500 ratis

   a) Quel est le ratio d'échange intérieur entre les deux produits ?

   b) Montrez comment les deux pays peuvent bénéficier du commerce de leurs produits en supposant que la Mondanie a 2 500 ratis et qu'elle a besoin de cinq machines. Utilisez un ratio d'échange de 20 caisses pour 1 machine.

c) Au cours des dernières années, la production de la tomate au Canada a fait l'objet d'une énorme restructuration. Des entrepreneurs privés ont investi de l'argent pour moderniser et rentabiliser cette culture, de sorte que la Mondanie n'est plus concurrentielle pour ce qui est du goût et du prix. À la lumière de ces nouvelles données, les deux pays ont-ils avantage à continuer de commercer ensemble ? Quel sera le nouveau ratio d'échange intérieur ?

Le tableau suivant indique les nouveaux coûts de production après la restructuration de l'industrie de la tomate au Canada.

Pays	Tomates mondaniennes (coût à la caisse)	Machines (coût à l'unité)
Canada	10 CAD	200 CAD
Mondanie	20 ratis	500 ratis

12. Vous travaillez pour le ministre du Développement économique, de l'Innovation et de l'Exportation. Lors de la dernière réunion, on vous a informé que les exportations du Québec vers les États-Unis ont subi une baisse considérable depuis 2005. Le ministre vous demande de lui préparer un communiqué de presse afin d'expliquer les causes de cette baisse et de répondre aux questions des journalistes, et vous somme de trouver de bonnes nouvelles en ce qui a trait aux exportations québécoises. Il vous demande de consulter le site d'Industrie Canada (www.ic.gc.ca/epic/site/tdo-dcd.nsf/fr/accueil) pour appuyer vos propos.

Vous trouverez des exercices additionnels dans le **Compagnon Web**, à l'adresse **www.erpi.com/jammal.cw.**

CHAPITRE 2

NOTIONS POLITIQUES ET **JURIDIQUES LIÉES** AU COMMERCE INTERNATIONAL

1 Mesurer l'importance des environnements politique et juridique pour le pays qui exporte et pour celui qui importe, p. 43.

2 Comprendre comment les actions politiques des gouvernements des marchés visés peuvent être à la source de risques pour une entreprise exportatrice, p. 52.

3 Comprendre de quelles manières les relations politiques et les traités peuvent influer sur les affaires internationales, p. 57.

4 Apprécier la complexité de l'environnement juridique qui influence les entreprises, p. 74.

5 Acquérir une connaissance générale des différentes lois qui régissent le commerce international, p. 74.

orsqu'on cherche à conclure une vente à l'étranger, on doit en premier lieu mener une négociation. Le vendeur et l'acheteur doivent discuter du prix et de la quantité de biens à acheter ou à vendre. Dans la plupart des cas, ces discussions aboutissent à la rédaction d'un contrat de vente ou à une offre formelle d'achat. Dans ce chapitre, nous traiterons de ces contrats et, surtout, du contexte politique et juridique dans lequel ils sont rédigés.

Bien connaître les environnements politique et juridique dans lesquels se brassent les affaires constitue la meilleure préparation à l'exercice du commerce international. En revanche, négliger cet aspect peut vouer à l'échec n'importe quel projet, divers imprévus et aspects incompris risquant à tout moment de faire dérailler une entente. Aussi, tout changement dans ces environnements peut être la source d'occasions intéressantes et d'appuis ou, au contraire, d'obstacles ou de retards.

Au cours des 50 dernières années, l'économie, la politique et le droit internationaux ont connu un développement sans précédent, qui se traduit aujourd'hui par le phénomène de la **mondialisation**. Grâce au développement des technologies, les marchés financiers du monde entier peuvent être reliés de façon permanente et accroître ainsi leur pouvoir et leur influence. Une entreprise qui décide d'exporter ses produits doit accorder une importance primordiale aux contextes politique et juridique, et surveiller en tout temps leurs évolution aux niveaux national et international.

Évidemment, notre ouvrage ne saurait donner un portrait complet et parfait des systèmes politiques et juridiques internationaux. Le droit international constitue un domaine d'études particulièrement complexe, et les entreprises recourent souvent à des spécialistes et à des consultants en cette matière lorsqu'elles se lancent dans le commerce international ou mènent des activités de cet ordre.

Nous diviserons ce chapitre en deux grandes sections : la première traitera de l'environnement politique de l'entreprise, et la seconde, de l'environnement juridique.

Mondialisation
Constitution d'un réseau global de marchés où se croisent les flux financiers, les États, les réseaux d'information, les cultures, les individus, etc. Il en résulte une certaine homogénéisation, voire une perte, des identités nationales.

MISE EN SITUATION

Vous vendez des ordinateurs pour une grande entreprise canadienne. Un vendredi, à 16 h, le téléphone sonne. Votre interlocuteur, un acheteur pour le gouvernement du Qatar (pays du Moyen-Orient), désire acheter 1 000 unités de votre tout nouveau modèle, à 3 400 CAD l'unité. Après vous être assuré d'avoir cette quantité en stock, vous terminez la conversation en suggérant à votre client potentiel de rappeler lundi matin pour finaliser la vente, ce à quoi il acquiesce.

Le lendemain soir, vous soupez avec un ami dont l'entreprise vend des téléviseurs. Il se met à vous raconter l'histoire d'une vente qui s'est déroulée le mois précédent. Un client qatari désirait acheter des téléviseurs, et la transaction se déroulait normalement, jusqu'à ce qu'on se rende compte que le client avait émis un chèque sans provision. Vous apprenez que ce client qatari et votre acheteur potentiel sont en réalité la même personne.

Le lundi matin suivant, lorsque ce client vous rappelle, vous lui indiquez qu'il devra payer les ordinateurs d'avance, car sa réputation en matière de paiement ne semble pas irréprochable. Insulté, il vous convainc que ces ouï-dire ne sont pas fondés et vous invite à venir le visiter au Qatar. En payant le voyage, il démontre la santé financière de son ministère, affirme-t-il.

Vous acceptez son offre et prenez le premier vol à destination du Qatar. Sur place, vous êtes accueilli par votre interlocuteur, mais aussi par la police nationale, qui vous arrête. Vous apprenez qu'au Qatar la diffamation constitue un crime et que vous êtes passible d'emprisonnement à vie.

Dommage, car les commissions liées à cette vente étaient alléchantes !

Le thé et ses légendes

On raconte qu'un jour, en l'an 2737 avant notre ère, l'empereur chinois Shen Nung fit bouillir de l'eau sous un arbre, en vue de se désaltérer. À la faveur d'une brise, les branches s'agitèrent et laissèrent tomber quelques feuilles. Lorsque les feuilles tombèrent dans l'eau, celle-ci se colora et prit un parfum délicat. Prenant une gorgée, l'empereur fut enchanté et se servit une autre tasse. Sans le savoir, il venait d'inventer le thé, car l'arbre était un théier sauvage.

On raconte aussi que le prince indien Dharma, l'un des fils du roi Kosjuwo, décida de quitter son pays parce qu'il avait été touché par la grâce et qu'il souhaitait aller en Chine pour y transmettre l'enseignement de Bouddha. Comme il voulait se montrer à la hauteur de sa mission, il fit un vœu : se priver de sommeil pendant toute la durée du voyage, c'est-à-dire neuf ans. Au bout de trois ans, la somnolence

l'avait néanmoins gagné. Le sommeil allait s'emparer de lui lorsqu'il se mit à mâcher des feuilles de théier qu'il venait de cueillir. Leurs propriétés stimulantes firent rapidement effet, ce qui lui apprit qu'il pouvait puiser là la force nécessaire pour les six années de veille qui restaient à son apostolat.

Au Japon, on ne raconte pas tout à fait la même histoire. Au bout de trois ans, le même prince Bodhi-Dharma était si épuisé qu'il s'était endormi en pleine séance de dévotions. Lorsqu'il se réveilla, il fut si furieux et déçu de lui-même, qu'il se coupa les paupières puis les jeta à terre. En revenant sur les lieux, quelques années plus tard, il vit un arbuste d'une espèce inconnue. Après en avoir goûté les feuilles, il se rendit compte qu'elles avaient pour effet de maintenir les yeux ouverts. Il propagea la nouvelle, et les gens se mirent à cultiver du thé là où le prince était passé.

De nos jours, on croit que la plante a d'abord poussé dans le sud de la Chine, près des frontières de la Birmanie, du Viêt Nam et du Yunnan, et que ce sont d'abord les Chinois qui ont pris l'habitude de boire du thé.

Le tableau 2.1 présente les importations et les exportations canadiennes de thé de 2006 à 2008. On remarque que le Canada accuse un important déficit commercial concernant l'importation et l'exportation de ce produit. On importe le thé principalement du

Royaume-Uni et on l'exporte surtout aux États-Unis. La valeur des importations de thé a augmenté d'environ 12 % au cours des trois dernières années, tandis que celle des exportations a cru de 31 %.

Bien que l'importation ou l'exportation de thé puissent sembler simples en regard de la nature non technique du produit, il reste que ce dernier doit répondre à de nombreux critères légaux reliés à la nature des feuilles, leur provenance, leurs vertus, leur composition,

etc. Nous verrons, à la fin de ce chapitre, que le Japon[a], grand consommateur de thé, applique des normes très rigoureuses aux produits théiers qui sont vendus sur son marché.

a. Le Japon fait l'objet de la rubrique « Le Canada et ses partenaires commerciaux » à la fin de ce chapitre, p. 89.

Source : Adapté du Palais des thés, *Le thé et ses légendes*, Paris, Le Palais des thés, 2008, [www.palaisdesthes.com/fr/le-the/], (7 octobre 2008).

Tableau 2.1

Les importations et les exportations canadiennes de thé, en milliers de CAD

IMPORTATIONS				EXPORTATIONS			
Pays	2006	2007	2008	**Pays**	2006	2007	2008
Royaume-Uni	72 947	76 841	80 206	États-Unis	24 803	26 620	33 964
États-Unis	16 095	18 994	19 173	Royaume-Uni	1 469	1 565	740
Chine	11 080	11 090	13 142	Émirats arabes unis	201	519	270
Sri Lanka	8 998	8 641	9 107	Suède	42	160	215
Inde	9 592	6 645	8 142	Irlande	202	138	208
Kénya	3 979	5 355	4 825	Sri Lanka	13	0	208
Japon	2 746	3 248	4 402	Trinidad et Tobago	31	18	51
Réimportations (Canada)	1 003	2 408	3 340	France	27	41	50
Taïwan (Taïpei)	2 360	2 271	2 335	Singapour	114	49	50
Allemagne	2 362	1 846	2 083	Chine	94	33	49
Total partiel	**131 163**	**137 339**	**146 756**	**Total partiel**	**26 998**	**29 143**	**35 806**
Autres pays	8 729	10 341	10 417	Autres pays	654	762	495
Total	**139 892**	**147 680**	**157 173**	**Total**	**27 651**	**29 905**	**36 300**

Source : Tiré et adapté d'Industrie Canada, *Données sur le commerce en direct*, Importations et exportations totales (10 premiers pays), SH 0902 - Thé, s.d., [www.ic.gc.ca/epic/site/tdo-dcd.nsf/fr/accueil], (rapports générés le 3 mars 2009).

I. L'ENVIRONNEMENT POLITIQUE DE L'ENTREPRISE

OBJECTIF 1

Mesurer l'importance des environnements politique et juridique pour le pays qui exporte et pour celui qui importe.

L'environnement politique international tient aux actions et aux décisions des gouvernements locaux et étrangers qui peuvent avoir une influence ou des conséquences directes sur les opérations de commerce international d'une entreprise. Cet environnement inclut les facteurs politiques[1] nationaux et internationaux qui peuvent affecter les opérations des entreprises, mais aussi les idéologies ou les croyances de toute nature qui, bien que n'émanant pas directement des États, peuvent influer sur le comportement des gouvernements et des citoyens à l'égard de l'entreprise.

L'analyse de l'environnement politique est capitale pour une entreprise, car elle lui permet de se prémunir contre les incidences négatives que pourraient avoir certains facteurs politiques sur ses activités. L'encadré 2.1 présente un exemple de contexte politique national et international affectant directement le commerce international : les normes de sécurité adoptées aux États-Unis puis au Canada à la suite des attentats du 11 septembre 2001. Une entreprise ignorant l'application de cette réglementation par les douaniers américains verra sa compétitivité affaiblie par rapport à celle de ses concurrents plus avertis.

Encadré 2.1

Les programmes de lutte contre le terrorisme C-TPAT et FAST

« En vertu des programmes volontaires de lutte contre le terrorisme (C-TPAT et FAST), les entreprises doivent mettre en œuvre des procédures de sécurité qui respectent les lignes directrices établies par les organismes douaniers américains.

« Les programmes s'adressent aux importateurs, aux transporteurs ainsi qu'aux chauffeurs.

Customs Trade Partnership Against Terrorism (C-TPAT)

« Ce programme, recommandé mais non obligatoire, a été créé en partenariat par le gouvernement et l'industrie des États-Unis. Il garantit aux adhérents que les chaînes d'approvisionnement se situent à un niveau élevé d'intégrité.

« L'entreprise dépose une demande d'adhésion pour recevoir sa certifica-

tion de participation au programme C-TPAT. L'entreprise devra présenter ensuite une analyse détaillée de sa chaîne logistique et mettre en place, au besoin, un plan d'amélioration de la sécurité.

« Une fois la certification accordée, la responsabilité de l'intégrité de la chaîne logistique repose sur l'entreprise. Elle suit les recommandations du C-TPAT à cet effet.

Free And Secure Trade (FAST)

« Ce programme harmonise les exigences du programme C-TPAT et celles du volet transport et manipulation des marchandises.

Les programmes C-TPAT et FAST

« [...] Ainsi, ces programmes, fondés sur de saines techniques de gestion du

risque, permettent surtout d'accroître la fluidité du passage des marchandises sécurisées à la frontière. Ils visent aussi à réduire les coûts reliés aux délais occasionnés par les contrôles frontaliers, par les moyens suivants :

– Réduire les exigences en matière de renseignements pour le dédouanement ;

– Supprimer, pour les importateurs, le besoin de transmettre des données pour chaque transaction ;

– Réserver des voies pour les véhicules transportant les marchandises des participants certifiés C-TPAT et FAST ;

– Réduire le nombre d'inspections à la frontière de six à huit. [...] »

Source : Ministère du Développement économique, de l'Innovation et de l'Exportation du Québec, *Programmes C-TPAT et FAST,* 7 février 2008, [www.mdeie.gouv.qc.ca/ctpat], (7 octobre 2008).

---

1. On dit de ces facteurs qu'ils sont politiques, car ils résultent en majorité d'actions et de décisions gouvernementales.

L'ENVIRONNEMENT POLITIQUE DU PAYS EXPORTATEUR

À travers les divers ministères qui le constituent, le gouvernement canadien conçoit des lois et des règlements qui encouragent ou freinent le commerce international, en favorisant bien entendu les entreprises canadiennes. Ces mesures ont pour but de protéger les entreprises canadiennes de la concurrence étrangère ou de stimuler la vente de produits et de services canadiens au détriment des concurrents locaux ou étrangers vendant des produits importés. Des mesures de ce genre s'insèrent dans le cadre d'une politique économique que nous appelons le protectionnisme.

LE PROTECTIONNISME

Globalement, le protectionnisme consiste en diverses mesures tarifaires et non tarifaires qui visent à protéger la production nationale de la concurrence étrangère.

Les mesures tarifaires[2]

Les tarifs douaniers ont longtemps constitué la principale mesure tarifaire s'appliquant aux biens importés. Ils visent essentiellement à réduire le volume des importations et à rendre les produits importés moins concurrentiels. Nous pouvons les regrouper en deux types : les tarifs spécifiques et les tarifs *ad valorem*.

Les tarifs spécifiques constituent la forme la plus simple de tarifs douaniers, car ils sont levés sous la forme d'un montant fixe par unité de marchandise importée (par exemple, un tarif de 3 $ pour chaque litre de vin). Les tarifs *ad valorem* sont calculés en pourcentage de la valeur des marchandises importées (par exemple, un tarif de 20 % sur la valeur des chaussures). Il arrive que l'on combine les deux formes de tarification.

Ce type de mesures a de moins en moins la faveur des entreprises et des gouvernements : puisque l'Organisation mondiale du commerce (OMC)[3] a bien réussi à abattre les barrières tarifaires dans le monde au cours de ses 50 ans d'existence, on a plutôt recours aujourd'hui à des mesures non tarifaires.

Les mesures non tarifaires

Les mesures protectionnistes qu'imposent certains pays pour protéger leur économie s'avèrent de plus en plus originales. Elles sont souvent non tarifaires, dans la mesure où elles frappent d'interdiction tel ou tel produit étranger ne respectant pas, par exemple, des normes techniques, des règles de sécurité, des règles d'hygiène ou des normes sanitaires. Certaines s'appliquent au niveau de la production.

Dans la guerre commerciale de la télévision à haute définition, par exemple, les États-Unis, le Japon et l'Europe ont établi des standards techniques différents, voire incompatibles, ce qui empêche l'importation de produits non conformes et protège leurs marchés respectifs.

---

2. Ces notions seront approfondies au chapitre 6, « Les douanes », p. 223.
3. Nous traiterons de l'OMC dans le présent chapitre, p. 71.

Les normes de santé, de sécurité et d'hygiène passent souvent pour des mesures protectionnistes. Un camion qui est chargé à Montréal et doit se rendre à Miami devra faire face à toute une série de barrières érigées par chacun des États américains qu'il traverse.

La Norme internationale de mesures phytosanitaires nº 15 (NIMP 15) impose un traitement insecticide, par la chaleur ou par fumigation au bromure de méthyle, aux palettes de manutention en bois. Trente pays, dont le Canada, ont déjà adopté cette norme avec ou sans conditions particulières.

Les mesures protectionnistes prennent parfois la forme de tracasseries administratives. Par exemple, le gouvernement français, qui voulait empêcher les appareils japonais d'envahir son marché, a un jour obligé tous les fabricants de magnétoscopes à faire entrer leurs produits sur son marché par un seul petit poste de douane situé loin des ports, ce qui a provoqué un temps d'attente interminable (plus de deux mois). Le découragement des fabricants a entraîné une diminution des importations de magnétoscopes en France. Il s'agit là d'un exemple de protectionnisme caché mettant bien en relief la subtilité et la créativité auxquelles les mesures non tarifaires ouvrent la porte.

On peut aussi retarder indéfiniment l'émission de permis dans le but de décourager les importations. Il arrive également que le gouvernement exige que le nom du pays d'origine ou la mention « produit importé » soient inscrits sur le produit. L'intention du législateur est ici d'encourager l'achat des produits locaux en faisant appel au sentiment nationaliste.

Quoi qu'il en soit, nous nous attarderons ici à deux mesures non tarifaires : les quotas d'importation, et les sanctions et embargos.

Les quotas d'importation

Les **quotas d'importation** visent à restreindre la quantité de telle ou telle marchandise étrangère qu'il est possible d'acheter dans un pays donné. Établis de manière globale ou répartis entre les entreprises au moyen de licences d'importation, les quotas réduisent la quantité de produits importés, ce qui fait augmenter le prix de ces derniers. Les produits locaux ont alors de plus grandes probabilités de se vendre, puis de voir leur prix baisser grâce à des économies d'échelle. Illustrons ce mécanisme par des exemples.

Quota d'importation
Quantité maximale d'un produit qui peut être importée, pour une période donnée.

Depuis le début des années 1980, les États-Unis restreignent systématiquement leurs importations de sucre raffiné canadien au moyen de quotas. Aujourd'hui, le Canada doit se limiter à y exporter du sucre de betterave raffiné et, ce faisant, doit faire face à la concurrence d'autres pays pour accéder à moins de 1 % de l'ensemble du marché sucrier américain. De plus, le contingentement des importations aux États-Unis touchant divers produits à forte teneur en sucre empêche les industriels canadiens de l'alimentation d'y exporter de nombreux produits alimentaires à valeur ajoutée.

Cette politique a eu de graves conséquences pour les exportations canadiennes de sucre raffiné. Comme le montre le tableau 2.2 (voir page suivante), de 1977 à 1980, le Canada exportait environ 75 000 tonnes de cette matière par année, à destination des États-Unis. Au cours de la décennie suivante, les quotas d'importation américains ont réduit considérablement les exportations canadiennes de sucre. En 1991, après la signature de l'**Accord de libre-échange nord-américain (ALENA)** entre le Canada et les États-Unis, les exportations ont repris et elles sont passées à environ 112 577 tonnes en 1994. Lorsque l'accord créant l'**Organisation mondiale du commerce (OMC)** est entré en vigueur, le 1er janvier 1995, le Canada a cependant subi de nouvelles restrictions : les États-Unis lui ont alors attribué une part aléatoire d'un nouveau quota mondial.

Accord de libre-échange nord-américain (ALENA)
Traité entré en vigueur en 1994, qui permet la libre circulation des produits entre les pays membres, soit le Canada, les États-Unis et le Mexique.

Organisation mondiale du commerce (OMC)
Organisation internationale sise à Genève et qui regroupe environ 150 États entre lesquels elle a pour but de favoriser les négociations commerciales multilatérales. Elle doit veiller à l'application des accords déjà signés et les administrer, superviser les politiques commerciales nationales et coopérer avec les autres organisations internationales telles que le Fonds monétaire international et la Banque mondiale.

Tableau 2.2

Exportations canadiennes du sucre raffiné vers les États-Unis

Année	Valeur (USD)	Poids net en tonnes
1977	24 204 340	84 331
1978	23 379 372	73 213
1979	25 516 924	70 352
1980	571 194	564
1981	1 114 941	2 440
1982	11 883 725	30 340
1983	6 218 600	13 938
1984	12 158 276	32 942
1985	10 327 371	25 766
1986	8 700 121	21 075
1987	12 980 272	36 265
1988	5 972 369	12 566
1989	5 001 352	n/d
1990	12 809 708	n/d
1991	22 882 775	38 906
1992	52 474 382	78 855
1993	52 390 781	80 026
1994	70 544 372	112 577
1995	27 241 420	42 703
1996	24 546 544	32 406
1997	16 240 853	21 988
1998	20 941 555	24 981
1999	15 299 194	18 275
2000	17 350 501	20 963
2001	17 218 549	23 569
2002	16 683 465	22 255
2003	16 139 910	21 578
2004	11 984 223	15 555
2005	19 350 826	26 370
2006[a]	44 241 078	54 527

a. Après le passage de l'ouragan Katrina en août 2005, qui a détruit une vaste partie de la récolte de canne à sucre dans le sud des États-Unis, les Américains se sont retrouvés en situation de pénurie. Ils ont alors fait appel au Canada pour pallier cette pénurie ; celui-ci leur a fourni 25 000 tonnes de sucre. Source : Comité sénatorial permanent de l'agriculture et des forêts, *Le Comité sénatorial réagit aux propositions américaines visant à limiter les exportations de sirop de betterave*, communiqué, 8 novembre 2006, [www.parl.gc.ca/39/1/parlbus/commbus/senate/com-f/agri-f/press-f/08nov06-f.htm], (2 décembre 2008).

Source : United Nations Statistics Division, *The United Nations Commodity Trade Statistics Database*, 2008, [www.comtrade.un.org/db/], (2 décembre 2008).

En revanche, ces quotas se sont révélés indirectement bénéfiques pour l'économie canadienne. En effet, ils ont créé aux États-Unis une rareté du sucre qui en a fait augmenter le prix. Or, si cette augmentation rend heureux les producteurs de sucre américains, qui ont la possibilité de vendre leur produit à un prix élevé, elle a l'effet contraire sur les entreprises telles que *Kraft Foods*, qui utilise le sucre pour fabriquer leurs produits, par exemple les Life Savers.

En conséquence, en 2003, Kraft a décidé qu'elle produirait désormais les Life Savers à Montréal plutôt qu'au Michigan, même si l'État du Michigan lui offrait une compensation de 25,5 millions de USD en incitatifs fiscaux, étalés sur 15 ans, pour qu'elle y maintienne sa production. C'est qu'en déménageant à Montréal, Kraft prévoyait réaliser des économies d'environ 7 cents le kilo de sucre acheté. Comme elle utilise 115 tonnes de sucre par jour[4], elle prévoyait réaliser des économies d'environ 3 millions de dollars par année[5] en s'approvisionnant en sucre canadien. On comprend bien qu'elle ait décidé de s'installer au Canada.

Dans un autre domaine, le textile, les producteurs canadiens ont, pendant de nombreuses années, bénéficié d'un avantage concurrentiel sur leurs homologues étrangers, car le gouvernement canadien imposait des quotas sur la quantité de textile qu'il était possible d'importer au Canada. Le gouvernement s'assurait ainsi de contrôler l'offre et donnait aux producteurs locaux la possibilité d'exiger un prix élevé pour leurs marchandises.

Or, lors des négociations commerciales multilatérales du **Cycle d'Uruguay**, qui ont pris fin à Marrakech en avril 1994, après sept ans de discussion, le Canada a accepté de démanteler graduellement ces quotas sur une période de 10 ans. Conséquemment, les produits textiles sont désormais exempts de quotas au Canada, le libre-échange à cet égard étant une réalité depuis le 1er janvier 2005. Toutefois, cette entière libéralisation s'est transformée en un véritable cauchemar en raison d'un facteur qu'il était impossible de prévoir en 1994, soit l'adhésion de la Chine à l'*Organisation mondiale du commerce*.

En effet, en 2002, la Chine est devenue un membre officiel et à part entière de l'OMC, avec les droits et les devoirs que cela implique. Elle en a immédiatement profité pour tirer avantage des quotas qui se trouvaient libéralisés depuis 1995, et ce, il faut bien l'avouer, abusivement. En tablant sur une politique vigoureuse des prix (réduction de 50 % à 70 %), elle s'est littéralement approprié le commerce des produits textiles. Récemment, le Conseil des ressources humaines de l'industrie du vêtement, organisme canadien, a rendu publics les résultats d'une étude[6] qui conclut que 41 000 Canadiens travaillant dans l'industrie textile ont perdu leur emploi entre 2001 et 2005, en raison de cette politique chinoise liée directement à l'abolition des quotas d'importation. Alors qu'elle se situait à 11,8 % en 2001 (juste avant que la Chine ne soit admise à l'OMC), la proportion d'importations canadiennes de

www.kraft.com

Cycle d'Uruguay
Ronde importante de négociations qui portaient sur la libéralisation des échanges au sein des pays membres de l'Accord général sur les tarifs douaniers et le commerce (GATT). Les négociations s'étendirent de 1986 à 1994 et débouchèrent sur l'accord de Marrakech, qui créa l'OMC en remplacement du GATT.

www.wto.org

---

4. Les Life Savers se composent de sucre à 95 %.
5. Tiré et adapté de Ralph Frammolino, «Workers Feel Like Suckers», *Los Angeles Times*, 20 mars 2002, p. A-1.
6. Conseil des ressources humaines de l'industrie du vêtement, *Le Vêtement au Canada. Perspectives d'avenir*, 2004, [www.apparel-hrc.org/userfiles/File/Final%20Report%20-%204%20phases%20-%20 FRENCH(1).pdf], (7 octobre 2008).

textile en provenance de Chine est passée à 60 % en 2007. Tous les autres fournisseurs de produits textiles ont connu des reculs de leurs parts de marché. Le tableau 2.3 illustre l'invasion du marché textile canadien par la Chine.

Tableau 2.3

Les importations canadiennes de produits textiles par pays, en pourcentage

	2001	2002	2003	2004	2005	2006	2007
Chine	11,82	15,43	18,55	21,48	50,99	53,78	60,38
Bangladesh	2,30	3,05	5,95	5,59	6,19	6,55	5,42
Cambodge	0,02	0,63	2,44	3,72	3,76	4,97	4,30
Inde	3,47	3,05	3,60	4,64	4,69	4,42	4,09
Viêtnam	0,16	0,25	0,76	1,10	1,90	3,17	3,02
Philippines	1,40	2,22	2,09	2,83	1,82	2,25	2,12
États-Unis	8,16	4,76	2,67	2,02	2,10	2,20	1,93
Hong Kong	29,26	23,28	22,22	18,42	4,59	2,79	1,79
Pakistan	1,59	2,10	2,99	3,45	2,16	2,60	1,64
Turquie	1,04	1,86	1,96	2,35	1,50	1,39	1,60
Total partiel	**59,23**	**56,64**	**63,23**	**65,58**	**79,69**	**84,11**	**86,28**
Autres pays	40,77	43,36	36,77	34,42	20,31	15,89	13,72
Total	**100,00**	**100,00**	**100,00**	**100,00**	**100,00**	**100,00**	**100,00**

Source : Industrie Canada, *Données sur le commerce en direct*, s.d. [www.ic.gc.ca/epic/site/tdo-dcd.nsf/fr/accueil], (7 octobre 2008).

Pour conclure, mentionnons que, outre le sucre, d'autres industries et produits canadiens subissent les contrecoups des quotas d'importation qu'imposent au Canada d'autres pays. Citons, entre autres, les industries du bois d'œuvre et du bœuf canadien, qui ont largement fait les manchettes au cours des dernières années.

LES SANCTIONS ET LES EMBARGOS

Sanction
Mesure de contrainte prise par un groupe de nations contre un État exportateur qui est en violation du droit international.

Embargo
Interdiction d'exporter ou d'importer concernant des produits ou des pays particuliers, pour des raisons politiques, économiques ou sanitaires.

Les **sanctions** et les **embargos** sont des actions gouvernementales qui entravent la libre circulation des biens et services entre les États, pour des raisons plus politiques qu'économiques. Ces mesures visent à empêcher, à limiter ou à surveiller l'exportation ou l'importation (voir encadré 2.2, page suivante) d'une ou de plusieurs marchandises vers un pays ou en provenance d'un pays déterminé.

Au fil du temps, les sanctions économiques et les embargos sont devenus les principaux outils de la politique étrangère de nombreux pays. Souvent, ceux-ci les imposent unilatéralement dans l'espoir de déstabiliser le gouvernement d'un pays ou, à tout le moins, de provoquer une réorientation de ses politiques d'exportation. Cependant, les motifs pour lesquels un État prend de telles mesures contre un autre varient grandement, allant, par exemple, du non-respect des droits de la personne à la prolifération d'armes nucléaires, en passant par le terrorisme.

Encadré 2.2

Deux exemples d'embargo

Oiseaux sauvages. Au mois d'octobre 2005, le Royaume-Uni, qui a assumé la présidence tournante du Conseil de l'Union européenne, a appelé ses 24 partenaires à décréter un embargo sur les oiseaux sauvages de compagnie en provenance du reste du monde. Selon les responsables du ministère britannique de l'Environnement, de l'Alimentation et des Affaires rurales, la Commission européenne était favorable à une telle mesure. Les importations de volailles, considérées comme des oiseaux domestiques, allaient rester autorisées.

Dracaena sanderiana. En juillet 2001, Santé Canada a interdit l'importation du dragonnier surnommé « Lucky Bamboo » (*Dracaena san-*

deriana), plante ornementale transportée dans de l'eau dormante. L'organisme fédéral craignait que cette plante ne contienne des larves d'un certain moustique exotique. Il a aussi demandé à l'Agence des douanes et du revenu du Canada d'instaurer un embargo sur toutes les cargaisons de cette plante, et ce, dans tous les ports du pays.

Ainsi, on a renvoyé en Asie, les chargements reçus entre le 2 et le 17 juillet 2001, ou encore on les a détruits ou traités pour enrayer tout risque de propagation du moustique. Par la suite, aucune livraison de dragonniers en eau dormante n'a été acceptée au Canada.

Sources : « Les oiseaux migrateurs trop vite accusés ? », *L'Humanité*, Paris, 24 octobre 2005 ; Santé Canada, *Embargo sur les importations de dragonniers expédiés dans des contenants d'eau dormante*, 5 juillet 2001, [www.hc-sc.gc.ca/ahc-asc/media/advisories-avis/_2001/2001_75-fra.php], (7 octobre 2008).

Voici les pays ou groupes qui ont fait ou qui font présentement l'objet de sanctions économiques canadiennes[7] :

- Règlements pris en vertu de la *Loi sur les Nations Unies* :
  - Côte d'Ivoire
  - République démocratique du Congo
  - République populaire démocratique de Corée (Corée du Nord)
  - Iran
  - Irak
  - Liban
  - Libéria
  - Rwanda
  - Sierra Leone
  - Soudan
  - Terroristes
- Règlements pris en vertu de la *Loi sur les mesures économiques spéciales* :
  - Myanmar
  - Zimbabwe

7. Pour connaître les raisons de ces sanctions ainsi que les produits qu'elles visent, consultez le document *Sanctions économiques canadiennes*, 4 septembre 2008, [www.dfait-maeci.gc.ca/trade/sanctions-fr.asp], (7 octobre 2008).

- Pays inscrits dans la liste des pays visés par la *Loi sur les licences d'exportation et d'importation*, pays à destination desquels on ne peut exporter de marchandises canadiennes sans licence :
  - Bélarus
  - Myanmar

Cet extrait d'un communiqué du ministère français des Affaires étrangères au sujet de l'Iran illustre bien le genre de motivations qui peut amener un État à imposer des sanctions : «Le Conseil de sécurité des Nations Unies a adopté par 14 voix et 1 abstention une troisième résolution de sanctions à l'encontre de l'Iran. Cette résolution manifeste une nouvelle fois les inquiétudes de la communauté internationale face au programme nucléaire iranien, inquiétudes récemment renforcées par les éléments recueillis par l'Agence internationale de l'énergie atomique (AIEA) sur des activités pouvant témoigner d'une dimension nucléaire militaire du programme iranien[8]. »

Évidemment, les sanctions et les embargos ne produisent pas toujours les effets attendus : ils rendent parfois simplement plus difficile et plus coûteuse l'obtention des biens par les habitants du pays sanctionné, le gouvernement ne modifiant pas nécessairement ses politiques.

Les embargos s'avèrent généralement plus contraignants que les sanctions, car les pays qui les imposent interdisent unilatéralement le commerce avec le pays visé, cette interdiction pouvant ne toucher qu'une catégorie de produits (voir encadré 2.3, page suivante) ou s'appliquer à tout type de commerce[9]. Différentes raisons peuvent présider au décret d'un embargo, la sécurité d'État ou la volonté de représailles étant les plus couramment invoquées. S'il est évident que le pays subissant un embargo en souffre de différentes manières, au premier chef sur le plan économique, il pourra, à l'inverse, en aller de même pour une entreprise qui faisait auparavant affaire avec le pays désormais sous embargo. À cet égard, on peut conclure que le gouvernement qui décrète un tel embargo sert bien ses vues politiques, mais dessert aussi ses intérêts économiques.

Il existe de par le monde tant d'embargos qu'il n'est pas bien difficile d'en donner quelques exemples. Le plus célèbre demeure sans doute celui que les États-Unis ont décrété contre Cuba et son régime politique : le gouvernement américain interdit à ses citoyens de visiter Cuba et même de commercer avec ce pays, et il boycotte lui-même les produits cubains. Cet embargo, en vigueur depuis le 19 octobre 1960, a été infligé à Cuba en représailles à son changement de régime politique et parce que le nouveau gouvernement cubain avait entrepris de nationaliser plusieurs entreprises américaines établies sur son territoire (voir encadré 2.4, page suivante).

---

8. Ministère français des Affaires étrangères, *Adoption d'une nouvelle résolution de sanction contre l'Iran*, communiqué, 3 mars 2008, [www.ambafrance-au.org/spip.php?article2854], (7 octobre 2008).

9. On peut également citer, à titre d'exemple, la participation du Canada avec d'autres pays du Commonwealth à un embargo décrété contre l'Afrique du Sud en 1985. Les sanctions imposées interdisaient les importations de produits agricoles, d'uranium, de charbon, de fer, d'acier et de quelques autres marchandises d'Afrique du Sud. Cet embargo a été imposé pour faire prendre conscience aux autorités sud-africaines de la nécessité de mettre fin à l'apartheid.

Encadré 2.3

Un embargo sur le bœuf canadien

« En mai 2003, on a détecté un cas d'encéphalopathie spongiforme bovine au Canada, si bien que plus de 30 pays ont imposé un embargo immédiat sur les exportations canadiennes de bœuf. Les prix du marché des bovins ont baissé considérablement, créant ainsi un effet sur les gains des grands éleveurs canadiens. Les restrictions apportées aux exportations ont également eu une incidence sur le produit intérieur brut du Canada, entraînant pour l'industrie des pertes totales estimées, au début de 2004, à plusieurs milliards de dollars. Pour aider à compenser ces pertes, des programmes d'aide gouvernementaux ont été mis en œuvre pour soutenir le secteur de l'élevage bovin. »

Source : Gouvernement du Canada, « Concepts économiques. Embargo commercial », *L'économie canadienne à votre portée*, s.d. [www.canadianeconomy.gc.ca/francais/economy/trade_embargo.html], (7 octobre 2008).

Encadré 2.4

La révolution cubaine et les sanctions américaines en résumé

En 1953, Fidel Castro et ses collaborateurs organisent un coup d'État. Leur manœuvre échoue, et Castro est capturé. Accusé, il est libéré, mais doit s'exiler au Mexique. Dans ce pays, aidé par d'autres sympathisants, il commence à planifier sa révolution en projetant un retour à Cuba. Pendant ce temps, la misère qui sévit à Cuba pousse un nombre grandissant d'habitants à la guérilla. Ils se comptent bientôt par milliers à attendre le retour de Fidel. En juillet 1958, l'armée rebelle menée par Fidel attaque le palais de Fulgencio Batista, qui dirige le pays en dictateur depuis 1954. Le 1er janvier 1959, Batista s'enfuit, volant au trésor public quelque 40 millions de dollars USD.

Avec Castro au pouvoir, Cuba devient la première nation socialiste à se constituer aussi près des États-Unis. Dès qu'il accède au pouvoir, le gouvernement révolutionnaire de Castro réduit les loyers et entreprend d'exproprier les propriétaires terriens, dont les terres sont redistribuées aux paysans. Ces mesures provoquent l'exode de la population riche de Cuba vers Miami. D'autre part, le gouvernement castriste nationalise les grandes industries qui appartenaient auparavant à des entreprises étrangères, principalement américaines. Les États-Unis ripostent en suspendant tout achat de sucre cubain. Castro se tourne alors vers l'URSS[a] et signe une entente en vertu de laquelle l'URSS accepte d'acheter ce que les Américains n'achètent plus.

En octobre 1960, les Américains suspendent leurs relations diplomatiques avec Cuba et imposent un embargo économique partiel. L'invasion contre-révolutionnaire de la baie des Cochons, appuyée en 1961 par les Américains, ainsi que la crise des missiles soviétiques en 1962 n'améliorent en rien les relations américano-cubaines et conduisent les États-Unis à imposer à l'île un embargo total, exception faite de la vente de médicaments. Cet embargo, qui est toujours en vigueur, touche tous les produits cubains, même ceux que vendent d'autres pays. Ainsi, un entrepreneur canadien ne peut importer de produits cubains (des cigares, par exemple) pour les vendre ensuite aux États-Unis.

En 1991, faisant face à une grave crise économique et politique, l'URSS décide de se retirer de Cuba, privant Castro d'environ 4 milliards de dollars USD par année. Désirant mettre fin une fois pour toutes au régime castriste, les États-Unis passent en 1996 la *Loi de Helms-Burton*, qui impose des sanctions à tout pays faisant affaire avec Cuba. Fortement contestée par la communauté internationale, cette loi interdit, entre autres, à tout navire commercial ayant fait escale à Cuba d'accoster les États-Unis, et ce, pour une période de six mois.

a. Constituée de quinze républiques fédérées, l'Union des républiques socialistes soviétiques (URSS) s'est écroulée en 1991, ce qui, dans les faits, a donné naissance à la Russie telle que nous la connaissons aujourd'hui ainsi qu'à d'autres États, telles la Lituanie, la Lettonie et la Géorgie, qui ont alors proclamé leur indépendance.

Il arrive aussi qu'un embargo soit imposé moins directement. Par exemple, certaines nations arabes ont créé une « liste noire » des entreprises qui commercent avec Israël. Elles exigent de leurs fournisseurs une garantie que les produits qu'elles achètent n'ont pas été fabriqués en Israël et que l'entreprise qui les fabrique n'entretienne aucune relation commerciale avec la nation sioniste. Ces conditions d'achat visent évidemment à réduire au minimum les relations commerciales entre Israël et des pays tiers. Or, aux États-Unis, alliés traditionnels d'Israël, les entreprises qui se plient aux exigences de ce boycottage arabe peuvent écoper de lourdes amendes et se faire retirer tout avantage à l'exportation. Ainsi, les entreprises peuvent parfois être prises entre deux feux, face à des situations difficilement conciliables.

OBJECTIF **2**

Comprendre comment les actions politiques des gouvernements des marchés visés peuvent être à la source de risques pour une entreprise exportatrice.

II. L'ENVIRONNEMENT POLITIQUE DU PAYS IMPORTATEUR

MISE EN SITUATION

Cosmétiques Tanguy, l'entreprise de votre beau-frère, s'apprête à exporter sa nouvelle gamme de produits en Europe, pour un importateur belge ayant décidé de lui en acheter une pleine cargaison. Or, l'opération de mise en marché échoue lamentablement : les produits de Cosmétiques Tanguy n'ont même jamais franchi les douanes des ports européens. C'est que votre beau-frère ignorait que ses cosmétiques avaient été testés sur des animaux, ce qui en interdit l'usage dans l'Union européenne[a].

Les allumettes Feubleu, l'entreprise de votre sœur (votre famille est décidément fort industrieuse), souhaite importer des allumettes chiliennes au Canada, pressentant qu'elle en tirera un important profit. Au contraire, l'opération ne lui rapportera rien, sinon des pertes, car les douaniers canadiens ont retenu la cargaison d'allumettes et les ont détruites ! C'est que du phosphore blanc entrait dans la fabrication de ces allumettes, ce qu'interdit expressément la loi canadienne[b].

a. Pour en savoir plus sur cette loi, consultez le site de l'European Coalition to End Animal Experiments (ECEAE), *Cosmetics and Household Products*, s.d., [www.eceae.org/a2_cosmetics.php], (7 octobre 2008).
b. Pour en savoir plus sur cette loi, consultez le site du ministère de la Justice du Canada, *Lois sur les produits dangereux*, 6 octobre 2008, [lois.justice.gc.ca/fr/h-3/c.r.c.-ch.929/139575.html], (7 octobre 2008).

Comme vous le constatez, le système politique et les lois du pays importateur influent de multiples façons sur les opérations de commerce international. Un produit qui se vend facilement au Canada peut se voir refuser l'accès à un marché étranger pour plusieurs raisons[10]. De même, un produit aussi banal qu'une allumette peut se voir refuser l'accès au Canada en raison du non-respect d'une loi ou d'un règlement dont vous ne soupçonnez pas l'existence.

10. Nous examinerons, au chapitre 4, « Le marketing international », les raisons qui peuvent empêcher un produit d'être vendu dans un marché étranger, p. 133.

Le système ou l'idéologie politiques : démocratie et totalitarisme

Nombreux et variés sont les systèmes politiques. Théoriquement, toutefois, ils découlent tous des deux grands pôles que constituent la démocratie et le totalitarisme. Qu'il soit question de démocratie libérale ou conservatrice, de social-démocratie, de totalitarisme communiste ou de dictature théocratique, tous les régimes du monde s'inspirent d'un modèle ou de l'autre.

On peut définir la **démocratie** comme un système politique qui place le citoyen au centre du processus de décision politique. Selon cet idéal, tous les citoyens sont égaux politiquement et devant la justice, bénéficient d'importantes libertés et participent activement au processus politique dans la mesure où des élections leur permettent d'élire leurs représentants. Les pays démocratiques accordent aux individus le droit à la propriété privée et à la libre entreprise. Ils reconnaissent également la liberté d'expression et la liberté de presse.

À l'inverse, les pays totalitaires ne reconnaissent aucun droit démocratique à leur population. Le **totalitarisme** a pris, selon les époques et selon les pays, différentes formes. Le régime totalitaire le plus tristement célèbre restera sans doute l'URSS communiste de Staline, dont on trouve encore des copies plus ou moins conformes au sein des régimes de pays tels que la Chine, le Viêtnam, le Laos, la Corée du Nord et Cuba. Les régimes totalitaires peuvent aussi avoir un fondement théocratique, comme en Iran et en Arabie Saoudite ; dans ces régimes, les dirigeants religieux sont également dirigeants sur le plan politique. Enfin, certains régimes totalitaires puisent leur fondement dans le tribalisme, ce qui est le cas au Zimbabwe, en Tanzanie, en Ouganda et au Kenya.

Dans les pays soumis à un régime totalitaire, qu'il soit communiste, théocratique ou tribal, un individu ou un groupe de personnes monopolise le pouvoir politique et le processus de décision, n'acceptant aucune forme d'opposition, et les citoyens ne jouissent pas des bienfaits de la démocratie : qui dit totalitarisme dit dictature. Dans ces pays, le gouvernement impose généralement ses décisions, par la force de son armée s'il le faut. La plupart des pays totalitaires possèdent une économie planifiée dans laquelle le gouvernement procède à l'allocation des ressources[11].

En pratique, la grande majorité des pays ont adopté une idéologie politique mixte se situant entre ces deux extrêmes que sont la démocratie et le totalitarisme absolus, et leur économie se situe entre l'économie de marché et l'économie planifiée.

Les régimes politiques et la gestion des opérations de commerce international

Toute entreprise canadienne qui désire mener des affaires au niveau international doit évaluer les conséquences qu'il y aura pour elle à commercer avec un pays dont le système politique est plutôt démocratique, ou plutôt totalitaire. À cet égard, les

Démocratie
Organisation politique à l'intérieur de laquelle la souveraineté appartient à l'ensemble des citoyens.

Totalitarisme
Organisation politique à parti unique, lequel dirige souverainement, sans admettre d'opposition organisée, la totalité des activités de la société qu'il domine.

---

11. On parle aussi d'« économie dirigée ». Le *Grand dictionnaire terminologique* la définit comme une « forme d'économie politique où un plan valable pour toutes les branches décide du déroulement du procédé économique. Les plans économiques individuels sont soumis à ce plan d'ensemble élaboré par un service central de l'État. » Office québécois de la langue française, *Grand dictionnaire terminologique*, s.d., [www.granddictionnaire.com/btml/fra/r_motclef/index800_1.asp], (8 octobre 2008).

entreprises doivent analyser le marché étranger sous plusieurs aspects[12], dont les obstacles et pressions de nature gouvernementale, la stabilité politique et l'incidence de la corruption.

LES OBSTACLES ET PRESSIONS DE NATURE GOUVERNEMENTALE

Libre entreprise
Régime qui permet aux individus de décider de leurs propres activités économiques, et où les prix sont fonction de l'offre et de la demande.

Barrières tarifaires
Mesures protectionnistes pouvant prendre la forme de droits de douane ayant pour but de restreindre le commerce international de certains biens et services.

Dans un contexte de **libre entreprise**, les entreprises qui désirent exporter ne devraient pas avoir à subir de pression de la part d'un gouvernement étranger ou à contourner des obstacles à la vente dressés par celui-ci. Ces obstacles peuvent se présenter sous diverses formes, telles que des **barrières tarifaires**, des procédures administratives exagérément compliquées ou résulter d'événements de nature politique, tels qu'une guerre ou une révolution[13]. Ils peuvent aussi être des mesures délibérément prises par le gouvernement étranger pour nuire à l'exportateur en raison de sa nationalité.

LA STABILITÉ POLITIQUE

Risque-pays
Risque que des acheteurs d'un pays donné ne puissent s'acquitter de leurs obligations en raison de la situation politique, économique ou sociale de leur pays.

Dans bien des pays, le risque politique majeur consiste en l'apparition de conflits ou de changements politiques violents, qui découlent généralement de décisions et d'actions politiques gouvernementales. Ce type de risque, appelé **risque-pays**, peut évidemment mettre en danger l'activité commerciale internationale de n'importe quelle entreprise. Un gestionnaire doit évaluer attentivement la situation politique d'un pays où la probabilité de tels événements est forte avant d'y mener une affaire. En effet, si un conflit éclate, la probabilité que les firmes étrangères et leurs employés soient victimes de violence devient importante.

www.ducroire.be

Puisqu'une évaluation précise et actualisée du risque-pays s'impose pour tous les exportateurs, certains organismes se sont spécialisés dans ce type de services. Ainsi, l'entreprise *Ducroire* surveille 239 pays et offre à ses clients le résultat de ses analyses en ligne[14]. Ducroire étudie la stabilité politique et financière de chaque pays et établit la nature des risques susceptibles de survenir (événements politiques, pénurie de devises, état général de cessation de paiement dans le pays, etc.).

www.cato.org

Le *Cato Institute* publie chaque année son indice mondial de liberté économique, en classant les pays selon une pondération de cinq facteurs qui déterminent le risque qui leur est associé (voir tableau 2.4, page suivante).

- La taille du gouvernement ;
- La structure légale du pays et le droit de propriété ;
- L'accès aux devises et la possibilité d'utiliser des devises étrangères ;

---

12. Nous examinerons ces aspects dans le chapitre 3, « L'évaluation de la capacité d'exportation et l'étude de marché », et dans le chapitre 11, « Le paiement, le financement et les risques financiers », p. 99 et 469.
13. La révolution cubaine constitue à cet égard un bon exemple d'événement politique ayant eu des conséquences désastreuses pour les pays qui y exportaient et même pour les entreprises qui y étaient établies. Voir l'encadré 2.4, p. 51.
14. Ducroire, *Risques-pays,* s.d., [www.ducroire.be/webducdel/website.nsf/triskfr?openview&startkey= a&count=300&expand=1], (7 octobre 2008).

- La liberté de commercer avec l'étranger ;
- La libre circulation des capitaux et des ressources.

Ces cinq facteurs analysés, le CATO attribue un indice de liberté économique sur une échelle allant de 0 à 10. Plus l'indice est élevé, plus le pays est stable. En 2006, l'indice moyen des 141 nations analysées était 6,7.

Tableau 2.4

Le classement des pays selon l'indice mondial de liberté économique en 2006

Les dix premiers			Certains pays du milieu			Les dix derniers		
Rang		Indice	Rang		Indice	Rang		Indice
1	Hong Kong	8,9	27	Japon	7,5	132	Burundi	5,1
2	Singapour	8,6	54	Afrique du Sud	7,0	133	Tchad	5,1
3	Nouvelle-Zélande	8,3	58	Mexique	7,0	134	Rép. d'Afrique Centrale	5,0
4	Suisse	8,2	75	Égypte	6,7	135	Guinée Bissau	5,0
5	Royaume-Uni	8,1	77	Inde	6,6	136	Venezuela	4,8
6	Chili	8,1	93	Chine	6,3	137	Niger	4,7
7	Canada	8,1	96	Brésil	6,2	138	République du Congo	4,6
8	États-Unis	8,0	101	Russie	6,1	139	Myanmar	4,2
9	Australie	8,0	104	Pakistan	6,0	140	Angola	4,1
10	Irlande	7,9	114	Argentine	5,8	141	Zimbabwe	2,7

Source : Adapté de la Cato Institute, *Economic Freedom of the World : An Interactive Map,* 2008, [www.cato.org/pubs/efw/map/index.php], (7 octobre 2008).

L'agence de cotation française *Coface* fournit une information de grande qualité sur plus de 140 pays du monde. Elle indique notamment : **www.cofacerating.fr**

- l'appréciation du risque-pays ;
- les défaillances des entreprises ;
- les incidents de paiement ;
- la notation du pays ;
- le paiement et le recouvrement ;
- les principaux indicateurs économiques.

À titre d'exemple, voici l'appréciation que cette agence donnait au Canada, à la Chine et au Zimbabwe le 1er juin 2008.

Canada

Note : A1

Pays sous surveillance avec implication négative depuis mars 2008. La situation politique et économique est très favorable et l'environnement des affaires est de qualité. Cet environnement influe favorablement sur le comportement de paiement des entreprises. La probabilité moyenne de défaut est très faible.

Chine

Note : A3

Le comportement de paiement est susceptible d'être affecté par une modification de l'environnement économique et politique du pays qui est globalement favorable mais volatil. L'environnement des affaires comporte des lacunes. La probabilité moyenne de défaut des entreprises se situe à un niveau convenable.

Zimbabwe

Note : D

L'environnement économique et politique présente des risques très élevés et l'environnement des affaires peut être très difficile. Ces fragilités peuvent avoir un impact très sensible sur les comportements de paiement. La probabilité moyenne de défaut des entreprises est très élevée.

Source : *Coface*, « Notation des pays » (Canada, Chine et Zimbabwe), s.d., [www.trading-safely.com/sitecwp/cefr.nsf], (7 octobre 2008)

www.edc.ca/french

Enfin, plus près de nous, *Exportation et développement Canada* fournit aux commerçants exportateurs, par l'entremise de son site Web, une perspective canadienne du risque-pays sans notation. Il y donne accès à des documents pertinents relatifs au pays choisi.

LA CORRUPTION

Dans plusieurs pays, les pots-de-vin sont monnaie courante : les membres du gouvernement ou de l'appareil étatique (les fonctionnaires) ou les entreprises s'attendent à recevoir une quelconque rétribution (matérielle ou pécuniaire) lorsqu'ils fournissent un service. Ainsi, certaines entreprises qui commercent régulièrement sur la scène internationale sont tellement habituées à jouer le jeu de la corruption en vue d'obtenir des contrats ou afin que leur dossier soit traité en priorité que les coûts liés à cet aspect du commerce international font partie de leurs coûts fixes. Bien que toutes sortes de mesures concourent à enrayer cette pratique, elle est souvent la seule manière d'obtenir un contrat dans les pays que ronge la corruption.

www.transparency.org

L'entreprise qui se livre à ce jeu doit réaliser que celui-ci peut s'avérer dangereux, d'une part parce que certains pays le condamnent fortement au moyen de mesures anticorruption[15], d'autre part parce que la corruption peut avoir des conséquences directes sur la gestion de l'entreprise. L'organisme *Transparency International* établit chaque année un portait de la corruption dans le monde et classe les pays en fonction d'un indice de perception de la corruption ; cet outil aidera le gestionnaire responsable à évaluer l'incidence de la corruption sur les affaires qu'il souhaite mener sur la scène internationale.

---

15. La *Loi sur la corruption d'agents publics étrangers* est la réponse du Canada à la Convention sur la lutte contre la corruption d'agents publics étrangers dans les transactions commerciales internationales adoptée par l'OCDE. Ministère de la Justice du Canada, mai 1999, [www.justice.gc.ca/fra/min-dept/pub/lcape-cfpoa/index.html], (7 octobre 2008).

S'INFORMER AVANT D'EXPORTER[16]

Comme nous l'avons vu, la prise en compte du risque-pays est capitale pour quiconque souhaite exporter dans un pays à risque élevé. Des circonstances politiques telles que l'agitation civile, la guerre, une crise économique et la restriction des sorties d'argent du pays ou des paiements internationaux peuvent entraîner des pertes. De plus, il faut considérer le niveau de stabilité politique et économique, la solidité des institutions démocratiques, le degré de protectionnisme ainsi que les indicateurs économiques de base tels que la croissance du PIB, le taux d'inflation et le taux de chômage. De nombreuses ressources sont disponibles pour aider à évaluer cet indicateur complexe qu'est le risque-pays ; il s'agit donc en partie d'un art, en partie d'une science.

Une fois le risque-pays d'un État connu, une entreprise peut décider de ne pas y exporter de marchandises avant que les fournisseurs de services de financement des exportations ne lui aient garanti que les risques seront atténués par l'achat d'une police d'assurance, par exemple.

Les exportateurs qui commercent surtout avec des régions peu connues ou instables devraient se préoccuper du risque-pays, tandis que celles qui le font avec les États-Unis et l'Europe occidentale devraient plutôt s'inquiéter du risque commercial[17].

III. L'ENVIRONNEMENT POLITIQUE MONDIAL

OBJECTIF 3

Comprendre de quelles manières les relations politiques et les traités peuvent influer sur les affaires internationales.

Depuis les années 1950, l'intégration économique apparaît comme un processus largement répandu dans le monde. Aussi, plusieurs organismes internationaux travaillent à l'harmonisation des règles commerciales. Dans cette section, nous étudierons ces deux grandes tendances.

L'intégration économique

De plus en plus de pays désirant promouvoir la vente de leurs produits mettent sur pied des accords régionaux d'intégration économique ou aspirent à le faire. Grâce à ces accords commerciaux, les États instaurent des mesures économiques visant une abolition complète ou partielle des droits de douane ou encore une intégration économique totale des pays membres.

Dans un sens très large, le processus d'**intégration économique** consiste en l'unification des économies individuelles de chaque pays qui y prend part en une zone économique unique et plus vaste. Un État peut choisir de s'associer à une zone d'intégration économique pour des raisons économiques, bien sûr, mais aussi parfois pour des raisons politiques.

Intégration économique
Réduction des barrières économiques entre deux ou plusieurs pays, dans le but de réunir des secteurs ou des industries comme s'ils appartenaient à un seul pays.

---

16. Tiré et adapté d'Exportation et développement Canada, *Sources Finances Export,* s.d., [www.edc.ca/french/exportfinanceguide/efg_sub4_12107.htm], (7 octobre 2008).
17. Risque lié au défaut de paiement ; nous en reparlerons au chapitre 11, « Le paiement, le financement et les risques financiers », p. 469.

En ce qui a trait aux raisons économiques, il sera utile de se rappeler la théorie des avantages comparatifs et celle des avantages absolus que nous avons présentées dans le chapitre 1 (voir p. 29 et 31). En effet, l'une des raisons économiques qui justifient l'intégration économique tient au fait que celle-ci permet aux pays de se spécialiser dans la production de biens et de services de façon à être plus efficients. L'ouverture des marchés qu'engendre une zone d'intégration stimule aussi les économies des pays membres en leur permettant d'accroître la quantité de biens produits pour satisfaire non seulement les besoins de la population locale, mais aussi ceux des populations des autres pays membres.

Sur le plan politique, les pays qui choisissent d'unir leurs économies deviennent économiquement dépendants les uns des autres. Il découle de cette association une coopération politique qui réduit sensiblement les risques de conflit armé entre les pays participants (l'Union européenne en est un exemple parfait). D'autre part, ces pays constituent une entité qui acquiert généralement un poids politique non négligeable sur la scène mondiale.

LES DEGRÉS D'INTÉGRATION ÉCONOMIQUE

Il existe quatre principaux types d'intégration économique[18], à savoir, par ordre croissant de degré d'intégration : les accords de libre-échange, les unions douanières, les marchés communs et les unions économiques (incluant l'union monétaire). En voici les descriptions, que nous résumons dans le tableau 2.5 (voir p. 60).

Les accords de libre-échange

Première étape de toute intégration économique, l'accord de libre-échange (ALE) suppose la suppression des tarifs et des quotas d'importation entre les pays signataires, dans certains secteurs ou pour l'ensemble des échanges. Il comprend parfois des mécanismes de résolution des différends. L'Accord de libre-échange nord-américain (ALENA) en est un exemple.

Si l'on fait exception du calendrier commun de libéralisation du commerce, l'ALE impose peu de contraintes à ses États membres. On n'y trouve aucune autre forme d'harmonisation des règlements, des normes ou des politiques économiques. De plus, à moins que les pays signataires ne concluent une entente particulière en ce sens, il n'implique pas de libre mouvement des capitaux ni de la main-d'œuvre. Enfin, les États peuvent continuer d'appliquer leurs propres politiques commerciales avec les pays n'adhérant pas à l'accord.

Pour qu'un ALE fonctionne, ses membres doivent se donner des règles d'origine concernant les biens provenant de pays tiers. Les biens produits dans la zone et visés par l'ALE peuvent être exempts de droits pour le franchissement des frontières. Mais ils doivent respecter les règles d'origine, c'est-à-dire qu'on doit pouvoir

---

18. Tiré et adapté de Rolf Mirus et Natalia Rylska, *Economic Integration : Free Trade Areas vs Customs Unions*, Edmonton, Western Centre for Economic Research, s.d., [www.international.gov.ab.ca/ documents/wcer-fta_custom_unions_shortversion_aug01.pdf], (7 octobre 2008) ; Michael Holden, *Les étapes de l'intégration économique : de l'autarcie à l'union économique*, Gouvernement du Canada, Programme des services de dépôt, 13 février 2003, [www.dsp-psd.tpsgc.gc.ca/collection-r/lopbdp/ inbrief/prb0249-f.htm], (7 octobre 2008).

prouver qu'ils viennent réellement de l'intérieur du pays exportateur. En l'absence de règles d'origine, les pays tiers souhaitant faire entrer leurs produits dans la zone de l'ALE choisissent pour ce faire le pays dont la barrière tarifaire est la plus faible.

Par exemple, le Canada et le Chili ont signé un accord de libre-échange. Une entreprise chilienne souhaitant exporter aux États-Unis, où les droits de douane sont élevés, peut-elle se prévaloir de cet accord pour exporter ses produits au Canada, où elle bénéficie d'une franchise douanière, puis profiter de l'ALE Canada–États-Unis pour exporter aux États-Unis dans les mêmes conditions ? Nous verrons au chapitre 6 que les règles d'origine visent à empêcher un tel stratagème.

Parmi les accords de libre-échange, les principaux sont :

- l'*Accord de libre-échange nord-américain* (ALENA), qui réunit trois pays, à savoir les États-Unis, le Canada et le Mexique ;

www.nafta-sec-alena.org
www.ftaa-alca.org/alca_f.asp

- l'éventuelle *Zone de libre-échange des Amériques* (ZLEA, 40 % de l'activité économique mondiale), qui devait officiellement voir le jour en 2005 à partir du regroupement des membres de l'ALENA et de ceux du Mercosur (tous les pays d'Amérique sauf Cuba), mais qui est reportée, des négociations ayant toujours lieu.

Les unions douanières

Outre qu'ils éliminent les droits de douane et les restrictions quantitatives relatives aux échanges, les États membres d'une union douanière (UD) appliquent une politique extérieure uniforme à l'égard des pays non membres. Ils n'ont plus besoin de règles d'origine, puisque tout produit entrant dans la zone, par n'importe quel point que ce soit, est soumis aux mêmes tarifs douaniers ou quotas d'importation. L'un des principaux avantages de l'UD, par rapport à l'ALE, est l'absence de règles d'origine. Pour appliquer ces dernières, les États signataires d'un ALE doivent maintenir une lourde documentation et faire respecter les règles à leurs frontières. Coûteux, ce processus peut être à la source de différends quant à l'interprétation des règles ainsi que de retards. L'UD génère donc des économies notables, des gains d'efficience et des avantages administratifs.

Comme exemples d'unions douanières, citons :

- le *Benelux*, qui inclut la Belgique, les Pays-Bas et le Luxembourg ;

www.benelux.be
www.comunidadandina.org

- la *Communauté andine* (CAN), consécutive à l'Accord de Carthagène, qui rassemble la Bolivie, la Colombie, l'Équateur et le Pérou[19]. La Communauté andine est aussi un marché commun.

Les marchés communs

Outre l'absence de droits de douane et de restrictions quantitatives des échanges et le partage d'une politique extérieure commune à l'égard des pays non membres, les États membres d'un marché commun (MC) permettent la libre circulation des facteurs de production (main-d'œuvre et argent). La possibilité pour l'économie d'obtenir des gains d'efficacité constitue le principal avantage de ce genre d'intégration économie. La mobilité non entravée de la main-d'œuvre et des capitaux permet

---

19. Le Venezuela s'est retiré de la Communauté andine le 22 avril 2006 pour adhérer au Mercosur.

de répondre promptement aux signaux économiques émanant de l'intérieur du MC, ce qui génère une grande efficacité en matière de répartition des ressources.

Comme exemples de marchés communs, citons :

www.mercosur.int
www.comunidadandina.org

- le *Mercado Común del Sur* (Mercosur), qui réunit le Brésil, le Venezuela[20] le Paraguay, l'Argentine et l'Uruguay, de même que le Chili et la Bolivie, qui ne sont toutefois que des membres associés ;
- la *Communauté andine* (ex-Pacte andin), qui est aussi une union douanière (voir les unions douanières, page précédente).

Les unions économiques

Outre l'absence de droits de douane et de restrictions quantitatives des échanges, le partage d'une politique extérieure commune à l'égard des pays non membres et la libre circulation des facteurs de production (main-d'œuvre et argent), les États membres de ce type d'espace économique ont une politique économique harmonisée. Forme la plus poussée d'intégration économique, l'union économique (UÉ) va souvent de pair avec une monnaie commune et une politique monétaire unifiée.

Entre autres unions économiques, on trouve :

www.caricom.org
www.europa.eu.int

- la *Caribbean Community* (CARICOM), qui se compose de 15 pays membres, dont la Jamaïque, Haïti, Trinidad et Tobago, et les Bahamas ;
- l'*Union européenne* (UE), la plus célèbre et la plus connue d'entre toutes, qui comptait 27 pays membres au 31 décembre 2007.

Il est à noter que le concept d'union économique englobe celui de marché commun, qui englobe celui d'union douanière. Les accords de libre-échange constituent donc des formes d'intégration économique de moindre degré. Le tableau 2.5 présente une synthèse des phases d'intégration économique en ordre croissant.

Tableau 2.5

Les phases de l'intégration économique

Accord de libre échange (ALE)	Aucun tarif entre les États membres et réduction des barrières non tarifaires
Union douanière (UD)	ALE + tarifs extérieurs communs
Marché commun (MC)	UD + libre circulation des capitaux et de la main-d'œuvre + harmonisation partielle des politiques
Union économique (UÉ)	MC + politiques et institutions économiques communes + monnaie commune

L'UNION EUROPÉENNE

L'Union européenne[21] étant sans doute la zone d'intégration économique dont on entend le plus parler, nous la décrivons plus longuement ici.

---

20. Le Venezuela a adhéré au Mercosur en juillet 2006.
21. Tiré et adapté de *L'Union européenne en bref*, 2008, [www.europa.eu/abc/index_fr.htm], (7 octobre 2008).

L'UE est constituée de pays démocratiques européens décidés à travailler ensemble à la paix et à la prospérité. Elle ne tend pas à se substituer aux États existants, mais elle va plus loin que toute autre organisation internationale. Les États membres ont créé des institutions communes auxquelles ils délèguent une partie de leur souveraineté, afin que les décisions sur des questions précises d'intérêt commun puissent se prendre démocratiquement au niveau du continent. Unique en son genre, cette mise en commun de souveraineté est aussi appelée « intégration européenne ».

Parmi les institutions de l'UE, on trouve :

- le Parlement européen, directement élu par les citoyens des États membres ;
- le Conseil de l'UE, qui représente les gouvernements des États membres ;
- la Commission européenne, organe exécutif et véritable moteur de l'UE ;
- la Cour de justice, organe qui garantit le respect de la législation ;
- la Cour des comptes, organe de contrôle de l'utilisation correcte et légale du budget de l'UE ;
- la Banque centrale européenne, responsable de la politique monétaire et de la gestion de l'euro.

Enfin, plusieurs agences et organismes complètent ce système.

Comme nous l'avons mentionné, l'UE se composait au 31 décembre 2008 de 27 États membres, mais, évidemment, elle ne s'est pas formée du jour au lendemain. En 1951, ce regroupement s'appelait l'Europe des Six. Il s'agissait alors de créer une union douanière franco-allemande pour le charbon et l'acier, et de mettre en commun la production des six membres. Les autres États ont adhéré graduellement au cours des 50 dernières années, et plus rapidement depuis le début du XXIe siècle (voir le tableau 2.6). L'Union européenne comme telle est née officiellement en 1992.

Tableau 2.6

L'adhésion des États membres de l'Union européenne	
1951 : Membres fondateurs de l'Europe des Six	Allemagne, Belgique, France, Italie, Luxembourg et Pays-Bas (création de la Communauté européenne du charbon et de l'acier)
1973	Danemark, Irlande et Royaume-Uni
1981	Grèce
1986	Espagne et Portugal
1995	Autriche, Finlande et Suède
2004	Chypre, Estonie, Hongrie, Lettonie, Lituanie, Malte, Pologne, République tchèque, Slovaquie et Slovénie
2007	Roumanie et Bulgarie
Processus en cours	Turquie, Croatie et Macédoine

Pour se joindre à l'Union européenne et pour que sa candidature soit envisageable, un pays doit respecter trois critères, que voici :

- *Le critère politique.* Le pays candidat doit être doté d'institutions stables qui garantissent la démocratie, la primauté du droit, le respect et la protection des droits de la personne et des minorités.
- *Le critère économique.* Le pays candidat doit avoir une économie de marché viable et pouvoir faire face à la pression concurrentielle et aux forces du marché de l'UE.
- *Le critère de la reprise de l'acquis communautaire.* Il doit avoir la capacité d'assumer les obligations liées à l'union politique, économique et monétaire qu'est l'UE et souscrire à ses objectifs.

TENDANCES ET ENJEUX

La Turquie demande au Luxembourg de soutenir son accession à l'Union européenne

Selon le journal en ligne *La Méditerranée*, le ministre turc des Affaires étrangères Ali Babacan a demandé au Luxembourg, l'un des fondateurs de l'Union européenne (UE), de continuer à soutenir l'adhésion de son pays à l'UE. À ce propos, son homologue luxembourgeois, M. Asselborn, a déclaré que les hommes politiques européens devaient accorder leur soutien à la démarche entreprise par la Turquie, mais que le gouvernement turc devait aussi poursuivre ses réformes.

D'après M. Asselborn, les dirigeants européens doivent aider à la résolution de la question chypriote. Depuis 1974 et le coup d'État d'un groupe d'officiers demandant le rattachement de Chypre à la Grèce, l'île est divisée en deux. La Turquie, occupant le Nord, est la seule à reconnaître la République turque de Chypre Nord (RTCN). La République de Chypre contrôle, quant à elle, le Sud. La Turquie, ne reconnaissant pas d'existence légale à la République de Chypre, refuse d'ouvrir ses ports et ses aéroports aux navires et aux avions chypriotes grecs, bien qu'elle s'y soit engagée en octobre 2005. Pour cette raison, les négociations sur son accession à l'UE sont partiellement gelées.

Sources : Tiré et adapté de « Union européenne : la Turquie sollicite le soutien du Luxembourg », *La Méditerranée,* 2 juillet 2008, [www.media-terranee.com/turquie/politique/union-europeenne-la-turquie-sollicite-le-soutien-du-luxembourg.html], (8 octobre 2008) ; « Gel partiel des négociations avec Ankara », *Toute L'Europe.fr,* 11 décembre 2006, [www.touteleurope.fr/fr/divers/toutes-les-informations/article/afficher/fiche/841/t/44513/from/2895/breve/gel-partiel-des-negociations-avec-ankara.html], (8 octobre 2008).

Les organismes internationaux

Dans le contexte de la mondialisation, il s'avère impératif que les règles qui régissent le commerce et bien d'autres aspects des relations humaines fassent l'objet d'une harmonisation mondiale. Plusieurs organismes internationaux s'activent en vue d'atteindre cet objectif en négociant des traités, des règlements et des conventions que signent les pays participants, et en tâchant de les faire respecter de par le monde. Nous présentons dans cette section quelques-uns de ces organismes.

L'ORGANISATION DES NATIONS UNIES (ONU)

L'expression « Nations Unies[22] », dont on attribue la paternité au président américain Franklin D. Roosevelt, apparut pour la première fois dans la *Déclaration des Nations Unies* du 1er janvier 1942, par laquelle les représentants de 26 pays s'engageaient à poursuivre ensemble la guerre contre les puissances de l'Axe. (L'Axe se constituait au départ de l'Allemagne nazie et de l'Italie fasciste ; s'y greffa par la suite le Japon.)

La Charte des Nations Unies fut élaborée et signée par les représentants de 50 pays à la Conférence des Nations Unies sur l'organisation internationale, réunis à San Francisco le 26 juin 1945. La Pologne, qui n'avait pas été représentée à la Conférence, la signa plus tard, mais elle fait néanmoins partie des 51 États membres originels.

L'*Organisation des Nations Unies* naquit officiellement le 24 octobre 1945, lorsqu'elle fut ratifiée par la Chine, les États-Unis, la France, le Royaume-Uni, l'URSS et la majorité des autres pays signataires. La Charte en est l'instrument constitutif ; elle fixe les droits et les obligations des États membres et crée ses organes et ses procédures.

`www.un.org/french`

L'ONU a pour but de :

- Maintenir la paix et la sécurité dans le monde ;
- Favoriser l'établissement de relations harmonieuses entre les nations de la planète ;
- Rendre possible la coopération internationale, ce à quoi elle travaille en résolvant les problèmes internationaux d'ordre économique, social, culturel et humanitaire et en faisant la promotion du respect des droits de la personne et des libertés fondamentales ;
- Se constituer un centre de réunion et de discussion où peuvent s'harmoniser les efforts des nations vers ces buts communs.

L'ONU chapeaute 15 institutions et a mis sur pied plusieurs programmes et organismes. Nous nous attarderons à présenter ici deux organismes qui touchent au commerce international.

La Conférence des Nations Unies sur le commerce et le développement (CNUCED)

`www.unctad.org`

Créée en 1964, la *Conférence des Nations Unies sur le commerce et le développement*[23] vise à intégrer les pays en développement à l'économie mondiale de façon à favoriser leur essor. La CNUCED est la principale institution du système des Nations Unies pour le traitement intégré du commerce et du développement, et des questions connexes dans les domaines du financement, de la technologie, de l'investissement et du développement durable.

---

22. Tiré et adapté de l'Organisation des Nations Unies, *Histoire des Nations Unies,* 2008, [www.un.org/french/aboutun/history.htm], (7 octobre 2008).
23. Tiré et adapté de la Conférence des Nations Unies sur le commerce et le développement, *Qu'est-ce que la CNUCED ?,* 2002, [www.unctad.org/templates/page.asp ?intitemid=1530&lang=2], (7 octobre 2008).

Le Programme des Nations Unies pour le développement (PNUD)

www.undp.org

En tant que réseau de développement des Nations Unies, le *Programme des Nations Unies pour le développement*[24] aide les pays en développement à élaborer leurs propres solutions aux problèmes nationaux et mondiaux au moyen de projets et de services novateurs. Le PNUD intervient dans le monde entier pour mettre en rapport les pays donateurs et les pays récipiendaires, le secteur public et le secteur privé, les conseils de politiques et les ressources de programmes.

Il existe au sein des Nations Unies d'autres organismes qui s'occupent de développement international. Mentionnons le *Fonds international de développement agricole* (FIDA), l'*Organisation des Nations Unies pour le développement industriel* (ONUDI) et l'*Organisation des Nations Unies pour l'alimentation et l'agriculture* (FAO), dont on pourra visiter les sites Internet pour en savoir plus.

www.ifad.org
www.unido.org
www.fao.org

LE FONDS MONÉTAIRE INTERNATIONAL (FMI)

www.imf.org

Le *Fonds monétaire international*[25] est une organisation sise à Washington qui regroupe 185 pays, ce qui lui donne une dimension quasi universelle. Il a été créé en vertu d'un traité signé en 1945, dans le but de favoriser une économie mondiale forte et de prévenir les crises systémiques. À cette fin, il tâche de rétablir et de soutenir la stabilité économique et monétaire des pays à qui il vient en aide, en les encourageant à adopter des politiques économiques saines. Le FMI occupe une position centrale dans le système monétaire international, c'est-à-dire dans le système des paiements internationaux et des taux de change entre les monnaies nationales qui rend possibles les transactions entre les pays. Comme son nom l'indique, le FMI constitue aussi un fonds auquel les États membres aux prises avec des besoins temporaires de financement peuvent faire appel pour remédier à leurs problèmes de balance des paiements.

Au sein du FMI, le mode de décision se fonde sur un système d'équivalence : la quantité de votes dont dispose un État membre dépend du montant de sa quote-part, selon le principe « 1 dollar, 1 voix ». Toutefois, un minimum de droit de vote est attribué à tous les pays membres, même aux plus petits. Le tableau 2.7 (voir page suivante) présente les 12 États membres les plus importants du FMI et l'importance relative de leurs droits de vote au 15 juillet 2008. On remarquera que ces 12 pays contrôlent 58,41 % des votes, alors que le 42,59 % restant se divise entre les 173 autres pays membres.

Mais comment sont établies les quotes-parts qui déterminent le droit de vote ? Les contributions des pays membres sont fonction de l'importance relative de leur économie dans l'économie mondiale. Mais les quotes-parts ne déterminent pas que le droit de vote : elles indiquent aussi le montant de l'aide financière qu'un pays membre peut obtenir du FMI en cas de nécessité. Puisqu'il faut 85 % des voix pour modifier la charte du FMI, les États-Unis, qui possèdent 16,77 % des voix, disposent d'une minorité de blocage.

---

24. Tiré et adapté du Programme des Nations Unies pour le développement, « Un monde d'expérience de développement », *Qui nous sommes et ce que nous faisons*, s.d., [www.undp.org/french/about], (7 octobre 2008).
25. Tirés et adaptés du Fonds monétaire international, 2004, [www.imf.org/external/fra/index.asp], (7 octobre 2008) et de Jeremy Clift (dir.), *Qu'est-ce que le Fonds monétaire international ?*, *ibid.*

Tableau 2.7

Les 12 États membres les plus importants du FMI et leurs droits de vote, en pourcentage					
États-Unis	16,77 %	Royaume-Uni	4,86 %	Canada	2,89 %
Japon	6,02 %	Chine	3,66 %	Russie	2,69 %
Allemagne	5,88 %	Italie	3,19 %	Pays Bas	2,34 %
France	4,86 %	Arabie Saoudite	3,16 %	Belgique	2,09 %

Source : Fonds monétaire international, *IMF Members' Quotas and Voting Power, and IMF Board of Governors*, 15 juillet 2008, [www.imf.org/external/np/sec/memdir/members.htm], (15 juillet 2008)

Depuis une trentaine d'années, le FMI est intervenu dans plusieurs pays, à leur demande, afin d'éviter l'écroulement de leur économie après une crise financière. Il est ainsi intervenu au Mexique, en 1982, lors d'une crise liée à l'endettement, et en Asie[26], en 1997, lors d'une crise monétaire (voir encadré 2.5). Il est aussi intervenu au Togo en 2008 (voir encadré 2.6, page suivante).

Encadré 2.5

Le FMI et la crise mexicaine de 1982

« Le 20 août 1982, le Mexique après avoir, au cours des sept premiers mois de l'année, remboursé des sommes considérables, annonce qu'il n'est plus en mesure de continuer les paiements. Le Mexique décrète un moratoire (suspension de paiement) de six mois (août 1982 à janvier 1983). Il lui reste 180 millions de dollars en caisse alors qu'il est censé rembourser 300 millions le 23 août. Le Mexique avait prévenu le FMI dès le début du mois d'août que ses réserves de change n'atteignaient plus que 180 millions de dollars. Le FMI se réunit fin août avec la Réserve fédérale, le Trésor des États-Unis, la Banque des Règlements Internationaux (BRI) et la Banque d'Angleterre. Le directeur du FMI, Jacques de Larosière, annonce aux autorités mexicaines que le FMI et la BRI sont disposés à prêter des devises en décembre 1982 à la double condition que l'argent serve à rembourser les banques privées et que le Mexique applique des mesures de choc d'ajustement structurel. Le Mexique accepte. Il dévalue très fortement la monnaie, augmente radicalement les taux d'intérêt nationaux, sauve de la faillite les banques privées mexicaines en les nationalisant et décide d'assumer leurs dettes. En contrepartie, il saisit 6 milliards de dollars qu'elles ont en caisse. Le Président José Lopez Portillo présente au peuple mexicain cette dernière mesure comme un acte nationaliste. Il se garde bien de dire que les 6 milliards de dollars saisis serviront largement à rembourser les banquiers étrangers. »

Source : Éric Toussaint, *La crise de la dette mexicaine et la Banque mondiale*, Réseau d'information et de solidarité avec l'Amérique latine (RISAL), 14 novembre 2006, [www.risal.info/spip.php?article1753], (7 octobre 2008).

---

26. En Indonésie, en Thaïlande, en Corée du Sud, en Malaysia et aux Philippines.

Encadré 2.6

Le FMI envoie un signal aux donateurs en prêtant 108 millions de dollars au Togo

En avril 2008, le FMI a accordé un prêt à faible taux d'intérêt au Togo. La somme totalisant environ 108 millions de dollars a pour but d'aider ce pays à rebâtir son économie. Ainsi, le FMI devient la première grande institution financière internationale à accorder de nouveau des prêts à un pays d'Afrique de l'Ouest après plus de dix ans d'interruption de tout soutien financier par les grands donateurs. Ces derniers décident donc de recommencer à aider financièrement ce pays de six millions d'habitants après que les élections législatives de 2007 eurent démontré la bonne progression du Togo depuis 2006 en ce qui a trait aux réformes économiques et politiques, a déclaré Murilo Portugal, directeur général adjoint et président par intérim du conseil d'administration du FMI. « Avec le soutien du FMI dans le cadre d'un programme de référence réussi, les autorités ont mis en place d'importantes réformes de la gouvernance des finances publiques qui ont accru les recettes fiscales et renforcé la maîtrise des dépenses. Il en a résulté une forte amélioration de la situation budgétaire et l'accumulation d'arriérés intérieurs s'est inversée. Des réformes structurelles ont été engagées dans le secteur bancaire ainsi que dans les secteurs du coton, des phosphates et de l'énergie », a-t-il dit.

Source : « Un signal aux donateurs : le prêt de 108 millions de dollars du FMI au Togo », *Bulletin du FMI*, 21 avril 2008, [www.imf.org/external/french/pubs/ft/survey/so/2008/car042108bf.pdf], (7 octobre 2008).

LE GROUPE DE LA BANQUE MONDIALE

www.banquemondiale.org

Le *Groupe de la Banque mondiale*[27] est le deuxième pilier des institutions financières internationales, après le FMI. Il est né des accords de Bretton-Woods en juillet 1944. Initialement, la Banque mondiale ne comptait qu'une seule organisation, la Banque internationale pour la reconstruction et le développement (BIRD), puis quatre organisations s'y sont ajoutées :

- la Société financière internationale (IFC), fondée en 1956 ;
- l'Association internationale de développement (IDA), fondée en 1960 ;
- le Centre international de règlement des différends relatifs aux investissements (ICSID), fondé en 1966 ;
- l'Agence multilatérale de garantie des investissements (MIGA), fondée en 1988.

Ces cinq organismes forment désormais le Groupe de la Banque mondiale. Notons que l'appellation courante « Banque mondiale » désigne désormais de façon restrictive la BIRD et l'IDA. Comprenant initialement 44 pays membres, la Banque mondiale en comptait 185 en 2008. Les statuts de la BIRD exigent des pays qu'ils soient membres du Fonds monétaire international (FMI) pour pouvoir s'affilier à la Banque.

---

27. Tiré et adapté du Groupe de la Banque mondiale, *À propos*, 2008, [www.web.worldbank.org/wbsite/external/accueilextn/extabtusfrench/0,,contentmdk:20146544~pagepk:64093409~pipk:64093441~thesitepk:328614,00.html], (7 octobre 2008).

On peut comparer la Banque mondiale à une coopérative dont les action-naires seraient ses 185 pays membres. Le conseil des gouverneurs, qui les représente, en est l'organe de décision suprême. Y siègent les ministres des Finances ou du Développement des États membres, qui se réunissent une fois l'an. Les gouverneurs délèguent certaines tâches à 24 administrateurs travaillant au siège de la Banque. Les cinq actionnaires principaux que sont l'Allemagne, les États-Unis, la France, le Japon et le Royaume-Uni nomment chacun un administrateur, tandis que les autres pays membres sont représentés par un total de 19 administrateurs.

Si la Banque mondiale est d'abord intervenue en Europe, de nos jours, elle agit principalement dans l'ensemble des pays en développement, la lutte contre la pauvreté étant devenue son principal objectif. Conséquemment, elle se trouve enga-gée dans de nouvelles missions : projets de développement rural visant à assurer un accès à de meilleurs services essentiels (éducation, soins médicaux, nourriture, eau) et à des projets de développement urbain visant à stimuler la productivité, la croissance et la création d'emplois. Ces nouvelles missions s'ajoutent aux interven-tions initiales de la Banque mondiale, qui se limitaient surtout à fournir un soutien économique aux États et à participer à la mise en place d'infrastructures de base (routes, ports, aéroports, barrages, etc.).

En raison de ce mandat, la Banque mondiale réserve plus de la moitié de ses prêts aux pays dits émergents, privilégiant notamment l'Asie et l'Amérique latine. Chaque année, elle publie un rapport portant sur le développement dans le monde, dont le thème central varie d'une année à l'autre.

L'encadré 2.7 présente les principaux éléments qui distinguent la Banque mondiale du FMI.

Encadré 2.7

Comparaison entre la Banque mondiale et le FMI

Comme on l'aura noté, la Banque mondiale et le FMI se ressemblent. En effet, ces deux organismes comptent chacun 185 États membres, ont tous deux été fondés en 1944 en vertu du même accord et ont leur siège social à Washington, près de la Maison Blanche. Au sein de chacun, les États membres se font représenter par un gouver-neur, qui est généralement le ministre des Finances ou le président de la banque cen-trale de l'État en question.

De ce fait, plutôt que de se réunir deux fois et en deux endroits différents, les conseils des gouverneurs se réunissent à l'automne, en une assemblée qui regroupe les ordres du jour propres au FMI et à la Banque mondiale. D'autre part, au FMI comme à la Banque mondiale, les pays riches disposent de plus de pouvoir (de droits de vote), parce qu'ils contribuent davantage au financement des deux organisations.

En réalité, il est aisé de distinguer ces deux organismes lorsqu'on s'en tient à leurs missions respectives. Le FMI agit ainsi en tant que stabilisateur de l'économie mon-diale. En effet, le FMI est une institution de coopération qui vise à maintenir en équilibre la balance des paiements entre les pays, tandis que la Banque mondiale a pour man-dat de promouvoir et de financer le progrès économique et social dans les pays en déve-loppement.

TENDANCES ET ENJEUX

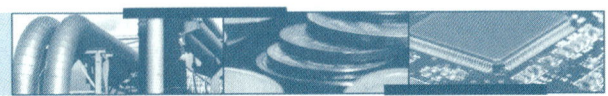

L'Amérique latine rue dans les brancards – La Banque du Sud contre la Banque mondiale

« Accusé de népotisme, le président de la Banque mondiale Paul Wolfowitz a dû démissionner. La Maison Blanche, qui l'avait imposé, a revendiqué le droit de désigner son successeur. Remettant en cause la domination des pays du Nord, six États d'Amérique latine ont décidé de créer une Banque du Sud et de prendre des distances vis-à-vis de cette même Banque mondiale, du Fonds monétaire international (FMI) et de la Banque interaméricaine de développement (BID) afin de retrouver la maîtrise de leurs finances.

« Puni ! Comment la toute-puissante Banque mondiale pouvait-elle accepter, en 2005, que le jeune ministre équatorien de l'économie Rafael Correa décide, sous prétexte que le pays traverse une crise politico-sociale d'une extrême gravité, de revoir l'utilisation des ressources pétrolières en réduisant le remboursement de la dette et en augmentant les dépenses sociales ?

« La banque suspend immédiatement un prêt de 100 millions de dollars promis à l'Équateur et, avec l'aide de quelques amis, s'occupe sérieusement de la carrière du ministre en question. "Les maîtres du pétrole, les États-Unis, le Fonds monétaire international, la Banque mondiale et la Banque interaméricaine de développement ont fait pression sur le président de l'Équateur" [M. Alfredo Palacio], racontera M. Correa [...]. [Le] jeune économiste choisit de démissionner.

« Élu président de la République le 3 décembre 2006, le jeune économiste n'a rien oublié de l'épisode et du mépris affiché face à la souveraineté du pays. Le 20 avril 2006, geste spectaculaire, il fait déclarer *persona non grata* M. Eduardo Somensatto, représentant de la Banque mondiale en Équateur.

« De plus, confronté à une dette publique envers le FMI de 10,5 milliards de dollars, il décide que la part du budget dédiée à son remboursement passera de 38 % en 2006 à 11,8 % en 2010. Un malheur (ou un bonheur) n'arrivant jamais seul, à quelques jours d'intervalle, le Venezuela annonce qu'il quitte le FMI et la Banque mondiale, et la Bolivie fait savoir qu'elle ne reconnaît plus l'autorité du Centre international pour le règlement des différends relatifs aux investissements (CIRDI), l'un des instruments du groupe de la Banque mondiale.

« [Selon ces pays,] depuis les années 1950, l'intervention de la Banque Mondiale et du FMI en Amérique latine a été marquée par les priorités de la politique étrangère de Washington. Les institutions de Bretton Woods ont soutenu des dictateurs, elles boycottent des gouvernements progressistes et elles soutiennent la junte militaire. En Amérique du Sud, elles sabotent les régimes démocratiques qui entre-

prennent des réformes tendant à réduire les inégalités. En mars 1976, en Argentine, le FMI apporte son concours à la dictature du général Jorge Videla. En avril 2002, il sera le premier (avec les États-Unis et l'Espagne de M. José María Aznar) à offrir ses services au bref gouvernement *de facto* issu du renversement du président vénézuélien Hugo Chávez. [...]

« La Banque mondiale et le FMI ont délibérément poussé l'Amérique latine à s'endetter : entre 1970 et 1982, la dette extérieure publique de la région passe de 16 à 178 milliards de dollars. [...] Les capitaux qui avaient afflué vers la région en tant que prêts prennent la direction des pays industrialisés sous la forme du remboursement de la dette – et de fuite des capitaux. [...]

« Après le renversement du président de la Rúa, en décembre 2001, les autorités argentines, sous la pression de la rue, défient ouvertement le FMI et la Banque mondiale en suspendant, jusqu'en mars 2005, le paiement de la dette publique extérieure à l'égard des créanciers privés. Si les gouvernements successifs évitent la rupture directe avec les institutions de Bretton Woods (qui se font rembourser...), ils contribuent à les affaiblir en démontrant qu'il est possible de suspendre le paiement de la dette tout en renouant avec la croissance économique et en imposant un accord aux créanciers : 76 % de ceux-ci acceptent une réduction de plus de la moitié des sommes réclamées.

Se passer enfin du FMI

« À partir de 2005, un changement conjoncturel dans la situation économique mondiale modifie de manière favorable les rapports d'une majorité de pays en voie de développement avec les créanciers des pays les plus industrialisés. Les cours des matières premières et de certains produits agricoles sont à la hausse, tandis que les primes de risque payées pour emprunter des capitaux sont historiquement basses. D'importantes recettes d'exportation en devises fortes sont engrangées : entre 2002 et 2007, les réserves de change des pays d'Amérique latine et de la Caraïbe passent de 157 à plus de 350 milliards de dollars. Plusieurs gouvernements — Argentine, Brésil, Mexique, Uruguay, Venezuela, mais aussi Thaïlande, Indonésie, Corée du Sud, etc. — en profitent pour solder leur compte à l'égard du FMI.

« De nombreux mouvements favorables à l'annulation de la dette leur reprochent de "légitimer" celle-ci et de gaspiller des capitaux qui auraient été bienvenus pour mener des politiques sociales. Les gouvernants rétorquent que ces remboursements leur permettent de reprendre leur entière liberté à l'égard d'une institution qui impose des politiques impopulaires.

« Que font jusqu'à présent la plupart des gouvernements avec leurs réserves de change ? Après avoir utilisé une partie de celles-ci pour rembourser certains organismes internationaux, ils placent le reste en bons du Trésor américains ou le déposent dans les banques des États-Unis (et, marginalement, d'autres pays industrialisés). Ils prêtent donc l'argent public du Sud aux puissances du Nord, en particulier au principal pays qui les domine. [...]

«La relative abondance de réserves de change à disposition des gouvernements de la région et l'impasse à laquelle conduit ce type d'utilisation ont apporté de l'eau au moulin du président Chávez, qui, depuis quelques années, proposait la création d'un fonds humanitaire international et, depuis 2006, la création d'une Banque du Sud. En annonçant la naissance de cette institution, l'Argentine et le Venezuela ont franchi le pas en février 2007, bientôt rejoints par la Bolivie, l'Équateur et le Paraguay. Le Brésil, qui a hésité pendant trois mois, a fini par signer la déclaration de Quito du 3 mai, lors d'un sommet des ministres des Finances de l'Argentine, de la Bolivie, du Brésil, de l'Équateur, du Paraguay et du Venezuela. Un sommet réunissant les présidents de ces pays doit se tenir avant la fin du mois de juin et lancer officiellement la Banque du Sud.

«Plusieurs options sont encore sur la table, mais un consensus semble se dégager sur plusieurs points. L'organisme financier réunira au moins ces six pays d'Amérique du Sud (la porte étant ouverte aux autres) et aura pour fonction de financer le développement dans la région. Un fonds monétaire de stabilisation serait aussi créé. Il existe déjà un Fonds latino-américain de réserve (FLAR), dont font partie cinq pays andins (Bolivie, Colombie, Équateur, Pérou, Venezuela) et un pays d'Amérique centrale, le Costa Rica. Il pourrait être transformé ; si cela s'avérait impossible, un nouveau fonds serait créé. Son but : faire face à des attaques spéculatives et à d'autres chocs externes en mettant en commun une partie des réserves de change des pays membres.

«Il s'agit donc de se passer du FMI, mais avec une ambition supplémentaire : mettre en place une unité de compte qui pourrait, un jour, aboutir à une monnaie commune. En clair, créer l'équivalent de l'écu européen avant la naissance de l'euro. Actuellement, les échanges commerciaux entre pays d'Amérique du Sud se règlent en dollars. Or, l'Argentine et le Brésil viennent d'affirmer qu'ils ont l'intention de régler leurs échanges mutuels, d'une valeur annuelle de 15 milliards de dollars, en pesos argentins et en reals brésiliens.

«Lors de la réunion de Quito, la délégation de l'Équateur a mis en avant une conception révolutionnaire de la Banque du Sud (et du fonds). L'institution devra fonctionner sur une base démocratique, à l'opposé de la Banque mondiale, du FMI et de la BID. Elle sera un instrument notamment chargé de mettre en application les traités internationaux portant sur les droits humains, sociaux et culturels, alors que la Banque mondiale ne s'estime pas liée par ces traités. La Banque du Sud devra financer des projets publics, alors que les institutions existantes privilégient le secteur privé.

«Par ailleurs, si les chefs d'État se mettent d'accord, elle devrait être fondée sur le principe "un pays, une voix". Actuellement, à la Banque mondiale, au FMI et à la BID, le droit de vote des pays dépend de leur apport initial — les États-Unis détiennent à eux seuls plus de 15 %, ce qui leur donne un droit de veto de fait. De plus, les dirigeants et les employés de la Banque du Sud relèveraient de la justice, contrairement à ceux de la Banque mondiale, protégés par une immunité totale, qui n'est levée que si celle-ci le veut. Les archives appartiendraient au domaine public (la règle contraire est en vigueur au FMI et à la Banque mondiale). Enfin, le nouvel établissement financier ne s'endetterait pas sur le marché des capitaux. Son capital serait fourni par les pays membres, qui la financeraient par un apport initial, par des prêts, mais aussi par des taxes [sur les transactions en devises effectuées dans les six pays].

«Il est encore trop tôt pour connaître le sort réservé à cette proposition. Sans accord, cette nouvelle construction ne représentera pas une solution de rechange pour la région. Les gouvernements brésilien et argentin sont tentés par une banque qui viendrait renforcer leurs grandes entreprises privées ou mixtes, dans le cadre d'un bloc économique et politique construit sur le modèle d'une Union européenne dominée par la logique capitaliste. Mais le débat n'est pas tranché. Et un constat s'impose : en Amérique latine, le FMI et la Banque mondiale ne font plus la loi.»

Source : Damien Millet et Éric Toussaint, « L'Amérique latine rue dans les brancards – Banque du Sud contre banque mondiale », *Le Monde diplomatique,* juin 2007, [www.monde-diplomatique.fr/2007/06/millet/14861], (8 octobre 2008).

L'ORGANISATION DE COOPÉRATION ET DE DÉVELOPPEMENT ÉCONOMIQUES (OCDE)

On a souvent qualifié l'*Organisation de coopération et de développement écono-miques*[28] de laboratoire d'idées, de centre d'observation, de club de pays riches, d'université informelle. Chacune de ces désignations contient une parcelle de

www.ocde.org

28. Tiré et adapté de l'Organisation de coopération et de développement économiques, *À propos de l'OCDE*, s.d., [www.oecd.org/pages/0,3417,fr_36734052_36734103_1_1_1_1_1,00.html], (17 octobre 2008).

Siège social de l'OCDE à Paris

vérité, mais aucune ne rend pleinement compte de ce qu'est véritablement l'OCDE.

L'OCDE a succédé à l'Organisation européenne de coopération économique (OECE), qui avait été mise sur pied pour administrer l'aide que fournissaient à l'Europe les États-Unis et le Canada dans le cadre du plan Marshall, lequel visait à reconstruire l'Europe dévastée par la Seconde Guerre mondiale. Fondée en 1961, l'OCDE a pour mission de renforcer et de rendre plus efficace l'économie des pays qui en sont membres, de promouvoir l'économie de marché, de favoriser l'essor du libre-échange entre les pays et de contribuer à la croissance tant dans les pays industrialisés que dans les économies en développement.

En 2008, l'OCDE rassemble 30 pays membres partageant les mêmes idées. Elle offre aux gouvernements un cadre pour élaborer, examiner et affiner leurs politiques économiques et sociales. Pour en devenir membre, un pays doit essentiellement satisfaire à une exigence : être attaché aux principes de l'économie de marché et de la démocratie pluraliste.

LA CHAMBRE DE COMMERCE INTERNATIONALE (CCI)

www.iccwbo.org

Fondée en 1919, la *Chambre de commerce internationale*[29] (CCI, souvent appelée ICC, pour International Chamber of Commerce) regroupe actuellement des milliers d'entreprises et d'associations basées dans quelque 130 pays. Son secrétariat international se situe à Paris, et elle est représentée dans les pays où se trouvent ses membres par des comités nationaux. Ceux-ci jouent deux rôles : ils coordonnent les appréciations des membres liées aux enjeux relatifs au commerce international et les transmettent au secrétariat international, et ils communiquent aux gouvernements locaux la position finale adoptée par la CCI.

En tant que porte-parole des entreprises, la CCI défend la mondialisation de l'économie en tant que moteur de la croissance, de l'emploi et de la prospérité. Elle dispose d'une autorité incontestée en ce qui a trait à la mise en place de règles visant à régir le commerce international. Même si ces règles n'ont pas force de loi (puisqu'elles n'en sont pas), de nombreux pays les observent et elles s'imposent comme telles dans le milieu du commerce international. C'est le cas notamment des règles et usances uniformes (RUU) relatives aux crédits documentaires[30] et des incoterms, ces derniers régissant l'interprétation des termes commerciaux utilisés dans les contrats de vente[31].

La CCI fournit également divers services, tels que la Cour internationale d'arbitrage, institution arbitrale de premier plan pour les différends en matière de commerce international, et les contrats modèles, qui facilitent la vie des petites entreprises ne disposant pas de leur propre service juridique.

29. Tiré et adapté de la Chambre de commerce internationale, *À propos d'ICC*, s.d., [www.iccwbo.org/id95/index.html], (8 octobre 2008).
30. Les RUU relatives aux crédits documentaires sont présentées dans la publication n° 500 de la CCI, et nous en traiterons dans le chapitre 11, « Le paiement, le financement et les risques financiers », p. 469.
31. Le chapitre 7, « Les incoterms », est consacré à ce sujet, p. 285.

L'ORGANISATION MONDIALE DU COMMERCE (OMC)[32]

À la fin de la Seconde Guerre mondiale, les nations industrialisées se sont rapidement aperçues que, en l'absence de règles, le commerce international mènerait à un protectionnisme exacerbé et finirait par ressembler à une jungle incompatible avec un ordre économique mondial. En 1946, animées par un désir de libéralisation du commerce, 23 parties contractantes ont amorcé des négociations tarifaires qui, après de nombreuses concessions de part et d'autre, aboutirent en 1948 à l'Accord général sur les tarifs douaniers et le commerce (General Agreement on Tariffs and Trade, GATT). Le prédécesseur de l'OMC était né.

Au cours des 47 premières années de son existence, le GATT a réussi à promouvoir et à assurer la libéralisation d'une grande partie du commerce mondial en motivant les gouvernements nationaux à réduire les divers droits de douane qu'ils imposaient à tout un chacun. Dans une large mesure, ces résultats ont été le fruit de « cycles » (*rounds*) de négociations tenues sous la direction du GATT. Après les premières séries de négociations concernant la réduction des droits de douane, le *Kennedy Round* aboutit au milieu des années 1960 à un accord **antidumping**.

Au cours des années 1970, le *Tokyo Round* constitua la première tentative majeure de lever des obstacles commerciaux autres que les droits de douane. Le Cycle d'Uruguay, qui a duré de 1986 à 1994, se présente comme la plus ambitieuse de toutes les séries de négociations à s'être déroulées dans le cadre du GATT. Il aboutit à la création de l'OMC elle-même et à l'adoption d'une nouvelle série d'accords.

L'OMC est la seule organisation internationale qui s'occupe des règles régissant le commerce entre les pays. À cet égard, les accords créant l'OMC ont été négociés et signés par la plupart des puissances commerciales du monde et ont été ratifiés par leurs parlements. S'il s'avère impossible de présenter ou de résumer les accords de l'OMC dans la mesure où ceux-ci sont longs et complexes, on peut certes en expliquer un certain nombre de principes simples, qui constituent le fondement du système commercial multilatéral. Ainsi, puisqu'elle a pour mission d'aider les producteurs de marchandises et de services, les exportateurs et les importateurs à mener leurs activités, l'OMC considère que le système commercial devrait présenter les caractéristiques suivantes :

- *Être exempt de discrimination*. D'abord, la clause de la nation la plus favorisée (dite « clause NPF ») stipule que tout avantage commercial accordé par un pays à un autre (même si celui-ci n'est pas membre de l'OMC) doit être immédiatement accordé à la totalité des membres de l'OMC, sans discrimination. Si, par exemple, le Canada réduit ses droits de douane sur les textiles chinois, il doit aussi le faire sur ceux de tous les autres membres de l'OMC. Aussi, la clause du traitement national fait en sorte que les produits importés et les produits de fabrication locale doivent être traités de manière égale, du moins une fois que le produit importé a été admis sur le marché.

- *Être libre*. L'un des moyens les plus évidents de libéraliser et d'encourager les échanges commerciaux consiste à réduire les nuisances, par exemple les droits de douane. Nous avons vu que l'OMC tente d'atteindre cet objectif à travers les cycles de négociations.

Antidumping
Droits supplémentaires imposés par un pays importateur lorsque les produits sont facturés à un prix inférieur au prix « normalement » demandé sur le marché national de l'exportateur, ce qui cause un préjudice important à l'industrie nationale du pays importateur.

---

32. Tiré et adapté de l'Organisation mondiale du commerce, *Comprendre l'OMC : éléments essentiels*, s.d., [www.wto.org/french/thewto_f/whatis_f/tif_f/fact1_f.htm], (8 octobre 2008).

- *Être prévisible.* Les négociations de l'OMC sont basées sur des promesses de réduire ou de ne pas renforcer certains obstacles au commerce international. Ce genre de promesses permet aux entreprises de mieux prévoir les occasions d'affaires futures.

- *Être concurrentiel.* On dit parfois que l'OMC est l'institution qui promeut le plus activement le libre-échange économique, mais cela n'est pas tout à fait vrai. Le système commercial actuel, tel qu'il existe, rend possible l'application de droits de douane et de nombreuses autres formes de protection commerciale. Il serait donc plus juste de dire que l'OMC souhaite que son système de règles garantisse une concurrence ouverte, loyale et exempte de distorsions.

- *Être favorable aux pays en développement.* Comme le système commercial actuel favorise peu les marchés émergents des pays en développement, l'OMC leur accorde des délais pour mettre en œuvre les mesures qu'elle négocie. Ces mesures reprennent des dispositions antérieures du GATT, qui prévoyaient une aide spéciale et des avantages commerciaux pour les pays en développement.

TENDANCES ET ENJEUX

L'adhésion de la Russie à l'OMC remise en cause

Sur fond du conflit géorgien, les négociations sont longues et tortueuses

«Après de longues et tortueuses négociations, l'adhésion de la Russie à l'Organisation mondiale du commerce (OMC) est remise en cause à la fois par Moscou, qui accuse ses partenaires de l'avoir trompée, et par les États-Unis sur fond de conflit en Géorgie.

«Dernière grande puissance économique à ne pas être intégrée au système multilatéral commercial, la Russie frappe à la porte de l'OMC depuis 1993. Entre-temps, elle a vu ses anciens satellites, la Géorgie (qui a accédé en 2000), puis l'Ukraine (2008) lui brûler la politesse. Le conflit qu'elle mène contre Tbilissi dans le Caucase pourrait même l'empêcher définitivement de rejoindre les 153 autres membres de l'OMC. En 2006 déjà, la Géorgie a annoncé qu'elle s'opposerait à l'adhésion de son voisin russe à l'OMC, réagissant à l'imposition par Moscou de la quasi-fermeture de ses douanes aux produits géorgiens. Dès lors, les discussions tenues par les membres de l'OMC sur l'adhésion de la Russie ne peuvent être organisées que de manière informelle. Le dernier rendez-vous était fixé au 18 septembre 2008. Nouvel écueil à la mi-août, des hauts responsables de l'administration américaine ont évoqué l'idée de représailles contre Moscou concernant sa participation à plusieurs organisations internationales suite à la crise en Géorgie.

«Aussitôt, les autorités russes ont rétorqué en affirmant qu'ils souhaitaient "sortir de certains accords qui actuellement contredisent les intérêts de la Russie", selon le premier vice-Premier ministre russe Igor Chouvalov. Mais Youri Afanassiev, responsable de l'accession de la Russie à l'OMC auprès de la mission russe à Genève, a souhaité se montrer rassurant : "Certains de nos partenaires souhaiteraient geler le processus, mais nous voulons continuer", a-t-il déclaré à l'AFP. "Nous n'allons pas changer notre manière de négocier", a-t-il ajouté.

«Dans la pratique, la Russie a lancé une première salve mercredi en annonçant qu'elle allait fortement réduire ses importations de viande de porc et de poulet. Pour accéder à l'OMC, l'État postulant doit d'une part adapter son droit interne aux normes de l'organisation en créant un environnement commercial transparent et non discriminatoire. [...]»

Source : AFP, « Russie. L'adhésion à l'OMC remise en cause », *Le matin*, 30-31 août 2008, p. 7, [www.lematin.ma/services/ematin/flipreader.asp ?idt=lm&j=31&m=08&a=2008], (8 octobre 2008).

LE RÈGLEMENT DES DIFFÉRENDS

L'OMC se distingue du GATT en ce qu'elle dispose d'un Organe de règlement des différends (ORD), qui constitue une nouvelle source de droit, un comité quasi judiciaire autorisé à sanctionner financièrement les États. C'est un pouvoir unique en droit international et une contribution sans précédent à la stabilité de l'économie mondiale. Du fait de sa légitimité mondiale et de son existence même, de plus en plus de pays demandent à l'OMC de régler les contentieux commerciaux. Celle-ci se voit ainsi dans l'obligation de rendre la justice dans un contexte où les conflits commerciaux se multiplient, que ce soit entre les grandes puissances (bloc européen contre bloc américain) ou entre les pays du Nord et ceux du Sud. En vigueur depuis la signature des accords visant la création de l'OMC, le mécanisme de règlement des différends de l'OMC se répartit en trois étapes.

La première étape est celle des consultations entre les gouvernements concernés. Ces consultations doivent donner lieu à un accord dans les 60 jours. Si les consultations échouent, la deuxième étape du mécanisme s'enclenche, et les parties verront leur différend soumis à un groupe spécial constitué de trois membres désignés par l'OMC. Les parties doivent approuver la nomination des trois membres qui composeront le groupe spécial avant de lui présenter leurs arguments. Après avoir délibéré et produit divers rapports provisoires, le groupe spécial présente un rapport final, qui, dans les 60 jours, devient une décision ou une recommandation de l'ORD. La troisième étape du mécanisme de résolution des différends consiste en l'application de la décision de l'ORD. Les parties peuvent également faire appel auprès de l'Organe d'appel de l'OMC, qui se compose de sept membres permanents. Les conclusions et décisions de l'Organe d'appel sont définitives.

La liste de tous les différends commerciaux qu'a arbitrés l'ORD se trouve sur le site de l'OMC[33]. Ces différends reflètent l'état des relations commerciales internationales et les blocs régionaux, notamment les États-Unis contre l'Union européenne, qui réalisent plus de 40 % des échanges mondiaux. L'encadré 2.8 fournit l'exemple d'un différend qui a opposé le Canada aux États-Unis relativement au bois d'œuvre.

Encadré 2.8

Bois d'œuvre : la guerre des nerfs

Le 27 avril 2006, après quatre ans de conflit commercial, le Canada et les États-Unis ont conclu une entente de sept ans sur le bois d'œuvre. Il s'agit du bois qu'on utilise pour construire les charpentes des maisons et pour fabriquer une multitude d'autres produits ayant souvent un lien avec la construction et la rénovation résidentielles. L'accord signifie la fin des droits compensateurs[a] s'appliquant aux importations canadiennes depuis 2002 et l'accès à une part stable de 34 % du marché américain pour l'industrie canadienne.

Le litige qui opposait le Canada aux États-Unis vient de l'imposition, par ces derniers, de droits de 27 % sur les importations de bois canadien, entre 2002 et 2005, puis de 21 % avant le 27 avril 2008. À plusieurs reprises, le Canada a contesté cette mesure devant les instances de l'ALENA et de l'OMC, qui lui ont donné raison dans la grande majorité des cas. C'est même en fait depuis la signature, en 1988, d'un traité de libre-échange visant à abolir les barrières tarifaires et les droits de douane entre les deux pays, que le

33. Organisation mondiale du commerce, *Liste chronologique des différends,* s.d., [www.wto.org/french/tratop_f/dispu_f/dispu_status_f.htm], (8 octobre 2008).

Canada et les États-Unis ne réussissent pas à régler certains litiges commerciaux, en particulier concernant le commerce des produits forestiers.

Au Canada, l'industrie forestière exploite surtout la forêt se trouvant sur les terres de la Couronne et paye des droits de coupe aux gouvernements. Grâce à l'abondance des terres boisées et à des politiques peu sévères en matière de préservation, elle peut couper du bois en très grande quantité pour un prix relativement peu élevé par rapport au marché nord-américain. Or, les États-Unis voient dans ces droits de coupe peu élevés des subventions déguisées. Aux États-Unis, on coupe généralement le bois dans des forêts privées, en échange de droits plus élevés qu'au Canada. C'est que les forêts publiques occupent une proportion beaucoup moins grande du territoire forestier et que les droits de coupe y sont, du coup, au moins aussi élevés que sur les terres privées.

Cette situation, combinée à la relative faiblesse du dollar canadien, fait en sorte que les coûts de production sont plus élevés du côté américain. De nombreux entrepreneurs en construction américains préfèrent donc acheter du bois canadien pour que leurs maisons coûtent moins cher. Les compagnies forestières américaines doivent ainsi absorber certaines pertes pour demeurer concurrentielles. Pour les États-Unis, l'imposition de droits permettait de redonner au bois canadien sa valeur réelle sur leurs marchés. Le département du Commerce américain accusait Ottawa de subventionner l'industrie forestière canadienne, et les entreprises productrices de bois d'œuvre, de vendre leurs produits moins cher que leur valeur réelle.

Les exportateurs canadiens ont beaucoup pâti des mesures protectionnistes des États-Unis, eux qui ne bénéficient pas de la puissance économique de ce pays ni de son marché intérieur de 250 millions de consommateurs. De nombreuses usines ont dû fermer leurs portes et des milliers de travailleurs canadiens ont perdu leur emploi. Dans la situation économique actuelle, il n'est pas certain que l'industrie du bois retrouvera l'erre d'aller qu'elle avait avant 2001.

---

a. Droit compensateur: «Droit de douane appliqué sur un produit importé pour compenser les mesures d'aide gouvernementale ou subventions excessives dont il bénéficie dans son pays d'origine, notamment lorsque les importations visées causent ou menacent de causer un préjudice important à une branche d'industrie nationale qui produit un bien similaire dans le pays importateur.» Office québécois de la langue française, *Grand dictionnaire terminologique,* s.d., [www.granddictionnaire.com/btml/fra/r_motclef/index800_1.asp], (8 octobre 2008).

Source: Tiré et adapté de Stéphane Bordeleau et Isabelle Montpetit, «Bois d'œuvre: la guerre des nerfs» (dossier), *Nouvelles,* Société Radio-Canada, mai 2006, [www.radio-canada.ca/nouvelles/dossiers/bois/], (8 octobre 2008).

 **OBJECTIF 4**

Apprécier la complexité de l'environnement juridique qui influence les entreprises.

IV. L'ENVIRONNEMENT JURIDIQUE DE L'ENTREPRISE

Avant même de discuter de l'environnement juridique de l'entreprise, il est important de comprendre qu'il revient à chaque nation d'élaborer, de concevoir et d'administrer ses propres lois dans les juridictions qui sont les siennes. Toutefois, en matières internationales, l'application de diverses clauses se complique s'il n'existe pas d'accords entre les pays. Le raisonnement qui s'applique au droit national ne s'applique pas nécessairement au droit international.

 **OBJECTIF 5**

Acquérir une connaissance générale des différentes lois qui régissent le commerce international.

LE DROIT INTERNATIONAL

 **MISE EN SITUATION**

Un contrat est signé au Canada. L'acheteur, un Chinois, a l'intention d'importer un produit au Royaume-Uni. Le vendeur, un Turc, représente un manufacturier du sud de la Russie. Le produit quitte cette région en direction de la Turquie dans des caisses fabriquées aux Philippines. Il est d'abord transporté dans un avion appartenant à une ligne aérienne grecque, puis emprunte un avion français pour la dernière portion du trajet vers l'Angle-terre. Le produit arrive à destination endommagé et il est difficile de savoir s'il l'a été avant ou pendant le voyage, et si les dommages sont dus à un défaut des caisses, à une manutention négligente ou à une fraude de la part de l'acheteur. En vertu des lois de quel pays doit-on régler ces questions? Celles de la Russie? du Canada? de la Turquie? de la Chine? Si le contrat est muet sur la loi applicable, une série de pour-suites s'ensuivront. On prendra des mois, voire des années, à résoudre le seul problème de la loi applicable, et ce, avant même de déterminer qui devra assumer la responsa-bilité de la faute et quelle en sera l'indemnisation.

Le droit international, tout comme le droit national, se divise en deux champs, comme suit :

- *Le droit international public*. Ce droit concerne les relations juridiques entre les gouvernements, ce qui inclut les lois régissant les relations diplo-matiques entre nations et toute matière impliquant les droits et obligations des pays indépendants ;

- *Le droit international privé*. Ce droit se compose des lois portant sur les transactions internationales entre des individus ou entre des entreprises de pays différents. Il régit ainsi les contrats internationaux.

Dans de ce volume, nous n'examinerons que le droit international privé.

Depuis des siècles, le monde est principalement régi par trois types de systèmes juridiques, chacun disposant de caractéristiques particulières.

D'une part, il y a le **droit civil**[34]. Dans ce système, les lois sont conçues et écrites par un législateur, et les juges doivent s'y référer lorsqu'ils rendent leurs jugements. D'autre part, il y a la ***common law***[35], dont la source principale est la jurisprudence. Liés par la règle du précédent, les juges œuvrant dans un tel système doivent se baser sur le principe juridique avancé dans la cause précédente ressem-blant le plus à celle dont ils sont saisis.

Outre ces deux systèmes, il existe les divers types de *droit religieux*. Par exem-ple, le droit musulman est un système autonome, dont l'assise est le Coran, livre sacré contenant la doctrine islamique. Conséquemment, le droit musulman ne s'applique qu'aux adeptes de la religion islamique. Pour le comprendre, il faut connaître les tenants et aboutissants de la religion islamique et disposer de quelques notions historiques sur le monde arabe[36].

Il ressort de tout cela que, dans la mesure où il existe de par le monde de grandes différences entre les systèmes juridiques, on doit tâcher de déterminer avec le plus d'attention et de précision possible le droit applicable à chacune des activi-tés de commerce international que l'on envisage.

Droit civil
Ensemble des règles écrites formant le droit d'origine romano-germanique, qui sont rassemblées dans des codes auxquels les juges doivent recourir pour rendre leurs jugements.

Common law
Ensemble des règles non écrites formant le droit d'origine anglaise, qui se sont graduellement dégagées des décisions des tribunaux.

---

34. Le droit civil est aussi connu sous le nom de droit romano-germanique. Exception faite du Royaume-Uni, la totalité de l'Europe est régie par ce type de droit. Le Québec évolue également dans le cadre de ce système, tout comme les pays d'Amérique latine et certains pays d'Afrique ayant déjà été des colonies françaises.

35. La *common law* est en vigueur dans des pays tels le Canada (mais pas au Québec), les États-Unis, le Royaume-Uni, l'Afrique du Sud et d'autres pays faisant partie du Commonwealth.

36. Pour en savoir plus sur l'origine et l'évolution du droit musulman, on peut consulter « Le Droit musulman », *Bismillah. Débats avec un chrétien*, 2004, [www.membres.lycos.fr/forumbismillah/spip/article.php3?id_article=141], (3 décembre 2008).

CULTURE ET SOCIÉTÉ

Des interdits variables

Voici quelques exemples d'interdits inhérents au droit musulman. Dans la mesure où celui-ci interdit les jeux du hasard, tout contrat incluant le versement d'une récompense à un contractant qui prend un risque devient illicite. Ainsi, dans certaines juridictions, la différence entre le jeu de hasard et l'assurance est mince. De même, contrairement à ce qui se voit dans d'autres pays, les obligations d'une partie contractante commencent lorsque s'amorcent les négociations et non au moment de la signature du contrat. Alors, si l'une des parties décide de mettre fin à la négociation, l'autre partie a le droit d'exiger une compensation. L'intérêt étant strictement interdit dans certaines juridictions, des mesures de contournement sont parfois mises en place ; par exemple le Murabaha[a] et le Sukuk[b], dont le but est de faire en sorte que les transactions financières respectent le Coran.

a. La banque achète un bien pour son client et se garde une marge en le lui revendant.
b. Produit financier dont l'échéance est fixée d'avance, adossé à un actif permettant d'en rémunérer le placement.

LES SOURCES DU DROIT

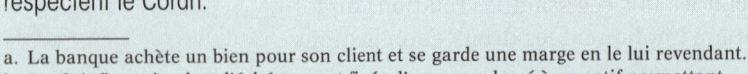

www.icj-cij.org

L'article 38 des statuts de la *Cour internationale de justice* constitue un bon point de départ pour obtenir les sources du droit international. Selon cet article, le droit international se compose de deux éléments, soit :

- les conventions internationales, générales ou spéciales ;
- les usages ou la *Lex mercatoria* (Loi des marchands).

Les conventions internationales

Conscients de la diversité et de la complexité du droit international, les pays tentent généralement d'harmoniser leurs lois, ce à quoi ils parviennent en signant des ententes bilatérales (conventions fiscales, droits d'entrée et de séjour, etc.) ou multilatérales. Les conventions internationales multilatérales ont principalement pour but de prévenir les conflits ou d'engager les pays signataires de l'entente à respecter un droit unique, propre à tous.

www.jurisint.org/fr/ins/113.html

La *Convention des Nations Unies sur les contrats de vente internationale de marchandises*, aussi appelée « Convention de Vienne », constitue un exemple de convention internationale multilatérale. Signée le 11 janvier 1980 par 63 pays et adoptée en avril de la même année, elle est entrée en vigueur en 1988 et est devenue opérante au Canada en 1992. Outre le Canada, elle lie des pays d'Europe occidentale, de même que les États-Unis et la Chine. Le Japon, la Grande-Bretagne et les pays exportateurs de pétrole du Moyen-Orient ne l'ont pas encore signée.

Rappelons que le *principe de la liberté contractuelle* permet aux parties de choisir librement les termes de leur contrat de vente. Cependant, ce faisant, elles peuvent oublier d'inclure une clause ou concéder des éléments dont elles estiment mal l'importance, dont le choix de la loi applicable au contrat. La Convention des

Nations Unies se présente comme un instrument juridique équilibrant les droits entre les deux parties. Elle propose des règles unifiées couvrant les aspects suivants du commerce international de marchandises : élaboration de contrats, obligations du vendeur et de l'acheteur, livraison des marchandises et remise des documents, état des marchandises et conformité à la commande, moyens dont disposent les parties en cas de contravention au contrat, prise de livraison, transfert de risques, dommages et intérêts et exonération.

Enfin, il est à noter que les conventions internationales multilatérales ou bilatérales ne lient que les parties qui les signent et qu'elles n'ont aucune incidence juridique sur les pays non signataires.

Les usages

Certains contrats mentionnent les « usages de la profession » lorsqu'il s'agit d'indiquer de quelle façon les parties seront liées, faisant alors référence à la *Lex mercatoria* ou *Loi des marchands*. Ce sont là des règles issues de la pratique internationale, auxquelles la doctrine et la jurisprudence recourent quelquefois pour régler les conflits relatifs à des activités de commerce international. En pratique, peu de gens utilisent la *Lex mercatoria*, parce qu'elle s'avère trop vague et que, en général, la population ne s'y retrouve guère. Même la légalité des règles qui s'y trouvent est contestée. Mentionnons seulement quelques-unes de celles qui sont généralement admises :

| www.lexmercatoria.org |

- Les parties doivent respecter leurs engagements ;
- Les parties doivent négocier de bonne foi un premier contrat et renégocier un contrat déséquilibré par des circonstances imprévisibles (cas de force majeure) ;
- Le silence peut dans certains cas signifier l'acceptation ;
- Le secret des affaires doit être respecté.

LES LITIGES INTERNATIONAUX

Les litiges internationaux revêtent une complexité plus importante que les conflits opposant des entreprises sises dans un même pays, pour lesquelles s'appliquent des lois nationales et qui s'affrontent dans le giron d'une cour dont la juridiction est également nationale. En effet, imaginez par exemple que vous vous trouviez en conflit avec un acheteur turc. N'allez pas penser que le conflit qui vous oppose se résoudra systématiquement devant les tribunaux canadiens, que les lois canadiennes s'appliqueront, et encore moins que le litige sera tranché par un tribunal international, qui appliquerait une loi internationale universelle !

Les lois qui régissent les litiges internationaux sont tantôt d'ordre national, tantôt d'ordre international. Cela dit, des parties peuvent prévoir expressément dans le contrat les règles applicables à leurs relations, et ce, suivant le principe de l'autonomie de la volonté[37]. En plaçant cette information dans les clauses appropriées, les parties choisissent elles-mêmes le droit qui sera applicable à leur contrat et le

---

37. Pour mieux connaître ce principe, on peut consulter : Institut de droit international, *L'autonomie de la volonté des parties dans les contrats internationaux entre personnes privées*, Bâle, 1991, [www.idi-iil.org/idiF/resolutionsF/1991_bal_02_fr.PDF], (8 octobre 2008).

tribunal qui tranchera en cas de litige. De plus, si elles le désirent, elles peuvent s'entendre pour qu'un litige soit soumis non pas à un juge national, mais bien à un juge privé, dans le cadre d'une procédure que l'on appelle « arbitrage ».

Quel que soit le processus judiciaire retenu (cour nationale de l'une des deux parties ou arbitrage), il reste à savoir comment la partie qui obtient gain de cause fera appliquer le jugement. Pourra-t-elle procéder à une saisie en Inde, par exemple, sur la base d'un jugement rendu par un magistrat canadien ou par un arbitre ?

En matière de droit international, il est fondamental de déterminer à quel ensemble de lois un contrat sera assujetti. En fonction de celles-ci, les droits et obligations liés à un contrat pourront varier énormément. Par exemple, certains pays exigent que le contrat soit écrit, d'autres pas. De même, en vertu de certaines lois, des parties non incluses dans le contrat jouissent de certains droits, tandis qu'en vertu d'autres lois ce n'est pas le cas.

Les parties contractantes se trouvent en présence de trois possibilités parmi lesquelles choisir, en fonction de ce que nous avons présenté comme le principe de l'autonomie de la volonté des parties contractantes :

- *Retenir le droit du pays exportateur.* L'exportateur souhaitera bien souvent voir le droit de son pays s'appliquer, car c'est celui qu'il connaît le mieux.
- *Retenir le droit du pays importateur.* Cette solution pourra se révéler à l'avantage de l'exportateur lorsque le droit du pays de l'importateur s'avère moins contraignant que celui de son pays. L'exportateur doit alors bien connaître et comprendre le droit en question, car il serait dangereux d'être soumis à des lois dont on ignore totalement ou partiellement la portée.
- *Retenir le droit d'un pays tiers.* Ce choix permet de neutraliser ce qu'on pourrait appeler le « nationalisme juridique ». On retiendra souvent cette solution dans le but de préserver la relation commerciale, pour des raisons de compromis ou de commodité.

Cela dit, il est possible que les parties n'aient pas indiqué dans le contrat qui les lie quel ensemble de lois s'y applique, que ce soit par oubli, par ignorance ou pour d'autres raisons. Dans ces cas-là, il n'existe malheureusement pas de système universel permettant de déterminer quelle loi devrait s'appliquer en cas de litige international. Face à l'insécurité juridique qui résulte de la multiplicité des lois nationales, certains États se sont entendus sur une règle commune applicable entre eux.

La *Convention de Rome de 1980 sur la loi applicable aux obligations contractuelles* créée à cet effet dans l'Union européenne, préconise le principe de la liberté contractuelle. À défaut de choix explicite dans le contrat, celui-ci sera régi par la loi du pays avec lequel il présente les

http://admi.net/eur/loi/leg_euro/fr_498Y0126_03.html

liens les plus étroits. Ainsi, la loi du pays du vendeur s'appliquera dans le cas d'un contrat de vente, et la loi du pays de l'agent s'appliquera dans le cas d'un contrat de distribution.

LA RÉSOLUTION DES LITIGES

La résolution des litiges entre les parties contractantes peut prendre diverses formes. Se fondant sur le principe de la bonne foi des deux parties, un contrat prévoit généralement qu'un litige pourra être réglé grâce à une entente à l'amiable. Lorsqu'on n'arrive pas à s'entendre, on doit avoir recours à un mécanisme d'arbitrage.

L'ENTENTE À L'AMIABLE

Dans le cadre d'une **entente à l'amiable**, les parties cherchent un compromis satisfaisant pour tous. La confidentialité de ce type d'entente en constitue le principal avantage et contribue à le rendre populaire auprès des entreprises en cause. Dans ce type de négociation, on nommera souvent un médiateur, un conciliateur ou un arbitre pour rapprocher les parties. Celles-ci aspirent généralement à trouver un terrain d'entente pour éviter que la dispute ne s'étale sur la place publique.

> **Entente à l'amiable**
> Mode de règlement d'un litige par voie de conciliation, sans recours aux tribunaux.

L'ARBITRAGE

L'**arbitrage** constitue une façon privée de trancher les litiges et s'appuie sur la convention des parties. De ce fait, l'arbitrage commercial international couvre le champ des relations à caractère économique impliquant plus d'un pays, et se présente comme un processus important de règlement des litiges internationaux. La souplesse de ce processus le rend généralement préférable à d'autres processus de règlement qui pourraient sembler, dans certaines circonstances, plus appropriés. Les délais de règlement et les coûts qui lui sont associés dépendent largement de l'attitude des parties.

> **Arbitrage**
> Règlement d'un différend ou sentence arbitrale rendue par une ou plusieurs personnes, auxquelles les parties ont décidé, d'un commun accord, de s'en remettre.

La Chambre de commerce internationale (CCI), dont nous avons parlé ci-dessus, dispose d'une institution vouée à résoudre les différends entre les parties contractantes. Il s'agit de la *Cour internationale d'arbitrage*, constituée de membres de plus de 80 pays. D'ailleurs, le 1er janvier 1998, celle-ci a rendu public un Règlement d'arbitrage qui se révèle d'une grande utilité en matière de commerce international. Ce règlement comprend une

> http://www.iccwbo.org/court/arbitration/id4398/index.html

trentaine d'articles qui traitent, entre autres, du nombre d'arbitres (un ou trois), du lieu de l'arbitrage et de la langue dans laquelle devra se dérouler le processus.

Les acteurs du milieu du commerce international semblent bien apprécier cette instance de la CCI et son fonctionnement, puisque plusieurs inscrivent désormais dans leur contrat que les éventuels différends qui pourraient les opposer devront lui être soumis. Cependant, d'autres institutions telles que l'*American Arbitration Association* (AAA) et la *London Court of International Arbitration* (LCIA) offrent des services semblables à ceux de la CCI.

> www.adr.org
> www.lcia-arbitration.com

Au Canada, deux institutions offrent des services d'arbitrage national et international, soit le *British Columbia International Commercial Arbitration Centre* (BCICAC), dont le siège social se trouve à Vancouver, et le *Centre canadien d'arbitrage commercial* (CCAC), qui a des bureaux à Québec, à Montréal, à Toronto et à Vancouver.

> www.bcicac.com
> www.cacniq.org

Le Canada s'est joint en 1986 à quelque 120 États en ratifiant la Convention de New York de 1958 sur la reconnaissance des sentences arbitrales étrangères. Celle-ci fait en sorte que les sentences rendues par arbitrage peuvent être appliquées aux mêmes conditions qu'un jugement interne. Si la partie condamnée ne s'exécute pas spontanément, une requête en *exequatur*[38] peut être présentée au tribunal. Cela facilite la reconnaissance par un tribunal étranger d'une sentence arbitrale rendue au Canada ou ailleurs.

---

38. L'*exequatur* est une procédure visant à donner, dans un État, force exécutoire à une sentence arbitrale rendue à l'étranger.

Pour conclure, notons que le pays d'origine d'une partie contractante n'influence en rien le choix du lieu où se tiendra l'arbitrage ni même la nature du droit que l'arbitre appliquera au litige. Les parties contractantes ont toujours la possibilité d'arrêter leur choix dans une clause de leur contrat ; elles peuvent aussi définir les modalités de l'arbitrage au moment du litige, qu'il s'agisse du lieu, de la langue, du nombre d'arbitres, du droit applicable ou de tout autre élément.

Un arbitrage impliquant la Cour internationale d'arbitrage de la CCI pourra avoir lieu au Mexique en vertu du droit en vigueur au Chili, tout comme un arbitrage impliquant le CCAC pourra se dérouler aux États-Unis et impliquer le droit français.

LES CONTRATS INTERNATIONAUX

Un processus d'exportation ou d'importation repose sur l'accord de deux parties, un acheteur et un vendeur. Généralement, ce consentement se matérialise dans un contrat de vente, qui précise la répartition des obligations, des frais et des risques. Aussi, des différences culturelles importantes pourront compliquer la négociation, la rendant parfois longue et difficile. Le contrat facilite les échanges et, surtout, empêche les contestations. Différentes règles encadrent le contrat de vente internationale, dans un objectif d'harmonisation et de facilitation des échanges internationaux.

Il est capital pour une entreprise exportatrice de connaître les droits et règlements d'affaires en vigueur dans le pays importateur et dans le marché cible, et de se familiariser avec les conventions internationales auxquelles ce pays a adhéré. De plus, puisqu'il existe différents systèmes de droit, toutes les clauses du contrat doivent être le plus explicites possible, de manière à limiter les interprétations divergentes. Il est fortement recommandé de faire vérifier ou rédiger un contrat de vente internationale par un avocat et d'en faire valider le contenu par une firme du pays importateur. Rédiger un contrat de vente international est donc une tâche complexe ; c'est pourquoi plusieurs étapes préparent les parties à ce moment clef des négociations.

Au cours de ces étapes, des décisions peuvent être prises et des documents précontractuels rédigés ; ces derniers pourront influer sur l'interprétation du contrat en cas de litige. Dans les paragraphes qui suivent, nous nous pencherons sur ces documents, puis examinerons les clauses particulières que les contrats internationaux peuvent contenir.

LES DOCUMENTS PRÉCONTRACTUELS

Les pourparlers précédant la signature d'un contrat international durent généralement un certain temps (voir capsule « Culture et société », page suivante) et peuvent être ponctués de documents précontractuels tels que des lettres d'intention, des protocoles d'entente, des ententes de principe et des procès-verbaux de différentes réunions. On doit accorder une attention particulière à la rédaction de ces documents, car, dans les pays de droit civil, ils peuvent éventuellement constituer une preuve de manquement à l'obligation de négocier de bonne foi. En cas de litige ou de rupture des négociations, un juge conclura plus aisément que l'une des deux parties est dans son tort si le déroulement de leurs entretiens et le contenu de leurs accords précontractuels ont été consignés.

Pour se protéger de l'éventualité d'être ainsi accusées, les parties peuvent indiquer clairement dans une lettre d'intention qu'elles ne s'engagent à rien quant à l'issue des négociations, en incluant une clause « sujet au contrat ». Un document précontractuel comportant cette clause se trouve dépourvu de toute valeur juridique pour la partie qui désirerait prouver que l'autre a rompu les négociations en la lésant d'un contrat futur qu'elle aurait promis. Il est également possible d'éviter un procès pour rupture de négociation en précisant dans la lettre d'intention, à côté de sa signature : « Bon pour la lettre d'intention uniquement, sans engagement contractuel ». Cette mention signifie clairement qu'il n'y a pas d'engagement valable sur le plan légal.

Un juge opérant dans le cadre de la *common law* éprouvera plus de réticence à voir dans une lettre d'intention la réelle volonté des parties de contracter qu'un juge de droit civil, pour qui l'échange des consentements aussi bien verbal qu'écrit peut faire office d'engagement. En cas de litige, tous les documents précontractuels, y compris la correspondance, peuvent servir dans le cadre d'une procédure juridique d'interprétation du contrat final, surtout dans les pays de droit civil.

CULTURE ET SOCIÉTÉ

Faire affaire avec les Japonais

La méthode japonaise du *ringi* (« aller en cercle ») est un bon exemple des méthodes de prise de décision dans ce pays. Une fois rédigés par les cadres moyens, les projets circulent entre les différents niveaux hiérarchiques de l'entreprise et font l'objet de modifications, jusqu'à ce que tout le monde ait donné son accord. Une fois le consensus obtenu, une décision est prise.

Pour un Japonais, avouer son incompréhension revient à affirmer que le professeur, l'intervenant ou l'interlocuteur est mauvais, et donc à faire perdre la face à ce dernier devant son auditoire. C'est pourquoi, quand on traite avec des Japonais, on doit, à l'occasion de pauses ou de discussions informelles, vérifier ce que chacun a pu réellement retenir. Les discussions peuvent facilement durer un an ou deux, mais, une fois qu'ils se sont engagés, les Japonais mettront un point d'honneur à respecter l'entente et à rester fidèles. La patience est de mise. On peut profiter de cette « période d'observation » pour multiplier les contacts : proposer une visite de son entreprise, envoyer un échantillon d'un nouveau produit, offrir un petit cadeau de fin d'année.

L'OFFRE

L'offre commerciale constituant la base du contrat de vente, elle doit être ferme et claire. Elle s'appuie sur un document écrit, la **facture pro forma**, dans une langue que le client comprendra parfaitement. La facture pro forma se présente comme un devis qui détermine les grandes lignes de la vente. Il s'agit bien sûr d'une facture

Facture pro forma
Facture provisoire établie par le vendeur afin de faire connaître à l'acheteur le contenu et le montant de la commande qu'il a passée.

anticipée, mais en tous points semblable à la facture définitive, ce qui permet à l'acheteur de prendre connaissance des spécifications relatives à l'offre. Enfin, cette facture engage la responsabilité et fixe les obligations du vendeur. Le tableau 2.8 (voir p. 84) présente, entre autres, les informations que doit généralement contenir une facture pro forma.

En tout état de cause, le contrat doit définir les rapports juridiques entre les deux parties, ce qui est le but des conditions générales de vente. Quand une partie formule une offre, elle est liée par celle-ci et ne peut pas la retirer librement, du moins pendant un délai raisonnable. L'offre commerciale bien détaillée, suivie d'une acceptation par le client, devient alors un contrat de vente internationale.

LES CLAUSES DU CONTRAT DE VENTE INTERNATIONALE

Lorsqu'une vente s'effectue sur le plan international, bien des difficultés peuvent survenir, dont voici quelques exemples : malentendus d'ordre linguistique, différence entre les systèmes juridiques des pays, manœuvres de l'une des deux parties pour retarder une entente. Un contrat bien rédigé peut réduire l'occurrence de tels désagréments ainsi que les risques liés à la non-exécution par l'une des parties de ses obligations. Un bon contrat de vente internationale doit prévoir toutes les situations possibles (clauses) et préserver au mieux les intérêts de chacune des parties. On distingue les clauses relatives au produit et les clauses juridiques. Les différentes formules concernant le transfert de risques et de charge pour les acteurs du commerce international sont codifiées dans les **incoterms**[39].

Incoterms (conditions internationales de vente)
Termes de commerce international (généralement exprimés par un sigle) définissant le partage des obligations et des responsabilités entre le vendeur et l'acheteur.

Les clauses relatives au produit

Les clauses relatives au produit concernent :

- la présentation du produit, sa description détaillée et, en annexe, les documents relatifs à ses caractéristiques techniques ;
- la garantie d'utilisation (étendue et durée) ;
- la quantité à produire prévue ;
- la qualité visée et l'origine du produit ;
- le prix précis du produit et la devise choisie pour la facturation ;
- les frais annexes (par exemple, les frais d'emballage pour protéger des marchandises devant parcourir des milliers de kilomètres et subir diverses manutentions) ;
- les frais de transport, d'assurance, de douane et leur répartition entre l'exportateur et l'acheteur ;
- les délais de livraison, en fonction de la date de signature du contrat de vente (l'acheteur peut demander des pénalités de retard en cas de non-respect des délais).

---

39. Nous traiterons de ce sujet dans le chapitre 7, « Les incoterms », p. 285.

Les clauses juridiques

Les clauses juridiques comprennent :

- les noms des contractants, en désignant précisément le statut des parties en regard du contrat ;
- l'objet du contrat (vente, location, etc.) ;
- le glossaire ou liste alphabétique des termes du contrat accompagnés de leur définition ;
- la mention du moment du transfert de propriété (après ou avant le règlement de la facture) ;
- la mention du moment d'entrée en vigueur du contrat (après ou avant le paiement d'un acompte, après ou avant la mise en place d'un crédit documentaire[40], après ou avant l'obtention par l'acheteur de documents obligatoires tels qu'une licence d'importation) ;
- la mention du tribunal compétent en cas de litige (loi canadienne ou loi du pays de l'importateur) ;
- les conditions de paiement (généralement précisées dans une facture pro forma délivrée avant l'envoi de la marchandise afin que l'acheteur puisse effectuer toutes les formalités liées au paiement).

Le tableau 2.8 (voir page suivante) présente les clauses qu'un contrat doit généralement contenir et les informations que chaque clause doit comprendre.

LA PROPRIÉTÉ INTELLECTUELLE

MISE EN SITUATION

Après avoir effectué des recherches pendant plusieurs années, votre entreprise crée une ampoule dont la durée de vie est dix fois supérieure à celle de l'ampoule traditionnelle. Vous faites breveter votre ampoule au Canada et décidez de l'exporter. Deux mois après la première vente à l'étranger, vous vous apercevez que votre ampoule est maintenant vendue sur les mêmes marchés que les vôtres par d'autres entreprises, et ce, sans votre accord.

La **propriété intellectuelle**[41] recouvre la propriété industrielle, par exemple le brevet et la marque de commerce, et le droit d'auteur. Dans cette section, nous définirons ce type de propriété et nous examinerons son rôle.

Propriété intellectuelle
Résultat d'un travail de création de l'esprit qui fait l'objet d'un droit.

LE BREVET

Le **brevet** confère à son titulaire un droit exclusif d'exploitation sur une invention, soit un produit ou un procédé offrant une nouvelle manière de faire ou apportant une nouvelle solution technique à un problème. Le brevet protège l'invention pour

Brevet
Titre par lequel un gouvernement confère à toute personne qui prétend être l'auteur d'une découverte ou d'une invention industrielle et qui en fait le dépôt dans les formes, un droit exclusif d'exploitation pour un temps déterminé.

---

40. Nous traiterons du crédit documentaire dans le chapitre 11, « Le paiement, le financement et les risques financiers », p. 469.
41. Tiré et adapté de l'Organisation mondiale de la propriété intellectuelle, *À propos des brevets*, s.d., [www.wipo.int/patentscope/fr/patents.html], (8 octobre 2008).

Tableau 2.8

Les renseignements présentés dans un contrat de vente internationale (incluant les informations préétablies dans l'offre ou la facture pro forma)

Contrat de vente internationale	Offre ou facture pro forma	Les contractants	Désigner clairement les contractants (acheteur et vendeur). Indiquer la raison sociale des entreprises, leurs adresses détaillées et le nom de leurs représentants respectifs.
		L'objet du contrat	Décrire en détail le produit vendu ou le service fourni, incluant les aspects techniques, la quantité, le volume, le poids et l'emballage (volume, poids, matériau de l'emballage), car l'acheteur peut émettre des exigences à cet égard.
		Le prix et les modes de paiement	Inscrire le prix du produit vendu en dollars canadiens ou en devises étrangères; détailler le prix des marchandises (prix unitaire, quantité et prix total pour chaque article, sous-total, taxes, transport et grand total). Spécifier l'incoterm relatif à la répartition des droits de douane et de l'assurance. Préciser un mode de règlement qui assure une sécurité maximale au vendeur, par exemple des acomptes garantissant la commande. Spécifier la pénalité applicable en cas de retard dans les paiements. Indiquer le moment du transfert de propriété; si les lois en vigueur dans les pays de l'exportateur et de l'importateur le permettent, inscrire une clause de **réserve de propriété**.
	Les modalités de transport		Indiquer le mode de transport retenu en fonction de la nature des marchandises, de leur destination et du degré de sécurité souhaité. Spécifier l'incoterm relatif à la répartition des frais et des responsabilités en matière de transport.
	Les modalités de livraison		Inscrire la date, le lieu de chargement et le lieu de livraison. Définir les délais de livraison en fonction de la date d'entrée en vigueur du contrat. Prévoir des pénalités en cas de retard dans la livraison (le respect des délais de livraison est l'une des obligations majeures du vendeur).
	Les cas de force majeure		Indiquer les responsabilités ou non-responsabilités de chacune des parties en **cas de force majeure**. Préciser clairement ce qui constitue un cas de force majeure, car les définitions diffèrent largement selon les pays.
	Les garanties		Décrire les engagements du vendeur en matière de garantie sur les produits: les couvertures, les politiques d'échange ou de remboursement, la date d'expiration des garanties, etc.
	La juridiction en cas de litige		Préciser le droit applicable pour le règlement d'éventuels différends.
	La langue		Déterminer la langue de rédaction du contrat en s'assurant que celle-ci est bien maîtrisée par les deux parties. Porter une attention particulière aux ambiguïtés possibles dues à la traduction et désigner la langue qui prévaudra en cas de problème d'interprétation.
	La date d'entrée en vigueur du contrat		Indiquer la date d'entrée en vigueur du contrat. Cette clause s'avère déterminante pour tout ce qui touche au paiement, au début des travaux et à la fin de la garantie.

une durée limitée, généralement 20 ans. La formalité d'obtention se résume au dépôt d'une demande de brevet. Le titulaire du brevet peut interdire aux autres de fabriquer, d'utiliser, de détenir ou d'importer son produit ou son procédé.

Lorsque le produit ou le procédé en question fait l'objet de ventes internationales, il est opportun de le breveter dans les pays importateurs, comme cela aurait dû être fait pour l'ampoule de notre mise en situation. Évidemment, la protection par brevet ne fonctionne que dans les pays qui ont ratifié les traités relatifs à la propriété intellectuelle ou qui reconnaissent l'autorité de certaines organisations la faisant respecter. L'*Organisation mondiale de la propriété intellectuelle* (OMPI) est l'une de ces institutions. Sise à Genève, en Suisse, elle est l'une des 16 organisations spécialisées du système des Nations Unies. Elle administre 23 traités internationaux relatifs à différents aspects de la protection de la propriété intellectuelle et compte 181 États membres. D'autre part, l'*Office européen des brevets* (OEB) délivre des brevets européens aux entreprises qui se trouvent dans les États qui sont parties à la Convention sur le brevet européen, signée à Munich le 5 octobre 1973.

Au Canada, l'*Office de la propriété intellectuelle du Canada*, qui relève d'*Industrie Canada*, administre et traite les demandes de propriété intellectuelle au Canada. De plus, l'*Institut de la propriété intellectuelle du Canada* (IPIC), fondé en 1926, est la plus importante association canadienne de professionnels spécialisés en propriété intellectuelle. L'IPIC se consacre à la protection et à la promotion de la propriété intellectuelle au Canada.

En contrepartie de la protection que le brevet leur confère, les titulaires sont tenus de rendre publiques les informations concernant leurs inventions. On compte ainsi enrichir le fonds mondial de connaissances techniques et encourager la créativité et l'innovation. Le brevet permet donc à la communauté internationale d'obtenir des informations précieuses auxquelles elle n'aurait pas accès autrement.

LA MARQUE DE COMMERCE

Une **marque de commerce** est un signe distinctif qui indique que des produits ou services sont fabriqués ou fournis par une personne ou une entreprise précise. L'origine des marques de commerce remonte à l'Antiquité, à l'époque où les artisans apposaient leur signature (leur « marque ») sur leurs œuvres ou sur les objets utilitaires qu'ils fabriquaient. Entre autres marques de commerce connues, citons *McDonald's*, *Pepsi*, *Les petits gâteaux Vachon*, *Yahoo*, etc.

Contrairement au brevet et au droit d'auteur (dont nous traitons ci-après), une marque de commerce doit être utilisée ou connue pour pouvoir continuer à exister.

Au Canada, la Loi sur les marques de commerce est une loi fédérale, et le Bureau des marques de commerce gère le système d'enregistrement des marques de commerce. À cet égard, le Bureau des marques de commerce fait partie de l'Office de la propriété intellectuelle du Canada, qui lui-même relève d'Industrie

Réserve de propriété
Clause qui, dans un contrat de vente, prévoit que la propriété d'un bien ne sera transférée à l'acheteur qu'après le paiement du prix et, le cas échéant, l'accomplissement des autres obligations de l'acheteur.

Cas de force majeure
Circonstance imprévisible et irrésistible résultant de forces extérieures aux contractants et qui rend l'exécution de l'obligation absolument impossible.

www.wipo.int/portal/index.html.fr
www.epo.org

www.cipo.ic.gc.ca
www.ic.gc.ca
www.ipic.ca

Marque de commerce
Marque qu'associe à un produit ou à un service l'entreprise ou l'organisme qui le commercialise ou le distribue, qu'il en soit ou non le fabricant, afin de le distinguer des produits ou services concurrents.

www.mcdonalds.com
www.pepsi.com
www.saputo.com
www.yahoo.com

Les événements sportifs et les festivals donnent lieu à un étalage de marques de commerce.

Canada, comme nous l'avons mentionné. L'Office de la propriété intellectuelle du Canada s'occupe aussi d'autres formes de propriété intellectuelle, notamment les brevets, le droit d'auteur, les dessins industriels et les topographies de circuits intégrés.

Une fois qu'une marque est enregistrée, conclusion d'un processus qui peut s'étaler sur un an et demi, parfois plus, elle devient opposable à tous partout au Canada. Cependant, contrairement au droit d'auteur, il ne suffit pas de vouloir enregistrer une marque de commerce pour que le processus aboutisse. La demande d'enregistrement d'une marque est en effet soumise à l'examen du Bureau des marques de cpmmerce, qui traite l'ensemble des demandes et qui s'assure qu'elles répondent à certains critères. L'enregistrement d'une marque confère une protection qui dure 15 ans, renouvelable périodiquement et indéfiniment, moyennant le paiement des frais et la preuve que la marque est effectivement utilisée.

Une marque de commerce enregistrée est un outil commercial puissant, puisqu'elle permet aux consommateurs de reconnaître et d'acheter un produit ou un service dont la nature et la qualité semblent répondre à leurs besoins. On doit donc s'assurer de protéger sa ou ses marques dans les divers pays où l'on mène des affaires[42].

LE DROIT D'AUTEUR

Droit d'auteur
Droit de propriété incorporelle exclusif et opposable à tous, conféré à la personne sous le nom de qui une œuvre de l'esprit est divulguée, soit un auteur ou son mandataire, d'exploiter à son profit pendant une durée déterminée une œuvre littéraire, artistique ou scientifique.

Le **droit d'auteur** désigne l'ensemble des droits dont jouissent les créateurs sur leurs œuvres littéraires et artistiques. Les œuvres protégées comprennent, notamment, les œuvres littéraires (romans, poèmes, pièces de théâtre, ouvrages de référence, journaux et logiciels), les bases de données, les films, les compositions musicales, les œuvres chorégraphiques, les œuvres picturales (peintures, dessins, photographies et sculptures), l'architecture, les créations publicitaires, les cartes géographiques et les dessins techniques.

Les créateurs d'œuvres protégées par le droit d'auteur et leurs héritiers disposent de certains droits fondamentaux, dont le droit exclusif d'utiliser l'œuvre ou d'autoriser son utilisation sous certaines conditions. La protection s'étend sur toute la vie du créateur et même après la mort de celui-ci, pendant 50 ans (certaines lois nationales prévoient toutefois un droit d'auteur *post mortem* d'une durée supérieure à 50 ans) ; par la suite, l'œuvre appartient au domaine public. La durée de protection permet aux créateurs et à leurs héritiers de retirer des avantages financiers pendant une durée raisonnable, au terme de laquelle les œuvres font partie du patrimoine culturel mondial.

Le droit d'auteur procure aussi à son titulaire des droits moraux, tels que celui de revendiquer la paternité d'une œuvre et celui de s'opposer à des modifications qu'un tiers lui apporterait et qui risqueraient de porter atteinte à la réputation du créateur.

---

42. Nous reviendrons sur la notion de marque de commerce au chapitre 4, « Le marketing international », p. 133.

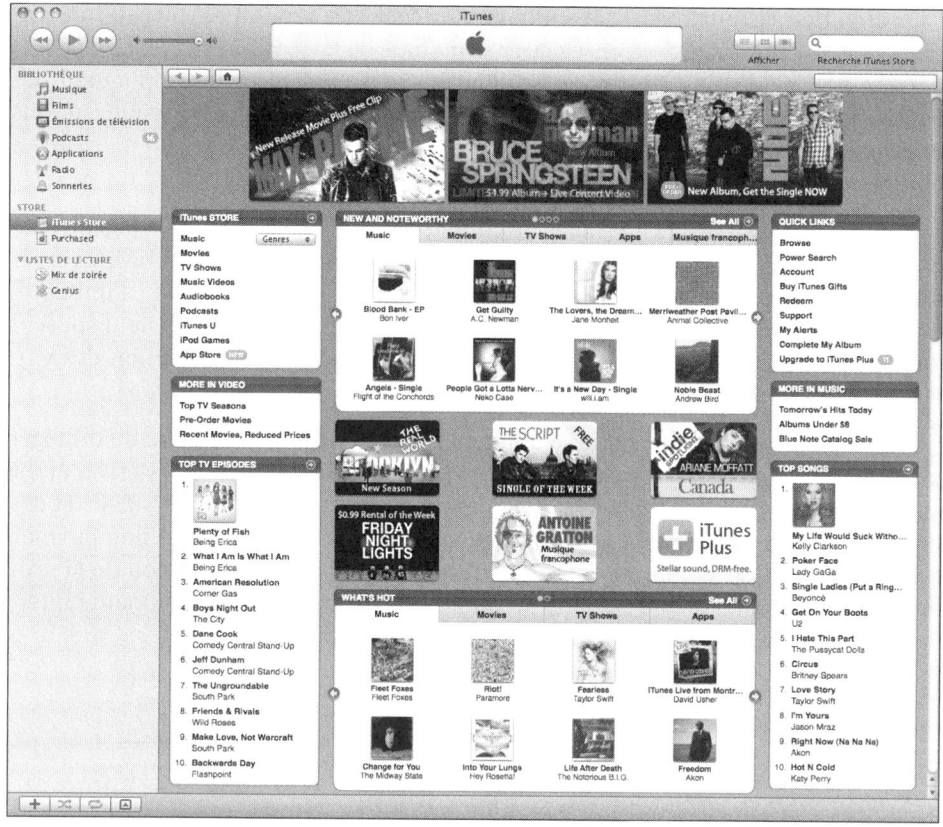

Aux yeux de plusieurs, les personnes qui téléchargent de la musique violent les droits d'auteur. Afin que soit respectée la propriété intellectuelle, la maison Archambault a mis sur pied un site qui permet aux internautes de télécharger des pièces de leurs auteurs favoris en échange d'une contribution minime.

Au Canada, les lois confèrent automatiquement un droit d'auteur à un créateur dès qu'il crée une œuvre originale ou un autre objet. Cependant, il est bon d'enregistrer officiellement son droit d'auteur et de l'indiquer sur ses œuvres. La personne qui enregistre un droit d'auteur obtient un certificat attestant qu'elle est titulaire de ce droit. Elle peut utiliser ce certificat devant les tribunaux pour défendre son droit de propriété. Il incombe alors à la partie adverse de prouver que le créateur n'est pas titulaire du droit d'auteur solicité.

Pour enregistrer un droit d'auteur, on doit déposer une demande au Bureau du droit d'auteur et acquitter les frais liés à la demande. Le processus d'enregistrement prend normalement trois semaines et demie.

LA PROPRIÉTÉ INTELLECTUELLE EN CONTEXTE INTERNATIONAL

Les brevets, marques de commerce et droits d'auteur offrent à leurs titulaires une protection que reconnaissent des traités internationaux. Malheureusement, même si des règles internationales régissent la propriété intellectuelle et que des organismes importants œuvrent dans ce domaine, cette protection s'avère limitée.

En effet, l'exportateur qui souhaite protéger son produit au niveau international doit obtenir un brevet, enregistrer sa marque ou faire valoir ses droits d'auteur dans toutes les parties du monde qui l'intéresse. Ces démarches impliquant des coûts importants et, selon l'adhésion ou la non-adhésion des pays à des conventions internationales, la protection peut être limitée. Par ailleurs, l'obtention d'un brevet oblige à divulguer son secret.

Pour que les brevets, marques de commerce et droits d'auteur protègent ceux qui y recourent, encore faut-il que les pays où circulent les produits brevetés et les œuvres protégées soient en mesure de punir les délits de vol d'invention, d'imitation de marque et de copiage ou de piratage d'œuvre. Or, certains États ne disposent pas toujours des ressources suffisantes (tribunaux, système de détection des violations, etc.) pour le faire.

De plus, les politiques que se donnent les gouvernements en vue de protéger la propriété intellectuelle varient d'État en État. Par exemple, les pays musulmans abordent cette problématique bien différemment du Canada, des États-Unis et des pays de l'Union européenne. Dans la mesure où ils considèrent la connaissance comme un héritage commun à tous, ils n'encouragent pas la protection de la propriété intellectuelle, même si, dans un effort d'intégration à la communauté internationale, la plupart d'entre eux y travaillent désormais.

CULTURE ET SOCIÉTÉ

De fausses Ferrari

« Après les fausses cigarettes, les pilules de Viagra de contrebande, les fausses pièces détachées d'avion, les copies bon marché de montres et de produits de luxe et les motos Honda piratées, la Chine a-t-elle commencé à produire de fausses Ferrari ? C'est la question qu'a posée fin avril le commissaire européen à la Justice et à la Sécurité, en brandissant lors d'une conférence de presse la photographie d'un bolide italien. Seuls six exemplaires du modèle en question ont été légalement fabriqués, selon le commissaire européen : le véhicule photographié serait donc un faux. Rien, depuis lors, n'est venu confirmer ses craintes. Mais le propos visait surtout à faire pression sur le gouvernement chinois afin qu'il sanctionne les violations de la propriété intellectuelle affectant les industriels européens.

« La Chine reste, plus que jamais, le pays du faux. Dans ses dernières statistiques disponibles, publiées en 2004, le Bureau d'État de supervision de la qualité estimait à 224 600 le nombre d'affaires de fabrication de faux produits. À commencer par la copie de films américains et chinois. Des DVD sont en vente à tous les coins de rue en Chine pour l'équivalent de 50 centimes d'euro, et il n'a fallu que trois jours aux professionnels du piratage, en mai, pour inonder le marché chinois de copies du film *Da Vinci Code*. Les experts estiment à 2,5 milliards la perte pour les industriels américains. [...] »

Source : Philippe Grangereau, « La Chine, royaume de la contrefaçon », *Libération*, 4 septembre 2006, [www.liberation.fr/evenement/010159353-la-chine-royaume-de-la-contrefacon], (20 avril 2009).

Le Canada et ses partenaires commerciaux

LE JAPON

Les relations entre pays reposent sur la perception positive que chacun a de l'autre. Les relations diplomatiques entre le Japon et le Canada se sont amorcées officiellement en 1928, grâce à l'inauguration de la légation du Japon à Ottawa. Peu après, le Canada a ouvert sa première légation à Tokyo. Aujourd'hui, les deux pays sont partenaires au sein de nombreuses institutions, notamment le G8, les Nations Unies et l'OCDE. En outre, tous deux souhaitent contribuer à façonner l'avenir de la communauté du Pacifique, par l'intermédiaire d'organismes tels que la Coopération économique Asie-Pacifique (APEC) et le Forum régional de l'Association des nations de l'Asie du Sud-Est (FRA).

Deuxième économie du monde, le Japon constitue un marché prioritaire pour le Canada. Selon les données de 2007 de Statistique Canada concernant la balance des paiements internationaux, le partenariat économique entre le Canada et le Japon est solide. Les exportations canadiennes de marchandises atteignent 9,18 milliards de USD par année et les importations venant du Japon totalisent 15,4 milliards de CAD par année. Les achats de services au Japon sont évalués à 3,35 milliards de CAD et les ventes de services, à 1,38 milliard de CAD en 2007. En outre, l'investissement bilatéral direct est substantiel. L'investissement du Canada se chiffre à 4,92 milliards de CAD et l'investissement direct du Japon au Canada, à 11,31 milliards de CAD en 2006.

Les exportations canadiennes vers le Japon représentent, en 2007, 2 % des exportations totales, et les importations représentent 3,8 % des importations totales. Le Canada est un fournisseur de premier plan de pétrole, de bois d'œuvre, de papier, de minéraux et de graines oléagineuses. Il importe principalement des véhicules, du matériel électronique et de la machinerie.

Le Canada exporte aussi des aliments à destination du Japon, notamment des produits carnés. Il est intéressant de noter qu'à l'instar d'autres pays, le Japon dispose d'un standard propre pour l'agriculture et les produits biologiques. Tous les produits qui y sont exportés doivent être conformes à ce standard et officiellement certifiés « JAS » (Japanese Agricultural Standard). La vente de thé organique au Japon n'échappe pas à cette règle ; le thé que le Canada y exporte doit donc être cultivé, recueilli, voire transformé et emballé selon des directives strictes qui visent à garantir que le produit est effectivement biologique au sens prévu par les lois japonaises.

Les tableaux 2.9 et 2.10 montrent les principaux produits que le Canada importe du Japon et ceux que ce dernier importe du Canada respectivement.

Tableau 2.9

Les importations canadiennes du Japon
par type de produit, en milliers de CAD

	2006	2007	2008
Véhicules automobiles (cylindrée de 1501-3000 cm^3)	2 821 506	2 856 830	2 979 405
Véhicules automobiles (cylindrée > 3000 cm^3)	727 713	965 695	889 646
Véhicules automobiles (cylindrée 1001-1500 cm^3)	788 671	880 644	825 339
Caméras de télévision, appareils photographiques numériques et caméscopes	–	397 745	414 910
Pièces et accessoires de machinerie et d'appareil d'impression	–	365 635	403 464
Pelles mécaniques et excavateurs, superstructure à rotation de 360°	506 131	448 701	402 256
Pièces d'avions ou d'hélicoptères	422 489	438 774	372 124
Ponts avec différentiels et essieux porteurs pour véhicules automobiles	378 031	347 787	308 292
Boîtes de vitesses (transmissions) et leurs composantes, pour véhicules automobiles	298 197	252 390	220 023
Outils à emboutir, à estamper ou à poinçonner	61 371	38 284	185 451
Total partiel	**8 120 044**	**8 777 100**	**8 703 471**
Autres produits	7 206 334	6 680 571	6 531 984
Total	**15 326 378**	**15 457 671**	**15 235 456**

Source : Tiré et adapté d'Industrie Canada, *Données sur le commerce en direct*, Importations totales canadiennes du Japon, 25 premiers produits (codes SH6), s.d., [www.ic.gc.ca/epic/site/tdo-dcd.nsf/fr/accueil], (rapport généré le 3 mars 2009).

Tableau 2.10

Les exportations canadiennes vers le Japon
par type de produit, en milliers de CAD

	2006	2007	2008
Houille bitumineuse	977 347	966 198	2 218 462
Graines – de navette ou de colza	629 038	845 197	1 350 716
Bois d'oeuvre (conifères)	1 017 220	762 566	748 730
Minerais de cuivre et leurs concentrés	909 996	791 819	737 658
Viandes de l'espèce porcine (congelées)	395 084	401 986	449 122
Méteil	192 651	234 053	409 592
Viandes de l'espèce porcine (fraîches ou réfrigérées)	288 823	288 344	334 438
Pâtes chimiques de bois mi-blanchies ou blanchies	358 789	327 380	290 726
Alliages d'aluminium sous forme brute	306 608	300 589	253 488
Aluminium sous forme brute, non allié	165 896	210 538	239 149
Total partiel	**6 528 638**	**6 587 874**	**8 719 652**
Autres produits	2 891 738	2 634 695	2 370 245
Total	**9 420 376**	**9 222 568**	**11 089 898**

Source : Tiré et adapté d'Industrie Canada, *Données sur le commerce en direct*, Exportations totales canadiennes à destination du Japon, 25 premiers produits (codes SH6), s.d., [www.ic.gc.ca/epic/site/tdo-dcd.nsf/fr/accueil], (rapport généré le 3 mars 2009).

DONNÉES SUR LE JAPON

Données géographiques

Nom officiel :	Japon
Superficie :	377 835 km² (4 400 îles, les quatre principales étant Honshu, Hokkaido, Shikoku et Kyushu), dont seulement 30 % habitables et 15 % cultivables
Population :	127,29 millions d'habitants en juillet 2008
Capitale :	Tokyo
Villes principales :	Tokyo, Yokohama, Osaka, Kobe, Nagoya, Sapporo, Kyoto
Langues :	Japonais
Monnaie :	Yen (1 JPY = 0,000957 CAD ; 1 CAD = 104,451 JPY)
Fête nationale :	23 décembre (jour de naissance de l'empereur Akhito)

Données démographiques

Croissance démographique :	0,139 % par an
Espérance de vie :	78,73 ans pour les hommes, 85,59 ans pour les femmes
Taux d'alphabétisation :	99 %
Religion(s) :	Shintoïsme, bouddhisme
Indice de développement humain (classement ONU) :	(8e rang mondial sur 177)

Données économiques

PIB (2007) :	4 290 milliards de USD (2e rang mondial)
PIB par habitant :	33 600 USD
Taux de croissance :	2,1 %
Taux de chômage :	3,9 %
Taux d'inflation :	0 %
Solde budgétaire :	− 149 milliards de USD
Balance commerciale :	Exportations 676,9 milliards de USD Importations − 572,4 milliards de USD Solde + 104,5 milliards de USD
Principaux clients :	États-Unis (22,8 %), Chine (14,3 %), Corée du Sud (7,8 %)
Principaux fournisseurs :	Chine (20,5 %), États-Unis (12,0 %), Arabie Saoudite (6,4 %), Corée du Sud (4,7 %)
Exportations du Canada vers le Japon (2007) :	9,18 milliards de CAD ; 2,0 % des exportations mondiales
Importations canadiennes du Japon (2007) :	15,44 milliards de CAD ; 3,8 % des importations mondiales

Source : *A world fact book*, s.d., [www.cia.gov/library/publications/the-world-factbook/], (5 mars 2009)

RÉSUMÉ

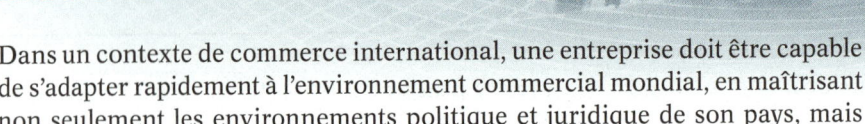

Dans un contexte de commerce international, une entreprise doit être capable de s'adapter rapidement à l'environnement commercial mondial, en maîtrisant non seulement les environnements politique et juridique de son pays, mais aussi ceux du pays avec qui elle souhaite mener des affaires.

Sur le plan politique mondial, dans une optique de mondialisation, les pays cherchent des moyens d'harmoniser les structures, les règlements et les droits qui les différencient afin d'améliorer et de faciliter les relations commerciales. Plusieurs organismes internationaux travaillent dans ce sens, et nous assistons à un vaste phénomène d'intégration économique.

Le droit international est un domaine fort complexe, qui s'applique aux contrats internationaux devant être rédigés avec grand soin et au règlement des litiges. La propriété intellectuelle est protégée par les brevets, les marques de commerce et les droits d'auteur.

MOTS CLÉS

Français	Anglais
Accord de libre-échange nord-américain (ALENA) (p. 46)	North American Free Trade Agreement (NAFTA)
Antidumping (p. 71)	Antidumping
Arbitrage (p. 79)	Arbitration
Barrières tarifaires (p. 54)	Tariff barriers
Brevet (p. 83)	Patent
Cas de force majeure (p. 85)	Act of God
Common law (p. 75)	Common law
Cycle d'Uruguay (p. 47)	Uruguay round
Démocratie (p. 53)	Democracy
Droit civil (p. 75)	Civil law
Droit d'auteur (p. 86)	Copyright
Embargo (p. 48)	Embargo
Entente à l'amiable (p. 79)	Out of court settlement
Incoterms (conditions internationales de vente) (p. 82)	Incoterms (International Commercial Terms)
Facture pro forma (p. 81)	Pro forma invoice
Intégration économique (p. 57)	Economic integration
Libre entreprise (p. 54)	Free market
Marque de commerce (p. 85)	Trademark
Mondialisation (p. 40)	Globalization

Français	Anglais
Organisation mondiale du commerce (OMC) (p. 46)	World Trade Organisation (WTO)
Propriété intellectuelle (p. 83)	Intellectual property
Quota d'importation (p. 45)	Import quota
Réserve de propriété (p. 85)	Title retention
Risque-pays (p. 54)	Country risk
Sanction (p. 48)	Sanction
Totalitarisme (p. 53)	Totalitarism

VÉRIFIEZ VOS CONNAISSANCES

Questions à choix de réponses

1. Parmi les organismes internationaux suivants, indiquez celui ou ceux dont le Canada fait partie.

a) OCDE   d) MERCOSUR   g) APEC

b) BENELUX   e) ALENA   h) ANSEA

c) OEA   f) CARICOM   i) AELE

2. Parmi les programmes des Nations Unies suivants, quel est celui qui aide les pays en développement à élaborer leurs propres solutions aux problèmes nationaux et mondiaux, en leur offrant des programmes et des services novateurs ?

a) Le Programme des Nations Unies pour le développement (PNUD)

b) Le Fonds international de développement agricole (FIDA)

c) L'Organisation des Nations Unies pour le développement industriel (ONUDI)

d) La Conférence des Nations Unies sur le commerce et le développement (CNUCED)

3. Comment se nomme la clause contractuelle qui vous permet de définir le produit, ses aspects techniques, la quantité à vendre, le poids, le volume et les modalités d'emballage dudit produit ?

a) L'objet du contrat

b) Les modalités de transport

c) Les garanties

d) La force majeure

4. L'Union européenne (UE) est un bon exemple d'espace économique où les droits de douane et les restrictions quantitatives sont supprimés entre les membres, où les facteurs de production peuvent circuler librement et où une politique extérieure uniforme et une politique économique harmonisée sont appliquées. À quel type d'intégration économique l'UE correspond-elle ?

a) Une union économique

b) Une zone de libre-échange

c) Un marché commun

d) Une union douanière

5. Parmi les organismes internationaux suivants, lequel a pour objectif de libéraliser le commerce mondial en tâchant d'abolir les barrières douanières et non douanières, et ce, grâce à des accords multilatéraux entre ses États membres ?

a) L'Organisation des Nations Unies (ONU)

b) L'Organisation internationale de normalisation (ISO)

c) L'Organisation mondiale du commerce (OMC)

d) L'Organisation de coopération et de développement économiques (OCDE)

6. Parmi les conventions suivantes, laquelle établit des règles unifiées concernant la vente internationale de marchandises ?

a) La Convention de Bruxelles

b) La Convention de Lugano

c) La Convention de La Haye

d) La Convention de Vienne

Questions à court développement

7. Parmi les outils suivants de protection de la propriété intellectuelle, lequel est limité dans le temps ? Expliquez.

a) La marque

b) Le brevet

c) Le droit d'auteur

8. Quelle est la différence entre la Banque mondiale et le Fonds monétaire international ?

9. La protection qu'offre un brevet contre la contrefaçon est-elle absolue ? Expliquez.

10. Un litige survient entre un vendeur belge et un acheteur canadien. Celui-ci traduit la société belge en justice pour défaut de conformité des marchandises. Ces deux parties n'ont pas inclus dans le contrat qui les lie une clause d'attribution de compétence. En revanche, les pays des deux parties ont ratifié la Convention de Rome de 1980 sur la loi applicable aux obligations contractuelles. Les règles établies par cette convention s'appliquent donc automatiquement. D'après cette convention et selon sa règle de compétence générale, quel tribunal sera compétent pour juger l'affaire ? Expliquez.

11. Un contrat de vente internationale définit les obligations des parties en ces termes : « Le présent contrat est conclu pour un an. Il entrera en vigueur le 1er janvier 2004 et échoira le 31 décembre 2004. L'acheteur s'engage à acheter un minimum de 150 tonnes de céréales par an. Le présent contrat se renouvellera par tacite reconduction si l'acheteur réalise son quota d'achat. » Ce contrat définit-il suffisamment et clairement les obligations des parties ? Expliquez votre réponse.

12. Comment se nomme l'application des mesures tarifaires et non tarifaires qu'un État impose dans le but de protéger sa production nationale contre la concurrence étrangère ?

13. Dans le système juridique de la *common law*, le juge est lié par la règle du précédent, ce qui fait qu'il doit rendre un jugement en se basant sur le principe juridique mis en cause dans une affaire analogue qui a déjà été jugée. Comment se nomme cette source de droit ?

14. Lorsque les contractants doivent résoudre un litige, plusieurs solutions peuvent être envisagées. Toutefois, sur quel principe un contrat se fonde-t-il invariablement ?

15. Certains événements sont imprévisibles et peuvent empêcher l'exécution de l'obligation des contractants. Afin de se garantir un délai raisonnable pour poursuivre leurs engagements, les parties devraient inclure une clause qui indique les responsabilités de chacun dans ce genre de situation. De quelle clause s'agit-il ?

Recherches Internet

16. Ayant remarqué une baisse des exportations de thé vers le Japon par rapport aux années 2005 et 2006, le gouvernement du Canada vous donne le mandat de préparer un rapport d'analyse des environnements politique et juridique en vue d'aider les entreprises canadiennes à exporter du thé au Japon. Utilisez les notions vues dans ce chapitre comme guide de rédaction. Il s'agit ici de dresser un portrait des environnements politique et juridique du Japon.

- Exportations totales canadiennes SH 0902 - Thé Destination Japon 5 dernières années

- Valeur en dollars canadiens

	2004	2005	2006	2007	2008
Japon	90 540	216 696	202 865	48 701	46 709
Variation par rapport à l'année précédente		+ 239 %	– 6,4 %	– 76,0 %	– 4,1 %

Sites Internet à consulter :

www.w01.international.gc.ca/CIMAR-RCAMI/index.aspx ?lang=fr

www.missioneco.org/japon/index.asp

www.bmcetrade.com/fr/fiches-pays/japon/accueil

www.grex.fr/pays/japon.htm

www.lactualite.com/article.jsp ?content=20061116_165339_2940

www.mdeie.gouv.qc.ca/index.php ?id=454

17. Dans ce chapitre, nous avons parlé du Groupe de la Banque mondiale. Visitez le site de cet organisme et répondez aux questions suivantes.

a) De quelle institution un État devra-t-il devenir membre s'il souhaite s'affilier à la Banque internationale pour la reconstruction et le développement (BIRD) ?

b) De combien de pays membres sont composées les institutions qui forment le Groupe de la Banque mondiale ?

c) De combien de pays membres est composée l'Association internationale de développement ?

d) En quelle année le Canada s'est-il joint à l'Agence multilatérale de garantie des investissements ?

e) Nommez un projet majeur du groupe de la Banque mondiale en œuvre dans un pays de l'Amérique du Sud.

Site Internet à consulter :

www.banquemondiale.org

Études de cas

18. La société Bordique, située à Laval, au Québec, fabrique et conçoit des cabinets de toilette pour trains à grande vitesse (TGV) et avions. Ces cabinets prennent diverses formes, selon les spécifications des constructeurs, et doivent répondre à toutes sortes de contraintes relatives à la sécurité, à l'hygiène, aux dimensions, etc. Bordique en vend à certains particuliers, mais surtout à des constructeurs. Depuis plusieurs années, la société Bombardier lui en achète. Il y a quelques jours, Bordique a reçu une demande de prix d'une entreprise américaine (Boeing) qui fabrique aussi des avions. La société Bordique vous demande votre avis sur certaines clauses qu'elle souhaite inclure dans le contrat. Celui-ci sera traduit en anglais.

Clause 1   La vente de cabinets s'effectuera selon les spécifications fournies par Boeing.

Clause 2   Tous les cabinets sont conformes aux normes canadiennes d'hygiène et de sécurité.

Clause 3   Le prix est établi franco transporteur (Bordique est responsable des frais de transport).

Clause 4   Le paiement se fera par virement bancaire 30 jours après que l'acheteur aura reçu la commande.

Clause 5   Tous nos cabinets étant de qualité supérieure, notre responsabilité civile se limite au remplacement du produit défectueux.

Clause 6   La livraison peut être retardée ou annulée en cas de force majeure.

Dites brièvement ce que vous pensez de chacune de ces clauses.

19. L'entreprise de Laval H_2O conçoit et fabrique des dispositifs de traitement d'eau potable pour les caravanes, les maisons mobiles, les bateaux et les campings. Ces appareils peuvent être fixes ou portables. L'entreprise les vend à des particuliers et à des constructeurs, auquel cas ils sont conçus en fonction de leurs spécifications propres. L'intérieur du compartiment doit répondre à certains critères d'hygiène et être aseptique. Depuis de nombreuses années, les constructeurs achètent le produit selon leurs conditions. Il y a quelques jours, H_2O a reçu une demande de prix de Funboat inc., entreprise américaine fabriquant des bateaux de plaisance, accompagnée des spécifications techniques. H_2O projette de soumettre à Funboat le contrat suivant, qu'elle a fait traduire en anglais américain.

a) Ce contrat peut-il convenir à une vente internationale ?

b) Quelles modifications devrait-on y apporter ?

Article 1 : Objet	Vente de dispositifs de traitement de l'eau potable selon les spécifications de Funboat inc.
Article 2 : Définition des produits	Le dispositif est constitué d'une chambre à eau en PVC de qualité alimentaire qui répond aux normes d'hygiène HACCP.
Article 3 : Qualité	Tous les articles sont conformes aux normes canadiennes.
Article 4 : Prix	Le prix est établi franco transporteur (transport inclus).
Article 5 : Paiement	Le paiement se fera par virement bancaire 30 jours après l'émission de la facture.
Article 6 : Obligation du vendeur	Livrer la marchandise conformément à la commande et en conformité avec les spécifications et les normes en vigueur. Le délai de livraison est de 30 jours suivant la réception de la commande.
Article 7 : Obligation de l'acheteur	Garantir le paiement des commandes.
Article 8 : Transfert des risques	Le transfert de risques a lieu lors de la remise de la marchandise au transporteur.
Article 9 : Transfert de propriété	Le transfert de propriété a lieu après le paiement complet de la marchandise.
Article 10 : Mise en vigueur	Le contrat est mis en vigueur dès réception du bon de commande.
Article 11 : Garantie de vice caché	La garantie de vice caché ne peut être supérieure aux obligations imposées par les articles 1726 et 1727 du *Code civil du Québec*. Tous nos produits seront remplacés si un défaut de fabrication apparaît dans un délai d'un an suivant la vente. Le coût du transport reste à la charge du client.
Article 12 : Responsabilité civile	Tous nos articles étant conformes aux normes et soumis aux contrôles en vigueur, notre responsabilité civile ne peut être mise en cause du fait du produit et se limitera au remplacement de l'article défectueux.
Article 13 : Force majeure	La livraison pourrait être retardée ou annulée si un événement de force majeure se produisait.
Article 14 : Résolution des litiges	La résolution des litiges se fera à l'amiable. À défaut, seuls les tribunaux québécois seront compétents.
Article 15 : Droit du contrat	Le droit du contrat est le droit civil du Québec.

20. Ayant remarqué une baisse des exportations de thé vers la France par rapport à l'an dernier, le gouvernement du Canada vous donne le mandat de réaliser un rapport d'analyse de l'environnement politique et juridique en vue d'aider les entreprises canadiennes à exporter du thé en France. Utilisez les notions vues dans ce chapitre comme guide de rédaction.

21. Madame Babiole est responsable des opérations d'import-export chez Bidules, une entreprise de Sherbrooke spécialisée dans la confection de produits en cuir. Voulant augmenter son stock de matières premières, elle rédige une commande à l'intention de l'entreprise italienne Damico. Quelques jours plus tard, elle reçoit une proposition de contrat.

    Extrait de la proposition de contrat

Clause	Contenu
1	Cette transaction a lieu entre Bidules et Damico
2	Le produit est mentionné avec sa quantité, mais le prix sera négocié à la livraison
3	Le lieu de livraison indique « frontière française »
4	Le mode de paiement indique un paiement sur présentation des documents de transport
5	La clause pénale indique que l'entreprise italienne sera condamnée à payer des pénalités égales à 50 % du montant du contrat en cas de retard de paiement
6	L'exportateur est dégagé de toute responsabilité pour la qualité de son produit et aucune réclamation ne sera acceptée
7	Le contrat sera rompu de plein droit en cas de faute de l'importateur
8	Le droit applicable et le tribunal compétent sont Italiens
9	Le contrat entre en vigueur dès sa signature

Connaissant votre expertise, elle vous demande conseil.

a) Elle souhaite connaître votre avis sur les clauses du contrat, notamment sur les conséquences des clauses telles que présentées dans le document qu'on lui a soumis.

b) Toujours dans le but d'aider votre amie, relevez les clauses manquantes ou incomplètes dans ce contrat.

Vous trouverez des exercices additionnels dans le **Compagnon Web**, à l'adresse **www.erpi.com/jammal.cw.**

3

L'**ÉVALUATION** DE LA **CAPACITÉ D'EXPORTATION** ET **L'ÉTUDE DE MARCHÉ**

1 Comprendre les techniques d'évaluation de la capacité d'exportation de l'entreprise, p. 102.

2 Savoir évaluer la capacité d'exportation d'une entreprise, p. 105.

3 Différencier l'étude de marché locale de l'étude de marché internationale, p. 115.

4 Distinguer les différentes étapes de l'étude de marché internationale, p. 118.

5 Connaître les sources d'information disponibles pour réaliser une étude de marché internationale, p. 123.

Évaluation de la capacité d'exportation
Technique d'analyse de la capacité d'une entreprise à commercialiser son produit ou son service sur les marchés étrangers. Réalisée à l'interne par un cadre ou à l'externe par un spécialiste en la matière, elle permet de déterminer les forces de l'entreprise et les faiblesses auxquelles elle doit remédier.

Dans ce chapitre, nous traiterons d'abord de l'**évaluation de la capacité d'exportation**, une technique d'autoévaluation de la capacité d'une entreprise à commercialiser son produit ou son service sur les marchés étrangers. Ensuite, nous nous pencherons sur l'étude de marché. Grâce à ces deux outils d'analyse, une entreprise peut évaluer adéquatement la possibilité d'exporter ses produits. Comme nous le verrons, une fois qu'une entreprise a évalué les ressources financières, organisationnelles et techniques dont elle dispose pour s'internationaliser, il lui reste à déterminer le ou les marchés dans lesquels elle compte s'implanter. Il s'agit là de deux étapes essentielles du processus de développement à l'international.

L'encadré 3.1 présente quelques exemples d'entreprises ayant réussi à s'aménager d'importantes des parts de marché à l'étranger. Ces exemples peuvent inspirer de nombreux jeunes entrepreneurs, car ils témoignent que des entreprises peuvent prospérer sur des marchés qui ne sont pas les leurs. Toutefois, si plusieurs entreprises exportent avec succès leurs produits ou leurs services, beaucoup plus nombreuses sont celles qui ont connu l'échec. Pourquoi les unes ont-elles réussi là où tant d'autres ont échoué ? Voilà une question à laquelle la lecture de ce chapitre vous permettra de répondre.

Encadré 3.1

Trois entreprises montréalaises font une entrée remarquée sur la scène internationale

Pendant leur enfance à Montréal, les frères Ariel et Ron Schlien ont mené de nombreuses expériences scientifiques pour s'amuser et pour épater leurs amis. En 1985, constatant l'engouement du public pour ce genre de démonstration, ils ont fondé le *Mad Science Group*, une entreprise ayant pour mission d'initier les jeunes à la science. Vingt-quatre ans plus tard, les franchises de Mad Science divertissent quelque cinq millions d'enfants de par le monde en les initiant aux merveilles de la science.

Six mois après avoir établi une filiale au Japon, le fabricant de lingerie *Collection Arianne* affirmait que ses ventes à l'étranger atteignaient ses prévisions.

Les produits Arianne se vendaient bien partout dans le pays du Soleil levant : dans des boutiques huppées telles que Opaque, à Ginza, et Daimaru, à Tokyo, comme dans le plus important magasin à rayons du pays. En mai 2004, l'entreprise participait au salon professionnel japonais Intima, qui, selon la directrice du marketing chez Arianne, fut « un franc succès » pour l'entreprise.

En 1993, une entreprise montréalaise fabriquant des surfaces sportives, *FieldTurf*, démarrait le projet d'exportation d'une surface sportive d'un nouveau genre, la surface FieldTurf, qui imite le gazon naturel tout en étant durable, facile d'entretien et utilisable quelles que

soient les conditions météorologiques. Aujourd'hui brevetée, cette surface sportive est installée dans plus de 750 institutions scolaires, parcs municipaux et centres de loisirs de par le monde. Le stade des Seahawks de Seattle et celui des Giants du New Jersey, aux États-Unis, le Tokyo Dome et le stade olympique de Moscou en sont dotés. Mieux encore, la surface FieldTurf a été la première surface artificielle à se voir décerner le sceau d'approbation de la Fédération Internationale de Football Association (FIFA), ce qui lui permet d'être installée pour les matchs de la Coupe du monde. L'entreprise FieldTurf tire environ 97 % de son chiffre d'affaires de ses ventes à l'étranger.

www.madscience.org
www.ariannelingerie.com
www.fieldturf.com

Le sucre et ses légendes

Aujourd'hui familier, le sucre tel qu'on le connaît n'est apparu en Occident qu'au XVIIIe siècle, jetant les bases d'une véritable révolution culinaire. L'attrait du goût sucré n'avait alors pourtant rien de neuf, la nature ayant toujours regorgé de fruits. La canne à sucre, plante à forte concentration de saccharose dont la découverte par des populations des îles du Pacifique Sud remonte à la nuit des temps, a longtemps été, avec le miel, la principale source de sucre pour l'humanité.

C'est en Inde, dans l'Antiquité, que l'on a commencé à extraire le jus de la canne à sucre en vue de le cristalliser. Le sanskrit, langue alors parlée en Inde, est d'ailleurs à l'origine du mot désignant cette substance dans toutes les langues indo-européennes : de *çarkarâ* découle en effet *saccharum* (latin), *zucchero* (italien), *sakkara* (hindi), *shekar* (persan), *zákharê* (grec), *sakhar* (russe), *zucker* (allemand), *siúcra* (irlandais), etc. La technique de production du sucre s'est ensuite lentement propagée vers l'ouest, atteignant au Moyen Âge le Moyen-Orient, puis l'Europe.

Produit de luxe, le sucre a longtemps été l'apanage de la noblesse. À la fin du XVe siècle, les Espagnols ont amorcé la culture de la canne à sucre dans les Antilles, dont le climat se prêtait bien à cette culture, après quoi les autres puissances coloniales ont fait de même ailleurs dans la région. Vers le milieu du XVIIIe siècle, un savant allemand a découvert comment extraire le sucre de la betterave, puis, une cinquantaine

d'années plus tard, deux Français ont trouvé le moyen d'en industrialiser la production. Cette plante, qui s'accommode bien de climats plus rigoureux, a dès lors détrôné la canne à sucre comme première source d'édulcorant en Europe et en Amérique du Nord.

Dès 1818, grâce à la construction d'une première raffinerie, le Canada a pu produire son propre sucre. L'accroissement de la population et l'apparition de nouvelles habitudes alimentaires ayant fait exploser la demande, une véritable industrie nationale a pu être mise en place. À Montréal, ville dotée d'un port en eaux profondes pouvant recevoir des cargaisons de canne à sucre antillaise, une raffinerie a été établie en 1854, suivie d'une deuxième en 1879.

De nos jours, plus de 120 pays produisent un total annuel de 145 millions de tonnes de sucre, les trois quarts à partir de la canne à sucre, le reste à partir de la betterave sucrière. Le Canada est un des pays producteurs de sucre et, à cause de sa proximité avec les États-Unis, il a longtemps été un de ses fournisseurs importants. Comme nous l'avons vu au chapitre 2, la réglementation relative à l'importation du sucre et des produits du sucre aux États-Unis[a] dépend d'un système de quota basé sur des préférences nationales qui limite la quantité de sucre que le Canada peut exporter vers ce pays. À la fin du présent chapitre, nous verrons comment une entreprise canadienne a été capable de contourner légalement cette réglementation à l'aide d'une étude de marché. Le

tableau 3.1 donne un aperçu des exportations et des importations canadiennes de sucre.

---

a. Les États-Unis font l'objet de la rubrique « Le Canada et ses partenaires commerciaux » à la fin de ce chapitre, p. 125.

Sources : Elizabeth Abbott, *Le sucre. Une histoire douce-amère*, Montréal, Fides, 2008, 456 p. ; Sylvère Thomas et Jean-Denis Faucquenoy, « Les sucreries de 1890 à 1930 », *Le Musée des cartes postales anciennes*, 2000, [www.tecnilog.com/cartes/cpa/sucreries/sucre.htm], (23 février 2009) ; Institut canadien du sucre, *L'épopée du sucre*, s.d., [www.sugar.ca/francais/educators/thejourneyofsugar.cfm], (23 février 2009).

Tableau 3.1

Les importations et les exportations canadiennes de sucre, en milliers de CAD							
IMPORTATIONS				**EXPORTATIONS**			
Pays	**2006**	**2007**	**2008**	**Pays**	**2006**	**2007**	**2008**
Brésil	257 987	233 700	283 245	États-Unis	55 386	15 383	69 609
Guatemala	73 938	64 604	75 411	Mexique	474	5 828	7 569
Nicaragua	8 460	25 175	24 250	Jamaïque	861	1 174	914
El Salvador	16 557	4	21 942	Bermudes	721	473	580
États-Unis	16 606	16 335	11 657	Bahamas	282	147	302
Pérou	–	0	10 584	Antilles néerlandaises	319	281	278
Costa Rica	20 254	84	9 080	Maroc	0	99	129
Australie	38 736	3	8 481	Aruba (île)	59	79	105
Paraguay	2 201	3 412	7 282	Caïmans, îles	28	50	92
Colombie	30 374	14 282	1 251	Trinidad et Tobago	144	92	79
Total partiel	**465 112**	**357 599**	**453 182**	**Total partiel**	**58 272**	**23 606**	**79 656**
Autres pays	4 891	6 321	4 868	Autres pays	655	1 939	348
Total	**470 003**	**363 920**	**458 050**	**Total**	**58 927**	**25 545**	**80 004**

Source : Tiré et adapté d'Industrie Canada, *Données sur le commerce en direct*, Importations et exportations totales (10 premiers pays), SH 1701 – Sucre de canne ou de betterave saccharose chimiquement pur à l'état solide, s.d., [www.ic.gc.ca/epic/site/tdo-dcd.nsf/fr/accueil], (rapports générés le 3 mars 2009).

OBJECTIF  **1**

Comprendre les types et les techniques d'évaluation de la capacité d'exportation de l'entreprise.

I. L'ÉVALUATION DE LA CAPACITÉ D'EXPORTATION

Une entreprise en phase de démarrage doit sonder son propre marché avant d'exporter ses produits : mieux vaut démarrer modestement et prendre de l'expansion ensuite. Ainsi, on conseille fortement à une entreprise montréalaise souhaitant exporter son produit aux États-Unis de commencer par tester le marché québécois (à Québec et à Trois-Rivières, par exemple) ou le marché canadien (à Toronto et à Vancouver, par exemple). De cette façon, l'entreprise peut découvrir ses forces et faiblesses sans risquer de subir des pertes élevées. Si les ventes sur ces marchés intérieurs progressent bien, elle pourra envisager d'autres horizons et commencer à offrir son produit sur le marché international.

Avant tout projet d'expansion internationale, une entreprise doit évaluer sa capacité d'exportation, c'est-à-dire mesurer sa capacité à commercialiser son produit ou son service sur les marchés étrangers. Une telle analyse peut être effectuée soit à l'interne par un cadre de la société, soit à l'externe par un spécialiste. Dans les deux cas, elle doit faire ressortir les forces de l'entreprise et les faiblesses auxquelles il lui faut remédier. L'évaluation de la capacité d'exportation permet de décider en toute connaissance de cause d'exporter ou non, réduisant ainsi les risques de perte financière.

LES TYPES D'ÉVALUATION

L'évaluation de la capacité d'exportation constitue donc la première étape d'une véritable démarche d'exportation. Pour qu'une entreprise gagne en crédibilité en tant qu'exportatrice, sa présence sur les marchés internationaux doit être constante et durable. L'évaluation de la capacité d'exportation doit être vue comme l'occasion d'une réflexion en profondeur sur l'entreprise. Elle doit se baser sur l'analyse et la confrontation d'informations précises et objectives, la moindre erreur d'appréciation des capacités de l'entreprise à exporter pouvant s'avérer lourde de conséquences.

En raison de la nature de l'expertise que requiert l'évaluation de la capacité d'exportation d'une entreprise, certains pensent qu'une personne évoluant au sein même de la compagnie sera la mieux placée pour juger de manière éclairée des possibilités d'affaires de l'entreprise à l'étranger, pour faire ce que l'on appelle une autoévaluation. Pour d'autres, une évaluation interne serait plutôt la source de biais susceptibles d'embellir la réalité ; ceux-là penchent plutôt vers une évaluation dite externe faite par un cabinet d'experts.

Les deux types d'évaluations sont tout à fait valables ; chacun comporte des avantages et des inconvénients qu'il est bon de revoir dans chaque cas, une entreprise étant toujours unique.

L'AUTOÉVALUATION

De nombreuses entreprises réalisent elles-mêmes l'évaluation de leur capacité à exporter. Ce choix peut découler du fait que ses dirigeants croient que l'on n'est jamais si bien servi que par soi-même ou encore qu'ils valorisent les avantages de l'autoévaluation. Voici les avantages de l'autoévaluation :

- Elle est moins onéreuse que l'évaluation externe ;
- Elle est moins contraignante, en termes de temps, que l'évaluation externe ;
- Elle met aisément à profit la vision d'ensemble de l'organisation qu'ont les dirigeants de l'entreprise ;
- Elle permet de prendre en compte certaines spécificités de l'entreprise qui sont parfois difficilement perceptibles pour un observateur externe.

Si cette solution pratique comporte des avantages non négligeables, elle ne va cependant pas sans certains inconvénients :

- Les employés de l'entreprise chargés de réaliser l'évaluation peuvent l'effectuer trop rapidement ou subir des pressions indues de leur supérieur ;
- Ces mêmes personnes peuvent manquer d'expérience en la matière ou manquer d'objectivité (une évaluation de qualité exige que les évaluateurs soient clairvoyants, non biaisés et assez expérimentés pour savoir soupeser correctement l'importance des différents facteurs) ;
- Les membres du personnel peuvent se montrer réticents à participer à une évaluation effectuée par des dirigeants de l'entreprise ; ceux-ci doivent s'assurer au préalable de la coopération de tous les services.

MISE EN SITUATION

Un matin, Richard Gendron, président d'une société québécoise opérant dans le secteur des luminaires et du matériel électronique, prend connaissance, en lisant le journal *Vos affaires*, que le Maroc connaît un boom démographique majeur, qui entraînera un accroissement de la construction dans les zones résidentielles urbaines. Pressentant là un débouché d'exportation pour l'un de ses produits, le disjoncteur électronique, un petit appareil permettant de contrôler efficacement la consommation d'électricité, M. Gendron décide d'en parler à l'équipe de direction. Mais, brûlant les étapes comme d'habitude, il entreprend de mettre sur pied l'infrastructure d'exportation, et ce, avant même d'avoir entendu les avis de son équipe. Apprenant cela, son gendre et vice-président de l'entreprise, Stéphane Rochon, lui fait valoir qu'il vaudrait mieux procéder à une étude de marché avant de se lancer dans l'aventure.

Bien à contrecœur, et par complaisance envers son gendre, M. Gendron accepte de, selon ses dires, «jeter l'argent par les fenêtres» et de retarder le projet. Une étude de marché est mise en œuvre, et, quelques semaines plus tard, cette étude révèle que, s'il avait été amorcé, le projet d'exportation tel que conçu par le directeur aurait vraisemblablement échoué et entraîné d'importantes pertes financières. En effet, le disjoncteur électronique n'a aucune utilité sur le marché marocain, puisque ce type d'équipement n'est adapté ni aux modes de construction locaux ni aux habitudes de consommation des Marocains. L'entreprise n'aurait donc pas réussi à vendre de disjoncteurs aux maîtres de chantier et aux entrepreneurs marocains.

L'ÉVALUATION EXTERNE

En raison des ressources humaines et de l'expertise que nécessite l'évaluation de la capacité d'exporter, il s'avère souvent judicieux de faire appel à des personnes de l'extérieur. Les cabinets spécialisés en matière d'évaluation de la capacité d'exportation des entreprises proposent généralement des services de qualité. Cela dit, le dirigeant qui décide de travailler avec ce genre de spécialistes doit s'assurer que le professionnel dont il retient les services a une compréhension réelle et globale des rouages et des particularités de l'entreprise.

Engager les services d'un spécialiste de l'évaluation des capacités d'exportation comporte les avantages suivants :

- Les conclusions de l'expert ont tendance à être neutres et objectives ;
- Les dirigeants de l'entreprise sont moins portés à percevoir l'évaluation comme une tâche supplémentaire ;
- L'ensemble des services et des activités de l'entreprise est examiné par un professionnel, ce qui évite que trop d'importance soit accordée à certains aspects et que d'autres soient négligés ;

- Un spécialiste ne se limite pas à évaluer la capacité d'exportation ; une fois son rapport remis, il peut contribuer à la mise en œuvre des solutions qu'il propose ;

- Il arrive que le recours à un professionnel coûte moins cher qu'un processus d'autoévaluation, l'expert ayant un plan et des méthodes de travail préétablies évitant les pertes de temps.

Cependant, l'évaluation externe comporte aussi des désavantages qu'il importe de ne pas sous-estimer :

- Les services d'un spécialiste ou d'un cabinet peuvent s'avérer onéreux ;
  - Au départ, le spécialiste ne connaît pas l'entreprise, sa mission et ses buts ; il faut donc prévoir du temps pour lui transmettre l'information nécessaire ;
  - Sa connaissance du secteur commercial particulier de l'entreprise peut être déficiente ;
  - La vision de l'évaluation ou les manières de travailler de l'expert peuvent ne pas convenir aux dirigeants de l'entreprise.

- Dans le cas où sa participation serait requise, le personnel pourrait être sur la défensive face à une évaluation provenant de l'extérieur, ce qui nuirait à la bonne conduite de l'analyse.

Les conseillers de certains cabinets d'avocats permettent à des entreprises d'examiner les possibilités d'expansion.

LES TECHNIQUES D'ÉVALUATION

On peut évaluer la capacité d'exportation d'une entreprise au moyen de plusieurs techniques d'analyse. Certaines utilisent des données quantitatives, tandis que d'autres ont recours à des données qualitatives. Quoi qu'il en soit, il est nécessaire d'employer diverses techniques, d'utiliser à la fois des données quantitatives et des données qualitatives, afin d'obtenir un portrait global de l'entreprise. Nous étudierons ici la technique dite analyse FFPM (pour analyse des forces, faiblesses, possibilités d'affaires et menaces) ainsi que celle du questionnaire.

L'ANALYSE FFPM

L'**analyse FFPM** constitue une façon simple et efficace d'évaluer les aspects, tant internes qu'externes, qui influencent la capacité de l'entreprise à exporter. Elle consiste à déterminer les forces et les faiblesses de l'entreprise (aspects internes ou compétences de l'entreprise), les possibilités d'affaires qui se présentent à elle et les dangers qui la menacent (aspects externes ou caractéristiques du secteur d'activité ou du marché dans lequel se trouve l'entreprise), et à rassembler ces informations dans une matrice telle que celle du tableau 3.2. L'avantage d'une telle présentation est qu'elle permet de voir clairement les éléments en jeu, puis, par jumelage des données, d'élaborer des stratégies éclairées.

OBJECTIF 2

Savoir évaluer la capacité d'exportation de l'entreprise.

Analyse FFPM
Technique d'évaluation de la capacité d'exportation d'une entreprise qui est basée à la fois sur des aspects internes, soit les forces et les faiblesses de l'entreprise, et sur des aspects externes, soit les possibilités d'affaires et les menaces du secteur d'activité ou du marché.

Tableau 3.2

Modèle de matrice d'une analyse FFPM

Facteurs internes / Facteurs externes	Liste des forces	Liste des faiblesses
	Fo 1 : ... Fo 2 : ...	Fa 1 : ... Fa 2 : ...
Liste des possibilités d'affaires **P1 :** ... **P2 :** ...	**Fo & P :** des stratégies pour profiter des occasions d'affaires qu'offrent les marchés en tablant sur les forces de l'entreprise.	**Fa & P :** des stratégies pour pallier les faiblesses de la compagnie en vue de profiter des occasions d'affaires qu'offrent les marchés.
Liste des menaces **M1 :** ... **M2 :** ...	**Fo & M :** des stratégies pour contrer les dangers qui menacent la compagnie en misant sur les forces de l'entreprise.	**Fa & M :** des stratégies pour pallier les faiblesses de l'entreprise afin d'éviter les dangers qui la menacent.

Évidemment, la matrice peut sembler quelque peu abstraite et théorique. On doit cependant se rappeler que l'analyse FFPM porte sur des éléments bien concrets. En guise d'exemple, le tableau 3.3 (voir page suivante) présente l'analyse FFPM d'une entreprise fictive.

Évidemment, avant de mettre en œuvre quelque stratégie que ce soit sur la base d'une analyse FFPM, les gestionnaires d'une entreprise doivent analyser minutieusement l'ensemble du jumelage des données, afin de s'assurer de sa faisabilité. À cet égard, plus les listes établies en cours d'analyse sont exhaustives, plus il est facile d'en jumeler des éléments et plus l'exercice de conception de stratégies est complet. Afin d'illustrer et de mieux comprendre comment on peut déterminer la capacité d'exportation d'une entreprise au moyen de l'analyse FFPM, voyons la mise en situation suivante.

MISE EN SITUATION

Depuis quatre décennies, Biscuits Roger inc., une entreprise familiale fondée par feu oncle Roger, vend ses biscuits aux grands magasins d'alimentation. Récemment, les actionnaires de Biscuits Roger ont remarqué une baisse du chiffre d'affaires. Ils soupçonnent la concurrence des multinationales et des marques maison de Loblaws, de Sobeys (IGA) et de Metro. Dans la perspective de redorer son blason, Biscuits Roger envisage d'exporter ses biscuits.

Avant de se lancer dans cette aventure, les dirigeants de Biscuits Roger décident d'évaluer la capacité d'exportation de l'entreprise en procédant à une analyse FFPM dont le résultat est présenté au tableau 3.4 (voir p. 108).

Tableau 3.3

Exemple de matrice résultant d'une analyse FFPM

Facteurs externes / Facteurs internes	Liste des forces	Liste des faiblesses
	Fo 1 : L'entreprise dispose d'une importante expertise dans son domaine. Fo 2 : L'entreprise vient de mettre au point un nouveau produit. Fo 3 : L'entreprise se trouve géographiquement proche de ses clients actuels ou potentiels. Fo 4 : D'autres aspects de l'entreprise donnent une **valeur ajoutée** à son produit. Fo 5 : L'entreprise dispose d'une capacité de production excédentaire pour certains produits.	Fa 1 : Le marketing de l'entreprise est déficient. Fa 2 : La qualité de certains produits offerts par l'entreprise laisse à désirer. Fa 3 : L'entreprise a mauvaise réputation sur les marchés étrangers. Fa 4 : L'entreprise a atteint sa capacité de production maximale pour certains produits. Fa 5 : Le moral des employés est à son plus bas.
Liste des possibilités d'affaires P 1 : Il devient soudainement possible d'exploiter un nouveau marché au moyen d'Internet. P 2 : Des possibilités de nouvelles alliances stratégiques (fusion et coentreprise) se présentent. P 3 : L'occasion de vendre les produits de l'entreprise dans un segment de marché plus profitable se présente. P 4 : Le secteur commercial est en pleine croissance. P 5 : Deux concurrents étrangers se retirent du marché.	En jumelant les données sur les forces et les données sur les possibilités d'affaires, l'entreprise peut envisager les stratégies suivantes : *Fo 2 & P 3* : Faire valoir le nouveau produit dans le segment de marché qui promet d'être profitable. *Fo 5 & P 4* : Utiliser la capacité de production excédentaire pour satisfaire les besoins des marchés en croissance. *Fo 5 & P 5* : Utiliser la capacité de production excédentaire pour remplir le vide laissé par les concurrents.	En jumelant les données sur les faiblesses et les données sur les possibilités d'affaires, l'entreprise peut envisager les stratégies suivantes : *Fa 1 & P 2* : S'allier avec une entreprise étrangère reconnue pour ses compétences en matière de marketing. *Fa 4 & P 5* : Se porter acquéreur des usines des concurrents étrangers qui se retirent afin d'augmenter la capacité de production de l'entreprise.
Liste des menaces M 1 : L'entreprise doit faire face à un concurrent sur le marché intérieur. M 2 : Un concurrent très efficace en marketing travaille à pénétrer de nouveaux marchés étrangers. M 3 : Un concurrent lance un produit novateur. M 4 : Les données statistiques indiquent que la population des 16-25 ans est en baisse. M 5 : Plusieurs tentatives de syndicalisation se manifestent.	En jumelant les données sur les forces et les données sur les menaces, l'entreprise peut se mettre à considérer les stratégies suivantes : Fo 1 & M 3 : Concevoir une campagne publicitaire sur le produit mis en concurrence en mettant l'accent sur la richesse de l'expertise de l'entreprise. Fo 2 & M 4 : Proposer le nouveau produit aux adultes de 25 ans et plus.	En jumelant les données sur les faiblesses et celles sur les menaces, l'entreprise peut penser à adopter l'une ou l'autre des stratégies suivantes : *Fa 1, Fa 2 & M2* : S'associer avec une autre entreprise pour améliorer le marketing et la qualité du produit. *Fa 5 & M 5* : Mettre sur pied un système de rémunération basé sur des incitatifs et offrir aux employés des avantages sociaux.

Valeur ajoutée
Différence entre le prix de vente d'un produit et la valeur des matières premières ou des services qui ont été utilisés par l'entreprise pour le fabriquer.

Tableau 3.4

Matrice de l'analyse FFPM de Biscuits Roger

Facteurs externes \ Facteurs internes	Forces	Faiblesses
	Bonne connaissance du produit 40 ans d'expérience dans le milieu Service personnalisé	Structure de gestion inefficace Marketing déficient, basé uniquement sur sa réputation Coûts fixes élevés par rapport aux coûts variables (risque de vulnérabilité) Impossibilité de concurrencer les multinationales
Possibilités d'affaires Potentiel du commerce électronique Élimination des tarifs douaniers Place pour de nouveaux produits	**Stratégies** S'implanter dans les marchés extérieurs Offrir des produits complémentaires (boîtiers, paniers-cadeaux etc.)	**Stratégie** Diminuer les prix de revient en vendant les biscuits par Internet
Menaces Tendance à l'élimination graduelle des petits joueurs Marchés étrangers très concurrentiels Consommation de biscuits à la baisse, à la faveur des aliments santé	**Stratégies** Se distinguer des concurrents en offrant sur le marché étranger un service personnalisé Concevoir un biscuit santé entièrement naturel	**Stratégie** S'associer à une entreprise présente sur le marché étranger et reconnue pour ses compétences en matière de marketing

On peut conclure de cette brève analyse que, même si la présence d'importants concurrents peut nuire à sa rentabilité, Biscuits Roger pourrait se lancer à la conquête de nouveaux marchés au moyen de nouveaux produits, après avoir corrigé ses faiblesses.

La méthode d'analyse FFPM est simple à utiliser, mais elle comporte des inconvénients et des lacunes. Vu qu'elle repose sur la subjectivité de la personne qui l'effectue, ses résultats peuvent être biaisés et peu fiables. Voici quelques recommandations à suivre pour que les résultats d'une analyse FFPM soient les plus objectifs possible :

- Tâcher d'être réaliste en ce qui concerne les forces et faiblesses de l'entreprise.
- Établir une distinction entre l'état actuel de l'entreprise et ce que l'on souhaite qu'elle devienne.
- Effectuer l'analyse en fonction des concurrents de l'entreprise sur le marché étranger, c'est-à-dire tâcher de déterminer si l'entreprise réussit mieux ou moins bien que ses concurrents, et ce, pour chaque point de l'évaluation.
- Faire en sorte que l'analyse demeure simple et succincte[1].

1. L'analyse FFPM permet de jeter un regard bref sur l'entreprise et ses problèmes. Elle ne constitue pas une analyse détaillée.

Étant donné qu'une analyse FFPM est somme toute assez sommaire et que ses résultats peuvent être biaisés par la subjectivité, on recourt généralement à un second outil d'évaluation, la méthode du questionnaire.

LE QUESTIONNAIRE

Le questionnaire constitue une technique d'analyse plus efficace et plus complète que la technique FFPM pour déterminer la capacité d'exportation d'une entreprise. Son caractère exhaustif permet à l'entreprise de passer en revue tous les éléments dont elle doit tenir compte.

Ici comme dans toute autre technique visant à évaluer la capacité d'exportation d'une entreprise, on doit tâcher d'évaluer les forces et les faiblesses de l'entreprise et de trouver les moyens de mettre à profit les forces de l'entreprise et de remédier à ses faiblesses.

À cette fin, on établit le questionnaire selon quatre grands champs d'interrogation, que présente le tableau 3.5.

Tableau 3.5

Aspects de l'entreprise à sonder à l'aide du questionnaire	
Aspects	**Questions globales**
La production	L'entreprise peut-elle exporter sa production sur une base régulière ?
Les ressources organisationnelles	La structure organisationnelle de l'entreprise lui permet-elle de répondre adéquatement à la demande des clients ?
La situation financière	La situation financière de l'entreprise lui permet-elle d'exercer ses activités à l'échelle internationale ?
La commercialisation	L'entreprise peut-elle mettre en place et gérer un système de distribution adéquat à partir de ses compétences commerciales actuelles ?

Source : Tiré et inspiré de TradeStart, *Diagnostic de la capacité d'exportation*, s.d., [www.exportevaluation.ca/index.cfm?lang=f], (24 février 2009).

La production

Afin d'évaluer son potentiel d'exportation, une entreprise doit, entre autres, analyser sa capacité de production et l'adaptabilité de sa chaîne de production à la demande. Lorsqu'une entreprise souhaite exporter ses produits vers un marché étranger, elle doit se préparer à faire face à une augmentation potentielle de la demande et être en mesure d'honorer les commandes qui s'ensuivent. Sinon, bien évidemment, sa démarche sera inutile. D'autre part, il se peut que l'entreprise doive adapter ses produits aux goûts ou aux besoins des utilisateurs étrangers, ce qui exige une certaine flexibilité en matière de méthodes de production.

Le tableau 3.6 présente les questions auxquelles l'entreprise doit répondre pour évaluer sa capacité d'exportation sous l'angle plus spécifique de la production.

Tableau 3.6

Questions types concernant la production

PRODUIT		
Originalité	**Compétitivité**	**Adaptabilité à la demande locale**
• Quel est le produit ? • Le nom de la marque est-il bien choisi ? • Le produit présente-t-il des avantages particuliers sur le plan de la concurrence (qualité, conception, prix, rendement, etc.) ? • Est-il facile à utiliser ? Doit-on fournir un mode d'emploi ? Offrir un service après-vente ? etc. • Est-il suffisamment protégé de la contrefaçon grâce à des brevets ?	• Le produit est-il déjà bien positionné sur le marché national ? • Comporte-t-il une valeur ajoutée appréciable ? • Le rapport qualité-prix est-il compétitif ? • La situation du produit est-elle favorable à un projet d'exportation ? (Où en est le produit dans son **cycle de vie** prévisible ? En est-il au stade de l'introduction, de la croissance, de la maturité ou du déclin ?)	• Le produit répond-il ou peut-il être adapté aux normes du nouveau marché ? • Convient-il ou peut-il être adapté à son nouvel environnement physique (géographie, climat, etc.) ? • Est-il compatible avec les particularités culturelles, religieuses et sociologiques de la population visée ou peut-il leur être adapté ? • Est-il facile à transporter ?
PRODUCTION		
Capacité	**Possibilités d'augmentation**	**Méthodes**
• L'équipement de production est-il récent ? À quand remontent les derniers investissements dans cet équipement ? • L'entreprise prévoit-elle investir prochainement pour améliorer sa productivité ? • Peut-elle compter sur du personnel qualifié en cas de modernisation des appareils de production ? • Peut-elle envisager une diversification ou une modification facilement applicable de la production ?	• L'entreprise a-t-elle la capacité de répondre rapidement aux exigences de nouveaux clients ? • Dispose-t-elle des ressources nécessaires pour faire face à un accroissement du volume de production (à court ou à moyen terme) ou devrait-elle recourir à la sous-traitance ? Cette dernière solution est-elle envisageable ?	• L'entreprise dispose-t-elle d'une structure de contrôle de la qualité ? • La gestion de la capacité de production et la gestion des stocks sont-elles efficaces ?

Cycle de vie du produit
Cheminement d'un produit, de son introduction à son déclin, en passant par la croissance et la maturité.

Les ressources organisationnelles

Les ressources organisationnelles jouent un grand rôle quand il s'agit de répondre aux exigences de l'exportation. En effet, la mise en marché de produits d'exportation s'avère généralement plus complexe que l'écoulement de produits sur le marché intérieur, en raison, notamment, des spécificités politiques, juridiques, culturelles et linguistiques des populations ciblées ainsi que des habitudes commerciales propres aux marchés étrangers. Ainsi, les cadres et les employés de l'entreprise doivent maîtriser non seulement les environnements politique et juridique du marché intérieur, mais aussi ceux des marchés étrangers visés et des opérations de niveau international. Une entreprise souhaitant se lancer dans de telles opérations doit s'assurer :

- que les niveaux de formation et d'expérience de son personnel sont le plus élevés possible ;
- que la motivation et la volonté de réussite de l'ensemble du personnel sont optimales ;
- que son organisation interne et ses infrastructures sont particulièrement performantes.

Le tableau 3.7 présente les questions types que l'entreprise doit se poser afin d'évaluer sa capacité d'exportation en ce qui a trait aux ressources organisationnelles.

Tableau 3.7

Questions types concernant les ressources organisationnelles	
Efficacité de la structure de l'entreprise	**Compétences du personnel**
• L'entreprise peut-elle mettre sur pied un service de l'exportation qui s'occuperait uniquement des aspects relatifs à ce domaine d'activité ? • S'il devenait nécessaire d'adapter la capacité de production ou de se plier à des exigences imprévues des clients, le Service de l'exportation ou les responsables de l'exportation pourraient-ils convaincre les dirigeants concernés de modifier les pratiques de l'entreprise ?	• Le personnel affecté aux activités d'exportation est-il en mesure de mener des ventes auprès d'interlocuteurs dont la mentalité, les valeurs et la langue sont différentes ? • Maîtrise-t-il les langues que parlent les clients des marchés potentiels ? Connaît-il les particularités du commerce international (fonctionnement des douanes, modalités du transport, des paiements, etc.) ? • Est-il en mesure de fonctionner de façon autonome à l'étranger ? Peut-il y prendre l'initiative de démarches commerciales ? • Si le personnel ne dispose pas des compétences nécessaires pour mener des activités d'exportation, l'entreprise peut-elle remédier à cette situation au moyen de la formation ou du recrutement, ou en ayant recours à la sous-traitance ?

La situation financière

Il peut se passer bien des mois avant que des activités d'exportation ne deviennent rentables. Or, l'exportation de produits et de services génère des coûts supplémentaires à court terme, que l'entreprise doit pouvoir assumer en l'absence de profits. Ces coûts à court terme peuvent concerner, notamment :

- la prospection de nouveaux marchés ;
- les études de marché ;
- l'adaptation du produit ou du service au nouveau marché cible ;
- la mise en place d'un **réseau de distribution** (agent commercial, bureau de représentation, etc.) ;

Circuit de distribution (ou réseau/canal de distribution)
Réseau des établissements commerciaux, des commerçants et des intermédiaires par lequel un bien vendu chemine entre le producteur et le consommateur.

- la recherche de partenaires ;
- la formation du personnel ;
- les déplacements à l'étranger ;
- l'augmentation de la capacité de production ;
- les activités publicitaires et de promotion ;
- les coûts d'expédition (transport, entreposage, etc.) ;
- les assurances ;
- les questions juridiques.

En outre, l'entreprise doit s'attendre à faire face à des risques commerciaux et financiers plus élevés, tels que ceux associés aux fluctuations des taux de change et à la possibilité de non-paiement ; le recouvrement de montants dus en pays étranger et soumis à un système juridique différent peut s'avérer difficile.

Pour toutes ces raisons, lorsqu'elle se lance dans des activités d'exportation, l'entreprise doit disposer de ressources financières suffisantes pour ses investissements tant dans le pays où elle est établie qu'à l'étranger. L'évaluation de la capacité d'exportation doit donc inclure une analyse de la situation financière de l'entreprise, analyse qui permet, entre autres, d'examiner sa capacité d'endettement et de déterminer si elle peut obtenir les ressources financières qui lui permettront de soutenir sa stratégie d'exportation.

Le tableau 3.8 présente les questions types servant à évaluer le potentiel d'exportation de l'entreprise en ce qui regarde sa situation financière.

Tableau 3.8

Questions types concernant la situation financière

Possibilités de financement	État de la trésorerie	Capacité d'assumer les dépenses qu'engendrent les activités d'exportation
• De quelles ressources l'entreprise dispose-t-elle pour financer son développement ? Peut-elle s'autofinancer ou doit-elle emprunter ? Dans ce dernier cas, peut-elle s'endetter ? • Quelles sont ses possibilités de financement (prêts garantis par l'État, subventions gouvernementales, prêts bancaires, etc.) et les connaît-elle suffisamment ? • En combien de temps l'entreprise peut-elle mobiliser les ressources nécessaires ?	• L'entreprise peut-elle financer son développement sans mettre en péril sa trésorerie ? • Possède-t-elle son propre comptable ou son propre service de la comptabilité ? • Le comptable ou le Service de la comptabilité maîtrisent-ils les mécanismes financiers internationaux ? • L'entreprise peut-elle isoler et mesurer les coûts liés aux activités d'exportation ?	• L'entreprise a-t-elle une vision claire de l'ensemble des éléments qui influent sur le prix des produits destinés à l'exportation, tels que l'adaptation du produit à la clientèle, l'emballage, le transport, le stockage et la commercialisation ? • A-t-elle la capacité de faire face aux risques liés à des opérations internationales, tels que les fluctuations monétaires, les délais de paiement accrus, les insolvabilités et les risques de contrefaçon ?

La commercialisation

Pour pouvoir mesurer correctement sa capacité d'exportation, une entreprise doit d'abord évaluer sa position sur le marché intérieur, c'est-à-dire évaluer sa maîtrise du marché de base et ses compétences en matière de commercialisation. Cette démarche est d'autant plus importante que, avant de lancer ses produits sur de nouveaux marchés, l'entreprise doit solidifier sa position sur son marché intérieur. Le tableau 3.9 présente les questions types servant à évaluer le potentiel d'exportation de l'entreprise en ce qui a trait à la commercialisation.

Tableau 3.9

Questions types concernant la commercialisation

Efficacité de la force de vente[a]	Efficacité de la promotion de l'entreprise et de ses produits	Efficacité de la communication
• Quelles techniques de vente l'entreprise utilise-t-elle? Le mode de distribution[a] est-il transposable à l'étranger? • L'entreprise a-t-elle l'habitude de rendre formelles les relations qu'elle entretient avec ses clients au moyen de contrats (d'agence, de distribution, de vente, etc.)? • L'entreprise compte-t-elle assez de vendeurs? Sont-ils suffisamment qualifiés? Leurs ventes progressent-elles de façon satisfaisante? Leur réputation est-elle intacte? • Le service après-vente est-il considéré comme un élément important de la commercialisation des produits? • L'entreprise doit-elle se constituer des stocks? Si oui, peut-elle les gérer à l'étranger?	• Les supports de présentation de l'entreprise et de ses produits sont-il attrayants[b]? • Ces documents de présentation conviennent-ils à l'exportation? Sont-ils traduits en anglais ou dans la langue des pays visés par le projet d'exportation? Leur format est-il adapté aux technologies audiovisuelles (lecteurs DVD, cédéroms, etc.) courantes dans ces pays? • La campagne de promotion de l'entreprise est-elle efficace? Les documents de présentation contiennent-ils des résumés clairs et concis de l'histoire de l'entreprise? Présentent-t-ils bien sa structure organisationnelle, son savoir-faire, les techniques qu'elle utilise, les normes qu'elle respecte, ses ressources humaines, ses ressources financières, etc.? • La campagne de promotion met-elle suffisamment en évidence les avantages dont peuvent bénéficier les clients potentiels (conditions de vente flexibles, service après-vente personnalisé, etc.)? • Met-elle suffisamment en évidence les avantages à acheter ses produits (leur adaptabilité, leur possibilité de **conditionnement**, leur facilité d'assemblage et d'utilisation, etc.)?	• L'entreprise a-t-elle de l'expérience en matière de foires commerciales? A-t-elle déjà participé à des salons internationaux au Canada ou à l'étranger, et sait-elle tirer profit de tels salons? • Connaît-elle les organismes d'aide à l'exportation qui sont en mesure de l'aider[c]? • Les noms des marques de produits sont-ils adaptés au marché visé? • Les communications de l'entreprise ont-elles été confiées à une agence? Cette agence a-t-elle des correspondants dans les pays ciblés?

a. Nous verrons cette notion au chapitre 4, « Le marketing international », p. 133.
b. Il peut s'agir d'un site Web, d'imprimés, de diaporamas, de vidéos ou de cédéroms.
c. Il s'agit principalement d'Exportation et développement Canada (EDC), d'Entreprises Canada (EC) et de la Banque de développement du Canada (BDC). Voir la section du présent chapitre qui leur est consacrée, p. 123.

Conditionnement
Opération par laquelle un produit est placé dans un contenant pour assurer sa conservation, son transport ou sa commercialisation.

TENDANCES ET ENJEUX

Le marché des aliments ethniques aux États-Unis

Possibilités d'affaires pour les exportateurs canadiens de produits agroalimentaires

« La composition ethnique des États-Unis évolue rapidement. À l'heure actuelle, les minorités ethniques forment plus de 31 % de la population américaine, le principal groupe étant celui des hispaniques, suivi des Afro-Américains et des Américains d'origine asiatique. Cette diversité culturelle explique la demande croissante d'aliments et de mets sains et savoureux d'origine internationale, partout aux États-Unis. En raison de l'accroissement de la diversité ethnique et des transports internationaux ces dernières années, le secteur en plein essor des aliments ethniques de l'Amérique du Nord est passé de la catégorie des aliments spécialisés à celle des aliments grand public. De fait, 75 % des aliments ethniques aux États-Unis sont consommés par la population américaine dans son ensemble, ce qui représente un chiffre d'affaires annuel de 75 milliards de dollars américains pour une industrie qui s'est accaparé le septième de l'argent dépensé à l'alimentation (*Euromonitor International*, 2006).

« Selon les prévisions, les aliments ethniques continueront leur croissance actuelle en Amérique du Nord. Ils représentent plus de 12 % de l'ensemble des ventes au détail de produits alimentaires et enregistrent une croissance annuelle de 5 %. Cette évolution sera davantage nourrie par l'expansion prévue de la population des minorités visibles des États-Unis qui devraient atteindre 123,1 millions (c.-à-d. environ un Américain sur trois) d'ici 2020, soit une augmentation de 30 % par rapport à la population de 2006 qui s'établissait à 94,4 millions. On prévoit que les hispaniques connaîtront la plus forte croissance (environ 59 %), suivis des Afro-Américains (23 %) et des Américains d'origine asiatique (18 %). On s'attend à ce que le plus grand marché mondial d'aliments ethniques en importance poursuive sa croissance. Selon les prévisions, les consommateurs des minorités ethniques représenteront 52 % de la population américaine d'ici 2050, soit 219,7 millions, une augmentation impressionnante de 78 % par rapport à la population prévue en 2020. Ces tendances créent à leur tour des possibilités nouvelles et de plus en plus intéressantes pour les producteurs et les exportateurs de l'industrie agroalimentaire canadienne. »

Source : Agriculture et Agroalimentaire Canada, Service d'exportation agroalimentaire, *Le marché des aliments ethniques aux États-Unis : Possibilités d'affaires pour les exportateurs canadiens de produits agroalimentaires*, juin 2008, [www.ats-sea.agr.gc.ca/us/4489_f.htm], (27 février 2009).

La notation

Chacun des quatres aspects de la capacité d'exportation que nous venons d'examiner doit faire l'objet de notation dont l'échelle va de 1 à 7, 1 signifiant pas du tout et 7, très bien. Ces notes sont obtenues à partir des notes attribuées à chacune des composantes dont l'aspect rend compte. La grille de la figure 3.1 (voir page suivante) illustre ainsi la façon de déterminer la note relative à l'aspect production.

Comme nous pouvons le constater, l'évaluation de la capacité d'exportation au moyen de l'analyse FFPM et du questionnaire ne se limite pas à la collecte de données quantifiables (parts de marché, taux de croissance, etc.), relatives au projet. Elle se fonde également sur des critères qualitatifs, tels que la formation du personnel, parfois plus difficiles à apprécier.

LES CONCLUSIONS À TIRER DE L'ÉVALUATION

En fonction des résultats de l'évaluation de sa capacité d'exportation, l'entreprise peut tirer l'une des trois conclusions suivantes :

- Elle ne doit en aucun cas essayer d'exporter ses produits. Ses faiblesses sont importantes, et leur caractère insurmontable ne lui permet pas de se lancer dans un tel processus.

Figure 3.1

Grille partielle de notation du questionnaire (production)

Production – composantes évaluées	pas du tout					très bien	
	1	2	3	4	5	6	7
Originalité du produit	❑	❑	❑	❑	❑	❑	❑
Compétitivité du produit	❑	❑	❑	❑	❑	❑	❑
Adaptabilité du produit à la demande locale	❑	❑	❑	❑	❑	❑	❑
Capacité de production de l'entreprise	❑	❑	❑	❑	❑	❑	❑
Possibilités d'augmentation de la production	❑	❑	❑	❑	❑	❑	❑
Méthodes de production	❑	❑	❑	❑	❑	❑	❑
Notation de la production (note moyenne)							

- Elle peut essayer d'exporter ses produits, mais elle doit d'abord remédier à ses faiblesses. L'évaluation de sa capacité à exporter ayant révélé quelques lacunes qui, théoriquement, sont surmontables, l'entreprise doit mettre en œuvre des solutions pour les corriger.

- Elle peut se lancer sans crainte dans l'exportation de ses produits. Elle ne présente en effet pas de faiblesses majeures l'empêchant d'exporter.

Les entreprises qui décident de partir à la conquête de marchés étrangers doivent savoir qu'évoluer sur de tels marchés implique de nombreux investissements sur les plans organisationnel, humain, financier et commercial. De plus, elles doivent faire preuve de patience, car il est possible que ces investissements ne rapportent qu'à moyen terme, voire à long terme. Cela dit, si elles (ou les experts consultés) ont correctement effectué l'évaluation de leur capacité d'exportation, elles auront parfaitement compris les exigences de l'exportation et identifié les aspects de leur organisation qu'elles doivent améliorer, et elles pourront en conséquence se fixer des objectifs réalistes.

II. L'ÉTUDE DE MARCHÉ

OBJECTIF 3

Différencier l'étude de marché locale de l'étude de marché internationale.

L'étude de marché[2] est une démarche qui permet à une entreprise de délimiter et de comprendre le marché dans lequel elle souhaiterait se tailler une place. Elle l'aidera à définir son potentiel face à ce marché cible, des objectifs réalistes ainsi que la stratégie commerciale qu'il conviendra d'adopter afin d'atteindre de tels objectifs.

---

2. Nous n'effectuons ici qu'un survol des connaissances liées à l'étude de marché. L'étudiant qui souhaite en savoir plus pourra se reporter aux divers sites Internet recensés dans le Compagnon Web.

L'étude de marché est à la fois qualitative et quantitative, en ce sens qu'elle évalue aussi bien dans quelle mesure elle répond aux critères de satisfaction des futurs clients qu'à ceux de rentabilité de l'entreprise. Une étude de marché liée à un projet d'exportation oblige évidemment à une collecte d'informations sur les marchés étrangers. Cette collecte permet à l'entreprise de vérifier la pertinence de sa stratégie d'exportation avant de s'engager sur le terrain, lui évitant ainsi de dépenser inutilement.

Une étude de marché vise généralement à définir :

- la clientèle cible de l'entreprise, notamment son profil démographique et ses habitudes de consommation ;
- le marché cible de l'entreprise, plus précisément sa taille et sa situation géographique ;
- des objectifs réalistes d'occupation de part de marché, en fonction de la valeur de l'offre et de la concurrence ;
- les objectifs financiers de l'entreprise et les conditions minimales dans lesquelles l'opération d'exportation peut être rentable.

Rappelons (car ceci est très important) que beaucoup de projets d'exportation échouent en raison d'une préparation inadéquate et d'une connaissance insuffisante des marchés étrangers. Les entreprises envisageant de se lancer dans l'exportation doivent être prudentes, comme le montre la mise en situation suivante.

Encadré 3.2

L'histoire du chocolatier Galler

« Comme dans beaucoup d'autres PME, l'exportation a démarré pour l'entreprise Galler par hasard [...]. En 1981, Galler développe sa présence à l'étranger en démarrant la vente directe dans les marchés français et canadien. En 1982, l'occasion se présente de distribuer les produits dans le prestigieux magasin londonien Harrod's par le biais d'une relation de M. Jean Galler, déjà introduite dans ce point de vente. L'entreprise ne manque pas cette occasion.

« La pénétration de certains marchés de la grande exportation, comme l'Australie ou l'Afrique du Sud, est survenue suite à des commandes non sollicitées, sans que Galler y ait prospecté. L'entreprise n'a pas fondé de stratégie export à long terme sur ces marchés, car ces commandes étaient ponctuelles et de petites quantités. À cette époque, il n'y a pas eu de recherche formalisée des marchés cibles ni de bilan des compétences internes pour confirmer

que l'entreprise était prête à exporter. Au fil du temps, l'activité export de Galler a continué à progresser en réponse à des commandes spontanées venant de petits clients ou de grossistes, sans que l'entreprise ait développé un réseau d'agents et d'importateurs sous contrats.

« Malgré cela, l'exportation vers des marchés étrangers n'a pas toujours été le fruit du hasard ni la conséquence de commandes non sollicitées. Les choix du Japon et des États-Unis (en 1982), par exemple, furent réfléchis et motivés. Dans ce cadre, l'entreprise a effectivement réalisé une étude de marché succincte afin de confirmer le potentiel de ces marchés.

« La cellule export a été créée en 1990, mais ce n'est réellement qu'à partir du milieu des années 1990 [...] que Galler a entamé la structuration de son activité à l'étranger, basée notamment sur un processus plus systématisé et

réfléchi de sélection des marchés export et sur la mise en place de réseaux de distribution sur ses marchés étrangers (agents ou importateurs).

« Sa démarche consiste désormais à négliger les marchés non sollicités pour se consacrer à ceux qu'elle cible en priorité. Pour ce faire, Galler participe aux missions commerciales organisées à l'étranger par l'Agence Wallonne à l'Exportation (AWEX) ou aux rencontres commerciales avec les acheteurs de grandes chaînes étrangères (par exemple, Carrefour en France) [...] et qui ont lieu en Belgique. Lors d'une de ces réunions, Galler a, par exemple, eu [l'occasion] de rencontrer les acheteurs de la plus grande chaîne de distribution espagnole (El Corte Ingles) qu'elle ciblait. Galler collecte également toutes les études de marché publiées en relation avec ses centres d'intérêt ainsi que les mémoires réalisés par des étudiants en stage auprès de l'OBCE. Ces analyses lui permettent de s'informer sur les marchés qu'elle cible, de lui faire découvrir d'autres [occasions] qu'elle pourrait éventuellement concrétiser ou encore d'éliminer certains marchés qui sont inenvisageables (à cause d'un revenu moyen par habitant trop faible, par exemple).

«Une fois qu'elle a sélectionné un marché cible, elle réalise une étude de marché succincte à son sujet afin de confirmer [l'occasion] qu'il présente, dans la limite de ses moyens financiers. Pour ce faire, elle s'adresse à l'AWEX, dont les attachés économiques sont à même d'informer et de guider les exportateurs grâce à leur présence sur ces marchés et à leurs réseaux d'information. Les voyages de prospection sur place ou les études de terrain seront évités dans la mesure du possible dû à des contraintes budgétaires. Les déplacements sur place seront néanmoins envisagés dans le but de rencontrer les importateurs ou les acheteurs des grandes entreprises de distribution, essentiellement pour des raisons culturelles. C'est notamment le cas du Japon, de la Suède, de l'Angleterre, de la France et des Pays-Bas.

«En matière d'expansion de marchés, Galler préfère consolider les marchés sur lesquels elle est déjà présente avant d'en pénétrer d'autres. Selon Galler, le Japon et les États-Unis, par exemple, ont un potentiel qui peut être doublé, voire quadruplé. Cette stratégie est possible grâce aux capacités de production et de stockage excédentaires dont dispose l'entreprise.

«En 2001, l'entreprise était présente dans de nombreux pays européens (France, Pays-Bas, Allemagne, Espagne et Suède), mais était également active dans des marchés de grande exportation (Japon, États-Unis, Canada, Émirats arabes et Qatar).»

Source : Eur-Export, *Illustration : Galler*, s.d., [www.eur-export.com/francais/illustration/gselmarche.htm], (27 février 2009).

Bien que les études de marché internationales et les études de marché intérieures servent des objectifs similaires et reposent sur les mêmes méthodes et techniques de recherche, elles diffèrent à bien des égards. Les études de marché internationales doivent tenir compte de facteurs commerciaux tels que les droits de douane, la fluctuation des devises, les lois étrangères, la culture des pays visés, les systèmes politiques, etc., et d'un environnement concurrentiel beaucoup plus rude et diversifié que le marché intérieur. L'entreprise souhaitant exporter doit aussi tenir compte du contexte prévalant dans son propre pays. Imaginons un instant une PME américaine sans expérience effectuant une étude en vue de pénétrer le marché cubain : ce dernier pourrait paraître prometteur, mais l'embargo des États-Unis contre Cuba élimine tout espoir de réussite !

Il existe plusieurs types d'études de marché. Nous en présenterons trois, qui nous paraissent être les principales et les plus pertinentes en regard des objectifs que nous poursuivons, à savoir l'évaluation de projets d'exportation :

1) l'étude préliminaire ;
2) l'analyse de la structure du marché ;
3) l'étude du marché cible.

Notons que ces trois types d'études constituent en réalité une grande étude en trois temps ou en trois étapes. En effet, une entreprise souhaitant exporter effectue généralement ces études l'une à la suite de l'autre, l'analyse de la structure de marché (voir définition p. 122) permettant d'approfondir les résultats obtenus lors de l'étude préliminaire, et l'étude du marché cible permettant de raffiner les résultats obtenus lors de l'analyse de la structure de marché.

OBJECTIF  **4**

Distinguer les différentes étapes de l'étude de marché internationale.

Étude préliminaire
Étape préalable à une véritable étude de marché qui permet à une entreprise de déterminer quels marchés entre tous s'avèrent les plus attrayants pour ses produits.

L'ÉTUDE PRÉLIMINAIRE

L'**étude préliminaire** constitue ni plus ni moins un préalable à une véritable étude de marché. Elle permet à l'entreprise de déterminer, parmi les marchés cibles qu'elle considère, lesquels présentent le meilleur potentiel d'exportation pour ses produits. Généralement, une entreprise procède à ce genre d'étude parce qu'elle ne dispose pas des ressources nécessaires pour sonder l'ensemble des marchés. Grâce à l'étude préliminaire, l'entreprise est amenée à se concentrer sur les marchés qui s'avèrent les plus attrayants, économisant de ce fait les coûts liés à des études de marché qui, dans la plupart des cas, ne lui seraient d'aucune utilité.

L'étude préliminaire menant à une présélection de marchés doit être brève, peu coûteuse et fondée sur l'analyse d'informations générales et synthétiques, facilement accessibles. Il s'agit, par exemple, d'informations telles que le produit intérieur brut (PIB) total, le PIB par habitant, le taux de mortalité et d'autres statistiques démographiques d'ordre général. Les conditions d'accès au pays constituent aussi un important critère de sélection. Pour les connaître, on doit analyser les facteurs entravant ou facilitant l'entrée du produit sur le marché. Parmi ces facteurs, examinons ceux qui appartiennent aux aspects géographiques, économiques, politiques, juridiques et culturels des pays concernés.

LES ASPECTS GÉOGRAPHIQUES

Les aspects géographiques influencent la facilité de circulation du produit dans le pays ainsi que la qualité de l'approvisionnement. Des conditions défavorables peuvent causer des retards de livraison et des dommages à la marchandise, engendrant des coûts supplémentaires. On doit donc examiner ces aspects, afin de dégager des solutions logistiques pouvant limiter leur impact sur le coût d'acheminement des produits. Le tableau 3.10 donne quelques exemples d'aspects géographiques qu'une entreprise pourrait avoir à prendre en compte.

Tableau 3.10

Quelques aspects géographiques pris en compte lors d'une analyse préliminaire	
Conditions climatiques	Les conditions climatiques peuvent-elles affecter la qualité du produit ?
Infrastructures	Les routes sont-elles en bon état ? Sont-elles adaptées au transport du produit ?
Distance à parcourir	Les routes et autres lieux de transit des marchandises sont-ils sécuritaires ? Plus la distance à parcourir est grande, plus les risques et les frais d'assurances sont élevés.
Obstacles naturels	Le territoire est-il montagneux ? Le lieu de destination peut-il devenir inaccessible ?

LES ASPECTS ÉCONOMIQUES

Les aspects économiques sont révélés par les principaux indicateurs économiques, qui permettent à l'entreprise de se renseigner sur le niveau de vie et de développement du pays ainsi que sur son degré d'ouverture aux produits étrangers. Le tableau 3.11 en offre quelques exemples.

Tableau 3.11

Quelques aspects économiques pris en compte lors d'une analyse préliminaire	
Produit intérieur brut (PIB) et PIB par habitant	Les consommateurs du pays ont-ils les moyens d'acheter le produit ?
Montant des importations de biens et de services	Le pays est-il ouvert à l'entrée de produits étrangers ?
Balance commerciale	Le pays a-t-il tendance à vouloir limiter ses importations ?
Population totale	Quelle est la dimension du bassin de population dans lequel se trouvent les clients potentiels ?
Taux de chômage	L'économie du pays est-elle dynamique ? Dans quelle mesure permet-elle de bonnes possibilités d'affaires ?
Taux d'inflation	L'économie est-elle stable ? Les consommateurs du pays sont-ils disposés à dépenser ?
Taux de change	Le taux de change est-il favorable à l'exportation ?

TENDANCES ET ENJEUX

Le potentiel du vin aux États-Unis

Aux États-Unis, on a consommé plus de 270 millions de caisses de vin[b] en 2004, ce qui représente une valeur marchande de plus de 27 milliards de CAD. Plus du tiers de ces caisses ont été vendues dans le nord-est du pays, dont 63 % provenaient d'établissements viticoles américains, le reste ayant essentiellement pour origine l'Italie, l'Australie et la France. Quant aux vins canadiens, ils ne représentaient que 0,5 % du total.

C'est dans les États de la Nouvelle-Angleterre et de la côte est que l'on consomme le plus de vin aux États-Unis : 14 litres par habitant et par an, comparativement à une moyenne nationale de 11,7 litres, elle-même supérieure aux 8,2 litres des États limitrophes du lac Érié. On constate néanmoins que, dans l'ensemble, les Américains boivent peu de vin quand on compare leur consommation à celle d'autres grands marchés, qui peut atteindre 20 litres par habitant par an.

Voilà donc un marché ayant un fort potentiel de croissance, que l'on estime à 13 % pour les cinq prochaines années. Les établissements viticoles canadiens sauront-ils en profiter ? Cela dépendra de leur capacité d'approvisionner le marché et de mettre en œuvre une campagne de marketing efficace, mais aussi de la valeur du dollar canadien par rapport à la devise américaine. Bien que la réglementation relative à l'importation et à la distribution de vin aux États-Unis soit plutôt tatillonne, les exportateurs canadiens peuvent aisément y faire face, notamment en se prévalant des services des diverses agences gouvernementales situées de part et d'autre de la frontière.

_____

a. Une caisse correspond à 9 litres ou 12 bouteilles de 750 ml.

Source : Agriculture et Agroalimentaire Canada, Service d'exportation agroalimentaire, *Le marché du vin dans le nord-est des États-Unis*, juin 2006, [www.ats-sea.agr.gc.ca/us/4123_f.htm], (27 février 2009).

LES ASPECTS POLITIQUES ET JURIDIQUES

Autant il est nécessaire de recueillir des données sur la géographie et l'économie d'un pays pour arriver à savoir si le produit qu'on souhaite y exporter se vendra bien, autant il est nécessaire, dans le même but, d'en analyser les environnements politique et juridique. Grâce aux données d'ordres politique et juridique, l'entreprise peut évaluer, par exemple, la possibilité que les autorités du pays lui mettent des bâtons dans les roues ou qu'un conflit interne fasse échouer le projet d'exportation. Le tableau 3.12 donne quelques exemples d'indicateurs relatifs à ces aspects.

Tableau 3.12

Quelques aspects politiques et juridiques pris en compte lors d'une analyse préliminaire

Régime politique en vigueur, stabilité de ce régime	Le régime est-il suffisamment stable pour favoriser les investissements à long terme?
Politique économique	Dans quelle mesure le gouvernement du pays intervient-il dans le commerce avec l'étranger? Quel accueil réserve-t-il aux entreprises étrangères?
Barrières douanières et barrières non tarifaires (protectionnisme, sanctions, boycottages, embargos, etc.)	Existe-t-il des barrières douanières et non tarifaires suffisamment importantes pour pouvoir nuire à l'exportation dans le pays?

LES ASPECTS CULTURELS

Les facteurs culturels qu'il convient d'examiner comprennent tous les aspects socio-démographiques pouvant affecter le projet d'exportation et l'écoulement du produit dans le pays considéré. Fournissant une bonne illustration des points communs et des différences entre pays, ces aspects permettent souvent d'entrevoir quelles seront les difficultés à aborder un marché cible. On ne doit pas les négliger, car certains produits ne peuvent être exportés partout dans le monde. Sont inclus dans les aspects culturels des éléments tels que l'attitude en regard de l'âge, la religion, la langue ainsi que certains us et coutumes.

Les personnes issues de cultures différentes n'ont pas toutes la même attitude. En Amérique du Nord, où l'on valorise la jeunesse, il arrive que des jeunes se voient offrir des postes de haute responsabilité. Les cultures orientales valorisant davantage la maturité et l'expérience, un cadre chinois peut être offensé en constatant que son homologue est nettement plus jeune que lui. De même, l'exportateur souhaitant commercer avec des musulmans doit être au fait des dogmes de l'islam concernant l'alcool, la place des femmes dans la société, les heures de prière et le ramadan.

Quiconque a appris une langue étrangère sait que certaines idées sont difficiles à traduire, et que même la meilleure traduction n'est jamais tout à fait fidèle à l'idée initiale. L'exportateur doit donc bien connaître le sens des mots qu'il emploie lorsqu'il commerce avec des étrangers. Par exemple, un nom de marque peut être interprété dans une langue étrangère dans un sens que l'on ne souhaiterait pas lui prêter. Il doit aussi porter attention à la façon de saluer, qui diffère grandement d'une culture à l'autre. L'importance accordée par les Français à la poignée de main surprendra toujours les Anglo-Saxons, tandis qu'au Japon, c'est la courbette qui est de mise.

Lors d'une négociation, on doit savoir interpréter les regards. Les Arabes considérant les yeux comme le reflet de l'âme, ils se regardent souvent droit dans les yeux; Français et Américains font de même, mais parce qu'ils considèrent la fuite du regard comme l'expression d'un manque de franchise. Il en va tout autrement des Japonais, qui baissent les yeux en signe de respect envers leur interlocuteur.

Ce que l'on considère comme de la familiarité varie aussi d'un peuple à l'autre. Français et Allemands considèrent impoli de se faire appeler par leur prénom, ce qui n'est pas le cas des Québécois, ces derniers étant de surcroît beaucoup plus portés sur le tutoiement que leurs cousins d'Europe.

Le tableau 3.13 résume ces aspects culturels[3].

Tableau 3.13

Quelques aspects culturels pris en compte lors d'une analyse préliminaire	
Attitude en regard de l'âge	La jeunesse est-elle valorisée? Valorise-t-on plutôt la maturité et l'expérience?
Religion	Des dogmes religieux peuvent-ils limiter la consommation d'un produit ou influencer les modalités de négociation commerciale?
Langue	Parle-t-on français? Ou anglais? Si non, l'exportateur maîtrise-t-il la langue locale? Devrait-il embaucher un interprète?
Us et coutumes	Comment faire montre de respect dans ses salutations, ses regards et ses paroles lors de négociations? Comment éviter de se montrer trop familier?

Évidemment, au-delà de toute étude des indicateurs et des informations recueillis dans le cadre d'une présélection de marchés, l'exportateur ne doit négliger ni sa propre intuition ni son intérêt personnel pour un marché particulier, ni les réseaux de relations qu'il a tissés dans un marché. Il doit simplement éviter de faire reposer une décision d'exportation sur des perceptions non vérifiées, comme s'apprêtait à le faire Richard Gendron dans notre mise en situation de la page 104. Dans tous les cas, l'étude préliminaire devrait permettre à l'exportateur de procéder à une première évaluation de l'attrait de chaque marché et d'éliminer certains pays jugés inintéressants.

---

3. Pour en savoir davantage à ce sujet, voir Jean-Claude Usunier, *Commerce entre cultures. Une approche culturelle du marketing international*, 2 t., Paris, PUF, coll. «Gestion», 1992.

CULTURE ET SOCIÉTÉ

L'aspect culturel de l'étude de marché

Des facteurs culturels colorent souvent les réponses des participants aux études de marché. Habitués à de tels sondages, les Nord-Américains ne les trouvent pas menaçants, tandis que les consommateurs de certains pays peuvent craindre que l'information qu'on leur demande ne soit transmise au gouvernement, ce qui peut les amener à fournir des réponses imprécises ou erronées. Certaines cultures considérant la critique et l'affrontement comme des marques d'impolitesse, les consommateurs peuvent ne pas répondre avec franchise s'ils n'ont pas apprécié un produit. De même, la géographie ou les coutumes locales peuvent empêcher le travail des intervieweurs : dans certains pays, les femmes n'ont pas le droit de s'adresser aux étrangers.

Source : « Cross-Cultural Market Research », *International Marketing*, USC Marshall, s.d., [www.consumerpsychologist.com/intl_Market_Research.html], (27 février 2009).

L'ANALYSE DE LA STRUCTURE DU MARCHÉ

Analyse de la structure du marché
Deuxième étape d'un processus d'approche des marchés étrangers, cette analyse permet à une entreprise d'appréhender les marchés qu'elle a retenus lors de l'étude préliminaire dans la globalité de leur fonctionnement. Elle permet de circonscrire la concurrence sur ces marchés, et de voir lequel de ceux-ci sera le plus attrayant.

La deuxième étape dans l'approche des marchés étrangers est l'**analyse de la structure du marché**, un processus qui permet à l'entreprise de comprendre le fonctionnement des marchés qu'elle a jugés intéressants. Dans ce processus, l'entreprise analyse la concurrence à laquelle elle devra faire face sur ces marchés et elle mesure son propre potentiel ainsi le risque de pertes face à cette concurrence. Ce faisant, elle vérifie si l'attrait que ces marchés présentent est fondé, car elle évalue avec plus de précision leur accessibilité et leur potentiel. L'objectif est de dresser un panorama complet des marchés sélectionnés et, ultimement, de déterminer quels changements devraient être mis en place à l'interne pour pouvoir investir adéquatement ces marchés. L'entreprise est ainsi amenée à étudier en profondeur l'environnement juridique, la structure concurrentielle et la demande de ces marchés concernant ses produits. Bref, l'analyse de la structure du marché permet à l'entreprise de choisir stratégiquement l'endroit où écouler ses produits et d'envisager les changements à apporter dans sa propre structure en vue de réussir ses affaires à l'étranger.

Étude du marché
Menée après l'étude préliminaire et l'analyse de la structure du marché, l'étude du marché proprement dite consiste à analyser l'offre, la demande et les conditions du marché cible. Elle permet à l'entreprise de comprendre et de délimiter ce marché.

L'ÉTUDE DU MARCHÉ CIBLE

Segmentation du marché
Division d'un marché en groupes d'individus homogènes ou caractérisés par leur comportement d'achat.

Plan marketing
Mise en forme détaillée d'une stratégie de marketing, incluant les différentes tactiques et les programmes de réalisation.

Après avoir sélectionné son ou ses marchés cibles grâce à l'analyse de la structure du marché, l'entreprise mènera l'**étude de marché** proprement dite, qui vise à délimiter, à définir avec précision le marché dans lequel elle souhaite se tailler une place. L'analyse de l'offre, de la demande et des conditions du marché permet de déterminer les bases de la **segmentation du marché** et de définir précisément les différents éléments du **plan marketing**. Le plan marketing doit être adapté, d'une part, aux caractéristiques du marché cible et, d'autre part, aux ressources de l'entreprise.

L'entreprise prépare ainsi le **marketing mix**[4] à mettre en œuvre dans les marchés cibles, c'est-à-dire la combinaison et l'articulation des quatre éléments de la politique commerciale que sont le produit, le prix, la distribution et la communication.

LES SOURCES D'INFORMATION

Bien qu'une entreprise puisse trouver elle-même toutes les informations dont il vient d'être question, soit en consultant divers documents ou sites Internet, soit en faisant affaire avec les consulats ou les missions diplomatiques des pays où elle souhaite exporter ses produits, ses dirigeants doivent savoir que divers organismes canadiens se spécialisent dans la recherche et la publication de ce type de renseignements. Nous en présenterons trois : Exportation et développement Canada, Entreprises Canada et la Banque de développement du Canada.

EXPORTATION ET DÉVELOPPEMENT CANADA

Exportation et développement Canada (EDC) est un organisme de crédit à l'exportation (OCE) dont la mission est de promouvoir les exportations canadiennes. EDC se démarque toutefois des OCE d'autres pays industrialisés dans la mesure où son mandat comporte un volet commercial et un volet public plus général. Son volet commercial fait d'EDC une entreprise, car il lui permet de percevoir des intérêts sur les prêts qu'elle accorde et des primes sur les polices d'assurance qu'elle vend. Ces revenus procurent à EDC une autonomie financière, ce qui n'est pas le cas de la plupart des OCE, qui vivent de crédits gouvernementaux.

Quoi qu'il en soit, EDC aide les exportateurs canadiens à mener à bien leurs projets d'exportation en leur fournissant des informations essentielles sur les marchés et pays où ils souhaitent écouler leurs produits. Le site fournit également diverses informations de nature économique ; telles que :

- des comptes rendus de l'actualité économique et politique relative à certains marchés clés intéressant le Canada ;
- des résumés des événements économiques et politiques mondiaux récents ;
- des analyses semestrielles des perspectives de l'économie mondiale et des débouchés et risques qu'elle présente pour les exportateurs canadiens ainsi que divers aperçus des marchés émergents et des risques politiques dans le monde ;
- des informations concernant les flux d'investissement transfrontaliers dans un contexte mondial ;
- des examens mensuels des exportations canadiennes réelles, mises en comparaison avec les prévisions semestrielles d'EDC ;
- des analyses des prévisions statistiques relatives à la balance commerciale du Canada ;

Marketing mix
Application pratique du marketing caractérisée par une combinaison et une articulation stratégiques des différents moyens d'action que l'entreprise met en œuvre pour atteindre ses objectifs. Les moyens d'action renvoient au produit lui-même, à son prix, à la promotion et à la distribution qui en est faite.

OBJECTIF 5

Connaître les sources d'information disponibles pour réaliser une étude de marché internationale.

www.edc.ca

---

4. L'Office québécois de la langue française recommande le terme « marchéage » qui est cependant très rarement employé.

- des rapports hebdomadaires concernant les fluctuations des cours sur les principaux marchés des produits de base, comprenant un commentaire sur les perspectives à court terme ainsi que des graphiques et des tableaux qui présentent les tendances récentes ;
- des articles et des discours économiques.

ENTREPRISES CANADA

www.entreprisescanada.ca

Entreprises Canada (EC) est un service gouvernemental d'information destiné aux entreprises canadiennes (bien établies ou en démarrage) qui rassemble en un seul lieu un grand nombre d'informations concernant les règlements, les services et les programmes des gouvernements fédéral, provinciaux et territoriaux. EC facilite ainsi la tâche des entreprises ayant à traiter avec plusieurs paliers de gouvernement.

EC a notamment pour mission d'aider les entreprises canadiennes à prospérer sur les marchés du monde entier. Par l'intermédiaire de son réseau, les exportateurs potentiels peuvent accéder à :

- des renseignements généraux ;
- des sources ou activités de perfectionnement des compétences ;
- des conseils en matière d'exportation ;
- un appui à l'entrée sur le marché ;
- du financement de commerce ;
- de l'aide sur le marché.

De plus, EC fournit un éventail d'outils diversifiés destinés à aider l'entreprise à se préparer pour l'exportation, à exploiter son potentiel commercial et à conquérir de nouveaux marchés. Parmi ces outils, mentionnons le *Guide pas-à-pas à l'exportation*[5]. Tout exportateur devrait avoir en main ce guide traitant de l'ensemble du processus d'exportation, depuis la conception du projet jusqu'à la réception du paiement pour les produits ou services vendus. Le premier chapitre explique notamment comment poser les bases d'un projet d'exportation. Le guide est offert en ligne ou en version imprimée.

LA BANQUE DE DÉVELOPPEMENT DU CANADA

www.bdc.ca

La *Banque de développement du Canada* (BDC) est une institution financière qui appartient entièrement au gouvernement du Canada. Elle joue le rôle de chef de file dans l'économie et les exportations du pays, en fournissant des services financiers et des services de consultation aux petites et moyennes entreprises canadiennes, tout en accordant une attention particulière aux entreprises exportatrices. Elle se démarque des autres institutions financières en ce qu'elle offre à la fois des solutions financières (financement à long terme, capital de risque, financement subordonné[6]) et des services de consultation.

---

5. Affaires étrangères et Commerce international Canada, *Guide pas-à-pas à l'exportation*, 2008, [www.infoexport.gc.ca/fra/StepFRPDF.pdf], (24 février 2009).
6. Le financement subordonné est un mélange de financement par emprunt et de financement par actions.

Le financement à terme de la BDC innove en offrant des taux d'intérêt fixes ou flottants et des calendriers de remboursement adaptés aux besoins des fonds de roulement des entreprises, les remboursements pouvant s'étaler sur des périodes allant jusqu'à 20 ans. La BDC se veut donc une institution commerciale prêtant à long terme. Il ne s'agit pas d'une banque proprement dite, puisqu'elle n'offre pas les services bancaires courants et n'accepte pas de dépôts.

La BDC effectue plusieurs études de marché pour son compte ou qu'elle vend à ses clients. Ces études de marché portent sur divers thèmes, tels que :

- *les ventes et marché :* marché potentiel, analyse de la part de marché, études de localisation, analyse des ventes, marchés-tests, canaux de distribution, études de la valeur par rapport au coût, stimulants à la vente (bons de réduction, soldes, etc.), études d'impact ;
- *les produits :* détermination des caractéristiques du prix et du marché cible d'un nouveau produit, études de produits offerts par les concurrents, établissement du prix ;
- *les entreprises :* prévisions à court ou à long terme, tendance des affaires, analyse des profits par rapport à la valeur ajoutée offerte ;
- *la publicité :* conditions locales, études d'efficacité, publicités faites par les concurrents.

Le Canada et ses partenaires commerciaux

LES ÉTATS-UNIS

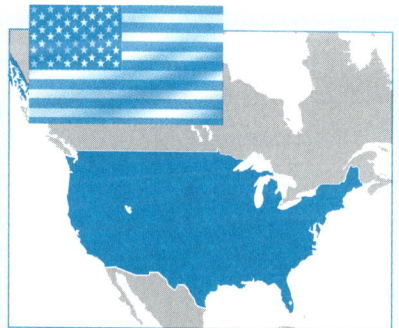

L'économie américaine est la plus riche et la plus importante du monde. La demande de produits et de services par les consommateurs y est considérable. Dominant le secteur des sciences et technologies, les États-Unis comptent le tiers de la population mondiale de scientifiques et accaparent le tiers des dépenses mondiales en recherche et développement. En tant que source d'investissement direct à l'étranger (IDE) des plus vaste et des plus diversifiée, ce pays est en mesure, par ses capitaux, de soutenir les plans d'expansion des entreprises canadiennes. Ces dernières ayant accès au marché américain, elles peuvent ainsi participer aux chaînes de valeur mondiales. Par leurs réseaux d'innovation, qui profitent depuis longtemps de l'ampleur du volume de capitaux de placement et de capital de risque, les États-Unis sont devenus les champions de la commercialisation de nouvelles idées.

Plus important partenaire économique du Canada, les États-Unis sont aussi le lieu du plus grand nombre de débouchés pour ses exportateurs. Voici quelques données sur les relations économiques entre le Canada et les États-Unis en 2007 :

- Les échanges bilatéraux de marchandises totalisent 576,4 milliards de CAD.
- Les exportations canadiennes vers les États-Unis atteignent 375 milliards de CAD environ 53 % du total des exportations canadiennes).
- Les importations canadiennes des États-Unis totalisent 227 milliards de CAD (plus de 63 % des importations).
- Près du tiers des échanges commerciaux sont constitués

d'échanges « intraentreprises » (les intrants et les extrants franchissent la frontière plusieurs fois durant le cycle de production).

• L'investissement américain direct au Canada dépasse 288,6 milliards de CAD, et l'investissement canadien direct aux États-Unis atteint 226,1 milliards de CAD (les États-Unis sont à la fois le plus gros investisseur étranger au Canada et la principale destination des IDE canadiens).

La proximité économique entre le Canada et les États-Unis permet ainsi d'envisager un intense commerce avec un des marchés les plus dynamiques au monde. L'entreprise GLG Life Tech a tiré profit de cette proximité. L'entreprise de Vancouver a effectué une étude de mise en marché du stevia. Cette plante a des feuilles extrêmement sucrées dont le pouvoir édulcorant est supérieur même à celui de la canne à sucre. À quantité égale, donc, le stevia est plus sucré que ne l'est le sucre, tout en contenant zéro calorie. Le gouvernement américain ayant donné le feu vert à l'utilisation du stevia comme agent sucrant dans les produits alimentaires, GLG Life Tech exporte désormais avec succès son produit aux États-Unis.

Les tableaux 3.14 et 3.15 donnent un aperçu du commerce international entre le Canada et les États-Unis au cours des dernières années.

Source : Tiré et adapté de Affaires étrangères et Commerce international Canada, « Les États-Unis d'Amérique. Marché prioritaire de la Stratégie commerciale mondiale », *Saisir les avantages globaux*, 2008, [www.international.gc.ca/commerce/strategy-strategie/r1.aspx?lang=fra], (27 février 2009).

Tableau 3.14

Les importations canadiennes des États-Unis par type de produit, en millions de CAD

	2006	2007	2008
Véhicules automobiles, moteur à allumage par étincelles, cylindrée de 1 501 à 3 000 cm^3	6 746	7 265	6 972
Véhicules automobiles, moteur à allumage par étincelles, cylindrée > 3 000 cm^3	7 624	7 503	6 421
Camions, moteur à allumage par étincelles, charge maximale < 6 tonnes	4 919	6 065	4 860
Parties et accessoires de carrosseries pour véhicules automobiles	5 810	5 448	4 560
Gaz naturel à l'état gazeux	2 334	3 040	4 280
Huiles de pétrole ou de minéraux bitumineux non brutes, autres que les huiles légères	2 251	2 684	4 261
Moteurs à piston pour véhicules automobiles, cylindrée > 1 000 cm^3	4 796	5 099	4 228
Boîtes de vitesses (transmissions) et leurs parties, pour véhicules automobiles	2 915	3 145	2 757
Avions/véhicules aériens, poids à vide > 15 000 kg	994	2 131	2 324
Huiles de pétrole ou de minéraux bitumineux brutes	941	1 083	2 317
Total partiel	**59 233**	**62 903**	**63 798**
Autres produits	158 372	157 610	163 292
Total	**217 605**	**220 512**	**227 089**

Source : Tiré et adapté d'Industrie Canada, *Données sur le commerce en direct*, Importations totales canadiennes des États-Unis, 25 premiers produits (code SH6), s.d., [www.ic.gc.ca/epic/site/tdo-dcd.nsf/fr/accueil], (rapport généré le 3 mars 2009).

Tableau 3.15

Les exportations canadiennes vers les États-Unis par type de produit, en millions de CAD

	2006	2007	2008
Huiles de pétrole ou de minéraux bitumineux brutes	37 886	41 569	67 355
Gaz naturel à l'état gazeux	27 798	28 340	32 808
Véhicules automobiles, moteur à allumage par étincelles, cylindrée > 3 000 cm³	35 232	32 313	26 718
Huiles de pétrole ou de minéraux bitumineux non brutes, autres que les huiles légères	5 932	6 716	8 015
Véhicules automobiles, moteur à allumage par étincelles, cylindrée de 1 501 à 3 000 cm³	6 395	6 919	6 654
Huiles de pétrole ou de minéraux bitumineux non brutes, huiles légères	5 675	5 865	6 569
Énergie électrique	2 396	3 096	3 816
Autres médicaments dosés, pour vente au détail	2 929	3 878	3 633
Bois d'œuvre, conifères, épaisseur > 6 mm	7 190	5 538	3 596
Aluminium sous forme brute, non allié	2 769	2 896	3 399
Total partiel	**176 925**	**179 087**	**198 450**
Autres produits	182 210	176 815	177 069
Total	**359 135**	**355 902**	**375 519**

Source : Tiré et adapté d'Industrie Canada, *Données sur le commerce en direct*, Exportations totales canadiennes vers les États-Unis, 25 premiers produits (code SH6), s.d., [www.ic.gc.ca/epic/site/tdo-dcd.nsf/fr/accueil], (rapport généré le 3 mars 2009).

Données sur les États-Unis

Données géographiques

Nom officiel :	États-Unis d'Amérique
Superficie :	9 826 630 km²
Population :	303,8 millions d'habitants
Capitale :	Washington
Villes principales :	New York, Los Angeles, Chicago, Houston, Phoenix, Philadelphie
Langues :	Anglais (82,1 %), espagnol (10,7 %)
Monnaie :	Dollar américain (1 USD = 1,2359 CAD ; 1 CAD = 0,8091 USD au 30 janvier 2009)
Fête nationale :	4 juillet, jour de l'indépendance

Données démographiques

Croissance démographique :	0,883 %
Espérance de vie :	75,29 ans pour les hommes, 81,13 ans pour les femmes
Taux d'alphabétisation :	99 %
Religion(s :	Religions protestantes (51,3 %), catholicisme (23,9 %), mormonisme (1,7 %), autres religions chrétiennes (1,6 %), judaïsme (1,7 %)
Indice de développement humain (classement ONU) :	0,951 (12ᵉ rang mondial sur 177)

Données économiques

PIB (2008):	14 330 millards de USD
PIB par habitant (2008):	48 000 USD
Taux de croissance:	1,4 %
Taux de chômage:	5,7 %
Taux d'inflation:	4,2 %
Solde budgétaire:	− 455 milliards de USD
Balance commerciale:	Exportations: 1 377 milliards de USD Importations: 2 190 milliards de USD Solde: − 813 milliards de USD
Principaux clients:	Canada (21,4 %), Mexique (11,7 %), Chine (5,6 %), Japon (5,4 %), Royaume-Uni (4,3 %), Allemagne (4,3 %)
Principaux fournisseurs:	Chine (16,9 %), Canada (15,7 %), Mexique (10,6 %), Japon (7,4 %), Allemagne (4,87 %)
Exportations du Canada vers les États-Unis (2007):	375,5 milliards de CAD (79 % des exportations totales)
Importations canadiennes des États-Unis (2007):	220,5 milliards de CAD (54,2 % des importations totales)

RÉSUMÉ

L'évaluation de la capacité d'exportation et l'étude de marché constituent des étapes préalables essentielles à toute démarche d'exportation. L'entreprise peut effectuer elle-même l'évaluation ou la confier à un cabinet d'experts. Parmi les outils d'évaluation se trouvent l'analyse FFPM et le questionnaire.

Les résultats de ces analyses doivent permettre à l'entreprise de vérifier la vigueur du marché visé, de concevoir une stratégie adéquate de marketing et de bien se préparer pour un tel projet. L'étude de marché sert notamment à poser les bases de la segmentation du marché, du plan marketing et du marketing mix.

MOTS CLÉS

Français	Anglais
Analyse de la structure du marché (p. 122)	Market structure analysis
Analyse FFPM (p. 105)	SWOT analysis
Circuit de distribution (p. 111)	Distribution channel

Français	Anglais
Conditionnement (p. 113)	Conditioning
Cycle de vie du produit (p. 110)	Product life cycle
Étude de marché (p. 122)	Market research survey
Étude préliminaire (p. 118)	Exploratory study
Évaluation de la capacité d'exportation (p. 100)	Export diagnostic
Marketing mix (p. 123)	Marketing mix
Plan marketing (p. 122)	Marketing plan
Segmentation du marché (p. 122)	Market segmentation
Valeur ajoutée (p. 107)	Value added

VÉRIFIEZ VOS CONNAISSANCES

Questions à choix de réponses

1. Quel est le terme utilisé lorsqu'une entreprise fait une autoévaluation de sa capacité à commercialiser son produit sur un marché étranger ?

   a) L'évaluation de la capacité d'exportation

   b) Le questionnaire

   c) L'analyse FFPM

   d) L'état de la trésorerie

2. Quel organisme canadien fait la promotion des exportations du pays en offrant une gamme de services aux exportateurs canadiens, dont l'abonnement gratuit au service en ligne « Info-Marchés Export » par le biais de son site Internet ?

   a) Exportation et développement Canada (EDC)

   b) Banque de développement du Canada (BDC)

   c) Industrie Canada

   d) Mad Science Group

3. L'un des principaux types d'études de marché utilisés permet à l'entreprise de développer une connaissance globale du marché par l'analyse de la concurrence. De quel type d'études de marché s'agit-il ?

   a) L'analyse de la structure du marché   c) L'étude pays

   b) L'étude du marché cible   d) L'étude ponctuelle

4. À quel moment devrait-on effectuer une analyse FFPM ?

   a) Au début du processus de planification du projet d'exportation

   b) Au milieu du processus de planification du projet d'exportation

   c) À la fin du processus de planification du projet d'exportation

   d) Après avoir terminé le processus de planification du projet d'exportation

5. Le questionnaire constitue une technique d'analyse efficace pour déterminer la capacité d'exportation d'une entreprise. Quel aspect de l'entreprise le questionnaire ne nous permet-il pas de sonder ?

a) La situation financière
b) Les ressources organisationnelles
c) La production
d) Le potentiel de succès

6. Dans l'analyse FFPM, l'analyse combinée des forces et des possibilités d'affaires permettrait de concevoir l'une des stratégies énumérées ci-dessous. Laquelle ?

a) Approcher tel partenaire d'exportation potentiel en misant sur la bonne image de la compagnie.
b) Augmenter la capacité de production de l'entreprise pour pouvoir profiter de la hausse de la demande.
c) Revoir le marketing du produit afin d'éviter de perdre une part importante du public cible.
d) Miser sur la bonne image pour contrer la concurrence.

7. Le questionnaire est une méthode d'évaluation de la capacité d'exportation d'une entreprise qui permet d'analyser les aspects suivants, à l'exception d'un seul. Lequel ?

a) La disponibilité des ressources organisationnelles
b) La situation financière de l'entreprise
c) La commercialisation potentielle du produit
d) La rentabilité du projet d'exportation

8. Placer en ordre chronologique les types d'études de marché qu'une entreprise peut effectuer.

a) L'étude préliminaire – L'analyse de la structure du marché – L'étude du marché cible.
b) L'étude préliminaire – L'étude du marché cible – L'analyse de la structure du marché
c) L'analyse de la structure du marché – L'étude pays – L'étude du marché cible.
d) L'étude du marché cible – L'étude préliminaire – L'analyse de la structure du marché.

Questions à court développement

9. Une entreprise qui ne vend que sur son marché intérieur et qui souhaite internationaliser ses activités doit-elle en premier lieu effectuer une étude de marché ou réaliser une évaluation de sa capacité d'exportation ? Justifiez.

10. Pour ce qui est de l'évaluation de la capacité d'exportation, nommez deux avantages de l'autoévaluation et deux avantages de l'évaluation effectuée par un cabinet d'expert.

11. Quels sont les inconvénients de l'analyse FFPM ?

12. Comment se nomme la technique d'analyse qui permet de déterminer de manière la plus complète la capacité d'exportation d'une entreprise ?

13. Quel organisme appartenant entièrement au gouvernement du Canada effectue des études de marché et fournit des services financiers et de consultation aux PME canadiennes ?

14. Lorsqu'une entreprise effectue l'examen de ses grands champs d'interrogation, l'un des aspects étudiés doit tenir compte, entre autres, de la compétitivité du produit, de son originalité et de son adaptabilité à la demande locale. De quel aspect s'agit-il ?

15. Quelle est l'étude de marché qui permet à l'entreprise de déterminer les marchés cibles qui, selon elle, présentent le meilleur potentiel d'exportation pour ses produits ?

16. Cette technique d'analyse est plus efficace et plus complète que la technique FFPM pour déterminer la capacité d'exportation de l'entreprise. Son caractère exhaustif permettra à l'entreprise de passer tous les points à prendre en considération. De quelle technique d'analyse s'agit-il ?

17. Qu'elle est la deuxième étape du processus d'approche des marchés étrangers ?

Recherches Internet

18. Pour les besoins de cet exercice, vous devez choisir un produit, n'importe lequel. Une fois que vous aurez arrêté votre choix, mettez-vous dans la situation d'un exportateur qui souhaite trouver un marché pour écouler ce produit. Procédez à une analyse (étude) de marché comparative (géographie, économie, démographie, culture, politique, etc.) pour l'un des groupements de pays suivants. Indiquez lequel des trois pays du groupement choisi s'avérerait le plus intéressant pour l'écoulement de votre produit et expliquez pourquoi, données statistiques à l'appui.

- Argentine – Chili – Pérou
- Hongrie – Pologne – Roumanie
- Algérie – Maroc – Tunisie
- Nigeria – Cameroun – Gabon
- Inde – Chine – Pakistan

Sites Internet à consulter :

- www.strategis.gc.ca/eic/site/imr-ri2.nsf/fra/gr-01000.html
- www.infoexport.gc.ca/fra/accueil.jsp
  (cliquez sur *Études de marché* et inscrivez-vous gratuitement)

19. Vous êtes le responsable à l'exportation de la société Velan. En analysant le dernier rapport annuel qui est disponible sur la base de données SEDAR, essayez de déterminer, en remplissant le questionnaire diagnostique de la capacité d'exportation, si votre entreprise est prête à conquérir le marché des États-Unis.

Sites Internet à consulter :

- www.velan.com
- www.sedar.com
- www.sedar.com/DisplayCompanyDocuments.do?lang=FR&issuerNo=00003547
- www.exportdiagnostic.ca/index.cfm ?lang=f

Études de cas

20. L'entreprise Calories inc., bien connue au Canada pour ses centres de conditionnement physique, retient vos services pour que vous effectuiez une analyse FFPM concernant l'implantation d'un centre de conditionnement physique à Londres, en Grande-Bretagne. Pour Calories inc., l'opération consiste à acquérir le centre de conditionnement physique londonien Skinny LLP, qui éprouve des difficultés financières. Procédez à cette analyse FFPM en tenant compte des informations suivantes:

    - Skinny LLP est situé à 2 minutes à pied d'un important arrêt d'autobus et à 15 minutes de marche d'une station de train.
    - Skinny LLP est doté d'une piscine qui répond aux normes de la fédération européenne de natation. En revanche, on n'y trouve pas de machines à vagues ni de baignoires à remous, services qu'offrent les centres concurrents.
    - Skinny LLP est situé près du plus grand centre commercial de Londres.
    - Des travaux de rénovation importants sont à prévoir dans le bâtiment où se trouve Skinny LLP.
    - Des statistiques portant sur les Londoniens indiquent que ceux-ci peuvent dépenser de l'argent pour des loisirs et des divertissements.
    - Les mêmes statistiques indiquent que le taux de natalité en Grande-Bretagne est en déclin depuis bientôt dix ans.
    - Elles révèlent aussi que l'espérance de vie des Britanniques est de 78 ans et que Londres compte énormément d'adultes dans la cinquantaine.
    - Vous apprenez que, à la suite d'une mésentente avec l'un des futurs concurrents de Skinny LLP, le représentant londonien d'une association de water-polo cherche à reloger les activités de l'association.
    - Le ministre de la Santé du gouvernement britannique, dans le but de contrer l'embonpoint de la population anglaise, décide que l'État anglais offrira désormais des incitatifs fiscaux aux centres de conditionnement physique actuels et à tout nouveau centre qui ouvrira ses portes au cours de l'année. Cela créera plus de concurrents.
    - Au Canada, Calories inc. est le seul centre à être certifié ISO pour la qualité de ses services.
    - La cantine de Skinny LLP est déficitaire. Vous savez en outre que les membres de Skinny LLP apprécient peu la malbouffe qu'on y sert, inappropriée à leur style de vie.
    - Skinny LLP a obtenu, en exclusivité, le droit d'enseigner une nouvelle forme d'aérobie, la « Rythmotion ».
    - Skinny LLP a reçu une subvention du gouvernement britannique pour réaménager les vestiaires et les rampes d'escalier de façon à accommoder les clients souffrant d'un handicap physique.
    - Il est reconnu que Skinny LLP dispose des meilleurs entraîneurs de Londres.

Vous trouverez des exercices additionnels dans le **Compagnon Web**, à l'adresse **www.erpi.com/jammal.cw**.

LE **MARKETING** **INTERNATIONAL**

Avant d'aborder la question du marketing international proprement dit, rappelons cette définition du marketing :

Le marketing :

- est l'ensemble des principes, des techniques et des méthodes qui visent à prévoir, à constater ou à stimuler les besoins du marché afin d'adapter conséquemment la production et la commercialisation des biens et/ou des services de l'entreprise.
- renvoie également aux techniques et aux moyens d'action qui servent à mettre en œuvre la production et la commercialisation adaptées aux besoins préalablement déterminés.

On peut aussi le définir comme un processus de gestion par lequel une entreprise détermine et anticipe les **besoins** (voir définition page 137) du client de façon à être rentable.

Dans le but d'optimiser l'utilisation de ses ressources de production, l'entreprise peut se tourner vers le **marketing international**, un ensemble d'activités qui l'amènera à pénétrer les marchés étrangers, à les développer et à les rendre profitables. Par ces activités, l'entreprise s'assurera un avantage concurrentiel à long terme sur les marchés étrangers. Dans ses fondements et en ce qui concerne la plupart des questions et décisions qu'il implique, le marketing international est tout à fait semblable au marketing national. Comme on peut s'y attendre, cependant, la mise en œuvre des principes et des décisions de marketing est nettement plus difficile dans un environnement international, dont la complexité croît de jour en jour.

Sur le plan international, en effet, l'entreprise est soumise à un certain nombre de contraintes interdépendantes qui n'existent pas sur son marché intérieur. Ainsi, elle doit prendre en compte et intégrer dans son plan marketing les spécificités des marchés étrangers concernant :

- *le domaine culturel* : langue, style de vie, habitudes de consommation, etc. ;
- *les domaines politique et juridique* : licences et autres permis requis, mesures protectionnistes, etc. ;
- *le domaine économique* : niveaux de revenu des consommateurs, taux de change, taux d'inflation, etc.

Elle doit également évaluer divers éléments, tels que :

- *l'infrastructure de **distribution*** : moyens de transport disponibles, présence ou non de routes permettant l'accessibilité au marché, etc. ;
- *l'infrastructure de communication* : disponibé et accessibilité de chaînes télévisées, de chaînes radiophoniques, d'Internet, etc. ;
- *les pratiques commerciales* : modes d'achat, modes de paiement, nature des produits ne convenant pas au marché, etc.

L'entreprise doit donc être au fait de la diversité de l'environnement international et aborder chaque marché tel un cas unique. Comme nous l'avons vu dans le chapitre précédent, les probabilités de succès d'un projet dépendent

OBJECTIF

Définir le marketing international et en décrire l'environnement.

Marketing international
Ensemble des études, des décisions, des actions et des techniques commerciales mises en œuvre dans le cadre de la conquête et de l'exploitation de marchés étrangers.

Distribution
Ensemble des activités d'intermédiation s'exerçant entre la production et la consommation d'un bien vendu.

largement de la qualité de l'étude de marché. L'entreprise ne doit pas présumer qu'un nouveau marché étranger est similaire au marché intérieur et qu'il lui suffira d'établir la liste des différences entre les deux et de s'y adapter. Elle doit s'appuyer sur la prémisse selon laquelle tous les marchés diffèrent ; partant de là, elle doit découvrir progressivement leurs similitudes et leurs différences.

Pour satisfaire leurs besoins et combler leurs désirs, tous les humains consomment. Or, les ordres de priorité qu'ils accordent à leurs divers besoins et désirs, et surtout la manière dont ils les satisfont, varient en fonction de leur culture. Les différences culturelles sont donc très pertinentes au marketing, dont l'objet est de satisfaire les besoins et désirs des consommateurs selon leurs convenances.

I. UN PEU D'HISTOIRE

Le marketing tel qu'on le connaît est né de la révolution industrielle des années 1850. Dans son sens le plus inclusif, toutefois, le marketing existe depuis que les humains ont commencé à échanger des biens entre eux. Avant la révolution industrielle, on était dans une économie de subsistance : chaque groupe, chaque famille était relativement autarcique ; on pourvoyait à ses besoins immédiats au moyen de la chasse, de la pêche, de la cueillette, de la culture de la terre, de l'artisanat, etc. Les denrées essentielles pouvaient par moments et par endroits être rares et il n'y avait ni gaspillage ni surproduction ; les surplus occasionnels étaient donnés, ce qui, par principe de réciprocité, attirait des faveurs futures. Avec l'agriculture à proprement parler est née l'économie de production : on s'est mis à accumuler les ressources dans un but parfois politique, parfois économique, ou les deux.

Avec la révolution industrielle, la production a pris une ampleur inégalée et la concurrence est devenue maîtresse en imposant ses pratiques : minimisation des coûts de production et maximisation des revenus. Jusqu'à la Seconde Guerre mondiale, la production de biens de consommation était de beaucoup inférieure à la demande ; tout ce qui était produit était vendu. Mais la période de croissance économique qui a suivi (décennies 1950 et 1960) a vu l'offre dépasser la demande ; tout ce qui était produit n'était pas vendu. Dans ce contexte, les entreprises on dû trouver les moyens de vendre leurs surplus. On est passé d'une société principalement orientée sur la subsistance à une société d'abondance axée sur l'économie de marché.

Dans une économie de marché, la principale difficulté consiste à écouler les surplus de production. Les entreprises doivent donc créer et organiser des **circuits de distribution**. Elles doivent agir sur le marché, c'est-à-dire attirer la clientèle au moyen de publicités ou de mesures de promotion efficaces, pour arriver à liquider leurs surplus.

Depuis la fin du XIXe siècle, on assiste à une internationalisation des marchés, d'où la nécessité du marketing international. Ce type de marché se caractérise par une énorme concurrence, tant entre les entreprises qu'entre les produits, qui sont

Circuit de distribution (ou **réseau/canal de distribution**) Réseau des établissements commerciaux, des commerçants et des intermédiaires par lequel un bien vendu chemine entre le producteur et le consommateur.

offerts dans une grande variété. Dans ce contexte, l'entreprise doit absolument se tenir au courant de la situation et être capable de communiquer, aussi bien avec les divers acteurs du marché qu'avec ses personnes-ressources, à l'interne.

Comme nous l'avons mentionné ci-dessus en définissant les deux grands axes du marketing, celui-ci n'a pas pour seul objet de répondre au besoin : dans certains cas, il crée le besoin.

Le chocolat et ses légendes

Les Mayas et les Aztèques d'Amérique centrale consommaient les fèves de cacao (*cacahuatl*) sous forme d'une boisson appelée *chocolatl*, qui signifie « eau amère ». Pour la préparer, ils grillaient les fèves sur des pierres brûlantes, puis les broyaient pour en obtenir une pâte qu'ils mélangeaient ensuite avec de l'eau. Assaisonnée de vanille, de poivre, de cannelle, d'anis ou d'autres épices, cette mixture était réputée fortifiante, nourrissante et aphrodisiaque. Ces peuples utilisaient aussi les fèves de cacao comme monnaie.

Premier Européen à découvrir le cacao au début du XVIe siècle, Christophe Colomb ne lui accorda aucune importance. C'est plutôt par l'Espagnol Hernán Cortés, qui conquit le Mexique, que le cacao se fit connaître en Europe. Cet homme apprécia tant la boisson au cacao que lui avait offerte l'empereur Moctezuma II qu'il expédia à son empereur, Charles Quint, une pleine cargaison de ces fèves en lui écrivant que, lorsqu'on en a bu, on peut voyager une journée entière en ne ressentant ni faim ni fatigue. Agrémentée de miel, la boisson connut un vif succès à la cour d'Espagne, si bien que le pays s'en réserva le monopole.

Le cacao ne put ainsi se faire connaître qu'une centaine d'années plus tard ailleurs en Europe, et il le fut de la noblesse. En France, c'est en 1615, à la faveur du mariage d'Anne d'Autriche, fille du roi d'Espagne, et de Louis XIII, que le chocolat fit son apparition. Les moines étant reconnus pour la finesse de leurs goûts, ils se virent confier la fabrication du chocolat, privilège ensuite octroyé, vers 1660, à l'officier David Chaillou par Louis XIV. À la même époque, les Anglais se mirent à la culture du cacaoyer dans leur colonie de Jamaïque, et les Hollandais se spécialisèrent dans le transport transatlantique du cacao.

À cette époque, on préparait le chocolat selon une technique similaire à celle des Aztèques : le cacao était broyé à la main, à l'aide d'un cylindre sur une pierre inclinée et chauffée, par un ouvrier travaillant à genoux. Ce n'est qu'en 1732 que le Français Dubuisson inventa la table chauffante, devant laquelle il devenait possible de travailler debout. Plus tard, le Français Doret conçut une machine hydraulique servant à broyer le cacao et à le réduire en pâte. Depuis, le marketing aidant, le chocolat est devenu un aliment très familier et l'objet d'un grand volume d'échanges entre les pays, dont le Canada.

Grâce, entre autres, à l'Accord de libre-échange nord-américain

(ALÉNA) le Mexique s'est hissé à la deuxième place, en 2008, comme pays de destination de nos exportations de chocolat.

Nous verrons dans le présent chapitre le rôle de la stratégie marketing dans tout projet d'exportation. À la fin du chapitre[a], nous verrons aussi qu'une mauvaise connaissance de certains aspects du marketing peut nuire considérablement à une entreprise.

a. Le Mexique est l'objet de la rubrique « Le Canada et ses partenaires commerciaux » présentée en fin de chapitre, p. 167.

Source : D'après Pâtisserie-chocolaterie Cucci, *L'histoire du chocolat*, s.d., [www.patisserie-chocolaterie-cucci.fr/lire/article_details.php?rubid=20], (4 mars 2009).

Tableau 4.1

Les importations et les exportations canadiennes de chocolat, en milliers de CAD							
IMPORTATIONS				**EXPORTATIONS**			
Pays	**2006**	**2007**	**2008**	**Pays**	**2006**	**2007**	**2008**
États-Unis	351 454	347 461	404 894	États-Unis	794 857	767 937	801 251
Belgique	33 345	41 827	47 348	Mexique	12 457	19 547	17 900
Suisse	35 374	38 424	46 203	Royaume-Uni	1 379	1 487	3 324
Allemagne	32 101	40 639	43 593	Allemagne	1 541	2 048	1 836
Royaume-Uni	29 915	38 658	38 327	Japon	828	1 016	1 213
France	23 764	26 298	29 116	Corée du Sud	1 961	847	825
Mexique	4 876	6 237	23 151	France	522	696	525
Irlande	16 060	15 866	21 574	Irlande	142	191	397
Italie	16 034	10 969	13 428	Australie	190	137	366
Argentine	7 838	9 025	10 324	Taïwan (Taipei)	436	280	353
Total partiel	**550 761**	**575 402**	**677 957**	**Total partiel**	**814 315**	**794 186**	**827 990**
Autres pays	55 955	42 726	42 923	Autres pays	2 385	2 826	2 345
Total	**606 716**	**618 128**	**720 880**	**Total**	**816 700**	**797 012**	**830 335**

Source : Tiré et adapté d'Industrie Canada, *Données sur le commerce en direct*, Importations et exportations totales (10 premiers pays), SH 1806 – Chocolat et autres préparations contenant du cacao, s.d., [www.ic.gc.ca/epic/site/tdo-dcd.nsf/fr/accueil], (rapports générés le 3 mars 2009).

II. UN RAPPEL DES PRINCIPES DE BASE DU MARKETING

OBJECTIF **2**

Connaître les principes de base du marketing.

L'un des axes du marketing est de détecter et de définir les besoins du consommateur. Un **besoin** étant un état de manque provoquant un désir d'achat que le consommateur cherche à satisfaire, certains sont exprimés, tandis que d'autres sont latents. En marketing, on cherche à rappeler les premiers et à éveiller les deuxièmes de manière à augmenter la **demande**, soit l'expression des besoins des consommateurs.

Besoin
État de manque ou de privation qui provoque un désir et qui est à l'origine du processus de décision d'achat.

L'**offre** est le pendant de la demande : l'entreprise propose des produits au consommateur pour satisfaire ses besoins. L'offre d'un marché peut se présenter sous différentes formes selon l'état de la concurrence. On distingue :

Demande
Ensemble des besoins d'un produit ou d'un service provenant de différentes sources, à un moment donné.

- *L'offre monopolistique*, qui résulte d'une stratégie de concentration où un seul fournisseur est présent à l'échelle mondiale pour un marché ou un produit donné ;

- *L'offre oligopolistique*, où le marché est partagé entre un nombre restreint de fournisseurs ;

Offre
Quantité d'un bien ou d'un service que les différents agents économiques d'un marché sont disposés à fournir, à un moment donné.

- *L'offre concurrentielle*, où de nombreux fournisseurs sont présents sur le marché.

Dans une telle situation, la position d'une entreprise sur un marché se mesure par sa **part de marché.** Par exemple, le marché de la bière étant vaste et hautement concurrentiel, de petites fluctuations dans la part de marché peuvent représenter des milliards de dollars.

Part de marché
Pourcentage des ventes d'une entreprise par rapport aux ventes totales de l'industrie ou par rapport au marché potentiel.

Lorsqu'il étudie un marché, l'exportateur doit bien évaluer la position qu'il pourrait y occuper, afin de déterminer ses chances de succès et ses risques d'échec.

Un marché se caractérise par cinq éléments principaux :

- *Sa taille.* Un marché peut être international, national, régional ou local.
- *Son ancienneté.* Un *marché émergent* correspond à une activité nouvelle, alors qu'un *marché en maturité* constitue un secteur où l'offre et la demande sont déjà en place, de façon relativement stable.
- *Son dynamisme.* La demande sur un marché peut être croissante, stagnante ou en déclin.
- *Son potentiel.* Un *marché saturé* est un domaine d'activité où l'offre potentielle est supérieure à la demande potentielle ; dans le cas inverse, le marché est dit *ouvert*.
- *Ses ramifications.* Pour un produit, le *marché principal* est constitué par la demande de produits similaires et directement concurrents. Cependant, le succès du produit dépendra aussi des *marchés de substitution*, composés de produits différents, mais permettant de satisfaire le même type de besoins.

OBJECTIF 3

Être en mesure de recommander et d'appliquer les particularités du marketing mix international selon la situation dans laquelle se trouve l'entreprise.

III. LE MARKETING MIX À L'INTERNATIONAL

Nous avons mentionné au chapitre 3 que le marketing mix est la politique commerciale qui résulte de la combinaison et de l'articulation des quatre éléments que sont le produit, le prix, la distribution et la communication, aussi connue sous le sigle PPDC. Ces éléments sont des variables contrôlables par l'entreprise. Nous les appellerons les 4 *P* du marketing (pour produit, prix, placement et publicité). On sait à quel point ces variables sont importantes lorsque l'entreprise envisage de pénétrer un marché local. Il en va de même pour le marketing international. Les principes du marketing sont les mêmes à l'échelle internationale et à l'échelle locale, mais la façon d'aborder leurs variables présente des différences de taille. En voici quelques-unes :

- *Le produit.* La culture et les valeurs influençant la perception des besoins, il est essentiel de bien connaître ces variantes afin de connaître les besoins de la clientèle visée et lui offrir un produit susceptible de la satisfaire. Il est parfois difficile ou impossible de commercialiser un produit donné dans certaines régions du monde. Par exemple, de nombreux pays musulmans s'opposent à l'utilisation de produits de maquillage et à la consommation d'alcool. Le climat aussi dicte le non-usage de certains produits. Par exemple, dans les pays africains, les bottes doublées et les accessoires de fourrure sont tout à fait inutiles.
- *Le prix.* La concurrence dans un environnement donné a un effet direct sur la fixation du prix du produit[1]. Ainsi, une entreprise implantée dans un marché de libre concurrence (par exemple, une pizzeria) ne peut pas augmenter

1. Nous étudierons plus à fond les éléments qui influent sur l'établissement du prix à l'exportation dans le chapitre 10, p. 431.

ses prix à sa guise, car les consommateurs peuvent aller chez les concurrents. Si, par contre, elle est implantée dans un marché monopolistique (tel que celui de l'hydroélectricité ou de l'alcool au Québec, avec Hydro-Québec et la SAQ) ou dans un marché oligopolistique (tel que celui du pétrole), elle peut fixer ses prix selon son gré, car elle est seule ou pratiquement seule à offrir son produit[2]. Une entreprise implantée dans un marché local de libre concurrence peut exiger des prix plus élevés à l'étranger si elle s'y retrouve dans un marché monopolistique. L'inverse peut se présenter : si Gaz Métro, qui jouit d'un quasi-monopole au Québec, décide d'exporter son produit aux États-Unis, elle devra revoir sa politique de prix, car elle entrera alors dans un marché concurrentiel.

- *Le placement (ou la distribution).* L'entreprise maîtrise bien les questions de livraison de ses produits sur son marché local. Mais lorsque le transport doit se faire sur de grandes distances, elle est généralement confrontée à des problèmes de logistique. Par exemple, la fourniture de certains services tels que le service après-vente peut ne pas être rentable ou être plus difficile à assurer en raison d'infrastructures inexistantes ou défaillantes (absence d'aéroports, réseau routier inadéquat, etc.). Il se peut également que l'acheminement du produit jusqu'à destination s'avère périlleux si le pays ou la région se trouve en période d'instabilité politique. Citons en guise d'exemple le cas du fabricant d'ordinateurs *Dell*, qui a du mal à assurer son service après-vente dans des régions éloignées telles que le Tibet ou l'Afrique centrale. Un Tibétain qui connaît des difficultés techniques avec son ordinateur ne peut généralement pas bénéficier du soutien téléphonique de Dell, et la société doit envoyer un technicien sur place. Citons aussi les difficultés de livraison de Coca-Cola dans ce pays : les routes des régions montagneuses sont impraticables pour les gros camions généralement utilisés par cette entreprise ; elle doit donc payer des livreurs locaux pour approvisionner ses clients.

  > www.dell.ca

- *La **communication-produit** (publicité).* Dans son pays, l'entreprise connaît bien les outils publicitaires qu'elle peut utiliser pour faire connaître ses produits. Il n'en va pas forcément de même dans un pays étranger ; elle doit donc étudier les moyens de communication et les codes qui ont cours chez les populations visées. Au Québec et au Canada, par exemple, en été, le consommateur est inondé de messages publicitaires vantant les effets rafraîchissants de telle ou telle **marque** de bière et d'autres produits alcoolisés ; en Suède, ce type de publicité à la radio est prohibé. Le Canada interdit toute forme de publicité pour les produits du tabac, alors que la Chine et l'Inde l'autorisent.

L'entreprise doit donc répondre aux questions générales suivantes en établissant son marketing mix :

- *Concernant le produit* : Quel est notre produit et que devons-nous faire pour l'adapter au **marché cible** ?

- *Concernant le prix* : Quelle est notre stratégie en matière de prix ?

Communication-produit
Communication dont l'objet est le produit ou le service de l'entreprise et qui vise essentiellement à le faire connaître.

Marque
Signe particulier (nom, sigle, logotype, dessin, emblème, etc.) qu'une entreprise emploie pour distinguer ses produits ou services de ceux de ses concurrents.

Marché cible
Marché, clientèle ou groupe de consommateurs auquel un produit ou un service est destiné.

---

2. Dans certains cas, elle doit toutefois soumettre son prix à un organisme de contrôle, comme Hydro-Québec doit le faire à la Régie de l'énergie du Québec.

- *Concernant le placement* (*ou la distribution*) : Comment et où comptons-nous livrer ou distribuer notre produit ?
- *Concernant la publicité* (*ou la communication*) : Comment comptons-nous faire connaître notre produit à nos clients ?

La réflexion sur ces variables est particulièrement importante lorsque l'entreprise vise la conquête des marchés internationaux. Dans le présent chapitre, prêtons attention à la variable produit et à la variable communication. Nous réexaminerons les variables distribution et prix dans les chapitres 5 et 10, respectivement.

OBJECTIF 4

Savoir adapter et appliquer une politique de produit sur les marchés étrangers.

IV. LA POLITIQUE INTERNATIONALE DU PRODUIT[3]

Le produit est au cœur de la stratégie marketing de toute entreprise, aussi bien sur le marché intérieur que sur les marchés étrangers. En effet, si le produit ne correspond pas aux besoins du consommateur, aucune autre variable du marketing mix ne pourra y remédier. Par exemple, même si la Lada (une voiture russe qui était connue pour ses problèmes de non-fiabilité) était offerte en de nombreuses couleurs et qu'une campagne publicitaire vantait ses caractéristiques extraordinaires, les consommateurs n'en ont pas acheté davantage. De même, les consommateurs n'achèteront pas un détergent une seconde fois s'il ne lave pas aussi bien le linge que la publicité le laisse croire.

Ce qui intéresse l'entreprise dans la variable produit est la somme de toutes les satisfactions physiques et psychologiques que l'acheteur ou l'utilisateur retire de l'achat ou de l'utilisation du produit. Le produit a des composantes tangibles et des composantes intangibles. Les composantes tangibles du produit sont les attributs physiques réels que le consommateur peut voir ou toucher : le produit de base lui-même ainsi que toutes ses caractéristiques physiques telles que ses dimensions, son poids, sa forme, les matières qui le composent, son esthétique, sa couleur, son emballage, sa marque et ses accessoires. Les composantes intangibles, telles que l'image de l'entreprise, l'emballage, le service après-vente et la garantie sont également importants pour le consommateur.

En formulant la politique d'un produit, l'entreprise doit se rappeler que celui-ci :

- véhicule l'image de l'entreprise ;
- influence les autres variables du marketing mix (prix, communication et distribution) ;
- détermine la clientèle cible et les concurrents de l'entreprise ;
- influence la production et les programmes de recherche et développement de l'entreprise.

---

3. D'après Eur-export, *La politique produit internationale*, s.d., [www.eur-export.com/francais/apptheo/marketing/produit/index.htm], (11 mars 2009).

La politique de produit d'une entreprise peut devenir assez complexe si un produit unique doit être vendu dans plusieurs marchés où les besoins et les goûts diffèrent. Cette entreprise doit être attentive au fait que certaines contraintes d'influences culturelle, économique et juridique, aussi bien internes que liées aux marchés qu'elle vise, pèsent fortement sur ses décisions.

En établissant la politique d'un produit à l'international, l'entreprise doit considérer plusieurs volets. Les principaux sont la sélection, le développement et le positionnement du produit.

LA SÉLECTION DU PRODUIT

Pour déterminer quel produit exporter, l'entreprise peut soit commercialiser un produit déjà existant sur le marché local, soit créer un produit qui conviendra aux goûts et aux besoins du marché étranger. Si l'entreprise décide de vendre un produit existant, elle doit déterminer s'il doit être adapté au marché étranger ou s'il peut rester tel quel.

CHOISIR ENTRE LA STANDARDISATION ET L'ADAPTATION DU PRODUIT

L'actuelle homogénéisation des marchés constitue un premier argument en faveur de la standardisation des produits. De nombreux observateurs constatent qu'une culture universelle se développe, grâce aux communications globales, aux voyages, aux films, à la télévision et aux sociétés multinationales ; le consommateur se « standardise ». Selon les défenseurs de la standardisation commerciale, même si tous les marchés diffèrent, leur développement économique, leur richesse et leur culture variant énormément, certains segments identiques existent pratiquement partout. Ainsi, on trouve dans chaque pays un **segment de marché** qui répond à Rolex, à Gucci et aux parfums français, et ce, de manière identique. Il semble que ce phénomène se vérifie chez les populations jeunes ; les jeunes Japonais, par exemple, ont des goûts musicaux similaires à ceux des jeunes Nord-Américains.

Un deuxième argument en faveur de la standardisation veut qu'elle donne lieu à d'importantes économies d'échelle, soit à une réduction des coûts de production unitaires des produits. Lorsqu'elles sont mondiales (ce qui leur permet d'être vraiment substantielles), ces économies donnent à l'entreprise un avantage concurrentiel irréfutable. Les promoteurs de la standardisation soutiennent que les économies d'échelle peuvent vraiment compenser la prise en compte des préférences locales d'un marché. Ils arguent que si le fabricant fait fi des préférences des consommateurs en offrant un produit commun à prix imbattable, il arrive souvent que cela porte fruit.

Quant à l'option préconisant l'adaptation des produits, elle est soutenue par le fait que les marchés ont des cultures réellement différentes. Même les pays appartenant à une même zone de libre-échange se distinguent fondamentalement les uns des autres à cet égard. On n'a qu'à penser aux contrastes existant entre le Mexique et les États-Unis ou entre les pays de l'Union européenne pour s'en convaincre. De plus, les marchés locaux ne partagent pas la même histoire ni ne

Segment de marché
Sous-ensemble d'acheteurs similaires quant à leurs caractéristiques, à leurs besoins ou à leur comportement de consommation, pour lesquels on peut concevoir une stratégie commerciale adaptée.

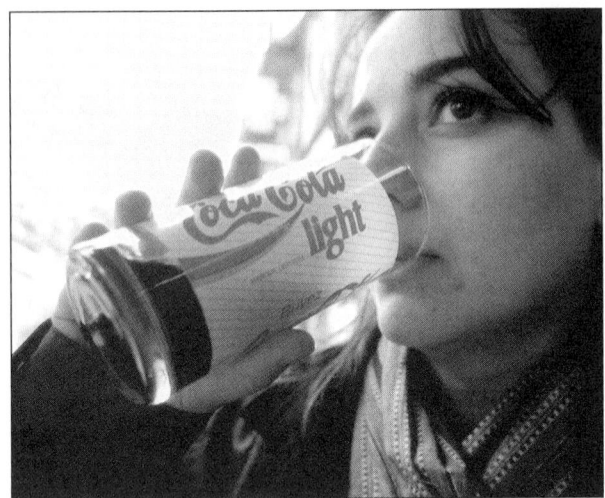

possèdent les mêmes structures. Le destin d'un produit particulier dans un pays est unique. Même si, en raison de l'action des multinationales, il y a convergence, il reste que la concurrence et la part de marché peuvent varier d'un pays à l'autre ; un marché, par exemple, peut être occupé par des produits locaux très forts et indélogeables, tandis qu'un autre peut être quasi désert. Dans de telles circonstances, les arguments plaidant pour une stratégie de standardisation ne tiennent pas la route.

Bien que, effectivement, la stratégie de standardisation permette de réaliser des économies d'échelle, elle n'a de sens que s'il existe une demande pour un produit standardisé ou si les coûts générés par l'adaptation du produit ne permettent pas à l'entreprise de le vendre à un prix attrayant. À l'inverse, si les marchés sont assez différents les uns des autres et que la demande y est suffisante pour contrebalancer une augmentation des coûts de production, l'entreprise qui adapte ses produits fait un choix judicieux.

Toutefois, dans de nombreux cas, l'entreprise n'a d'autre choix que de procéder à certaines adaptations. Elle le fait pour se conformer aux normes et règlements en vigueur dans le pays cible ou parce qu'elle constate que son produit ne convient pas au marché qu'elle vise. Même des multinationales[4] telles que McDonald, Coca-Cola et Sony ont parfois dû procéder à quelques ajustements.

McDonald a dû adapter son menu à ses différents marchés. En France, ses restaurants vendent du vin, en Allemagne, de la bière ; au Japon, du poulet et du boeuf au cari figurent au menu, tandis qu'en Inde les hamburgers sont bannis parce que la majorité des Indiens vénèrent les vaches ; au Québec, on y sert de la poutine, et on y a déjà tenté l'expérience de la pizza.

Coca-Cola est l'exemple parfait d'une entreprise mondialisée. Le Coke n'a pas le même goût sur tous les marchés mondiaux. En France, on a dû renoncer au nom de Diet Coke pour pouvoir commercialiser cette boisson : le mot « diète » évoquant dans ce pays un régime au pain sec et à l'eau, on la vend maintenant sous le nom de Coca-Cola Light[5]. On a fait la même chose au Japon parce que les Japonaises n'aiment pas reconnaître qu'elles auraient un problème de poids.

Certains produits sont plus faciles à standardiser que d'autres. À une extrémité du spectre se trouvent les produits agricoles, les matières premières, les biens industriels, certains biens durables, les produits de luxe et les produits à teneur artistique, qui demandent peu, voire pas d'adaptation ; à l'autre extrémité se trouvent les produits de grande consommation, qui demandent un plus haut degré d'adaptation[6]. Les produits artisanaux tels que le mobilier chinois ou le batik indonésien

4. Les 20 plus importantes marques de commerce à l'échelle mondiale sont Coca-Cola, Microsoft, IBM, GE, Intel, Disney, McDonalds, Nokia, Toyota, Marlboro, Mercedes, HP, Citibank, American Express, Gillette, Cisco, BMW, Honda, Ford et Sony. Treize de ces marques sont américaines.
5. Voir Philip R. Cateora et John L. Graham, *International Marketing*, New York, McGraw-Hill, 2004.
6. Gerald S. Albaum *et al.*, *International Marketing and Export Management*, Upper Saddle River (New Jersey), Prentice Hall, 2005.

sont de bons candidats à la standardisation. Ce n'est pas le cas des produits alimentaires, particulièrement réticents à la standardisation, vu que les habitudes alimentaires sont profondément ancrées dans la culture. De même, pour la musique, le monde n'est pas divisé en marchés nationaux, mais en segments transcendant les frontières.

Une entreprise peut décider d'adapter son produit aux marchés d'exportation pour plusieurs raisons :

- *Mieux satisfaire la demande.* Il s'agit de modifier le produit afin de répondre plus précisément aux attentes des consommateurs, de satisfaire aux conditions d'utilisation du produit ainsi qu'aux conditions de distribution et de logistique.
- *Se faire un nom.* À ses débuts, l'entreprise a peu de notoriété, car ses produits ne sont pas connus. Afin d'acquérir une bonne réputation sur les marchés, l'entreprise doit livrer un produit qui plaît aux consommateurs.
- *Lutter contre la concurrence.* Les produits concurrents présents sur les marchés internationaux qui sont peu ou mal adaptés peuvent être déclassés par un produit mieux adapté aux particularités locales.
- *Tenir compte de l'environnement des marchés.* Pour répondre aux impératifs du marché visé, l'exportateur doit tenir compte de l'environnement dans ses aspects juridiques, économiques, technologiques, politiques, culturels, géographiques et climatiques.

CULTURE ET SOCIÉTÉ

Des exemples d'obstacles à la standardisation

«Tang, la boisson à l'orange mise au point par General Foods et utilisée lors de toutes les missions Gemini et Apollo, a connu un véritable succès aux États-Unis, mais son accueil sur les marchés étrangers a été tout autre. En Angleterre, on n'en aimait pas le goût ; en Allemagne, on n'en aimait pas le nom ; dans la majeure partie de l'Amérique latine, on n'a pas l'habitude de prendre de petit-déjeuner ; et le Brésil est le premier exportateur de jus d'orange frais... General Foods a donc dû adapter son produit à ses différents marchés. Au Brésil, il s'est avéré que les femmes se sentaient diminuées d'offrir à leur famille du jus d'orange qu'elles n'avaient pas pressées elles-mêmes ; dans ce pays, la multinationale a remplacé la saveur d'orange de son Tang par celles du fruit de la passion et d'autres fruits.

«Au début de ses activités d'exportation au Japon, Nestlé y vendait les mêmes céréales qu'en Amérique du Nord, cependant sans trop de succès : les enfants les mangeaient en collation plutôt qu'au petit-déjeuner, où les Japonais mangent traditionnellement du poisson et du riz. La multinationale suisse a donc conçu des céréales aux goûts familiers : algues, carottes, courgettes... »

Source : Tiré de Philip R. Cateora et John L. Graham, *International Marketing, op. cit.*

LE DÉVELOPPEMENT DU PRODUIT

Qu'il s'agisse d'adapter un produit existant ou d'en concevoir un nouveau, l'étape du développement est cruciale. On y envisage l'ensemble des aspects d'un produit susceptibles d'avoir un impact sur ses ventes. Ces aspects sont la dénomination commerciale, les matières premières utilisées, le design, la marque, l'étiquetage, l'emballage, la qualité, l'origine et les services connexes.

LA DÉNOMINATION COMMERCIALE

La dénomination commerciale est un nom générique par lequel on désigne un produit (par exemple, « chocolat », « table », « voiture »). Lorsqu'on souhaite exporter un produit, on doit dans certains cas changer sa dénomination commerciale, et ce, pour plusieurs raisons. Il n'est pas toujours possible de traduire une dénomination dans la langue locale du marché cible. De plus, dans le but de protéger les consommateurs contre les tromperies, certaines dénominations commerciales, telles que « chocolat », « camembert », « mayonnaise », etc., sont strictement définies par des lois, qui peuvent varier selon les marchés. Ainsi, la dénomination commerciale utilisée sur le marché domestique peut être inapplicable sur un marché étranger. Pour pouvoir utiliser une dénomination commerciale, l'entreprise doit remplir les conditions et caractéristiques minimales prévues par la loi du pays d'exportation. Par exemple, en France, le camembert, pour être considéré comme tel, doit contenir plus de 45 % de matières grasses sur extrait sec, être emballé dans une boîte ronde et peser de 225 à 250 grammes. Un fabricant étranger souhaitant exporter son camembert en France doit se plier à ces exigences. De même, au Canada, pour pouvoir être qualifiée de jus, une boisson doit contenir au moins 25 % de jus, alors que ce pourcentage est de seulement 10 % en France. Ainsi, un producteur de jus peut vendre son produit sous la dénomination « jus » en France et être contraint d'utiliser « boisson » au Canada.

LES MATIÈRES PREMIÈRES UTILISÉES

Toute entreprise souhaitant exporter doit s'assurer que les ingrédients ou les matières premières entrant dans la composition de son produit respectent les réglementations locales et les normes sociales et religieuses du marché cible. L'entreprise exportatrice doit être particulièrement prudente en ce qui concerne les produits alimentaires, dont le contenu est fortement réglementé selon les pays. Elle peut être tenue de fournir, pour chaque commande, une liste des ingrédients utilisés. C'est le cas, par exemple, des produits alimentaires casher[7] ou halal[8]. Au Japon, on soumet les produits à un test en laboratoire pour vérifier que la liste des ingrédients correspond précisément à ce qu'a annoncé le fabricant.

---

7. La caractéristique principale de la viande casher est que chacune de ses étapes de transformation, et ce, depuis l'abattage, répond à certaines normes d'ordre religieux ou rituel, et est supervisée par un rabbin.
8. La viande halal doit provenir d'un animal non haram (*haram* signifie proscrit ; le porc est *haram*) qui a été abattu par un musulman selon un rite précis : l'homme dirige la tête de l'animal vers la Mecque et lui tranche la gorge, le laissant saigner à mort.

Il arrive aussi que l'on doive adapter les aliments aux goûts locaux, par exemple en enlevant ou en ajoutant certains ingrédients, ou en en modifiant les proportions. La composition du café Nescafé de Nestlé, par exemple, n'est pas la même dans tous les pays, s'adaptant aux goûts des consommateurs. Au Japon, les nettoyants ménagers au parfum de pin ou contenant du chlore ou de l'ammoniaque sont très impopulaires : la plupart des Japonais, qui dorment sur des futons au ras du sol, sont incommodés par ces odeurs, auxquelles ils préfèrent celle du citron.

En Suède et en Allemagne, où les préoccupations environnementales sont très présentes, les produits doivent être partiellement composés de matériaux recyclables pour pouvoir être commercialisés.

LE DESIGN

Le design d'un produit concerne son apparence plutôt que son contenu. Il comporte des caractéristiques tant techniques qu'esthétiques, telles que la couleur, la taille, la forme, le style, l'ergonomie et l'emballage. Dans une politique de marketing, le design du produit joue un rôle très important, car il contribue dans une large mesure à l'accueil qu'on en fera. Par exemple, l'emballage doit correspondre au positionnement du pays hôte ou du marché cible en matière de protection de l'environnement. L'image même de l'entreprise est en jeu sur des questions comme celles-là, du moins dans certains pays. Comme dans toutes ses autres formes de communication (correspondances interne et externe, publicité, etc.), le design doit contribuer à doter l'entreprise d'une identité visuelle correspondant à l'image qu'elle souhaite convier.

Quelques pays européens excellent dans des domaines liés au design. C'est le cas de l'Italie, dont les fougueuses voitures suscitent toujours l'admiration des amateurs d'automobile.

L'entreprise doit offrir soit un produit au design semblable sur tous les marchés, soit un produit dont elle a adapté le design en fonction des marchés. Une adaptation peut mener à une hausse des ventes, mais elle est plus coûteuse que l'offre de produits identiques. Les facteurs suivants, qui ont été considérés de façon générale dans la section sur l'adaptation des produits, sont susceptibles d'influencer la décision de l'exportateur :

- *La nature du produit.* De façon générale, il est plus fréquent que l'on adapte le design des biens de consommation courante ou d'équipement ménager (décoration, mobilier, automobiles, etc.) que celui des biens à usage industriel. Par exemple, les étuveuses à riz chinoises et japonaises n'ont pu être standardisées jusqu'à maintenant, car, en Chine, on les laisse dans la cuisine, à l'abri des regards, tandis qu'au Japon elles trônent souvent au milieu du salon. De plus, les Japonais et les Chinois n'affectionnent pas la même cuisson pour leur riz.

- *Les lois et réglementations en vigueur.* Sur un marché étranger, il arrive souvent que le cadre juridique contraigne les exportateurs à adapter le design (parmi d'autres aspects, comme nous l'avons vu) de leurs produits.

- *La culture locale.* Les préférences et la signification des couleurs varient beaucoup d'une culture à l'autre. Par exemple, le blanc symbolise la vie et la pureté dans certaines régions (Europe, Amérique du Nord) et la mort dans d'autres (Asie de l'Est). Le violet est une couleur noble au Japon, tandis qu'elle représente la mort dans certains pays sud-américains. De manière inconsciente, le consommateur reçoit un signal qui influence sa perception du produit et, par conséquent, son comportement d'achat. Une entreprise souhaitant introduire des couleurs ou toute autre composante sujette à disparités dans sa gamme de produits, et plus particulièrement de produits de grande consommation, doit savoir discerner la culture locale et la prendre en considération.

- *Les coûts.* Les coûts engendrés par l'adaptation du design d'un produit doivent pouvoir être supportés par l'entreprise ou par le consommateur final.

- *La compatibilité avec l'environnement local.* Le produit doit être adapté aux systèmes d'unités de mesure, aux systèmes électriques, aux langues et aux conditions climatiques, qui varient pays à l'autre, parfois même d'une région à l'autre. Par exemple, la compagnie Clark connaît peu de succès en Arabie Saoudite parce que les souliers qu'elle fabrique sont trop chauds pour le climat de ce pays. De même, dans certains pays, il peut être nécessaire que les voitures soient équipées d'appareils à air conditionné.

LA MARQUE

La marque-produit sert à établir l'identité d'un produit spécifique (par exemple, Coca-Cola, Perrier, Cadillac). Il existe des variantes de la marque-produit, telles que la marque-gamme, qui associe un ensemble de produits homogènes sous une même marque (par exemple, Toyota, Chevrolet, Volkswagen), ou la marque-ombrelle, qui regroupe un ensemble de produits hétérogènes répondant à des besoins différents, mais dont la technologie ou d'autres caractéristiques sont communes (par exemple, Moulinex, Bosch, Danone). L'association de certains produits à leur marque la plus populaire a même eu des incidences linguistiques, le nom de la marque étant lui-même devenu un terme générique (par exemple, frigidaire, fermeture éclair, lego, kleenex, etc.).

Une entreprise souhaitant exporter peut devoir modifier la marque de son produit pour les raisons suivantes :

- Le nom de la marque se prononce mal dans le pays hôte ;
- La marque n'est pas disponible dans le pays hôte, car elle appartient déjà à une entreprise l'ayant fait bénéficier d'une protection juridique et ne souhaitant pas céder ses droits ;
- Le nom de la marque ressemble à celui d'un produit d'un concurrent établi dans le pays hôte, ce qui risque de donner lieu à un litige ou de créer une confusion commerciale pouvant porter préjudice à l'entreprise ;
- Le nom de la marque ne peut pas être légalement protégé dans le pays hôte ;
- La marque revêt, dans le pays hôte, une signification désavantageant le produit ou l'entreprise (voir encadré 4.1).

Encadré 4.1

Le choix de la marque : l'importance de la langue

Voici quelques exemples illustrant à quel point le choix d'une marque est crucial pour le succès d'une entreprise à l'étranger.

Lorsqu'elle a voulu prendre de l'expansion en Amérique latine en lançant sa nouvelle voiture baptisée Nova, General Motors s'est heurtée à un problème : *no va* signifie « ça ne va pas » en espagnol. La société, contrainte de donner un autre nom à sa voiture, l'a baptisée Caribe pour le marché hispanophone.

Se préparant à pénétrer le marché chinois, Coca-Cola a fait imprimer des dizaines de milliers d'affiches portant la marque Ke-kou-ke-la. La multinationale s'est ensuite rendu compte que, selon le dialecte utilisé, cette expression signifie « mordre la grenouille en cire » ou « jument rembourrée de cire ».

Une fois traduit en chinois pour le marché de Taiwan, le slogan anglais bien connu « Come alive with Pepsi » a donné « Pepsi fait sortir vos ancêtres de la tombe ».

Ayant décidé de s'implanter sur le marché américain, la deuxième agence de tourisme au Japon y a adopté le nom anglais Kinky Nippon Tourist Company. *Kinky* pouvant signifier « vicieux » ou « pervers », l'entreprise a reçu de nombreuses demandes d'information de nature sexuelle. Après enquête, elle a opté pour un autre nom.

La question des contraintes linguistiques et culturelles mérite que l'on s'y attarde. Le nom de marque d'un produit peut, comme nous venons de le voir, revêtir une signification vulgaire, ridicule ou inappropriée dans certains pays. Le nom de marque peut aussi s'avérer difficile à prononcer ou à transcrire dans une langue qui ne comprend pas ses phonèmes. On doit donc parfois traduire ou modifier un nom de marque afin de s'adapter à la culture locale, en conservant cependant le même logo. Sony a su éviter les problèmes liés à la langue en donnant à ses produits des noms anglais (par exemple, walkman, discman).

Certains noms de marques peuvent convenir partout, ce qui permet des économies considérables, car on évite la multiplication des travaux de conception, de design, de production, d'emballage et de communication (par exemple, les noms de marques mondiales Coca-Cola, Benetton, IBM, Sony, Canon). L'utilisation d'un seul nom de marque mondiale standardisée confère de nombreux autres avantages aux produits, dont l'uniformité et la cohérence de leur image, le renforcement et l'accélération de leur notoriété internationale, la facilité de leur identification par les voyageurs et un meilleur accès aux réseaux de distribution. De plus, l'entreprise voit sa capacité de négociation avec les détaillants renforcée. Par contre, cela engendre des risques de contrefaçon. Certains produits, tels que les blocs Lego, sont si adroitement copiés qu'il devient quasi impossible de les distinguer des vrais ; toutefois, à l'usage, il arrive que la qualité des faux s'avère moindre, ce qui peut provoquer l'insatisfaction de la clientèle, nuisant de ce fait à l'image de l'entreprise dont le produit a été copié.

L'ÉTIQUETAGE

L'étiquetage concerne surtout les produits grand public. Il contribue à l'identification rapide d'un produit par les consommateurs et leur apporte des renseignements indispensables, surtout lorsqu'il est vendu dans de grandes surfaces où les vendeurs sont rares et le connaissent mal. L'étiquette donne notamment la composition du produit, son poids, son origine, sa durée de conservation, ses conditions d'emploi et des conseils d'utilisation.

L'étiquetage est un élément primordial du produit, car il influe directement sur le choix du consommateur. Il doit être adapté au type de produit, au public visé et au marché concerné. Par conséquent, il doit se conformer tant aux habitudes culturelles et linguistiques qu'aux particularités locales en matière de graphisme, de couleurs, de taille des caractères et de symboles. Par exemple, comme le tutoiement est une pratique courante dans certains pays hispanophones, une entreprise espagnole l'utilise dans ses livrets d'instructions destinés à ces pays, ce qu'elle ne ferait pas dans des pays tels que la France ou la Belgique. De même, les mauvaises traductions des contenus d'étiquettes ont toujours un effet négatif sur les ventes[9].

L'EMBALLAGE

L'emballage[10] est un aspect déterminant du produit; l'exportateur ne doit pas le négliger. Il doit contribuer à ce que le produit soit facile à placer sur un rayon, puisse être manipulé par les clients sans être endommagé, soit facilement repérable parmi les produits concurrents et soit attrayant, en respectant la langue et les coutumes locales si possible. Les défenseurs de la standardisation de l'emballage soutiennent que celle-ci facilite la production de masse, source d'économies d'échelle.

Il peut être nécessaire d'adapter l'emballage aux marchés étrangers afin de respecter certaines contraintes relatives à la culture, à la langue, au climat, au niveau de développement économique du marché et aux lois. Par exemple, la couleur de l'emballage ne doit pas être prise à la légère : en Chine, Proctor & Gamble a essayé de commercialiser des couches pour bébés dans des emballages roses. Le rose est la couleur associée aux filles, et, dans un pays où les garçons sont préférés aux filles, personne n'a envie de proclamer que son unique enfant est une fille. Autre exemple : Brugel, fabricant de céréales allemand dont les emballages montrent des animaux, a eu la mauvaise surprise de se retrouver dans la section nourriture pour animaux d'un supermarché chinois.

Du fait de la segmentation de plus en plus marquée de la clientèle (célibataires, familles monoparentales, etc.), les produits doivent être présentés dans des unités d'emballage appropriées. On doit aussi prendre en compte les contraintes physiques et environnementales des différents marchés, par exemple les conditions climatiques : lorsqu'une entreprise exporte dans un pays au climat humide ou très froid, il est possible qu'elle doive prendre certaines précautions dans la conception de l'emballage de ses produits pour éviter qu'ils ne soient endommagés.

---

9. Les pages Web suivantes donnent des exemples, parfois hilarants, de mauvaises traductions d'étiquettes ou de manuels d'instructions : Isabelle Rivest, *Les mauvaises traductions*, Impératif français, 30 novembre 2000, [www.imperatif-francais.org/bienvenu/articles/2000-et-moins/les-mauvaises-traductions.html], (9 mars 2009) ; Impératif français, *Des traductions qui vous feront pleurer*, 21 septembre 2008, [www.imperatif-francais.org/bienvenu/articles/2008/des-traductions-qui-vous-feront-pleurer.html], (9 mars 2009) ; Chroniques « Hein », Protégez-vous, s.d., [www.protegez-vous.ca/chronique-hein.html], (9 mars 2009).

10. D'après Eur-export, « Emballage », *Les composantes du produit*, s.d., [www.eur-export.com/francais/apptheo/marketing/produit/emballage.htm], (9 mars 2009).

L'emballage des produits est aussi fortement influencé par le niveau de développement économique des marchés étrangers visés. Les consommateurs des pays peu favorisés ont tendance à acheter leurs produits personnels (analgésiques, gomme à mâcher, cigarettes, shampoing, dentifrice) en très petites quantités ou à l'unité. Dans ces conditions, l'entreprise doit adapter la taille et le design de ses emballages. Par exemple, en Inde, Unilever commercialise son shampoing Sunsilk en paquets d'utilisation unique.

Dans les pays développés, de plus en plus de gouvernements, prenant conscience de l'importance de protéger l'environnement, mettent en place une politique de réduction des déchets (principalement des emballages). Pour ce faire, ils encouragent ou con-

La popularité grandissante des portions individuelles donne souvent lieu au surremballage

traignent les entreprises à prendre des mesures de réduction, de réutilisation et de recyclage des emballages, et réglementent la nature des matériaux utilisés ainsi que la façon de les utiliser. Un tel cadre a un impact considérable sur les stratégies produit des entreprises, qui doivent en tenir compte dès le stade de conception du conditionnement. L'Union européenne, particulièrement stricte en la matière, a émis des directives interdisant tout emballage non réutilisable ou non recyclable.

LA QUALITÉ[11]

Du point de vue du consommateur, un produit de qualité doit être conforme à ses exigences et satisfaire ses besoins. La notion de qualité varie selon les marchés. L'entreprise doit donc chercher à satisfaire les besoins particuliers à chaque marché. Dans les pays en voie de développement, pour qu'un produit soit considéré de qualité, il doit pouvoir être réparé facilement. Un produit sophistiqué mais non réparable ne s'y vendrait pas. Il est difficile pour l'exportateur de savoir si son produit est conforme aux demandes de tous ses clients étrangers, d'autant plus que la réglementation, les normes et les langues varient énormément d'un marché à l'autre. La certification internationale (par exemple, ISO 9000) est un outil permettant de contourner cette difficulté. En y adhérant, l'exportateur peut conformer ses produits à des normes, à des règlements et à des critères précis et admis internationalement. Il peut ainsi instaurer un climat de confiance chez ses clients étrangers, tout en valorisant son image et celle de ses produits. Son adhésion à la certification devient même un argument commercial.

LA MENTION DE L'ORIGINE[12]

Partout dans le monde, les consommateurs entretiennent des préjugés, positifs ou négatifs, sur la qualité des produits étrangers selon leur pays d'origine. L'effet pays joue donc sur l'image d'un produit. Par exemple, l'Allemagne et le Japon sont réputés

---

11. Eur-export, « Qualité », *Les composantes du produit*, s.d., [www.eur-export.com/francais/apptheo/ marketing/produit/qualite.htm], (9 mars 2009).
12. *Ibid.*

Le lieu d'origine d'un produit est lié à son authenticité.

pour leurs produits solides et fiables, la France pour ses produits de luxe, l'Italie pour son design et ses objets de cuir, l'Angleterre pour son thé, la Jamaïque pour son rhum, etc. Pour beaucoup de marques mondiales reconnues telles que Coca-Cola, McDonald, Levi-Strauss ou Marlboro, l'origine est une partie essentielle de l'offre : les consommateurs achètent autant le mode de vie américain que le produit. Les Russes, quant à eux, séparent les produits en deux catégories, les « nôtres » et les produits importés, préférant systématiquement les deuxièmes.

L'entreprise doit donc prendre en compte la perception de la qualité des produits de son pays qu'ont les consommateurs des marchés cibles, cette perception pouvant favoriser (ou au contraire faire échouer) la commercialisation de ses produits sur les marchés visés. Par exemple, si vous deviez choisir entre des souliers fabriqués en Italie ou à Taiwan, entre une chaîne stéréo fabriquée au Japon ou au Mexique, entre une montre suisse ou coréenne, entre des jeans fabriqués aux États-Unis ou en Russie, que feriez-vous ?

Lorsque la perception de la qualité des produits de son pays est positive, l'entreprise possède un atout face aux concurrents. Elle doit alors s'appuyer sur cette réputation. La mise en valeur du « fabriqué en » peut ainsi s'avérer positive pour une marque peu ou pas connue.

Dans un contexte où, au contraire, l'origine du produit peut évoquer une image négative, il est essentiel d'essayer de supprimer le préjugé ou au moins de le neutraliser. Deux possibilités s'offrent alors à l'entreprise :

- Dissimuler l'origine du produit en utilisant un emballage adapté ou en le vendant sous une marque locale connue afin de lui donner une identité locale ;
- Essayer de modifier les perceptions négatives quant à l'origine du produit en utilisant d'autres variables du marketing mix, par exemple, en améliorant la qualité du produit, en diminuant son prix (modérément, pour ne pas accentuer la perception de mauvaise qualité) ou en menant une campagne d'information et de publicité.

LES SERVICES CONNEXES

Le régime de garantie doit être satisfaisant par rapport à celui des concurrents et doit répondre aux attentes des consommateurs. Il en va de même pour le service après-vente ; s'il ne peut être offert par télécommunication (téléphone, Internet, etc.), il devra être fourni sur place. Les manuels d'instruction doivent êre adaptés au taux d'alphabétisation et au niveau d'instruction de la population visée. Cet aspect doit être pris en compte lors de la rédaction de ces documents. Par exemple, les fabricants brésiliens de véhicules militaires destinés aux pays en voie de développement accompagnent leur produit d'un magnétoscope et de cassettes vidéo contenant les informations sur la maintenance du véhicule. Par ailleurs, des cd-roms ou des fichiers téléchargeables peuvent accompagner le produit dans les pays où la technologie est disponible et utilisée par les consommateurs.

LE POSITIONNEMENT DU PRODUIT SUR LES MARCHÉS ÉTRANGERS

L'exportateur doit sélectionner et développer son produit, mais il doit aussi en déterminer le créneau sur le marché étranger. Cette démarche comporte trois étapes :

1) la segmentation du marché étranger ;

2) le **ciblage** ;

3) le positionnement du produit.

Ciblage
Découpage d'un marché en zones cibles pour atteindre certaines catégories de clients potentiels.

En général, une PME exportatrice ne peut espérer vendre son produit qu'à une certaine partie du marché étranger visé, car, d'une part, ses ressources financières et organisationnelles sont le plus souvent limitées et, d'autre part, il est peu probable que la demande pour son produit émane de l'ensemble de ce marché. Il lui faut donc déterminer le segment de marché le plus intéressé (et donc le plus intéressant pour l'entreprise) et dont elle puisse satisfaire les exigences.

LA SEGMENTATION DU MARCHÉ ÉTRANGER

Comme la plupart des marchés (étrangers et intérieurs) sont hétérogènes, l'entreprise peut rarement proposer avec succès un produit unique à l'ensemble des acheteurs (sauf, peut-être, dans le cas des biens à usage industriels). Il lui faut donc procéder à une segmentation.

La segmentation consiste à découper la population du marché en sous-groupes distincts, relativement homogènes, appelés segments de marché, puis à les analyser et à mesurer leur évolution. À chacun de ces sous-groupes correspond un type de consommateur qui répond à sa façon aux stratégies de marketing. Le comportement des consommateurs de chaque segment étant homogène, cette opération facilite les opérations de communication et conditionne le succès des actions mises en œuvre.

Par manque de savoir-faire en marketing, les PME négligent souvent de segmenter leurs marchés étrangers. Elles auraient pourtant tout avantage à suivre une démarche cohérente et méthodique, et se projeter sur les marchés étrangers de la même façon que sur le marché intérieur. La segmentation repose sur les informations recueillies lors de l'étude du marché[13].

LE CIBLAGE

Après avoir délimité et décrit les différents segments du marché étranger visé, l'entreprise doit procéder au ciblage, c'est-à-dire sélectionner, sur la base des attributs de son produit, les segments de marché à cibler. Elle doit définir une politique

---

13. Voir la section « Les sources d'information » du chapitre précédent, p. 123.

Deux voitures très différentes, qui s'adressent à des segments de marché fort distincts, mais qui sont produits par une seule entreprise, Daimler AG. Les photos sont une gracieuseté de Mercedes-Benz Canada.

commerciale particulière pour chacun des segments ciblés, en adaptant éventuellement le marketing mix de ce produit à leurs spécificités. Lorsqu'elle choisit un segment cible, l'entreprise doit veiller à ce qu'il soit :

- mesurable, c'est-à-dire que sa taille et son pouvoir d'achat puissent être caractérisés et évalués ;
- suffisamment large pour être rentable et pour justifier les coûts de marketing qui lui seront consacrés ;
- accessible, c'est-à-dire qu'il doit pouvoir être atteint par les outils de communication et de promotion disponibles ;
- susceptible de réagir favorablement aux programmes marketing mis en œuvre.

Seulement après avoir caractérisé son segment cible l'entreprise peut-elle positionner son produit en fonction des attentes et des exigences de ce segment, et définir des actions marketing cohérentes et efficaces.

LE POSITIONNEMENT DU PRODUIT

Positionnement d'un produit
Définition de la position d'un produit donné sur un marché, compte tenu de ses qualités propres, des attentes de la clientèle, des images de la concurrence perçues par la clientèle, et par rapport aux marques et aux produits concurrents.

Créneau
Petit segment de marché d'un produit ou d'un service qui répond aux attentes d'une certaine clientèle, qui est peu exploité ou ne l'est pas encore.

Après avoir sélectionné son segment cible sur le marché étranger visé, l'entreprise doit positionner son produit. Le **positionnement d'un produit** consiste à le placer sur la « carte mentale » des consommateurs ciblés, par rapport aux produits concurrents, sur la base de ses attributs et de ses avantages distinctifs. En d'autres termes, il s'agit de définir le **créneau** de son produit, de différencier son offre de celle des concurrents directs.

Pour définir le créneau de son produit, l'entreprise doit se baser à la fois sur les informations qu'elle a recueillies à propos de la concurrence lors de l'étude de marché (produits concurrents, politique de prix et image de ces produits, etc.) et sur la définition de son segment cible effectuée lors de la segmentation du marché étranger. Pour différencier son offre, l'entreprise doit cerner les attributs du produit (produit essentiel ou non, qualité, nom de la marque, emballage, services connexes, etc.) qui présentent des avantages importants pour le segment cible.

L'image du produit, qui reflète son positionnement et ses éléments distinctifs, doit être présentée aux consommateurs visés par l'intermédiaire de campagnes de communication adaptées aux exigences et aux caractéristiques de leur segment.

Notons que l'exportateur doit absolument se prémunir contre les risques de contrefaçon auxquels il s'expose à l'étranger. En effet, la contrefaçon peut, à terme, ternir l'image de ses produits auprès des consommateurs étrangers et entraver son succès commercial.

V. LA POLITIQUE DE DISTRIBUTION INTERNATIONALE

OBJECTIF 5

Être à même d'adapter et d'appliquer une politique de distribution sur les marchés étrangers.

Après avoir sélectionné le marché cible, on doit mettre en place une stratégie de distribution qui implique de sélectionner, d'une part, un mode de pénétration du marché et, d'autre part, un circuit de distribution (ou canal de distribution).

L'objectif de cette section n'est pas d'expliquer en détail les multiples formes de présence à l'étranger, assorties de leurs avantages et de leurs inconvénients, mais plutôt de présenter la distribution dans une perspective de marketing. Le chapitre 5 est consacré aux différents réseaux de commercialisation-distribution à l'étranger.

LA PÉNÉTRATION DU MARCHÉ

La **pénétration du marché** consiste en l'introduction d'un produit dans un pays étranger, considérant les objectifs suivants :

Pénétration du marché
Mise en application de la politique de l'entreprise quant aux débouchés d'un produit ou d'un service et aux moyens d'atteindre les marchés visés, soit la distribution et la commercialisation.

- Assurer l'acheminement et la mise en circulation du produit dans le pays de destination.
- Mettre en œuvre des actions commerciales qui augmentent les ventes (services aux distributeurs, services aux clients, etc.) et améliorent la connaissance du marché (études de marché, tests de produits, etc.).

Les stratégies d'accès aux marchés étrangers étant multiples, on doit mettre en place une démarche rationnelle de sélection basée notamment sur le degré d'expertise internationale de l'entreprise et sur son degré de maîtrise des différentes politiques commerciales. Les modes de pénétration[14] à la disposition de l'entreprise peuvent être classés en trois grandes catégories :

1) *L'exportation directe*, qui consiste à envoyer directement la marchandise au client étranger, sans intermédiaire dans le pays. L'exportateur assure la commercialisation (négociation, conclusion des contrats, lien direct avec l'utilisateur final) et en assume les risques.

2) *L'exportation indirecte*, qui passe par un intermédiaire prenant en charge l'ensemble ou une partie du processus de commercialisation.

3) *L'exportation en partenariat ou en alliance*, qui comporte une mise en commun des ressources et des stratégies avec d'autres entreprises, nationales ou étrangères.

14. Les modes de pénétration du marché, aussi appelés modes de distribution internationale sont présentés dans le chapitre 5 ; voir p. 175.

Un choix de mode de pénétration n'est pas une donnée statique. Au contraire, il est susceptible d'évoluer au fil du temps, parallèlement aux changements de l'environnement du marché et à l'expérience de l'entreprise sur ce marché.

LES CIRCUITS DE DISTRIBUTION

Après avoir choisi le mode de pénétration du marché étranger visé, l'entreprise doit définir son circuit de distribution (voir définition p. 135), composé d'un ensemble d'intermédiaires permettant d'acheminer le produit depuis le fabricant jusqu'au consommateur final. Pour choisir le circuit[15] le plus adéquat parmi ceux qui sont disponibles, l'entreprise doit étudier la structure de la distribution locale : repérer les circuits, examiner le coût de chaque circuit, le nombre, l'envergure et la qualité des distributeurs, la nature des opérations de gros et de détail, etc. Par ailleurs, elle doit mettre en place une politique de gestion du réseau de vente, pour s'assurer que celui-ci puisse effectivement être opérationnel.

Dans certains modes de pénétration, les entreprises n'ont pas à se préoccuper de cette sélection, prise en charge par les intermédiaires ou par les partenaires (sociétés de gestion export, sociétés de commerce international, partenaires agréés licenciés, etc.). Dans ces cas, elles doivent accepter les systèmes de distribution que ceux-ci ont mis en place.

INTERNET

Grâce au commerce électronique, Internet s'impose de plus en plus comme canal de distribution, tant pour les PME que pour les grandes entreprises. Dans quelques secteurs, Internet est devenu le canal de distribution principal, voire exclusif, de produits immatériels tels que les contenus journalistiques, les logiciels, les images, la musique, la vidéo, etc., ou de produits pouvant être livrés par correspondance. Le succès de boutiques en ligne telles que iTunes, Amazon ou Tiger Direct fait foi de ce phénomène.

La plupart du temps, Internet complète les canaux traditionnels de distribution et les fait valoir : il n'est pas voué à les faire disparaître. En effet, malgré toutes ses potentialités, Internet n'est pas une solution miracle pour les candidats exportateurs. Les débutants doivent en faire un usage prudent et tenir compte des contraintes qui l'accompagnent.

Voyons d'abord les avantages d'Internet comme canal de distribution :

- Il offre un accès privilégié et peu coûteux aux marchés étrangers, surtout pour les PME n'ayant pas les moyens financiers et humains d'y avoir une présence commerciale directe. En effet, Internet supprime les barrières géographiques et offre un potentiel de visibilité auprès des consommateurs du monde entier, de plus en plus nombreux à être branchés.

- Il propose un mode d'achat interactif favorisant l'établissement d'une relation personnalisée avec le consommateur. Grâce à l'information ainsi recueillie, l'entreprise connaît mieux le profil, les besoins et les exigences de ses clients et peut adapter plus facilement son offre.

---

15. Nous verrons au chapitre 5 les circuits courts, classiques et longs, p. 210.

- Il propose aux consommateurs un mode d'achat rapide et économique. Ceux-ci peuvent en effet comparer à domicile, à n'importe quel moment du jour ou de la nuit, les offres des différents fournisseurs. Il en résulte un gain de temps appréciable. De plus, le coût d'une commande, à la fois pour le consommateur et pour le fabricant, est généralement moindre par Internet que par un autre canal.
- Il permet d'éliminer les intermédiaires de distribution. L'exportateur peut ainsi se réapproprier la marge prélevée par les distributeurs ou la céder en partie aux clients en leur offrant des prix plus attrayants (les coûts de transport peuvent par contre être plus élevés).
- Il dote l'entreprise d'une image novatrice.
- Il permet de tenir le catalogue à jour, en ligne, en fonction des nouveautés et des stocks disponibles.

Internet présente cependant les désavantages suivants :

- Le nombre d'ordinateurs connectés à Internet est en pleine croissance, mais dans certains pays, il peut être encore faible chez les consommateurs particuliers.
- Il existe encore des problèmes quant à la sécurisation et à la confidentialité des données véhiculées lors des transactions en ligne. La majorité des consommateurs ne croient pas que la confidentialité des données bancaires communiquées lors des paiements en ligne est assurée. Cet obstacle est cependant appelé à disparaître avec l'émergence de nouveaux systèmes de paiement sécurisés tels que la carte à puce.
- Le site doit constamment être mis à jour, ce qui implique des coûts. Il doit aussi être adapté à chaque nouveau marché, de simples traductions ne suffisant pas à éliminer les barrières culturelles et linguistiques.
- L'élimination des intermédiaires risque de générer des conflits avec les distributeurs officiels, surtout lorsque ceux-ci bénéficient d'une exclusivité territoriale, par exemple les franchisés, les concessionnaires, etc.
- Il n'existe pas de législation internationale harmonisée en matière de commerce électronique en ce qui concerne, par exemple, la taxation, la confidentialité, la protection des consommateurs, la moralité, la propriété intellectuelle, etc.
- La concurrence est plus forte à cause de l'absence de barrières géographiques.

VI. LA POLITIQUE DE COMMUNICATION INTERNATIONALE

OBJECTIF 6

Pouvoir adapter et mettre en œuvre une politique de communication internationale.

La communication est une dimension essentielle du marketing international. Rendre disponible un produit ou un service ne suffit pas : on doit aussi informer et convaincre les consommateurs de l'acheter. La politique de communication internationale ressemble à la politique de communication à l'interne dans ses principes et dans les outils qu'elle emploie, mais le public cible n'est pas le même.

Or, dans le domaine de la communication, la réceptivité au message est d'une importance capitale. Le changement de public cible implique donc des opérations de la plus haute importance, puisque les caractéristiques de ce public cible déterminent le contenu et la forme du message, le choix du média, etc. Une entreprise souhaitant faire de la publicité sur un marché étranger doit se poser les questions suivantes:

- Quels messages diffuser?
- Quels médias utiliser?
- Quelle est l'ampleur de l'effort à déployer ou de la somme à dépenser?

Les réponses à chacune de ces questions permettront à l'entreprise de choisir les outils de communication les plus susceptibles de rejoindre son marché.

LES OUTILS DE COMMUNICATION[16]

Pour informer ses consommateurs potentiels, l'entreprise peut choisir entre la vente personnelle, la promotion, les relations publiques et la publicité. L'importance relative de chacun de ces outils dépend en partie de la stratégie choisie par l'entreprise: stratégie de pression (*push*) ou stratégie d'attraction (*pull*). L'entreprise qui adopte une stratégie de pression travaille avec les distributeurs afin qu'ils poussent les consommateurs à acheter le produit sur le point de vente, tandis que celle qui opte pour une stratégie d'attraction promeut le produit, de manière à ce que le consommateur le recherche.

LA VENTE PERSONNELLE

Aux premiers stades de l'exportation, les entreprises misent beaucoup sur leur réseau de vente afin d'établir des contacts personnels avec les acheteurs potentiels. Schématiquement, le réseau de vente se répartit en trois niveaux: la force de vente propre à l'entreprise, les intermédiaires locaux (agents, concessionnaires, franchisés, importateurs) et les distributeurs locaux (grossistes, détaillants).

LA PROMOTION DES VENTES

La promotion des ventes consiste à accorder un avantage à un segment cible, pendant une période limitée, en vue d'en modifier le comportement d'achat. On y recourt surtout pour les biens de consommation, et elle vient renforcer la vente personnelle et la publicité. Ses objectifs sont les suivants:

- Inciter les consommateurs à tester le produit et ensuite à l'acheter;
- Augmenter la consommation (en volume et en fréquence) des clients actuels;
- Fidéliser la clientèle;

16. Eur-Export, *Les différents modes de communication*, s.d., [www.eur-export.com/francais/apptheo/marketing/comm/commodes.htm], (9 mars 2009).

- Augmenter le volume du produit disponible chez les distributeurs ;
- Augmenter la rotation du stock ;
- Augmenter le nombre de distributeurs écoulant les produits et s'assurer de leur soutien actif.

Les campagnes de promotion qui contribuent à augmenter l'achalandage des points de vente des détaillants ainsi que l'offre de primes et de cadeaux aux distributeurs induisent une attitude favorable envers l'entreprise et ses produits.

Il existe de nombreux outils de promotion des ventes, et on peut les utiliser de manière isolée ou combinée. Ils se regroupent dans les catégories suivantes :

- les promotions sur les prix (coupons, réductions, offres de remboursement) ;
- les cadeaux publicitaires (primes, produits à l'essai, échantillons) ;
- les jeux et concours (loteries, concours).

L'utilisation (ou le choix) de l'un ou de l'autre de ces outils varie en fonction du marché visé, et ce, en raison des différences relatives aux éléments suivants :

- *Le niveau de développement économique et la maturité du marché.* Des études ont démontré que les coupons sont très utilisés dans les pays riches et le sont rarement dans les pays en développement, où l'on préfère les échantillons gratuits et les démonstrations d'utilisation des produits.

- *La culture des consommateurs et des distributeurs.* L'accueil réservé aux divers outils de promotion varie selon la culture. Par exemple, d'un marché à l'autre, on ne distribue pas les coupons de la même façon : en Grande-Bretagne, on les encarte préférablement dans les journaux et les magazines, tandis qu'en Espagne et en Italie, on les colle plutôt sur l'emballage du produit ; au Canada, on les distribue généralement par le truchement des circulaires.

- *La réglementation de la promotion des ventes et des pratiques commerciales.* Il est difficile pour l'entreprise de standardiser ses actions promotionnelles, car ce domaine fait l'objet d'une réglementation rigoureuse qui varie d'un pays à l'autre. Ces règles encadrent les types d'actions permises ainsi que la façon de les organiser et de les présenter. Par exemple, en Malaisie, les concours (qui mettent à l'épreuve les habiletés) sont permis, mais les loteries (qui font appel à la chance) ne le sont pas.

LES RELATIONS PUBLIQUES

Les relations publiques comprennent tout type de transmission d'informations sur l'entreprise (sur ses pratiques, ses activités, son personnel, ses produits, etc.) que celle-ci transmet elle-même, sans frais, par le biais des médias.

Par ses relations publiques, l'entreprise cherche à soigner son image et à bâtir sa réputation auprès de ses interlocuteurs, tant à l'interne (employés, actionnaires, etc.) qu'à l'externe (fournisseurs, distributeurs, consommateurs, communautés et autorités locales, médias, banques, etc.).

Le principal avantage d'un message diffusé au moyen des relations publiques est sa crédibilité. Transmis par un journaliste « neutre », un même message sera sans doute mieux perçu par l'audience que s'il est diffusé par l'intermédiaire d'une publicité. Cependant, et c'est une particularité des relations publiques, l'entreprise n'a aucun contrôle sur l'utilisation des informations qu'elle diffuse ni même sur la décision de les publier.

LA PUBLICITÉ[17]

En tant qu'outil de promotion de masse, la publicité est surtout utilisée pour les biens de consommation. La communication d'informations relatives aux biens à usage industriel se fait plutôt à l'aide de méthodes spécialisées telles que la vente personnelle, qui permet de contacter un nombre limité d'acheteurs potentiels. Les principes de la publicité internationale sont les mêmes que ceux de la publicité nationale. La réalisation d'une campagne publicitaire internationale consiste à définir un axe (argument de vente), à formuler un message de manière créative (mise en forme) et à choisir dans quels médias ce dernier sera diffusé. Les pratiques, toutefois, ne sont pas les mêmes, du fait des particularités économiques, sociales, culturelles, politiques et juridiques de chaque marché. Les aspects suivants doivent être pris en compte :

- *Le système économique.* En général, les économies libérales sont plus ouvertes à la publicité que les économies planifiées. Cette situation évolue néanmoins, notamment en Chine, où de plus en plus de compagnies étrangères sont autorisées à diffuser de la publicité.

- *La structure sociale.* Les sociétés traditionalistes ne sont pas tellement bien disposées à l'égard de la publicité, celle-ci étant perçue comme un facteur de changement social indésirable.

- *La culture.* Les membres des sociétés individualistes tendent à considérer la publicité comme une intrusion dans leur vie privée et sont donc plus enclins à la critiquer.

- *La réglementation.* Dans certains pays, les médias de masse sont des monopoles d'État ; les publicités peuvent être censurées ou soumises à des restrictions de toutes sortes.

Une fois qu'elle a décidé de mettre en œuvre une campagne publicitaire, l'entreprise doit déterminer l'aire de diffusion (locale ou internationale) de sa campagne ainsi que le type de support (presse, télévision, radio, affichage, cinéma, publipostage, Internet, etc.) qu'elle entend utiliser.

Les médias locaux comportent deux grands avantages : ils communiquent dans la langue locale et sont plus flexibles en ce qui a trait à la segmentation du marché. Cette faculté d'adaptation au marché local fait en sorte qu'ils conviennent très bien à la promotion des biens de consommation. Cependant, leur qualité technique est plutôt inégale.

---

17. *Ibid.*

Les *médias internationaux* (magazines spécialisés ou professionnels, chaînes de télévision, certaines stations de radio) permettent d'atteindre un public précis (leaders d'opinion, membres de gouvernements, directeurs de sociétés étrangères, scientifiques, etc.) faisant partie des classes moyennes ou supérieures ou constitué de spécialistes. On peut y avoir recours si les médias locaux ne sont pas disponibles ou ne permettent pas d'avoir l'impact souhaité, ou encore pour véhiculer une image uniforme de l'entreprise sur plusieurs marchés.

La *presse écrite* reçoit encore la plus grande part des investissements publicitaires. Cela est d'autant plus vrai dans les pays où la télévision et la radio sont peu répandues. Prenant des formes très variées, la presse est un moyen à privilégier pour se faire connaître. Certains pays ne disposent que de quelques journaux, tandis que d'autres en comptent une pléthore. En Turquie, par exemple, il n'y a pas moins de 380 journaux !

Grâce à l'association de l'image et du son, la *télévision* est le média publicitaire dont l'impact est le plus grand. Sa disponibilité varie toutefois d'un pays à l'autre : par exemple, on compte 1 poste pour 2 personnes aux États-Unis, 1 pour 20 en Indonésie, 1 pour 50 en Inde, 1 pour 300 au Bangladesh et 1 pour 2 000 en République démocratique du Congo. Comme nous l'avons vu, la réglementation relative à la publicité télévisée n'est pas la même partout ; elle peut définir les types de produits que l'on peut annoncer, interdire la publicité comparative, baliser les plages horaires où la pub est permise, protéger certains publics, etc. Soulignons par ailleurs que la publicité télévisée coûte cher et ne constitue généralement pas le meilleur choix pour atteindre un public très précis.

Bien qu'elle ait perdu sa place jadis prépondérante, la *radio* comporte encore de grands avantages. Peu coûteuse, transportable, présente dans presque tous les foyers, elle rend possible une segmentation géographique et sociodémographique. De plus, elle permet d'atteindre des populations dont le taux d'alphabétisation ou le niveau de vie sont très bas, segments de marché autrement difficile d'accès.

Très répandu de par monde, l'*affichage* peut prendre différentes formes : publicités sur panneaux géants, sur les voitures, sur les autobus, sur les kiosques, sur les murs de bâtiments, etc. Souvent destinée à être vue par les piétons ou par les utilisateurs des transports en commun, l'affiche permet d'atteindre de larges audiences. Les grands panneaux, pour leur part, s'adressent plutôt aux usagers de la route.

La publicité diffusée au *cinéma* est très répandue dans les pays dont la presse n'est pas de bonne qualité ou dans ceux qui ne disposent pas d'autres médias de masse. Cependant, son importance ayant diminué, le cinéma doit être considéré comme complémentaire, bien qu'il ait gardé quelques avantages. L'audience des cinémas reste assez forte partout, notamment en Inde, plus important pays producteur de films au monde. Élément non négligeable, son audience est très ciblée : urbaine, elle est constituée de jeunes adultes dont le niveau d'éducation est supérieur à la moyenne et dont les revenus sont plutôt élevés. Dans une salle de cinéma, le public est très attentif, ce qui donne à la publicité un assez bon impact ; de plus, il est souvent possible de connaître le nombre de spectateurs y étant exposés. Sous-utilisée, la publicité au cinéma comporte cependant l'inconvénient de coûter très cher à produire.

Quand les autres médias sont inaccessibles, le *publipostage* est à envisager. Mais attention : certains pays ne s'y prêtent guère. Par exemple, au Chili, il vaut mieux l'éviter, car le destinataire d'une lettre doit payer une partie de l'affranchissement. En Russie, par contre, un tel choix peut porter fruit, car les taux de réponse sont particulièrement élevés (de 10 % à 20 %), les consommateurs se sentant flattés de l'attention qu'on leur porte.

Enfin, *Internet* occupe une place de plus en plus importante dans la communication d'entreprise. La plupart des techniques classiques s'y appliquent, comme en font foi les exemples suivants :

- Le site Internet fait office de plaquette d'entreprise ;
- La publicité en ligne peut prendre la forme de bandeaux publicitaires ;
- La publicité par courriel équivaut au publipostage classique ;
- L'entreprise peut distribuer aux internautes des coupons de réduction électroniques ;
- Les utilisateurs peuvent télécharger des logiciels ou des extraits de cédéroms ou de livres à titre d'échantillons.

Toutefois, force est d'admettre qu'Internet offre beaucoup plus de possibilités que les techniques plus classiques. En effet, contrairement à la plupart des autres techniques, la mise en ligne d'un site Internet rejoint aussi bien le consommateur local qu'étranger, d'où l'émergence de problématiques particulières. Comment, en effet, communiquer efficacement avec un client potentiel indépendamment du marché dont il est issu ? Dans la plupart des cas, l'information sur la provenance est essentielle, puisqu'elle module toute la communication susceptible de s'établir entre la compagnie et cette personne. La majorité des grandes multinationales ont solutionné ce problème en créant un site dit international renvoyant aux activités de la compagnie dans son ensemble, puis à des sites connexes présentant les informations relatives à chaque pays ou marché. En effet, puisque chaque marché présente des contraintes juridiques et culturelles particulières, il est nécessaire de connaître le marché afin de communiquer les bonnes informations de la bonne façon. La compagnie doit ainsi adapter sa politique de communication-produit (au même titre qu'elle a adapté son produit) afin de se conformer aux législations locales, à la disponibilité des médias, aux différences culturelles et linguistiques, aux divers niveaux de développement économique, aux processus d'achat, aux goûts et aux habitudes des consommateurs.

LES CONTRAINTES JURIDIQUES[18]

Chaque pays a sa propre vision de la protection des consommateurs et des mineurs, de l'intérêt public, de la vie privée, de la concurrence, de la moralité et du bon goût, et est plus ou moins motivé dans ses politiques par des considérations nationalistes. Les communications commerciales sont donc réglementées, ce qui a un effet sur la façon dont on peut utiliser les médias et sur le contenu des messages que l'on peut diffuser. Les lois varient fortement d'un pays à l'autre, tant en ce qui a trait à la nature de l'interdiction qu'à son caractère plus ou moins strict.

Afin de protéger leur langue ou leur culture, des pays restreignent ou interdisent l'utilisation de langues étrangères dans la publicité. Cet encadrement se manifeste à divers degrés selon les pays. En Allemagne, par exemple, une compagnie britannique a le droit de diffuser de la publicité en anglais, mais pas une entreprise allemande.

Dans le but de soutenir leur industrie nationale et la création d'emplois, les autorités de certains pays obligent les entreprises étrangères à faire réaliser leurs annonces télévisées sur place, en tout ou en partie, sans quoi elles se réservent le droit d'interdire leur diffusion. C'est le cas en Australie.

Dans les pays anglo-saxons tels que les États-Unis, on a souvent recours à la publicité comparative. Considérée en Europe comme concurrence déloyale, ce type de publicité y a été longtemps interdite, mais on l'a autorisée depuis peu, sous certaines conditions : on doit comparer des caractéristiques essentielles et vérifiables des produits et ne pas dénigrer un produit concurrent. En Corée du Sud, cependant, toute publicité comparative est interdite, sous quelque forme que ce soit.

Certaines lois ont pour but de protéger des populations particulières. Ainsi, en Suède, en Norvège et au Québec, la publicité destinée aux enfants est carrément interdite (voir encadré 4.2). D'autres pays, sans l'interdire, l'encadrent fortement : la Grèce interdit la publicité de jouets à la télévision, tandis que la Région flamande de Belgique interdit la présentation de messages aux enfants cinq minutes avant et après les émissions leur étant destinées. Au Royaume-Uni, la British Independant Television Commission, organe d'autoréglementation de la publicité, interdit à ses membres de profiter de la crédulité des enfants et prohibe la diffusion de toute publicité pouvant les porter à se sentir inférieurs s'ils ne possèdent pas le produit annoncé, pouvant leur être néfaste autrement ou pouvant les conduire à harceler leurs parents.

Certaines lois s'appliquent à des produits particuliers. Par exemple, la publicité sur les médicaments, sur l'alcool et sur le tabac est encadrée dans de nombreux pays.

Cette variété de contraintes juridiques empêche souvent les exportateurs de standardiser leurs campagnes de communication à l'échelle mondiale. Ils doivent ainsi concevoir un ensemble de campagnes originales. Des variantes existent même d'un pays à l'autre de l'Union européenne, où il est très difficile d'adopter un plan de communication standardisé pour tous les marchés cibles.

18. Eur-Export, « Législation », *Les contraintes pesant sur la politique de communication internationale*, s.d., [www.eur-export.com/francais/apptheo/marketing/comm/comcontr.htm], (9 mars 2009).

Encadré 4.2

Pub aux enfants : Saputo plaide coupable

«Saputo devra payer des amendes de 44 000 CAD pour avoir fait de la publicité aux enfants de moins de 13 ans.

«L'Office de la protection du consommateur (OPC) reprochait à Saputo d'avoir fait la promotion de ses gâteaux Igor dans des centres de la petite enfance du Québec. Plus de 20 chefs d'accusation pesaient sur Saputo dans plusieurs régions du Québec. L'entreprise a plaidé coupable à 12 de ces chefs le 26 janvier au Palais de justice de Saint-Jérôme, dans les Basses-Laurentides, en vertu d'une entente conclue avec l'OPC tout juste avant le début du procès. Ce règlement prévoit que Saputo admette sa culpabilité à 10 autres chefs d'accusation du même acabit dans d'autres régions du Québec, a précisé Jean-Jacques Préaux, porte-parole de l'OPC. Le tribunal a condamné Saputo à une amende de 24 000 CAD au terme de la courte audience du 26 janvier. L'entreprise versera 20 000 CAD supplémentaires lorsque ses réponses à l'accusation auront été enregistrés pour les 10 autres chefs d'accusation.

«La Coalition québécoise sur la problématique du poids (CQPP), qui a déposé la plainte contre Saputo à l'OPC, accueille ce dénouement avec satisfaction. "Une amende de 44 000 CAD,

c'est bien peu dans le budget global du lancement d'un produit. Ce qui nous réconforte, c'est que l'impact de la décision sur la réputation de l'entreprise devrait faire en sorte qu'elle ne recommence pas", a commenté la directrice de la CQPP, Suzie Pellerin.

L'agence de pub est poursuivie

«L'entente qu'ont signée l'OPC et Saputo clôt la poursuite contre l'entreprise bien connue pour ses fromages et ses gâteaux Vachon. L'agence P2P Promotion publicité, qui a conçu la campagne Igor pour Saputo, reste cependant sous le coup de 15 constats d'infraction. La firme risque une amende de 30 000 CAD si elle est reconnue coupable.

«Le tribunal pourrait entendre la cause de P2P quelque part ce printemps, estime Jean-Jacques Préaux. Elle pourrait aussi décider de conclure une entente hors-cour avec l'OPC, comme l'a fait Saputo.

D'autres multinationales ciblées

«La *Loi sur la protection du consommateur* interdit la publicité destinée aux enfants de moins de 13 ans. Cela vaut tant pour la diffusion ou la publication de messages que pour la distribution de matériel. Saputo avait pourtant choisi

cette dernière avenue pour faire connaître ses gâteaux en forme de gorille aux enfants. Elle a ainsi distribué des disques compacts, des livres, des autocollants, des gâteaux Igor et des bons de réduction applicables à l'achat du produit dans 231 garderies du Québec. La CQPP et l'OPC ont trois autres multinationales dans leur mire au sujet de la publicité faite aux enfants. Et pas les moindres :

- Burger King, pour des publicités sur un programme de remise de primes jouets ;
- General Mills, pour le site Internet luckycharms.ca ;
- McDonalds, pour une publicité et une séquence vidéo dans le cadre de la commandite de l'émission Ciné-Cadeau, diffusée à Télé-Québec en décembre 2007.

«La cour n'a encore déterminé aucune date d'audition pour ces trois causes, mais, d'après la CQPP, elles pourraient être entendues au cours de 2009. »

Source : Jesse Caron, « Pub aux enfants : Saputo plaide coupable », *Protégez-vous*, 26 janvier 2009, [www.protegez-vous.ca/les-nouvelles/2009-01/saputo-plaide-coupable.html], (9 mars 2009).

LES CONTRAINTES CULTURELLES

Les différences culturelles[19], dont nous avons déjà amplement parlé, doivent être prises en compte par l'entreprise dans ses communications internationales, particulièrement dans la conception de messages publicitaires. Ces derniers doivent correspondre aux attentes des consommateurs du marché cible et refléter leur sensibilité. La diffusion intégrale d'une publicité du pays de l'exportateur sur un marché étranger est généralement vouée à l'échec. Voici quelques exemples de contraintes culturelles auxquelles un exportateur devrait se plier :

- *Aliments.* Par respect pour les croyances religieuses, il vaut mieux éviter d'annoncer un produit contenant du porc sur un marché de culture juive, du bœuf en Inde ou de l'alcool en terre musulmane.

19. Eur-Export, « Différences culturelles », *Les contraintes pesant sur la politique de communication internationale*, s.d., [www.eur-export.com/francais/apptheo/marketing/comm/comcontr.htm], (9 mars 2009).

- *Couleurs.* Comme nous l'avons vu précédemment, la signification des couleurs varie d'une culture à l'autre. Outre les symbolismes que nous avons vus, le bleu est associé au deuil en Iran, et à la richesse, à la confiance et à la sécurité aux États-Unis, où l'orange suggère l'inverse (après avoir peint ses bâtiments en orange, la chaîne de restaurants de hot-dogs Wienerschnitzel a vu ses ventes augmenter de 7 %, cette couleur laissant entendre que les repas n'y sont pas chers).

- *Chiffres.* Un chiffre symbolisant la chance dans un pays peut signifier le contraire dans un autre (voir la capsule « Culture et société » ci-dessous).

- *Autres symboles.* Dans les pays bouddhistes, où l'on croit à la réincarnation, ainsi que dans les cultures musulmanes, on doit éviter de comparer les humains à des animaux ou de les représenter sous les traits d'animaux. Au Japon, une publicité commandée par Proctor & Gamble montrant la

CULTURE ET SOCIÉTÉ

Les chiffres chinois

Les Chinois, sans doute les gens les plus superstitieux du monde, invoquent souvent les chiffres pour faire leurs choix. Bien que la numérologie existe aussi en Occident (pensons aux symbolismes des nombres 13 et 7), elle n'y occupe pas une place aussi importante.

Le chiffre 4 fait figure de 13 en Chine, puisque sa prononciation ressemble à celle du mot signifiant la mort. Ainsi, ce sont surtout les numéros de téléphone attribués à des étrangers qui comportent des 4, et ceux-ci coûtent moins cher que s'ils comportaient des chiffres porte-bonheur. Il en va de même pour les appartements situés au quatrième étage, dont certains immeubles sont même dépourvus (à l'instar du 13e en Amérique du Nord) : à Hong Kong, les étages 4, 14, 24, 34 et 40 à 49 n'existent pas, si bien que le 50e étage d'un bâtiment en est en fait le 36e. Dans les avions et les trains, les numéros des sièges contenant ces chiffres sont parfois élidés. Un exportateur devrait donc éviter de signer un contrat le 4, le 14 ou le 24 du mois, surtout un mois d'avril ; de toute façon, il est fort probable que son partenaire chinois ne se présente pas. Plusieurs entreprises ont éliminé le chiffre 4 de leur gamme de produits. Les numéros de série des appareils Nokia et Palm ne commencent jamais par un 4. Quant à Canon, ses appareils photo de modèle PowerShot G2 et G3 ont été suivis par le G5 et le G6.

Le 8 est quant à lui le chiffre porte-bonheur des Chinois. Les Jeux olympiques de Pékin ont d'ailleurs commencé le 8 août 2008 à 20 h 08. Plus les numéros de téléphone et les plaques d'immatriculation comptent de 8, plus ils coûtent cher. Pour sa part, le chiffre 9 est très recherché, car il symbolise la durabilité. Il est bien vu de signer un contrat le 9, le 19 ou le 29 du mois, et de nombreux mariages sont célébrés en septembre. Enfin mentionnons le 6, qui a une signification de facilité, le 1, qui représente le commencement, le début, la source, et le 2, qui symbolise la parité et l'équilibre.

Source : D'après « Les chiffres chinois », *Namhao*, 29 juin 2008, [www.namhao.com/spip.php?article153], (9 mars 2009).

livraison de couches pour bébé par des cigognes a été un échec : les Japonais n'ont pas saisi le lien, car, chez eux, le mythe veut que ce soient des pêches géantes flottant sur une rivière qui livrent les bébés.

- *Mode de lecture.* La publicité doit tenir compte du mode de lecture en vigueur dans la langue du marché cible. Au Moyen-Orient, une annonce de détergent montrait à gauche du linge sale, au milieu, le détergent et, à droite, du linge propre ; puisque dans la langue arabe on lit de droite à gauche, le message suggérait que le détergent salissait le linge au lieu de le laver !

CHOISIR ENTRE LA STANDARDISATION ET L'ADAPTATION DE LA POLITIQUE DE COMMUNICATION[20]

La standardisation consiste à utiliser la même communication sur tous les marchés, tant intérieurs qu'étrangers, et ce, sans tenir compte de leurs différences socioculturelles. Mêmes arguments, même positionnement, mêmes messages publicitaires, mêmes slogans, mêmes emballages, etc. Coca-Cola, Perrier et Benetton sont des marques auxquelles on applique cette stratégie.

Puisque le texte doit être traduit dans la langue du pays, rares sont les campagnes de communication complètement standardisées. Par ailleurs, les pays partageant la même langue sont tout de même distincts sur le plan culturel ; il vaut mieux prendre en compte ces différences.

En général, la publicité est plus facile à standardiser pour les produits à usage industriel que pour les biens de consommation. En effet, l'utilisation des produits industriels est relativement homogène (on les achète pour les mêmes raisons et on les utilise de la même manière d'un pays à l'autre), et ce, d'autant plus lorsqu'ils ont un degré de sophistication ou de complexité élevé.

Par ailleurs, on assiste à l'émergence de segments de population homogènes, partageant les mêmes modes de vie, les mêmes besoins, les mêmes valeurs, les mêmes attentes, les mêmes motivations et les mêmes comportements d'achat. Ces segments sont disposés à recevoir des messages uniformes.

La communication standardisée a pour avantage de générer des économies d'échelle sur le plan de la conception et de la production des messages publicitaires. Bien coordonnée, elle permet en outre une mise en œuvre plus rapide des campagnes publicitaires et une pénétration plus rapide des marchés, grâce au renforcement et à l'uniformité de l'image du produit ou de l'entreprise.

En revanche, puisqu'elle est fondée sur le plus petit dénominateur commun des marchés cibles, elle est peu adaptée aux spécificités locales et peut ainsi susciter des réactions négatives de la part des consommateurs. Ceux-ci risquent alors de se tourner vers des concurrents locaux. Il en résulte d'importantes pertes de parts de marché, et l'image de l'entreprise et de ses produits peut être ternie à jamais. De plus, le recours à la standardisation peut démotiver les équipes locales, celles-ci n'étant pas impliquées dans la conception des programmes de communication.

---

20. Eur-Export, *Le choix entre la standardisation, l'adaptation et la standardisation adaptée*, s.d., [www.eur-export.com/francais/apptheo/marketing/comm/comstand.htm], (9 mars 2009).

Il existe cependant une solution mitoyenne : la standardisation adaptée, ou homogénéisation. Elle conjugue standardisation et adaptation en appliquant le célèbre slogan *Think globally, act locally* (penser globalement, agir localement).

Une communication homogène est fondée sur un concept standard (message et positionnement du produit identiques) auquel on apporte des changements mineurs et ponctuels pour l'adapter aux particularismes locaux. L'entreprise part de l'hypothèse que le produit répond aux mêmes besoins et que les marchés présentent une certaine homogénéité socioculturelle, mais elle adapte la création à chaque pays.

Par exemple, la société Unilever utilise une telle stratégie pour promouvoir son savon Dove : d'un pays à l'autre, on voit les mêmes décors et les mêmes scènes, mais pas les mêmes acteurs, qui d'ailleurs parlent la langue locale.

L'homogénéisation a pour avantages de présenter une image mondiale unique, de prendre en compte les spécificités locales, de motiver et d'impliquer les équipes locales et d'assurer une bonne synergie entre les marchés. Par contre, elle a pour inconvénients de ne générer que de faibles économies d'échelle, d'imposer un processus de décision rigide et d'être longue à mettre en œuvre.

VII. LE PLAN MARKETING

OBJECTIF 7

Concevoir un plan marketing adéquat dans une situation concrète d'exportation.

Bien avant d'avoir en main sa première commande, l'entreprise doit préparer un plan marketing[21] pour l'exportation. À cette étape, on ne doit pas confondre le marketing avec la publicité, la vente ou la promotion. Le marketing concerne l'ensemble du PPDC, c'est-à-dire le produit, le prix, la distribution et la communication, tandis que la publicité, la vente et la promotion ne font partie que du C.

Contrairement au plan d'affaires, qui analyse la capacité d'autofinancement et la rentabilité future du projet dans une perspective globale, le plan marketing porte uniquement sur les prévisions de ventes, les options de marketing et les dépenses qui y sont afférentes. Le plan marketing est donc l'une des nombreuses rubriques du plan d'affaires, qui n'est jamais complet s'il n'en inclut pas la synthèse.

La préparation d'un plan marketing est essentielle, car le marketing est l'outil le plus important dont dispose l'entreprise pour réaliser des **profits**. En effet, sans équipe de vente, l'entreprise ne peut ni faire connaître ni vendre son produit. C'est pour cette raison que, lorsqu'une entreprise éprouve des difficultés financières, les vendeurs sont les derniers à être remerciés.

Profit
Gain net qu'on retire d'une activité.

---

21. Tiré et adapté d'Équipe Canada inc., « Atteindre les clients : Définir la stratégie marketing », *Guide pas à pas à l'exportation*, Ottawa, ministère des Travaux publics et Services gouvernementaux, 2005, p. 16-21 ; Agence de promotion économique du Canada atlantique, 2002, *Planifier votre succès. Guide de préparation d'un plan de marketing*, 2005, [www.acoa.ca/Fran%C3%A7ais/publications/Feuillets dinformation/Documents/Comment_pr%C3%A9parer_un_plan_de_marketing_pdf.pdf], (11 mars 2009).

Un bon plan marketing doit répondre aux questions suivantes :

- Quel est le marché cible et quelles sont ses caractéristiques ?
- Quel est le contexte concurrentiel du marché visé ?
- Quel est le dosage des différents éléments du marketing mix ?
- Quel sera le degré d'adaptation de la communication et des produits ou services ?

Le plan doit être très souple : il doit indiquer une orientation générale et décrire la stratégie privilégiée pour atteindre le but fixé par l'entreprise.

Le marketing étant une activité permanente et en constante évolution, l'entreprise retouche régulièrement le plan marketing. À l'étape de son élaboration, elle doit se poser les questions suivantes :

- Quelle est la nature de notre industrie ?
- Qui sont nos clients cibles ?
- Où sont-ils ?
- Quels sont les produits ou services que nous projetons de commercialiser ?
- Comment comptons-nous fixer le prix de nos produits ou services ?
- Quel segment du marché souhaitons-nous cibler ?
- Notre matériel publicitaire donne-t-il une image exacte de la qualité de nos produits ou services et du professionnalisme de notre entreprise ?

Pour ce qui est du contenu, un bon plan marketing doit être étroitement lié au plan d'affaires de l'exportation et présenter les éléments suivants :

- la page couverture ;
- l'introduction ;
- la description du produit ou du service ;
- l'analyse du marché ;
- l'analyse de la concurrence ;
- l'analyse de la technologie ;
- l'analyse du milieu sociopolitique ;
- les buts ;
- la stratégie marketing ;
- la mise en œuvre ;
- les prévisions financières ;
- l'évaluation ;
- le bilan.

Ces éléments, de même que les notions et les exemples qui y ont trait, sont présentés en détail sur le Compagnon Web de l'ouvrage.

Le Canada et ses partenaires commerciaux

LE MEXIQUE

En tant que partenaire du Mexique dans l'Accord de libre-échange nord-américain (ALENA), le Canada est devenu le deuxième marché d'exportation de ce pays, lequel est maintenant lui-même la cinquième destination des exportations canadiennes. Une population jeune, une forte croissance démographique et une économie en pleine expansion font en sorte que le Mexique offrira dans l'avenir au Canada de nombreuses occasions de renforcer des relations déjà importantes en matière de commerce et d'investissement.

- Le Mexique est très actif sur le plan commercial, particulièrement en Amérique latine, et sa politique de libre-échange compte parmi les plus libérales du monde.

- Les exportations canadiennes vers le Mexique ont plus que doublé entre 2003 et 2008, passant de 2,2 milliards de CAD à presque 5,8 milliards de CAD (voir tableau 4.3).

- Le gouvernement mexicain a fait l'effort de réduire les mesures protectionnistes dans divers secteurs, notamment l'agriculture et les transports en commun.

- L'économie mexicaine, la plus importante en Amérique latine, connaît présentement sa plus longue période de croissance depuis décembre 2000.

- Le secteur privé gagne constamment en importance au Mexique, qui possède une économie de marché libre. Le nombre de sociétés d'État est en chute libre depuis 20 ans, se situant aujourd'hui à moins de 200.

La région de Mexico, centre culturel et politique du pays, abrite le quart de la population du pays et est source du quart du PIB mexicain. Les régions du Nord affichent une croissance industrielle comparable à celle que l'on observe dans le sud-ouest des États-Unis. Quant au Sud, bien qu'il soit riche en ressources, il est pauvre en infrastructures.

Antérieurement protectionniste, la politique économique du Mexique s'est libéralisée au fil des deux dernières décennies. L'État demeure cependant omniprésent dans le secteur de l'énergie : tout ce qui a trait à l'exploitation pétrolière est perçu comme une affaire d'État, ce secteur étant le plus important du PIB. Il est donc peu probable que ce secteur connaisse une vague de privatisations à court ou à moyen terme.

L'économie mexicaine dépend fortement des exportations. La hausse de la demande de produits mexicains à l'étranger a stimulé le PIB, tout comme les activités agricoles, les prix élevés sur les marchés internationaux, les conditions climatiques favorables et l'accroissement de la superficie des terres cultivées[a].

Les points forts[b]

- Le Mexique est devenu une puissance manufacturière ; il a su profiter de sa participation à l'Accord de libre-échange nord-américain (ALENA).

- Ce pays est très stable sur le plan macroéconomique.

- Les investisseurs internationaux sont rassurés par la maîtrise des déficits publics et par la relative petitesse de la dette extérieure.

- Le secteur bancaire jouit d'une situation satisfaisante.

- La population active du pays est jeune et en croissance.

Les points faibles

- Les exportations du Mexique (comme celles du Canada) sont trop concentrées vers les États-Unis, et le pays connaît des problèmes de compétitivité face à des concurrents tels que la Chine.

- Les finances publiques dépendent trop des recettes pétrolières, malgré la réforme fiscale de 2007.

- Des obstacles politiques et sociaux retardent le progrès de nécessaires réformes structurelles dans les domaines de l'énergie, des télécommunications, de l'éducation, du droit du travail et de la justice.

- Des investissements insuffisants et une main-d'œuvre trop peu qualifiée constituent des obstacles à l'évolution vers une production à forte valeur ajoutée.

- Les inégalités sociales et la pauvreté sont criantes.

- L'environnement des affaires.

En 2007, les exportations du Canada vers le Mexique représentaient 1,2 % de ses exportations totales, et ses importations du Mexique comptaient pour 5,1 % de ses importations totales. Comme le montrent les tableaux 4.2 et 4.3, qui donnent un aperçu du commerce international entre le Canada et le Mexique pour les dernières années, le Canada est un fournisseur de premier plan de produits agroalimentaires, de véhicules automobiles et d'acier, et importe principalement des téléviseurs, des véhicules et leurs parties et du pétrole.

Nous avons insisté précédemment sur l'importance que les produits répondent aux exigences du marché auquel il se destine. Un exportateur canadien de chocolat et de bonbons qui expédiait des produits au Mexique depuis environ cinq ans l'a appris à ses dépens. Il y a trois ans, il expédiait un chargement de chocolat au Mexique dont l'étiquetage semblait conforme. Une fois le chargement parvenu aux douanes, on a constaté que la date de péremption n'avait pas été imprimée en espagnol sur l'étiquette. L'exportateur s'est alors vu imposer une amende d'un dollar américain par paquet. Comme l'exportateur entretenait une bonne relation avec son client, ce dernier, une chaîne de vente au détail mexicaine, lui a accordé quatre jours de plus pour réétiqueter sa marchandise. Les coûts supplémentaires en main d'œuvre, en entrepôt à la frontière et en camionnage se sont élevés à plus de 9 000 CAD, mais, au moins, la vente n'a pas été perdue.

a. Agriculture et Agroalimentaire Canada, Service d'exportation agroalimentaire, *Profil du secteur agroalimentaire – Mexique*, 8 juin 2006, [www.ats.agr.gc.ca/latin/3991·f.htm], (4 mars 2009).

b. L'information sur les points forts et les points faibles de l'économie mexicaine est tirée de CapitalTouch.com, *Risk & Notations – Mexique*, 7 novembre 2007, [www.capitaltouch.com/?cid=752&langue=fra], (4 mars 2009).

Tableau 4.2

Les importations canadiennes du Mexique par type de produit, en millions de CAD

	2006	2007	2008
Appareils récepteurs de télévision, appareils récepteurs de radio, d'enregistrement et de reproduction du son et de l'image	n.d.	1 744 197	2 031 125
Véhicules automobiles, moteur à allumage par étincelles, cylindrée 1 501 < 3 000 cm^3	1 264 238	1 200 548	1 323 844
Huiles de pétrole ou de minéraux bitumineux brutes	955 169	711 912	961 209
Fils pour bougies d'allumage et autres fils utilisés dans les moyens de transport	704 673	715 922	604 639
Parties de sièges (autre que médico-chirurgical)	576 137	581 200	487 439
Camions à moteur à allumage par étincelles, charge maximale < 6 tonnes	408 598	391 282	473 118
Unités de trait ou de mémoire	512 505	426 863	451 729
Téléphones pour réseaux cellulaires et pour autres réseaux sans fil	n.d.	131 301	392 154
Véhicules automobiles à moteur à allumage par étincelles, cylindrée > 3 000 cm^3	191 220	179 941	338 990
Camions à moteur diesel ou semi-diesel, charge maximale < 6 tonnes	283 638	603 400	313 790
Total partiel	**6 406 967**	**9 534 417**	**10 228 550**
Autres produits	9 611 706	7 642 041	7 663 645
Total	**16 018 673**	**17 176 458**	**17 892 195**

Source : Tiré et adapté d'Industrie Canada, *Données sur le commerce en direct*, Importations totales canadiennes du Mexique, 25 premiers produits (code SH6), s.d., [www.ic.gc.ca/epic/site/tdo-dcd.nsf/fr/accueil], (rapport généré le 3 mars 2009).

Tableau 4.3

Les exportations canadiennes vers le Mexique par type de produit, en millions de CAD	2006	2007	2008
Graines de navette ou de colza, faible teneur d'acide érucique	327 731	451 171	821 338
Processeurs et contrôleurs	–	89 419	272 232
Véhicules automobiles, moteur à allumage par étincelles, cylindrée 1501 < 3000 cm³	174 789	202 427	257 110
Boîtes de vitesses (transmissions) pour véhicules automobiles	205 281	182 049	232 897
Méteil	235 341	215 884	181 031
Parties de machines de sondage ou de forage des sols	6 181	27 663	163 788
Houille bitumineuse	33 038	21 466	148 750
Barres d'aciers alliés, laminées ou filées à chaud	138 492	125 544	133 181
Alliages d'aluminium sous forme brute	57 753	102 667	127 477
Parties de véhicules automobiles	171 276	176 583	125 910
Total partiel	**1 977 459**	**2 563 993**	**3 589 694**
Autres produits	2 397 211	2 396 867	2 258 498
Total	**4 374 670**	**4 960 860**	**5 848 192**

Source : Tiré et adapté d'Industrie Canada, *Données sur le commerce en direct*, Exportations totales canadiennes vers le Mexique, 25 premiers produits (code SH6), s.d., [www.ic.gc.ca/epic/site/tdo-dcd.nsf/fr/accueil], (rapport généré le 3 mars 2009).

Données sur le Mexique[a]

Données géographiques

Nom officiel :	États-Unis mexicains
Superficie :	1 972 550 km²
Population :	109,96 millions d'habitants
Capitale :	Mexico
Villes principales :	Guadalajara, Acapulco, Monterrey
Langue(s) :	Espagnol (langue officielle) et 60 autres langues, dont le náhuatl
Monnaie :	Peso mexicain (1 MXN = 0,0937 CAD, 1 CAD = 10,6712 MXN)
Fête nationale :	16 septembre, jour de l'indépendance (1810)

Données démographiques

Croissance démographique :	1,142 %
Espérance de vie :	73,05 ans pour les hommes, 78,78 ans pour les femmes
Taux d'alphabétisation :	91 %
Religion(s) :	Catholicisme, religions protestantes
Indice de développement humain (classement ONU) :	0,829 (52e rang mondial sur 177)

Données économiques

PIB (2007):	893,4 milliards de USD
PIB par habitant:	12 800 USD
Taux de croissance:	3,3 %
Taux de chômage:	3,7 %
Taux d'inflation:	4,0 %
Solde budgétaire:	0 USD
Balance commerciale:	
	Exportations: 272 milliards de USD
	Importations: 283 milliards de USD
	Solde: –11 milliards de USD
Principaux clients:	États-Unis (84,7 %), Canada (2,1 %), Espagne (1,3 %)
Principaux fournisseurs:	États-Unis (50,9 %), Chine (9,5 %), Japon (6,0 %) Corée du Sud (4,2 %)
Importations canadiennes du Mexique (2009)[c]:	17,167 milliards de CAD; 4,2 % des importations mondiales
Exportations du Canada vers le Mexique (2009)[b]:	4,951 milliards de CAD; 1 % des exportations mondiales

a. Source: Central Intelligence Agency (CIA), « Mexico », *The World Factbook*, 24 février 2009, [www.cia.gov/library/publications/the-world-factbook/geos/mx.html], (4 mars 2009).
b. Industrie Canada, *Données sur le commerce en direct*, Exportations canadiennes totales vers le Mexique, *op. cit.*
c. Industrie Canada, *Données sur le commerce en direct*, Importations canadiennes totales du Mexique, *op. cit.*

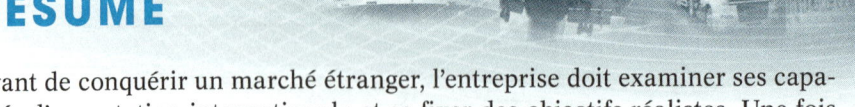

RÉSUMÉ

Avant de conquérir un marché étranger, l'entreprise doit examiner ses capacités d'exportation internationale et se fixer des objectifs réalistes. Une fois qu'elle a déterminé un marché cible, elle en fait une étude approfondie. L'étude du marché cible lui permet de:

- segmenter le marché (groupes de consommateurs présentant les mêmes besoins);
- mesurer la taille de chaque segment (consommation annuelle);
- déterminer les besoins et les caractéristiques de chaque segment;
- définir un marketing mix à l'exportation.

L'entreprise est ensuite prête à concevoir et à mettre en œuvre une stratégie marketing. Celle-ci lui permettra non seulement de se positionner à l'égard des consommateurs, mais également de faire face à la concurrence. La stratégie marketing doit être compatible avec les objectifs fixés et elle commande tous les aspects du marketing mix. Le marketing mix est composé de certaines variables (les 4 *P*, ou PPDC) dont se servent toutes les entreprises pour atteindre leurs objectifs marketing :

- le produit ou service ;
- le prix ;
- le placement (ou distribution) ;
- la publicité (ou communication) ;

Enfin, l'entreprise doit trouver le marketing mix optimal pour le marché ciblé.

MOTS CLÉS

Français	Anglais
Besoin (p. 137)	Need
Budget de caisse (CW)	Cash budget
Ciblage (p. 151)	Zoning
Circuit de distribution (réseau/canal de distribution) (p. 135)	Channel of distribution (distribution network)
Communication-produit (p.139)	Marketing
Coûts fixes (CW)	Fixed costs
Coûts variables (CW)	Variable costs
Créneau (p. 152)	Niche
Délai de récupération (CW)	Payback period
Demande (p. 137)	Demand
Distribution (p. 134)	Distribution
Marché cible (p. 139)	Target market
Marketing international (p. 134)	International marketing
Marque (p. 139)	Trademark
Offre (p. 137)	Supply
Part de marché (p. 137)	Market share
Pénétration du marché (p. 153)	Market penetration
Positionnement d'un produit (p. 152)	Product positioning
Profit (p. 165)	Benefit
Recettes (CW)	Sales receipts
Segment de marché (p. 141)	Market segment
Seuil de rentabilité (CW)	Break-even point

VÉRIFIEZ VOS CONNAISSANCES

Questions à choix de réponses

1. Il existe des arguments pour la standardisation de l'emballage et des arguments contre. Parmi les propositions suivantes, laquelle constitue un faux argument pour la standardisation de l'emballage ?

   a) Elle facilite la production de masse et permet de réaliser des économies d'échelle.

   b) Elle répond aux spécificités culturelles de tous les pays.

   c) Elle utilise de manière optimale les espaces de stockage.

   d) Elle réduit le coût de manutention du produit.

2. En établissant la politique internationale du produit, l'entreprise devra faire face à de nombreux problèmes. Parmi les dimensions suivantes, laquelle ne concerne pas la politique internationale du produit ?

   a) La distribution du produit   c) Le développement du produit

   b) La sélection du produit   d) Le positionnement du produit

3. Une entreprise canadienne souhaite exporter son produit vers un marché partagé entre un nombre restreint de fournisseurs. À quelle forme d'offre l'entreprise fait-elle face sur ce marché concurrentiel ?

   a) L'offre oligopolistique   c) L'offre monopolistique

   b) L'offre concurrentielle   d) L'offre stratégique

4. Quel est le canal de distribution qui permet, d'une part, aux acheteurs de s'adresser directement aux fabricants afin d'obtenir un accès rapide et à moindre coût au produit, et qui, d'autre part, dote les fabricants d'une image innovatrice tout en leur permettant d'offrir un service personnalisé aux acheteurs ?

   a) Internet   c) L'agent étranger

   b) Le distributeur étranger   d) La franchise

5. Le design fait partie de laquelle des politiques suivantes ?

   a) La politique de distribution internationale

   b) La politique internationale du produit

   c) La politique de communication internationale

   d) La politique de prix à l'international

Questions à court développement

6. Bien avant sa première commande à l'étranger, l'entreprise qui souhaite exporter devra préparer un document de travail qui décrira, entre autres, l'orientation générale du projet, la stratégie de marketing qu'elle privilégiera, ses buts ainsi qu'une analyse du marché visé et de la concurrence sur ce marché. Comment se nomme ce document ?

7. Quel est le terme utilisé pour décrire le découpage d'une population totale en sous-groupes présentant un comportement relativement homogène ?

8. Lorsqu'une entreprise utilise un éventail de supports dans les grands médias publicitaires et hors-média pour rejoindre le marché qu'elle souhaite conquérir, quelle politique met-elle en œuvre ?

9. Comme la plupart des marchés étrangers et intérieurs sont hétérogènes, l'entreprise peut rarement proposer avec succès un produit unique à l'ensemble des acheteurs (sauf, peut-être, dans le cas des biens à usage industriel). Que doit faire l'entreprise pour satisfaire ces différents marchés ?

Recherches Internet

10. Rendez-vous sur plusieurs sites Internet de McDonald's à travers le monde (voir les sites suggérés ci-dessous) et commentez les éléments du marketing international de l'entreprise.

a) Essayez de souligner les éléments liés à chacune des politiques suivantes :
   - la politique internationale du produit ;
   - la politique de distribution internationale ;
   - la politique de communication internationale.

b) Pourquoi le Big Mac n'est-il pas présenté en Inde ? Il est remplacé par quel produit ?

c) La mention 100 % bœuf est remplacée par quoi dans les pays arabes ? Pourquoi ?

d) Donnez deux exemples de produits qui existent dans le marché canadien et qui ont été adaptés dans les autres marchés.

e) Donnez deux exemple de produits qui sont demeurés les mêmes dans les trois marchés auxquels sont destinés les sites suggérés.

f) Quel élément de culture est prédominant (saute aux yeux) dans la politique de communication internationale de McDonald's ?

Sites Internet à consulter :
- www.mcdonalds.com
- www.mcdonalds.ca/fr/index.aspx (Canada français)
- www.mcdonaldsarabia.com (Arabie Saoudite)
- www.mcdonaldsindia.com (Inde)

11. Rendez-vous sur la section « spécialités Lassonde » du site des Industries Lassonde. Dans le menu *Produit*, cliquez sur *Canadian Club*. Essayez, en appliquant le marketing mix, d'adapter ce produit pour le marché de l'Arabie Saoudite, de l'Inde ou du Mexique. Y a-t-il des adaptations à faire pour les éléments suivants ? Justifiez votre réponse.

a) La dénomination commerciale

b) Les matières premières utilisées

c) Le design

d) La marque

e) L'étiquetage

f) L'emballage

g) La qualité

h) L'origine du produit

Vous pouvez vous inspirer des sites internationaux de McDonald's (question précédente) ou d'autres multinationales telles que Coca Cola. Vous pouvez aussi visiter le Service d'exportation agroalimentaire d'Agriculture Canada pour obtenir de l'information concernant les marchés.

Sites Internet à consulter :

- www.lassonde.com
- www.specialiteslassonde.com/entreprise/president.asp
- www.mcdonalds.com
- www.coca-cola.com/index.jsp ?cookie=false
- www.ats-sea.agr.gc.ca/info/mkinfo-f.htm

Études de cas

12. Vous travaillez pour le service de marketing de Pédalon, une entreprise manufacturière de vélos. Cette dernière souhaite introduire son modèle le plus polyvalent sur le marché sud-coréen, où elle estime que l'utilisation des bicyclettes est une activité quotidienne pour plus de 23 millions d'habitants. Votre service a déjà effectué la segmentation du marché et s'apprête à positionner le produit par rapport à ceux des entreprises concurrentes déjà présentes sur le marché. Vous rappelez à vos collègues qu'il faut tout d'abord cibler un segment de marché particulier. Faites-leur part des critères sur lesquels Pédalon devra se baser pour choisir un segment cible.

13. Vous êtes responsable du marketing chez Éducajeu, une entreprise québécoise qui produit des jeux éducatifs pour les enfants de 3 à 10 ans. Lors d'une foire commerciale qui a eu lieu en Allemagne, le président de l'entreprise a décelé un intérêt croissant pour les jeux éducatifs et a donc estimé qu'Éducajeu devait exporter ses produits sur le marché allemand. Souhaitant se doter d'une politique de communication internationale, le président vous demande de déterminer les critères dont l'entreprise devra tenir compte lors de la préparation de sa campagne de communication internationale. Que lui répondez-vous ?

Vous trouverez des exercices additionnels dans le **Compagnon Web**, à l'adresse **www.erpi.com/jammal.cw.**

5

LES **RÉSEAUX** DE **COMMERCIALISATION** ET DE **DISTRIBUTION À L'ÉTRANGER**

Dans le chapitre 4, où nous nous sommes penchés sur le marketing international, nous avons traité de l'importance qu'une entreprise doit accorder au marketing mix. Dans ce chapitre, nous nous attarderons à l'un des aspects du marketing mix, soit la distribution. Comme nous le verrons, en matière de distribution internationale, une entreprise dispose de nombreuses possibilités pour franchir les distances, souvent considérables, qui la séparent de son client.

Une entreprise pourra choisir l'exportation directe. Dans ce cas, elle se chargera elle-même de la distribution et enverra ses représentants dans le pays du client pour qu'ils tâchent de vendre ses produits. À l'inverse, elle pourra opter pour l'exportation indirecte et demander à une firme locale d'effectuer ce travail de représentation pour elle. Entre ces deux possibilités, qui sont des extrêmes en termes de responsabilité de la vente, elle pourra choisir de s'allier à d'autres entreprises pour faire de l'exportation en partenariat ou en alliance.

Dans tous les cas, les décisions en matière de distribution doivent être prises en fonction de l'entreprise, des produits, du pays de la clientèle visée, du circuit de distribution local ainsi que d'autres facteurs.

En commerce international, la distance qui sépare le vendeur de l'acheteur explique la présence fréquente d'agents intermédiaires, qui servent de relais entre l'exportateur et le client et assurent la communication entre les deux. Ces intermédiaires doivent bien connaître les besoins de l'un et de l'autre ainsi que le contexte international. Ils pourront s'occuper de la distribution physique du produit et de sa promotion auprès de la clientèle. Dans la plupart des cas, l'entreprise exportatrice aura recours à plusieurs intermédiaires pour acheminer ses produits à un client.

Le café et ses légendes

Une légende raconte que ce serait un berger d'Éthiopie du nom de Khaldi qui aurait découvert le café. Ses chèvres se comportaient de manière bizarre lorsqu'elles avaient mangé les baies rouges d'un arbuste inconnu. Khaldi alla demander conseil au prieur du monastère voisin, qui fit une décoction de ces baies : le café était né. Dès lors, les moines s'en servirent pour rester en état de veille lors de leurs longues séances de prière. Mais ils ne torréfiaient pas les fruits. Ce sont deux moines du Yémen, Sciadli et Aydrus, qui découvrirent cette technique par hasard, après être allés cueillir des baies de café sous la pluie. Leur récolte étant complètement détrempée, ils la mirent à sécher auprès de la cheminée. À leur retour, ils ne purent que constater que leurs grains avaient rôti. En émanait une odeur très agréable qui les incita à faire tout de même leur décoction. Le résultat fut en fait si concluant qu'ils prirent l'habitude de procéder de la sorte.

C'est à partir du XVe siècle que le café commença à se répandre ailleurs dans le monde, d'abord au Yémen et

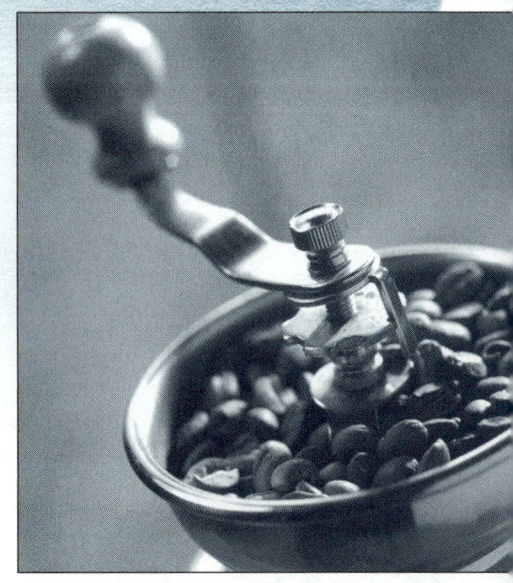

en Arabie, seuls endroits où l'on cultivera le caféier jusqu'au XVIIᵉ siècle. La plante fut ensuite introduite à Ceylan, en Inde et dans les colonies hollandaises d'Asie. C'est en provenance de l'une d'elles, Java, qu'arrivera pour la première fois le café en Europe.

En Égypte, en Syrie, en Perse et en Turquie, le café était déjà très populaire au milieu du XVIᵉ siècle. À Istanbul, les Syriens Shems et Hekeem ouvrirent le premier café en 1555, ce qui déclencha une véritable mode : des centaines d'établissements parsemaient la ville quelques années plus tard. Médine, Le Caire, Bagdad, Alexandrie et Damas suivirent la tendance.

En 1683, assiégée pour la seconde fois par les troupes ottomanes, Vienne, capitale du Saint-Empire romain germanique, était au bord de la capitulation. Franz Goerg Kolschitzky, jeune Polonais ayant vécu à Istanbul, se mit alors au service de l'armée impériale à titre d'espion. Les renseignements qu'il glana chez les Turcs permirent au duc de Lorraine de libérer la ville. Dans leur fuite, les assaillants laissèrent des armes et des provisions, notamment 500 sacs de café. Les autorités impériales décidèrent de récompenser Kolschitzky en lui donnant ces sacs et en lui accordant l'autorisation d'ouvrir un établissement servant du café. Au début, le jeune Polonais préparait son café à la turque, par décoction. Mais, comme les Viennois n'appréciaient guère la boisson obtenue, il tenta de filtrer le mélange et d'y ajouter de la crème et du miel. Ce fut alors un franc succès. Ensuite, Kolschitzky mit tous les journaux de la ville à la disposition de ses clients. Il demanda également à l'un de ses amis de créer une pâtisserie dont la forme, inspirée de l'un des symboles du drapeau ottoman, serait le croissant. Le *kippfel* est aujourd'hui un classique des « viennoiseries ».

Aujourd'hui, au Canada

Malgré un climat ne permettant pas la culture du café, des entreprises canadiennes en importent les grains, les transforment et les revendent sur le marché intérieur et sur les marchés d'exportation (voir tableau 5.1). D'après Agriculture et Agroalimentaire Canada, « la fabrication de produits de café pour la vente au détail et les services d'alimentation demeure une composante clé de l'industrie canadienne de transformation des aliments et boissons. Le café fait la joie des Nord-Américains depuis plusieurs siècles. »

Pour exporter du café à l'étranger, il faut parfois utiliser des réseaux de distribution particuliers ; c'est notamment le cas de la France[a]. Nous verrons à la fin du présent chapitre quel réseau de distribution on doit privilégier pour vendre notre café chez nos cousins français.

En concurrence avec d'autres boissons telles que les boissons gazeuses, les boissons énergisantes, les boissons pour sportifs, le lait, les jus de fruits, l'eau embouteillée, les jus de légumes, les boissons au soja, le chocolat chaud

Tableau 5.1

Les importations et les exportations canadiennes de café, en milliers de CAD							
IMPORTATIONS				**EXPORTATIONS**			
Pays	**2006**	**2007**	**2008**	**Pays**	**2006**	**2007**	**2008**
États-Unis	309 520	325 590	397 902	États-Unis	169 476	163 906	176 868
Colombie	117 057	113 509	135 381	Australie	1 313	1 554	2 096
Brésil	75 774	79 278	72 486	Japon	641	943	1 299
Guatemala	52 821	57 498	55 597	Royaume-Uni	771	970	1 001
Pérou	25 508	23 542	27 721	Irlande	568	587	443
Italie	13 310	16 292	20 542	Nouvelle-Zélande	292	304	414
Mexique	13 361	17 828	16 798	Pologne	–	4	377
Indonésie	17 256	17 283	15 744	Cuba	111	120	278
El Salvador	13 941	6 296	12 736	Corée du Sud	492	423	240
Nicaragua	11 391	6 661	11 953	République tchèque	162	265	221
Total partiel	**649 938**	**663 776**	**766 861**	**Total partiel**	**173 827**	**169 076**	**183 238**
Autres pays	68 032	65 565	70 386	Autres pays	1 765	1 172	1 527
Total	**717 970**	**729 341**	**837 247**	**Total**	**175 592**	**170 248**	**184 765**

Source : Tiré et adapté d'Industrie Canada, *Données sur le commerce en direct*, Importations et exportations totales (10 premiers pays), SH 0901 – Café, coques/pellicules et succédanés, s.d., [www.ic.gc.ca/epic/site/tdo-dcd.nsf/fr/accueil], (rapports générés le 3 mars 2009).

ainsi que les vins et cidres à faible teneur en alcool, le café est tout de même bu quotidiennement par 63 % des adultes, au Canada. Il est ainsi la boisson chaude la plus consommée au pays. Les adeptes en boivent en moyenne 2,6 tasses par jour. Ces dernières années, ce sont les cafés dits « de spécialité », tels que les cafés au lait, les cappuccinos et d'autres mélanges, qui deviennent de plus en plus populaires. En 2005, le café comptait pour 14,3 % des boissons vendues au pays.

a. La France fait l'objet de la rubrique « le Canada et ses partenaires commerciaux » à la fin du présent chapitre, p. 212.

Sources : Tiré et adapté de Malongo, « Histoire et légendes », s.d., [www.malongo.fr/fr/public/histoire.html], (14 octobre 2008) ; Agriculture et Agroalimentaire Canada, *L'industrie canadienne du thé et du café*, 3 juillet 2008, [www4.agr.gc.ca/AAFC-AAC/display-afficher.do ?id=1172237152079&lang=f], (14 octobre 2008).

OBJECTIF

Distinguer les modes de distribution à l'étranger.

OBJECTIF

Comprendre les avantages et les inconvénients de chaque mode.

Exportation directe
Mode de distribution à l'étranger selon lequel une entreprise se charge elle-même de l'ensemble des démarches visant à conclure une vente et à livrer ses produits aux clients.

Exportation indirecte
Mode de distribution internationale selon lequel une entreprise a recours à un ou à des intermédiaires pour exporter ses produits vers des marchés étrangers.

Exportation en partenariat ou en alliance
Mode de distribution à l'étranger selon lequel une entreprise s'associe à d'autres entreprises pour exporter ses produits.

I. LES MODES DE DISTRIBUTION INTERNATIONALE

Comme nous l'avons vu dans l'introduction qui précède, les différents modes d'exportation qui s'offrent aux entreprises se classent en trois grandes catégories :

- l'exportation directe ;
- l'exportation indirecte ;
- l'exportation en partenariat ou en alliance.

L'**exportation directe** regroupe des formules de vente que l'entreprise réalise directement sur les marchés extérieurs et sous sa propre responsabilité. Autrement dit, une entreprise utilisant l'une de ces formes d'exportation n'aura pas recours à une tierce personne. Elle réalisera l'ensemble du processus d'exportation par elle-même. À l'inverse, l'**exportation indirecte** suppose que l'entreprise réalise ses ventes à l'étranger par l'entremise d'intermédiaires qui prennent en charge, en tout ou en partie, le processus d'exportation et de commercialisation. Enfin, l'**exportation en partenariat ou en alliance** permet à l'entreprise d'exporter ses produits en collaboration avec d'autres entreprises, qui opèrent dans le même pays qu'elle ou dans d'autres pays où elle désire exporter. Les groupements d'exportateurs et les franchises sont des formes de vente en coopération. Le tableau 5.2 énumère les choix qui s'offrent aux exportateurs au sein de chaque catégorie. Nous les abordons ensuite dans le détail.

Tableau 5.2

Les modes de distribution à l'étranger

L'exportation directe	L'exportation indirecte	L'exportation en partenariat ou en alliance
• Vente directe • Vente par Internet • Représentant de commerce • Agent commercial • Bureau de représentation ou succursale • Filiale commerciale	• Maison de commerce • Bureau d'achat • Importateur et concessionnaire	• Groupement d'exportateurs • Portage • Franchise commerciale • Coentreprise • Sous-traitance

L'EXPORTATION DIRECTE

L'exportation directe est souvent le premier stade d'une action commerciale à l'étranger. Les représentants de l'entreprise commenceront par voyager dans différents pays, y effectueront des représentations auprès de clients potentiels et pourront recevoir leurs commandes. Ce mode de distribution demande une connaissance précise du marché. Elle nécessite donc un contact étroit avec celui-ci et une présence effective de l'entreprise ou de ses représentants sur place. Voici quelques choix à l'intérieur de ce mode de distribution :

1) la vente directe ;
2) la vente par Internet ;
3) le représentant de commerce ;
4) l'agent commercial ;
5) le bureau de représentation ou la succursale ;
6) la filiale commerciale.

LA VENTE DIRECTE

Dans un processus de **vente directe** à l'exportation, une entreprise réalise elle-même ses ventes à l'étranger, de la prospection à la vente finale, en passant par la livraison et la facturation. Elle opère alors depuis son territoire national, sans disposer d'une infrastructure, de représentants ou d'intermédiaires en territoire étranger. S'inscrivent dans cette technique le télémarketing, la vente à domicile, la vente par télévision ou par Internet, le démarchage, etc. Pensons à *Sears*[1], qui vend depuis longtemps par catalogue ou à *eBay* et *Amazon*, qui vendent par Internet.

La vente directe pose cependant quelques problèmes à l'entreprise. En effet, comment peut-elle vendre à l'étranger sans structure ni vendeur sur place ? Comment peut-elle faire connaître ses produits sans intermédiaires ? Les entreprises résolvent ces problèmes en utilisant des canaux assez variés tels que l'appel d'offres international, le marketing direct et la participation à des événements commerciaux.

Le tableau 5.3 résume les avantages et les inconvénients de la vente directe.

> **Vente directe**
> Technique d'exportation directe suivant laquelle l'entreprise réalise elle-même ses ventes à l'étranger, sans disposer d'infrastructure ou de représentants à l'étranger.

> **www.sears.ca**
> **www.ebay.ca**
> **www.amazon.ca**

Tableau 5.3

Les avantages et les inconvénients de la vente directe

Avantages	Inconvénient
• Faiblesse des coûts de la prospection du marché et du démarrage des activités d'exportation.	• Difficulté de prospecter le marché due à l'absence de représentant.
• Haute probabilité que l'entreprise connaisse le profil et les besoins des clients, le contact étant direct.	

---

1. Sears pratique également la vente par Internet, mais elle fut avant tout une pionnière de la vente par catalogue.

L'appel d'offres international

Cette façon d'exporter implique qu'une entreprise répond à une demande de produits ou de services qu'émet un acheteur étranger. L'**appel d'offres** est un document ou une annonce qui invite des entreprises à soumettre une offre concernant certains produits ou services. Un appel d'offres international mettra en concurrence des fournisseurs internationaux pour des contrats qui sont généralement de grande envergure.

L'encadré 5.1 présente un exemple de préambule à un appel d'offres international. On constatera que le fait de répondre à un appel d'offres implique des démarches et des discussions préalables, qui permettent au proposeur de comprendre ce que le client souhaite ainsi que les conditions de participation, l'envoi de dossiers et le respect d'échéanciers parfois serrés.

> **Appel d'offres**
> Annonce ou document par lesquels des fournisseurs de biens ou de services sont invités à présenter une offre précise en vue de l'attribution d'un contrat ou d'un marché.

Encadré 5.1

Appel d'offres de la Tunisie

Le ministère des Technologies de la communication et du Transport de la Tunisie lance un appel à la préqualification dans le cadre de l'appel d'offres international que lancera l'État tunisien. Cet appel d'offres mènera à l'attribution d'une concession pour la réalisation du nouvel aéroport du centre-est de la Tunisie, dans la région d'Enfidha. Les investisseurs intéressés peuvent se procurer un dossier d'information assorti d'un règlement de préqualification définissant les critères et la procédure de préqualification, et d'une fiche d'information présentant succinctement la Tunisie, son secteur aéronautique ainsi que les principales caractéristiques du projet. [...] Les investisseurs qui souhaitent participer à cet appel sont invités à constituer un dossier à cet effet, conformément aux conditions définies dans le règlement de préqualification, et à le transmettre au bureau d'ordre central du ministère des Technologies de la communication et du Transport [...] au plus tard le *16 juin 2004* à 17 h (le cachet du bureau d'ordre central faisant foi).

Source : Ministère des Affaires étrangères et du Commerce international du Canada, *Appel d'offres – Tunisie*, 14 mai 2004, [w01.international.gc.ca/canadexport/view.aspx?isRedirect=True&id=381162&language=F] (21 avril 2009 - page désormais non disponible).

Le marketing direct

Le marketing direct comprend l'ensemble des activités et des techniques de vente qui s'adressent directement au consommateur, par le biais des médias disponibles, soit le téléphone, la télécopie, Internet, le publipostage, la télévision interactive, etc. Voyons la mise en situation suivante.

MISE EN SITUATION

Votre entreprise se spécialise dans la vente de vitamines. Dans un effort pour sortir du cadre du marché canadien, vous envoyez par courriel des milliers de messages à l'étranger invitant des internautes (clients potentiels), dont vous avez acheté les adresses d'une agence spécialisée dans ce domaine, à se procurer vos produits. Vous recevez des centaines de commandes, que vous vous empressez d'honorer en faisant parvenir vos produits à vos nouveaux clients. Vous avez ainsi réussi à exporter vos produits à peu de frais !

Toutefois, les entreprises doivent bien se garder d'utiliser aveuglément ce mode de distribution. En effet, puisque ce mode implique de solliciter des gens n'ayant pas nécessairement exprimé le désir d'obtenir plus de renseignements sur votre entreprise ou vos produits, il peut importuner les gens. Nombres d'entre nous se sont ainsi fait agacer par une boîte de courriel pleine de messages publicitaires ou par un vendeur téléphonique désireux de nous vendre son produit. En guise de réponse à ce mode de distribution pouvant se révéler intrusif, plusieurs pays, dont le Canada et les États-Unis, ont adopté des lois interdisant certaines formes de marketing direct, notamment auprès de clients qui se sont inscrits sur des listes spéciales précisément pour ne pas être sollicités de cette manière[2].

La participation à des événements commerciaux

La participation à des salons, des foires, des colloques, des tables rondes ou des missions commerciales constitue souvent une première étape pour se lancer dans l'exportation. De tels événements constituent des occasions de faire valoir ses produits, mais aussi d'analyser ceux qu'offrent les concurrents (voir la mise en situation suivante). Ici encore, l'entreprise doit être prudente et bien s'enquérir des règlements dont chaque pays se dote pour les foires qui s'y tiennent.

Des transactions, des achats ou des contrats se concluent parfois pendant l'événement lui-même, mais ces activités ont généralement lieu lors de réunions de suivi ou lors de communications utilisant d'autres modes. Dans certains pays, il n'est pas rare que des ententes ou des contrats se négocient et se concluent pendant les foires commerciales. Il existe plusieurs façons de s'y prendre selon le secteur ou l'industrie. Une entreprise qui participe à une foire sans matériel publicitaire, sans listes de prix, sans bons de commande et sans contrats, et qui pratique de mauvaises techniques de présentation et de négociation, ne donne pas une très bonne image d'elle-même[3]. Des sites Internet spécialisés vous permettront de faire des recherches sur les événements commerciaux à venir[4].

MISE EN SITUATION

Votre entreprise, constituée en 2004, se spécialise dans l'installation et le développement de réseaux de télécommunications. Désirant présenter au plus grand nombre de clients possible le service novateur que vous offrez, vous décidez de vous présenter au *India Telecom*, un événement annuel qui a lieu en décembre, à New Delhi, en Inde. Il s'agit d'un salon international des communications et des technologies de l'information offrant aux professionnels de l'industrie l'occasion de présenter leurs dernières technologies et d'explorer des débouchés commerciaux sur le marché indien de ce secteur, deuxième en importance parmi les économies émergentes d'Asie. Vous pensez que votre présence

www.telecommindia.com

---

2. Depuis le 30 septembre 2008, on peut inscrire son numéro de téléphone sur la *Liste nationale des numéros de télécommunication exclus*. Pour ce faire, on peut appeler au 1 866 580-3625 ou se connecter à [www.lnnte-dncl.gc.ca]. Les entreprises de télémarketing ont droit à une période de grâce de 31 jours suivant l'inscription d'un numéro.
3. Tiré et adapté de l'article « Les foires commerciales et l'exportation », *Canadexport,* vol. XXIV, n° 8, 1er mai 2006, [dsp-psd.tpsgc.gc.ca/Collection/E12-9-24-8F.pdf], (14 octobre 2008).
4. Le Trade Show News Network [www.tsnn.com] est un exemple, parmi d'autres, de ce type de site.

à cette foire sera très profitable à votre entreprise : d'après une étude de marché international que vous avez commandée, les services que vous offrez sont en forte demande en Asie et peu d'entreprises les offrent sur ce continent.

LA VENTE PAR INTERNET

Internet a transformé la façon dont se mènent les affaires. Non seulement il est l'outil par excellence pour faire de la recherche sur les nouveaux marchés, mais il constitue aussi un puissant canal de distribution pour les entreprises voulant vendre leurs produits sur les marchés extérieurs. Lorsqu'une entreprise prend la décision d'utiliser le Web pour promouvoir ses produits, elle a le choix entre deux moyens, dépendamment de la cible visée : la vente interentreprises (B2B) et la vente aux particuliers (B2C).

La vente interentreprises (B2B)

La vente interentreprises[5], aussi connue sous l'appellation B2B ou *B to B* (pour *business to business*), représente plus de 90 % de la valeur des transactions commerciales réalisées par Internet[6]. Dans la majorité des cas, ces transactions ont lieu sur des places de marché.

Une « place de marché » (*market place* en anglais ou *e-marketplace* pour place de marché électronique) est un site Internet destiné aux échanges qui rassemble les offres et les demandes de clients et de vendeurs dans un secteur d'activité donné (par exemple, industrie textile, industrie aéronautique) ou dans un segment de marché (par exemple, véhicules récréatifs, fournitures de bureau). Une telle plate-forme permet d'effectuer des transactions sécurisées et offre aux entreprises la possibilité de trouver des fournisseurs à peu de frais, grâce à des enchères ou à des appels d'offres. Les acheteurs bénéficient de prix réduits et ont une vue d'ensemble des offres grâce à la mise en ligne des catalogues des fournisseurs. Les vendeurs y trouvent, pour leur part, un canal de prospection et de distribution performant à un coût avantageux. L'entreprise qui s'occupe de la place de marché y trouve aussi son compte en prélevant un pourcentage sur chaque transaction. Elle doit cependant maintenir une plate-forme performante et accessible en tout temps. Plusieurs exportateurs jugent ces sites indispensables, parce qu'ils peuvent y faire connaître leur offre en y publiant leurs photos, des démonstrations, des catalogues, etc.

On distingue plusieurs types de places de marché, les privées, les publiques et les sectorielles.

Les places de marché privées réunissent des fournisseurs pour le compte d'un ou de plusieurs donneurs d'ordre en suivant la logique des centrales d'achat en ligne. Les transactions entre entreprises y sont réduites à un acheteur et plusieurs fournisseurs ou à un fournisseur et plusieurs acheteurs. En règle générale, les places de marché privées sont mises sur pied par un industriel ou un groupe d'industriels souhaitant rassembler tous leurs fournisseurs sur un site Web, sous la forme d'un

---

5. Pour des exemples de sites Internet voués à cette activité, voyez [www.alibaba.com] et [www.tradeindia.com].
6. Voir Ted Mallett et Muhamood Kisekka, « Mise à jour sur le commerce électronique », *FCEI Recherche*, août 2000, [www.fcei.ca/researchf/reports/2000int•f.pdf], (14 octobre 2008).

réseau virtuel voué à gérer les approvisionnements. Comme leur nom l'indique, seules certaines entreprises préalablement enregistrées ont accès aux places de marché privées.

Les places de marché publiques sont ouvertes à un grand nombre de vendeurs et d'acheteurs. Elles sont publiques dans la mesure où toute entreprise souhaitant développer ses relations commerciales peut y accéder. Leur popularité est donc tributaire du nombre d'entreprises qui y participent. Elles peuvent être soit verticales, soit horizontales, selon qu'on y échange des biens et services de production au sein d'un même secteur ou des biens et services hors production, communs à tous les secteurs d'activité.

Les places de marché sectorielles fonctionnent de façon plus ciblée et sectorisée, et permettent de structurer et de dynamiser certaines filières de fournisseurs. On les qualifie de «verticales», car elles ont pour but de répondre à l'ensemble des besoins d'un même secteur.

Grâce à ces sites, l'acheteur répertorie ses fournisseurs potentiels avec aisance et rapidité, et peut de surcroît faire de bonnes affaires! Le site de *TEXA-pro* dans le domaine du textile et des machines textiles et celui de *MFG* dans le domaine de la sous-traitance de composants sont des exemples de places de marché sectorielles.

> www.texapro.com/fr/index.php
> www.sourcingparts.com
> www.cargohub.com

Nous pouvons aussi évoquer les places de marché vouées au fret telles que *Cargohub*. L'acheteur transmet sa demande de proposition de prix en utilisant sans frais le formulaire en ligne. Il reçoit, dans les heures qui suivent, des propositions de commissionnaires de transport. Cette formule est très pratique pour répertorier les meilleurs acteurs d'une zone déterminée, mais encore faudrait-il qu'une grande majorité d'entre eux soient inscrits à une place du genre.

La vente aux particuliers (B2C)

La vente aux particuliers, connue aussi sous l'appellation B2C ou *B to C* (pour *business to consumers*), connaît un développement beaucoup plus lent que la vente interentreprises. Elle offre tout de même des possibilités intéressantes aux entreprises souhaitant faire connaître leurs produits aux consommateurs. Les sites de vente aux particuliers sont donc surtout fréquentés par des consommateurs souhaitant s'informer et comparer des produits. Nombre d'entre eux ont vu le jour grâce à la popularité d'Internet. On a qu'à penser aux sites de Bureau en gros, de Sears, de Canadian Tire et d'autres entreprises qui, bien qu'ayant des magasins bien réels, vendent aussi leurs produits en ligne. Le journal *Les Affaires* a récemment publié des conseils aux entreprises souhaitant réussir leur site de vente aux particuliers[7]. En voici quelques-uns:

- «Établissez le profil de vos clients internautes.» Il est important de savoir à quoi doit servir le site.
- «Restez simple. "Moins, c'est mieux".» L'internaute ne doit jamais se demander pourquoi telle section du site est à tel endroit.

---

7. Jérôme Plantevin, «Dix conseils pour réussir son site Web de vente aux consommateurs», *Les Affaires*, 23 février 2008, [www.lesaffaires.com], (14 octobre 2008).

- « Évitez les modèles génériques de sites. » On doit éviter les gabarits génériques et les solutions technologiques toutes faites s'il n'est pas possible de les personnaliser ou de les adapter.

- « Facilitez les transactions. » Le webmestre doit s'assurer que l'internaute n'a à faire que trois clics de souris pour trouver une information ou passer une commande.

- « Lancez vite, améliorez ensuite. » N'attendez pas que tout soit parfait pour lancer votre site. Vous pourrez lancer une version bêta améliorée par la suite.

- « Répondez vite aux demandes. » L'internaute est quelqu'un qui cherche la réactivité. Il s'attend à ce qu'on réponde rapidement à ses demandes d'information.

- « Gardez l'œil sur les statistiques. » En observant les statistiques, le webmestre sait s'il doit améliorer la présentation du site ou si l'entreprise doit modifier son offre de services et de produits offerts en ligne.

L'encadré 5.2 illustre la progression récente de la vente en ligne.

Encadré 5.2

Le commerce électronique explose

En 2007, les ventes en ligne ont poursuivi leur phénoménale croissance. Pour une sixième année consécutive, elles ont augmenté de plus de 10 %. Estimées à 62,7 milliards de dollars, ces ventes sont majoritairement faites par le secteur privé, qui a rapidement adopté cette nouvelle technologie pour rejoindre ces clients potentiels géographiquement éloignés. Ce secteur bénéficie ainsi de plus de 94 % de la valeur totale des ventes en ligne (58,2 milliards de dollars).

Bien que les ventes sur Internet ne constituent qu'une part encore très modeste de l'ensemble des ventes (à peine plus de 2 %), elles représentent incontestablement une manière de vendre qui bouscule les pratiques plus traditionnelles. En effet, si la vente virtuelle requiert un effort supplémentaire des vendeurs, qui doivent proposer des sites ergonomiques et visuellement alléchants, il n'en reste pas moins qu'elle permet aux consommateurs de comparer aisément les offres, de bénéficier très souvent d'une livraison rapide des produits achetés et surtout de trouver des objets rares que leur marché local n'offrirait qu'à fort prix.

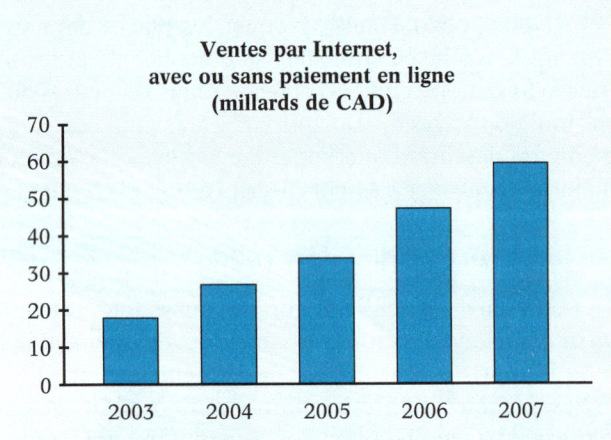

Ventes par Internet, avec ou sans paiement en ligne (millards de CAD)

Source : Tiré et adapté de Statistique Canada, « Commerce électronique et technologie », *Le Quotidien,* 24 avril 2008, [www.statcan.gc.ca/daily-quotidien/080424/dq080424a-fra.htm], (2 mars 2009).

Représentant de commerce
Travailleur qui s'engage à prospecter et à visiter une clientèle, à recueillir ou provoquer des commandes de biens et de services, sous l'autorité et pour le compte d'une entreprise, dans le pays où celle-ci souhaite exporter ses produits ou services.

LE REPRÉSENTANT DE COMMERCE

Autre forme d'exportation directe, la vente effectuée par un **représentant de commerce** s'avère monnaie courante dans le monde des affaires. Selon ce mode de distribution, une entreprise qui souhaite exporter ses produits ou services sur un marché étranger y délègue un représentant, généralement une personne physique subordonnée à l'entreprise par un contrat de travail. Le représentant de commerce a pour fonctions principales de trouver de nouveaux clients et de vendre pour le compte de l'entreprise qui l'emploie. Suivant le contrat de travail qui le lie à l'entreprise, il pourra conclure lui-même des transactions, mais, la plupart du temps, l'entreprise se charge de ratifier les contrats liés à de nouvelles commandes. L'encadré 5.3 reproduit une offre d'emploi de représentant de commerce.

Le représentant doit également informer l'entreprise des caractéristiques et de l'évolution du marché du pays où il se trouve, afin qu'elle puisse ajuster sa stratégie de distribution dans le pays concerné. Cela implique qu'il surveille l'état de santé des concurrents, qu'il prenne le pouls des consommateurs au moyen d'indices divers et qu'il évalue la performance et la réputation des produits de l'entreprise.

Un représentant de commerce travaille exclusivement pour son employeur et est soumis à son autorité. Il n'est pas libre d'organiser ses journées de travail comme il l'entend, puisque c'est l'entreprise exportatrice qui oriente son travail journalier. Il peut être rémunéré au moyen d'un salaire fixe, auquel s'ajoutent éventuellement des commissions proportionnelles aux ventes réalisées.

Le tableau 5.4 résume les avantages et les inconvénients du recours au représentant de commerce.

Encadré 5.3

Directeur international des ventes et du marketing chirurgical : 90k ++

Ce poste, basé à Montréal et se rapportant directement à la haute direction de cette jeune entreprise, a pour but de développer les ventes au niveau international avec des distributeurs et leurs chirurgiens clés, de développer des outils de marketing et de gérer tous les aspects de la vente de produits haut de gamme à une clientèle spécialisée. La maîtrise de l'anglais est essentielle et le multilinguisme est souhaitable. De l'expérience en chirurgie cardiovasculaire est un atout.

Source : Recrutement de cadres Grapevine Inc., *Offres d'emploi*, s.d., [www.grapevinerecruiters.com/french/pharma/jobpost.htm], (14 octobre 2008).

Tableau 5.4

Les avantages et les inconvénients du recours au représentant de commerce

Avantages	Inconvénients
• Maîtrise, par l'entreprise exportatrice, de sa politique commerciale à l'étranger.	• Prise en charge complète, par l'entreprise exportatrice, des risques commerciaux et financiers liés à l'exportation.
• Transmission à l'entreprise d'informations pertinentes par le représentant de commerce.	• Coût élevé des frais fixes liés à la rémunération du représentant.
• Retour complet à l'entreprise exportatrice des bénéfices liés aux opérations d'exportation et de vente à l'étranger.	• Difficulté de recruter des représentants de commerce en pays étranger.

Une entreprise devrait songer à adopter ce mode de distribution uniquement si le marché qu'elle cible présente un fort potentiel pour ses produits ou services, ce qui justifiera un engagement financier important de sa part.

L'AGENT COMMERCIAL

Mandaté par une entreprise exportatrice, un **agent commercial**[8] a pour tâche de la représenter de façon permanente et exclusive sur un territoire donné. Il se distingue du représentant de commerce en ce qu'il est indépendant de l'entreprise qui l'emploie. Un agent commercial signera d'ailleurs un contrat d'agence, tandis qu'un représentant de commerce signera un contrat de travail (voir les modèles de contrat dans le Compagnon Web). La relation qui lie un agent commercial à une entreprise exportatrice est généralement définie et précisée dans le contrat d'agence que signent les deux parties.

L'agent prospecte un marché et traite des affaires sur un territoire donné pour le compte d'une entreprise, en vertu d'un mandat qui lui est conféré par contrat. Il est normalement rémunéré à la commission, mais il peut aussi recevoir des honoraires fixes. L'étendue de sa mission et de ses obligations dépend des clauses du contrat signé avec l'entreprise.

Les clauses usuelles d'un contrat liant une entreprise et un agent commercial sont les suivantes :

- *Identification des parties* : identité et qualité des personnes qui se lient par contrat ;
- *Mission et pouvoirs de l'agent* : description de la nature précise et de l'étendue du mandat de l'agent (prospection, négociation, gestion d'un stock de marchandises, organisation du service après-vente, etc.) ;
- *Limites territoriales* : limites géographiques du territoire où l'agent exerce son mandat, essentielles en cas d'exclusivité ;
- *Produits* : description exhaustive des produits dont l'agent a la responsabilité.

Les entreprises doivent être prudentes et vigilantes dans la rédaction et la signature des contrats d'agence, qui sont fort complexes. Le Compagnon Web présente un exemple de ce genre de contrat. Pour aider les PME, qui n'ont pas toujours les moyens de s'offrir les services d'avocats spécialisés, la *Chambre de commerce internationale* (CCI) propose divers modèles de contrats d'agence[9].

Un agent commercial est un *mandataire*, c'est-à-dire qu'il agit au nom et pour le compte de l'entreprise mandante, et celle-ci doit même assumer les risques que suppose cette représentation. Autrement dit, l'agent commercial n'est en rien responsable des produits exportés, que ce soit à titre de propriétaire ou de vendeur.

Le fait que l'agent commercial soit indépendant de l'entreprise qui retient ses services implique qu'il peut organiser ses journées de travail comme il l'entend. Un agent pourra être une personne physique ou morale qui dispose de son propre réseau de contacts et de collaborateurs, c'est-à-dire de sa propre **force de vente**. Il sera généralement issu du marché étranger où l'entreprise souhaite exporter ses produits. Il peut jouir de l'exclusivité de la représentation, c'est-à-dire qu'il est le seul dans le marché étranger donné à travailler pour l'entreprise exportatrice, et peut même représenter plusieurs entreprises non concurrentes entre elles.

Agent commercial
Personne mandatée par une entreprise exportatrice pour la représenter de façon permanente et exclusive sur un territoire donné. Indépendant de l'entreprise qu'il représente, l'agent commercial dispose généralement de sa propre force de vente.

www.iccwbo.org

Force de vente
Ensemble des collaborateurs d'une entreprise qui sont chargés de l'action commerciale auprès de clients actuels et potentiels, avec lesquels ils sont en contact direct.

---

8. En Europe, on parlera plutôt d'agent commissionné ou d'agent exclusif.
9. Chambre de commerce internationale, *Contrat modèle ICC d'agence commerciale*, 2e édition, publication ICC n° 644, Paris, ICC services, 2002. On peut acheter ce document en ligne sur le site de l'ICC : [www.iccbooks.com/Product/ProductInfo.aspx?id=228] (14 octobre 2008).

Tout comme le représentant salarié, l'agent a pour mission de chercher des clients pour l'entreprise qui retient ses services. Il peut également être doté d'un pouvoir de négociation directe. Dans ce cas, il sera autorisé à négocier et à vendre les produits de l'entreprise qui l'emploie, au nom et pour le compte de celle-ci, à laquelle il transmettra ensuite la commande. Les agents commerciaux sont rémunérés principalement au moyen de commissions sur les ventes qu'ils réalisent.

L'encadré 5.4 contient un article annonçant la mise sur pied d'un bureau commercial en Pologne. À sa suite, le tableau 5.5 résume les avantages et les inconvénients du recours à l'agent commercial.

Encadré 5.4

La Corporation de développement économique des Bois-Francs (CLD) ouvre un bureau commercial en Pologne

«La Corporation de développement économique des Bois-Francs (CLD) aura un bureau commercial à Wroclaw, en Pologne, pour faciliter l'accès à ce marché aux entreprises du Centre-du-Québec.[...] Ce projet verra le jour grâce aux contacts d'affaires européens du commissaire industriel à l'exportation de la CDEBF (CLD), M. Mark Patrick Tame. En effet, une alliance sera concrétisée dans la semaine du 7 juillet [2008] avec la Lower Silesian Agency of Economic Cooperation (LSAEC), une organisation gouvernementale polonaise vouée, elle aussi, au développement économique. La LSAEC abritera, d'ici septembre [2008], un agent commercial polonais qui aura pour mission d'effectuer du démarchage, de la représentation directe et de l'accompagnement à des missions économiques et à des foires commerciales, et d'assurer le suivi des dossiers ainsi qu'une veille d'information sectorielle du marché polonais pour le compte d'entreprises centriçoises.»

Source: «La CDEBF (CLD) ouvre un bureau commercial en Pologne», *Bulletin de liaison mensuel destiné aux municipalités de la MRC d'Arthabaska* (MRCA), n° 25, juin 2008, [www.cdebf.qc.ca/fr/openfile.aspx?ID=759], (14 octobre 2008).

Tableau 5.5

Les avantages et les inconvénients du recours à l'agent commercial

Avantages	Inconvénients
• Maîtrise, par l'entreprise exportatrice, de sa politique commerciale (fixation des prix, définition de la politique de communication, etc.)	• Prise en charge complète ou presque, par l'entreprise exportatrice, des risques commerciaux et financiers liés à l'exportation (possibilité d'insérer une clause dans le contrat pour corriger cette situation).
• Mise à profit de l'expérience et des connaissances de l'agent commercial, qui est en meilleure position que l'entreprise pour évaluer le marché local et dénicher une clientèle.	• Recrutement et sélection difficiles de l'agent commercial, qui doivent d'ailleurs être faits avec le plus grand soin (la mauvaise réputation d'un agent peut nuire à l'image de l'entreprise et à ses ventes).
• Précocité de l'évaluation du potentiel de commercialisation d'un produit dans le marché de l'agent commercial.	• Risque d'appropriation de la clientèle par l'agent en cas de rupture de contrat (cela peut survenir malgré le fait qu'il soit tenu de transmettre à l'entreprise exportatrice toutes les informations concernant les clients).

LE BUREAU DE REPRÉSENTATION ET LA SUCCURSALE

Une entreprise qui souhaite exporter ses produits vers un marché étranger peut y ouvrir un **bureau de représentation** ou une **succursale**. Contrairement à la filiale, ces entités n'ont pas de personnalité juridique et fiscale propre et sont entièrement dépendantes de l'entreprise exportatrice. Ce sont des ramifications de celle-ci, qui lui assurent une présence permanente ou temporaire sur le marché visé.

Un bureau de représentation ou une succursale auront généralement pour mission de représenter l'entreprise exportatrice (ou le siège social) auprès des clients potentiels et des pouvoirs publics locaux, de prospecter le marché et de chercher de nouveaux clients, et quelquefois de conclure des ventes et de coordonner un réseau d'agents. Exceptionnellement, ils s'occuperont aussi des fonctions administratives, logistiques ou financières. Dans certains marchés, ce sont les seuls moyens d'y assurer une présence (voir la capsule « Culture et société », page suivante). Le tableau 5.8 résume les avantages et les inconvénients du recours au bureau de représentation ou à la succursale.

Bureau de représentation
Établissement commercial non autonome, généralement installé à l'étranger par une entreprise pour y assumer la fonction commerciale.

Succursale
Établissement commercial qu'une société mère crée dans un pays étranger dans le but d'y desservir le marché local. La succursale jouit d'une certaine autonomie vis-à-vis de la société mère sans en être juridiquement distincte.

Tableau 5.6

Les avantages et les inconvénients du recours au bureau de représentation et à la succursale

Avantages	Inconvénients
• Maîtrise complète de sa politique commerciale par l'entreprise exportatrice. • Retour intégral des bénéfices liés aux opérations d'exportation et de vente à l'étranger. • Coûts d'aménagement et d'exploitation inférieurs à ceux d'une filiale.	• Lourdeurs des formalités administratives (ex.: obtention d'une autorisation des autorités locales avant l'ouverture, enregistrement et inscription à divers registres). • Prise en charge complète, par l'entreprise, des risques commerciaux liés à l'exportation. • Responsabilité de tous les actes du bureau de représentation ou de la succursale dans le marché visé. • Importance de l'investissement financier requis pour maintenir l'emplacement physique et les ressources humaines et pour rencontrer les coûts fixes dans le pays étranger.

En raison des inconvénients mentionnés ci-dessus, il convient de privilégier ce mode d'exportation directe seulement lorsque les conditions du marché visé sont telles que l'entreprise doit modifier de façon importante sa politique commerciale. Les raisons pour lesquelles une entreprise optera pour un bureau ou une succursale plutôt que pour une filiale relèvent généralement des domaines juridique et technique.

LA FILIALE COMMERCIALE

Filiale commerciale
Établissement commercial créé par une société mère, qui dispose d'une personnalité morale et qui agit en son nom propre et à ses propres risques. Bien que juridiquement indépendante, la filiale est majoritairement dirigée par sa société mère.

Une **filiale commerciale** (ou filiale de distribution ou de vente), est une société implantée dans un marché étranger différent de celui de la société mère qui l'a

CULTURE ET SOCIÉTÉ

S'installer en Chine en y implantant un bureau de représentation

Une entreprise étrangère souhaitant s'implanter en Chine devrait d'abord y créer un bureau de représentation. Solution retenue par la plupart des exportateurs implantés en Chine, le bureau de représentation est fort utile, voire nécessaire pour prendre de bonnes décisions. C'est par son entremise qu'une entreprise loue des bureaux, recrute des employés chinois, ouvre des comptes bancaires, etc. Un de ses avantages est de ne pas coûter cher, aucun investissement particulier n'étant requis, et de permettre aux entreprises de s'implanter en Chine rapidement et en toute simplicité. Un bureau de représentation agit en lien avec le siège social. Il effectue des études de marché, fait la promotion des produits de l'entreprise, établit des contacts avec des clients et des fournisseurs et organise des voyages d'affaires pour les cadres du siège social.

Source : Tiré et adapté de « Bureau de représentation », *China Orbit*, s.d., [www.francais.chinaorbit.com/chine/chine-economie/creer-societe-chine/bureau-de-representation.html], (14 octobre 2008).

créée. Il est à noter que la filiale agit presque toujours en tant qu'importatrice ou distributrice des produits de la société mère : elle lui achète ses produits et les revend dans le pays où elle est implantée.

Légalement indépendante, agissant en son nom propre et à ses propres risques, et jouissant d'une pleine autonomie quant à la gestion quotidienne de ses affaires, la filiale demeure toutefois majoritairement dirigée par sa société mère et lui est soumise sur le plan stratégique. Cela est particulièrement vrai en ce qui a trait aux investissements et à la politique commerciale, une filiale devant se conformer aux objectifs de la société mère.

Uncle Ben's est une marque de commerce bien connue au Québec. Elle appartient à MasterFood qui, à l'instar des compagnies Royal Canin ou Hoover, est une filiale de Mars inc.

En raison des inconvénients mentionnés ci-après, une entreprise exportatrice devrait envisager de mettre sur pied une ou plusieurs filiales seulement lorsqu'elle possède déjà une bonne expérience du commerce international et de solides connaissances du marché où elle souhaite exporter. D'autre part, elle doit disposer d'un personnel qualifié et expérimenté en matière d'exportation pour encadrer l'activité de la filiale. Enfin, pour justifier l'implantation d'une filiale et la rentabiliser, les perspectives de ventes et de parts de marché doivent être intéressantes et le risque-pays, suffisamment faible.

Notons enfin que dans certains pays[10] où la création d'une société commerciale ne peut se faire sans l'appui d'un associé local minoritaire, on peut exiger la mise sur pied d'une filiale. Le tableau 5.7 résume les avantages et les inconvénients du recours à la filiale commerciale.

Tableau 5.7

Les avantages et les inconvénients du recours à la filiale commerciale

Avantages	Inconvénients
• Accès à d'importantes informations pour la société mère, si la filiale jouit d'une autonomie suffisante pour s'adapter aux conditions locales.	• Investissement de départ considérable pour l'implantation et coûts fixes d'exploitation élevés.
• Maîtrise de la politique de commercialisation par la société mère.	• Risque politique ou commercial élevé dû à l'engagement à moyen terme, notamment en cas de modification des conditions de concurrence.
• Sentiment de sécurité chez les clients et les partenaires potentiels quant à la pérennité de l'entreprise dans leur marché.	• Lourdeur des formalités juridiques et techniques ; séparation de la gestion de la filiale de celle de la maison mère.
• Responsabilité des engagements de la filiale à l'égard de la société mère jusqu'à concurrence du capital qu'elle y a investi.	• Généralisation de la responsabilité de la société mère face aux actes de sa filiale dans les cas où des tiers exigeraient que la filiale soit cautionnée par la société mère dans ses activités commerciales avec eux.

L'EXPORTATION INDIRECTE

L'exportation indirecte implique une forme de sous-traitance permettant à une entreprise d'exporter ses produits sur un marché sans y être présente. Elle constitue une sage décision d'affaires pour les entreprises qui se lancent pour la première fois dans l'aventure de l'exportation internationale ou pour celles dont la taille ne permet pas de créer et d'entretenir un service d'exportation internationale.

Intermédiaire
Personne physique ou morale qui sert de relais à l'exportateur et au client, prenant en charge, en tout ou en partie, le processus d'exportation et de commercialisation.

Les sous-traitants qu'engageront les entreprises sont des **intermédiaires** qui disposent des ressources et des compétences nécessaires, en matière commerciale, culturelle et linguistique, pour vendre les produits. Ces intermédiaires auront donc une solide expérience et une connaissance profonde du marché dans lequel ils opèrent. Ils connaîtront les divers modes de transport des marchandises, les clients

10. Moyen-Orient, Cuba et certains pays africains.

potentiels, les réseaux de distribution, les lois en vigueur, etc. En résumé, les inter-médiaires effectuent la jonction entre l'entreprise exportatrice et les canaux de distribution locaux, et s'occupent en tout ou en partie de la commercialisation du produit. Le tableau 5.8 résume les avantages et les inconvénients de l'exportation indirecte.

Tableau 5.8

Les avantages et les inconvénients de l'exportation indirecte	
Avantages	**Inconvénients**
• Faible participation de l'entreprise exportatrice à la structure d'exportation et aux ressources financières et humaines. • Limitation des risques encourus par l'entreprise exportatrice.	• Contrôle minimal de la politique commerciale par l'entreprise exportatrice. • Peu de vision commerciale à long terme des intermédiaires du marché, ceux-ci étant rémunérés par des commissions proportionnelles aux ventes et travaillant donc dans leur propre intérêt[a]. • Faiblesse des informations reçues en termes de quantité et de qualité, les intermédiaires constituant généralement un écran entre le marché et l'entreprise exportatrice. • Pression exercée sur l'entreprise pour qu'elle abaisse le prix de ses produits, dans les cas où elle devient dépendante de ses intermédiaires quant à la part de son chiffre d'affaires réalisée grâce aux exportations.

a. Les produits moins profitables peuvent être négligés et causer l'effondrement du réseau de commercialisation.

Il existe trois types d'intermédiaires :

1) la maison de commerce ;
2) le bureau d'achat ;
3) l'importateur et le concessionnaire.

LA MAISON DE COMMERCE

Les **maisons de commerce** (ou sociétés de commerce international), sont des inter-médiaires commerciaux spécialisés dans le développement à long terme du com-merce des biens et des services. Leurs activités se concentrent dans l'exportation et l'importation de marchandises et dans le commerce des biens et des services dans des pays tiers. Ce dernier aspect constitue d'ailleurs leur activité principale.

Les maisons de commerce portent des noms génériques différents selon les pays. Ainsi, au Canada anglais et à Hong Kong, on les nomme *trading houses* ; au Japon, on parle de *sogo shosha* (maisons non spécialisées ; voir la capsule « Culture et société ») et de *semen shosha* (maisons spécialisées dans un produit particulier) ; en Amérique latine, de *comercializadoras* ; en France, d'opérateurs spécialisés en commerce international (OSCI) ; aux États-Unis, d'*export management companies* (EMC) et d'*export trading companies* (ETC) ; en Inde, d'*export houses*.

Maison de commerce
Entreprise indépendante constituée d'experts en com-merce international qui tra-vaillent pour le compte des sociétés exportatrices ou importatrices, qui présente, négocie et fournit des biens et des services à des ache-teurs étrangers potentiels.

CULTURE ET SOCIÉTÉ

Le Japon et ses maisons de commerce (*sogo shosha*)

Selon le chercheur Éric Boulanger, au Japon, les maisons de commerce ou *sogo shosha* ont essentiellement pour fonction de contrôler les importations et de promouvoir les exportations des firmes de leur groupe ainsi que des autres entreprises indépendantes. Elles exercent un grand contrôle sur le commerce international. Les entreprises étrangères qui souhaitent exporter ou investir au Japon sont quasiment obligées de passer par elles, sous peine de voir leurs produits boudés par les distributeurs locaux, qui n'aiment pas que l'on court-circuite leur réseau.

Avec les années, les *sogo shosha* se sont beaucoup diversifiées. Elles sont des investisseurs institutionnels pour les grandes entreprises et pour les *ventures*, pour la recherche et le développement, puis l'expansion internationale. Elles ont aussi mis en place d'impressionnants réseaux de collecte d'information et d'intelligence économique, dont le gouvernement se sert régulièrement.

Source : Tiré et adapté d'Éric Boulanger, « La notion de sécurité économique au Japon et sa dynamique depuis 1945 », *Analyses et perspectives*, vol. II, nº 4, novembre 2000, Groupe de recherche en économie et sécurité, Chaire Raoul-Dandurand en études stratégiques et diplomatiques de l'UQAM, [www.dandurand.uqam.ca/download/gres/boulanger_securite-econ-japon.pdf], (21 avril 2009 – page désormais non disponible).

Les maisons de commerce achètent localement pour vendre à l'étranger et achètent à l'étranger pour vendre localement ou à l'étranger. Souples et agiles, elles gèrent la vente et l'achat de plusieurs produits dans plusieurs marchés. Agissant à titre d'intermédiaires commerciaux entre des fournisseurs et des acheteurs de différents pays, elles assument tour à tour les rôles de marchands et de facilitateurs de commerce.

En tant que marchands, les maisons de commerce achètent et vendent divers produits pour leur propre compte en se réservant une marge bénéficiaire.

En tant que facilitateurs de commerce, elles pourront servir d'agents, le plus souvent pour des fabricants (entreprises exportatrices) et plus rarement pour des acheteurs. Dans ces cas, elles reçoivent une commission établie sur la base des services qu'elles rendent. Elles ne sont alors jamais propriétaires de la marchandise ou des biens qu'elles vendent ou achètent pour leurs clients.

Les maisons de commerce sont très engagées dans l'activité commerciale grâce aux services à valeur ajoutée qu'elles fournissent. La plupart sont inscrites auprès de leur gouvernement ou dans des chambres de commerce, et elles jouissent parfois d'un appui tout particulier de leur gouvernement.

Les maisons de commerce possèdent à l'étranger leur propre réseau de marketing et d'écoulement. Elles ont une compétence avérée en matière de services logistiques et financiers, qu'elles fournissent à leur clientèle (acheteurs ou fournisseurs) à peu de frais. Elles réalisent généralement une faible marge de profit sur des volumes importants de marchandises, et font néanmoins des bénéfices importants grâce à une rotation rapide et fréquente des stocks de produits qu'elles achètent, vendent ou écoulent, pour elles-mêmes ou pour leurs clients.

Tandis que certaines maisons de commerce entrent en scène suivant des offres de produits venant de fabricants, d'autres procèdent à partir de demandes de leurs clients étrangers pour un produit donné.

Les entreprises qui ont peu d'expérience en matière d'exportation, qui ne disposent pas d'une infrastructure leur permettant d'exporter et dont le personnel n'est ni compétent ni disponible pour mener à bien de telles opérations, trouveront un intérêt certain à retenir les services d'une maison de commerce. Un tel mode d'exportation conviendra également aux entreprises qui jouissent d'une meilleure expérience en la matière, mais qui veulent tester des marchés « difficiles », en raison de l'instabilité politique qui y règne, par exemple, ou des marchés très éloignés.

Pour en savoir plus sur les maisons de commerce, on consultera avec profit le document *Maisons de commerce – vue d'ensemble* sur le CW, le site de l'*Association des maisons de commerce extérieur du Québec* (AMCEQ) et celui de son équivalent ontarien, l'*Ontario Association of Trading Houses* (OATH). L'encadré 5.5 illustre bien ce que peut faire une maison de commerce. À sa suite, le tableau 5.9 résume les avantages et les inconvénients du recours à la maison de commerce.

> www.amceq.org
> www.oath.on.ca

Encadré 5.5

Ouvrez de nouveaux marchés
Les experts du négoce international facilitent votre expansion

Ouvrir de nouveaux marchés nécessite un travail de longue haleine et n'est pas sans risque. En tant qu'experts du négoce international, les maisons de commerce ont pour raison d'être d'aider les entreprises dans leurs efforts de développement des exportations. Il existe au Québec plus de 360 maisons de commerce. À peine une vingtaine d'entre elles comptent plus de 10 employés. La plupart sont établies dans la grande région de Montréal, et leurs employés ont des profils et des salaires variés. Ils disposent avant tout d'un bon réseau de contacts dans les marchés qu'ils représentent. « Généralement, les maisons de commerce se concentrent sur un marché donné ou sur un type de marchandise précis. Elles développent ainsi une expertise qui devient leur principale force », explique Claude Tardif, vice-président, international, des Manufacturiers et exportateurs du Québec, qui gère l'Association des Maisons de commerce extérieur du Québec (AMCEQ). Pour un même produit, un fabricant peut donc traiter avec plus d'une maison de commerce selon le territoire où elle est spécialisée. Dans un contexte où les entreprises exportent de plus en plus, les maisons de commerce deviendront plus actives. Cependant, leur défi consistera à établir des liens solides avec leurs clients. Lorsqu'une entreprise a un bon réseau à l'étranger, elle peut être tentée de tout faire par elle-même.

Des marchés difficiles

Clic Import Export vend sa variété de produits alimentaires dans une quinzaine de pays dont l'Angleterre, la Suède, l'Italie, l'Allemagne et la Croatie, et dans quelques contrées du Moyen-Orient. Pour développer ces marchés étrangers, l'entreprise de Laval, qui a commencé ses activités à l'exportation il y a 17 ans, fait affaire avec plusieurs maisons de commerce. Il n'y a qu'aux États-Unis où elle transige directement avec un vaste réseau de distributeurs et d'acheteurs. Dans le secteur alimentaire, les marchés extérieurs sont particulièrement protégés et conservateurs, explique Georges Berberi, directeur du développement chez Clic. Les maisons de commerce nous ouvrent des portes et facilitent les procédures liées à l'exportation. En épargnant ainsi temps et efforts, on peut offrir des prix plus concurrentiels. Pour que ses produits trouvent une place sur les tablettes des magasins, le fabricant doit se conformer à la réglementation propre à chaque pays. « Les maisons de commerce sont en mesure de nous fournir l'information nécessaire pour que nos produits soient agréés à l'étranger, notamment en ce qui a trait à l'emballage et à l'étiquetage », dit M. Berberi. Sans les contacts d'une maison de commerce, il doute que Clic ait réussi à percer le difficile marché de Cuba comme elle l'a fait.

« Aujourd'hui, nous y acheminons régulièrement nos produits par avion. Ils sont ensuite distribués dans différents hôtels de l'endroit », explique M. Berberi. Clic Import Export se spécialise dans la transformation de légumineuses et autres produits alimentaires à saveur ethnique vendus sous différentes marques (Clic, Madame Couscous, Mei Mei, Byblos, Monsieur Falafel, etc.). L'entreprise fabrique plus de 1 400 produits, dont la moitié se retrouvent sur les marchés d'exportation.

Rémunération

La plupart des maisons de commerce agissent à titre de négociants, c'est-à-dire qu'elles achètent la marchandise de l'exportateur et la revendent aux différents acheteurs étrangers. Elles assument de plus les frais de transport et de douane. Certaines jouent le rôle d'agent ou de courtier et sont alors rétribuées par des commissions versées par le fabricant.

Source : Sylvie Lemieux, « Ouvrez de nouveaux marchés », *Les Affaires hors série : Guide des services aux entreprises 2004*, 27 mars 2004, p. 21.

Tableau 5.9

Les avantages et les inconvénients du recours à la maison de commerce	
Avantages	**Inconvénients**
• Gain de temps considérable par rapport à ce que nécessite la pénétration d'un marché étranger.	• Aucun contrôle sur l'activité d'exportation. La maison de commerce décide de tout : des produits qu'elle vend, comment, où et à quel prix. L'entreprise exportatrice risque même de perdre le marché où s'écoulent ses produits, car elle n'en acquiert aucune connaissance.
• Faible risque commercial, les produits à exporter étant vendus localement à la maison de commerce (pas de soucis de prospection, de transport et de formalités administratives pour l'entreprise exportatrice).	• Exigences élevées des maisons de commerce quant aux conditions générales de vente, d'emballage et de prix. Parfois, l'exportateur ne peut refuser ces conditions s'il veut maintenir son volume de ventes.
	• Possibilité de commercialisation de produits concurrents par la maison de commerce.

LE BUREAU D'ACHAT (CENTRALE D'ACHAT)

Bureau d'achat
Comptoir d'achat établi par une entreprise étrangère (la société mère) pour effectuer des opérations d'achat importantes et répétées. Un bureau d'achat acquiert de fournisseurs de l'endroit où il est installé les produits que vendra la société mère importatrice.

Un **bureau d'achat** (ou centrale d'achat) est un comptoir ou une cellule d'achats établi en un certain lieu par une entreprise étrangère[11] (qui en est la société mère) pour y effectuer des opérations d'achat importantes et répétées. Un bureau d'achat se procure, auprès de fournisseurs du lieu où il est établi et au nom de sa société mère, les produits que vendra cette dernière.

En utilisant les plans et devis que lui fournira sa société mère, le bureau d'achat tâche de s'associer à des entreprises qui lui procureront des produits adaptés aux besoins et aux goûts des consommateurs du marché de cette entreprise importatrice. Ces produits sont généralement des biens de consommation identifiés par une marque qui jouit d'une bonne réputation et que le public associera instantanément au pays du fabricant. En général, les bureaux d'achat disposent d'un service logistique gérant toutes les opérations d'exportation vers la société mère, à l'exception de l'entreposage de la marchandise, qui reste sous sa responsabilité.

La figure 5.1 (voir page suivante) offre un exemple de circuit de distribution de produits alimentaires en France. À sa suite, le tableau 5.10 résume les avantages et les inconvénients du recours au bureau d'achat. La capsule « Tendances et enjeux » (voir p. 196) illustre l'impact que peuvent avoir les centrales d'achat des grandes chaînes de distribution européennes sur les petits producteurs de produits alimentaires.

---

11. Les centrales d'achat peuvent aussi représenter plusieurs entreprises.

Figure 5.1

Un exemple de circuit de distribution

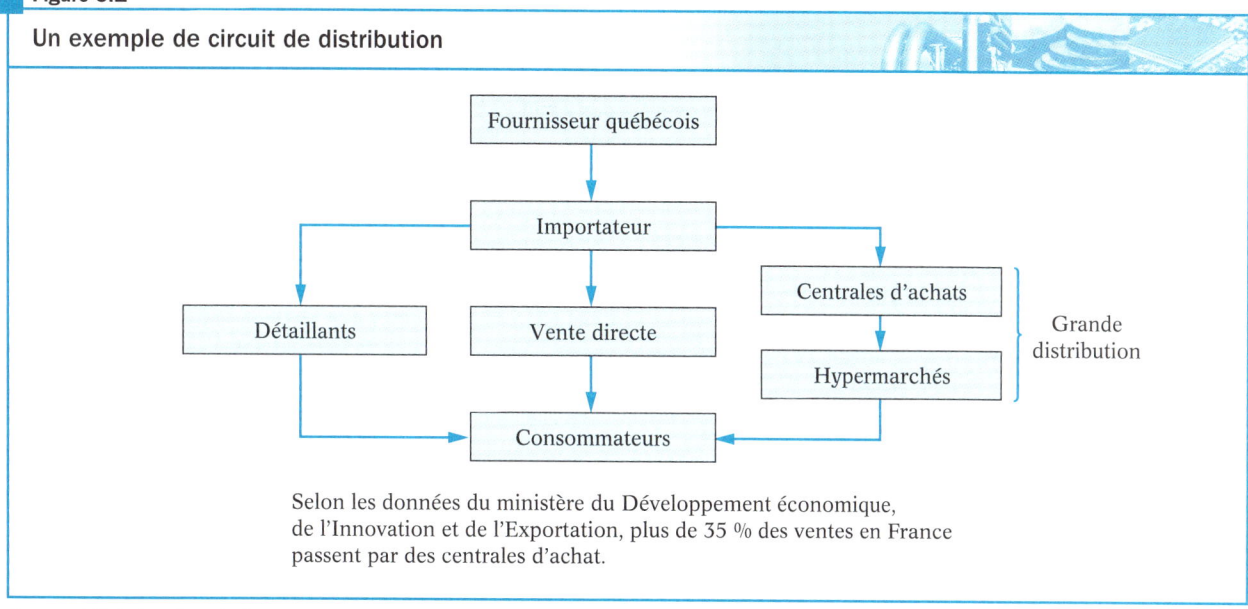

Selon les données du ministère du Développement économique, de l'Innovation et de l'Exportation, plus de 35 % des ventes en France passent par des centrales d'achat.

Source: Ministère du Développement économique, de l'Innovation et de l'Exportation du Québec, « Distribution: le commerce de détail en France », 2007, [www.mdeie.gouv.qc.ca/index.php?id=2855#acceder], (11 décembre 2008).

Tableau 5.10

Les avantages et les inconvénients du recours au bureau d'achat

Avantages	Inconvénients
• Aucune nécessité de faire de la prospection et de mener d'autres opérations de pénétration des marchés étrangers, l'entreprise exportatrice pouvant vendre sur son propre territoire.	• Aucun pouvoir sur la politique de commercialisation et sur le marché: la société mère importatrice décide des prix, des canaux de distribution et de la communication.
• Absence d'opérations logistiques, administratives et financières associées à l'exportation des produits, ces tâches incombant aux bureaux d'achat.	• Faible potentiel de marge bénéficiaire: les prix doivent être extrêmement compétitifs à cause de la grande concurrence internationale. Par exemple, un producteur agricole québécois présentant ses produits au bureau d'achats de Copernic au Québec est en concurrence avec les autres producteurs agricoles de la planète présentant leurs produits à divers autres bureaux d'achats de la multinationale.
• Aucun risque financier relatif au taux de change: le bureau d'achats étant sur place, le paiement de la marchandise s'effectue dans son propre pays et, donc, dans sa devise nationale.	• Contraintes en matière de qualité et de respect des délais de livraison.
• Aucune nécessité de maîtriser la langue des marchés dans lesquels se vendent les produits.	• Dépendance envers la performance de l'entreprise importatrice pour le renouvellement des commandes.
	• Non-connaissance des conditions de commercialisation des produits et de leur succès sur les marchés étrangers où travaillent les bureaux d'achats.

TENDANCES ET ENJEUX

Les grands prédateurs

« Selon Christian Jacquiau, auteur du livre *Les coulisses de la grande distribution*, les grandes chaînes d'alimentation européennes sont des "prédateurs". "La ruse des hypermarchés, c'est de s'intercaler entre le producteur et le consommateur. La concentration des supermarchés ressemble à un sablier. Tout passe par une centrale d'achat avant d'atteindre le consommateur." »

« D'après l'auteur, 10 000 acheteurs sillonnent le monde et négocient le plus grand volume de denrées au plus bas prix possible pour approvisionner la centrale d'achat Copernic, formée de cinq hypermarchés européens. Copernic, avec un chiffre d'affaires de 95 milliards d'euros, est le deuxième épicier mondial après Wal-Mart, le troisième étant le groupe français Carrefour. »

« Dans cette logique du "plus bas prix", les producteurs agricoles sont les grands perdants. Selon M. Jacquiau, "en France, on perd un agriculteur toutes les trois minutes". Le reste de la société est perdante aussi, dit l'auteur. "On baisse les salaires des travailleurs. On délocalise pour tirer les prix par le bas. On vous demande d'être compétitif avec la Chine et de vous contenter d'un bol de riz. Et lorsque vos travailleurs ne cotisent plus, on remet en cause les systèmes de santé et de retraite ! On détruit l'organisation sociale !" »

« Pour contrer cette logique "destructrice", M. Jacquiau compte sur le changement du statut actuel du consommateur à celui de "consommacteur" et sur le développement, même marginal, d'une filière alimentaire équitable. "Il ne suffit pas d'acheter un sac de café équitable pour se donner bonne conscience ; on doit se demander comment sont fabriqués tous les autres produits." [...] »

« En Espagne, la coopérative agricole Guissona dame le pion à la plus grande chaîne européenne, Carrefour, dans le secteur des viandes. La recette de son succès repose sur trois ingrédients. Le premier : offrir aux consommateurs des produits 30 % moins chers que la concurrence. Le second : "Aucune subvention." Les producteurs catalans n'ont jamais pu compter sur l'aide du gouvernement espagnol en raison de leur aspiration à l'indépendance. Enfin, troisième ingrédient : "Les producteurs ont compris qu'il n'y avait pas d'argent à faire ni à la ferme ni à l'abattoir", d'expliquer Mario Hébert, économiste principal à La Coop fédérée, "50 % du revenu de Guissona provient de la vente au détail". »

« Le chiffre d'affaires du groupe Guissona en 2005 est de 1,3 milliard de CAD. La coopérative possède le deuxième plus grand abattoir en Europe. Cailles, agneaux, porcs, poulets, œufs sont livrés en moins de 24 heures dans les quelque 280 boutiques, 15 supermarchés, 3 restaurants libre-service de 500 places répartis aux quatre coins de l'Espagne sous la bannière franchisée BonÀrea. Traçabilité complète. Fraîcheur totale garantie. Le consommateur y trouve son compte. »

« Maïs de Thaïlande, brocoli, chou-fleur et haricots chinois frappent déjà à nos portes. De retour d'un voyage en Asie, Marc Lémery, vice-président, opérations des Aliments Carrière inc., constate que la hausse du dollar fait mal et que la double concurrence, asiatique et américaine, est extrêmement vive pour le transformateur québécois. Les premiers comptent sur une main-d'œuvre extrêmement bon marché et des récoltes qui durent de 10 à 11 mois. Les seconds, sur des usines automatisées qui sortent des millions de caisses à "low cost". »

« Que faire ? [...] M. Laurent Pellerin, s'est dit "allergique au mot *adapter*" et propose "le statu quo". Le président de l'UPA a ajouté qu'il faudrait peu de choses pour imiter le groupe Guissonda. Et que l'agriculture québécoise ne s'est jamais si bien portée que lorsque l'UPA, la coopération, le gouvernement et le secteur privé "tiraient dans la même direction". Des moments rarissimes. »

Source : Nicolas Mesly, « Une question de survie pour les producteurs et les transformateurs », *Le coopérateur agricole*, juillet-août 2006, [www.lacoop.coop/cooperateur/articles/2006/06/p62.asp], (21 avril 2009).

Le recours aux bureaux d'achat conviendra particulièrement aux entreprises exportatrices qui ne disposent pas d'une infrastructure leur permettant de vendre leurs produits à l'étranger et qui ne désirent pas avoir une maîtrise absolue de la politique de commercialisation sur le plan international.

L'IMPORTATEUR ET LE CONCESSIONNAIRE

Les **importateurs** et les **concessionnaires** sont des commerçants indépendants étrangers qui achètent les produits de l'entreprise exportatrice pour les revendre ensuite en leur nom propre et pour leur propre compte. C'est donc dire qu'ils le font à leurs risques, mais tout entièrement à leur profit. Les importateurs et les concessionnaires se rémunèrent en ajoutant une marge bénéficiaire au prix de vente des produits qu'ils importent.

Lorsqu'il n'existe aucun contrat entre l'entreprise exportatrice (le fabricant) et le commerçant qui lui achète ses produits, et que le fabricant ne contrôle en rien la commercialisation de ses produits, on dira du commerçant qu'il est un importateur[12].

À l'inverse, lorsque le fabricant et le commerçant se trouvent liés par un contrat dans lequel le fabricant garantit au commerçant une exclusivité de distribution dans une zone géographique précise, on dira du commerçant qu'il est un concessionnaire[13]. En échange de cette exclusivité, le fabricant obtiendra certaines garanties concernant la commercialisation de ses produits. Le tableau 5.13 résume les avantages et les inconvénients du recours aux importateurs et aux concessionnaires.

Importateur
Commerçant indépendant qui achète les produits d'une entreprise exportatrice pour les revendre ensuite en son nom propre et pour son propre compte. Aucun contrat ne le lie à l'entreprise, et il est seul maître de sa politique de commercialisation.

Concessionnaire
Commerçant indépendant qui achète les produits d'une entreprise exportatrice pour les revendre ensuite en son nom propre et pour son propre compte. Par contrat, l'entreprise lui garantit une exclusivité de distribution sur un territoire qui est le sien, et il fournit à l'entreprise certaines garanties concernant la commercialisation de ses produits.

Tableau 5.11

Les avantages et les inconvénients du recours à l'importateur et au concessionnaire

Avantages	Inconvénients
• Absence d'opérations logistiques et administratives (dédouanement, transport des marchandises, facturation, recouvrement des créances, etc.) pour l'entreprise exportatrice, car elles relèvent de l'importateur ou du concessionnaire.	• Aucun pouvoir sur la politique de commercialisation : l'importateur décide des prix, des canaux de distribution, du marketing, etc.
• Absence de problèmes de paiement des produits, le revendeur les assumant en entier.	• Dépendance envers les performances de l'importateur ou du concessionnaire pour le renouvellement des commandes. Risque de fluctuations de revenu importantes.
• Peu de frais de distribution des produits dans le marché cible, l'infrastructure relevant de l'importateur ou du concessionnaire.	• Marge bénéficiaire potentiellement réduite, l'importateur ou le concessionnaire pouvant exiger une réduction du prix de vente des produits pour rester concurrentiel.

Le recours à ce mode de distribution se révélera avantageux pour des entreprises qui, faute de moyens financiers et humains, ne peuvent organiser elles-mêmes la vente de leurs produits à l'étranger. Il pourra aussi avantager les entreprises qui ne tiennent pas absolument à contrôler la politique de commercialisation de leurs produits à l'étranger, notamment si elles n'ont pas d'image de marque.

12. On peut aussi rencontrer les termes suivants : importateur-distributeur, grossiste-importateur et distributeur-grossiste.
13. Le terme « importateur exclusif » pourra également être utilisé.

L'EXPORTATION EN PARTENARIAT OU EN ALLIANCE

L'exportation en partenariat ou en alliance constitue une forme de pénétration des marchés étrangers en fonction de laquelle une entreprise s'associe à une ou à plusieurs entreprises nationales ou étrangères, qui deviendront ses partenaires en matière d'exportation en partageant avec elle les risques et les responsabilités.

Pour de nombreuses PME, qui ne disposent pas de l'expérience et des moyens financiers et humains nécessaires pour exporter leurs produits, le partenariat constitue une solution idéale. En s'alliant, elles pourront mettre en commun leurs compétences et savoir-faire respectifs en vue d'atteindre un objectif commun, tout en partageant les risques et les coûts. Elles favorisent ainsi leur compétitivité respective à long terme.

Toutefois, avant de se lancer dans le partenariat, une entreprise doit procéder à une évaluation de sa capacité d'exportation, afin de mesurer adéquatement ses points forts et ses points faibles (voir à ce sujet le chapitre 3, p. 99). Ce bilan lui permettra de mieux circonscrire les compétences dont elle peut faire profiter son ou ses partenaires et de cerner des lacunes susceptibles d'être comblées par l'acquisition d'une nouvelle expertise qu'un partenaire aura partagée. Le choix d'un partenaire dépendra, il va sans dire, des objectifs que poursuit l'entreprise dans cette recherche de collaboration. Le tableau 5.12 résume les avantages et les inconvénients de l'exportation en partenariat ou en alliance.

Tableau 5.12

Les avantages et les inconvénients de l'exportation en partenariat ou en alliance

Avantages	Inconvénients
• Partage des risques, des coûts et des investissements nécessaires.	• Difficulté de choisir les « bons » partenaires, voire de trouver des partenaires tout court.
• Partage des ressources, des savoir-faire et des réseaux de contacts.	• Maîtrise partielle de la politique commerciale et lourdeur de la gestion inhérente aux projets en partenariats.
• Répartition des activités d'exportation entre les partenaires (par ex., un partenaire se situant dans le marché cible gèrera mieux que quiconque les aspects logistiques de l'exportation).	• À long terme, possibilité de perte de savoir-faire dans les cas où un partenaire est le seul responsable de certains aspects des transactions.
• Possibilité d'accès à certaines technologies et à certaines pratiques commerciales déjà mises en place par un partenaire et inaccessibles autrement.	• Possibilité de difficultés de communication entre les partenaires, en raison de différences culturelles ou linguistiques, et obligation éventuelle de devoir traduire plusieurs documents.

Parmi les nombreuses formes de partenariat qui existent, nous aborderons les suivantes :

1) le groupement d'exportateurs ;

2) le portage ;

3) la franchise commerciale ;

4) la coentreprise ;

5) la sous-traitance.

LE GROUPEMENT D'EXPORTATEURS

Un **groupement d'exportateurs** consiste en un ensemble d'entreprises non concurrentes, et autant que possible de taille semblable[14], qui souhaitent s'associer pour mener de front et en commun une partie ou la totalité de leurs activités d'exportation. Selon les cas, de tels groupements pourront mettre en commun les opérations suivantes :

- la recherche et le partage d'informations ;
- les études de marché ;
- la prospection ;
- la création d'un bureau d'achat ;
- la vente.

Les groupements d'exportateurs peuvent prendre la forme de **missions commerciales** qu'organise un État en vue de favoriser les exportations des entreprises qui sont établies sur son territoire. L'encadré 5.6 présente un exemple d'une telle forme de groupement d'exportateurs. Le tableau 5.13 (voir page suivante) résume les avantages et les inconvénients du recours au groupements d'exportateurs.

Dans la pratique, satisfaire à ces conditions n'est pas chose aisée. Les entreprises éprouvent parfois de la difficulté à déléguer leurs pouvoirs au groupement. De plus, certains partenaires pourront s'impatienter, car les résultat des efforts d'un groupement ne se font souvent sentir qu'après quelques années.

Groupement d'exportateurs
Alliance d'entreprises non concurrentes et idéalement de taille semblable qui désirent mener de front et en commun une partie ou la totalité de leurs activités d'exportation.

Mission commerciale
Voyage commercial qu'un État organise en vue d'augmenter le degré de connaissance et d'échange des produits, et donc de favoriser les exportations des entreprises établies sur son territoire. Réunissant des chefs de gouvernements et d'entreprises, les missions commerciales attirent généralement l'attention des médias et des gens d'affaires étrangers.

Encadré 5.6

Le ministre Raymond Bachand à la tête d'une délégation québécoise en Russie

Du 12 au 19 septembre 2008, le ministre du Développement économique, de l'Innovation et de l'Exportation et ministre du Tourisme du Québec, M. Raymond Bachand, a dirigé une mission en Russie. Une délégation de plus d'une vingtaine de représentants d'organisations québécoises l'accompagnait. L'objectif était d'évaluer le potentiel d'attraction du Québec pour les investissements russes et de créer de nouvelles occasions d'affaires entre les deux sociétés, notamment dans les secteurs des véhicules récréatifs, de l'énergie, des équipements miniers, des infrastructures, de l'aérospatiale, de l'agroalimentaire et de la fourrure.

La Russie doit accueillir les Jeux olympiques d'hiver en 2014, à Sotchi.

Pour préparer cet événement important, elle doit construire des infrastructures et un train léger. Les dépenses correspondantes s'ajoutent à celles qu'elle prévoit de dépenser d'ici dix ans pour rénover ses infrastructures, notamment dans les sphères de l'énergie, des communications et du transport, et qui s'élèvent à 1 000 milliards de CAD.

D'après M. Bachand, la Russie offre de nombreuses occasions d'affaires pour les entreprises québécoises. Économie émergente, comme le Brésil, l'Inde et la Chine, elle connaît une croissance économique rapide. En effet, sa classe moyenne qui se crée et grossit fait augmenter la demande intérieure et les importations. Durant sa visite, le ministre a fait valoir l'expertise québé-

coise auprès de regroupements de gens d'affaires de Saint-Pétersbourg et de Moscou. Il a également rencontré des autorités politiques et fait la promotion des activités des entreprises québécoises.

Arrivant au 13e rang des partenaires commerciaux du Québec, la Russie connaît une hausse dans ses principaux secteurs que sont la construction, la vente au détail et le secteur manufacturier (machinerie et équipements, électronique et équipement de transport). Elle possède une grande quantité de minerais de toutes sortes dans son sous-sol ainsi qu'un immense potentiel hydraulique.

Source : Tiré et adapté du ministère du Développement économique, de l'Innovation et de l'Exportation du Québec, *Le ministre Raymond Bachand à la tête de délégations québécoises en Russie et en Israël*, communiqué, 9 septembre 2008, [www.mdeie.gouv.qc.ca/index.php?id=183&no_cache=1&tx_ttnews[tt_news]=1668&tx_ttnews[backPid]=175&cHash=d5dcbe35df], (14 octobre 2008).

_____
14. Cela, afin d'éviter d'éventuelles luttes de pouvoir.

Tableau 5.13

Les avantages et les inconvénients du recours au groupement d'exportateurs

Avantages	Inconvénients
• Diminution des tâches administratives et logistiques liées à l'exportation.	• Nécessité de vendre des produits d'autres secteurs pour éviter la concurrence.
• Économies d'échelle probables.	• Restriction quant au nombre de partenaires, due à la similarité de la taille des partenaires.
• Offres commerciales très complètes.	• Possibilité d'entrave aux activités normales de l'entreprise, due à l'obligation de respecter certains règlements liés à la gestion du groupement.
• Synergie permettant une prospection très efficace des marchés étrangers et offrant une visibilité améliorée des entreprises membres du groupement.	• Nécessité d'une grande cohésion et d'une convergence de vues des partenaires.
• Stabilité des prix des produits que les entreprises souhaitent exporter, les groupements d'exportateurs réduisant les frais commerciaux, et une seule organisation remplaçant une multitude de vendeurs.	

LE PORTAGE

Portage
Forme de collaboration internationale à l'exportation entre deux entreprises dont les produits sont complémentaires. L'une des deux entreprises, dite porteuse, se chargera de distribuer dans les marchés étrangers où ses infrastructures sont établies les produits de l'autre, dite portée.

Le **portage** ou *piggyback*[15], est une forme de collaboration internationale entre deux entreprises dont les produits sont complémentaires. On dira que l'une est *l'entreprise porteuse* et l'autre, *l'entreprise portée*. L'entreprise porteuse, solidement implantée dans son marché, se chargera de la commercialisation des produits de l'entreprise portée, qui, elle, ne dispose pas des moyens d'écouler ses produits sur ce même marché. Les grandes firmes qui disposent de réseaux commerciaux internationaux offriront généralement aux entreprises de moindre envergure et aux PME ce mode de distribution en partenariat.

L'entreprise porteuse mettra à la disposition de l'entreprise portée sa structure de distribution, à savoir son réseau commercial, sa force de vente, sa logistique d'exportation, etc., et tâchera également de la conseiller. L'entreprise portée jouira ainsi du savoir-faire commercial de l'entreprise porteuse, de sa connaissance des marchés étrangers et de la notoriété dont elle dispose.

Le meilleur exemple de portage que nous puissions donner est l'association de la PME *Naya* à la multinationale *Coca-Cola* dans les années 1990[16]. En vertu du contrat qu'elles avaient signé, Coca-Cola (l'entreprise porteuse) a assuré la distribution internationale de l'eau embouteillée Naya (l'entreprise portée). Dans ce genre d'arrangement, l'entreprise porteuse perçoit généralement de l'entreprise portée une rémunération fixe et un pourcentage des ventes. Ce genre de contrat lui permet de rentabiliser ses structures à l'étranger et de rendre son offre de produits plus complète.

www.naya.com
www.thecoca-colacompany.com

---

15. On emploie aussi parfois l'expression « exportation kangourou ».
16. En 1999, Coca-Cola a lancé sa propre marque d'eau, Dasani, puis, en 2000, Naya a été achetée par Danone, dont la division eau embouteillée à ensuite été vendue à Coca Cola.

Notons que l'entreprise porteuse se montrera souvent pointilleuse quant à la qualité des produits qu'elle accepte de distribuer, puisque sa réputation est en jeu. Si, par exemple, l'eau embouteillée Naya s'était révélée de mauvaise qualité et avait rendu les gens malades, les conséquences auraient pu être très fâcheuses pour l'image de marque de Coca-Cola, dont les distributrices contenaient les petites bouteilles d'eau partout dans le monde ! Le tableau 5.14 résume les avantages et les inconvénients du portage.

Tableau 5.14

Les avantages et les inconvénients du portage	
Avantages	**Inconvénients**
• Avantage d'une infrastructure commerciale éprouvée, et ce, sans investissement important.	• Faiblesse de l'intérêt et de la motivation des grandes entreprises pour le portage.
• Risque de conflit d'intérêts (par ex., l'entreprise porteuse peut faire passer ses intérêts avant ceux de l'entreprise portée).	• Difficulté de trouver une entreprise porteuse dont les produits et le réseau de distribution sont compatibles avec les produits que l'entreprise portée souhaite exporter.
• Facilité et rapidité de l'écoulement des produits dans un nouveau marché (économie de deux à quatre ans par rapport aux autres modes d'exportation).	• Possibilité de perte de marché si l'entreprise porteuse met fin au contrat ou ne désire pas le renouveler.
	• Possibilité de difficultés dans les relations de travail dans les cas où des différences de taille ou de culture séparent les entreprises engagées dans le portage.
	• Faible efficacité en cas de manque de confiance mutuelle et de manque d'engagement de la part de l'entreprise porteuse.

On voit que la réussite du portage requiert que les produits en jeu dans le partenariat soient complémentaires et non concurrents, et que la force de vente de l'entreprise porteuse soit bien formée et motivée à écouler de front les produits des deux entreprises.

LA FRANCHISE COMMERCIALE

Une **franchise commerciale** (ou **franchise de distribution**) résulte de la signature entre deux parties d'un contrat temporaire et exclusif de commercialisation de produits ou de services dans un territoire donné. Un franchiseur concède ainsi à un franchisé le droit exclusif d'utiliser certains droits de propriété industrielle tels qu'un nom commercial, une enseigne commerciale, une marque, un logo, des dessins et des modèles.

Une franchise se présente généralement comme une vitrine ou un comptoir de produits du franchiseur. En effet, le franchiseur cède un droit au franchisé et lui transmet un savoir-faire, et le franchisé vend, selon les méthodes qu'il a apprises, les produits qui portent la marque du franchiseur, sans les modifier. Le franchiseur a l'obligation d'approvisionner le franchisé.

Néanmoins, un franchisé est un commerçant indépendant qui gère un fonds de commerce et l'exploite à ses risques. Il doit donc :

Franchise commerciale (ou franchise de distribution)
Droit temporaire et exclusif de commercialiser des produits ou des services dans un territoire donné, qui est concédé à un franchisé par un franchiseur par contrat de franchisage.

- financer la mise sur pied du point de vente (les locaux) et assumer une partie des frais de commercialisation ;
- payer au franchiseur les droits et redevances prévus au contrat ; il pourra s'agir de droits d'entrée fixes, d'une redevance annuelle d'exploitation, de droits de propriété industrielle proportionnels au chiffre d'affaires ou encore d'un montant relatif à la prestation de services que fournit le franchiseur en matière d'assistance commerciale et technique ;
- veiller aux intérêts et à l'image de marque du franchiseur ;
- respecter la politique commerciale définie par le franchiseur. Toutefois, un franchisé pourra en général fixer lui-même les prix de vente des produits de la franchise (les lois européennes attribuent d'ailleurs ce droit au franchisé) ;
- s'approvisionner auprès du franchiseur ou d'autres fournisseurs agréés.

Le tableau 5.15 résume les avantages et les inconvénients du recours à la franchise commerciale.

Tableau 5.15

Les avantages et les inconvénients du recours à la franchise commerciale

Avantages	Inconvénients
• Rapidité de la croissance des activités internationales ainsi que de la distribution des produits et de la marque dans les marchés où la franchise est accordée. D'où accélération de la rentabilisation des investissements.	• Difficulté de trouver de «bons» franchisés.
• Faiblesse des risques financiers, les franchisés en assumant une bonne part.	• Possibilité d'une grande complexité de l'organisation et de la gestion du réseau de franchisés, surtout si le marché est éloigné.
• Maîtrise de la politique commerciale et des conditions de commercialisation (culture organisationnelle, image de marque), et ce, jusqu'au point de vente.	• Difficulté à assurer une surveillance et un suivi constants.
• Maintien de la propriété de la marque et du savoir-faire commercial.	• Lourdeur des tâches administratives et logistiques.
• Acquisition d'une bonne connaissance des marchés étrangers et de leur clientèle, grâce aux informations fournies par les franchisés.	• Risque de perte de marché en l'absence d'un bon suivi. Les franchisés peuvent en effet, au terme de leur contrat, imiter le franchiseur et lui faire concurrence.

Pour être en mesure de constituer un réseau de franchisés, une entreprise doit posséder un savoir-faire commercial reconnu qui peut être codifié et transféré à l'étranger. Certains pays interdisent la franchise commerciale, considérant qu'elle contrevient au principe de libre concurrence, notamment à cause de l'exclusivité territoriale dont bénéficie le franchisé et de l'obligation qu'il a de s'approvisionner exclusivement auprès du franchiseur et de certains fournisseurs agréés.

TENDANCES ET ENJEUX

Le franchisage dans le monde

Avec un groupe de travail, l'expert Michel Gagnon, de Davier Consultants, a mené une recherche sur les franchises dans le monde. Le franchisage d'affaires commerciales a vu le jour dans les années 1950, avec Ray Kroc et sa chaîne de restaurants McDonalds, tandis que le franchisage de nom a été créé un siècle plus tôt par Singer Sewing Machines. Il existe aujourd'hui plus de 17 500 réseaux de franchises dans le monde, comprenant plus de 1,2 million de franchisés et employant au total 12,5 millions de personnes. Les ventes annuelles du secteur dépassent 1 400 milliards de dollars. C'est en Amérique du Nord, aux États-Unis surtout, que l'on trouve le plus grand nombre de franchises. Cependant, en proportion de la taille de son économie, le Canada serait le pays le plus franchisé du monde puisqu'on y compte plus de 1 000 réseaux de franchises comprenant 76 000 franchisés et employant plus de 1,2 million de personnes.

Au cours des 20 dernières années, de plus en plus de franchises américaines ont étendu leurs activités à l'échelle internationale. D'après M. Gagnon, la saturation interne, le niveau des ventes et le nombre de localisations ont poussé ces franchises à rechercher d'autres marchés. Les franchises d'Europe et d'ailleurs, elles, ont augmenté en nombre dans leurs pays respectifs, mais n'ont pas été aussi nombreuses à s'étendre à l'échelle internationale. Les choses risquent cependant de changer rapidement :

des franchises australiennes sont maintenant présentes dans plusieurs pays, notamment au Canada.

L'Afrique du Sud, le Brésil, les Philippines, le Mexique et la Malaisie, les plus importantes des 12 économies moyennes, abritant 12 % de la population mondiale, comptent 18 % des systèmes de franchises et 8 % des franchisés. Le franchisage y est en croissance, mais encore en développement (sauf en Afrique du Sud, où il est très développé).

La Chine, l'Inde, la Corée du Sud et d'autres pays d'Europe de l'Est, d'Amérique du Sud, d'Asie et d'Afrique, qui font partie des économies modestes et abritent 46 % de la population mondiale, comptent 21 % des systèmes de franchises et 15 % des franchisés. Deux de ces pays comportent cependant une grande proportion de ces franchises, soit la Chine et la Corée du Sud.

Dans les pays émergents, la méconnaissance du franchisage chez les entrepreneurs locaux, les gouvernements et les cours de justice peut limiter la croissance de cette méthode d'affaires. Les franchiseurs internationaux entretiennent des craintes quant à l'instabilité politique et aux systèmes judiciaires non développés. La protection de la propriété intellectuelle est un élément clé du franchisage.

Le franchisage est une méthode d'affaires de plus en plus répandue à l'échelle mondiale. Sous l'angle économique, elle gagne en importance et possède encore un grand potentiel de croissance.

Source : Tiré et adapté de Michel Gagnon, « Le franchisage dans le monde », *Le Journal de la franchise*, s.d., [www.lejournaldelafranchise.com/art/article.cfm?id=102], (14 octobre 2008).

LA COENTREPRISE

La **coentreprise** (ou entreprise en participation) est le groupement de deux ou plusieurs personnes ou entités qui souhaitent collaborer à une activité ou atteindre un objectif particulier. La coentreprise est alors investie d'une mission qui nécessite le savoir-faire de chacune des sociétés d'origine. Elle peut être sociétaire ou contractuelle.

Une **coentreprise** est dite **sociétaire** (ou société en participation) quand les sociétés qui s'allient forment une société par actions.

Coentreprise
Groupement par lequel plusieurs personnes ou entités s'associent selon des modalités diverses et s'engagent à collaborer à une activité industrielle ou commerciale, ou encore décident de mettre en commun leurs ressources et d'exercer un contrôle conjoint sur celles-ci en vue d'atteindre un objectif particulier, tout en prévoyant un partage des frais engagés et des bénéfices.

Coentreprise sociétaire
Société par actions indépendante résultant de l'alliance de deux entreprises ou plus.

Coentreprise contractuelle
Entreprise qui résulte de la signature d'un contrat de collaboration entre deux entités, sans constituer une nouvelle structure sociétaire.

À l'inverse, une **coentreprise** est dite **contractuelle** quand elle résulte de la signature d'un contrat de collaboration entre deux entreprises sans constituer une nouvelle entité juridique. Chaque société apporte alors à l'autre une compétence visant à améliorer la diffusion de leurs produits respectifs. Les sociétés parties au contrat s'engagent à mener des actions communes et forment à cette fin un comité de pilotage, où chacune délègue des représentants.

Les entreprises qui souhaitent conclure des accords de longue durée auront avantage à opter pour la coentreprise sociétaire, c'est-à-dire pour la mise sur pied d'une filiale commune. Comme nous l'avons dit, la création d'une telle filiale implique la mise en commun de compétences particulières ; ces compétences peuvent être commerciales, techniques ou de gestion. Elle implique également que chacun des partenaires a les moyens financiers et humains nécessaires, car ils partagent les tâches de gestion, le contrôle, les risques et les profits associés à cette entreprise commune. Le succès dépend d'ailleurs largement de la volonté d'entraide réelle et de l'adhésion de chaque partie aux objectifs communs. La sélection d'un partenaire s'avère une étape cruciale dans ce type de projet.

L'encadré 5.7 donne deux exemples de coentreprises ayant mené à des succès commerciaux en matière d'exportation.

Une multitude de raisons peuvent motiver des entreprises à s'associer en coentreprise. La plupart se résumeront généralement à la possibilité d'exercer sur une base commune des activités de production ou de distribution et de vente de produits. Le tableau 5.16 (voir page suivante) résume les avantages et les inconvénients du recours à la coentreprise.

Encadré 5.7

Deux exemples de coentreprise

Cameco, General Electric et Hitachi

Géant canadien de l'uranium, Cameco (CCO) s'est associé à General Electric et à Hitachi dans le cadre d'une coentreprise se servant de lasers pour enrichir l'uranium destiné aux centrales nucléaires. D'après ce qu'ont annoncé les trois entreprises, une filiale de Cameco, Cameco Enrichment Holdings, devait verser 123,8 millions de CAD pour une participation de 24 % dans GE Hitachi Global Laser Enrichment.

Bombardier en Russie

Au printemps 2008, lors du troisième Forum international des entreprises ferroviaires de Sochi, en Russie, l'entreprise canadienne Bombardier Transport et l'entreprise russe Transmashholding (TMH) ont signé un accord visant à établir en Russie une coentreprise dans laquelle ils ont des parts égales et des droits égaux. La coentreprise doit mettre au point une nouvelle famille et une nouvelle génération de locomotives électriques, pour les marchés de la Russie et de la Communauté des États Indépendants (CEI) ainsi que pour d'autres marchés.

Principal fournisseur de matériel roulant pour les chemins de fer russes, la Transmashholding, holding russe voulant entrer dans le capital de Bombardier Transport, se décrit elle-même comme travaillant « en étroite collaboration avec le ministère des Chemins de fer russes » du gouvernement Poutine. Elle a pris de l'ampleur au fur et à mesure que l'homme fort du Kremlin prenait le contrôle économique de la Russie. Fondée en 2001, TMH est l'entière possession de Dutch Breakers Investments, dont les actionnaires sont, notamment : le milliardaire russe Iskander Makhmudov ; son partenaire de longue date Andreï Bokarev ; TransGrupp, principal opérateur de chemins de fer russe ; la société d'État Russian Railways. Le président du conseil d'administration de TMH est actuellement Dmitry Komissarov, et son directeur général, Petr Sinshinov. Les deux hommes ont vu leur carrière décoller en 2000, avec l'arrivée de Vladimir Poutine au pouvoir.

Sources : Tiré et adapté de « Cameco forme une coentreprise avec General Electric et Hitachi », *Canoe.ca Argent*, 20 juin 2008, [www.argent.canoe.com/ infos/canada/archives/2008/06/20080620-120108.html] (14 octobre 2008) ; « Bombardier lance une coentreprise en Russie », *Les Affaires*, 21 mai 2008, [www.lesaffaires.com/article/0/transport- et-produits-industriels/2008-05-21/478215/bombardier-lance-une-coentreprise-en-russie.fr.html] (14 octobre 2008).

Tableau 5.16

Les avantages et les inconvénients du recours à la coentreprise

Avantages	Inconvénients
• Aide à la pénétration des marchés étrangers, pour les entreprises dont les ressources financières et sont humaines limitées.	• Diminution des bénéfices potentiels, car ils sont partagés entre les partenaires.
• Réduction des risques financiers et des frais d'exploitation, en théorie partagés entre les partenaires.	• Possibilité de mésententes portant sur la répartition des bénéfices.
• Réduction des risques commerciaux, l'entreprise bénéficiant de l'expérience du marché et des compétences de gestion de son partenaire local.	• Possibilité de mésententes à propos de la philosophie de gestion à appliquer en matière de stratégie commerciale, de gestion du personnel, de marketing, de recherche et développement, etc.
	• Possibilité de problèmes de fixation des prix de transfert, opposant les partenaires en raison de conflits d'intérêts[a].
	• Possibilité de vol du savoir-faire industriel d'un partenaire par un autre (à moins que la coentreprise ne soit la seule propriétaire des technologies issues du partenariat).
	• Possibilité de conflits d'intérêts.

a. Ce type de situation survient lorsqu'une des sociétés mères vend ses produits à la coentreprise. La première souhaite augmenter ses profits en vendant ses produits à un prix élevé. Or, la deuxième aussi désire augmenter ses profits, ce qui n'est possible que si la première accepte de réduire ses prix.

Quoi qu'il en soit, et malgré les inconvénients qu'elle comporte, la coentreprise est parfois la seule façon qu'a une entreprise de distribuer ses produits dans des marchés étrangers. En effet, certains pays farouchement protectionnistes l'imposent légalement et interdisent la création de sociétés dont les intérêts sont entièrement détenus par des étrangers. C'est le cas, par exemple, de la Chine, des Émirats arabes unis et de Cuba.

D'autre part, il est souhaitable pour une entreprise étrangère de s'associer avec des entreprises locales pour pénétrer durablement et efficacement certains marchés caractérisés par des lois, des contraintes administratives, des différences culturelles ou commerciales et des réseaux de distribution fort complexes.

LA SOUS-TRAITANCE

La **sous-traitance** implique qu'une entreprise (le sous-traitant) fournit des pièces, des composantes ou des services à une entreprise exportatrice, le donneur d'ordre, qui en a besoin pour les incorporer dans ses produits. Grâce au fait qu'elle est sous-traitante de l'entreprise exportatrice, la petite entreprise verra ses produits utilisés par les consommateurs étrangers sans avoir à les exporter. L'encadré 5.10 (voir page suivante) contient un exemple d'entente de sous-traitance. On y voit que le groupe nucléaire français Areva est devenu indirectement exportateur de ses services vers les États-Unis en tant que sous-traitant pour le compte de WRPS. À sa suite, le tableau 5.17 résume les avantages et les inconvénients de la sous-traitance.

Sous-traitance
Action par laquelle un donneur d'ordre (ici, une entreprise exportatrice) confie à un sous-entrepreneur, le sous-traitant, le tout ou une partie de l'exécution d'un contrat dont il garde néanmoins la responsabilité. Le sous-traitant doit faire ce travail en suivant les directives du donneur d'ordre.

Encadré 5.9

Areva : Contrat de sous-traitance de déchets radioactifs aux États-Unis

En juin 2008, le ministère de l'Énergie des États-Unis a attribué à Washington River Protection Solutions (WRPS) un contrat de cinq ans, d'une valeur de 7,1 milliards de dollars US pour « l'assainissement et le démantèlement des cuves souterraines de stockage de déchets chimiques et radioactifs du site de Hanford (État de Washington) ». Le contrat vise la protection de la rivière Columbia et de son environnement et com-porte une option de cinq années supplémen-taires. Le site militaire de Hanford compte 170 cuves souterraines contenant près de 200 000 m^3 de déchets chimiques et radio-actifs.

Sous-traitant majeur, le groupe nucléaire français Areva doit fournir ses compétences humaines et ses technologies d'assainisse-ment chimique et de vitrification des déchets radioactifs.

Source : Tiré et adapté de Matthieu Maury, « Areva : contrat de sous-traitance de déchets radioactifs aux États-Unis », *Usine Nouvelle.com*, 2 juin 2008, [www.usinenouvelle.com/article/areva-contrat-de-sous-traitance-de-dechets-radioactifs-aux-États-Unis.139905], (14 octobre 2008).

Tableau 5.7

Les avantages et les inconvénients du recours à la sous-traitance

Avantages	Inconvénients
• Aucune nécessité d'avoir une infrastructure à l'étranger, ou de l'expérience en matière d'exportation, le donneur d'ordre se chargeant des aspects logistiques et techniques.	• Dépendance de l'entreprise sous-traitante à l'égard du donneur d'ordre.
• Aucune nécessité de disposer d'employés qualifiés et dis-ponibles.	• Forme de collaboration à l'exportation; bien qu'ils imposent leurs conditions, les donneurs d'ordre savent que la concertation et le dialogue avec les sous-traitants sont de mise pour garantir la qualité des produits.
• Aucun frais kié aux activités d'exportation.	• Mode d'exportation non durable la relation entre le don-neur d'ordre et le sous-traitant étant très souvent ponctuelle.

OBJECTIF 3

Cerner les facteurs sur lesquels repose le choix du mode de distribution.

OBJECTIF 4

Pouvoir déterminer le mode de distribution le plus adé-quat dans une situation donnée

II. LE CHOIX D'UN MODE DE DISTRIBUTION

Il n'existe pas de mode de distribution internationale qui soit optimal dans toutes les circonstances. Le choix entre les diverses possibilités vues dans la première par-tie de ce chapitre relève de la stratégie internationale de l'entreprise. Une fois que celle-ci a décidé du degré de maîtrise qu'elle souhaite avoir, il lui reste à déterminer la forme que prendra sa présence sur le marché étranger.

Une entreprise exportatrice devra choisir son mode de distribution en tenant compte de divers facteurs, tant internes qu'externes, à savoir :

1) les facteurs liés à l'entreprise ;
2) les facteurs liés aux produits ;
3) les facteurs liés au marché ;
4) les facteurs liés au circuit de distribution.

D'autre part, le choix d'un mode de distribution n'est pas statique: il peut évoluer avec le temps et selon les circonstances. Comme le démontre l'exemple suivant, le mode de distribution peut évoluer de l'exportation en partenariat ou en alliance vers l'exportation indirecte, pour finir par se concrétiser en une forme d'exportation directe.

Exemple d'évolution du mode de distribution

Une entreprise québécoise de vêtements voulant vendre ses produits sur le marché extérieur reçoit l'offre d'un importateur français souhaitant distribuer une collection particulière; une relation d'affaires s'établit. Quelques mois plus tard, l'importateur, désireux d'affirmer la relation d'affaires, demande à l'entreprise s'il peut avoir l'exclusivité de la vente de ses produits sur le territoire français. Celle-ci accepte et signe un contrat faisant de l'importateur un concessionnaire. Quelques années plus tard, le concessionnaire et l'entreprise québécoise en viennent à souhaiter la création d'autres lignes de vêtements sur le marché français; ils décident alors d'implanter un réseau de filiales en France.

LES FACTEURS LIÉS À L'ENTREPRISE

OBJECTIF 5

Connaître les risques associés à la distribution internationale.

Le choix d'un mode de distribution repose dans une large mesure sur des facteurs internes à l'entreprise. Celle-ci devra notamment se reporter à l'évaluation qu'elle a faite de sa capacité d'exportation (voir le chapitre 3, p. 99), qui lui a permis de connaître ses points forts et ses points faibles au regard des marchés cibles. L'entreprise devra plus précisément considérer les facteurs suivants:

- son expérience en matière de commerce international;
- sa disponibilité en temps;
- ses ressources humaines;
- ses ressources financières;
- ses objectifs concernant le temps de pénétration du marché.

L'expérience internationale d'une entreprise influe sur le mode d'exportation qu'elle choisira et qui lui conviendra le mieux. Ainsi, une compagnie qui dispose d'une expérience importante dans le domaine de l'exportation pourra envisager d'avoir recours à une forme d'exportation directe pour mener à bien ses activités internationales. L'exportation directe, rappelons-le, lui assurera un contrôle sur la conception et sur la mise en œuvre de sa politique commerciale.

La disponibilité en temps qu'exigent les différents modes d'exportation varie; l'entreprise doit donc tenir compte des charges de travail administratif lorsqu'elle choisira la forme d'exportation à privilégier. L'exportation en partenariat ou en alliance, par exemple, ne génère que peu de tâches de gestion, contrairement à celles qui sont générées par une filiale commerciale. L'entreprise exportatrice devra donc voir à quel point sa structure et ses ressources humaines peuvent absorber des surplus de travail.

Les ressources humaines spécialisées en exportation dont dispose l'entreprise lui permettront de gérer ses ventes à l'étranger et de suivre l'évolution de son réseau commercial. Les exigences en cette matière diffèrent grandement selon le mode d'exportation choisi. Par exemple, l'implantation commerciale à l'étranger ou le suivi d'un réseau d'agents ne peuvent se concevoir sans de vraies équipes se consacrant à l'exportation.

Les ressources financières attribuables aux investissements structurels et aux frais de fonctionnement varient d'un mode d'exportation à l'autre. L'entreprise doit donc évaluer sa capacité à financer des investissements à long terme et les fonds dont elle dispose pour absorber les coûts de la gestion commerciale du projet d'exportation.

Les objectifs concernant le temps de pénétration du marché que se donne une entreprise influenceront également le choix du mode d'exportation. Dépendamment de son degré de maîtrise du commerce international, de sa connaissance du marché, du seuil de risques commerciaux et politiques qu'elle peut supporter, de la vitesse de pénétration du marché qu'elle recherche, etc., la compagnie choisira un mode d'exportation plus ou moins interne. Autrement dit, si une compagnie croit qu'il lui faut créer sa propre politique commerciale en développant une expertise du marché étranger et de son évolution, elle optera pour un mode d'exportation directe, tel que l'implantation d'une filiale. Ces modes exigent généralement plus de temps et d'investissement que les modes indirects, puisque la compagnie doit intégrer de nouvelles informations et développer de nouvelles manières de faire. À l'inverse, si la compagnie souhaite avant tout pénétrer rapidement le marché, elle optera de préférence pour un mode d'exportation indirecte qui mettra à profit l'expertise déjà présente à l'étranger. Dans un tel cas, l'entreprise pourrait commercer avec un importateur ou une centrale d'achat.

LES FACTEURS LIÉS AU PRODUIT

Le choix du mode d'exportation dépend de facteurs internes à l'entreprise, mais aussi des caractéristiques techniques et commerciales du ou des produits. Une entreprise devra ainsi considérer les facteurs suivants:

Le caractère plus ou moins technique du produit destiné à l'exportation peut obliger l'entreprise à s'implanter d'une certaine manière plutôt qu'une autre dans la zone géographique du marché qu'elle souhaite pénétrer, afin de simplifier le service après-vente, c'est-à-dire la réparation et l'entretien. Il est difficile de vendre des automobiles par catalogue, le service après-vente étant un important facteur d'achat; on optera dans ce cas pour la formule du concessionnaire.

La marge bénéficiaire rattachée à la vente du produit qui se dégagera permettra soit de financer la structure mise sur pied en vue de l'exportation, soit de payer les partenaires ou les intermédiaires qui sont engagés dans les activités d'exportation.

Si la marge bénéficiaire est élevée, l'entreprise aura la possibilité de recourir à l'exportation en partenariat ou en alliance ou de s'implanter dans la zone géographique du marché par l'une des formes d'exportation directe que nous avons vues. À l'inverse, dans un environnement fortement concurrentiel où la marge bénéficiaire est faible, l'entreprise aura avantage à recourir aux services d'intermédiaires ponctuels, parce que la faible marge réalisée sur la vente des produits ne permettrait pas de couvrir les frais d'une structure commerciale permanente.

Les contraintes en matière de stockage. Si les produits doivent être stockés en grandes quantités dans la zone géographique du marché étranger que l'entreprise souhaite pénétrer, ou si celle-ci est obligée de fournir un service après-vente, elle aura avantage à privilégier des formes de distribution qui impliquent la mise sur pied d'infrastructures où il sera possible d'entreposer les produits, tels que la succursale, la filiale commerciale ou le recours à un concessionnaire.

L'image du produit. Si une entreprise a une image de marque solide sur laquelle elle souhaite miser, elle aura avantage à maîtriser étroitement la politique commerciale de son réseau de distribution à l'étranger, notamment en ce qui a trait à la sélection des points de vente, à la fixation de prix et au marketing. Elle ne pourra envisager les modes d'exportation indirecte ou la commercialisation en partenariat ou en alliance que si elle peut obtenir certaines garanties quant au respect de ces éléments clés de sa politique commerciale. Si, par contre, le produit qu'elle souhaite exporter est relativement inconnu des consommateurs locaux, elle devra plutôt recourir à des intermédiaires qui connaissent mieux qu'elle le marché visé.

LES FACTEURS LIÉS AU MARCHÉ

Outre les facteurs liés aux produits, les facteurs externes à considérer dans le choix d'un mode d'exportation concernent le marché lui-même. Une entreprise devra donc tenir compte des facteurs suivants :

Le potentiel du marché. Le potentiel d'un marché influence de deux manières le choix du mode d'exportation : il détermine à la fois les prévisions de ventes et le degré de maîtrise que l'entreprise souhaitera avoir sur sa politique commerciale. De la sorte, les formes d'exportation telles que la filiale et la coentreprise, dont la mise sur pied implique des frais importants, conviendront davantage aux marchés où les perspectives de vente sont bonnes. L'exportation indirecte, qui peut se faire à faible coût, conviendra quant à elle aux marchés à faible potentiel.

L'accessibilité juridique. Des éléments d'ordre juridique viennent parfois limiter ou encadrer l'accès à un marché étranger. Par exemple, si un État impose des barrières tarifaires importantes, une entreprise qui souhaite y distribuer ses produits aura avantage à privilégier une implantation locale. D'autre part, là ou l'État interdit aux entreprises étrangères de recourir à des agents commerciaux ou de créer des filiales qui leur appartiennent en totalité, elle devra mettre sur pied une structure locale en collaboration avec un partenaire local (coentreprise). Ce mode d'exportation s'avérera d'autant plus intéressant si l'entreprise connaît mal les lois ou les réglementations encadrant l'accès à ces marchés.

Les contraintes politiques. La stabilité politique est un facteur aléatoire qui évolue avec le temps. Si le risque-pays (qu'il s'agisse des risques d'expropriation, de nationalisation ou de guerre) semble trop important, une entreprise devra éviter l'exportation directe, dont les formes (la filiale et la succursale, notamment) impliquent un engagement à long terme, et préférer les modes d'exportation indirecte.

La concurrence. Les marchés sur lesquels la concurrence est importante requièrent de l'entreprise exportatrice qu'elle adapte régulièrement sa politique commerciale, notamment en ce qui concerne les prix, qui doivent demeurer concurrentiels, et le marketing, qui doit être énergique. L'entreprise doit être prête à réagir rapidement ;

elle doit être continuellement au fait de la concurrence dans son marché et maîtriser complètement sa politique commerciale. Dans cette perspective, l'entreprise aura avantage à recourir à des formes d'exportation directe ou à la commercialisation en partenariat ou en alliance.

Le profil des clients potentiels. Des facteurs tels que le niveau d'éducation des clients potentiels, leurs besoins en matière de service après-vente et leurs caractéristiques socioculturelles dont, par exemple, le besoin de voir et de toucher le produit et la susceptibilité quant aux produits venant de l'extérieur du pays, sont autant d'aspects à considérer et qui influenceront le choix du mode de distribution.

Les possibilités d'évolution du marché. Une entreprise qui souhaite exporter ses produits vers un marché qu'elle connaît mal et qui ne dispose pas des ressources ou du temps nécessaires pour réaliser une étude de marché aura avantage à recourir aux agents commerciaux et aux importateurs sans exclusivité. Elle pourra alors suivre l'évolution du marché pendant un certain temps, puis, si les ventes évoluent favorablement, mettre sur pied une filiale ou une succursale qui lui permettra de mieux gérer sa politique de commercialisation.

LES FACTEURS LIÉS AU CIRCUIT DE DISTRIBUTION

Il est primordial de considérer la structure de distribution d'un pays afin de déterminer quelle forme d'exportation conviendra.

Par exemple, si la structure de distribution du pays comporte des circuits longs ou complexes (voir figure 5.2), l'entreprise exportatrice devrait éviter l'exportation directe et la mise sur pied d'une infrastructure locale, car elle pourrait éprouver des difficultés à s'y retrouver entre les nombreux distributeurs locaux et à nouer des relations avec eux. Dans un tel cas, il vaudra mieux privilégier la vente par des intermédiaires et le recours à des organismes tels que les maisons de commerce, les bureaux d'achats, les importateurs et les concessionnaires. Évidemment, elle devra tenir compte de la disponibilité, de la compétence et du coût de ces intermédiaires. Si elle ne trouve pas assez d'intermédiaires de qualité dans le marché cible ou qu'ils sont déjà engagés dans la commercialisation de produits concurrents, l'entreprise exportatrice devra tout de même privilégier une forme d'exportation directe.

Figure 5.2

Les circuits de distribution

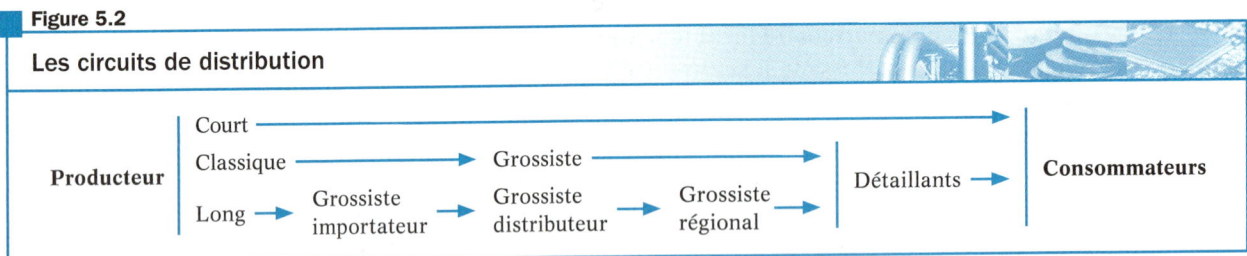

Dans la première partie du présent chapitre, nous avons examiné les divers modes de distribution à l'étranger, et, dans la deuxième, nous avons abordé le même sujet, mais d'un autre point de vue, plus pratique pour l'entreprise qui doit faire son choix. Le tableau 5.18 (voir page suivante) présente une synthèse de ces deux démarches.

Tableau 5.18

Les modes de distribution internationale en résumé

Légende : ■ Important/Fort — ▨ Moyen — ▫ Faible

FACTEURS	Exportation directe						Exportation indirecte			Exportation en partenariat ou en alliance				
	Vente directe	Vente par Internet	Représentant de commerce	Agent commercial	Bureau de représentation et succursale	Filiale commerciale	Maison de commerce	Bureau d'achat	Importateur et concessionnaire	Groupement d'exportateurs	Portage	Franchise commerciale	Coentreprise	Sous-traitance
… liés à l'entreprise														
Expérience internationale	▨	▨	■	■	■	■	▨	▨	▨	▨	▨	▨	▨	▫
Disponibilité en temps	■	▨	■	■	■	■	▨	▨	▨	▨	▨	▨	▨	▨
Ressources humaines	■	▨	■	■	■	■	▨	▨	▨	▨	▨	▨	▨	■
Ressources financières	■	▨	■	■	■	■	▫	▫	▫	▫	▨	▨	▨	■
… liés au produit														
Caractère technique	■	▨	■	▫	■	■	▫	▫	■	▨	▨	▨	■	▨
Marge bénéficiaire	■	▨	■	▨	■	■								■
Contraintes en matière de stockage	▫	▫	▫	▫	■	■	▫	▫	▫					■
Image du produit			▨	▨	■	■						▨	▨	▫
… liés au marché														
Potentiel	■	▫	■	■	■	■	▫	■	■	▫	▫	■	■	▨
Accessibilité juridique	▨	▫	▨	▫	■	■							■	▨
Contraintes politiques														
Concurrence	■	▨	■	■	■	■	▫	▫	▫	■	■	■	■	■
Besoins des consommateurs	■	▨	■	■	■	■	▨	▨	▨	■	■	■	■	■
Possibilité d'évolution du marché	■	▨	■	■	■	■	▨	▨	▨	▨	▨	■	■	▨
… liés au circuit de distribution														
Circuit	Court	Court	Court	Court	Court	Court	Long	Long	Long	Classique	Classique	Classique	Classique	Classique

Le Canada et ses partenaires commerciaux

LA FRANCE

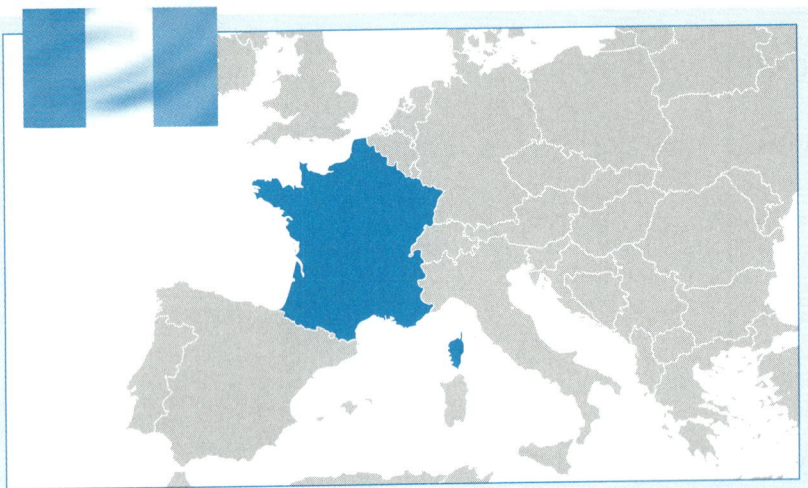

On constate depuis quelques années une diversification et une intensification des relations bilatérales Canada-France. Cela est dû pour une bonne part à la coopération qu'entretiennent les deux pays sur des questions telles que les relations internationales et la gouvernance, et sur des thèmes à dimension sociale tels que la santé, l'immigration, la justice, la coopération au développement et la réforme des finances publiques. Ce partenariat transatlantique s'exprime par des accords de coopération entre ministères et par des visites gouvernementales et parlementaires de part et d'autre.

Membre permanent du Conseil de sécurité de l'ONU, de l'OTAN et du G8, fondateur de l'Union européenne et partenaire essentiel de la Francophonie, la France est un allié de grande importance pour le Canada. Partageant une vision convergente des relations internationales, les deux pays coopèrent étroitement en montrant leur attachement au multilatéralisme, en mettant l'accent sur les problèmes de sécurité internationale et en promouvant la démocratie, les droits de la personne, la bonne gouvernance et le développement. Ils coopèrent activement à des opérations de maintien de la paix (Afghanistan, Haïti, Afrique) et à l'aide au développement, et sont des joueurs clés de la Francophonie et du G8[a].

Économie très importante à l'échelle mondiale, la France est le neuvième partenaire commercial du Canada sur le plan mondial, et quatrième en Europe. Quatrième investisseur en importance au Canada, la France y a fait des investissements de 17,4 milliards de dollars en 2007. Environ 400 entreprises françaises avaient leur siège au Canada en 2006. Des investissements de 14,6 milliards de dollars en France en 2007 classent ce pays au septième rang des destinataires de l'investissement canadien. En 2007, les échanges bilatéraux de marchandises entre la France et le Canada se sont chiffrés à la somme record de 8,2 milliards de dollars[b]. De cette somme, exception faite du vin, assez peu concerne les produits alimentaires. Cependant, une entreprise canadienne ayant l'intention d'exporter des aliments en France (dont du café, dont nous avons parlé en début de chapitre), doit prendre le temps de se familiariser avec les centrales d'achat comme mode de distribution avant d'entamer son projet. En effet, 35 % des produits alimentaires importés par la France passent par des centrales d'achat.

Les tableaux 5.19 et 5.20 donnent un aperçu du commerce international entre le Canada et la France pour les dernières années.

a. Ministère des Affaires étrangères et du Commerce international du Canada, *Canada-France Relations*, 26 juin 2008, [www.geo.international.gc.ca/cip-pic/geo/france-bb-fr.aspx], (8 octobre 2008).
b. Ministère des Affaires étrangères et du Commerce international du Canada, *Le Canada et la France signent un Plan d'action conjoint pour consolider leurs relations commerciales*, 11 juin 2008, [www.news.gc.ca/web/view/fr/index.jsp ?articleid=404549&audienceid_as=&categoryid=9&departmentid_as=&df_as=1&do_as=true&dt_as=11&keyword_as=&mf_as=1&mt_as=6&newstypeid_as=&regionid_as=14|Canada&subjectid_as=&view_as=results&yf_as=2008&yt_as=2008], (8 octobre 2008).

Tableau 5.19

Les importations canadiennes de la France par type de produit, en milliers de CAD

	2006	2007	2008
Médicaments dosés pour la vente au détail à l'exception de l'insuline	500 030	509 369	516 939
Vins et moûts de raisins en récipients de 2 litres ou moins	313 438	325 091	359 616
Huiles de pétrole ou de minéraux bitumineux, non brutes ou huiles légères	139 203	30 883	132 323
Parties d'avions ou d'hélicoptères	79 686	104 926	123 513
Vaccins pour la médecine humaine	46 516	42 010	115 594
Préparations antisolaires et pour de bronzage et autres produits pour le soin de la peau	83 415	101 960	106 772
Médicaments dosés à base d'insuline pour vente au détail	54 450	72 896	94 546
Parties de turboréacteurs ou de turbopropulseurs	63 949	80 079	93 646
Avions et véhicules aériens d'un poids à vide 2 001-15 000 kg	97 821	75 857	90 536
Parfums et eaux de toilette	77 380	85 696	88 604
Total partiel	**1 988 570**	**2 077 240**	**2 537 553**
Autres produits	3 195 785	3 015 229	3 396 551
Total	**5 184 355**	**5 092 469**	**5 934 104**

Source : Tiré et adapté d'Industrie Canada, *Données sur le commerce en direct*, Importations totales canadiennes de la France, 25 premiers produits (codes SH6), s.d., [www.ic.gc.ca/epic/site/tdo-dcd.nsf/fr/accueil], (rapport généré le 3 mars 2009).

Tableau 5.20

Les exportations canadiennes vers la France par type de produits, en milliers de CAD

	2006	2007	2008
Huiles de pétrole ou de minéraux bitumineux, non brutes ou autres que les huiles légères	34 405	38 767	289 294
Turboréacteurs – poussée >25kn	122 783	205 316	255 510
Parties d'avions ou d'hélicoptères	139 712	153 112	179 157
Vaccins pour la médecine humaine	97 766	88 306	178 156
Turbopropulseurs d'une puissance supérieure à 1 100 kw	50 737	90 477	145 346
Minerais de fer et concentrés non agglomérés sauf les pyrites (cendres)	23 049	47 122	113 352
Uranium naturel et ses composés et mélanges renfermant de l'uranium naturel ou ses composés	265 118	535 599	94 399
Houille bitumineuse même pulvérisée, mais non agglomérée	49 752	66 517	88 553
Papier journal en rouleaux ou en feuilles	68 671	85 700	85 276
Parties de turboréacteurs ou de turbopropulseurs	57 028	59 826	83 569
Total partiel	**1 305 380**	**1 862 454**	**2 048 294**
Autres produits	1 576 476	1 264 434	1 192 363
Total	**2 881 856**	**3 126 888**	**3 240 657**

Source : Tiré et adapté d'Industrie Canada, *Données sur le commerce en direct*, Exportations totales canadiennes vers la France, 25 premiers produits (codes SH6), s.d., [www.ic.gc.ca/epic/site/tdo-dcd.nsf/fr/accueil], (rapport généré le 3 mars 2009).

Données sur la France

Données géographiques

Nom officiel :	République française
Superficie :	547 030 km^2
Population :	64 058 000
Capitale :	Paris
Villes principales :	Paris, Dijon, Nantes, Bordeaux
Langue(s) :	Français (dialectes : provençal, breton, alsacien, etc.)
Monnaie(s) :	Euro (1 EUR = 1,562 CAD ; 1 CAD = 0,640 EUR, au 9 octobre 2008)
Fête nationale :	14 juillet

Données démographiques

Croissance démographique :	0,574 % par an
Espérance de vie :	77,68 ans pour les hommes, 84,23 ans pour les femmes
Taux d'alphabétisation :	99 %
Religion(s) :	Catholicisme, religions protestantes
Indice de développement humain (classement ONU) :	0,952 (10e rang mondial sur 177)

Données économiques

PIB (2007) :	2 560 milliards de USD
PIB par habitant (2007) :	33 200 USD
Taux de croissance :	1,9 %
Taux de chômage :	8,3 %
Taux d'inflation :	1,6 %
Solde budgétaire :	−70 milliards de dollars
Balance commerciale :	Exportations : 548 milliards de USD Importations : 600 milliards de USD Solde : −52 milliards de USD
Principaux clients :	Allemagne (15,6 %), Espagne (9,6 %), Italie (8,9 %), Royaume-Uni (8,3 %), Belgique (7,3 %)
Principaux fournisseurs :	Allemagne (18,9 %), Belgique (11,1 %), Italie (8,4 %), Espagne (7 %), Pays-Bas (6,8 %), Royaume-Uni (6,6 %)
Exportations du Canada vers la France (2007) :	3,126 milliards de CAD ; 0,7 % des exportations mondiales
Importations canadienne de la France (2007) :	5,088 milliards de CAD ; 1,25 % des importations mondiales

Source : Central Intelligence Agency (CIA), « France », *The World Factbook*, 2008, [www.cia.gov/library/publications/the-world-factbook/geos/fr.html], (3 décembre 2008).

RÉSUMÉ

En général, l'idéal pour une entreprise exportatrice consiste à vendre directement ses produits à son client final, sans recourir à des intermédiaires. De cette façon,

- elle réduit ses coûts de commercialisation et, de ce fait, augmente la compétitivité de ses produits;
- elle est directement en contact avec son marché, obtenant une rétroaction continue;
- elle contrôle entièrement sa politique de commercialisation.

Toutefois, dans la plupart des cas, les entreprises doivent retenir les services d'un intermédiaire ou s'associer avec un ou des partenaires.

Quel que soit le mode de distribution qu'elle favorisera, l'entreprise aura amorcé son projet d'exportation en concevant une stratégie de distribution, après avoir soigneusement défini son marché cible. La conception d'une telle stratégie implique la sélection d'un mode de distribution et d'un circuit de commercialisation. Trouver *le* bon réseau de commercialisation à l'étranger pour la gestion des ventes mérite une attention spéciale, car le succès de la pénétration commerciale dépend directement de cette décision.

MOTS CLÉS

Français	Anglais
Agent commercial (p. 186)	Commercial agent
Appel d'offres (p. 180)	Call for tenders
Bureau d'achat (p. 194)	Purchasing office
Bureau de représentation (p. 188)	Sales office
Coentreprise (p. 203)	Joint venture
Coentreprise contractuelle (p. 204)	Contractual joint venture
Coentreprise sociétaire (p. 203)	Societal joint venture
Concessionnaire (p. 197)	Concessionnaire, dealer
Exportation directe (p. 178)	Direct export
Exportation indirecte (p. 178)	Indirect export
Exportation en partenariat ou en alliance (p. 178)	Partnership
Filiale commerciale (p. 188)	Trading subsidiary
Force de vente (p. 186)	Sales force
Franchise commerciale (franchise de distribution) (p. 201)	Commercial franchise

Français	Anglais
Groupement d'exportateurs (p. 199)	Exporters group
Importateur (p. 197)	Importer
Intermédiaire (p. 190)	Intermediary
Maison de commerce (p. 191)	Trading house
Mission commerciale (p. 199)	Trade post
Portage (p. 200)	Piggyback
Représentant de commerce (p. 184)	Salesperson ou Sales representative
Sous-traitance (p. 205)	Subcontracting
Succursale (p. 188)	Branch
Vente directe (p. 179)	Direct sale

VÉRIFIEZ VOS CONNAISSANCES

Questions à choix de réponses

1. Parmi les modes de distribution suivants, lequel permet à l'entreprise de mieux contrôler sa politique commerciale à l'étranger ?

   a) Les ventes qu'effectue un représentant salarié

   b) Les ventes qu'effectue un agent commercial

   c) Les ventes qu'effectue un importateur

   d) Les ventes qu'effectue un bureau d'achat

2. Les modes d'exportation directe permettent à une entreprise de contrôler en tout ou en partie sa politique commerciale. Parmi les formes d'exportation directe, on trouve la vente directe, les ventes qu'effectuent des représentants de commerce, les ventes qu'effectuent des agents commerciaux, les ventes qu'effectue soit un bureau de représentation, soit une succursale ou encore une filiale commerciale. Ces formes d'exportation présentent des avantages. Parmi ceux qui figurent ci-dessous, il s'est glissé un intrus. Pouvez-vous indiquer quel est cet intrus ?

   a) L'entreprise gère de façon autonome ses activités commerciales.

   b) Au fil de ses activités d'exportation, l'entreprise acquiert une meilleure connaissance du marché étranger.

   c) L'entreprise exportatrice assume la totalité des risques commerciaux et financiers liés à l'exportation.

   d) L'entreprise bénéficie de réseaux de commercialisation permanents.

3. Parmi les affirmations suivantes, une seule définit correctement la différence fondamentale entre un agent commercial et un importateur. Laquelle ?

   a) L'un peut bénéficier d'une exclusivité pour vendre sur un territoire donné les produits qu'on lui confie, ce qui n'est pas le cas de l'autre.

b) L'un vend les marchandises qu'on lui confie au nom et pour le compte de l'entreprise qui requiert ses services, tandis que l'autre les achète à l'entreprise pour les revendre ensuite en son propre nom et à son propre compte.

c) L'un est une personne physique, alors que l'autre est une personne morale.

d) L'un travaille à commissions, tandis que l'autre gagne un salaire fixe.

4. Supposons qu'une entreprise jouisse d'une bonne expérience en matière de commerce international, d'une connaissance adéquate du marché étranger et des services d'un personnel qualifié pour faire face à la gestion d'activités d'exportation. Le marché étranger en question offre un potentiel de ventes important et stable, mais qui oblige constamment l'entreprise à revoir sa politique commerciale, dont elle souhaite par ailleurs conserver la maîtrise. Quelle forme d'exportation lui conseilleriez-vous d'employer?

a) Le recours à un importateur

b) L'ouverture d'un bureau d'achat dans le marché en question

c) L'ouverture d'un bureau de représentation dans le marché en question

d) La vente directe à partir de son siège social

5. Pour exporter ses produits, une entreprise souhaitant pénétrer un marché dont le potentiel est élevé peut envisager d'y implanter une succursale ou encore, une filiale commerciale. Parmi ces énoncés, lequel distingue correctement ces deux types de société?

a) La taille d'une filiale est moindre que celle de la succursale.

b) La filiale ne disposera jamais de la même enseigne que la maison mère, à l'inverse de la succursale.

c) La filiale a une personnalité juridique distincte de la maison mère, ce qui n'est pas vrai pour la succursale.

d) La distribution du produit vers la succursale est plus facile que la distribution vers une filiale.

6. Un importateur et une maison de commerce ont, entre autres caractéristiques communes, d'acheter pour leur propre compte des produits appartenant à d'autres et de les revendre ensuite en leur nom propre dans des marchés étrangers, en prélevant une marge bénéficiaire. Néanmoins, une différence essentielle distingue ces deux intermédiaires. Parmi les énoncés ci-dessous, lequel correspond à cette différence?

a) La maison de commerce dispose d'une personnalité juridique, ce qui n'est pas le cas de l'importateur.

b) À la différence de l'importateur, la maison de commerce n'établit généralement pas de lien stable entre elle et l'entreprise à qui elle achète des produits.

c) La maison de commerce n'assume en aucun cas le risque de non-paiement, contrairement à l'importateur.

d) La maison de commerce est toujours située sur le marché étranger, tandis que l'importateur est situé sur le marché local de l'exportateur canadien.

7. Qu'est-ce que le portage ?

a) Un regroupement d'exportateurs non concurrents qui mettent en commun une partie ou la totalité de leurs activités d'exportation.

b) Une coopération internationale entre deux entreprises, une grande et une petite, dont les produits sont complémentaires, la plus grande apportant son soutien à la plus petite.

c) Un contrat temporaire et exclusif de commercialisation de produits ou de services sur un territoire défini.

d) Un accord entre deux partenaires de pays différents consistant en la création ou l'acquisition conjointe d'une filiale commune sur le marché du partenaire étranger.

8. Laquelle des caractéristiques suivantes concerne la franchise commerciale ?

a) Le franchisé n'est pas limité à la vente des produits du franchiseur seulement.

b) Elle permet une croissance rapide des activités internationales.

c) C'est la responsabilité du franchiseur de financer la mise sur pied du point de vente.

d) Le franchisé a la liberté de choisir son fournisseur de produits.

Questions à court développement

9. Décrivez les deux avantages et les deux inconvénients principaux de chacun des types de réseaux de vente suivants :
- la filiale
- l'agent commercial
- le concessionnaire

10. Parmi les critères utilisés pour différencier les réseaux de distribution à l'étranger, on trouve le degré de maîtrise de la politique commerciale, les dépenses que doit engager l'exportateur pour mettre en place et faire fonctionner le réseau ainsi que le degré d'aide des intermédiaires par la prise en charge des fonctions liées à l'exportation.

Remplissez le tableau suivant en classant les critères par ordre d'importance, de 1 à 3 (1 = important, 2 = moyennement important, 3 = peu important).

Critères	Filiale	Agent commercial	Importateur et concessionnaire
Degré de maîtrise de la politique commerciale			
Dépenses que doit engager l'exportateur pour mettre en place et faire fonctionner le réseau			
Degré d'aide des intermédiaires par la prise en charge des fonctions liées à l'exportation			

11. L'entreprise Pharmaco inc. située à Saguenay, fabrique et commercialise des machines de contrôle de qualité destinées à l'industrie pharmaceutique. Elle est déjà bien établie sur le marché du Québec et veut s'implanter d'une façon permanente sur le marché européen. Elle hésite entre trois modes d'accès : la coentreprise (*Joint venture*), un contrat de distribution exclusif avec son distributeur actuel ou une filiale à 100 %.

Faites un tableau comparatif des avantages et des inconvénients de ces trois modes de commercialisation et de distribution à l'étranger et choisissez celui que vous recommanderiez.

12. Parmi les diverses formules de partenariat, quelle est celle qui permet à l'exportateur de distribuer rapidement ses produits, de rentabiliser ses investissements rapidement, de conserver la maîtrise de sa politique commerciale, de réduire les risques financiers et d'acquérir une bonne connaissance du marché et de la clientèle ?

Recherches Internet

13. Vous êtes engagé par la maison Harricana et vous avez comme mandat d'analyser et de commercialiser leur collection mode dans les trois marchés suivants : le Mexique, le Japon et le Midwest américain. Suite à votre recherche, on vous demande de rédiger un rapport présentant vos recommandations sur le mode de distribution (vu dans le chapitre) à privilégier pour chacun des marchés. Quel mode recommanderiez-vous ? Pourquoi ?

Sites Internet à consulter :

www.harricana.qc.ca

w01.international.gc.ca/cimar-rcami/index.aspx?lang=fr

www.mdeie.gouv.qc.ca/index.php ?id=8 (cliquez sur *Exporter par pays* ou sur *Exporter par secteur*)

www.infoexport.gc.ca/fra/accueil.jsp (cliquez sur *Études de marché* et inscrivez-vous gratuitement)

www.bmcetrade.com/fr/fiches-pays/japon/accueil

14. L'hydromel, un vin fabriqué à partir du miel, est considéré comme l'une des plus anciennes boissons fermentées au monde. Sa production moderne date de plus de 4 000 ans, mais des preuves existent quant à sa fabrication il y a 20 000 ou 40 000 ans en Afrique. Comme les consommateurs préfèrent encore le vin à base de raisin, qui continue d'occuper une place dominante sur le marché global du vin, les exportateurs canadiens d'hydromel ont beaucoup à faire pour sensibiliser le public à leurs produits et pour ouvrir de nouveaux marchés. Les propriétaires d'Eaumiel, petite entreprise québécoise d'apiculture, veulent exporter leur produit vers un marché dont l'accès et la distribution soient adaptés à l'expérience de leur entreprise à l'international. À l'aide des sites suivants, expliquez pourquoi le marché du Sud de France conviendrait.

Sites Internet à consulter:

www.suddefrance-export.com/fr (cliquez sur Fiches pays, sur le pays et
    ensuite sur Distribution)

www.ats-sea.agr.gc.ca/canada/4347_f.htm

www.infoexport.gc.ca/fra/etudes-marches-par-secteur.jsp ?nid=560

Études de cas

15. Jean Laforest est le président de Beaupapier, une importante papetière du
    Saguenay possédant une filiale en France, qui produit plusieurs revues euro-
    péennes (dont *Étoiles du monde*), et une filiale aux États-Unis, qui produit
    le journal *Good US Day*. L'entreprise exploite deux usines de papier au
    Saguenay et quatre sites de coupes forestières. Beaupapier est rentable et ses
    profits ont connu des hausses annuelles de 10 % au cours des cinq dernières
    années.

    Lors de la dernière réunion du conseil d'administration de Beaupapier, cer-
    tains membres ont indiqué que les travailleurs des deux usines ne parvenaient
    plus à satisfaire la demande à cause de la croissance des ventes dans ses
    filiales. Beaupapier ne souhaite pas utiliser les services d'une autre entreprise
    pour augmenter sa capacité de production, puisque le potentiel du marché
    chinois semble suffisamment grand pour que l'entreprise augmente sa pro-
    duction de façon permanente tout en développant sa propre expertise inter-
    nationale.

    Un des membres du conseil, qui a préparé une étude préliminaire sur la fai-
    sabilité d'un projet d'implantation d'une usine en Chine, a insisté sur le fait
    qu'une main-d'œuvre hautement spécialisée dans ce domaine n'était pas
    nécessaire, que les coûts afférents étaient peu élevés et que l'implantation
    d'une usine constituait une bonne porte d'entrée pour accéder à l'industrie
    des publications chinoises.

    Un autre membre a soulevé le fait que cela faisait déjà un certain temps que
    Beaupapier étudiait la possibilité d'entrer sur ce marché, envisageant de for-
    mer un partenariat avec Bojing, la plus grande entreprise de publication
    chinoise. Cette dernière serait effectivement à la recherche d'une entreprise
    papetière afin de conclure un partenariat en amont qui lui permettrait de
    réduire ses coûts de production.

    Malgré la hausse des profits de Beaupapier, l'entreprise ne souhaite pour
    l'instant ni pénétrer le marché en solitaire ni faire d'investissements majeurs.
    Toutefois, les possibilités à long terme sur le marché chinois semblent très
    intéressantes. Pour cette raison, Beaupapier ne souhaite pas former de par-
    tenariat avec d'autres entreprises canadiennes, une expérience qu'elle a déjà
    tentée il y a sept ans et qui s'est révélée un échec retentissant en raison de
    divergences d'opinions entre les partenaires.

    Un autre membre du conseil a souligné le fait que l'entreprise ne dispose pas
    de personnel parlant le cantonnais et n'a aucune connaissance de la culture
    chinoise. Cependant, comme le marché est très prometteur, Beaupapier

gagnerait à acquérir cette connaissance. Enfin, Jean Laforest a rappelé aux membres que l'industrie papetière canadienne n'a jamais octroyé de franchises à l'étranger, et que Beaupapier n'a aucun intérêt à commencer à le faire à l'avenir.

Selon vous, quel mode de distribution Beaupapier devrait-elle privilégier pour pénétrer le marché chinois ? Justifiez votre choix et donnez deux avantages et deux inconvénients liés à l'utilisation de ce mode.

16. Vous travaillez pour une entreprise fabriquant un tout nouveau modèle de téléphone cellulaire. Le dirigeant souhaite pénétrer le marché américain avec ce produit, mais ne veut pas que l'entreprise assume les responsabilités liées à la vente et à l'expédition des marchandises. De plus, il souhaite limiter le risque commercial auquel il serait exposé et préférerait faire affaire avec un intermédiaire de son pays, sans passer par un bureau d'achat. Il hésite sur le mode de distribution à adopter et vous demande conseil. Que lui répondez-vous ? Quel mode de distribution lui recommandez-vous ? Justifiez votre choix.

Vous trouverez des exercices additionnels dans le **Compagnon Web**, à l'adresse **www.erpi.com/jammal.cw.**

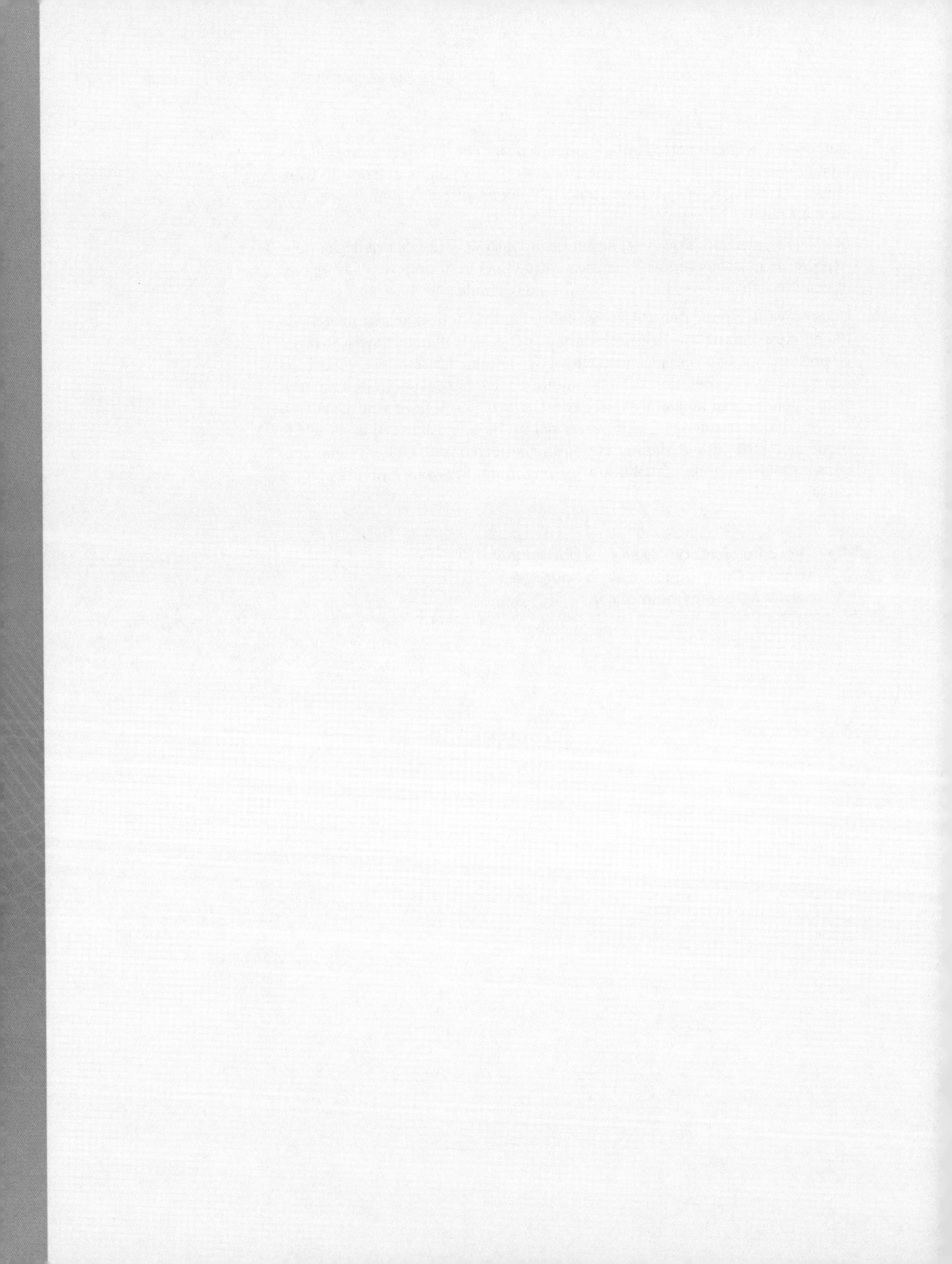

LES **DOUANES**

Si vous avez effectué dernièrement un voyage à l'étranger, vous avez sûrement remarqué la présence d'agents des douanes à votre arrivée à l'aéroport. À votre retour au Canada, vous avez peut-être aussi été accueilli par d'autres agents (canadiens; ceux-là) désirant vous poser diverses questions : Êtes-vous citoyen canadien? Depuis combien de temps vous trouviez-vous à l'extérieur du Canada? Avez-vous visité une ferme agricole? Avez-vous quelque chose à déclarer? Qu'avez-vous acheté pendant votre séjour à l'étranger? etc. Les personnes qui vous interrogent ainsi doivent appliquer plusieurs lois et règlements concernant la circulation des biens et des personnes.

De même, les entreprises qui souhaitent exporter ou importer des marchandises doivent se conformer aux lois et règlements que ces agents se chargent d'appliquer, sinon elles risquent de voir leurs marchandises retenues à la frontière, dans les aéroports ou encore dans les ports, tels que celui de Montréal ou de Vancouver.

Dans ce chapitre, nous examinerons les processus relatifs à l'importation et à l'exportation, et le rôle qu'y jouent les douanes canadiennes et étrangères. De plus, nous aborderons les notions fondamentales propres à toute transaction douanière, à savoir :

- le système harmonisé ;
- les traitements tarifaires ;
- la valeur en douane de la marchandise ;
- les documents relatifs à l'importation.

Enfin, nous traiterons des entrepôts douaniers et du Programme de report des droits de douane.

En pratique, les lois qui régissent les activités douanières font fréquemment l'objet de révisions. Leur connaissance reste donc le plus souvent l'apanage de spécialistes à qui il est préférable de recourir en cas de litiges ou d'incompréhension. L'objectif que nous poursuivons dans ce chapitre n'est pas de faire de vous des maîtres ès lois et procédures d'import-export. Nous aspirons plutôt à vous présenter les grands principes et rouages douaniers, et à vous montrer comment cette connaissance peut devenir un outil stratégique et permettre à une entreprise d'améliorer sa compétitivité sur les marchés national et international.

I. UN PEU D'HISTOIRE[1]

Depuis fort longtemps, les États prélèvent des impôts sur les marchandises qui franchissent leurs frontières. Surtout perçus à l'importation, ces impôts répondent essentiellement à une préoccupation pécuniaire, celle de remplir les caisses de

1. Tiré et adapté de la Direction générale des douanes et droits indirects (France), *La douane et l'Histoire*, s.d., [www.douane.gouv.fr/menu.asp?id=459], (4 mars 2009).

l'État. Il existe également des mesures de prohibition à l'importation et à l'exportation. À l'exportation, elles visent par exemple à protéger la population contre les risques de pénurie de produits indispensables. À l'importation, elles peuvent répondre à des préoccupations stratégiques ou de santé morale ou physique.

Jean-Baptiste Colbert (1619-1683), contrôleur général des Finances sous Louis XIV, est considéré comme le père des douanes modernes. Inspiré par la doctrine mercantiliste, Colbert croyait que la richesse d'un pays se mesure à ses réserves en numéraire, autrement dit à la quantité d'argent dont il dispose. À ses yeux, il fallait donc exporter le plus possible et importer le moins possible, d'où la nécessité de développer le commerce et l'industrie. L'État devait intervenir en ce sens en aidant la marine marchande, en suscitant et en protégeant les productions nationales, et en abolissant les douanes intérieures.

Le père des douanes modernes, Jean-Baptiste Colbert.

À cette fin, l'État français attribue, sous l'impulsion de Colbert, des subventions et des exemptions fiscales aux manufactures françaises. En 1664, on instaure un premier tarif douanier, qui constitue une protection modérée et qui joue un rôle économique affirmé. Dès 1667, l'État français fixe une tarification beaucoup plus élevée pour certains produits, en vue d'éliminer les produits hollandais et anglais et de favoriser la vente nationale des produits français. Ces germes de protectionnisme provoquent évidemment des représailles commerciales et conduisent la Hollande à mener une guerre des tarifs à la France, en 1667-1668.

En 1763, à la suite du Traité de Paris, les lois qui régissent le commerce de marchandises en Nouvelle-France relèvent désormais de la Grande-Bretagne. Ce n'est qu'en 1846, lorsque celle-ci adopte sa politique de libéralisation du commerce avec la France, que le Canada-Uni élabore sa première politique douanière. Étant dorénavant responsable de ses frontières et des douanes, le Canada-Uni entreprend des pourparlers avec les États-Unis dans le but de signer un premier accord commercial. Ces négociations donnent naissance au Traité de réciprocité de 1854, qui rend possible le libre-échange de certaines ressources naturelles. Toutefois, les États-Unis se désengagent de ce traité en 1866, car il avantageait trop le Canada à leur goût.

Lorsque l'Acte de l'Amérique du Nord britannique crée la Confédération canadienne, en 1867, les droits de douane entre les quatre colonies membres[2] sont abolis ; ce n'est toutefois qu'en 1945 que le Canada modernise son système de douanes.

Le 1er novembre 1999, Revenu Canada devient l'Agence des douanes et du revenu du Canada (ADRC) sa création s'inscrit dans une démarche visant à moderniser l'administration publique canadienne.

Enfin, dans la foulée des événements du 11 septembre 2001 et pour des raisons de sécurité frontalière, entre autres, le gouvernement du Canada a décidé, en 2003, de scinder l'ADRC en deux agences distinctes, soit l'*Agence des services frontaliers du Canada* (ASFC) et l'*Agence du Revenu du Canada*.

www.cbsa-asfc.gc.ca
www.cra-arc.gc.ca

---

2. L'Ontario et le Québec (alors unis sous le nom de Canada-Uni ou Province du Canada), ainsi que le Nouveau-Brunswick et la Nouvelle-Écosse.

Le sel et ses légendes

Les deux principales sources de sel sont le sol et la mer. Le sel extrait du sol, connu sous le nom de « sel gemme », est extrait de mines. On met le minerai en solution, qu'on évapore ensuite en vue de recristalliser le sel. La mer, dont le caractère salé est dû à l'apport continu de sels minéraux par les cours d'eau qui s'y jettent, est la source du « sel marin », que l'on obtient essentiellement par évaporation. La source marine et le procédé d'extraction du minerai de sel affectant le goût, il existe plusieurs variétés de sel..

Le salé est l'une des quatres saveurs primaires que détectent les papilles. Voilà peut-être pourquoi le sel a été de tout temps un condiment fort prisé. En Occident, on l'utilise depuis si longtemps que de nombreuses langues le désignent avec des mots semblables : sel en français, *salt* en anglais, *sal* en espagnol, *hals* en grec, *salann* en irlandais, *so* en magyar, *suola* en finnois, *salz* en allemand, *sol* en russe. Ces mots partageant une même étymologie lointaine, on peut conclure que, dans ces cultures, l'usage du sel remonte pour ainsi dire à la nuit des temps.

Dans la Grèce antique, Hérodote évoque une route du sel reliant des oasis du désert de Libye. À Rome, on récompensait les soldats en leur donnant du sel, denrée de luxe à l'époque ; de là le mot *salaire*. On a établi des routes commerciales pour l'acheminer, ce qui a permis l'essor de civilisations. Le sel a servi à la fois de médicament et de symbole religieux chez les Hébreux, tandis qu'il a joué le rôle de monnaie en Éthiopie et au Tibet.

Pour assurer un approvisionnement régulier en sel, on a dû en contrôler la production, le transport, le stockage et la vente. On peut donc dire que ce condiment a été un facteur de civilisation. Il fallait en effet bâtir des routes et d'autres ouvrages de génie civil, construire des chariots, élever des troupeaux, édifier des entrepôts, sans parler de la mise en place d'administrations chargées de surveiller tout ce processus. Pour ce faire, on a établi l'un des premiers impôts de l'histoire : la gabelle.

Le sel est donc partie prenante de l'histoire de l'humanité. Il a laissé des traces dans la langue populaire, comme en témoignent des expressions tels que « le sel de la vie », « le sel de la terre » ou « mettre son grain de sel ». Ce condiment a fait la fortune de contrebandiers, tandis que Venise, consciente de sa valeur en tant que monnaie d'échange, en a grandement profité pour s'imposer comme puissance commerciale en Europe : la cité État s'est arrogé le monopole du sel en prenant le contrôle des lieux de production et des bouches des fleuves par lesquelles passait le sel en provenance de l'étranger.

Aujourd'hui, au Canada

Aujourd'hui, le Canada se classe au 5e rang de la production mondiale avec 6,25 % de celle-ci, derrière les États-Unis, la Chine l'Allemagne et l'Inde[a]. Sans doute à cause de ses longs hivers demandant un épandage massif de sel sur ses routes, le Canada est le plus grand utilisateur de sel au monde par habitant, avec 360 kg par année[b] !

Les réserves de sel canadiennes sont évaluées à plus d'un million de milliards de tonnes : le minerai de sel, qui porte le nom de halite, se trouve dans trois importantes formations rocheuses. On en trouve sous une grande partie des provinces des Prairies, dans le sud-ouest de l'Ontario, dans le nord de la

partie continentale de Nouvelle-Écosse, à l'île du Cap-Breton, à l'Île-du-Prince-Édouard, aux îles de la Madeleine, dans le sud-ouest de Terre-Neuve et au Nouveau-Brunswick. Le Canada est un exportateur net de sel, comme en fait foi le tableau 6.1 qui brosse un portrait de la situation des dernières années.

Nous remarquons dans ce même tableau que le Chili[c] est, depuis 2006, parmi les trois premiers fournisseurs de sel au Canada. Les importations de sel par le Canada sont passées de 2 millions de CAD en 1998 à plus de 8 millions CAD en 2008. Nous verrons à la fin du présent chapitre que cette hausse n'est pas due à une stratégie commerciale améliorée de la part du Chili ni à une baisse des prix du sel, mais à une situation qu'on verra de plus en plus souvent et qui est grandement responsable de l'augmentation du commerce mondial.

a. Salt Institute, World Salt Production, s.d., [www.saltinstitute.org/Production-industry/Facts-figures/World-salt-production], (4 mars 2009).

b. Secteur des minéraux et des métaux du ministère des Ressources naturelles Canada, « Sel – Quelques faits historiques », s.d., [www.rncan.gc.ca/mms-smm/busi-indu/cmy-amc/contenu/2003/50.pdf], (4 mars 2009).

c. Le Chili fait l'objet de la rubrique « Le Canada et ses partenaires commerciaux » à la fin du présent chapitre, p. 272.

Sources : Marc Gauthier, « Le sel », *Recettes du Québec*, s.d., [www.recettes.qc.ca/chroniques/chronique.php?id=48], (4 mars 2009) ; Danielle Trempont, « Le sel », *Les richesses de Venise*, s.d., [www.carnetsvenitiens.com/carnetsv%E9nitiens/richesses%20de%20venise/les_richesses_de_venise.htm], (4 mars 2009).

Tableau 6.1

Les importations et les exportations canadiennes de sel, en milliers de CAD							
Importations				**Exportations**			
Pays	**2006**	**2007**	**2008**	**Pays**	**2006**	**2007**	**2008**
États-Unis	41 118	38 631	43 357	États-Unis	85 233	88 030	121 974
Mexique	6 513	6 608	9 938	Costa Rica	97	104	152
Chili	995	7 095	8 500	Barbade	115	134	130
France	2 551	2 968	3 587	Saint-Pierre-et-Miquelon	6	34	54
Bahamas	577	816	1 386	France	94	83	49
Brésil	1 779	2 944	1 252	Jamaïque	30	31	33
Royaume-Uni	99	140	843	Corée du Sud	27	33	17
Irlande	525	345	761	Belgique	38	15	13
Grèce	345	341	503	Philippines	28	21	12
Chine	197	325	404	St-Kitts-et-Névis	19	25	10
Total partiel	**54 699**	**60 214**	**70 531**	**Total partiel**	**85 686**	**88 508**	**122 443**
Autres pays	1 935	2 021	3 082	Autres pays	124	92	39
Total	**56 634**	**62 235**	**73 613**	**Total**	**85 810**	**88 600**	**122 482**

Source : Tiré et adapté d'Industrie Canada, *Données sur le commerce en direct*, Importations et exportations totales (10 premiers pays), SH 2501 – Sel et chlorure de sodium pur ; eau de mer, s.d., [www.ic.gc.ca/epic/site/tdo-dcd.nsf/fr/ accueil], (rapports générés le 3 mars 2009). Adapté et reproduit avec la permission du ministre des Travaux publics et Services gouvernementaux du Canada, 2009.

II. L'AGENCE DES SERVICES FRONTALIERS DU CANADA (ASFC)[3]

OBJECTIF

Connaître le rôle des douanes.

L'ASFC réunit les principaux intervenants chargés de faciliter les déplacements transfrontaliers légitimes, de participer à la croissance économique et d'intercepter les personnes et les marchandises qui pourraient présenter une menace pour le Canada.

Le rôle de l'ASFC consiste à gérer la frontière en appliquant les quelques 90 lois nationales qui régissent les échanges commerciaux et les voyages ainsi que les ententes et conventions internationales. L'ASFC est à l'œuvre dans environ 1 370 points de service au Canada et 40 à l'étranger. Elle emploie 10 000 fonctionnaires qui servent environ 170 000 importateurs commerciaux et 98 millions de voyageurs chaque année. On voit que l'ASFC n'a pas pour seul rôle de surveiller les frontières !

---

3. Tiré et adapté de l'Agence des services frontaliers du Canada, « À notre sujet », 15 août 2008, [www.asfc.gc.ca/agency-agence/menu-fra.html], (4 mars 2009).

LE RÔLE ET LA RESPONSABILITÉ DE L'ASFC

Le travail de l'ASFC comprend, notamment, les activités suivantes :

- Traiter les marchandises commerciales, les voyageurs ainsi que les modes de transport, et détecter et intercepter les individus et les marchandises représentant un danger potentiel.

- Mener, dans les aéroports, des inspections secondaires relativement aux aliments et aux produits agricoles que les voyageurs transportent.

- Procéder à des activités de renseignement (telles que le contrôle des visiteurs et des immigrants) et collaborer avec des organismes d'exécution de la loi pour assurer l'intégrité de la frontière et veiller à la sécurité nationale.

- Procéder à des activités d'exécution (enquêtes, détentions, audiences, renvois).

- Appuyer les négociations relatives au libre-échange.

- Effectuer des vérifications de conformité et des enquêtes sur le dumping et l'octroi de subventions.

L'ASFC est chargée d'appliquer les lois qui régissent les échanges commerciaux et les traités auxquels le Canada adhère, tels que :

- les accords internationaux signés dans le cadre de l'Organisation mondiale du commerce (OMC), depuis le 1er janvier 1995 ;

- l'*Accord de libre-échange nord-américain* (ALENA), depuis le 1er janvier 1994 (l'ALENA remplace l'Accord de libre-échange entre le Canada et les États-Unis (ALE) qui fut en vigueur du 12 octobre 1987 au 31 décembre 1993) ;

- l'Accord de libre-échange Canada-Pérou, depuis le 29 mai 2008 (traité non encore ratifié) ;

- l'Accord de libre-échange Canada-Colombie, depuis le 7 juin 2008 (traité non encore ratifié) ;

- l'Accord de libre-échange Canada-Association européenne de libre échange (AELE)[4], depuis le 26 janvier 2008 ;

- l'Accord de libre-échange Canada-Costa Rica, depuis le 1er novembre 2002 ;

- l'Accord de libre-échange Canada-Chili, depuis le 5 juillet 1997 ;

- l'Accord de libre-échange Canada-Israël, depuis le 1er janvier 1997.

www.dfait-maeci.gc.ca/nafta-alena/menu-fr.asp

Ce faisant, l'ASFC assure la sécurité des Canadiens et travaille à rendre les entreprises canadiennes plus compétitives sur le plan économique.

---

4. L'AELE comprend l'Islande, la Norvège, la Suisse et le Liechtenstein.

Parmi les quelque 90 lois nationales dont l'ASFC doit tenir compte parce qu'elles se rapportent d'une manière ou d'une autre aux échanges de biens, mentionnons les suivantes[5] :

- *La Loi sur les douanes.* Cette loi définit, entre autres, les pouvoirs des agents de douane en matière d'importation et d'exportation de marchandises. Son application rend possible la perquisition, la détention, la saisie et la confiscation de marchandises destinées à l'exportation ou à l'importation, ainsi que de tous les documents relatifs à ces marchandises.

- *Le Tarif des douanes.* Ce texte explique de quelle façon il convient d'appliquer les tarifs douaniers en vertu du code de classification tarifaire des produits.

- *La Loi sur l'accise.* Cette loi est l'une des plus vieilles lois fiscales au Canada. Elle définit le cadre dans lequel le gouvernement impose des droits d'accise sur l'alcool, les spiritueux, la bière et le tabac. Modifiée en 2001, la nouvelle *Loi de 2001 sur l'accise* constitue un cadre modernisé ayant pour but de réduire, dans la mesure du possible, les contrôles et les coûts imposés aux entreprises canadiennes. Elle permet également d'harmoniser diverses dispositions administratives portant sur le paiement et l'établissement des cotisations ainsi que sur l'exécution et les appels avec celles d'autres lois fiscales fédérales.

- *La Loi sur la taxe d'accise.* Cette loi impose une **taxe d'accise** sur certains produits pétroliers, le vin, les bijoux, les produits du tabac, les climatiseurs pour automobiles et certains véhicules lourds.

- *La Loi sur les mesures spéciales d'importation (LMSI).* Cette loi confère au gouvernement le pouvoir de prélever des **droits antidumping et compensateurs**. On parle de **dumping** lorsque des marchandises importées sont vendues au Canada à des prix inférieurs à ceux en vigueur sur le marché du pays exportateur ou inférieurs à leur coût total de production, ce qui constitue une concurrence déloyale. Aussi, toutes les mesures prises par un État pour avantager directement ou indirectement ses exportations peuvent être considérées comme du dumping. Nous traitons de cette loi ci-dessous, dans la section « Les deux principales lois encadrant l'activité douanière », p. 234.

- *La Loi sur les licences d'importation et d'exportation (LLEI).* Grâce à cette loi, le gouvernement peut établir par décret une liste de marchandises d'importation ou d'exportation contrôlées et une liste des pays visés par ces contrôles. La loi confère alors au secrétaire d'État aux Affaires extérieures

Taxe d'accise
Impôt indirect prélevé par l'État, le plus souvent au moment de la fabrication, sur certains produits de consommation, notamment les boissons alcoolisées et le tabac.

Droits antidumping et compensateurs
Mesure de dédommagement qui consiste à exiger une contribution sur des marchandises importées qui font l'objet de dumping ou bénéficient de subvention et qui, de ce fait, peuvent causer un dommage à l'industrie nationale (tel qu'une baisse de prix ou une perte de ventes).

Dumping
Vente d'un produit importé à un prix inférieur à celui qui a cours dans le pays d'origine ou inférieur à son coût total de production. Dans un sens plus large, toute mesure destinée à abaisser les prix des biens exportés de manière à ce qu'ils concurrencent efficacement les autres biens analogues offerts sur un ou plusieurs marchés étrangers, incluant les subventions.

---

5. Pour prendre connaissance des diverses dispositions des lois présentées dans cette section, consulter le site du ministère de la Justice du Canada, pages mises à jour le 11 février 2009 et consultées le 4 mars 2009.
  – *Loi sur les douanes,* [www.lois.justice.gc.ca/fr/C-52.6/index.html] ;
  – *Tarifs des douanes,* [www.lois.justice.gc.ca/fr/showtdm/cs/C-54.011] ;
  – *Loi sur l'accise,* [www.lois.justice.gc.ca/fr/showtdm/cs/E-14] ;
  – *Loi sur la taxe d'accise,* [www.lois.justice.gc.ca/fr/showtdm/cs/E-15] ;
  – *Loi sur les mesures spéciales d'importation,*[www.lois.justice.gc.ca/fr/S-15] ;
  – *Loi sur les licences d'exportation et d'importation,* [www.lois.justice.gc.ca/fr/E-19].

Licence d'importation ou d'exportation
Permis conférant l'autorisation d'importer ou d'exporter des marchandises dont les échanges sont réglementés.

le pouvoir de contrôler la circulation des marchandises visées (ou celle des marchandises venant des pays visés ou qui leur sont destinées) par délivrance de **licences d'importation ou d'exportation**[6].

- Certaines dispositions de nombreux autres lois et règlements provenant de divers agences et ministères fédéraux, dont Affaires étrangères, Commerce international Canada, Agriculture et Agroalimentaire Canada, la Commission canadienne des grains, la Commission canadienne du blé, la Commission de contrôle de l'énergie atomique, la Commission de la frontière internationale, Environnement Canada, le Service canadien de la faune, Industrie Canada, le ministère de la Justice du Canada, Patrimoine canadien, Pêches et Océans Canada, Ressources naturelles Canada, Santé Canada et Transports Canada.

- Les lois commerciales internationales ainsi que les dispositions découlant des différents programmes canadiens d'avantages collectifs et économiques et des divers programmes d'encouragement à l'exportation ou à l'importation mis en place grâce au régime fiscal.

Il est à noter que l'ASFC n'établit pas les niveaux d'imposition ni ne promulgue ou modifie les lois qui régissent la taxation. Les lois fiscales sont établies par le Parlement fédéral ou les Parlements provinciaux, selon les budgets que dressent les ministres des Finances.

LA STRUCTURE JURIDIQUE DES DOUANES

Se trouvant à la base du processus douanier, la *Loi sur les douanes* constitue le cadre à l'intérieur duquel plusieurs règlements ayant force de loi s'inscrivent. La plupart de ces règlements sont publiés dans la *Gazette du Canada*[7], de façon à donner aux citoyens l'occasion d'exprimer leur opinion sur les règlements projetés ; c'est là une étape préalable à leur instauration.

www.canadagazette.gc.ca

Outre le fait qu'elle rend publics les projets de règlements et de lois que le gouvernement canadien souhaite promulguer, la *Gazette du Canada* publie également des textes visant à aider les citoyens à comprendre les règlements et les lois. Ces textes explicatifs se présentent sous la forme de directives, de circulaires d'information et de bulletins d'interprétation. En ce qui concerne les douanes, les directives que la *Gazette du Canada* publie ont la forme de mémorandums. Les mémorandums D constituent ainsi la principale source d'information des acteurs du processus douanier ; ils se répartissent en 23 catégories, numérotées de D0 à D22, auxquelles s'ajoute une liste de contrôle. Chaque catégorie se divise ensuite en sous-catégories qui sont mises à jour régulièrement. Ces sous-catégories informent les acteurs du processus douanier, tels que les agents de douane, les courtiers en douane, les importateurs et les exportateurs, de leurs droits et obligations en matière de dédouanement de la marchandise. À titre d'exemple, le tableau 6.2 illustre les sous-catégories relatives à la catégorie de premier niveau D3 – Transport.

---

6. Nous traitons de cette loi, dans la section « Les deux principales lois encadrant l'activité douanière », p. 234.
7. La *Gazette du Canada* est le journal officiel du gouvernement du Canada depuis 1841.

Tableau 6.2

Les catégories des mémorandums D

Les 22 catégories des mémorandums D	Sous-catégories de D – Transport
• D0 – Liste de contrôle • D1 – Général • D2 – Voyage international • D3 – Transport • D4 – Entreposage boutiques hors taxes et provisions de bord • D5 – Courrier international • D6 – Remboursements • D7 – Drawbacks • D8 – Remises et importation temporaire • D9 – Produits prohibés • D10 – Classification tarifaire / marchandises • D11 – Renseignements généraux sur le tarif • D13 – Établissement des valeurs • D14 – *Loi sur les mesures spéciales d'importation* • D15 – *Loi sur les mesures spéciales d'importation*/enquête • D16 – Surtaxe • D17 – Procédures de déclarations en détail et des mainlevées • D18 – Marchandises assujetties aux droits d'accise • D19 – Lois et règlements des autres ministères • D20 – Exportations • D21 – Programmes internationaux • D22 – Régime de sanctions administratives pécuniaires	• D3-1-1 – Règlement sur l'importation, le transport et l'exportation des marchandises • D3-1-2 – Transit International Routier – Carnet TIR • D3-1-3 – Importation de boissons enivrantes • D3-1-5 – Transport commercial international • D3-1-6 – Système de postvérification douanière • D3-1-7 – Programme d'autocotisation des douanes pour les transporteurs • D3-1-8 – Transport du fret – Exportation • D3-2-1 – Trafic aérien international • D3-2-2 – Transport du fret aérien – Importations • D3-2-3 – Transport du fret aérien – En transit • D3-3-1 – Transport du fret expédié et groupé – Importations • D3-4-2 – Transport du fret par grand-route – Importations • D3-4-5 – Transport du fret par grand-route – En transit • D3-5-1 – Navires en service international • D3-5-2 – Transport du fret maritime – Importations • D3-5-7 – Importation temporaire de navires • D3-6-6 – Transport du fret ferroviaire – Importations • D3-6-7 – Transport du fret ferroviaire – En transit • D3-7-1 – Opérations maritimes de l'ASFC – Conteneurs utilisés dans le service international

Source : ASFC, *Mémorandums D des douanes*, 2008, [www.asfc.gc.ca/publications/dm-md/menu-fra.html], (4 mars 2009).
Reproduit avec la permission du ministre des Travaux publics et des Services gouvernementaux du Canada, 2009.

III. LE DÉDOUANEMENT ET LA MAINLEVÉE[8]

Lorsqu'on importe des marchandises, on doit se soumettre au processus de **dédouanement**. Le dédouanement consiste à libérer une marchandise de l'administration des douanes (au Canada, il s'agit de l'ASFC) en accomplissant certaines formalités, telles que remplir divers formulaires et déclarations et payer des droits.

L'importateur peut toujours communiquer avec l'ASFC pour obtenir des renseignements et se faire aider. Dans la plupart des cas, celle-ci répondra par téléphone, mais elle peut également fournir une confirmation écrite, par exemple pour un numéro de classement tarifaire ou un tarif préférentiel.

OBJECTIF  **2**

Comprendre les notions de base relatives aux douanes.

Dédouanement
Ensemble de formalités par lesquelles des marchandises se trouvent libérées des douanes (formulaires et déclarations à remplir, droits à payer, etc.).

---

8. Tiré et adapté de l'ASFC, *Dédouanement de votre expédition*, 4 février 2009, [www.asfc.gc.ca/import/release-dedouanement-fra.html], (4 mars 2009).

Les personnes autorisées à dédouaner les marchandises sont :

- l'importateur propriétaire des marchandises ;
- l'exportateur, lorsque les conditions de vente[9] négociées dans le contrat l'obligent à dédouaner la marchandise ;
- un courtier en douane qui est mandaté par le propriétaire des marchandises lorsque la marchandise franchit la frontière (voir la section suivante) ;
- un **transporteur cautionné**, c'est-à-dire autorisé par l'ASFC[10].

Dans tous les cas, l'**importateur officiel** (ou **attitré**) reste la personne qui est mentionnée sur les documents comptables des douanes ; il est aussi responsable du paiement de la taxe sur les produits et services (TPS).

Le dédouanement aboutit à la **mainlevée** des marchandises, c'est-à-dire à l'autorisation d'en prendre possession. On peut adopter l'une des trois méthodes suivantes :

- la mainlevée avec déclaration en détail complète et paiement (option papier) ;
- la mainlevée contre documentation minimale (MDM), option papier ou échange de données informatisées (EDI) ;
- le processus en une étape pour la mainlevée contre documentation complète (MDC) des importations en provenance des pays du G7 (option EDI).

De ces trois méthodes de dédouanement, disons simplement que la MDM est la plus rapide. En effet, elle permet à l'importateur de prendre possession des marchandises avant d'effectuer la déclaration en détail et le paiement des expéditions. Pour profiter de ce privilège, on doit déposer aux douanes un montant de garantie approuvé.

Transporteur cautionné
Transporteur autorisé par l'ASFC à transporter des marchandises en douane entre un entrepôt de débarquement et un entrepôt de douane ou entre deux entrepôts de douane.

Importateur officiel (ou **attitré**)
Personne qui est mentionnée sur les documents comptables des douanes et qui est responsable du paiement de la taxe sur les produits et services (TPS).

Mainlevée
Acte écrit par lequel une autorité douanière autorise l'entrée de marchandises dans son pays, après l'accomplissement des formalités et des obligations.

Plus de 2,3 millions de conteneurs maritimes sont arrivés au Canada en 2007 *via* les trois grands ports du pays (Vancouver, Montréal et Halifax), ce qui correspond à 4,4 conteneurs par minute.

---

9. Nous verrons les différentes conditions internationales de vente dans le chapitre 7, « Les incoterms », p. 285.
10. Le transporteur non cautionné doit faire dédouaner son expédition au premier point d'arrivée, c'est-à-dire à la frontière. Toutefois, s'il souhaite faire entrer son expédition au pays et la faire dédouaner à un autre bureau de l'ASFC, il doit déposer un cautionnement qui sera valable pour une seule expédition.

IV. LE COURTIER EN DOUANE

S'il le souhaite, l'importateur peut se charger lui-même de dédouaner les marchandises qu'il fait entrer au Canada. Il peut aussi confier cette tâche à un **courtier en douane**, surtout lorsque les formalités douanières s'avèrent complexes.

Une bonne façon de gérer une entreprise est de recourir à des spécialistes dans certains domaines : les avocats s'occupent des aspects juridiques, le comptable de l'enregistrement des activités économiques et l'ingénieur de la conception des produits. De même, les activités d'import-export font appel à des compétences relevant de plusieurs domaines, et le dédouanement des marchandises en est certes le plus complexe et le plus important. Il est donc normal de laisser les questions de procédures douanières au courtier en douane.

Dans la plupart des cas, un exportateur ou un importateur canadien retiendra les services d'un courtier en douane canadien, qui travaillera directement avec un courtier étranger exerçant ses activités dans le marché cible, c'est-à-dire dans le pays où sont achetées les marchandises ou vers lequel elles se dirigent. Les projets complexes d'exportation ou d'importation dans le cadre desquels les marchandises transitent par divers pays peuvent nécessiter la participation d'un courtier dans chacun de ces pays.

La *Société canadienne des courtiers en douane* diffuse au moyen de son site Internet une liste fort pratique des questions qu'il est souhaitable de poser à un courtier en douane agréé ou à la firme qui l'emploie, avant de retenir ses services. Les questions à poser aux courtiers ont notamment trait au degré d'automatisation de leurs communications avec l'ASFC, aux liens qu'ils entretiennent avec des courtiers étrangers, à leur degré de connaissance des procédures de dédouanement, à leurs tarifs et aux choix qu'ils offrent en matière de sécurité.

Un courtier en douane peut être un employé, un associé ou un dirigeant d'un courtier en douane agréé. Le courtier en douane agréé peut être un individu, une personne morale ou une société qui a reçu de l'ASFC un numéro d'enregistrement. Cet agrément lui permet de remplir les formalités douanières en tant que mandataire, c'est-à-dire en déclarant des marchandises aux douanes au nom d'un tiers et pour le compte de ce dernier.

Un courtier en douane qui souhaite obtenir l'agrément doit en faire la demande auprès de l'ASFC, passer l'examen professionnel des courtiers en douane et déposer une garantie de 50 000 CAD auprès de l'ASFC[11].

LES OBLIGATIONS DU COURTIER EN DOUANE

Comme tout professionnel spécialisé, le courtier en douane agréé est tenu de conseiller son client et de respecter les instructions et le mandat que celui-ci lui communique. Ce mandat peut être limité au dédouanement local ou il peut être

OBJECTIF **3**

Pouvoir expliquer le rôle du courtier en douane.

Courtier en douane
Commissionnaire qui fait profession d'accomplir pour le compte de propriétaires de marchandises les formalités de douane.

www.cscb.ca

---

11. Voir l'ASFC, « D1-7-1 – Dépôt de garantie pour effectuer des transactions en douane », *Mémorandums D des douanes 2008*, 6 août 2008, [www.asfc.gc.ca/publications/dm-md/d1-fra.html], (4 mars 2009).

plus général, et exiger du courtier qu'il soit responsable du dédouanement dans des pays où il n'est pas accrédité, en nommant alors un mandataire. Dans tous les cas, le mandat régira les rapports juridiques entre ces deux parties. On ne doit pas oublier que le courtier agit au nom de son client et qu'il engage la responsabilité de celui-ci en plus de la sienne.

Pour toute opération qu'il effectue, le courtier en douane doit fournir à son client :

- un exemplaire des documents relatifs à la déclaration en détail qui portent le numéro de la déclaration et le timbre officiel des douanes ;
- un état de compte qui comprend deux éléments distincts, à savoir les honoraires requis pour l'exécution de son mandat, lesquels sont librement déterminés entre les parties, et les sommes payées à l'ASFC ou à d'autres administrations ou les sommes reçues de ces instances.

S'il produit une déclaration fausse ou inexacte, le courtier en douane est responsable de sa faute devant les douanes, et il doit acquitter les droits, taxes et amendes exigibles qu'entraînent son délit ou ses erreurs. Toutefois, si cette faute est due à des instructions incomplètes ou erronées que lui a fournies son client, le courtier dispose d'un recours juridique. En effet, il peut obtenir que son client lui rembourse le montant de l'amende versée et la réparation du préjudice qu'il a pu subir de la part de l'ASFC.

Le client doit donc donner à son courtier des instructions claires et précises. Outre les documents éventuellement exigibles (licence, certificat d'origine, etc.), le client doit transmettre au courtier des factures détaillées relativement aux marchandises à dédouaner, de même que tout document technique qui l'aidera à mieux connaître celles-ci.

OBJECTIF 4

Connaître les lois canadiennes relatives aux douanes.

V. LES DEUX PRINCIPALES LOIS ENCADRANT L'ACTIVITÉ DOUANIÈRE

LA LOI SUR LES LICENCES D'EXPORTATION ET D'IMPORTATION (LLEI)[12]

La *Loi sur les licences d'exportation et d'importation,* adoptée par le Parlement en 1947, a été modifiée à plusieurs reprises. Elle trouve son origine dans la *Loi sur les mesures de guerre.* C'est la Direction générale des contrôles à l'exportation et à l'importation qui est chargée de l'appliquer. Cette loi confère au ministre des Affaires étrangères le pouvoir de contrôler l'importation et l'exportation de produits et de technologies, lui déléguant des pouvoirs discrétionnaires pour contrôler la circulation des marchandises figurant sur les listes spéciales qu'elle prévoit.

---

12. Tiré et adapté des Affaires étrangères et Commerce international Canada, *Au sujet de la Direction générale des contrôles à l'exportation et à l'importation (DGCEI)*, 13 novembre 2008, [www.international.gc.ca/controls-controles/about-a•propos/index.aspx ?lang=fra], (4 mars 2009).

Alors que l'absence d'entraves au commerce constitue l'un des plus grands atouts économiques du Canada, il demeure que des contrôles ralentissant la bonne marche des échanges s'avèrent essentiels pour les raisons qui suivent :

- Réglementer le commerce de marchandises à double usage militaire et stratégique, et empêcher la prolifération d'armes de destruction massive, en vertu des accords multilatéraux auxquels le Canada a adhéré.
- Empêcher la fourniture de produits militaires à des pays qui menacent la sécurité du Canada ou qui font l'objet de sanctions de l'ONU ou qui risquent de connaître des conflits internes ou externes, ou qui violent les droits de leurs citoyens.
- Remplir d'autres obligations internationales.
- Appliquer les sanctions commerciales imposées par le Conseil de sécurité de l'ONU.
- Protéger les industries canadiennes vulnérables, telles que les entreprises de fabrication.
- Obtenir des avantages négociés à la suite d'accords internationaux.
- Mettre en œuvre des mesures commerciales restrictives pour appuyer les programmes canadiens de gestion de l'offre.

LES LISTES DE MARCHANDISES À CONTRÔLER

La LLEI prévoit trois listes de marchandises dont le pays doit contrôler la circulation (l'une vise les produits d'importation, l'autre les produits d'exportation et la dernière se rapporte aux pays sous le coup de sanctions[13]) :

- *La Liste des marchandises d'importation contrôlée (LMIC)*. Certaines des marchandises de cette liste ne sont contrôlées que pour certains pays d'origine. Toutes exigent une licence d'importation. Parmi ces marchandises, mentionnons les textiles et vêtements, les produits agricoles, les produits de l'acier et les armes et munitions.
- *La Liste des marchandises d'exportation contrôlée (LMEC)*. Toutes les marchandises qui figurent dans cette liste exigent une licence d'exportation. Elles se classent en différentes catégories, que voici :
  - groupe 1 : marchandises à double usage militaire et stratégique ;
  - groupe 2 : matériel de guerre ;
  - groupe 3 : liste de non-prolifération nucléaire ;
  - groupe 4 : marchandises à double usage dans le secteur nucléaire ;

---

13. Tiré et adapté des pages du site du ministère de la Justice du Canada mises à jour le 2 mars 2009 et consultées le 4 mars 2009 :
    - *Liste des marchandises d'importation contrôlée*, [www.lois.justice.gc.ca/fr/showtdm/cr/C.R.C.-ch.604//?showtoc=&instrumentnumber=C.R.C.-ch.604] ;
    - *Liste des marchandises d'exportation contrôlée*, [www.lois.justice.gc.ca/fr/showtdm/cr/DORS-89-202//?showtoc=&instrumentnumber=DORS-89-202] ;
    - *Liste des pays visés*, [www.lois.justice.gc.ca/fr/showtdm/cr/DORS-81-543//?showtoc= &instrument number=DORS-81-543].

– groupe 5 : marchandises diverses (espèces de faune et de flore sauvages et produits médicaux ; bois d'œuvre ; billes non traitées et certains autres produits forestiers ; produits agricoles : sucre raffiné, produits contenant du sucre et du beurre d'arachide ; marchandises diverses, dont des marchandises d'origine américaine ; matériaux et technologie nucléaires ; missiles et produits chimiques ou biologiques ne présentant pas de risque de prolifération) ;

– groupe 6 : liste du régime de contrôle de la technologie des missiles ;

– groupe 7 : liste de non-prolifération des armes chimiques et biologiques ;

– groupe 8 : produits chimiques servant à la fabrication de drogues illicites.

- *La Liste des pays visés (LPV)*. Toutes les marchandises destinées à des pays figurant dans cette liste exigent une licence d'exportation. Souvent, ces pays se trouvent également cités dans la *Loi sur les Nations Unies* (LNU) et dans des règlements particuliers parce qu'ils sont soumis à une forme de sanction commerciale autorisée par une résolution du Conseil de sécurité de l'ONU. En date du 20 juillet 2008, seuls le Bélarus et le Myanmar se trouvaient sur cette liste (voir encadré 6.1).

■ Encadré 6.1

Des pressions sur le Bélarus

« Le ministre des Affaires étrangères et ministre de l'Agence de promotion économique du Canada atlantique, l'honorable Peter MacKay, a annoncé aujourd'hui que le Canada prendra une nouvelle mesure à l'encontre du Bélarus, soit le retrait de son admissibilité au tarif de préférence général du Canada, à compter du 1er août 2007. Cette mesure fait suite à la décision prise par le Canada en décembre 2006 de restreindre les exportations canadiennes au Bélarus en ajoutant ce pays à la Liste des pays visés.

« "Le Canada est très préoccupé par le fait que le gouvernement du Bélarus continue de ne pas tenir compte des appels de la communauté internationale, qui lui demande de respecter les droits de la personne et les principes démocratiques, a déclaré le ministre MacKay. Depuis les élections présidentielles de mars 2006, qui étaient sérieusement entachées d'irrégularités, et la poursuite de l'emprisonnement de défenseurs de la démocratie, la situation des droits de la personne au Bélarus s'est détériorée. Le Canada doit continuer d'exercer des pressions sur un régime bélarussien qui ne respecte ni la primauté du droit ni les espoirs démocratiques du peuple." […] »

Source : Ministère des Affaires étrangères et du Commerce international du Canada, *Le Canada prend une nouvelle mesure économique à l'encontre du Bélarus*, communiqué, 1er août 2007, [w01.international.gc.ca/MinPub/Publication.aspx ?isRedirect=True&Language=F&public ation•id=385339&docnumber=104], (27 octobre 2008).

LA LOI SUR LES MESURES SPÉCIALES D'IMPORTATION (LMSI)

La *Loi sur les mesures spéciales d'importation* protège les fabricants et les producteurs canadiens de deux types de concurrence déloyale (ou dumping), soit celles qui sont causés par :

- la sous-évaluation de marchandises importées à des prix inférieurs à ceux auxquels elles seraient vendues dans leur pays d'origine ou à des prix inférieurs à leur coût de revient total ;

- le subventionnement de marchandises importées.

Comme nous l'avons dit précédemment, ces marchandises font l'objet de droits provisoires ou de droits antidumping et compensateurs.

À cet égard, toutes les plaintes que déposent des producteurs canadiens en matière de produits d'importation font l'objet d'une enquête de l'ASFC. S'il y a des preuves ou si l'enquête de l'ASFC révèle qu'il y a dumping, et donc que l'importation d'un produit présente un désavantage pour l'industrie canadienne, des droits provisoires seront automatiquement appliqués aux marchandises visées par la plainte, et ce, pendant que l'affaire est soumise au *Tribunal canadien du commerce extérieur* (TCCE).

Le TCCE mène des enquêtes sur le dumping pour une très vaste variété de produits, allant des oranges (enquête n° NQ-2001-004) aux boulons d'acier (enquête préliminaire de dommage n° PI-2004-002).

Le TCCE est un organisme quasi judiciaire qui constitue l'intervenant clé du mécanisme de recours commerciaux du Canada. Il dispose de l'autorité nécessaire pour mener des enquêtes afin de déterminer si l'importation de produits sous-évalués ou subventionnés cause, ou menace de causer, un dommage sensible à l'industrie canadienne[14]. Si tel est le cas, le prix des marchandises importées pendant la période où le TCCE a entendu la cause sera haussé dans la mesure où des droits compensateurs leur seront attribués.

Ces droits se maintiendront par la suite si de telles marchandises continuent à être importées au Canada ou le sont de nouveau. Si le TCCE estime que, bien qu'il ne soit pas perceptible, le préjudice est inévitable, seules les marchandises importées après la date de la décision sont passibles de droits.

Tribunal canadien du commerce extérieur (TCCE) Organisme quasi judiciaire qui effectue des recherches et mène des enquêtes sur les questions touchant au commerce au Canada et au commerce international.

www.citt-tcce.gc.ca

C'est l'importateur (ou le courtier qu'il a mandaté) qui a la responsabilité de déterminer, avant d'entreprendre quoi que ce soit, si les marchandises qu'il souhaite importer sont passibles de droits en vertu de la LMSI. Il doit aussi fournir à l'ASFC une déclaration exacte de la description des marchandises ; de même, il doit calculer et acquitter les droits et veiller à ce que les documents de douane soient dûment remplis.

Il va sans dire que l'ASFC procède à des vérifications postdéclaratoires pour s'assurer que les importateurs ont respecté en tous points la loi et la procédure à suivre. À cet égard, les importateurs risquent d'essuyer des pertes financières si l'évaluation de l'ASFC entraîne le paiement de droits supplémentaires, voire d'amendes, alors que les marchandises ont déjà été vendues.

Pour guider les importateurs, l'ASFC publie un « Index mensuel de la LMSI », où se trouvent consignés les marchandises ainsi que les pays d'origine ou d'exportation qui sont à ce moment assujettis à des mesures spéciales. Cet index indique à quelle date chaque décision a été rendue. Il contient aussi les numéros des plus récents avis des douanes et mémorandums D publiés par la *Gazette du Canada*. Le tableau 6.3 présente un exemple abrégé de l'index mensuel de la LMSI.

---

14. Tiré et adapté du Tribunal canadien du commerce extérieur, *Mandat*, 27 juin 2008, [www.tcce.gc.ca/mandate/index•f.asp], (4 mars 2009).

Tableau 6.3

Exemple abrégé de l'index mensuel de la LMSI

Marchandises	Pays d'origine ou exportation	Mesure spéciale ou droits	Date de décision la plus récente	Mémorandum D15	N° du dernier avis des douanes ou statut
Acier et tôles d'acier	Bulgarie, République tchèque, Roumanie	Droits antidumping	2009.01.08	D15-2-45	CN08-011
Bicyclettes	Chine, Taipei chinois	Droits antidumping	2007.12.10	D15-2-17	Avis de conclusion de réexamen
Chaussures d'extérieur et semelles étanches en plastique	Chine	Droits antidumping	2005.12.07	D15-2-35	CN-661
Pommes de terre, entières	États-Unis	Droits antidumping	2005.09.12	D15-1-91	Sans objet
Tubes à cigarettes à bout filtre	France	Engagement	2004.04.08	D15-2-22	Réexamen du dossier

Source : Tiré et adapté de l'ASFC, *Index mensuel de la LMSI. Mesures antidumping et compensatoires en vigueur,* 23 février 2009, [www.asfc.gc.ca/sima-lmsi/mi-im-fra.html], (4 mars 2009).

OBJECTIF 5

Savoir utiliser le système de classification harmonisé.

Système harmonisé de désignation et de codification des marchandises (ou **système harmonisé [SH]**) Nomenclature douanière universelle de produits correspondant à une structure à six chiffres et ayant été élaborée à des fins de classification tarifaire et de statistiques.

Organisation mondiale des douanes (OMD) Organisme intergouvernemental indépendant comptant quelque 160 membres, dont l'objectif est d'améliorer l'efficacité et la transparence du processus et de l'environnement douaniers.

www.wcoomd.org

VI. LE SYSTÈME HARMONISÉ (SH)

Le **système harmonisé de désignation et de codification des marchandises** (ou **système harmonisé [SH]**) est une nomenclature internationale de produits qui a été élaborée à des fins de classification tarifaire et de statistiques[15]. Le SH est élaboré et tenu à jour par l'*Organisation mondiale des douanes* (**OMD**), une organisation intergouvernementale indépendante comptant quelque 160 pays membres et établie à Bruxelles, en Belgique. Cette nomenclature n'est pas alphabétique, mais méthodique, c'est-à-dire qu'elle tient compte de l'origine animale, végétale ou minérale du produit, des matières qui le constituent et du secteur d'utilisation ou de la branche d'activité qui le concerne.

Environ 200 pays, dont le Canada, qui effectuent près de 98 % des activités de commerce international, utilisent le SH comme instrument de base pour les négociations commerciales, la collecte de statistiques sur le commerce international, les règles d'origine ainsi que la recherche et l'analyse statistiques et économiques[16]. Le SH facilite l'échange de données commerciales, notamment grâce à une description commune des marchandises.

---

15. Pour plus de détails sur la genèse et l'adoption du SH, voir Juris International, *Convention internationale sur le système harmonisé de désignation et de codification des marchandises* », s.d., [www.jurisint.org/doc/html/ins/fr/2000/2000jiinsfr163.html], (4 mars 2009).

16. Tiré et adapté de l'Agence des services frontaliers du Canada, *Système harmonisé de désignation et de codification des marchandises*, 17 août 2007, [www. asfc.gc.ca/trade-commerce/tariff-tarif/hcdcs-hsdcm/menu-fra.html], (4 mars 2009).

CULTURE ET SOCIÉTÉ

La filière mondiale de la contrefaçon

« 1999. Dans un chargement arrivant de Dubaï par bateau, les douanes danoises trouvent plus de mille caisses remplies de produits cosmétiques contrefaits. La marchandise était en transit pour le Royaume-Uni. Les autorités britanniques révéleront plus tard que le destinataire était un membre d'Al-Qaïda.

« 2000. Les autorités russes démantèlent une usine de CD pirates. Selon la police, cette usine est une source de financement pour les séparatistes tchétchènes. Des réseaux mafieux de Tchétchènes dirigeaient les opérations et remettaient les fonds aux rebelles. Les revenus mensuels de cette organisation criminelle s'élevaient à près de 600 000 dollars américains. Un individu suspecté de récolter des fonds pour le Hezbollah est arrêté pour piratage informatique. Il vend des CD audio et des jeux Sega, Sony et Nintendo pour financer le groupe terroriste. Les marchandises contrefaites produites en Europe sont envoyées dans une zone de libre-échange en Amérique du Sud par un groupe de sympathisants libanais du Hezbollah. On les achemine dans un pays tiers en contrebande, pour ne pas payer les taxes à l'importation. Ils sont ensuite vendus par un réseau de militants. Une partie des sommes est remise à l'organisation. [...]

« Les dollars américains figurent parmi les nouveaux arrivés dans les ports des États-Unis. Avec la technologie dont disposent actuellement les contrefacteurs, il faut des tests en laboratoire pour voir la différence avec les vrais billets. En octobre 2004, le bateau conteneur *EverUnique*, battant pavillon panaméen et provenant de Chine, débarquait dans le port de Newark. Tous les conteneurs sont déchargés par les débardeurs sauf un, qui est suspect. Des agents du FBI et des services secrets arrivent sur place. Des employés du port brisent les sceaux. Sous des boîtes de carton contenant des jouets en plastique : des milliers de reproductions parfaites de billets de 100 dollars américains, pour une valeur totale de 300 000 dollars. Pays d'origine : la Corée du Nord. Suspect numéro un : le président Kim Jong-Il. »

Source : David Descôteaux, « La filière mondiale de la contrefaçon », *Commerce*, octobre 2006, p. 45-52.

La codification est fort importante, car elle conditionne l'application de certaines mesures de contrôle du commerce extérieur telles que les **contingents**, les licences et les règles sanitaires et phytosanitaires. L'importateur doit demander au fabricant étranger toutes les précisions concernant la marchandise afin de pouvoir la classer adéquatement en fonction du SH. Il est également souhaitable d'obtenir une confirmation de l'espèce de la marchandise[17] avant de passer une commande ferme, en la faisant mentionner sur la facture pro forma, par exemple.

Contingent
Quantité ou valeur maximale d'un produit qui peut être importée ou exportée par un pays.

---

17. Suivant la nomenclature de l'ASFC.

LA CLASSIFICATION TARIFAIRE

Classification tarifaire
Catégorie particulière du SH
dans laquelle un produit est
classé à des fins tarifaires.

La **classification tarifaire** permet de déterminer les droits à prélever sur une marchandise importée. Le SH fournit une structure juridique et logique de 21 sections comprenant en tout 99 chapitres qui regroupent 1 241 positions et 5 018 groupes séparés de produits identifiés par un code international à 6 chiffres, auquel les pays peuvent ajouter d'autres chiffres. Le Canada ajoute 2 chiffres pour les exportations, et 4 chiffres pour les importations[18].

À titre d'illustration, le tableau 6.4 présente les deux premières sections du SH et les chapitres qu'elles contiennent[19].

Tableau 6.4

Les deux premières sections du SH et leurs chapitres	
Section I – Animaux vivants et produits du règne animal	**Section II – Produits du règne végétal**
01 Animaux vivants 02 Viandes et abats comestibles 03 Poissons et crustacés, mollusques et autres invertébrés aquatiques 04 Lait et produits de la laiterie ; œufs d'oiseaux ; miel naturel ; produits comestibles d'origine animale, non dénommés ni compris ailleurs 05 Autres produits d'origine animale, non dénommés ni compris ailleurs	06 Plantes vivantes et produits de la floriculture 07 Légumes, plantes, racines et tubercules alimentaires 08 Fruits comestibles ; écorces d'agrumes ou de melons 09 Café, thé, maté et épices 10 Céréales 11 Produits de la minoterie ; malt ; amidons et fécules ; inuline ; gluten de froment 12 Graines et fruits oléagineux ; graines, semences et fruits divers ; plantes industrielles ou médicinales ; pailles et fourrages 13 Gommes, résines et autres sucs et extraits végétaux 14 Matières à tresser et autres produits d'origine végétale, non dénommés ni compris ailleurs

Comme nous l'avons mentionné, au Canada, le numéro de classement est composé de 8 ou de 10 chiffres. Il est subdivisé en divers niveaux pour indiquer un plus grand nombre de détails et définir un produit avec précision. Voici comment chaque niveau se présente au Canada (les chiffres sont fictifs) :

Numérotation internationale		Section
	01	**Chapitre**
	0101	**Position**
	0101.**19**	**Sous-position (groupe)**
Numéros ajoutés au Canada	0101.19.**90**	**Numéro tarifaire**
	0101.19.90.**10**	**Numéro de classement**

18. Les États-Unis, quant à eux, utilisent quatre chiffres additionnels, tant pour les importations que pour les exportations.
19. Les sections données en exemple proviennent de l'ASFC, *Tarif des douanes*, 12 février 2009, [www.asfc. gc.ca/trade-commerce/tariff-tarif/2009/01-99/tblmod-1-fra.html], (4 mars 2009). Adapté et reproduit avec la permission du ministre des Travaux publics et Services gouvernementaux du Canada, 2009.

Les six premiers chiffres représentent la partie internationale du numéro de classement ; les numéros de position et de sous-position sont les mêmes dans tous les pays qui ont adopté le SH. Les quatre derniers chiffres répondent aux besoins du Canada en matière de classement tarifaire et de statistiques. Un produit est d'abord classé selon sa position. Une fois celle-ci déterminée, le produit est ensuite classé dans une sous-position. Puis un numéro tarifaire lui est attribué à l'intérieur de la sous-position. Finalement, on obtient le numéro de classement à partir du numéro tarifaire. C'est ce numéro à dix chiffres qui doit être indiqué sur le formulaire d'importation (dont nous traiterons plus loin dans ce chapitre).

Par exemple, la numérotation internationale de la sauce tomate est le 2103.20. Mais le ketchup porte le numéro de classement 2103.20.**10** au Canada, 2103.20.**40** aux États-Unis et 2103.20.**01** au Mexique. Pour ce qui est du sel de table, le tableau suivant indique sa numérotation selon le pays correspondant[20] :

Canada	2501.00.10 00
États-Unis	2501.00.00
Mexique	2501.00.01
France	2501.00.31
Australie	2501.00.00.32
Chine	2501.00.11.80
Japon	2501.00

Dans la plupart des cas, les 21 sections du SH permettront de classifier les marchandises en fonction du secteur économique auquel elles appartiennent. Les sections se divisent elles-mêmes en chapitres permettant d'effectuer une deuxième classification en fonction du degré de traitement qu'ont subi les marchandises. Ainsi, les marchandises du secteur primaire seront classées dans les premiers chapitres, tandis que celles du secteur secondaire seront classées dans les chapitres subséquents. Certains chapitres sont précédés de notes qui en définissent la portée et les limites.

Chaque chapitre est ensuite divisé en positions. Ainsi, dans la section II, le chapitre 09 « Café, thé, maté et épices » est divisé en 10 positions.

09 **01** Café, même torréfié ou décaféiné ; coques et pellicules de café ; succédanés du café contenant du café, quelles que soient les proportions du mélange.

09 **02** Thé, même aromatisé.

09 **03** Maté.

09 **04** Poivre (du genre *Piper*) ; piments du genre *Capsicum* ou du genre *Pimenta*, séchés ou broyés ou pulvérisés.

09 **05** Vanille.

09 **06** Cannelle et fleurs de cannelier.

---

20. Voir l'Organisation mondiale des douanes, Asia Pacific Economic Cooperation (APEC) Tariff Database, *APEC Tariff Database*, s.d., [www.apectariff.org/tdb.cgi/ff3235/apecmain.html], (4 mars 2009).

09 **07** Girofles (antofles, clous et griffes).

09 **08** Noix muscades, macis, amomes et cardamomes.

09 **09** Graines d'anis, de badiane, de fenouil, de coriandre, de cumin, de carvi ; baies de genièvre.

09 **10** Gingembre, safran, curcuma, thym, feuilles de laurier, curry et autres épices.

Une fois la position établie, le produit doit être classé dans sa sous-position. Notons que certaines positions ne sont pas divisées en sous-positions, par exemple celles du maté et de la vanille. Dans ces cas, les cinquième et sixième chiffres seront des zéros : 0903.**00** pour le maté et 0905.**00** pour la vanille. Par contre, la position 0906 « Cannelle et fleurs de cannelier » se divise en deux sous-positions : 0906.**10** « Non broyées ni pulvérisées » et 0906.**20** « Broyées ou pulvérisées ».

Les six chiffres de la sous-position sont des codes internationaux. Le niveau de classification suivant, soit le numéro tarifaire, est formé de huit chiffres : les six chiffres internationaux de la sous-position et deux autres chiffres attribués par le gouvernement canadien. Lorsque l'information fournie par le numéro de sous-position suffit pour répondre aux besoins du Canada, les deux chiffres du numéro tarifaire, qui occupent les septième et huitième places, peuvent être des zéros, comme le montre l'exemple suivant :

0906.10.**00**   Cannelle et fleurs de cannelier – Non broyées ni pulvérisées

0906.20.**00**   Cannelle et fleurs de cannelier – Broyées ou pulvérisées

Par contre, pour certains produits, le gouvernement peut avoir besoin de détails supplémentaires, comme on peut le voir ici :

0907.00   Girofles (antofles, clous et griffes)

0907.00.**10**   Non broyés ni pulvérisés

0907.00.**20**   Broyés ou pulvérisés

Enfin, les neuvième et dixième chiffres s'ajouteront pour composer le numéro de classement.

Au Canada, le numéro de classement d'une marchandise importée comporte donc 10 chiffres, qui servent de base aux tarifs douaniers et aux statistiques internationales. Le document de l'ASFC qui s'intitule **Tarif des douanes**[21] fournit le numéro de classement des produits, numéro qui devra être inscrit sur les documents de dédouanement.

Le Compagnon Web présente à titre d'exemple quelques pages du *Tarif des douanes*.

Il est à noter que le *Tarif des douanes* contient des dispositions de classification uniques au Canada, qui permettent d'éliminer ou de réduire le taux de droits de douane pour certaines marchandises. Ces dispositions sont présentées dans les numéros de classement du chapitre 99 du document.

Tarif des douanes
Liste des différents produits pouvant être importés avec indication, pour chacun, du droit de douane correspondant.

---

21. ASFC, *Tarif des douanes, op. cit.*, p. 240.

Le classement des marchandises du SH est surtout fonction de la nature des matériaux qui les composent, comme c'était le cas dans la nomenclature douanière auparavant, mais il peut aussi dépendre de l'usage auquel elles sont destinées, d'où, dans certains cas, l'obligation de fournir un certificat d'utilisation ultime. Ainsi, un cylindre en aluminium portera un numéro tarifaire différent selon qu'il est destiné à des activités de chauffage (position 8516 : parties d'appareils électrothermiques), au secteur de la plomberie (position 7609 : accessoires de tuyauterie en aluminium) ou au transport d'un liquide (position 7611 : réservoirs foudres et cuves et récipients en aluminium)[22]. Pour illustrer la structure hiérarchique et le fonctionnement du SH, voyons la mise en situation suivante.

MISE EN SITUATION

Une entreprise souhaite importer des petites carottes fraîches d'environ 7 cm de longueur, en paquets de 2,5 kg. Voyons ce qu'elle trouve dans le Tarif des douanes.

1) **Chapitre 07 :** Légumes, plantes, racines et tubercules alimentaires.

2) **Position 0706 :** Carottes, navets, betterave à salade, salsifis, céleri rave et racines comestibles.

3) **Sous-position 0706.10 :** Carottes et navets.

Jusqu'à ce dernier point, les codes de classification des différents pays utilisant le SH sont identiques. À partir d'ici, comme nous l'avons dit, le Canada ajoute quatre chiffres pour les importations.

4) **Numéro tarifaire 0706.10.12 :** En vrac ou en paquets d'un poids excédant 2,27 kg chacun.

5) **Numéro de classement 0706.10.12.00.**

Donc, d'après le SH et les particularités canadiennes, le numéro de classement des carottes miniatures serait 0706.10.12.00.

À titre de comparaison, si l'entreprise avait œuvré aux États-Unis, le numéro de classement aurait été 0706.10.05.00. Comme on peut le constater, les six premiers chiffres, constituant la partie internationale du numéro, sont identiques dans les deux pays.

Cet exemple ne se rapporte qu'à un produit assez simple, les carottes fraîches ou réfrigérées. Il va sans dire que le classement tarifaire se complique pour les produits plus complexes tels que des vêtements ou de la machinerie. De ce fait, comparer les échanges commerciaux mondiaux se révèle une entreprise ardue, mais moins difficile que lorsque chaque pays utilisait son propre système de classification, avant que la plupart n'acceptent le SH.

---

22. Pour trouver le numéro tarifaire d'un produit selon le SH, consulter le site de Statistique Canada, *Choisir le produit*, 11 août 2003, [www.statcan.gc.ca/trade/scripts/trade•search.cgi/;f•], (4 mars 2009).

LES RÈGLES GÉNÉRALES D'INTERPRÉTATION DU SH[23]

Lorsque les marchandises que l'on souhaite importer ou exporter sont des produits mélangés, des articles composés de différentes matières ou des articles assemblés, on doit suivre des règles particulières pour en déterminer le numéro de classement tarifaire. Voici les six règles générales d'interprétation propres au SH.

RÈGLE 1

Les titres de sections et de chapitres n'ont qu'une valeur indicative, le classement devant se faire selon le libellé des positions et des notes de sections ou de chapitres.

Prenons par exemple les tablettes de chocolat belge. D'après les titres de chapitres, on pourrait croire que ce produit se classe dans le chapitre 17, intitulé « Sucres et sucreries ». Toutefois, la note qui se trouve en tête de ce chapitre indique qu'il ne comprend pas les sucreries contenant du cacao, précisant même qu'on doit se reporter à la position 1806. En effet, les tablettes de chocolat sont classées dans le chapitre 18, « Cacao et ses préparations ».

Voici deux autres exemples[24] :

Classement d'un joint métalloplastique pour tous usages. Le titre du chapitre 84 indique : « Réacteurs nucléaires, chaudières, machines, appareils et engins mécaniques ; parties de ces machines ou appareils ». Ce titre ne semble pas convenir au classement de cet article. Or, la position 84.84 reprend : « Joints métalloplastiques, jeux et assortiments de joints de composition différente présentés en pochettes enveloppes ou emballages analogues ». La sous-position à retenir est donc « 8484.10 : Joints métalloplastiques ».

Classement de bougies pour Noël. Il serait logique de classer cet article dans le chapitre 95 dans la sous-position 9505.10 « Articles pour fêtes de Noël », mais la note 1a indique clairement que ce chapitre ne couvre pas les bougies. Celles-ci sont plutôt classées dans le chapitre 34, dans la sous-position 3406.00 « Bougies, chandelles, cierges et articles similaires ».

RÈGLE 2

a) Un article non fini ou démonté se classe de la même façon que l'article complet ou fini.

Ainsi, une voiture de course qu'on a démontée pour en faciliter le transport sera classée dans la même catégorie qu'une voiture de course, soit au numéro 8703.33.00. Les parties non assemblées et non cousues d'un pantalon en tissu pour garçon, quant à elles, pourraient relever de deux positions. D'abord la position 6203 « Costumes ou complets, ensembles, vestons, pantalons [...] pour hommes ou garçonnets », et ensuite la position 6307 :

---

23. Tiré et adapté de l'ASFC, *Règles générales pour l'interprétation du système harmonisé*, s.d., [www.asfc.gc.ca/trade-commerce/tariff-tarif/2009/01-99/rules-regles-fra.pdf], (4 mars 2009).

24. Organisation mondiale des douanes, *APEC Tariff Database*, op. cit.

« Autres articles confectionnés y compris les patrons de vêtements ». Il convient donc ici de retenir la position 6203, car les parties non cousues d'un pantalon présentent en elles-mêmes les caractéristiques essentielles de l'article fini. Dans le même ordre d'idées, une automobile dont les pneus manquent serait classée comme si elle était complète.

b) Toute mention d'une matière dans une position donnée s'applique à cette matière, qu'elle soit à l'état pur, mélangée ou associée à d'autres matières. De même, toute mention d'ouvrages en une certaine matière s'applique aux ouvrages constitués entièrement ou partiellement de cette matière. Ces produits mélangés ou articles composites sont classés suivant la règle 3. Considérons l'exemple suivant :

Classement d'un seau en plastique avec anse en acier galvanisé. Conformément à la règle 3b ci-dessous, les articles constitués par l'assemblage d'articles différents doivent être classés d'après l'article qui leur confère leur caractère essentiel. Le seau en plastique muni d'une anse métallique est un produit dans lequel la matière plastique prédomine sur le métal et qui doit donc suivre le régime du 39.24 « Vaisselle, autres articles de ménage ou d'économie domestique [...] en matières plastiques », car cette position est applicable à la fois aux articles entièrement en plastique et à ceux dans lesquels cette matière prédomine.

Si vous importez du citrate de dicalcium, vous constaterez qu'aucun numéro de classement n'est réservé à ce produit. Cependant, comme il s'agit d'un produit composite dont le principal ingrédient est le sel d'acide citrique, son numéro de classement serait le 2918.15.20 « Sels et esters de l'acide citrique ».

RÈGLE 3

Concernant les produits qu'il paraît possible de classer sous plusieurs positions, par application de la règle 2b ou dans tout autre cas (produits mélangés, ouvrages composés de matières différentes et marchandises présentées en assortiments) :

a) La position la plus spécifique a priorité sur les positions de portée plus générale.

Ainsi, une montre-bracelet en cuir occuperait la position 9101 « Montres-bracelets » plutôt que la position 4201 « Articles en cuir ». Un disque en amiante pour embrayage destiné à un camion, reconnaissable comme partie et pièce détachée de véhicule automobile (8708.93 « Embrayages et leurs parties »), doit cependant suivre la position 6813.90 « Garnitures de friction (plaques, disques) non montées, pour freins, embrayages ».

Les sachets individuels de thé vert à la menthe ne sont pas classés dans la nomenclature en tant que produit. Même si les composantes du produit sont la menthe et le thé vert, l'importateur doit le déclarer sous la nomenclature 0902.10.10 « Thé vert en sachets de portion individuelle », car il s'agit de la position la plus spécifique, la menthe correspondant à la saveur du thé.

b) Les marchandises sont classées d'après la matière ou l'article qui leur confère leur caractère essentiel.

Par exemple, un jus de fruit tropical qui se compose à 70 % de jus d'orange et à 30 % de jus d'autres fruits sera considéré comme du jus d'orange. Un écrin contenant une montre-bracelet en or et une petite épingle de cravate en or pourrait, pour sa part, être considéré comme un assortiment d'articles pouvant relever de la position 7113 « Articles de bijouterie ou de joaillerie et leur parties en métaux précieux ou en plaqués ou doublés de métaux précieux » ou de la position 9101 : « Montres-bracelets, montres de poche et montres similaires (y compris les compteurs de temps des mêmes types) avec boîte en métaux précieux ». Le caractère essentiel de cet assortiment qu'il sert à mesurer le temps. Or, les articles d'horlogerie en métaux précieux sont classés à la position 9101, seule applicable dans ce cas d'espèce. Enfin, un ensemble cadeau contenant une bouteille de vin mousseux et deux verres en cristal devra être classé dans la sous-position 2204.10 « Vins mousseux », au lieu de 7013.22.00 « Verres à boire à pied en cristal au plomb ». Le caractère essentiel du produit est la bouteille de vin, et non les verres.

c) Si les règles a ou b ne permettent pas d'effectuer le classement, la marchandise est classée dans la dernière position, en termes numériques, parmi celles susceptibles d'être valables.

Ainsi, un jus de fruit qui se compose à 50 % de jus de raisin et à 50 % de jus de pomme occupera la sous-position du jus de pomme, soit 2009.71, qui se trouve après celle du jus de raisin, la 2009.61. Un stylo-lampe de poche sera classé dans le chapitre 96 « Ouvrages divers », car ce chapitre vient après le 85 « Machines, appareils et matériels électriques et leurs parties ; appareils d'enregistrement ou de reproduction du son, appareils d'enregistrement ou de reproduction des images et du son en télévision, et parties et accessoires de ces appareils ». Prenons maintenant l'exemple d'un tissu composé à 25 % de soie, à 25 % de polyester continu, à 25 % de lin et à 25 % de poils fins peignés. Les tissus de soie relèvent du 5007 ; ceux de polyester continu, du 5407 ; ceux de lin, du 5309 et ceux de poils fins, du 5112. Aucune matière textile n'étant prédominante sur les autres, il convient de retenir la dernière position possible, c'est-à-dire 5407. Une boîte-cadeau contenant une paire de bas (6115) et une cravate (6117) ne peut être classée selon la règle précédente, car aucun de ces deux produits ne lui donne son caractère essentiel. La boîte sera donc classée selon le numéro 6117, car ce numéro vient après le 6115.

RÈGLE 4

Les marchandises qui ne peuvent être classées en fonction des règles précédentes sont classées par analogie avec le produit auquel elles ressemblent le plus.

Par exemple, on classera des lunettes qu'il est possible d'utiliser comme des jumelles dans la position 9004 « Lunettes (correctrices, protectrices ou autres) et articles similaires ».

Les tissus humains frais, en emballages stériles et destinés à la recherche scientifique et médicale, ne figurent pas dans la nomenclature. Cependant, au 3001.90, on évoque le même genre d'articles, mais pour des usages thérapeutiques ou prophylactiques. Ainsi, par analogie, on les classera dans cette position même s'ils sont destinés à des laboratoires scientifiques.

RÈGLE 5

a) Les étuis, les écrins et les contenants similaires comprenant un ou plusieurs articles déterminés et destinés à un usage prolongé sont classés avec ces articles lorsqu'ils sont normalement vendus avec ceux-ci.

Ainsi, on classera un écrin à bijoux dans la même catégorie que les bijoux, et un étui à jumelles avec les jumelles. De même, un coffret en cuir pour caméra vidéo (9007), manifestement destiné à loger la caméra qu'il contient (la forme du contenant étant identique à celle du contenu), sera classé sous la position 9007.91 « Parties et accessoires de caméra ».

b) Les emballages dont il est possible de faire un usage répété peuvent être classés séparément de leur contenu.

Par exemple, les contenants de gaz propane peuvent occuper la position 7311 « Récipients pour gaz comprimés ou liquéfiés, en fonte, en fer ou en acier », mais les sacs en polypropylène contenant du sel sont à classer selon leur contenu, c'est-à-dire le sel, à la position 2501, car on ne peut en faire un usage répété.

RÈGLE 6

Les marchandises sont classées dans les sous-positions suivant les termes et les notes concernant ces sous-positions et d'après les cinq règles que nous venons d'examiner.

Lorsqu'on n'arrive pas à déterminer le numéro de classement tarifaire d'un produit, il vaut mieux consulter l'administration des douanes, l'ASFC. Un avis écrit des douanes offre l'avantage de lier les administrations des douanes de tous les États membres ayant signé la Convention internationale sur le système harmonisé de désignation et de codification des marchandises[25]. Une classification juste permet d'éviter dans bien des cas les procédures longues, coûteuses et hasardeuses qu'entraînerait un litige avec l'ASFC.

---

25. On peut obtenir le texte de cette convention des Autorités fédérales de la Confédération suisse, en ligne, 1er janvier 2009, [www.admin.ch/ch/f/rs/0•632•11/], (4 mars 2009).

OBJECTIF **6**

Distinguer les différents accords commerciaux dont le Canada est membre.

VII. LES TRAITEMENTS TARIFAIRES

Le taux des droits de douane sur la marchandise importée dépend des traitements tarifaires du pays exportateur. Ces traitements résultent d'ententes entre le Canada et les pays avec lesquels il fait des échanges commerciaux. Le *Tarif des douanes* du Canada prévoit, pour les marchandises importées au Canada, 13 traitements tarifaires distincts, qui se répartissent en 2 groupes : les traitements préférentiels offerts unilatéralement ou multilatéralement, et les traitements préférentiels offerts dans le cadre d'accords de libre-échange. Dans les deux cas, des exemples de pays ayant droit à chacun des tarifs préférentiels mentionnés ci-dessous se trouvent dans le CW.

LES TRAITEMENTS TARIFAIRES PRÉFÉRENTIELS OFFERTS UNILATÉRALEMENT OU MULTILATÉRALEMENT

- Le *tarif de la nation la plus favorisée* (TNPF). Ce traitement s'applique aux marchandises provenant de tous les pays avec lesquels le Canada a conclu des accords commerciaux. C'est le tarif le plus souvent appliqué.

- Le *tarif de préférence général* (TPG), le *tarif des pays antillais du Commonwealth* (TPAC) et le *tarif des pays les moins développés* (TPMD). Ces tarifs douaniers correspondent à des traitements tarifaires réduits, octroyés de façon unilatérale aux marchandises de pays choisis par le Canada en raison de leur situation géopolitique et économique particulière.

- Le *tarif de l'Australie* (TAU) et le *tarif de la Nouvelle-Zélande* (TNZ). Ces tarifs résultent de la relation commerciale particulière qu'entretient le Canada avec ces pays membres du **Commonwealth**.

Commonwealth
Fédération de 54 États souverains anciennement réunis sous l'Empire britannique, placés encore officiellement, mais librement, sous l'allégeance de la monarchie du Royaume-Uni.

LES TRAITEMENTS TARIFAIRES PRÉFÉRENTIELS OFFERTS DANS LE CADRE D'ACCORDS DE LIBRE-ÉCHANGE

- Le *tarif des États-Unis* (TEU), le *tarif du Mexique* (TM) et le *tarif du Mexique et des États-Unis* (TMEU). Ces traitements tarifaires préférentiels existent tous en raison de l'Accord de libre-échange nord-américain (ALENA), qui a été conclu en janvier 1994 par le Canada, les États-Unis et le Mexique.

- Le *tarif du Chili* (TC). Ce traitement tarifaire préférentiel résulte de l'Accord de libre-échange entre le Canada et le Chili (ALECC), en vigueur depuis le 5 juillet 1997.

- Le *tarif Canada-Israël* (TACI). Ce traitement tarifaire préférentiel résulte de l'Accord de libre-échange Canada-Israël (ALECI), établi en 1997.

- Le *tarif du Costa Rica* (TCR). Ce traitement tarifaire préférentiel se trouve en vigueur grâce à l'Accord de libre-échange Canada-Costa Rica (ALECCR), que les parties ont signé en novembre 2002.

- Le *tarif général* (TG). Un droit de douane de 35 % s'applique aux marchandises importées de pays qui ne sont pas parties prenantes à l'Accord général sur les tarifs douaniers et le commerce (GATT), ou qui n'ont pas négocié d'accord commercial avec le Canada.

www.international.gc.ca/trade-agreements-accords-commerciaux/agr-acc/index.aspx?lang=fra

Certains pays bénéficient de plus d'un traitement tarifaire ; on applique alors le traitement qui, selon les cas, leur est le plus favorable. Par exemple, l'Australie peut bénéficier du tarif général, du tarif de la nation la plus favorisée et du tarif de l'Australie. Des pays tels que la Colombie et le Pérou, qui sont sur le point de signer des accords commerciaux avec le Canada, auront eux aussi des traitements tarifaires propres. Comme l'illustre l'encadré 6.2, l'ASFC peut modifier par décret le traitement décerné à un pays en particulier.

Encadré 6.2

Avis des douanes 07-022
Décret de retrait du bénéfice du tarif de préférence général
(certains pays adhérant à l'Union européenne)

« Suite à l'*Avis des douanes 07-014*, daté le 18 mai 2007, les bénéfices du tarif de préférence général (TPG) sont retirés à l'égard de toute marchandise originaire de la Bulgarie et de la Roumanie, et ce, à compter du 1er août 2007. De telles marchandises doivent être déclarées en détail en vertu du tarif de la nation la plus favorisée (TNPF). »

Source : ASFC, *Avis des douanes 07-022*, s.d., [www.asfc.gc.ca/publications/cn-ad/cn07-022-fra.pdf], (4 mars 2009).

LES RÈGLES D'ORIGINE

Pour déterminer l'admissibilité à un traitement tarifaire particulier, on se sert des **règles d'origine**. Ici, « origine » ne désigne pas le lieu d'expédition de la marchandise, mais plutôt l'endroit où un produit a été principalement fabriqué ; en effet, on peut importer des États-Unis un produit fait au Mexique.

Règle d'origine
Ensemble de règles en vertu desquelles il est possible de déterminer dans quel pays a été fabriqué un produit, aux fins du traitement tarifaire.

Par exemple, pour qu'une marchandise soit admissible au traitement tarifaire préférentiel de l'ALENA, c'est-à-dire qu'elle soit admise au Canada en franchise de douane, elle doit être originaire de l'un des deux pays ayant signé l'accord avec le Canada (États-Unis ou Mexique). Ainsi, pour pouvoir bénéficier de tarifs préférentiels, un pays non-signataire pourrait acheminer sa marchandise vers les États-Unis ou le Mexique, d'où elle serait expédiée au Canada.

La détermination de l'origine d'une marchandise ne présente aucune difficulté si toutes les étapes de sa fabrication, à partir de matières premières originaires d'un pays, ont été effectuées dans ce même pays. En revanche, cette opération est plus difficile pour une marchandise fabriquée dans un pays à partir de produits importés.

Le 26 mars 2009, le Gouvernement du Canada a déposé un projet de loi visant à mettre en œuvre un accord de libre-échange et de coopération entre le Canada et le Pérou, cet accord vise à faciliter le commerce et à établir des accords de coopération portant sur les domaines du travail et de l'environnement.

L'étude complète des règles d'origine dépasserait le cadre de ce volume. Le but ici est d'en faire un survol.

Voici comment l'article 401 du chapitre 4 de l'Accord de libre-échange nord-américain (ALENA) définit le terme *originaire*[26]. Pour qu'un produit soit considéré comme « originaire » d'un territoire visé par l'ALENA,

- il doit être entièrement obtenu ou produit sur le territoire visé par l'ALENA (minéraux, produits du règne végétal, de la chasse et de la pêche, etc.) ;
- il doit être entièrement fabriqué sur le territoire visé par l'ALENA et uniquement à partir de matières originaires.
- il doit respecter les règles d'origine spécifique (voir ci-dessous).

LES RÈGLES D'ORIGINE SPÉCIFIQUE

Un produit ne respectant pas les deux premières règles énoncées par l'article 401 de l'Accord de libre-échange nord-américain doit être conforme à une ou à plusieurs règles d'origine spécifique pour être considéré comme originaire du territoire visé par l'ALENA. Voici ces règles.

CHANGEMENT DE CLASSIFICATION DANS LE SYSTÈME HARMONISÉ AU SEIN DU TERRITOIRE VISÉ PAR L'ALENA

Exemple : Une entreprise américaine importe des oranges du Brésil pour en faire une marmelade qu'elle expédie ensuite au Canada. En arrivant au Canada, le produit bénéficiera d'une franchise douanière, car les oranges (0805.10) ont été transformées en marmelade (2007.91) dans l'un des pays signataires de l'ALENA.

Autre exemple : Une entreprise canadienne importe des acides gras (chapitre 15 du SH) pour en faire de la lessive en poudre (3401.20) qu'elle exporte ensuite au Mexique. Le produit bénéficiera d'une franchise douanière, car il a subi une transformation. Par contre, la même entreprise ne profiterait pas d'une franchise pour de la lessive en bloc qu'elle aurait simplement réduite en poudre, à cause du faible degré de transformation subi par la marchandise initialement importée.

LE CRITÈRE DE LA TENEUR EN VALEUR RÉGIONALE

La teneur en valeur régionale d'un produit (proportion de la valeur d'un produit qui est originaire du territoire visé par l'ALENA) doit être d'au moins 60 %[27] si on

26. Voir le site du ministère des Affaires étrangères et du Commerce international du Canada, « Chapitre 4. Règles d'origine », *Accord de libre-échange nord-américain (ALENA)*, 30 janvier 2009, [www.international. gc.ca/trade-agreements-accords-commerciaux/agr-acc/nafta-alena/texte/chap04.aspx ?lang=fra], (4 mars 2009).
27. Le critère du 60 % et du 50 % s'applique sur la majorité des produits, mais pas tous. La teneur en valeur régionale de certains produits doit avoir un pourcentage plus bas ou plus élevé.

la calcule selon la méthode de la valeur transactionnelle (et d'au moins 50 % si on la calcule selon la méthode du coût net) pour que le produit soit considéré comme originaire d'un territoire visé par l'ALENA.

D'après la méthode de la valeur transactionnelle

$$\text{Teneur en valeur régionale} = \frac{\text{Valeur transactionnelle du produit} - \text{Valeur des matières non originaires}}{\text{Valeur transactionnelle du produit}} \times 100$$

Exemple : Si le prix de vente du produit à l'étranger est 100 CAD et que la valeur des composants non originaires est de 30 CAD, nous avons :

$$\text{Teneur en valeur régionale} = \frac{100 \text{ CAD} - 30 \text{ CAD}}{100 \text{ CAD}} = 70\,\%$$

Puisque la teneur en valeur régionale est supérieure à 60 %, l'exigence de la classe concernée, le produit sera considéré comme originaire d'un territoire visé par l'ALENA.

D'après la méthode du coût net

$$\text{Teneur en valeur régionale} = \frac{\text{Coût net} - \text{Valeur des matières non originaires}}{\text{Coût net}} \times 100$$

Exemple : Si le prix de vente du produit à l'étranger est 85 CAD et que la valeur de ses composants non originaires est de 30 CAD, nous avons :

$$\text{Teneur en valeur régionale} = \frac{85\,\$ - 30\,\$}{85\,\$} = 65\,\%$$

Puisque la teneur en valeur régionale est supérieure à 50 %, l'exigence de la classe concernée, le produit sera considéré comme originaire d'un territoire visé par l'ALENA.

LA RÈGLE DE MINIMIS

L'ALENA prévoit un soulagement dans le cas de produits que l'on pourrait considérer comme non originaires, mais dont la valeur des composantes non originaires est si faible qu'elle ne répond pas à l'exigence d'un changement de classement SH. Si la valeur des composantes non originaires ne dépasse pas 7 % de la valeur du produit, le bien peut être considéré comme originaire.

Exemple : Une marchandise textile contenant des fibres ou des fils ne provenant pas d'Amérique du Nord peut être admissible aux pleins avantages de l'ALENA si la valeur de ces fibres ou de ces fils ne dépasse pas 7 % de la valeur totale de la composante qui détermine la classification tarifaire du produit exporté.

LA MÉTHODE DU CUMUL

La fabrication d'un produit peut être amorcée dans un pays membre de l'ALENA, puis terminée dans un pays non membre, ou inversement. Pour déterminer si le bien est originaire, on doit le considérer comme étant fabriqué dans un seul pays et par un seul fabricant, en tenant compte du cumul des coûts assumés par les deux fabricants. Cette méthode est intéressante si l'on achète une pièce d'équipement non originaire qui contient des éléments originaires.

Exemple: En calculant la teneur en valeur régionale (TVR) de l'un de ses bateaux de plaisance, un constructeur américain constate que celle-ci n'atteint que 53 % selon sa valeur transactionnelle (exigence de 60 %) et 44 % selon son coût net (exigence de 50 %). Toutefois, le moteur du bateau, qui est non originaire et a coûté 25 000 USD, provient du Canada. Le constructeur demande au fabricant du moteur de lui envoyer une lettre indiquant que, bien que le moteur ne soit pas considéré comme originaire, certaines de ses composantes représentant une valeur de 8 000 USD proviennent d'Amérique du Nord. Munie de cette information, l'entreprise américaine peut ajouter ces 8 000 USD à la valeur de la part nord-américaine du bateau de plaisance, ce qui lui permettra de satisfaire à l'exigence minimale de la classe concernée (on combine la méthode du cumul avec la méthode du coût net).

Autre exemple: Une entreprise canadienne fabrique des motos dont la TVR est inférieure à l'exigence de la classe concernée (50 %), car leurs moteurs sont faits en Europe.

$$\text{TVR} \ = \ \frac{10\,000\,\text{CAD} \ - \ 5\,100\,\text{CAD}}{10\,000\,\text{CAD}} \ = \ 49\,\% \ (< 50\,\%)$$

Cependant, les moteurs comprennent des composantes fabriquées au Mexique et dont la valeur atteint 1 000 CAD. Cette information modifie la TVR du produit, qui devient ainsi originaire.

$$\text{TVR} \ = \ \frac{10\,000\,\$ \ - \ 4\,100\,\$}{10\,000\,\$} \ = \ 59\,\% \ (> 50\,\%)$$

Après avoir déterminé l'origine des marchandises, l'exportateur ou le producteur, selon le cas, doit préparer un **certificat d'origine** (formulaire B-232)[28] et le faire parvenir à l'importateur pour que ce dernier puisse bénéficier d'un tarif préférentiel s'il est situé sur le territoire visé par l'ALENA. Il n'est pas permis de se servir du certificat d'origine déjà imprimé et reproduit sur la facture, mais on peut s'en servir s'il est présenté sur une feuille distincte.

L'ASFC acceptera une simple **déclaration d'origine** pour les importations commerciales valant moins de 1 600 CAD. Celle-ci peut être rédigée à la main, estampillée ou dactylographiée, puis annexée au contrat de vente ou à la facture des produits visés par la demande du traitement tarifaire. La forme et le contenu de la déclaration sont prescrits par la loi. Aucun écart n'est permis.

Certificat d'origine
Document officiel, dûment signé par une personne autorisée dans le pays d'origine, servant de preuve de l'origine de la marchandise achetée et permettant aux autorités du pays importateur de calculer les droits de douane auxquels elle est soumise.

Déclaration d'origine
Document présenté par les exportateurs pour les marchandises valant moins de 1 600 $ CAN.

---

28. ASFC, *Accord de libre-échange nord-américain (ALENA) – Certificat d'origine*, s.d., [www.asfc.gc.ca/publications/forms-formulaires/b232-fra.pdf], (4 mars 2009).

Voici l'énoncé de la *Déclaration d'origine pour les importations commercia-les de moins de 1 600 CAD* que doivent signer les entreprises : « J'atteste que les produits mentionnés sur cette facture ou dans ce contrat de vente sont conformes aux règles d'origine établies pour ces produits dans l'Accord de libre-échange nord-américain (ALENA), et qu'ils n'ont subi aucune autre opération de traitement ou de montage à l'extérieur des territoires des parties après leur production sur ces ter-ritoires[29]. »

Enfin, les marchandises importées au Canada doivent aussi remplir des condi-tions particulières de certification et d'expédition directe (par opposition aux cas où il y a entreposage des marchandises), pour que l'importateur puisse bénéficier des avantages d'un traitement tarifaire.

UN EXEMPLE DE DÉTERMINATION DU TRAITEMENT TARIFAIRE

OBJECTIF

Pouvoir déterminer le traite-ment tarifaire adéquat.

En utilisant l'exemple du riz brun à grain court (1006.20.30) et celui des carottes (0706.10.12), faisons l'exercice de trouver dans le *Tarif des douanes* du Canada leur traitement tarifaire.

Numéro tarifaire	SS	Dénomination des marchandises	Unité de mes.	Tarif de la N.P.F.	Tarif de préférence applicable
1006.20.00		-Riz décortiqué (riz cargo ou riz brun)		En fr.	TÉU, TPAC, TPMD, TPG, TM, TC, TCR: En fr.
	10	- - - - -Grain long..	TNE		
	20	- - - - -Grain moyen.......................................	TNE		
	30	- - - - -Grain court...	TNE		
	40	- - - - -Mélanges des grains susmentionnés...............	TNE		
0706.10		-Carottes et navets			
		- - -Jeunes carottes (d'une longueur maximale de 11 cm), importées au cours d'une période spécifiée par arrêté du ministre du Revenu national ou du commissaire des douanes et du revenu, temps qui peut se diviser en deux périodes distinctes, mais n'excédant pas un total de 40 semaines au cours d'une période de 12 mois se terminant le 31 mars :			
0706.10.11	00	- - - -En paquets d'un poids n'excédant pas 2,27 kg chacun	KGM	1,88 ¢/kg mais pas moins de 4 % plus 4 %	TÉU, TPAC, TPMD, TM, TC, TCR: En fr.
0706.10.12	00	- - - -En vrac ou en paquets d'un poids excédant 2,27 kg chacun	KGM	1,88 ¢/kg mais pas moins de 4 %	TÉU, TPAC, TPMD, TM, TC, TCR: En fr.

Les deux dernières colonnes désignent respectivement le tarif de la nation la plus favorisée (TNPF) et les traitements tarifaires préférentiels qui s'appliquent (tarif de préférence applicable). On y voit que le riz brun est importé en franchise (en fr.), donc sans frais, quelle que soit son origine (à moins qu'il ne provienne d'un pays figurant sur la liste des pays visés ; dans ce cas, le traitement tarifaire sera le tarif général).

---

29. ASFC, « Annexe E : Déclaration d'origine pour les importations commerciales de moins de 1 600 CAD », *Mémorandum D11-4-14 : Certificat d'origine*, 16 mars 2006, p. 20, [www.cbsa-asfc.gc.ca/publications/dm-md/d11/d11-4-14-fra.pdf], (4 mars 2009). Adapté et reproduit avec la permission du ministre des Travaux publics et Services gouvernementaux Canada, 2009.

Par contre, les carottes sont importées en franchise si elles proviennent des États-Unis (TÉU), des pays antillais du Commonwealth (TPAC), des pays les moins développés (TPMD), du Mexique (TM), du Chili (TC) ou du Costa Rica (TCR). Lorsqu'elles proviennent des autres pays, le tarif est de 1,88 ¢/kg, avec un minimum de 4 % de la valeur en douane. Ainsi, si on importe 100 kg de carottes de la Hongrie pour une valeur en douane de 100 $, le tarif sera le plus élevé de 1,88 $ (0,0188 $ × 100 kg) et de 4 $ (100 $ × 4 %). Le tarif sera donc de 4 $.

CULTURE ET SOCIÉTÉ

Des fouilles aléatoires

Partout dans le monde, le processus de fouille aux douanes relève de critères établis par les autorités douanières. Au Mexique, plus précisément à l'aéroport de Cancún, le processus est plutôt aléatoire. On vous fait remplir un formulaire de déclaration, puis on vous demande si vous avez quelque chose à déclarer. Si vous répondez oui, on fouille vos bagages. Si vous répondez non, vous devez actionner un « feu de circulation » aléatoire. S'il est vert, vous passerez sans fouille, mais s'il est rouge, vous aurez droit à une inspection minutieuse de la part des douaniers.

OBJECTIF 8

Savoir calculer la valeur en douane de la marchandise selon la méthode de la valeur transactionnelle.

Valeur en douane
Valeur d'un bien importé sur lequel sont appliqués les droits de douane. La valeur est le montant de la facture, sauf si le chiffre est trop faible.

Valeur transactionnelle
Prix d'un produit effectivement payé ou à payer.

VIII. LA VALEUR EN DOUANE DE LA MARCHANDISE

Conformément à la *Loi sur les douanes*, toute personne qui importe des marchandises au Canada doit en déclarer la valeur en dollars canadiens, car c'est sur cette valeur que le taux de droits et de taxes s'applique. Des agents de l'ASFC peuvent aider les importateurs à établir cette valeur en appliquant les dispositions de la *Loi sur les douanes* qui concernent la **valeur en douane**.

Pour déterminer la valeur en douane des marchandises importées, on utilise principalement la méthode de la **valeur transactionnelle**. Cette méthode, ainsi que cinq autres bases secondaires d'appréciation, sont présentées dans les articles 48 à 53 de la *Loi sur les douanes*. On doit choisir la première de ces méthodes qui est applicable à la transaction, suivant l'ordre dans lequel elles sont inscrites dans la loi. Cet ordre d'application ne peut être modifié que dans certaines situations assez particulières.

Voici donc la base d'appréciation principale et les cinq méthodes secondaires, dans l'ordre :

1) méthode de la valeur transactionnelle (article 48 de la *Loi sur les douanes*) ;

2) méthode de la valeur transactionnelle de marchandises identiques (article 49) ;

3) méthode de la valeur transactionnelle de marchandises semblables (article 50) ;

4) méthode de la valeur de référence (article 51) ;

5) méthode de la valeur reconstituée (article 52) ;

6) dernière méthode d'appréciation (article 53).

Dans le cadre du présent ouvrage, nous n'expliquerons en détail que la méthode de la valeur transactionnelle. Ceux qui souhaiteraient en savoir plus sur les cinq autres méthodes pourront se reporter au *Mémorandum D13-3-1 : Méthodes de détermination de la valeur en douane*[30], qui en fournit le détail, et dont nous reproduisons une partie dans le Compagnon Web.

LA MÉTHODE DE LA VALEUR TRANSACTIONNELLE

Comme nous l'avons vu, la méthode de la valeur transactionnelle est la principale méthode d'appréciation de la valeur en douane des marchandises importées au Canada. Selon cette méthode, la valeur en douane correspond tout simplement au prix payé ou à payer pour les marchandises. Cependant, ce prix peut être ajusté à la hausse ou à la baisse, comme nous le verrons ci-dessous.

Pour être acceptable comme valeur en douane, la valeur transactionnelle doit satisfaire aux deux critères énoncés au paragraphe 48(1) de la *Loi sur les douanes* :

- Les marchandises sont vendues pour exportation au Canada à un acheteur du Canada.

- Il est possible de déterminer le prix payé ou à payer pour ces marchandises.

Pour la détermination de la valeur en douane selon la méthode transaction- nelle, certains montants doivent être ajoutés et d'autres peuvent être déduits.

LES AJUSTEMENTS À LA HAUSSE

Parmi les *ajustements à la hausse*, c'est-à-dire les sommes que l'on doit ajouter au prix payé ou à payer pour les marchandises *parce qu'elles n'y sont pas incluses d'office*, on trouve les aspects suivants :

- *Les commissions de vente* que doit assumer un acheteur, dans le cas où il lui faut payer les services d'un agent qui aura trouvé et acheté les marchan- dises pour lui.

  Supposons par exemple que l'entreprise Import inc. cherche des bougies en cire d'abeille et qu'un agent de Montréal le met en contact avec Distribute 911 inc., un distributeur new-yorkais, qui est prêt à en vendre 100 douzaines pour 1 200 USD[31]. Pour le service qu'il a rendu à titre d'intermédiaire, l'agent demande 300 CAD d'honoraires. On devra ajouter ce montant aux 1 200 USD.

---

30. ASFC, *Mémorandum D13-3-1 : Méthodes de détermination de la valeur en douane*, 19 avril 2001, [www.cbsa-asfc.gc.ca/publications/dm-md/d13/d13-3-1-fra.pdf], (4 mars 2009).

31. Pour la liste des codes des devises, voir le Convertisseur universel de devises XE.com, s.d., [www.xe.com/fr/], (4 mars 2009).

- *Les coûts d'emballage et de conditionnement*, tant à l'intérieur du pays exportateur que pour l'exportation.

  Reprenons l'exemple précédent. Souhaitant offrir ces bougies comme cadeaux promotionnels à ses clients, l'importateur demande à une entreprise de Boston d'imprimer le logo de sa compagnie sur les bougies, avant qu'elles ne lui soient expédiées. Cette entreprise demande 360 USD pour l'impression. On devra également ajouter ce montant au prix des bougies.

- *La valeur des aides*, c'est-à-dire des marchandises ou des services que l'acheteur fournit gratuitement ou à un coût réduit, et qui ont été utilisés lors de la production et de la vente des marchandises qu'il importe.

  Ainsi, l'importateur de notre exemple a dû, pour l'impression du logo, faire fabriquer une plaque par une entreprise de Montréal (pour 200 CAD) et l'envoyer à Boston. On devra ajouter ce montant au prix des bougies.

- *Les redevances et droits de licence* relatifs à la vente des marchandises.

  Pour chaque bougie que l'importateur vendra, il devra verser une redevance de 0,10 USD à l'Association américaine des apiculteurs. Ce montant (1 200 bougies à 0,10 USD l'unité, soit 120 USD de redevances) doit aussi être ajouté au prix payé.

- *Les coûts de transport, d'assurances et autres frais connexes* appliqués jusqu'au lieu d'expédition directe (c'est-à-dire le lieu à partir duquel les marchandises sont directement expédiées au Canada).

  Une fois imprimées à Boston, les bougies sont envoyées vers un entrepôt à Plattsburgh, pour ensuite être expédiées au Canada via le poste frontalier de Champlain, New York, le 30 juillet 2008. L'importateur doit payer 100 USD pour le transport jusqu'à Plattsburgh, montant que l'on doit également ajouter au prix payé.

LES AJUSTEMENTS À LA BAISSE

À l'inverse, certaines sommes, *si elles sont incluses dans le prix payé ou à payer*, peuvent être déduites. Voici ce qui peut entrer dans ces *ajustements à la baisse* :

- *Les coûts de transport, d'assurances et autres frais connexes* engagés depuis le lieu d'expédition directe.

  À Plattsburgh, les bougies sont entreposées pour une journée. Le lendemain, elles sont chargées sur un camion et expédiées vers le Canada. Le coût de l'entreposage et du transport des marchandises depuis Plattsburgh jusqu'au Canada s'élève à 140 USD. Ce montant peut être déduit du prix payé ou à payer s'il est inclus dans le prix de vente.

- *Les coûts de construction, d'installation, d'assemblage, etc.*, après l'importation.

  Le contrat de vente des bougies prévoit qu'elles seront emballées en paquets de cinq par un sous-traitant canadien du distributeur new-yorkais. L'importateur évalue ce travail à 50 CAD, montant qui devrait être déduit du prix.

Imaginons un autre exemple pour illustrer cet aspect. Supposons que vous importez un logiciel que vous payez 15 000 CAD. Le contrat de vente prévoit l'installation du logiciel et la formation de vos employés en sol canadien. Vous évaluez ces services à 2 000 CAD et à 5 000 CAD, respectivement. La valeur transactionnelle du logiciel importé équivaudra donc à 8 000 CAD (15 000 CAD – 2 000 CAD – 5 000 CAD).

- *L'escompte au comptant.* Le montant d'escompte doit être déduit si l'importateur en tire avantage.

  Le vendeur de bougies accorde un escompte de «5/15, n/30» (escompte de 5 % si l'importateur paie dans les 15 jours suivant la date de facturation, aucun escompte s'il paie dans les 30 jours). Comme l'acheteur profite de cet escompte en payant la facture, il déduira 60 USD (1 200 USD × 5 %) du prix payé.

- *Les droits et taxes à l'importation.*

  L'entrepreneur new-yorkais vend sa marchandise au Canada déjà dédouanée (DDP[32]). Or, les droits de douane et de TPS sont respectivement de 239 et de 184 CAD, montants qui pourront être déduits du prix.

  Comme troisième exemple, prenons une société belge qui vend son produit au Canada à un prix de 2 500 CAD, aux conditions de vente DDP. Si les droits de douane et de TPS payés sont de 236 CAD et de 163 CAD, la valeur en douane sera de 2 101 CAD (2 500 CAD – 236 CAD – 163 CAD).

Le tableau 6.5 montre le calcul de la valeur transactionnelle (ou valeur en douane) des bougies à partir des informations qui précèdent, et suivant un taux de change de 1,05 CAD pour 1,00 USD.

Tableau 6.5

Le calcul de la valeur en douane des bougies

Prix de vente	1 260 CAD	(1 200 USD × 1,05)
Ajustements à la hausse		
Commission de vente	+ 300 CAD	
Coûts d'emballage et de conditionnement	+ 378 CAD	(360 USD × 1,05)
Valeur des aides	+ 200 CAD	
Redevances et droits de licence	+ 126 CAD	(120 USD × 1,05)
Coûts de transport jusqu'au lieu d'expédition directe	+ 105 CAD	(100 USD × 1,05)
Total partiel	2 369 CAD	
Ajustements à la baisse		
Coûts d'entreposage et de transport depuis le lieu d'expédition directe	– 147 CAD	(140 USD × 1,05)
Coûts d'assemblage	– 50 CAD	
Escompte au comptant	– 63 CAD	(60 USD × 1,05)
Droits de douane	– 239 CAD	
Taxe (TPS)	– 184 CAD	
Valeur en douane	**1 686 CAD**	

32. DDP est l'abréviation de *delivered duty paid* (rendu droits acquittés). Nous étudierons cette notion dans le chapitre 7, «Les incoterms», p. 285.

Pour obtenir plus d'informations sur la façon d'établir la valeur en douane selon la méthode de la valeur transactionnelle, consultez le Compagnon Web ainsi que les Mémorandums D13 de l'ASFC suivants : *Mémorandums 13-4-1 : Méthode de la valeur transactionnelle (Loi sur les douanes,* article 48) et *Mémorandum 13-4-3 : Valeur en douane : prix payé ou à payer (Loi sur les douanes,* article 48)[33].

Pour illustrer une seconde fois le calcul de la valeur en douane selon la méthode de la valeur transactionnelle, voyons la mise en situation suivante.

MISE EN SITUATION

Pour subvenir aux besoins des organisateurs d'un festival culturel, la Société Coton Plus passe une commande à la Société équitable en vue d'importer du Costa Rica 12 000 t-shirts à l'effigie du festival. Le numéro tarifaire de cette marchandise est le 6109.10.11. Pour déterminer la valeur en douane de ces t-shirts, on doit tenir compte des informations suivantes :

- Les conditions de vente sont CIP[a] aéroport Pierre-Elliott-Trudeau.
- La facture de la Société équitable s'élève à 13 500 CAD et inclut :
  - l'assurance et le transport du Costa Rica jusqu'à l'aéroport Pierre-Elliott-Trudeau, 1 200 CAD ;
  - l'entreposage de 2 jours à San José (capitale du Costa Rica) avant l'expédition à Montréal, 150 CAD ;
  - la confection des t-shirts, 12 150 CAD.
- La Société Coton Plus doit verser une redevance de 0,10 CAD l'unité à une coopérative de travailleurs costaricains.
- Coton Plus a dû faire fabriquer et envoyer au Costa Rica une plaque pour l'impression du logo du festival, plaque qui a coûté 200 CAD.
- Coton Plus profite d'un escompte de 2/10, n/30 (2 % si elle règle sa facture dans les dix jours suivant la date de facturation).
- Coton Plus paye 300 CAD pour l'assurance et le transport du coton depuis Liberia jusqu'à San José (deux villes du Costa Rica), où s'effectuera la confection des t-shirts.
- Coton Plus charge une entreprise de San José d'emballer les t-shirts dans un sac promotionnel arborant le logo du festival, 450 CAD.

Le tableau 6.6 montre les calculs de la valeur en douane pour cette transaction.

L'annexe, qui se trouve dans le Compagnon Web, indique que la marchandise importée du Costa Rica est frappée d'un droit de douane de 2,5 %, en vertu de l'Accord de libre-échange Canada-Costa Rica. Les droits de douane s'élèvent donc à 350,75 CAD (14 030 CAD × 2,5 %), et la TPS à 719,04 CAD, soit (14 030 CAD + 350,75 CAD) × 5 %.

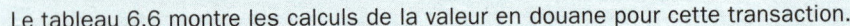

a. Incoterm signifiant « port payé jusqu'au lieu de destination convenu ». Nous traitons de ce sujet dans le chapitre 7, « Les incoterms », p. 285.

---

33. ASFC, « D13 – Établissement des valeurs », *Mémorandums D des douanes,* 16 décembre 2008, [www.cbsa-asfc.gc.ca/publications/dm-md/d13-fra.html], (4 mars 2009).

Tableau 6.6

Le calcul de la valeur en douane des t-shirts

Montant de la facture de Société équitable (prix payé)	13 500 CAD	
Ajustements à la hausse		
Redevance	+ 1 200 CAD	(12 000 × 0,10 CAD)
Plaque	+ 200 CAD	
Transport du coton de Liberia vers San José	+ 300 CAD	
Coût de l'emballage	+ 450 CAD	
Total partiel	15 650 CAD	
Ajustements à la baisse		
Coût de l'assurance et du transport	– 1 200 CAD	
Coût de l'entreposage	– 150 CAD	
Escompte de 2 %	– 270 CAD	(2 % × 13 500 CAD)
Valeur en douane	**14 030 CAD**	

IX. LES DOCUMENTS RELATIFS À L'IMPORTATION[34]

OBJECTIF 9

Connaître et pouvoir préparer les documents nécessaires au dédouanement de marchandises.

Pour s'acquitter des formalités douanières relatives à l'importation de marchandises commerciales, l'importateur doit fournir plusieurs documents. L'ASFC et les autres ministères les exigent afin d'obtenir une description précise et complète des marchandises importées. Comme tous les pays, le Canada possède sa propre réglementation en matière d'information et de documentation. Moyennant approbation de la douane et des autres ministères, et à condition de respecter certaines exigences en matière d'information, l'importateur peut utiliser divers formats ou diverses combinaisons de documents. Au moment où les marchandises arrivent au Canada, toute information manquante ou inexacte pourrait donner lieu à des retards et à d'autres inconvénients.

Si les importations ont une valeur de 1 600 CAD ou plus[35], les documents suivants sont nécessaires pour obtenir la mainlevée:

- Le connaissement;
- Deux exemplaires du manifeste du transporteur (document de contrôle du fret);
- Deux exemplaires de la facture des douanes canadiennes (ou de la facture commerciale[36]);
- Deux exemplaires de la formule de codage B3 (trois exemplaires si le dédouanement a lieu dans un bureau des douanes non informatisé);
- Les licences, certificats ou permis d'importation, selon le cas;

---

34. Les documents relatifs à l'importation pouvant être consultés sur le Compagnon Web sont identifiés au moyen d'un pictogramme dans la marge.
35. Pour une valeur de moins de 1 600 CAD, une facture commerciale peut remplacer la facture des douanes.
36. Pour être acceptée, la facture commerciale doit contenir les mêmes informations que la facture des douanes.

Échange de données informatisées (EDI)
Échange, entre les systèmes informatiques de deux ou plusieurs organisations, de données structurées conformément à des procédures normalisées.

- Tout autre document devant être présenté à la douane pour respecter les exigences de l'ASFC ou d'un autre ministère ;
- Le certificat d'origine (s'il y a lieu).

Ces documents peuvent être sur papier, mais les renseignements peuvent aussi être transmis au moyen de l'**échange de données informatisées (EDI)**. Dans tous les cas, un exemplaire desdits documents peuvent être visualisés dans le Compagnon Web.

LE CONNAISSEMENT

Le connaissement est un document décrivant les marchandises expédiées, accusant réception des marchandises et énonçant les conditions du contrat de transport. C'est l'expéditeur qui a la responsabilité de le remplir et de le remettre au transporteur au moment de l'expédition des marchandises. Le transporteur en signe un exemplaire avant le départ et le remet au transporteur. Cette signature constitue la preuve que l'expéditeur lui a transféré les marchandises. Ce dernier doit remettre un double du connaissement à l'importateur pour lui permettre de récupérer les marchandises. Enfin, le courtier en douane en conserve un troisième exemplaire pour le remettre au transporteur afin que celui-ci le conserve dans ses dossiers.

LA LISTE DE COLISAGE

La liste de colisage, ou bordereau d'expédition, décrit la cargaison de façon détaillée, avec les quantités de chaque article, les numéros de modèles, les dimensions et les poids bruts et nets. La liste doit spécifier le nombre et le type d'unités de matériel ou de produits compris dans chaque boîte ou caisse. Elle est rédigée au moment où l'exportateur prépare ses marchandises en vue de leur expédition. Cette liste permet de vérifier la conformité de l'expédition à la commande, c'est à dire à la facture établie par le vendeur. Aucun format standard n'est exigé pour cette liste, qui n'est pas obligatoire à la douane. Les autorités douanières et le courtier en douane s'en servent surtout pour obtenir des renseignements supplémentaires sur l'expédition.

LA FACTURE COMMERCIALE

L'importateur canadien doit présenter la facture commerciale de la marchandise aux agents de l'ASFC. L'exportateur fournit ce document à l'importateur avant d'acheminer ses marchandises au Canada.

La facture commerciale décrit en détail les marchandises et en indique le prix de vente. Voici les trois types de facture pouvant être utilisées :

- Une facture des douanes canadiennes (voir l'annexe 6.4), remplie par l'importateur ou l'exportateur (le Mémorandum D1-4-1 : Exigences de l'ASFC relatives aux factures[37] explique comment la remplir).
- Une facture commerciale contenant au moins les mêmes renseignements qu'une facture des douanes canadiennes.

---

37. ASFC, *Mémorandum D1-4-1 : Exigences de l'ASFC relatives aux factures*, 10 décembre 2008, [www.asfc.gc.ca/publications/dm-md/d1/d1-4-1-fra.pdf], (4 mars 2009).

- Une facture commerciale contenant les informations suivantes : les noms de l'acheteur et du vendeur, le pays d'origine et une description des marchandises, la quantité importée et le prix payé ou à payer. L'importateur canadien devra alors joindre une facture des douanes canadiennes contenant le reste des renseignements demandés.

LE RÉSUMÉ DE CONTRÔLE DOUANIER DU FRET

Dans la plupart des cas, le transporteur déclare à l'ASFC la marchandise qu'il convoie lorsqu'il arrive au poste frontalier, c'est-à-dire à la frontière internationale. Il doit alors déclarer toutes les marchandises commerciales que l'importateur fait entrer au Canada, en remplissant un **résumé de contrôle douanier du fret (A10)** [38] approuvé. Le transporteur ou le transitaire qui se charge de faire entrer au Canada des marchandises pour le compte d'un importateur envoie généralement aussi à celui-ci une copie du formulaire A10 (dont un exemplaire est présenté dans le Compagnon Web) afin de l'informer que les marchandises sont arrivées et en instance de dédouanement.

Résumé de contrôle douanier du fret (A10)
Formulaire de déclaration des marchandises importées à l'arrivée au poste frontalier.

Le résumé de contrôle douanier du fret peut consister en un manifeste, en une feuille de route ou en tout autre document approuvé afférent au transport des marchandises. Cependant, celui que l'on utilise le plus souvent est le formulaire A10 (voir l'exemplaire présenté dans le Compagnon Web). Dans le cas de transport ferroviaire et maritime, la déclaration des marchandises se fera par voie électronique, avant l'arrivée à la frontière canadienne.

On utilisera également le formulaire A10 pour les marchandises transportées sous caution jusqu'à un bureau de douane intérieur, un entrepôt d'attente ou un entrepôt de stockage. Dans tous les cas, ce document doit porter un numéro de contrôle du fret (NCF) sous forme de code-barres. Les quatre premiers chiffres du NCF correspondent au code de transporteur réservé à l'entreprise qui se charge du transport.

LA FORMULE DE CODAGE B3[39]

Les agents de l'ASFC ont besoin de données pour vérifier la valeur, le classement, le pays d'origine et le traitement tarifaire des marchandises ainsi que le taux de change à appliquer. La plupart de ces données se trouvent sur la facture commerciale que fournit l'exportateur à l'importateur lorsqu'il lui vend les marchandises. Ces renseignements ainsi que le montant des droits et taxes à payer doivent figurer sur la **formule de codage B3**, *Douanes Canada – Formule de codage* (voir figure 6.1, page suivante), qui sert à déclarer en détail les marchandises importées au Canada. Elle comporte 51 zones dont vous trouverez une description détaillée sur le Compagnon Web.

Formule de codage B3
Formulaire de déclaration détaillée des marchandises importées qui permet de calculer les droits et les taxes à payer lors du dédouanement.

---

38. Ce document a remplacé récemment le *Document de contrôle du fret* (DCF).
39. Tiré et adapté de l'ASFC, « Comment remplir le formulaire B3 lorsque vous importez des marchandises commerciales », *Importation de marchandises commerciales au Canada*, 2004, [www.cbsa-asfc.gc.ca/publications/pub/rc4229-fra.html], (4 mars 2009).

Figure 6.1

La formule de codage B3 que l'on doit remplir
lorsqu'on importe des marchandises au Canada

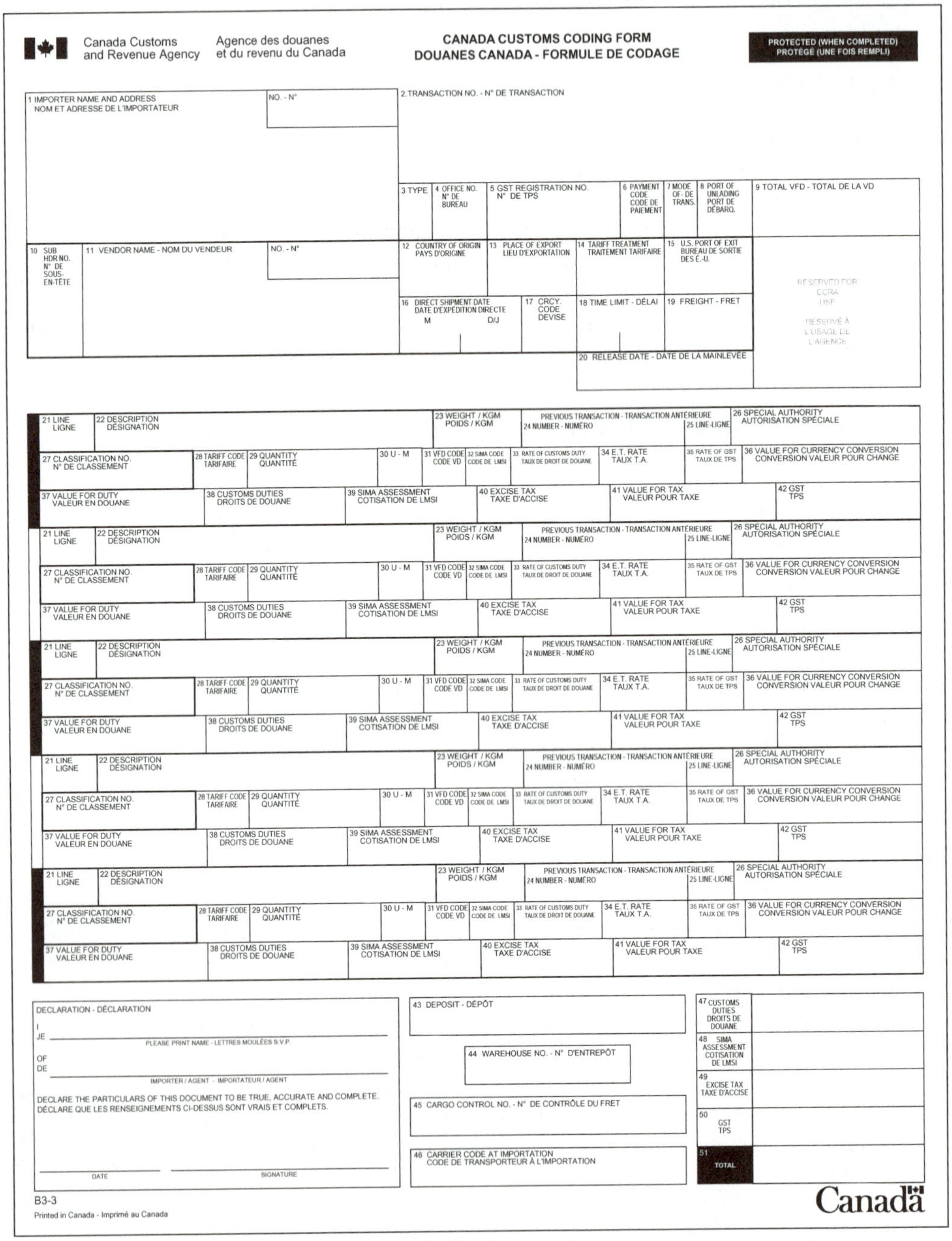

Source : ASFC, *Douanes Canada – Formule de codage*, 2004, [www.cbsa-asfc.gc.ca/F/pbg/cf/b3-3/b3-3-fill-04b.pdf], (28 octobre 2008).
Reproduit avec la permission du ministre des Travaux publics et Services gouvernementaux du Canada, 2009.

Pour rendre plus simple la production de la formule de codage B3, l'ASFC a mis sur pied le Système de traitement des déclarations commerciales réglées au comptant (STDCC), que les petits importateurs commerciaux peuvent utiliser. Au moyen des ordinateurs mis à leur disposition aux comptoirs des bureaux de douane, les importateurs n'ont qu'à entrer dans le STDCC les données liées à leur transaction commerciale, telles que le nom du vendeur, la valeur pour la conversion monétaire, la date de l'expédition directe, etc. Le système calculera automatiquement les droits et les taxes exigibles. Ensuite, il transmettra l'ensemble des données relatives à la formule de codage B3 qu'il a colligées au Système des douanes pour le secteur commercial (SDSC), pour la validation et l'encaissement des frais. Le STDCC est accessible dans 33 bureaux de l'ASFC.

LES AUTRES DOCUMENTS

L'importateur peut également avoir à rédiger certains documents ou compléter différents formulaires dont un exemplaire est présenté dans le Compagnon Web.

- *Le certificat d'origine*. Tel que mentionné précédemment, le certificat d'origine est établi par un organisme officiel du pays d'origine. Il atteste la provenance territoriale de la marchandise, soit le lieu de fabrication et le lieu d'expédition. Il sert à ce que les marchandises puissent bénéficier d'éventuels traitements tarifaires préférentiels.

- *La licence (ou permis) d'importation*. Comme nous l'avons mentionné au début du présent chapitre, l'ASFC peut exiger une licence d'importation, autorisation administrative ayant pour objet de contrôler l'importation de certaines marchandises.

- *Le certificat d'inspection*. L'ASFC est chargée par d'autres ministères et agences de faire respecter certains règlements. Par exemple, l'*Agence canadienne d'inspection des aliments* exige, pour certains produits importés, un certificat d'inspection attestant le respect des conditions canadiennes minimales d'importation en matière de qualité, d'étiquetage et d'emballage.

  www.inspection.gc.ca

- *Le **certificat d'utilisation ultime***. Un certificat d'utilisation ultime est un document écrit attestant que les marchandises importées seront utilisées conformément aux dispositions du numéro tarifaire mentionné sur la formule de codage B3. Le certificat doit contenir le numéro de classement tarifaire applicable et une brève description de la manière dont les marchandises faisant partie de l'expédition seront utilisées, et il doit être signé par l'utilisateur ultime[40].

  Certificat d'utilisation ultime
  Document attestant l'utilisation qui sera faite des marchandises importées et sa conformité au numéro de classement tarifaire déclaré.

---

40. Pour en savoir plus sur le certificat d'utilisation ultime, voir l'ASFC, *Mémorandum D11-8-5*, « Programme de l'utilisation ultime », 6 mai 1998, [www.cbsa-asfc.gc.ca/publications/dm-md/d11/d11-8-5-doc-fra.html], (4 mars 2009).

TENDANCES ET ENJEUX

La douane face à la mondialisation du commerce international

« L'institution douanière semble être un instrument incontournable pour promouvoir le développement du commerce international, devenu par la force des choses un phénomène général et nécessaire. Général, car tous les États participent aux échanges internationaux, quel que soit leur degré de développement économique ; nécessaire, car aucun État ne peut produire tous les biens demandés par ses consommateurs. [...]

« Le processus de la mondialisation des échanges et ses conséquences sur le plan national imposent à la douane, parallèlement à sa mission traditionnelle de contrôle des flux de marchandises, la mise en œuvre d'une politique nouvelle répondant aux exigences du monde moderne. Au service exclusif de la protection du marché intérieur, on lui demande aujourd'hui de promouvoir les échanges internationaux. À cet effet, elle se doit d'une part d'assurer la neutralité des mécanismes douaniers à l'égard du trafic des marchandises et de contribuer à la promotion de l'exportation. Elle est appelée d'autre part à mettre en œuvre des mesures de sauvegarde et d'antidumping pour répondre à sa nouvelle mission de gardienne de l'équilibre fragile de l'économie nationale. »

Source : Mohamed Chadi, « La douane face à la mondialisation du commerce international », *L'économiste*, 4 avril 2002, p. 18, www.douane.gov.ma/cible/presse/fichiers/droit/4.4.02.2.pdf.

OBJECTIF 10

Distinguer les différents types d'entrepôts douaniers.

X. LES ENTREPÔTS DOUANIERS

Une fois les marchandises déclarées, l'importateur peut souhaiter les entreposer temporairement, en attendant la mainlevée des douanes. L'ASFC met à sa disposition des installations d'entreposage agréées, où les marchandises pour lesquelles les droits de douane n'ont pas été acquittés seront acheminées sous contrôle douanier, ailleurs qu'à un point frontalier ou à un aéroport. On distingue trois types d'entrepôts agréés[41] :

- les entrepôts d'attente ;
- les entrepôts de stockage ;
- les dépôts de douane.

LES ENTREPÔTS D'ATTENTE

Entrepôt d'attente
Entrepôt douanier privé agréé par l'ASFC où les marchandises sont gardées pour un maximum de 40 jours, en attendant la mainlevée des douanes.

Les **entrepôts d'attente** appartiennent à des entrepreneurs privés et doivent être agréés par l'ASFC. Ils servent à l'entreposage à court terme (jusqu'à 40 jours) et à l'examen de marchandises importées, en attendant la mainlevée des douanes. Les exploitants d'entrepôts fixent eux-mêmes les frais d'entreposage et de manutention[42].

41. Pour en savoir plus sur les entrepôts douaniers, on pourra consulter le *Mémorandum D4-1-5*, « Entreposage des marchandises » de l'AFSC, 13 février 2009, [www.asfc.gc.ca/publications/dm-md/d4/d4-1-5-fra.pdf], (4 mars 2009).

42. Pour en savoir plus sur les entrepôts d'attente, on pourra consulter le *Mémorandum D4-1-4* de l'AFSC, « Entrepôts d'attente des douanes », 13 février 2009, [www.asfc.gc.ca/publications/dm-md/d4/d4-1-4-fra.pdf], (4 mars 2009).

LES ENTREPÔTS DE STOCKAGE

L'importateur peut aussi entreposer les marchandises qu'il importe et les produits canadiens qu'il destine à l'exportation dans un **entrepôt de stockage** des douanes pendant une période maximale de 4 ans, généralement. Ce délai varie toutefois selon les types de marchandises : ainsi, il est de 5 ans pour la bière et le vin, et de 15 ans pour les pièces de rechange d'aéronefs[43].

Une entreprise qui stocke des marchandises en consignation ou des marchandises qu'elle prévoit exporter bénéficiera d'un report intégral des droits à payer (y compris la TPS) sur celles-ci jusqu'au moment de leur exportation. En effet, les divers droits de douane ne sont exigibles que sur la fraction des marchandises importées qui entrent sur le marché canadien[44].

L'importateur qui souhaite utiliser un entrepôt de stockage doit remplir deux types de formulaire de codage B3 pour entrepôt de stockage, le premier pour placer la marchandise en entrepôt, le second pour l'en sortir. Il existe six types de formulaires B3 :

- 10 – mise en entrepôt ;
- 13 – réentreposage ;
- 20 – sortie d'entrepôt pour consommation ;
- 21 – sortie d'entrepôt pour exportation ;
- 22 – sortie d'entrepôt pour approvisionnement des navires ;
- 30 – transfert vers un autre entrepôt desservi par le même bureau de douane.

Les formulaires B3 des types 10 et 20 sont les plus utilisés.

Les marchandises qui se trouvent dans un entrepôt de stockage peuvent subir des opérations qui leur donnent une valeur ajoutée, telles que :

- l'étiquetage et le marquage ;
- l'emballage et le remballage ;
- la mise à l'essai et, conséquemment, la mise à l'écart des marchandises défectueuses ;
- la dilution, le découpage, le fendage, le rognage et le limage ;
- le démontage, le remontage (si elles ont été démontées pour l'emballage), la manutention et le transport.

> **Entrepôt de stockage**
> Entrepôt douanier privé ou public où les marchandises destinées à l'exportation sont gardées à plus long terme (en général un maximum de quatre ans), l'importateur bénéficiant alors d'un report intégral des droits à payer.

LES DÉPÔTS DE DOUANE

Comme nous l'avons indiqué, des marchandises importées peuvent être stockées dans un entrepôt d'attente pour une période maximale de 40 jours. Une fois ce délai expiré, si un importateur n'a pas récupéré ses marchandises, l'ASFC les transportera,

---

43. Pour en savoir plus sur les entrepôts de stockage, on pourra consulter le *Mémorandum D7-4-4*, « Entrepôts de stockage des douanes » de l'ASFC, 25 février 2002, [www.cbsa-asfc.gc.ca/publications/dm-md/d7/d7-4-4-fra.pdf], (4 mars 2009).
44. Voir la section intitulée « Le Programme de report des droits de douane », p. 269.

Dépôt de douane
Entrepôt douanier où les marchandises saisies, confisquées ou non réclamées sont retenues jusqu'à leur dédouanement ou leur disposition par Revenu Canada.

aux frais de l'importateur, dans un **dépôt de douane**. Elle fera alors parvenir à l'importateur le formulaire E44 pour l'aviser que, si les marchandises ne sont pas officiellement dédouanées et déclarées en détail, ou exportées, dans les 30 jours suivant la réception du formulaire, elle les confisquera au profit du gouvernement fédéral.

Dans ce cas, l'importateur perd ses marchandises, mais il doit aussi assumer tous les frais que l'ASFC engage, notamment si elle doit se débarrasser des marchandises autrement que par leur vente. Pour plus de détails sur les lieux de garde et les procédures de saisie, on consultera le *Mémorandum D4-1-5* de l'ASFC « Règlement sur l'entreposage des marchandises[45] ».

XI. LA PROCÉDURE D'EXPORTATION

Conformément aux articles 95 à 97 de la *Loi sur les Douanes*[46], les entreprises sont tenues de déclarer à l'État les marchandises qu'elles exportent. Les données recueillies permettent à l'ASFC d'effectuer les tâches suivantes :

- Contrôler l'exportation de marchandises stratégiques et dangereuses, ainsi que de toute autre marchandise réglementée ;
- Recueillir des renseignements exacts sur les exportations canadiennes ;
- Contrôler la sortie des marchandises en transit au Canada.

Certaines marchandises destinées à l'exportation à partir du Canada sont contrôlées, alors que d'autres ne le sont pas, suivant les exigences de divers ministères. Pour savoir quelles marchandises sont contrôlées, prohibées ou réglementées et si elles nécessitent l'obtention d'une licence, on pourra consulter les Mémorandums D19 de l'ASFC, sur les lois et règlements des autres ministères[47].

L'exportateur doit remplir une déclaration d'exportation *avant d'exporter* des marchandises *non contrôlées* si les deux conditions suivantes sont remplies :

- La valeur s'élève à 2 000 CAD ou plus ;
- La destination finale est autre que les États-Unis, Puerto Rico ou les Îles Vierges américaines, peu importe que les marchandises soient expédiées à l'étranger directement ou qu'elles passent par les États-Unis.

Dans les autres cas de marchandises *non contrôlées*, il n'est pas nécessaire de remplir une déclaration d'exportation lorsque :

- Les marchandises sont destinées à la consommation aux États-Unis ;
- Des marchandises étrangères sous douane se trouvent en transit au Canada en vue d'être exportées à l'étranger.

---

45. *Op. cit.*
46. Tiré et adapté du ministère de la Justice du Canada, « Partie V. Exportation », *Loi sur les douanes*, 2 mars 2009, [www.lois.justice.gc.ca/fr/showdoc/cs/C-52.6/bo-ga:l_V//fr], (4 mars 2009).
47. ASFC, *Mémorandums D19 – Lois et règlements des autres ministères*, 24 février 2009, [www.cbsa-asfc.gc.ca/publications/dm-md/d19-fra.html], (4 mars 2009).

En vertu d'un accord avec les États-Unis, le gouvernement du Canada obtient des renseignements sur les exportations de marchandises destinées à la mise en marché aux États-Unis directement à partir des données sur les importations américaines. Pour cette raison, il n'est pas nécessaire de préparer une déclaration d'exportation pour les marchandises exportées vers les États-Unis, Puerto Rico ou les Îles Vierges américaines.

Par contre, pour exporter des marchandises *contrôlées, réglementées ou prohibées*, un exportateur devra produire le permis, le certificat ou la licence requis *avant* de les expédier, quelles que soient leur valeur ou leur destination. Quiconque contrevient à cette règle commet une infraction et s'expose, par procédure sommaire, à une amende maximale de 25 000 CAD et à une peine d'emprisonnement maximale de 12 mois.

Le tableau 6.7 résume les diverses déclarations requises pour pouvoir exporter des marchandises.

Tableau 6.7

Les documents requis pour l'exportation de marchandises		
Type de marchandise	**Vers les États-Unis (incluant Puerto Rico et les Îles Vierges américaines)**	**Vers toutes les autres destinations (incluant les marchandises transitant par les États-Unis)**
Marchandises contrôlées, réglementées ou prohibées	• Permis, certificat ou licence • Documents exigés par d'autres ministères (s'il y a lieu)	• Déclaration d'exportation • Permis, certificat ou licence • Documents exigés par d'autres ministères (s'il y a lieu)
Marchandises non contrôlées, non réglementées ou non prohibées		• Déclaration d'exportation (pour les marchandises commerciales évaluées à 2 000 CAD ou plus).

Trois méthodes de déclaration des exportations s'offrent aux exportateurs:

• le formulaire B13A – Déclaration d'exportation;
• la Déclaration d'exportation canadienne automatisée;
• la Déclaration sommaire.

Le code des marchandises exportées à inscrire sur les formulaires comporte huit chiffres, soit le numéro international à six chiffres du système harmonisé, auquel, comme nous l'avons vu, le Canada ajoute deux chiffres. On trouve facilement ce code sur le site de Statistique Canada[48]. Attention! le code d'une marchandise exportée ne correspond pas exactement à celui de la même marchandise importée. Par exemple, le couscous exporté a le numéro tarifaire 1902.40.00, tandis que celui qui est importé a les numéros 1902.40.10.00 pour les paquets pesant jusqu'à 11,34 kg et 1902.40.20.00 pour les paquets dépassant 11,34 kg.

---

48. Statistique Canada, *Choisir le produit*, *op. cit.*

Notons qu'au Canada les exportateurs sont tenus de conserver leurs registres, qu'ils soient sur papier ou sous forme électronique, pour une période de six ans suivant l'expédition des marchandises.

LE FORMULAIRE B13A – DÉCLARATION D'EXPORTATION

Avant d'exporter quelque marchandise que ce soit, l'exportateur remplit une Déclaration d'exportation (voir le Compagnon Web) qui doit être remise à l'AFSC. L'exportateur est entièrement responsable de la déclaration des marchandises destinées à l'exportation. Il doit remettre le formulaire B13A au transporteur de ses marchandises qui, lui, le présente au bureau de douane correspondant au point de sortie canadien. Dans le cas des expéditions par la poste, l'exportateur doit présenter le formulaire B13A dûment rempli au bureau de poste à partir duquel les marchandises sont exportées.

LA DÉCLARATION D'EXPORTATION CANADIENNE AUTOMATISÉE (DÉCA)

Utilisant la voie électronique, la déclaration d'exportation canadienne automatisée (DECA)[49] permet aux entreprises de déclarer leurs exportations de manière directe et rapide. Toute personne ayant l'équipement informatique approprié peut profiter de ce programme et de son logiciel gratuit. Convivial, le logiciel DECA permet donc de remplir en ligne le formulaire B13A de l'ASFC et de le transmettre par Internet. Assorti d'un système de recherche des codes de marchandises prévus par le SH, d'un logiciel d'encodage, d'écrans mémorisables et d'un système d'aide en direct, il peut être utilisé en réseau ou dans un environnement mono-utilisateur.

Si un exportateur décide d'utiliser la DECA pour déclarer des marchandises contrôlées, restreintes ou prohibées, il doit également présenter à l'ASFC le formulaire B13A dûment rempli sur papier. Il devra enfin fournir la licence, le certificat ou le permis requis, à moins qu'il n'ait obtenu une exemption de l'ASFC.

LA DÉCLARATION SOMMAIRE

Le Programme de déclaration sommaire des exportations permet aux exportateurs de marchandises à faible risque qui satisfont à certains critères précis, de résumer, en une seule déclaration mensuelle, les données douanières requises. Cette façon de procéder réduit les formalités administratives pour les exportateurs, tout en assurant l'intégrité des données nécessaires pour les statistiques de la balance commerciale.

Les critères qui permettent de participer à ce programme sont les suivants :

- La valeur totale des expéditions mensuelles est supérieure à un million de dollars.
- Au moins la moitié des marchandises exportées au cours d'un mois donné portent le même numéro de classement tarifaire ;
- Les marchandises sont exportées à partir du même point d'origine vers la même destination ;

---

49. Tiré et adapté de Statistique Canada, *Survol*, 15 décembre 2008, [www.statcan.ca/francais/exports/overview•f.htm], (4 mars 2009).

XII. LE PROGRAMME DE REPORT DES DROITS DE DOUANE[50]

Le Programme de **report des droits** de douane a été conçu pour permettre, dans certaines circonstances, aux importateurs, aux fabricants et aux exportateurs de bénéficier d'une **exonération des droits** de douane ou de taxes relatifs aux marchandises importées, ou d'en reporter le paiement. Il comprend les trois volets suivants, chacun ayant ses buts et avantages :

- le programme des entrepôts de stockage ;
- le programme d'exonération des droits ;
- le programme de *drawback*.

LE PROGRAMME DES ENTREPÔTS DE STOCKAGE

Nous avons déjà parlé du Programme des entrepôts de stockage, qui permet aux importateurs de reporter le paiement de tous les droits relatifs aux marchandises qu'ils ont importées, jusqu'à ce qu'elles entrent officiellement sur le marché canadien de consommation. En attendant, les marchandises ne sont pas dédouanées, demeurant sous le contrôle des douanes.

LE PROGRAMME D'EXONÉRATION DES DROITS

Le Programme d'exonération des droits exempte les importateurs du paiement des droits relatifs aux marchandises importées qui seront éventuellement exportées soit dans le même état, soit après avoir été transformées ou encore utilisées, consommées ou absorbées dans la fabrication d'autres marchandises. Contrairement à celles du programme précédent, ces marchandises doivent être déclarées en détail et recevoir la mainlevée des douanes[51]. Ce volet du Programme de report des droits de douane rend possible la « fabrication en douane » pour le marché d'exportation. Autrement dit, en exonérant de droits les matières premières importées par l'industrie de transformation de produits, ce programme permet la revente de ces mêmes produits une fois qu'ils seront transformés et qu'ils auront ainsi acquis une valeur plus élevée. En effet, si les compagnies œuvrant dans le domaine de la transformation de produits ne bénéficiaient d'aucune exemption de droits, les frais de douanes de leur matière première hypothéqueraient indubitablement la rentabilité de leur projet, se procurer la matière première devenant trop onéreux.

OBJECTIF 11

Comprendre les modalités du Programme de report des droits de douane.

Report des droits
Remise à plus tard du paiement de droits de douane sur des marchandises importées non dédouanées et gardées dans des entrepôts de stockage douaniers.

Exonération des droits
Exemption de droits de douane sur des marchandises importées destinées à l'exportation.

---

50. Tiré et adapté de l'ASFC, *Programme de report des droits*, 2 février 2004, [www.asfc.gc.ca/import/ddr-red/menu-fra.html], (4 mars 2009).
51. Pour en savoir plus sur le programme d'exonération de droits, on pourra consulter la page *Importez sans payer de droits* de l'ASFC, 2 février 2004, [www.asfc.gc.ca/import/ddr-red/tab1-fra.html], (4 mars 2009).

LE PROGRAMME DE *DRAWBACK*

Remboursement de droits
Remboursement total ou partiel des droits ou taxes d'importation, lorsque les biens importés sont réexportés ou incorporés dans d'autres produits destinés à l'exportation, ou encore deviennent désuets ou en excédent.

Enfin, le Programme de *drawback* permet aux importateurs de recevoir le **remboursement de droits** qui ont été payés au moment de l'importation, et ce, pour les marchandises admissibles au Programme d'exonération des droits. La demande de remboursement peut être faite seulement *après que les marchandises ont été exportées*[52].

Les entreprises canadiennes peuvent bénéficier d'un remboursement de douane à l'importation, à l'exception de la TPS, pour les marchandises décrites ci-après.

- *Les marchandises importées qui sont transformées et exportées, et les marchandises importées entrant dans la fabrication de produits exportés.* Le fabricant ou l'exportateur pourra demander un remboursement de douane pourvu que les produits finis n'aient pas été utilisés ou endommagés avant leur exportation. Il devra produire sa demande dans les quatre ans suivant la date du paiement des droits.

- *Les marchandises importées qui sont exportées sans transformation.* L'exportateur doit présenter sa demande dans les quatre ans suivant la date du paiement des droits. L'ASFC considère que des marchandises se trouvent en état d'exportation lorsqu'elles sont placées dans un entrepôt de stockage ou mises en vente dans une boutique hors taxe.

Pour les deux types de marchandises que nous venons de décrire, l'exportateur devra présenter un formulaire K32 de demande de *drawback* (voir l'annexe dans le Compagnon Web) à un bureau de douane[53].

- *Les marchandises désuètes ou excédentaires détruites.* L'importateur pourra demander un remboursement de douane pour des marchandises surannées ou excédentaires, pourvu qu'elles n'aient pas été utilisées ou endommagées. Aussi, il doit détruire celles-ci au Canada, sous la surveillance de l'ASFC. En vertu du *Mémorandum D7-2-3 : Marchandises surannées ou excédentaires*[54], les entreprises disposent de cinq ans à partir de la date du paiement des droits pour présenter une telle demande de *drawback*.

XIII. LE RÉGIME DE SANCTIONS ADMINISTRATIVES PÉCUNIAIRES

Le Régime de sanctions administratives pécuniaires (RSAP) vise à améliorer l'observation de la législation douanière. Il prévoit des pénalités au civil pour les infractions à la *Loi sur les douanes*, au *Tarif des douanes* et aux règlements connexes.

---

52. Tiré et adapté de l'ASFC, *Demande de drawback pour les marchandises exportées*, 2 février 2004, [www.cbsa-asfc.gc.ca/import/ddr-red/tab2-fra.html], (4 mars 2009).
53. Pour en savoir plus sur le Programme de *drawback* dans ces deux cas, on pourra consulter le *Mémorandum D7-4-2 : Programme de drawback* de l'AFSC, 31 janvier 1996, [www.asfc.gc.ca/publications/dm-md/d7/d7-4-2-fra.pdf], (4 mars 2009).
54. ASFC, *Mémorandum D7-2-3 : Marchandises surannées ou excédentaires*, 8 juin 1999, [www.asfc.gc.ca/publications/dm-md/d7/d7-2-3-doc-fra.html], (4 mars 2009).

Les sanctions devraient permettre d'éliminer l'avantage concurrentiel dont disposent les importateurs et les exportateurs qui ne respectent pas les règlements par opposition à ceux qui tâchent de les observer.

Afin d'encourager l'observation de la loi, l'ASFC a pour politique de ne pas imposer de pénalités quand une entreprise divulgue volontairement les infractions qu'elle a commises et les rectifie. Toutefois, les sanctions s'appliqueront lorsqu'une entreprise manque de rigueur et de diligence dans ses affaires avec les douanes ou quand elle révèle ses infractions au cours d'une vérification aux douanes.

Afin de protéger la santé et la sécurité des Canadiens, l'ASFC punira les infractions mettant en cause des marchandises réglementées, prohibées ou soumises à un contrôle, au moyen de mesures allant des pénalités prévues par le RSAP[55] à des poursuites judiciaires.

LE FONCTIONNEMENT DU RÉGIME DE SANCTIONS PROGRESSIVES

Notons que les sanctions sont progressives, c'est-à-dire qu'elles sont fonction de la fréquence et de la gravité des antécédents. Chaque fois qu'une pénalité est imposée à un négociant, l'information est inscrite dans un dossier où s'accumulent toutes ses infractions. Ainsi, les entreprises récalcitrantes peuvent s'attendre à être surveillées par des agents de l'ASFC : elles pourront devoir rencontrer des agents pour déterminer les mesures correctives nécessaires ; les marchandises qu'elles importent ou exportent pourront faire l'objet d'un nombre accru d'examens à la frontière ; leurs livres et registres pourront être vérifiés plus souvent.

Enfin, précisons que les pénalités du RSAP s'appliquent en fonction du numéro d'identification que l'ASFC attribue à chaque négociant, c'est-à-dire en fonction du numéro d'entreprise (NE), de son code de transporteur ou de son code de bureau secondaire. De la sorte, si une entreprise possède plusieurs filiales, chacune disposant d'un numéro d'identification distinct, les antécédents en matière d'inobservation de l'une des filiales ne nuiront pas aux activités des autres.

XIV. LA SÉCURISATION DES FRONTIÈRES

Dans la foulée des événements du 11 septembre 2001, les gouvernements canadien et américain ont convenu de mesures qui rendent la frontière entre les deux pays plus sécuritaire. Afin de ne pas ralentir le trafic douanier, ils ont implanté des programmes qui font en sorte que les marchandises qu'importent ou exportent les entreprises ne présentant pas de risques sur le plan de la sécurité franchissent plus rapidement les douanes. À l'inverse, la quantité de vérifications et d'examens des marchandises appartenant à des entreprises qui, selon l'un ou l'autre gouvernement, présentent des risques pour la sécurité intérieure a augmenté.

---

55. Pour en savoir plus sur le RSAP, consulter le *Mémorandum D22-1-1 : Régime de sanctions administratives pécuniaires* de l'AFSC, 16 juin 2003, [www.cbsa-asfc.gc.ca/publications/dm-md/d22/d22-1-1-fra.pdf], (4 mars 2009).

LE PROGRAMME PARTENAIRES EN PROTECTION

Le programme *Partenaires en protection* (PEP)[56] a été conçu afin d'amener le secteur privé à participer aux efforts d'amélioration de la sécurité frontalière, de lutte contre le crime organisé et le terrorisme, de sensibilisation aux questions d'observation des règles douanières et de détection de contrebande.

Les entreprises qui souhaitent participer à ce programme doivent fournir une autoévaluation en répondant à un questionnaire portant sur leurs systèmes de sécurité. Cette autoévaluation permet à l'ASFC de déterminer les éventuelles lacunes propres aux processus d'import-export de chaque entreprise et de l'aider à y remédier, afin de réduire le plus possible la menace d'activités illégales.

Les entreprises dont l'attitude témoigne d'une volonté ferme de mener leurs activités en contribuant à la protection de la société canadienne seront acceptées au sein du PEP et seront admissibles au Programme d'expéditions rapides et sécuritaires (EXPRES, mieux connu sous son sigle anglais FAST), qui simplifie et accélère leurs envois commerciaux transfrontaliers[57].

Le Canada et ses partenaires commerciaux

LE CHILI

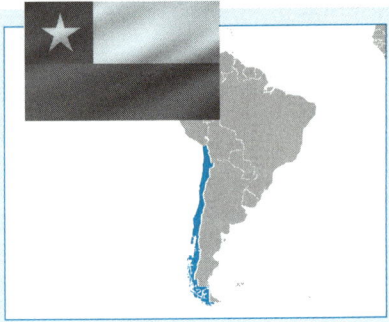

Le Chili et le Canada jouissent maintenant d'une relation économique solidement ancrée qui continue à croître de façon exponentielle. L'élément catalyseur de ces échanges réciproques de haut niveau remonte à la conclusion de l'Accord de libre-échange Canada-Chili (ALECC), qui est entré en vigueur en juillet 1997. Depuis l'entrée en vigueur de l'ALECC, les échanges de marchandises entre les deux pays ont augmenté de 226 %, passant de 718 millions de CAD en 1997 à 2,34 milliards de CAD en 2006. Cet accord a aussi éliminé tous les droits de douane touchant au sel, d'où une croissance marquée des exportations du sel chilien.

L'entrée en vigueur de l' ALECC marquait aussi l'avènement du premier partenariat commercial du Canada en dehors de l'ALENA et du premier partenariat commercial du Chili avec un pays du G-8. Comme nous pouvons voir dans les deux tableaux qui suivent, les principales exportations du Canada au Chili concernent des machines, des équipements et des combustibles minéraux; alors que les principales exportations du Chili au Canada sont le minerai de cuivre, les fruits, l'or et le vin. Les exportations du Chili au Canada en 2008 se sont chiffrées à quelque 1,79 milliard de USD, alors que le pays importait des produits canadiens pour une valeur

56. Tiré et adapté de l'ASFC, *Partenaires en protection*, 24 décembre 2008, [www.cbsa-asfc.gc.ca/security-securite/pip-pep/menu-fra.html], (4 mars 2009).

57. Pour en savoir plus sur ce programme, consulter l'ASFC, *Expéditions rapides et sécuritaires* », 4 février 2009, [www.cbsa-asfc.gc.ca/prog/fast-expres/menu-fra.html], (4 mars 2009).

de 769 millions. Le Canada constitue par ailleurs la troisième source principale d'investissement direct à l'étranger (IDE) au Chili (12 milliards de CAD).

Un certain nombre de lois sont également entrés en vigueur depuis 1997. L'ALECC s'est depuis élargi par l'établissement de nombreux protocoles d'entente conclus de manière à accorder aux banques et aux courtiers chiliens le même genre d'accès au Canada que celui offert aux entreprises des États-Unis. Les deux pays ont également signé un accord sur le transport aérien, permettant à une ligne aérienne de chacun des pays d'organiser des vols vers l'autre sans aucune obligation de programmation ni droit à verser. L'instrument de l'ALECC original était par ailleurs assorti de deux autres accords, l'un sur le travail, afin d'assurer le plus haut respect des droits des travailleurs dans les deux pays, et l'autre sur l'environnement, en vue de promouvoir la prévention de la pollution ainsi que des mesures économiques, rentables et écologiques en la matière.

Les tableaux 6.8 et 6.9 donnent un aperçu du commerce international entre le Canada et le Chili pour les dernières années.

Source : Tiré et adapté de l'ambassade du Chili au Canada, mars 2009, [www.chile.ca/fr/?q=node/18], (3 mars 2009).

Tableau 6.8

Les importations canadiennes du Chili par type de produit, en milliers de CAD	2006	2007	2008
Cuivre non affiné et anodes en cuivre pour affinage électrolytique	637 913	671 591	642 997
Raisins frais	139 532	136 084	152 658
Méthanol (alcool méthylique)	67 189	63 790	90 468
Déchets et débris d'or	2 900	12 896	77 653
Vins et moûts de raisins en récipients de 2 litres ou moins	61 363	71 065	77 454
Minerais de cuivre et leurs concentrés	176 911	n.d.	76 530
Filets et autre chair de poissons, hachés ou non, frais ou réfrigérés	n.d.	59 010	65 285
Argent sous formes mi-ouvrées	n.d.	13 424	57 075
Pneumatiques neufs et caoutchouc pour voitures de tourisme et de course	2 188	29 674	38 280
Airelles, myrtilles et autres fruits frais (genre *vaccinium*)	17 081	19 972	29 878
Total partiel	**1 105 077**	**1 077 506**	**1 308 278**
Autres produits	748 076	548 744	486 513
Total	**1 853 153**	**1 686 250**	**1 793 791**

Source : Tiré et adapté d'Industrie Canada, *Données sur le commerce en direct*, Importations totales canadiennes du Chili, (10 premiers produits), (codes SH6), s.d., [www.ic.gc.ca/epic/site/tdo-dcd.nsf/fr/accueil], (rapport généré le 3 mars 2009).

Tableau 6.9

**Les exportations canadiennes vers le Chili
par type de produit, en milliers de CAD**

	2006	2007	2008
Houille bitumineuse même pulvérisée, mais non agglomérée	54 687	52 461	94 472
Méteil	16 842	22 793	73 033
Soufres de toute espèce	4 047	8 921	49 255
Huiles de pétrole ou de minéraux bitumineux, non brutes autres que des huiles légères	34 961	197 171	32 631
Barres en autres aciers alliés, laminées ou filées à chaud	8	276	19 284
Parties de machines de sondage ou de forage des sols autopropulsées ou non	9 096	10 726	16 762
Parties de machines pour le traitement des pierres, minerais et autres matières minérales solides	9 176	7 023	15 599
Polyéthylène d'une densité de 0,94 ou plus	n.d.	3 981	14 321
Plaques, feuilles, pellicules, bandes et lames non alvéolaires de PVC ou contenant plus 5 % de plastifiants	1 853	7 055	12 261
Lentilles sèches ou écossées	6 705	10 867	11 616
Total partiel	**137 375**	**321 274**	**339 234**
Autres produits	335 575	446 461	376 223
Total	**472 950**	**768 735**	**715 457**

Source : Tiré et adapté d'Industrie Canada, *Données sur le commerce en direct*, Exportations canadiennes totales vers le Chili, (10 premiers produits), (codes SH6), s.d., [www.ic.gc.ca/epic/site/tdo-dcd.nsf/fr/accueil], (rapport généré le 3 mars 2009).

Données sur le Chili

Données géographiques

Nom officiel :	Chili
Superficie :	756 950 km^2
Population :	16,45 millions d'habitants
Capitale :	Santiago
Villes principales :	Valparaiso, La Serena, Talcahuano
Langue(s) :	Espagnol
Monnaie :	Peso Chilien (1 CLP = 0,00212 CAD, 1 CAD = 472,342 CLP)
Fête nationale :	Le 18 septembre, fête de l'indépendance

Données démographiques

Croissance démographique :	0,905 % par an
Espérance de vie :	73,88 ans pour les hommes, 80,59 ans pour les femmes en 2008
Taux d'alphabétisation :	95,7 %
Religion(s) :	Catholique 70 %, évangélique 15,1 %, témoins de Jéhovah 1,1 %
Indice de développement humain (classement ONU) :	0,874 (40e rang mondial sur 177)

Données économiques

PIB (2008):	181,5 milliards de USD
PIB par habitant:	15 400 milliards USD
Taux de croissance:	4 %
Taux de chômage:	7,5 %
Taux d'inflation:	8,8 %
Solde budgétaire:	8,8 milliards de USD
Balance commerciale:	Exportations: 69,1 milliards de USD Importations: ⁻59,17 milliards de USD Solde: 9,9 milliards de USD
Principaux clients:	Chine (14,8 %), États-Unis (12,5 %), Japon (10,5 %), Pays-Bas (5,8 %) Corée du Sud (5,7 %), Italie (5,1 %), Brésil (5 %)
Principaux fournisseurs:	États-Unis (16,7 %), Chine (11,2 %), Brésil (10,3 %), Argentine (9,9 %)
Exportations du Canada vers le Chili (2007):	768,8 millions de CAD; 0,0017 % des exportations mondiales
Importations canadiennes du Chili (2007):	1,686 milliards de CAD; 0,00414 % des importations mondiales

RÉSUMÉ

Les douanes jouent un rôle essentiel dans les opérations de commerce international. En effet, l'ASFC a pour mandat d'assurer le respect des lois en ce qui concerne la circulation et la tarification de la marchandise ainsi que la sécurité des échanges extérieurs. Pour bénéficier des avantages douaniers et accroître leur présence sur la scène internationale, les entreprises ont intérêt à bien connaître les diverses réglementations douanières, les services douaniers et les procédures de dédouanement.

Les procédures de dédouanement consistent à enregistrer les marchandises à un bureau de douane et à leur attribuer un numéro tarifaire suivant le système harmonisé. Seules les personnes suivantes peuvent dédouaner les marchandises:

- le propriétaire des marchandises;
- le courtier en douane qui est mandaté par son client;
- le transporteur cautionné.

Le dédouanement à l'importation se traduit par une déclaration sommaire des marchandises (le résumé de contrôle douanier du fret A10), le déchargement, la prise en charge par les agents de l'ASFC (et l'entreposage, s'il y a lieu), une déclaration détaillée (la formule de codage B3) et la mainlevée.

Dans le cas des exportations, la déclaration des marchandises (le formulaire B13A) doit être déposée au bureau des douanes ou dans les lieux désignés par l'ASFC, et ce, dès l'arrivée des marchandises. Cette déclaration peut être détaillée ou simplifiée.

Le Programme de report des droits de douane prévoit le report de droits de douane pour des marchandises en entrepôt ainsi que, dans des cas précis, l'exonération et le remboursement de douane.

MOTS CLÉS

Français	Anglais
Certificat d'origine (p. 252)	Certificate of origin
Certificat d'utilisation ultime (p. 259)	End-use certificate
Classification tarifaire (p. 236)	Customs classification
Commonwealth (p. 244)	Commonwealth
Contingent (p. 235)	Quota
Courtier en douane (p. 233)	Customs broker
Déclaration d'origine (p. 252)	Declaration of origin
Dédouanement (p. 231)	Clearance
Dépôt de douane (p. 266)	Queen's warehouse
Droits antidumping et compensateurs (p. 229)	Antidumping and countervailing duty
Dumping (p. 229)	Dumping
Échange de données informatisées (EDI) (p. 260)	Electronic data interchange (EDI)
Entrepôt d'attente (p. 264)	Sufferance warehouse
Entrepôt de stockage (p. 265)	Bonded warehouse
Exonération des droits (p. 269)	Exemption from duties
Formule de codage B3 (p. 261)	Canada Customs Coding Form
Importateur officiel (attitré) (p. 232)	Importer of record
Licence d'importation ou d'exportation (p. 230)	Import or export licence
Mainlevée (p. 232)	Customs release
Organisation mondiale des douanes (OMD) (p. 238)	World Customs Organization (WCO)
Règle d'origine (p. 249)	Rules of origin
Remboursement de droits (p. 270)	Drawback
Report des droits (p. 269)	Duty deferral
Résumé de contrôle douanier du fret (A10) (p. 271)	Customs cargo control abstract
Système harmonisé de désignation et de codification des marchandises (système harmonisé [SH]) (p. 238)	Harmonized Commodity Description and Coding System (Harmonized System [HS])

Français	Anglais
Tarif des douanes (p. 242)	Customs Tariff
Taxe d'accise (p. 229)	Excise tax
Transporteur cautionné (p. 232)	Bonded carrier
Tribunal canadien du commerce extérieur (TCCE) (p. 237)	Canadian International Trade Tribunal
Valeur en douane (p. 254)	Value for duty
Valeur transactionnelle (p. 254)	Transaction value

VÉRIFIEZ VOS CONNAISSANCES

Questions à choix de réponses

1. Quelle est la signification de l'acronyme ALENA ?
   a) Accès libre aux échanges nord-américains
   b) Accord sur la liberté des États nord-américains
   c) Accord de libre-échange nord-américain
   d) Autorisation libre aux États non admissibles

2. Parmi ces affirmations, laquelle n'est pas une fonction du certificat d'origine ?
   a) Dédouaner la marchandise à la frontière
   b) Déterminer l'origine de la marchandise
   c) Faire connaître ou éliminer le tarif de douane applicable
   d) Promouvoir l'économie nord-américaine

3. Qu'est-ce que la valeur régionale ?
   a) La valeur des composantes de l'ALENA dans un produit
   b) Le calcul du pourcentage de matière de l'ALENA dans un produit
   c) Le prix de vente de la marchandise
   d) Le coût d'achat d'une matière première

4. De combien de chiffres est composé le code du système harmonisé au niveau international ?
   a) 6   b) 10   c) 4   d) 8

5. Qu'elle est la signification de l'abréviation TPG ?
   a) Tarif préférentiel général
   b) Taux de produit général
   c) Traitement préférentiel général
   d) Traitement de produits général

6. Quelle est la fonction principale de la facture commerciale ?

a) Décrire le contenu d'un envoi

b) Certifier l'origine d'un envoi

c) Permettre à l'exportateur d'être payé

d) Faire la déclaration d'exportation pour le gouvernement canadien

7. Une entreprise québécoise achète des marchandises provenant de Belgique. Les marchandises ne sont pas dédouanées à leur arrivée à l'aéroport Pierre-Elliott Trudeau et, après avoir été stockées pendant 40 jours, l'Agence des services frontaliers canadiens (ASFC) les achemine dans un entrepôt. De quel type d'entrepôt s'agit-il ?

a) Le dépôt de douane

b) L'entrepôt d'attente

c) L'entrepôt de stockage

d) Le dépôt de marchandises désuètes à détruire

8. La compagnie québécoise Jejouavec lefeu inc. a signé un contrat pour l'exportation d'armes militaires d'une valeur de 12 895 USD en Indonésie. Comme les armes sont des marchandises contrôlées par l'ASFC, l'entreprise doit soumettre deux documents au bureau des douanes canadiennes avant l'exportation de ses armes. Quels sont ces documents ?

a) La déclaration d'exportation et la licence d'exportation

b) La formule de codage B3 et la déclaration d'exportation

c) La licence d'exportation et le document de contrôle du fret

d) Le *Mémorandum D1-4-1* et la formule de codage B3

9. Afin de déterminer la valeur en douane des marchandises importées, les entreprises canadiennes doivent utiliser l'une des six méthodes présentées dans la *Loi sur les douanes*. Quelle est la base d'appréciation principale des marchandises ?

a) La méthode de la valeur transactionnelle

b) La méthode de la valeur reconstituée

c) La méthode de la valeur de référence

d) La méthode de la valeur transactionnelle de marchandises semblables

10. Le classement tarifaire selon le système harmonisé (SH) est un code composé de dix chiffres qui fournissent des détails et une certaine définition des produits. Cet ensemble de chiffres suit un ordre qui comporte cinq niveaux. Parmi les choix suivants, quel est le bon ordre des niveaux ?

a) Chapitre, position, sous-position, numéro tarifaire et numéro de classement

b) Position, sous-position, chapitre, numéro de classement et numéro tarifaire

c) Numéro de classement, chapitre, position, sous-position et numéro tarifaire

d) Chapitre, numéro tarifaire, position, sous-position et numéro de classement

Questions à court développement

11. Dans quelles conditions peut-on demander un report des droits de douane (*drawback*)?

12. Que sont les *Mémorandums D*?

13. Donnez un exemple de dumping.

14. Que se passe-t-il en cas de déclaration erronée?

15. Comment se nomme la loi qui donne le droit au gouvernement de prélever des droits antidumping et compensateurs?

16. Lorsqu'une entreprise canadienne importe des marchandises, elle doit remplir certains documents à l'intention de l'Agence des services frontaliers canadiens (ASFC). Quel est le nom du document qui est utilisé pour déclarer en détail les marchandises importées?

17. Comment se nomme l'acte par lequel l'ASFC autorise l'entrée de marchandises au pays, après l'accomplissement des formalités et obligations douanières par l'importateur?

Recherches Internet

18. Déterminez quel est le numéro de classement des produits suivants en fonction du système harmonisé (SH) et quels tarifs douaniers s'appliquent d'après le tarif de la nation la plus favorisée.

a) Thé noir fermenté non décaféiné en sachets individuels

b) Langoustes (*palinurus spp*) vivantes non congelées

c) Lampes halogènes de 60 watts à usage résidentiel

d) Pièces de monnaie de collection en or

e) Cuisses de poulet congelées

f) Cigares cubains fabriqués à la main

g) Guitare électrique

h) Diamants d'un carat non montés sur un bijou

i) Caviar

j) Huile d'olive vierge en boîtes de 3 litres

Sites Internet à consulter:

www.cbsa-asfc.gc.ca/trade-commerce/tariff-tarif/menu-fra.html (cliquez sur Tarif des douanes le plus récent)

www.cbsa-asfc.gc.ca/trade-commerce/tariff-tarif/2009/01-99/countries-pays-fra.pdf

www.statcan.gc.ca/trade/scripts/trade_search.cgi/ %3bf_

www.apectariff.org/tdb.cgi/ff3235/apecmain.html

19. Quel est le montant en douanes que vous devrez débourser lors de l'importation des produits suivants :

a) Thé noir fermenté non décaféiné en sachets individuels en provenance de la Chine d'une valeur 15 000 CAD

b) 700 kg de langoustes (*palinurus spp*) vivantes non congelées provenant de l'Australie d'une valeur de 9 000 CAD

c) Lampes halogènes de 60 watts à usage résidentiel de la Corée du Sud d'une valeur de 45 000 CAD

d) Pièces de monnaie de collection en or de l'Afrique du Sud d'une valeur de 35 000 CAD

e) Huile d'olive vierge en boîtes de 3 litres provenant de l'Italie d'une valeur de 12 000 CAD

Sites Internet à consulter :

www.cbsa-asfc.gc.ca/trade-commerce/tariff-tarif/menu-fra.html (cliquez sur Tarif des douanes le plus récent)

www.cbsa-asfc.gc.ca/trade-commerce/tariff-tarif/2009/01-99/countries-pays-fra.pdf

www.statcan.gc.ca/trade/scripts/trade_search.cgi/ %3bf_

www.apectariff.org/tdb.cgi/ff3235/apecmain.html

Études de cas

20. À l'aide des informations se trouvant dans les figures 6.2 et 6.3, soit le résumé du processus de contrôle douanier du fret et la facture commerciale liée à une opération d'importation de papier en provenance des États-Unis, remplissez une formule de codage B3 de l'ASFC dont vous trouverez copie sur le Compagnon Web.

Le taux de change est de 1,15 CAD pour 1 USD, le coût de transport est de 250 CAD, la méthode de détermination de la valeur en douanes est la méthode de la valeur transactionnelle, l'acheteur et le vendeur sont liés selon le paragraphe 45 (3) de la *Loi sur les douanes*, les marchandises sont assujetties à une décision provisoire, un paiement comptant de 200 $ en droits provisoires doit avoir lieu, une taxe d'accise de 0,25 $/kg s'applique, et un certificat confirme que la marchandise est originaire des États-Unis.

Figure 6.2

Le résumé de contrôle douanier du fret

Canada Border Services Agency — Agence des services frontaliers du Canada

CUSTOMS CARGO CONTROL ABSTRACT
RÉSUMÉ DE CONTRÔLE DOUANIER DU FRET

U.S. port of exit - Bureau de sortie des É.-U. Détroit (Michigan)	Acquittal No. - N° de l'acquittement
Customs office - Bureau de douane Windsor (Ontario) 454	Carrier code / Code du transporteur — Cargo control No. / N° de contrôle du fret 72F118717901 (12
Consignee name and address - Nom et adresse du destinataire Importateurs ABC ltée 123, nom de la rue Montréal (Québec) N9A 4H8	
Shipper name and address - Nom et adresse de l'expéditeur Entreprises XYZ ltée 456, nom de la rue Houston (Texas) 78161	Carrier code / Code du transporteur: 72F Master cargo control No. / N° de contrôle du fret principal: 118717901 (9)
Waybilled from or point loaded Lieu d'émission du bordereau d'expédition ou point de chargement	Location of goods - Emplacement des marchandises

No. of pieces Nbre de pièces	Description and marks Désignation et marques	Weight Poids	
10 rouleaux	papier	100 kilogrammes chacun	

Name and address of deconsolidator/broker/importer - Nom et adresse du dégroupeur/courtier/importateur

To be delivered to Customs
À remettre à la Douane

A10 (04)
Printed in Canada · Imprimé au Canada

Canada

CUSTOMS CONTROL COPY - EXEMPLAIRE DE CONTRÔLE DOUANIER

Source : ASFC, *Résumé de contrôle du fret,* s.d., [www.asfc.gc.ca/publications/forms-formulaires/a10.pdf (26 mars 2009). Reproduit avec la permission du ministre des Travaux publics et Services gouvernementaux Canada, 2009.

Figure 6.3

La facture des douanes canadiennes

Canada Customs and Revenue Agency	Agence des douanes et du revenu du Canada	**CANADA CUSTOMS INVOICE** **FACTURE DES DOUANES CANADIENNES**	Page 1 of 1 / de 1

1. Vendor (name and address) - Vendeur (nom et adresse)	2. Date of direct shipment to Canada - Date d'expédition directe vers le Canada
Entreprise XYZ Limitée 456, nom de la rue Houston TX 78161	le 2 février 20XX
	3. Other references (include purchaser's order No.) Autres références (inclure le n° de commande de l'acheteur)

4. Consignee (name and address) - Destinataire (nom et adresse)	5. Purchaser's name and address (if other than consignee) Nom et adresse de l'acheteur (s'il diffère du destinataire)
Importateurs ABC Limitée 123, nom de la rue Montréal QC N9A 4H8	même que la zone numéro 4

	6. Country of transhipment - Pays de transbordement
	s/o

	7. Country of origin of goods Pays d'origine des marchandises États-Unis	IF SHIPMENT INCLUDES GOODS OF DIFFERENT ORIGINS ENTER ORIGINS AGAINST ITEMS IN 12. SI L'EXPÉDITION COMPREND DES MARCHANDISES D'ORIGINES DIFFÉRENTES, PRÉCISEZ LEUR PROVENANCE EN 12.

8. Transportation: Give mode and place of direct shipment to Canada Transport : Précisez mode et point d'expédition directe vers le Canada	9. Conditions of sale and terms of payment (i.e. sale, consignment shipment, leased goods, etc.) Conditions de vente et modalités de paiement (p. ex. vente, expédition en consignation, location de marchandises, etc.)
Speedy Express, Houston, Texas	FAB Houston
	10. Currency of settlement - Devises du paiement Dollars des États-Unis

11. Number of packages Nombre de colis	12. Specification of commodities (kind of packages, marks and numbers, general description and characteristics, i.e., grade, quality) Désignation des articles (nature des colis, marques et numéros, description générale et caractéristiques, p. ex. classe, qualité)	13. Quantity (state unit) Quantité (précisez l'unité)	14. Unit price Prix unitaire	15. Total
10 rouleaux	Papier à la main non couché, utilisé pour écriture rouleaux n°s 1-10	1 000 kilogrammes	4 382/ kilogramme	4 382,25

18. If any of fields 1 to 17 are included on an attached commercial invoice, check this box Si tout renseignement relativement aux zones 1 à 17 figure sur une ou des factures commerciales ci-attachées, cochez cette case Commercial Invoice No. / N° de la facture commerciale	☐	16. Total weight - Poids total Net 1 000 kilogrammes Gross - Brut 1 000 kilogrammes	17. Invoice total Total de la facture 4 382,25

19. Exporter's name and address (if other than vendor) Nom et adresse de l'exportateur (s'il diffère du vendeur)	20. Originator (name and address) - Expéditeur d'origine (nom et adresse)

21. CCRA ruling (if applicable) - Décision de l'Agence (s'il y a lieu)	22. If fields 23 to 25 are not applicable, check this box Si les zones 23 à 25 sont sans objet, cochez cette case [X]

23. If included in field 17 indicate amount: Si compris dans le total à la zone 17, précisez :	24. If not included in field 17 indicate amount: Si non compris dans le total à la zone 17, précisez :	25. Check (if applicable): Cochez (s'il y a lieu) :
(i) Transportation charges, expenses and insurance from the place of direct shipment to Canada Les frais de transport, dépenses et assurances à partir du point d'expédition directe vers le Canada	(i) Transportation charges, expenses and insurance to the place of direct shipment to Canada Les frais de transport, dépenses et assurances jusqu'au point d'expédition directe vers le Canada	(i) Royalty payments or subsequent proceeds are paid or payable by the purchaser Des redevances ou produits ont été ou seront versées par l'acheteur ☐
(ii) Costs for construction, erection and assembly incurred after importation into Canada Les coûts de construction, d'érection et d'assemblage après importation au Canada	(ii) Amounts for commissions other than buying commissions Les commissions autres que celles versées pour l'achat	(ii) The purchaser has supplied goods or services for use in the production of these goods L'acheteur a fourni des marchandises ou des services pour la production de ces marchandises ☐
(iii) Export packing Le coût de l'emballage d'exportation	(iii) Export packing Le coût de l'emballage d'exportation	

Dans ce formulaire, toutes les expressions désignant des personnes visent à la fois les hommes et les femmes.

CI1 (00) Printed in Canada - Imprimé au Canada

A466

Source : ASFC, *Douanes Canada – Facture des Douanes canadiennes*, s.d., [www.asfc.gc.ca/publications/forms-formulaires/ci1.pdf] (26 mars 2009). Reproduit avec la permission du ministre des Travaux publics et Services gouvernementaux Canada, 2009.

21. La société Alpha, située à Montréal, souhaite offrir un cadeau à ses meilleurs clients. Pour ce faire, elle importe 300 montres pour hommes de la société suisse Montrex, située à Genève. À l'aide des informations suivantes, déterminez la valeur en douane de ces montres (1 EUR = 1,556 45 CAD).

Calcul du prix de vente	
Matières premières par unité	50 EUR
Main-d'œuvre directe par unité	+ 75 EUR
Autres frais par unité	+ 50 EUR
Total partiel par unité	175 EUR
Quantité 300 montres à 175 EUR chacune	52 500 EUR
Transport Aéroport de Genève – Aéroport Pierre-Elliott-Trudeau	+ 1 500 EUR
Assurance Aéroport de Genève – Aéroport Pierre-Elliott-Trudeau	+ 3 000 EUR
Total	**57 000 EUR**

De plus, la société Alpha doit débourser les montants suivants :

- Une commission de 4 000 CAD est versée à un agent de liaison situé à Montréal.

- Les montres seront présentées dans des boîtiers, que la société Alpha a achetés chez Boîtiers de la Capitale, à Québec, pour 1 200 CAD.

- Il a fallu faire emballer les montres en Suisse pour qu'elles puissent faire le voyage de Genève à Montréal ; il en a coûté 600 CAD.

- La société Alpha souhaitait que son logo apparaisse sur les montres. Pour cette raison, elle a retenu les services d'une entreprise d'impression berlinoise (en Allemagne), ce qui lui a coûté 600 EUR.

- Les coûts de transport et d'assurance pour l'aller-retour des montres entre Genève et l'Allemagne se sont élevés à 1 200 EUR.

- Les conditions d'achat sont de 5/10 n/30 sur le montant de la facture, ce qui exclut l'assurance et le transport de Genève à Montréal. La société Alpha s'est prévalue de ce rabais.

22. Vous travaillez pour Samimporte inc. situé au 342 chemin du Fort, Montréal (Québec) H2L 4M6. L'entreprise vient d'acheter 40 caisses de rouleaux de papier pour caisses enregistreuses de Paperplus Ltd., une entreprise américaine située au 678 Ranchers, Providence, Rhode Island, USA 78681. Le coût des marchandises est de 5 998 USD et n'est pas soumis à une surtaxe ni à tout autre droit. Les marchandises, d'un poids de 1 200 kg, sont expédiées de Providence le 22 avril 2008 par le transporteur routier Speedplus Express. Ce dernier passe le jour même au poste douanier de Lacolle. Le coût du fret est de 280 CAD. Votre tâche consiste à remplir la formule de codage B3 qui devra être remise au bureau des douanes afin de dédouaner les marchandises. Vous disposez des informations additionnelles suivantes :

Le numéro de transaction que l'ASFC vous assigne est le 00000-257001837 et votre numéro d'entreprise est le 987654321SF0002. Le numéro de classement du système harmonisé est le 4802.10.00.00. Au bureau des douanes, on vous dit que les conditions de classement d'un numéro tarifaire du chapitre 99 ne sont pas remplies et que le taux de droits de douane et de taxe d'accise est nul. L'importateur et l'exportateur ne sont pas liés au sens du paragraphe 45 (3) de la *Loi sur les douanes* et le prix payable est sans rectification. Le numéro de contrôle du fret est le 71S250819710. Enfin, en date du 22 avril 2008, 1 USD = 1,2391 CAD.

Vous trouverez des exercices additionnels dans le **Compagnon Web**, à l'adresse **www.erpi.com/jammal.cw.**

CHAPITRE

7

LES **INCOTERMS**

1. Comprendre l'utilité des incoterms dans le commerce international, p. 288.

2. Distinguer les incoterms de vente au départ des incoterms de vente à l'arrivée, p. 290.

3. Différencier les incoterms terrestres, maritimes et multimodaux, p. 290.

4. Connaître les obligations de l'acheteur et du vendeur en vertu de l'incoterm utilisé, p. 292.

5. Pouvoir déterminer l'incoterm qu'il convient de choisir dans une situation donnée, p. 317.

6. Comprendre l'importance des incoterms dans le calcul des coûts de l'exportation, p. 318.

À l'échelle internationale, le vendeur et l'acheteur doivent fixer les responsabilités de chacun, autrement dit s'entendre sur les conditions de vente. Dans le cadre d'opérations complexes de vente et d'achat, les conditions de vente régissant les échanges commerciaux internationaux ne se limitent pas à la livraison : on doit aussi déterminer qui s'occupe du dédouanement, de la documentation, des assurances et de tout un ensemble de facteurs.

Pour s'entendre sur les conditions de vente en évitant les pièges des barrières linguistiques et culturelles, les parties à un contrat peuvent avoir recours à des termes de commerce internationalement connus sous le nom d'**incoterms** (pour *International Commercial Terms*). Ce sont ces incoterms et leurs implications sur le plan commercial que nous allons étudier dans ce chapitre. Nous examinerons les devoirs et les responsabilités qu'ils impartissent au vendeur et à l'acheteur en matière de coûts et de risques. Comme le montre la mise en situation suivante, si les incoterms n'étaient pas utilisés, les transactions commerciales donneraient beaucoup plus souvent lieu à des malentendus susceptibles de dégénérer en conflits.

> **Incoterms (conditions internationales de vente)**
> Termes de commerce international (généralement exprimés par un sigle) définissant le partage des obligations et des responsabilités entre le vendeur et l'acheteur.

MISE EN SITUATION

Un client français commande à un éditeur québécois 150 manuels scolaires, livraison incluse. L'éditeur québécois envoie la marchandise à l'aéroport Charles-de-Gaulle, mais sans la dédouaner. Or, pour l'importateur, la clause « livraison incluse » signifiait « livré au magasin, à Paris ». L'éditeur québécois, lui, avait compris « livré dans le pays de l'importateur ». Évidemment, ni l'un ni l'autre ne veulent payer les frais additionnels de dédouanement et de transport jusqu'à Paris. L'importateur décide de ne pas acquitter la facture, et l'exportateur se retrouve avec de la marchandise non payée dans un autre pays. Que faire ?

Le pétrole et ses légendes

Le pétrole est une huile minérale d'origine fossile dont on tire la majeure partie des combustibles utilisés présentement. Il va sans dire qu'il constitue l'un des piliers de l'économie mondiale ainsi qu'une ressource très importante pour la plupart des industries.

Bien que l'on n'ait exploité le pétrole sur une base industrielle qu'à partir du milieu du XIXe siècle, on l'utilisait déjà depuis l'Antiquité. On le recueillait alors dans des affleurements naturels. Dès 6000 av. J.-C., les Mésopotamiens s'en servaient comme médicament, comme cosmétique, comme combustible destiné à l'éclairage ou comme matériau de calfatage des bateaux. Au Moyen Âge, Byzance et Venise s'en servaient comme arme destinée à couler les navires ennemis en les incendiant.

L'Américain Edwin Drake a été le premier, en 1859, en Pennsylvanie, à forer un puits dans le but précis d'extraire du pétrole. Les États-Unis en ont ainsi produit 274 tonnes. Dès ce moment, s'est amorcée une « ruée vers l'or noir » dans plusieurs régions du monde, dont l'Alberta, la Californie, la Transylvanie, la Pologne et l'Azerbaïdjan. En 1870, l'entrepreneur John D. Rockefeller a fondé la Standard Oil, une société de raffinage qui était alors essentiellement vouée à la production de kérosène aux fins d'éclairage et qui s'en est graduellement arrogé le monopole. En Russie, c'est la famille Rothschild qui, dès 1885, a initié la production de pétrole, tandis que la société néerlandaise Royal Dutch faisait la même chose en Indonésie. À la même époque, le chimiste américain Benjamin Silliam Jr a extrait, par distillation, des sous-produits du pétrole tels que des goudrons, des lubrifiants, du naphte, des solvants et de l'essence, alors utilisée seulement comme détachant. En 1892, Marcus Samuel, propriétaire d'une entreprise de transport et de commerce de coquillages, la Shell Transport and Trading Company, a décidé de se lancer dans le transport du pétrole par bateau, *via* le canal de Suez. Le marché du pétrole allait pouvoir connaître un essor inouï à partir de 1896, année où l'on a introduit en Europe les premières automobiles à moteur à explosion.

Le moteur à explosion gagnait en popularité au début du XXe siècle, ce qui a fait augmenter la demande de combustibles liquides. Le forage d'un premier puits de pétrole au Texas, en 1901, a ouvert une ère nouvelle. Source d'énergie désormais majeure, le pétrole verra sa production augmenter de manière soutenue jusqu'à ce que son approvisionnement devienne l'un des enjeux importants de la Deuxième Guerre mondiale. Dominée à 60 % par les États-Unis, la production mondiale de pétrole a profité, pendant la période allant de 1950 à 1973, de l'exceptionnelle croissance économique des pays riches, qui avait pour corollaire une hausse sans précédent de la consommation d'énergie. Alors bon marché, le pétrole allait jusqu'à remplacer le charbon pour alimenter les usines et les centrales électriques. Toutefois, vers 1970, il est devenu manifeste que cette croissance ne pouvait se maintenir éternellement.

En 1971, l'Arabie saoudite a nationalisé la société Aramco. Cette déci-sion, illustrant la volonté des membres de l'Organisation des pays exportateurs de pétrole (OPEP) de s'assurer une forte participation dans les entreprises pétrolières, a été suivie d'autres nationalisations en Algérie, en Irak et en Libye. En 1973, la guerre du Kippour a provoqué le premier choc pétrolier, les pays arabes ayant décrété un embargo faisant passer le prix du baril de 3 à 13 USD. Un deuxième choc pétrolier a été provoqué, en 1979, par la révolution iranienne, qui a mené le prix du baril à 40 USD en 1981, un record. Ces événements ont poussé les pays importateurs à recourir davantage à l'énergie nucléaire et à diminuer leur consommation de pétrole en réduisant la cylindrée des voitures et en instaurant l'heure d'été.

Après avoir connu des baisses dans les années subséquentes, le prix du baril de pétrole a recommencé à augmenter, pour se stabiliser autour de 60 USD en 2006. En 2007-2008, il a repris sa progression, battant plusieurs records historiques (80 USD le 12 septembre 2007, 90 USD le 19 octobre, 100 USD le 2 janvier 2008). Il a frôlé les 150 USD en juillet 2008, pour ensuite se mettre à redescendre, dans la foulée de la récession en cours. En novembre 2008, il était d'environ 60 USD. Depuis, son prix fluctue et en inquiète plus d'un. Tandis que la dépendance pétrolière de certains pays se fait plus concrète dans ce contexte d'instabilité des prix, les enjeux liés au réchauffement climatique font régulièrement les manchettes. Les grosses voitures ont de moins en moins la cote et on parle de plus en plus souvent de réfugiés climatiques pour identifier les personnes dont la maison, le village ou la ville a été la proie d'un ouragan, d'un tsunami, de pluies diluviennes ou de toute autre catastrophe naturelle découlant du réchauffement clima-

tique. Dans tous les cas, l'histoire du pétrole est loin d'être terminée. En effet, même si plusieurs personnes font des efforts pour devenir plus « verts », il n'en reste pas moins que la rareté anticipée du pétrole met plus que jamais en évidence la croissance des besoins énergétiques de l'humanité en même temps que les effets globaux qu'une augmentation des coûts de transport entraîne.

Importateur et exportateur de pétrole, le Canada en est cependant un exportateur net. Le tableau 7.1 brosse un portrait de la situation des dernières années.

La Norvège[a] et l'Algérie sont les deux principaux fournisseurs de pétrole au Canada. Nous avons tous entendu parler du « prix à la pompe » mais lorsqu'on achète des centaines de milliers de barils par mois, comment les parties déterminent-elles le prix du baril ? Quelles sont les obligations du producteur et quelles sont les responsabilités de l'acheteur ?

---

a. La Norvège fait l'objet de la rubrique « Le Canada et ses partenaires commerciaux » à la fin du présent chapitre, p. 321.

Tableau 7.1

Les importations et les exportations canadiennes de pétrole, en millions de CAD

Importations				Exportations			
Pays	**2006**	**2007**	**2008**	**Pays**	**2006**	**2007**	**2008**
États-Unis	3 750	4 589	8 526	États-Unis	49 500	54 158	81 951
Algérie	4 949	5 068	7 697	Pays-Bas	193	103	750
Norvège	5 109	4 986	5 735	Gibraltar	34	43	594
Royaume-Uni	4 059	4 483	5 537	France	34	39	307
Angola	605	1 196	2 773	Royaume-Uni	56	30	267
Arabie saoudite	1 683	1 862	2 320	Finlande	5	20	216
Irak	1 669	1 517	2 168	Bahamas	–	51	193
Russie	1 069	1 037	1 503	Belgique	–	1	187
Vénézuela	837	1 243	1 185	Roumanie	1	1	127
Azerbaïdjan	48	216	1 168	Espagne	–	21	126
Total partiel	**23 779**	**26 196**	**38 612**	**Total partiel**	**49 823**	**54 466**	**84 718**
Autres pays	6 426	5 073	6 001	Autres pays	337	625	613
Total	**30 205**	**31 269**	**44 613**	**Total**	**50 160**	**55 091**	**85 332**

Source : Tiré et adapté d'Industrie Canada, *Données sur le commerce en direct*, Importations et exportations totales (10 premiers pays), SH 2709 – Huiles brutes de pétrole ou de minéraux bitumineux et 2710 – Huiles de pétrole ou de minéraux bitumineux autres que les huiles brutes, s.d., [www.ic.gc.ca/epic/site/tdo-dcd.nsf/fr/accueil], (rapports générés le 3 mars 2009).

OBJECTIF 1

Comprendre l'utilité des incoterms dans le commerce international.

I. L'ORIGINE ET L'UTILITÉ DES INCOTERMS

Les incoterms, ou conditions internationales de vente, sont des termes uniques (généralement présentés sous forme de sigles) que tous, de par le monde[1], ne peuvent interpréter que d'une seule façon. Chacun régit un aspect particulier de la vente. Bien que leur emploi soit facultatif, ces termes ont, dans un contrat de vente, une valeur juridique pour l'ensemble des partenaires mondiaux.

Une fois acceptés par les deux parties du contrat, les incoterms lient le vendeur et l'acheteur sans toutefois influencer les relations de l'un ou de l'autre avec le transporteur, qui, elles, sont définies dans le contrat de transport. Les incoterms ne représentent pas non plus un transfert de propriété. Ils servent surtout à répartir les frais de logistique (transport, assurances, douanes) entre l'importateur et l'exportateur en indiquant à quel point a lieu le transfert des coûts et des risques de bris ou de perte des marchandises.

www.iccwbo.org

Dans les années 1920, la *Chambre de commerce internationale* (CCI)[2] a constaté que, souvent, les partenaires commerciaux n'interprétaient pas les termes commerciaux de la même manière. Des conflits l'ont conduite à élaborer des règles uniformes d'interprétation des termes commerciaux.

---

1. Sauf aux États-Unis ! À ce sujet, voir p. 301 et 315.
2. Pour en savoir plus sur cet organisme, voir « Les organismes internationaux » au chapitre 2, p. 39.

En 1936, la CCI a publié les neuf premiers incoterms, portant essentiellement sur le transport des marchandises par mer. En 1953, elle a procédé à leur révision en profondeur, avant d'en introduire de nouveaux en 1967. En 1976, elle a proposé le premier incoterm adapté au transport aérien, et, en 1980, à la faveur du développement du transport par conteneur et du transport intermodal, elle en a encore créé de nouveaux. L'échange de données informatisées (EDI) et d'autres changements apportés aux techniques de transport, dont le transport multimodal et le roulage[3], se sont reflétés dans l'édition de 1990 des incoterms. La sixième révision, qui est la plus récente et remonte à 2000[4], simplifie la répartition des frais de chargement et de déchargement et améliore la cohérence du partage des responsabilités en ce qui a trait au dédouanement[5].

Les incoterms sont désormais au nombre de 13 ; ils constituent un vocabulaire commun pour les commerçants de langues et de pratiques commerciales différentes. Même si leur emploi n'est pas obligatoire et qu'ils n'ont pas force de loi, de nombreux pays les utilisent, et ils font partie intégrante du tissu commercial international.

MISE EN SITUATION

Vous vous présentez dans votre magasin préféré, Protélé, pour acheter le téléviseur de vos rêves. Le prix de vente s'élève à 1 200 $ (plus taxes), incluant la livraison. Vous réglez la facture, et on vous informe que la livraison sera effectuée le lendemain. Malheureusement, le camion qui se dirige vers votre domicile est impliqué dans un accident de la route au cours duquel votre téléviseur est sérieusement endommagé. La question qui se pose est la suivante : à qui appartenait le téléviseur au moment de l'accident ? à vous ou à Protélé ?

Dans ce cas-ci, aucun doute possible : le téléviseur appartenait toujours à Protélé, même si vous l'aviez payé, puisqu'il ne vous avait pas encore été livré. Peu importe le mode de paiement (argent comptant, carte de crédit ou versements), Protélé a l'obligation de vous fournir un nouveau téléviseur, car il n'a pas complété son engagement, les conditions de vente incluant la livraison. Cet exemple illustre le fait que les modalités de paiement n'ont rien à voir avec les conditions de vente.

Supposons maintenant que Protélé vous demande un montant additionnel de 50 $ pour la livraison, que vous payez. Or, lors de la livraison, pendant la pause-café du chauffeur, votre téléviseur est volé. Cette fois-ci, qui est responsable du téléviseur ? Bien sûr, Protélé demeure responsable puisque, encore une fois, il n'a pas respecté son obligation de livrer la marchandise.

3. Nous aborderons les techniques relatives aux modes de transport dans le chapitre 8, « Le transport international de marchandises », p. 331.
4. Chambre de commerce internationale, *Incoterms 2000. ICC Official Rules for the Interpretation of Trade Terms*, édition bilingue anglais-français, ICC Publication n° 560, Paris, 1999.
5. D'après Hervé Lionel-Marie, « Les incoterms 2000. Un outil du commerce international », *Techniques de l'ingénieur*, s.d., [www.techniques-ingenieur.fr/dossier/les·incoterms·2000·un·outil·du·commerce·int ernational/AG8060 ?jsessionid=ED45C616F089551FDAEB6BD952AA047E&resourceName=true], (3 mars 2009).

Imaginons en revanche que, pour économiser le 50 $, vous décidez de transporter vous-même votre téléviseur avec le camion de votre beau-frère. Si un accident survenait au cours du trajet, vous seriez évidemment responsable, car vous avez pris possession de l'appareil chez Protélé. Quant au détaillant, il a rempli toutes ses obligations lorsqu'il a chargé le téléviseur dans le camion de votre beau-frère.

Enfin, envisageons le scénario suivant : le camion de votre beau-frère n'étant pas disponible, vous engagez l'entreprise Laurentide ltée pour le transport et la livraison de votre appareil. Encore une fois (décidément, vous n'avez pas de chance!), un accident se produit. Qui est responsable de votre téléviseur? Dans ce cas-ci, Laurentide doit assumer la responsabilité et vous dédommager. En effet, comme dans le cas qui précède, Protélé s'est acquitté de toutes ses obligations.

OBJECTIF

Distinguer les incoterms de vente au départ des incoterms de vente à l'arrivée.

II. LES GROUPES D'INCOTERMS

En 1990, la CCI a décidé de regrouper les incoterms en quatre groupes, suivant le degré de responsabilité du vendeur dans la prise en charge des coûts et des risques. En effet, les incoterms sont des termes de vente qui stipulent a priori les *obligations du vendeur*; les obligations de l'acheteur sont par défaut celles qui n'incombent pas au vendeur. Nous présentons ici les incoterms selon une hiérarchie croissante des obligations du vendeur. Le tableau 7.2 (voir page suivante) énumère les incoterms en les situant dans leurs groupes respectifs, et indique à quelle page du présent ouvrage nous abordons chacun d'eux en détail.

Ces incoterms se répartissent également dans les deux grandes catégories suivantes :

Transport principal
Mode de transport employé lors du passage frontalier des marchandises.

- *Les incoterms de vente au départ (groupes E, F et C)*, suivant lesquels l'acheteur assume, dans une plus ou moins large mesure, les coûts et les risques liés au **transport principal** des marchandises.

- *Les incoterms de vente à l'arrivée (groupe D)*, suivant lesquels le vendeur assume les coûts et les risques liés au transport des marchandises jusqu'à ce qu'elles arrivent à destination.

OBJECTIF

Différencier les incoterms terrestres, maritimes et multimodaux.

Enfin, comme le montre ce même tableau 7.2, l'un des incoterms (DAF) est exclusivement terrestre (routier ou ferroviaire), six sont réservés au transport par voie d'eau (fluvial ou maritime) (FAS, FOB, CFR, CIF, DES et DEQ) et six sont multimodaux, c'est-à-dire valables pour tout mode de transport (EXW, FCA, CPT, CIP, DDU et DDP).

Tableau 7.2

Les quatre groupe d'incoterms

	Transport			Signification	Page
	Terrestre	Par voie d'eau	Multimodal		
Incoterms de vente au départ					
Groupe E EXW[a]			■	Le vendeur a rempli son obligation de livraison quand il a rendu la marchandise disponible dans son établissement ou en un lieu convenu.	292
Groupe F FCA[b]			■	Le vendeur a rempli son obligation de livraison quand il a dédouané la marchandise à l'exportation, l'a transportée puis l'a remise au transporteur principal que lui a désigné l'acheteur, et ce, dans le pays du vendeur. Le vendeur ne défraie pas les coûts du transport principal.	284
FAS[c]		■			
FOB[d]		■			
Groupe C CFR[e]		■		Le vendeur doit conclure le contrat de transport et en assumer les coûts, mais les risques de perte ou de dommage sont transférés à l'acheteur quand la marchandise est remise au transporteur principal. En vertu de certains de ces incoterms, le vendeur paiera des frais d'assurance associés au transport.	303
CIF[f]		■			
CPT[g]			■		
CIP[h]			■		
Incoterms de vente à l'arrivée					
Groupe D DAF[i]	■			Le vendeur a rempli son obligation de livraison quand la marchandise est mise à la disposition de l'acheteur dans le pays de l'acheteur. Le vendeur assume tous les frais et les risques liés à la livraison de la marchandise.	308
DES[j]		■			
DEQ[k]		■			
DDU[l]			■		
DDP[m]			■		

a. *Ex works* ou « en usine », lieu convenu.
b. *Free carrier* ou « franco transporteur », lieu convenu.
c. *Free alongside ship* ou « franco le long du bateau », port d'embarquement convenu.
d. *Free on board* ou « franco à bord », port d'embarquement convenu.
e. *Cost and freight* ou « coût et fret », port de destination convenu.
f. *Cost, insurance and freight* ou « coût, assurance et fret », port de destination convenu.
g. *Carriage paid to* ou « port payé », lieu de destination convenu.
h. *Carriage and insurance paid to* ou « port et assurance payés », lieu de destination convenu.
i. *Delivered at frontier* ou « rendu à la frontière », lieu convenu.
j. *Delivered ex ship* ou « rendu non déchargé », port de destination convenu.
k. *Delivered ex quay* ou « rendu à quai », port de destination convenu.
l. *Delivered duty unpaid* ou « rendu droits dus », lieu de destination convenu.
m. *Delivered duty paid* ou « rendu droits acquittés », lieu de destination convenu.

OBJECTIF **4**

Connaître les obligations de l'acheteur et du vendeur en vertu de l'incoterm utilisé.

Incoterms de vente au départ
Groupe d'incoterms en vertu desquels l'acheteur assume, dans une plus ou moins large mesure, les coûts et les risques associés au transport principal des marchandises.

Incoterm du groupe E (EXW)
Incoterm en vertu duquel le vendeur a rempli ses obligations quand il a rendu la marchandise disponible au point de départ convenu.

EXW (*ex works* ou «**en usine**», **lieu convenu**)
Incoterm suivant lequel le vendeur fournit les documents commerciaux, prépare et emballe la marchandise et la rend disponible dans son établissement ou à un point de départ convenu.

LES INCOTERMS DE VENTE AU DÉPART

Les **incoterms de vente au départ** attribuent généralement à l'acheteur les coûts et les risques associés au transport principal des marchandises. Si ce dernier ne dispose pas de la capacité organisationnelle nécessaire pour se charger du transport des marchandises, ou si les prix ou les conditions de sécurité dans le pays de destination sont prohibitifs, il aura avantage à avoir recours aux incoterms de vente au départ. En revanche, un acheteur qui s'y connaît peu en matière de transport ou qui effectue ses premières transactions internationales les évitera.

L'INCOTERM DU GROUPE E

L'**incoterm du groupe E** est en réalité l'incoterm **EXW**. Seul dans sa catégorie, il implique des obligations minimales pour le vendeur.

EXW

EXW (*ex works* ou «**en usine**», **lieu convenu**) signifie plus précisément que le vendeur a la responsabilité de l'acheminement[6] de la marchandise au point de départ convenu et de tous les frais, risques et obligations qui y sont reliés. Il doit donc fournir à l'acheteur les documents commerciaux (facture commerciale, certificat d'origine[7], etc.), emballer la marchandise et la rendre disponible pour l'acheteur dans ses propres locaux ou dans un autre lieu convenu (atelier, usine, entrepôt, etc.).

La figure 7.1 et le tableau 7.3 résument les obligations et les responsabilités du vendeur et de l'acheteur en vertu de l'incoterm EXW.

Figure 7.1

EXW: les obligations et les responsabilités du vendeur et de l'acheteur

Préparation et disponibilité à l'usine du vendeur-exportateur	Dédoua-nement à l'expor-tation	Livré au lieu de départ convenu (quai, terminal, frontière)	Transport principal	Livré au lieu de destination convenu (quai, terminal, frontière)	Dédoua-nement à l'impor-tation	Établissement de l'acheteur-importateur
Risques						
Coûts						
Vendeur						**Acheteur**

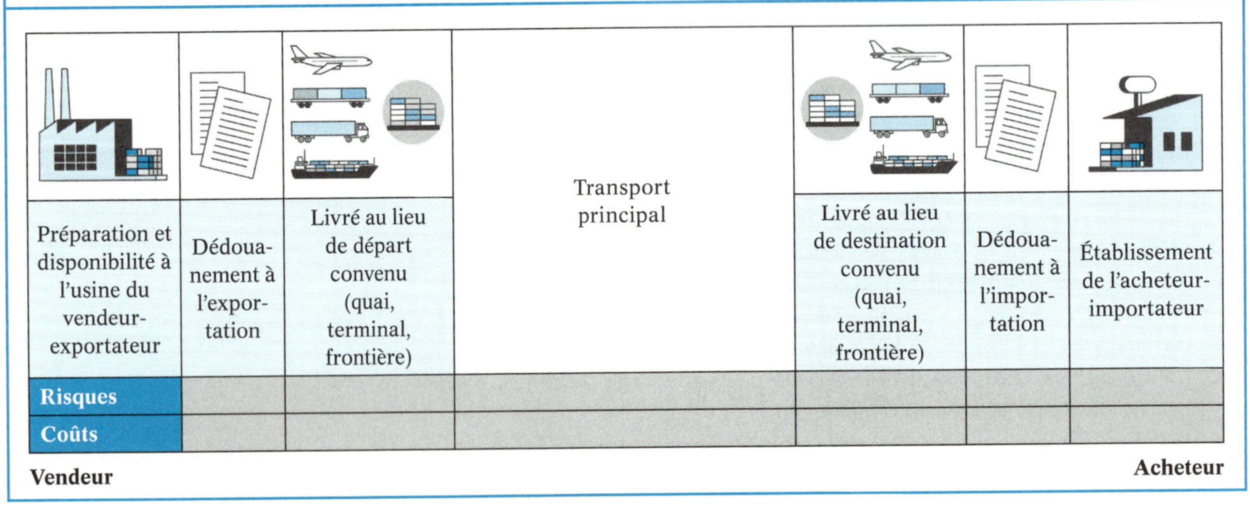

6. La variante «EXW chargé» signifie que le vendeur est aussi responsable du chargement des produits vendus à bord du mode de transport employé par l'acheteur au point de départ.
7. Ces documents sont présentés dans le chapitre 6, «Les douanes», p. 223.

Tableau 7.3

Les obligations et les responsabilités du vendeur (V) et de l'acheteur (A) selon l'incoterm du groupe E	EXW
Emballage, documentation commerciale et préparation de la marchandise	V
Chargement	A*
Acheminement vers un transporteur ou vers la frontière	A
Formalités douanières à l'exportation	A
Chargement sur le transporteur principal (et frais de port, s'il y a lieu)	A
Transport principal	A
Assurance transport	A
Déchargement du transporteur principal (et frais de port, s'il y a lieu)	A
Formalités douanières à l'importation, droits et taxes	A
Transport dans le pays de l'acheteur	A
Déchargement à l'arrivée	A

* À ce point, les risques de perte ou de dommage de marchandise sont transférés à l'acheteur. Si on utilise la variante « EXW chargé », le chargement est la responsabilité du vendeur et le transfert des risques s'effectue lors de l'acheminement.

Dans la dernière version des incoterms, la CCI reconnaît, sans l'approuver officiellement, une pratique commerciale largement répandue selon laquelle le vendeur assume les frais et les risques associés au chargement de la marchandise dans le véhicule au point de départ. Dans de tels cas, le contrat de vente utilisera une variante de l'incoterm EXW, soit « EXW chargé ».

Cet incoterm peut paraître très simple, il est pourtant parfois préférable de l'éviter, et ce, pour deux raisons :

• La responsabilité du vendeur est quand même engagée dans le transport puisque, dans le cas d'accidents causant des dommages aux marchandises, la faiblesse de l'emballage peut être blâmée. Le vendeur doit toujours évaluer correctement les conditions de transport futures et emballer le produit en conséquence.

Exemple. Vous vendez un produit à une entreprise américaine dans l'État de New York, et l'incoterm EXW figure dans le contrat de vente. Selon cet incoterm, la responsabilité de l'emballage de la marchandise vous incombe. La soumission mentionnait que vous alliez fournir un emballage adéquat, et vous supposiez que, comme c'est généralement le cas, le transport Montréal-New York serait effectué par camion. À votre grande surprise, l'acheteur américain a envoyé un conteneur maritime pour récupérer sa marchandise ; il s'avère n'être en fait qu'un intermédiaire qui a revendu votre produit à un client mexicain. Votre produit quittera donc Montréal par bateau à destination du Mexique… Si l'emballage n'est pas adapté au transport par bateau et que la marchandise est endommagée lors du transport, vous serez tenu responsable. La dernière révision des incoterms fait heureusement une distinction entre l'emballage destiné au transport d'un produit et celui servant à son conditionnement (vente au détail). Il y est aussi précisé que l'emballage est à la charge du vendeur seulement si les modalités de transport lui ont été communiquées par l'acheteur avant la signature du contrat ; si tel n'est pas le cas, c'est l'acheteur qui en est responsable.

- À moins que le recours à la variante EXW chargé n'ait été prévu au contrat, le fait que l'acheteur doive procéder lui-même au chargement de la marchandise à l'établissement du vendeur pose plusieurs problèmes. En effet, on voit mal un camionneur inconnu introduire son véhicule dans un établissement et procéder lui-même au chargement, au risque d'endommager la marchandise ou les lieux ou de blesser des travailleurs. Sans parler des réclamations en dommages et intérêts qui peuvent s'ensuivre ! Il est donc nettement préférable que le vendeur procède lui-même au chargement de la marchandise et à son arrimage au moyen du transport qu'aura choisi l'acheteur, et peut-être même qu'il achemine la marchandise vers un transporteur ou à la frontière.

Exemple. Imaginons que Export inc., une entreprise montréalaise, vend à Import inc., une entreprise australienne, des machines dont le volume représente l'équivalent de quatre conteneurs de 40 pieds (12 m). En utilisant l'incoterm EXW, Export inc., qui souhaite maintenir la bonne qualité de ses liens avec l'acheteur, accepte par écrit de s'occuper gratuitement du chargement de la marchandise, la manutention des conteneurs à Montréal étant pour lui plus facile à gérer que pour l'acheteur, situé en Australie. Les conteneurs arrivent dans la cour du vendeur au moment convenu avec le transitaire canadien d'Import inc. Toutefois, pour quelque raison, le chargement en vient à accuser un retard, et trois conteneurs ne sont chargés que le lendemain. Cette situation entraîne d'autres retards, et le transitaire exige un supplément pour la nuit supplémentaire que les chauffeurs et les camions ont dû passer à Montréal. Export inc. ayant accepté de s'occuper du chargement à la place d'Import inc., les « risques de perte et dommage » qui, selon l'incoterm EXW, étaient normalement à la charge d'Import inc., sont maintenant transférés à Export inc. Cette dernière devra indemniser le transitaire d'Import inc.

LES INCOTERMS DU GROUPE F

Incoterms du groupe F (FCA, FAS et FOB)
Groupe d'incoterms en vertu desquels le vendeur a rempli son obligation de livraison quand il a dédouané la marchandise à l'exportation et l'a livrée au transporteur que lui a indiqué l'acheteur. Le vendeur ne paie pas le transport principal.

En vertu des **incoterms du groupe F (FCA, FAS et FOB)**, le vendeur doit pourvoir au transport des marchandises dans son pays, en assumer les frais jusqu'à l'endroit que lui a désigné l'acheteur – généralement mentionné à la suite de l'incoterm (lieu convenu) dans le contrat – et les remettre au transporteur. De plus, il doit s'occuper des procédures de dédouanement à l'exportation. Il ne paie cependant pas le transport principal.

FCA

L'incoterm **FCA** (*free carrier* ou «**franco transporteur**», **lieu convenu**) peut être utilisé pour tout mode de transport. Il signifie que le vendeur dédouane la marchandise à l'exportation et l'amène au transporteur désigné par l'acheteur, au lieu inscrit à la suite de l'incoterm. Ce lieu peut être l'usine même du vendeur[8], un quai, un terminal de conteneurs, etc. Si le lieu correspond à l'établissement du vendeur, ce dernier doit charger la marchandise. S'il s'agit d'un autre endroit, par exemple un terminal de transport routier, ferroviaire, aérien ou maritime, le vendeur doit y acheminer la marchandise, mais il n'est pas responsable de son déchargement, qui incombe à celui qui reçoit la marchandise à cet endroit. Le vendeur doit fournir à l'acheteur un document prouvant la livraison de la marchandise au transporteur ou au transitaire désigné.

Le transfert des frais et des risques correspond au moment où le transporteur prend en charge la marchandise. L'acheteur, lui, choisit le mode de transport et le transporteur, et il assume les frais liés au transport.

La figure 7.2 illustre les obligations et les responsabilités du vendeur et de l'acheteur en vertu de l'incoterm FCA. À sa suite, deux mises en situation montrent les diverses variantes de cet incoterm.

FCA (*free carrier* ou «**franco transporteur**», **lieu convenu**) Incoterm suivant lequel le vendeur dédouane la marchandise à l'exportation et l'amène au transporteur et au lieu désignés par l'acheteur, dans le pays du vendeur.

Figure 7.2

FCA: les obligations et les responsabilités du vendeur et de l'acheteur

Préparation et disponibilité à l'usine du vendeur-exportateur	Dédouanement à l'exportation	Livré au lieu de départ convenu (quai, terminal, frontière)	Transport principal	Livré au lieu de destination convenu (quai, terminal, frontière)	Dédouanement à l'importation	Établissement de l'acheteur-importateur
Risques						
Coûts						

Vendeur

Acheteur

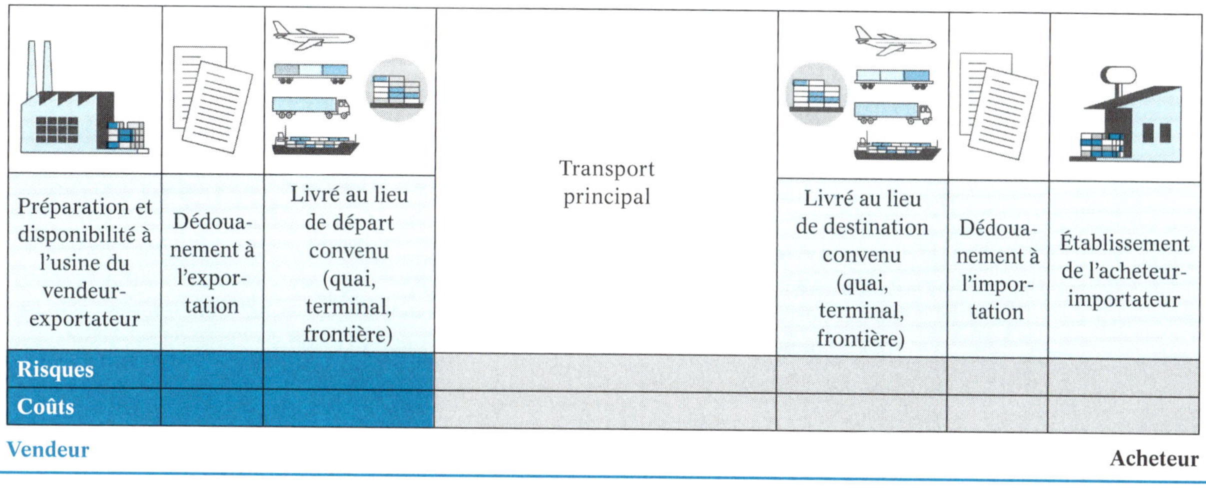

8. En effet, si la mention la plus courante de cet incoterm est «FCA terminal transporteur», la CCI a officialisé une autre mention tout aussi utile, soit «FCA usine». Le vendeur procède alors au chargement des marchandises, ce qui évite les inconvénients du chargement par le transporteur liés à l'incoterm EXW. Aussi, c'est le vendeur qui s'occupe des formalités d'exportation, ce qui n'est pas le cas avec l'incoterm EXW.

MISE EN SITUATION

Une entreprise de Québec souhaitant exporter des produits en France en passant par le port de Montréal inclut dans le contrat de vente le terme « FCA terminal Drummondville ». Ainsi, elle dédouane les marchandises à l'exportation et se charge de leur transport de Québec jusqu'au terminal de Drummondville, où elle les met à la disposition du transporteur ou d'une autre personne nommée par l'acheteur, sans les décharger. L'acheteur devra assumer le chargement et le transport des marchandises à partir de là jusqu'au port de Montréal, puis jusqu'en France.

L'entreprise de Québec aurait tout aussi bien pu choisir le terme « **FCA usine** ». Dans ce cas, son obligation se serait résumée à dédouaner les marchandises à l'exportation et à les charger à partir de son quai de chargement dans le camion de l'acheteur.

FCA usine
Variante de l'incoterm FCA qui prévoie que le vendeur procède au chargement de la marchandise en plus de son dédouanement

Dans cette mise en situation, l'acheteur a respecté ses obligations lorsqu'il a nommé le transporteur principal ou la personne qui se chargera des marchandises au lieu convenu. Le vendeur, lui, a rempli ses obligations de livraison dès qu'il a remis la marchandise à cette personne.

On recourt souvent à cet incoterm lorsque le transport principal est aérien, et alors le transport terrestre des marchandises vers l'aéroport est confié au vendeur. Voyons une mise en situation en ce sens.

MISE EN SITUATION

Une entreprise de Sept-Îles désire exporter ses produits vers le Mexique en passant par l'aéroport de Montréal. Elle ne souhaite pas s'occuper du transport principal, mais accepte d'assumer les formalités douanières à l'exportation et de faire livrer les marchandises jusqu'au transporteur principal. Dans ce cas, elle inclura dans le contrat de vente internationale l'incoterm « FCA Pierre-Elliott-Trudeau ». Elle doit donc assumer les coûts et les risques associés au transport des marchandises de son usine de Sept-Îles jusqu'à l'aéroport Pierre-Elliott-Trudeau, puis se charger du dédouanement à l'exportation. À partir de ce point, la responsabilité des marchandises est transférée à l'acheteur mexicain, qui doit s'occuper de les embarquer dans l'avion se dirigeant vers son pays.

L'incoterm FCA laisse peu de place à l'ambiguïté quant à la responsabilité du chargement et du transport des marchandises, ce qui constitue un avantage réel pour l'acheteur, d'autant plus que les formalités douanières à l'exportation relèvent du vendeur.

L'incoterm FCA a connu d'importantes modifications dans sa version 2000, et il en connaîtra d'autres dans les versions futures. On y a simplifié les opérations de chargement et de déchargement : le vendeur ne doit plus payer au transporteur choisi par l'acheteur des frais de chargement sur le lieu de destination. Anciennement, le vendeur n'avait pas le contrôle des liens avec ce transporteur ; il risquait ainsi de se voir réclamer le paiement de ces opérations sans avoir pu négocier les tarifs exigés.

Enfin, le FCA exige plus que tout autre incoterm de désigner avec précision le « lieu convenu ». « FCA Montréal » n'est pas suffisant si l'exportateur est situé à Montréal. Veut-on dire « FCA usine Montréal », « FCA entrepôt de groupage du transitaire X à Montréal » ou « FCA quai du port de Montréal » ?

FAS

On utilise l'incoterm **FAS** (**free alongside ship** ou « **franco le long du bateau** », **port d'embarquement convenu**) uniquement pour le transport fluvial ou maritime ; autrement, il n'est pas valide. FAS signifie que le vendeur a rempli ses obligations lorsqu'il a livré les marchandises dédouanées au port d'embarquement du transporteur principal qu'aura choisi l'acheteur. Il dépose les marchandises le long du bateau, sur le quai ou sur des barges, selon les usages du port. À partir de ce moment, l'acheteur assume tous les frais et les risques.

Dès que la marchandise a été livrée le long du bateau, l'acheteur assume tous les frais et tous les risques de pertes ou de dommages relatifs à la marchandise, notamment les problèmes pouvant découler d'un retard du bateau ou d'une grève des **débardeurs**. Comme c'est le cas pour les autres incoterms, le vendeur doit livrer la marchandise au bon endroit, mais, dans le cas du FAS, il doit le faire aussi au bon moment. Pour éviter que l'acheteur n'ait à assumer des frais et risques supplémentaires dus à un retard du bateau, le vendeur est obligé de faire sa livraison à temps. Il ne doit pas la faire trop tôt. Le contrat doit inclure la mention « pas avant le [date] et pas après le [date] ». Si la livraison s'effectue trop en avance, on considère qu'elle n'a pas eu lieu. En d'autres mots, le vendeur ne peut s'affranchir de sa responsabilité en livrant la marchandise au port d'expédition trop tôt. On considère qu'il a rempli les obligations de l'incoterm FAS seulement lorsque le bateau est à quai.

Comment évalue-t-on alors la raisonnabilité d'un délai ? Au terme d'un contrat d'affrètement, un affréteur dispose d'un délai déterminé pour charger ou décharger le bateau : le **temps de planche** (ou **jours de planche**). Pendant cette période, la marchandise est mise à quai. Ces coûts sont pris en charge par l'**armateur** choisi par l'acheteur. La dimension des frais ne pose donc pas trop problème. Sur le plan des risques, cependant, qu'arrive-t-il si des marchandises livrées trop tôt disparaissent (pour cause d'incendie, de vol, etc.) ou sont endommagées ? L'acheteur pourrait argumenter que la livraison n'a pas eu lieu, car elle était chronologiquement en avance, même si, « géographiquement », elle a eu lieu.

À Anvers (Belgique), par exemple, où chaque société de transport maritime offre au moins un départ par semaine vers Montréal, livrer plus de huit jours avant la date de départ prévue du bateau choisi par l'acheteur est considéré comme prématuré. Quant aux destinations moins bien desservies, on considère raisonnable une livraison effectuée 15 jours avant le départ.

FAS (*free alongside ship* ou «**franco le long du bateau**», **port d'embarquement convenu**)
Incoterm pour le transport par bateau, suivant lequel le vendeur dédouane la marchandise à l'exportation et l'amène au port d'embarquement du transporteur désigné par l'acheteur, où il la dépose le long du bateau.

Débardeur
Employé du port qui s'occupe entre autres du chargement et du déchargement des bateaux.

Temps ou jours de planche
Délai déterminé dont l'affréteur dispose pour charger ou décharger le bateau.

Armateur
Propriétaire ou locataire d'un bateau l'exploitant sur une base commerciale.

La figure 7.3 illustre les obligations et les responsabilités du vendeur et de l'acheteur en vertu de l'incoterm FAS.

Figure 7.3

FAS: les obligations et les responsabilités du vendeur et de l'acheteur

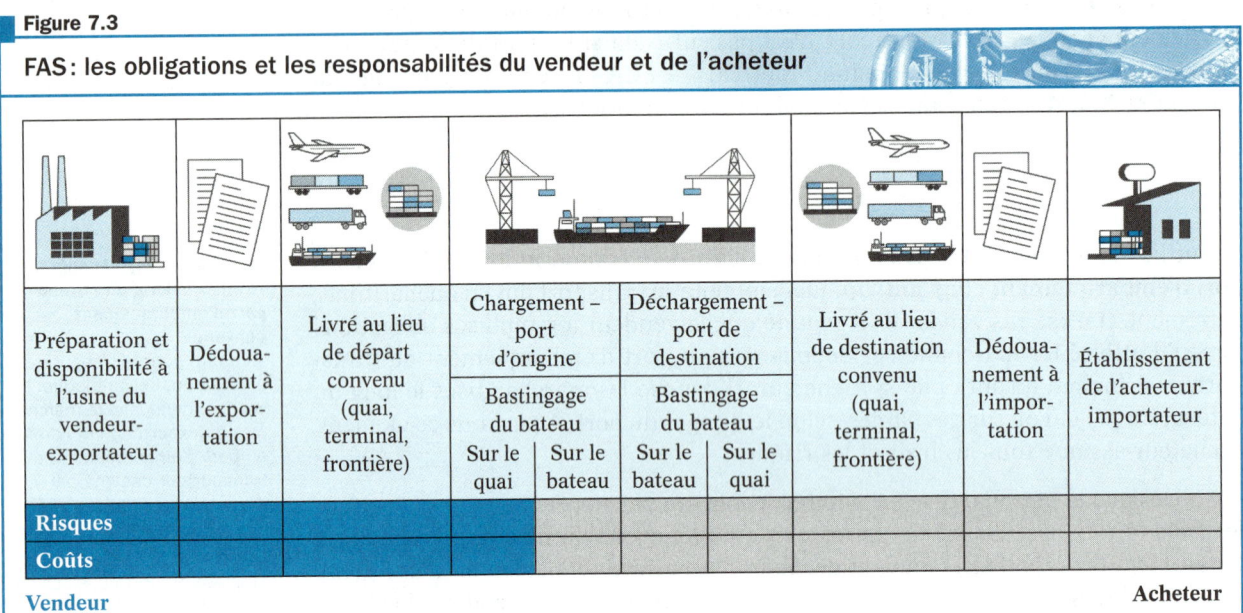

			Chargement – port d'origine		Déchargement – port de destination				
Préparation et disponibilité à l'usine du vendeur-exportateur	Dédoua-nement à l'expor-tation	Livré au lieu de départ convenu (quai, terminal, frontière)	Bastingage du bateau		Bastingage du bateau		Livré au lieu de destination convenu (quai, terminal, frontière)	Dédoua-nement à l'impor-tation	Établissement de l'acheteur-importateur
			Sur le quai	Sur le bateau	Sur le bateau	Sur le quai			
Risques									
Coûts									

Vendeur   **Acheteur**

Soulignons que l'emploi de cet incoterm peut s'avérer risqué pour le vendeur, car il peut devoir assumer des coûts élevés de stockage avant que les marchandises ne soient chargées sur le bateau. Il est donc capital qu'il fixe à l'avance avec l'acheteur la date et le lieu de livraison, en prenant soin de les spécifier dans le contrat de vente. Voyons concrètement le genre de situation pouvant se produire au moyen d'un fait réel.

MISE EN SITUATION

Le 29 septembre 2002, un conflit de travail éclate dans les ports maritimes de la côte Ouest américaine, conflit qui oppose les débardeurs aux autorités portuaires et qui affecte particulièrement le transport des conteneurs[a]. Outre le fait que le conflit coûte plus de 3 milliards de CAD par jour à l'économie américaine, les exportateurs américains (les vendeurs) qui avaient conclu des contrats de vente internationale en vertu de l'incoterm FAS ont dû assumer des coûts d'entreposage élevés correspondant à la période au cours de laquelle les débardeurs ont été en grève.

a. Tiré et adapté de Radio-Canada (Québec), « Colombie-Britannique – Le port trop occupé pour être opportuniste », 2002, [www.radio-canada.ca/regions/colombie-britannique/nouvelles/200210/01/002-containers.shtml], (12 novembre 2008).

FOB

Tout comme l'incoterm précédent, **FOB** (*free on board* ou «**franco à bord**», **port d'embarquement convenu**) n'est utilisé que pour le transport fluvial ou maritime. Il signifie que le vendeur doit acheminer les marchandises au port d'embarquement convenu. Cependant, alors qu'en vertu du FAS il doit simplement décharger les marchandises le long du bateau, le vendeur doit ici les charger sur le bâtiment désigné comme transporteur principal par l'acheteur, et ce, selon les usages en vigueur dans le port d'embarquement convenu. Ici encore, les formalités d'exportation incombent au vendeur.

Autrement dit, tous les frais relatifs au transport, au dédouanement et au chargement des marchandises s'effectuant dans le pays du vendeur sont à la charge du vendeur, tandis que tous les autres frais seront assumés par l'acheteur. L'acheteur choisit donc le transporteur maritime et paie le fret. Le transfert des frais et des risques du vendeur vers l'acheteur s'effectue au port d'origine, lorsque les marchandises passent le bastingage du bateau (voir l'encadré 7.1, page suivante).

La figure 7.4 illustre les obligations et les responsabilités du vendeur et de l'acheteur en vertu de l'incoterm FOB.

FOB (*free on board* ou «franco à bord», **port d'embarquement convenu**) Incoterm pour le transport par bateau, suivant lequel le vendeur dédouane la marchandise, l'amène au port d'embarquement et la charge sur le bateau du transporteur principal désigné par l'acheteur.

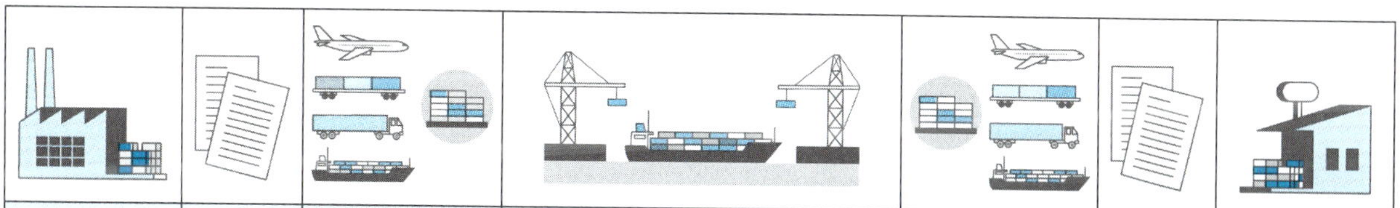

Figure 7.4

FOB : les obligations et les responsabilités du vendeur et de l'acheteur

La simplicité et la clarté du FOB en ont fait l'incoterm le plus utilisé dans le monde. Cependant, lorsque des expéditions importantes doivent être sécurisées sur le navire, cet incoterm ne précise pas qui, du vendeur ou de l'acheteur, doit assumer les frais et la logistique associés à cette opération. La mise en situation suivante montre le genre de problème pouvant survenir.

Encadré 7.1

Le bastingage

L'utilisation du bastingage comme ligne de partage des frais et des risques des parties n'est pas très réaliste. Il semble en effet difficile de transférer ces obligations au moment précis où la marchandise, se balançant à un câble, franchit le bastingage. Comme l'a fait remarquer un tribunal anglais dans un jugement souvent cité : « Seul l'homme de loi le plus passionné peut contempler avec satisfaction le spectacle du va-et-vient incertain des responsabilités au gré des oscillations de la cargaison au bout d'un mât de charge, de part et d'autre de la perpendiculaire théorique du bastingage de navire[a]. »

Les rédacteurs de la révision 2000 des incoterms auraient pu mettre un terme à cette pratique désuète, qui s'applique aux bateaux classiques[b], mais pas aux porte-conteneurs ou aux rouliers. Ils ont cependant décidé de la maintenir.

---

a. *Pyrene v. Scindia Navigation* (1954), 2 Q.B. 402, p. 419.
b. Connus aussi sous le nom de navires-transporteurs de colis lourds.

Source : Tiré et adapté de la CCI, *Guide des incoterms 2000*, Paris, 2000, p. 101.

MISE EN SITUATION

Une entreprise (le vendeur) doit expédier par bateau 100 boules de démolition pesant environ cinq tonnes chacune. Il faut évidemment arrimer ces marchandises solidement pour éviter que le navire ne devienne le terrain d'un dangereux jeu de quilles ! Or, le contrat de vente stipule une livraison FOB, sans autres précisions. Qui doit donc payer pour le câblage additionnel ? L'acheteur ayant refusé d'assumer ces frais, le vendeur s'est vu obligé de le faire pour avoir la certitude que ces boules parviendront de façon sécuritaire à leur acheteur qui, les ayant reçues, les lui paiera !

FOB arrimé
Incoterm équivalent au FOB, sauf que le vendeur se charge également des frais d'arrimage de la marchandise.

FOB arrimé et équilibré
Incoterm équivalent au FOB arrimé, sauf que le vendeur paie l'équilibrage des empilements de marchandises en plus de l'arrimage.

FOB service additionnel
Incoterm équivalent au FOB mais comprenant également certains services offerts par le vendeur moyennant un ajustement du prix (le prix FOB).

Pour remédier à cette situation, on peut recourir aux variantes « **FOB arrimé** » ou « **FOB arrimé et équilibré** ». La « mise à FOB » est l'expression utilisée par les transitaires pour désigner les opérations nécessaires à la mise à bord du bateau, dont les formalités douanières à l'exportation. Le coût de ces opérations, parfois nommé « frais de mise à FOB », est à la charge du vendeur.

Il arrive que soit indiquée la mention « **FOB service additionnel** ». De quoi s'agit-il ? En mode FOB, l'acheteur a la responsabilité de conclure le contrat avec le transporteur maritime. Si, pour des raisons de représentativité de son transitaire dans le port de destination, il n'est pas en mesure de le faire, le vendeur peut alors s'en charger. Il s'agit là d'un service que le vendeur rend à l'acheteur. Dans ce cas, la facture originale comporte un prix FOB, et les services additionnels font l'objet soit d'une facture distincte, soit d'une mention « payable à l'arrivée au transporteur en « freight collect ».

Il arrive aussi que des contrats incluent des variantes farfelues, telles que « FOB Laval ». En effet, des opérateurs tendent à utiliser l'incoterm FOB à toutes les sauces, ce que montre bien cet exemple de précision inadéquate. Laval n'est pas un port ! Les parties auraient-elles plutôt voulu dire « EXW Laval », ou encore « FCA Laval » ?

Le tableau 7.4 résume les obligations et les responsabilités du vendeur et de l'acheteur en vertu des divers incoterms du groupe F. Enfin, l'encadré 7.2 contient une mise en garde contre la signification des incoterms pour les Américains, particulièrement celle des FOB.

Tableau 7.4

Les obligations et les responsabilités du vendeur (V) et de l'acheteur (A) selon les incoterms du groupe F	FCA	FAS	FOB
Emballage, documentation commerciale et préparation de la marchandise	V	V	V
Chargement	A^a	V	V
Acheminement vers un transporteur ou vers la frontière	V*	V*	V
Formalités douanières à l'exportation	V	V	V
Chargement sur le transporteur principal (et frais de port, s'il y a lieu)	A	A	V*
Transport principal	A	A	A
Assurance transport	A	A	A
Déchargement du transporteur principal (et frais de port, s'il y a lieu)	A	A	A
Formalités douanières à l'importation, droits et taxes	A	A	A
Transport dans le pays de l'acheteur	A	A	A
Déchargement à l'arrivée	A	A	A

a. Ou V, si le lieu convenu est l'usine du vendeur.
* À ce point, les risques de perte ou de dommage de marchandise sont transférés à l'acheteur.

Encadré 7.2

Attention aux FOB américains et aux *Revised American Foreign Trade Definitions* (RAFTD)

Les Américains ont conçu en 1919 et revisé en 1941 six groupes d'incoterms, soit EX, FOB, FAS, C&F, CIF et ExDock, qui équivalent, en termes de contenu, aux 13 incoterms de la CCI. Le groupe le plus utilisé est celui des FOB, qui comprend six variantes. Aux États-Unis, FOB ne désigne pas, comme l'incoterm de la CCI, l'expédition de marchandises par bateau ou son transit par un port, mais bien une destination américaine, plus précisément la frontière américaine.

Malheureusement, les FOB américains sont toujours en vigueur dans certains pays, bien qu'ils soient de moins en moins utilisés et qu'ils entravent significativement l'harmonisation complète des lois du commerce international. Ils sont devenus, dans la pratique, des termes génériques de livraison. Il existe donc un certain risque de confusion lorsque FOB ou un autre terme américain est mentionné lors de négociations avec les commerçants américains, qu'ils soient acheteurs ou vendeurs. Comment savoir s'il s'agit du FOB de la CCI ou de l'un des six FOB américains ? Et auquel de ceux-ci fait-on référence ? Pour éliminer toute ambiguïté, il est recommandé de faire suivre l'incoterm choisi de la mention « CCI 2000 », pour indiquer qu'il s'agit de la version de 2000 de la CCI.

Voici un bref tour d'horizon des termes américains.

EX (point of origin)
Ce terme correspond à l'incoterm *EXW* de la CCI.

FOB (named inland carrier at named inland point of departure)
L'acheteur paie pour tout (dédouanement à l'exportation, transport principal, dédouanement à l'importation, déchargement), à l'exception du chargement des marchandises à l'établissement du vendeur. Ce FOB équivaut d'une certaine façon à l'incoterm « EXW chargé » de la CCI.

FOB (named inland carrier at named inland point of departure) freight prepaid to (named point of exportation)
Le vendeur assume les frais de transport jusqu'au point convenu dans l'incoterm, sans dédouaner les marchandises. Cet incoterm ressemble au FCA de la CCI, mais le vendeur n'a pas l'obligation de dédouaner la marchandise à l'exportation.

FOB (named inland carrier at named inland point of departure) freight allowed to (named point)
Le vendeur se charge de transporter les marchandises jusqu'à une destination américaine, en général une ville, qui doit absolument figurer sur le contrat. C'est le vendeur qui assume les frais de dédouanement ainsi que les frais de transport jusqu'au lieu convenu.

FOB (named inland carrier at named point of exportation)
Le vendeur se charge de livrer les marchandises jusqu'à une destination désignée, qui est normalement une ville américaine. L'acheteur assume les frais de dédouanement des marchandises. Il faut absolument y préciser le point d'achat choisi, qui est en général la ville de départ.

FOB vessel (named port of shipment)
Ce FOB est celui qui ressemble le plus à l'incoterm FOB de la CCI. Le vendeur s'occupe du transport des marchandises jusqu'au port d'embarquement convenu, sans accomplir les formalités de dédouanement à l'exportation, puis les charge à bord du navire. Le transfert des risques et des coûts s'effectue au moment où les marchandises franchissent le bastingage du navire.

FOB (named inland point in country of importation)
Ce FOB correspond à l'incoterm DDP de la CCI, que nous verrons un peu plus loin. Le vendeur s'occupe de tout sans le concours de l'acheteur. La plupart des ventes aux États-Unis ont lieu sur cette base.

FAS vessel & named port of shipment
Ce terme correspond à l'incoterm FAS de la CCI, à la différence qu'il oblige l'acheteur à compléter les formalités douanières à l'exportation.

C&F (cost and freight) named point of destination
Ce terme correspond à l'incoterm CFR, que nous verrons à la page suivante.

CIF named point of destination (cost, insurance and freight)
Ce terme correspond à l'incoterm CIF de la CCI, que nous verrons à la page 304.

Ex dock (named point of importation)
Ce terme correspond à l'incoterm DEQ de la CCI, que nous verrons à la page 311.

LES INCOTERMS DU GROUPE C

En vertu des **incoterms du groupe C (CFR, CIF, CPT et CIP)**, le vendeur organise et paie le transport principal des marchandises, mais sans assumer les risques durant le voyage. Autrement dit, les risques de perte ou de dommage de marchandises sont transférés du vendeur à l'acheteur quand la marchandise est remise au transporteur.

CFR

On utilise l'incoterm **CFR (*cost and freight* ou « coût et fret », port de destination convenu)** uniquement pour le transport fluvial ou maritime; autrement, il n'est pas valide. CFR[9] signifie que le vendeur doit organiser et payer le transport des marchandises jusqu'au port de destination désigné par l'acheteur, dans le pays de celui-ci. Il doit assumer le chargement sur le navire, les formalités de dédouanement à l'exportation, le transport principal et le déchargement, si celui-ci est mentionné dans le contrat de transport.

Les risques de perte ou de dommage sont transférés du vendeur à l'acheteur lorsque les marchandises passent le bastingage du bateau, au port d'embarquement. Cependant, l'acheteur n'est responsable des frais associés au transport qu'à partir du moment où il prend possession des marchandises, au port de destination convenu. Il se charge alors du déchargement et des formalités de dédouanement à l'importation.

À la différence de l'incoterm FOB, CFR implique deux lieux clefs : le premier est le port d'embarquement, plus précisément le bastingage du bateau, où les risques sont transférés à l'acheteur; le deuxième est le port de destination, jusqu'où le vendeur doit organiser et payer le transport de la marchandise.

La figure 7.5 (voir page suivante) illustre les obligations et responsabilités du vendeur et de l'acheteur en vertu de l'incoterm CFR.

> **Incoterms du groupe C (CFR, CIF, CPT et CIP)**
> Groupe d'incoterms en vertu desquels le vendeur a rempli son obligation de livraison quand il a dédouané la marchandise et l'a remise au transporteur avec qui il a lui-même conclu le contrat. Le vendeur assume les coûts du transport principal, mais non les risques de perte et de dommage de la marchandise durant le voyage.
>
> **CFR (*cost and freight* ou « coût et fret », port de destination convenu)**
> Incoterm pour le transport par bateau, suivant lequel le vendeur dédouane la marchandise, l'amène au port d'embarquement du transporteur avec lequel il a lui-même conclu un contrat, et la charge sur le navire. Il assume les coûts de transport jusqu'au port de destination, mais pas les risques de perte ou de dommage sur le bateau.

MISE EN SITUATION

Une entreprise française achète du mobilier de bureau fabriqué par une entreprise de Montréal. Acheteur et vendeur se sont entendus pour que les marchandises partent CFR du port de Montréal à destination de Paris, au port du Havre. Malheureusement, un bris mécanique survient au port de Montréal, lors du chargement d'un des conteneurs sur le bateau. Le conteneur tombe et les meubles se brisent sur le bateau. Qui, de l'acheteur ou du vendeur, doit aviser sa compagnie d'assurance de l'incident? L'acheteur, bien sûr, puisque, au moment de l'accident, les marchandises avaient franchi le bastingage du bateau.

---

9. On peut aussi rencontrer les graphies C&F et CAF, qui étaient les abréviations officielles dans la version des incoterms de 1990. « CAF » est ici un terme anglais pour « Cost And Freight » à ne pas confondre avec l'abréviation française de « coût, assurance et fret » utilisé pour le CIF.

Figure 7.5

CFR : les obligations et les responsabilités du vendeur et de l'acheteur

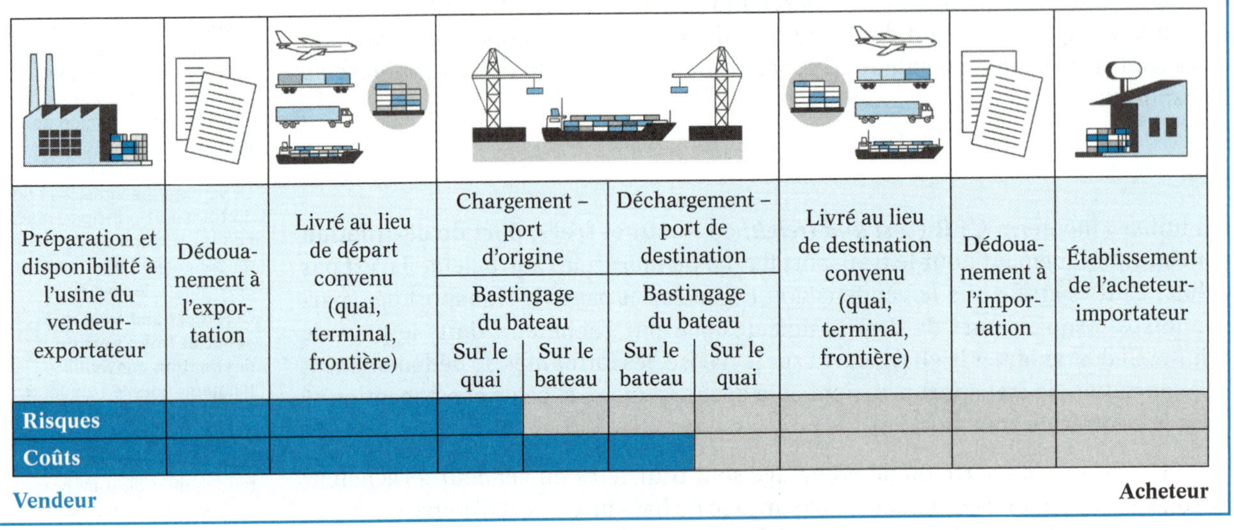

Préparation et disponibilité à l'usine du vendeur-exportateur	Dédoua-nement à l'expor-tation	Livré au lieu de départ convenu (quai, terminal, frontière)	Chargement – port d'origine		Déchargement – port de destination		Livré au lieu de destination convenu (quai, terminal, frontière)	Dédoua-nement à l'impor-tation	Établissement de l'acheteur-importateur
			Bastingage du bateau		Bastingage du bateau				
			Sur le quai	Sur le bateau	Sur le bateau	Sur le quai			

Risques									
Coûts									

Vendeur   **Acheteur**

D'une compagnie d'assurance à une autre, la perception du risque varie. Prenons l'exemple d'une marchandise quittant le port de Montréal pour être transportée vers Port Elizabeth, en Afrique du Sud. Avant la signature du contrat, l'entreprise canadienne reçoit de son courtier une soumission d'assurance maritime plus élevée que celle du courtier de l'entreprise sud-africaine. Les parties décident ainsi de faire assurer la marchandise par l'assureur sud-africain, inscrivant au contrat l'incoterm CFR. Cela permet à l'exportateur canadien d'expédier la marchandise à moindre coût.

CIF

CIF (*cost, insurance and freight* ou «coût, assurance et fret», port de destination convenu)
Incoterm pour le transport par bateau, suivant lequel le vendeur a les mêmes obligations qu'avec le CFR, mais doit, en plus, fournir à l'acheteur une assurance maritime contre le risque de perte et de dommage durant le transport par bateau.

On utilise l'incoterm **CIF** (*cost, insurance and freight* ou «**coût, assurance et fret**», **port de destination convenu**) uniquement pour le transport fluvial ou maritime ; autrement, il n'est pas valide. En plus des obligations que confère l'incoterm CFR, le CIF oblige le vendeur à souscrire à une assurance maritime au nom de l'acheteur contre les risques de perte ou de dommage des marchandises durant le voyage. Il s'agira généralement d'une assurance FAP[10] (franc d'avarie particulière), couvrant 110 % de la valeur des marchandises. Le vendeur a rempli ses obligations une fois que les marchandises sont arrivées au port de destination, car il paie le transport et l'assurance jusque-là.

Cependant, ici encore, les risques d'avaries ou de perte et d'augmentation éventuelle des coûts sont transférés à l'acheteur au moment où les marchandises franchissent le bastingage du bateau, au port d'origine. L'acheteur doit ensuite organiser le transport des marchandises dans son pays et voir au dédouanement à l'importation.

---

10. Nous traiterons des différents types d'assurance dans le chapitre 9, « L'assurance transport », p. 387.

En pratique, cet incoterm est très utilisé, car il répartit équitablement les frais et les risques entre les parties au contrat. La figure 7.6 illustre les obligations et responsabilités du vendeur et de l'acheteur en vertu de l'incoterm CIF. On voit que cette figure est identique à celle du CFR; la différence entre les deux incoterms étant que le vendeur assume le coût de l'assurance.

Figure 7.6

CIF : les obligations et les responsabilités du vendeur et de l'acheteur

Préparation et disponibilité à l'usine du vendeur-exportateur	Dédoua-nement à l'expor-tation	Livré au lieu de départ convenu (quai, terminal, frontière)	Chargement – port d'origine		Déchargement – port de destination		Livré au lieu de destination convenu (quai, terminal, frontière)	Dédoua-nement à l'impor-tation	Établissement de l'acheteur-importateur
			Bastingage du bateau		Bastingage du bateau				
			Sur le quai	Sur le bateau	Sur le bateau	Sur le quai			
Risques									
Coûts*									

Vendeur — **Acheteur**

* Tient compte du coût de l'assurance transport souscrite par le vendeur au nom de l'acheteur.

MISE EN SITUATION

Une entreprise canadienne située à Québec fait une vente CIF à une société de Hambourg, en Allemagne. La date de livraison prévue au contrat est le 25 mai. Cette date ne correspond cependant pas à la livraison de la marchandise au port allemand, mais bien au port d'embarquement (port d'origine), car, selon cet incoterm, on considère que le vendeur a rempli ses obligations dès le moment où la marchandise est à bord du bateau au port d'embarquement, et ce, au moment ou dans les délais convenus.

CPT

L'incoterm **CPT** (*carriage paid to* ou « **port payé** », **lieu de destination convenu**) est valable pour tout mode de transport. CPT signifie que le vendeur se charge du dédouanement de la marchandise à l'exportation, de la livraison et du chargement au lieu de départ, du transport et de la livraison jusqu'au lieu désigné par l'acheteur, dans le pays de l'acheteur.

CPT (*carriage paid to* ou « **port payé** », **lieu de destination convenu**) Incoterm suivant lequel le vendeur dédouane la marchandise à l'exportation et se charge du transport jusqu'au lieu désigné par l'acheteur, dans le pays de l'acheteur. Les risques sont transférés à l'acheteur lors du chargement de la marchandise sur le premier transporteur.

Les risques de perte ou de dommage sont transférés à l'acheteur au moment où les marchandises sont remises au premier transporteur. Outre le fait qu'il assume ces risques et les éventuels coûts additionnels, l'acheteur n'a qu'à se charger des procédures de dédouanement à l'importation et, éventuellement, du transport et du déchargement des marchandises à son établissement.

Normalement, selon l'incoterm CPT, c'est l'acheteur qui doit payer les frais de déchargement au lieu de destination convenu, à moins que ceux-ci ne soient inclus dans le coût du transport. Si tel est le cas, ils seront à la charge du vendeur. Pour cette raison, ce dernier doit s'assurer que la notion de frais de déchargement soit très clairement définie dans le contrat de transport. Il doit en discuter avec l'acheteur pour éviter une situation où, en refusant de payer, le destinataire contraindrait le transporteur à exiger du vendeur le paiement des frais de déchargement ou d'autres frais à assumer dans l'attente d'une solution.

La figure 7.7 illustre les obligations et les responsabilités du vendeur et de l'acheteur en vertu de l'incoterm CPT.

Figure 7.7

CPT : les obligations et les responsabilités du vendeur et de l'acheteur

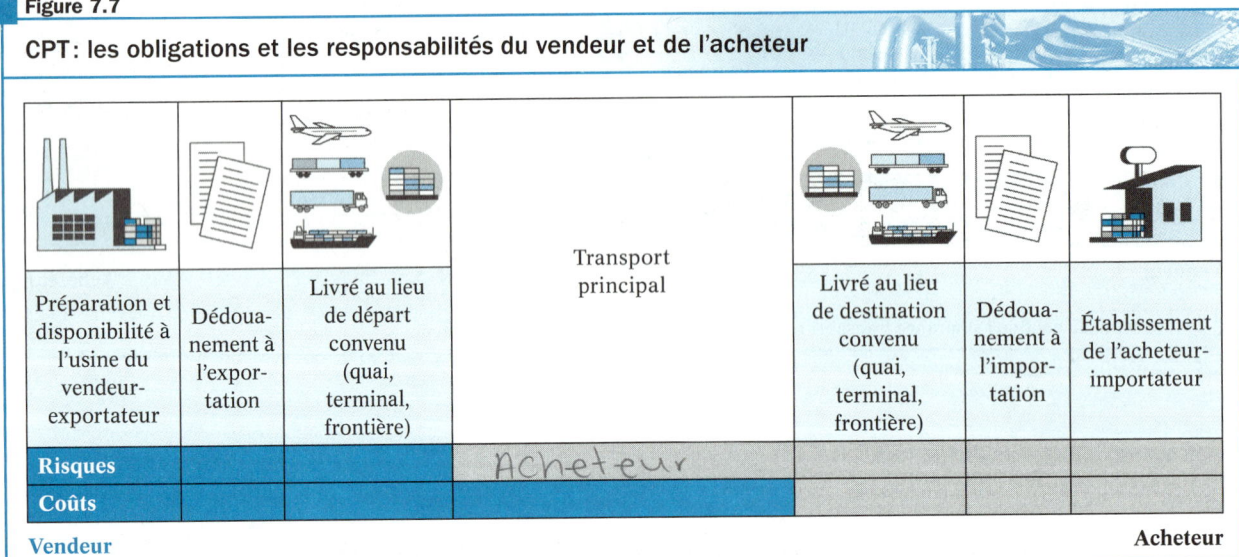

			Transport principal			
Préparation et disponibilité à l'usine du vendeur-exportateur	Dédoua-nement à l'expor-tation	Livré au lieu de départ convenu (quai, terminal, frontière)		Livré au lieu de destination convenu (quai, terminal, frontière)	Dédoua-nement à l'impor-tation	Établissement de l'acheteur-importateur
Risques			Acheteur			
Coûts						

Vendeur   **Acheteur**

CIP (*carriage and insurance paid to* ou « **port et assurance payés** », lieu de destination convenu)

Incoterm suivant lequel le vendeur dédouane la marchandise et se charge du transport jusqu'au lieu désigné par l'acheteur, dans le pays de ce dernier. Il doit en outre fournir à l'acheteur une assurance contre les risques de perte et de dommage durant le transport. Les risques sont transférés à l'acheteur lors du chargement de la marchandise sur le premier transporteur.

CIP

L'incoterm **CIP** (*carriage and insurance paid to* ou « **port et assurance payés** », **lieu de destination convenu**) est valable pour tout mode de transport[11]. En plus des obligations que confère le CPT, le CIP oblige le vendeur à souscrire à une assurance au nom de l'acheteur. Cette assurance offrira une couverture minimale contre les risques de perte et d'endommagement des marchandises durant le voyage, mais pas contre le vol.

---

11. Cet incoterm est utilisé pour le transport par voie d'eau seulement si la marchandise n'a pas à franchir le bastingage du bateau, c'est-à-dire si elle y est amenée par roulage.

Les risques de perte ou de dommage sont transférés à l'acheteur au moment où les marchandises sont remises au premier transporteur, au lieu d'origine. Outre le fait qu'il assume ces risques et les éventuels coûts additionnels, l'acheteur n'a qu'à se charger des procédures de dédouanement à l'importation et, éventuellement, du transport et du déchargement des marchandises à son établissement.

La figure 7.8 illustre les obligations et les responsabilités du vendeur et de l'acheteur en vertu de l'incoterm CIP. On voit que la figure est identique à celle du CPT ; la différence entre ces deux incoterms étant que le vendeur assume le coût de l'assurance.

Figure 7.8

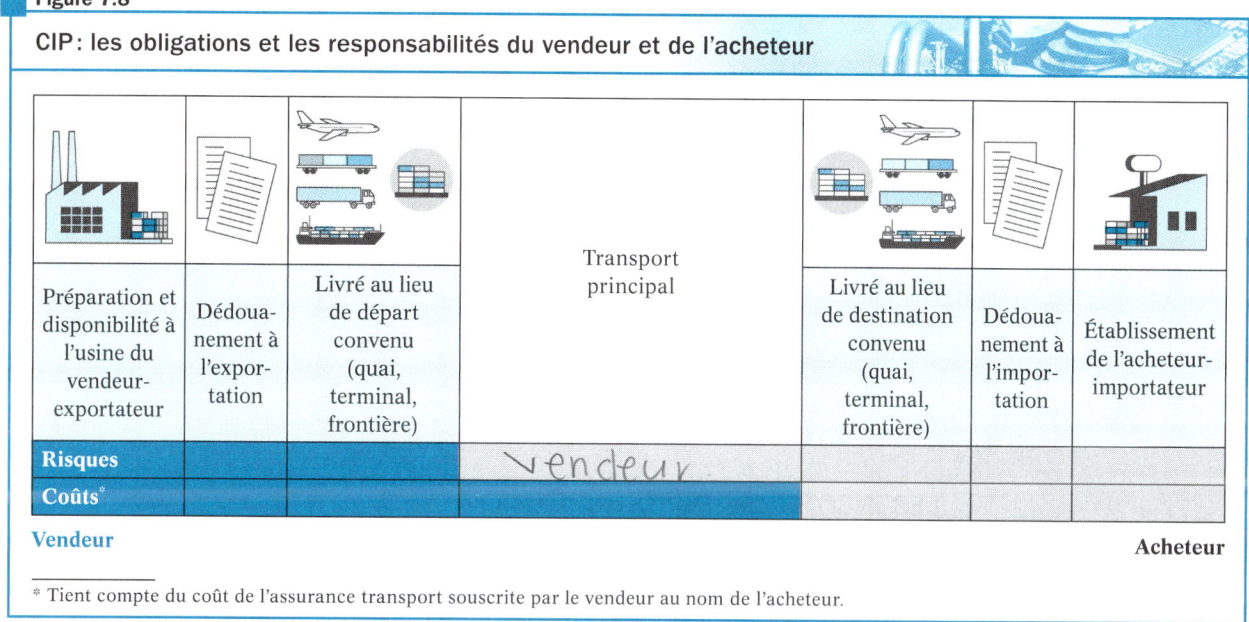

CIP : les obligations et les responsabilités du vendeur et de l'acheteur

Préparation et disponibilité à l'usine du vendeur-exportateur	Dédouanement à l'exportation	Livré au lieu de départ convenu (quai, terminal, frontière)	Transport principal	Livré au lieu de destination convenu (quai, terminal, frontière)	Dédouanement à l'importation	Établissement de l'acheteur-importateur
Risques			*Vendeur*			
Coûts*						

Vendeur   Acheteur

* Tient compte du coût de l'assurance transport souscrite par le vendeur au nom de l'acheteur.

Le tableau 7.5 (voir page suivante) résume les obligations et les responsabilités du vendeur et de l'acheteur en vertu des divers incoterms du groupe C.

LES INCOTERMS DE VENTE À L'ARRIVÉE

Les **incoterms de vente à l'arrivée** ne libèrent le vendeur de ses obligations que lorsque les marchandises arrivent à destination : le vendeur assume donc les coûts et les risques liés au transport principal. Le vendeur décharge ainsi l'acheteur de toute une série d'obligations et de risques, ce qui peut constituer un excellent argument de vente. D'autre part, il est parfois préférable pour le vendeur de rester maître des conditions de transport de ses marchandises jusqu'à leur livraison. Cela dit, il peut s'avérer problématique de recourir aux incoterms de vente à l'arrivée lorsqu'il s'agit de livrer des marchandises dans un pays en guerre. Dans ces rares cas, mieux vaut les éviter et conclure la vente en utilisant les incoterms de vente au départ.

Incoterms de vente à l'arrivée
Groupe d'incoterms en vertu desquels le vendeur assume les coûts et les risques associés au transport des marchandises jusqu'à ce qu'elles arrivent à destination.

Tableau 7.5

Les obligations et les responsabilités du vendeur (V) et de l'acheteur (A) selon les incoterms du groupe C	CFR	CIF	CPT	CIP
Emballage, documentation commerciale et préparation de la marchandise	V	V	V	V
Chargement	V	V	V	V
Acheminement vers un transporteur ou vers la frontière	V	V	V	V
Formalités douanières à l'exportation	V	V	V	V
Chargement sur le transporteur principal (et frais de port, s'il y a lieu)	V*	V*	V*	V*
Transport principal	V	V	V	V
Assurance transport	A	V	A	V
Déchargement du transporteur principal (et frais de port, s'il y a lieu)	V[a]	V[a]	V[a]	V[a]
Formalités douanières à l'importation, droits et taxes	A	A	A	A
Transport dans le pays de l'acheteur	A	A	A	A
Déchargement à l'arrivée	A	A	A	A

a. Ou A, selon le contrat de transport.
* À ce point, les risques de perte ou de dommage de marchandise sont transférés à l'acheteur.

LES INCOTERMS DU GROUPE D

Incoterms du groupe D (DAF, DES, DEQ, DDU et DDP)
Groupe d'incoterms en vertu desquels le vendeur a rempli son obligation de livraison quand la marchandise est mise à la disposition de l'acheteur au moins à la frontière, sinon dans le pays de l'acheteur. Le vendeur assume tous les frais et les risques liés à la livraison de la marchandise.

DAF (delivered at frontier ou «rendu à la frontière», lieu convenu)
Incoterm suivant lequel le vendeur dédouane la marchandise à l'exportation et l'amène au point frontalier convenu, sur un véhicule de transport d'approche non déchargé, assumant tous les coûts et les risques jusque-là.

En vertu des **incoterms du groupe D (DAF, DES, DEQ, DDU et DDP)**, le vendeur organise et paie le transport des marchandises et assume aussi les risques de perte et de dommage des marchandises lors de ce transport.

DAF

L'incoterm **DAF** (*delivered at frontier* ou «**rendu à la frontière**», **lieu convenu**) est réservé à la livraison à une frontière terrestre, donc pour le transport ferroviaire ou routier; si le point de livraison est un port, on utilisera plutôt les incoterms DES et DEQ (voir p. 310 et 311).

DAF signifie que le vendeur organise le transport des marchandises et en assume les coûts et les risques jusqu'à la frontière désignée par l'acheteur au moment de la signature du contrat. Il se charge également des formalités douanières à l'exportation. Le transfert a lieu dans la zone tampon entre les deux pays, c'est-à-dire entre le poste-frontière de sortie et le poste-frontière d'entrée. Une fois que les marchandises se trouvent à la frontière et au lieu de livraison convenus, le vendeur doit les mettre à la disposition de l'acheteur sur un véhicule de transport d'approche, non déchargé.

Le transfert des coûts et des risques de perte ou de dommage s'effectue au moment où les marchandises sont remises à l'acheteur, au point et au lieu frontaliers convenus. L'acheteur doit ensuite assumer le déchargement du véhicule de transport d'approche[12], le dédouanement à l'importation et le transport des marchandises (incluant les coûts et les risques) de la frontière jusqu'à son établissement. En pratique, de tels transbordements sont plutôt rares, la marchandise demeurant généralement dans le même véhicule jusqu'à destination finale (aucune rupture de charge à la frontière terrestre). Pour cette raison, la version 2000 de l'incoterm DAF prévoit que le vendeur peut, avec l'accord de l'acheteur et aux frais et risques de ce dernier, conclure un contrat pour la partie du transport s'étendant au-delà de la frontière, et ce, jusqu'à la destination finale. S'il y a rupture de charge, l'acheteur a la responsabilité des frais et risques qui y sont reliés.

La figure 7.9 illustre les obligations et les responsabilités du vendeur et de l'acheteur en vertu de l'incoterm DAF.

Figure 7.9

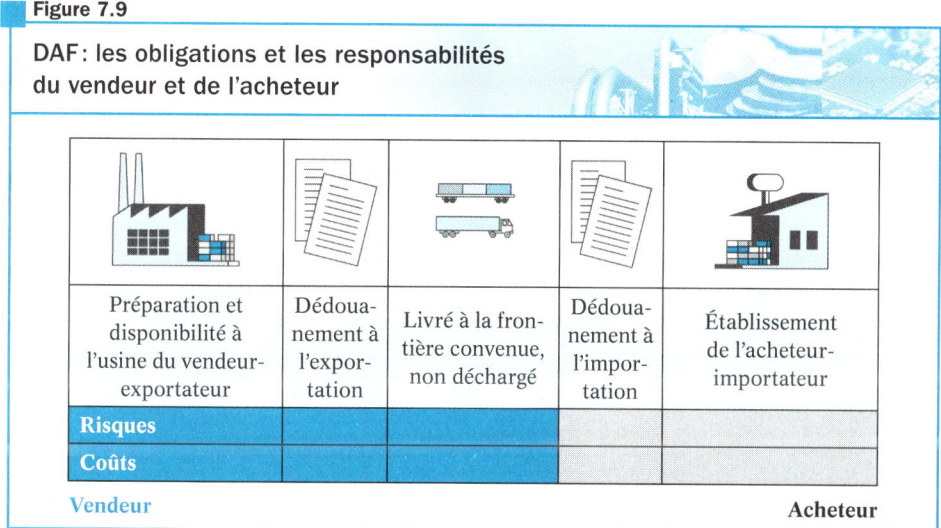

DAF : les obligations et les responsabilités du vendeur et de l'acheteur

Préparation et disponibilité à l'usine du vendeur-exportateur	Dédoua-nement à l'expor-tation	Livré à la fron-tière convenue, non déchargé	Dédoua-nement à l'impor-tation	Établissement de l'acheteur-importateur
Risques				
Coûts				

Vendeur   Acheteur

La mise en situation suivante illustre ce qu'implique précisément cet incoterm.

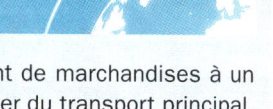

MISE EN SITUATION

Un exportateur canadien, Atoutvent, vend un plein chargement de marchandises à un acheteur du Nicaragua. Comme l'acheteur ne veut pas s'occuper du transport principal, Atoutvent consulte son courtier en transport pour connaître les coûts et les risques associés à une livraison Montréal-Nicaragua, en passant par le Mexique et le Guatemala. Il apprend que le prix du transport est très élevé, surtout à cause des risques de vol et de détournement au Mexique. Le courtier suggère de conclure la vente aux conditions DAF Laredo (à la frontière entre les États-Unis et le Mexique), puisqu'il est relativement aisé de trouver des chauffeurs allant jusque-là, et que l'acheteur saura sûrement trouver plus facilement un transporteur mexicain qui acceptera d'aller jusqu'au Nicaragua.

---

12. Cette précision a été apportée lors de la sixième révision des incoterms, en 2000.

Soulignons enfin qu'il est capital de préciser sur le contrat non seulement la frontière convenue pour la livraison, mais aussi la ville frontalière. Comment interpréter, par exemple, la mention DAF Canada-É.-U., étant donné qu'il existe 119 postes frontaliers entre le Canada et les États-Unis ? Dans quelle ville canadienne l'acheteur devrait-il prendre possession des marchandises ? Où le transfert des coûts et des risques pourrait-il s'effectuer ?

DES

DES (*delivered ex ship* ou « **rendu non déchargé** », **port de destination convenu**)
Incoterm pour le transport par bateau, suivant lequel le vendeur dédouane la marchandise à l'exportation, l'amène au port d'embarquement du transporteur avec lequel il a conclu un contrat et la charge sur le navire. Il assume tous les coûts et les risques jusqu'au port de destination, avant le déchargement.

On utilise l'incoterm **DES** (*delivered ex ship* ou « **rendu non déchargé** », **port de destination convenu**) uniquement pour le transport fluvial ou maritime ; autrement, il n'est pas valide. DES signifie que le vendeur doit organiser le transport principal des marchandises et en assumer les coûts et les risques. Évidemment, il doit dédouaner les marchandises à l'exportation et les transporter vers le port d'embarquement. Le vendeur a donc rempli ses obligations lorsque les marchandises se trouvent à la disposition de l'acheteur, à bord du bateau et à l'endroit de déchargement convenu, de façon qu'elles puissent être déchargées par des méthodes convenant à leur nature.

Le transfert des coûts et des risques s'effectue au moment où les marchandises, toujours à bord du navire et non dédouanées à l'importation, parviennent au point de déchargement du port de destination. Dès lors, l'acheteur assume le dédouanement ainsi que les coûts et les risques associés au déchargement des marchandises au port de destination et au transport jusqu'à son établissement.

La figure 7.10 illustre les obligations et les responsabilités du vendeur et de l'acheteur en vertu de l'incoterm DES.

Figure 7.10

DES : les obligations et les responsabilités du vendeur et de l'acheteur

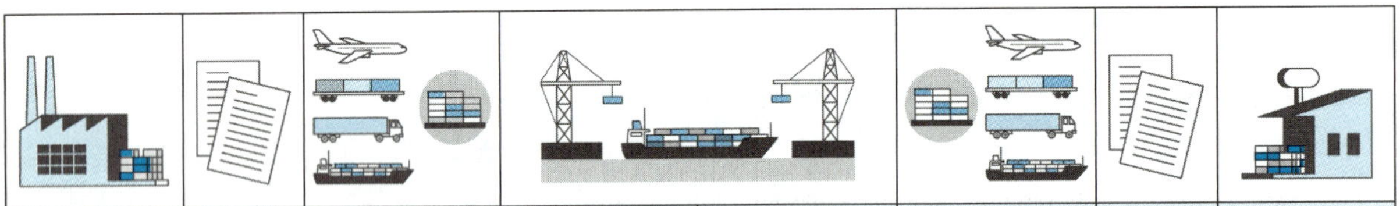

Préparation et disponibilité à l'usine du vendeur-exportateur	Dédouanement à l'exportation	Livré au lieu de départ convenu (quai, terminal, frontière)	Chargement – port d'origine		Déchargement – port de destination		Livré au lieu de destination convenu (quai, terminal, frontière)	Dédouanement à l'importation	Établissement de l'acheteur-importateur
			Bastingage du bateau		Bastingage du bateau				
			Sur le quai	Sur le bateau	Sur le bateau	Sur le quai			
Risques									
Coûts									

Vendeur — Acheteur

On a recours à cet incoterm lorsqu'on ne peut déterminer d'avance l'acheteur d'une marchandise. C'est le cas des matières premières, qui font souvent l'objet de plusieurs achats et ventes ou reventes, comme le montre la mise en situation suivante.

MISE EN SITUATION

Un négociant de sucre situé à Chicago achète 100 000 tonnes de sucre d'une entreprise brésilienne dans le but de les revendre à des acheteurs potentiels. Ne voulant pas prendre possession de la marchandise, le négociant signe avec son partenaire un contrat DES, puis tente de revendre la marchandise en lot avant l'arrivée du bateau.

DEQ

On utilise l'incoterm **DEQ** (*delivered ex quay* ou « **rendu à quai** », **port de destination convenu**) uniquement pour le transport fluvial ou maritime ; autrement, il n'est pas valide. Les implications contractuelles du DEQ correspondent en gros à celles du DES, à la différence que le vendeur doit aussi voir au déchargement de la marchandise sur le quai du port de destination convenu.

Le transfert des coûts et des risques s'effectue au moment où les marchandises, non dédouanées, sont déchargées au port de destination. Dès lors, l'acheteur assume le dédouanement[13] à l'importation ainsi que les coûts et les risques du transport à son établissement.

On a rarement recours à cet incoterm dans les transactions internationales. On l'utilise surtout dans les cas où la marchandise déchargée dans le port de destination doit être inspectée à même le quai, en vue d'en vérifier le poids et la qualité et d'en déterminer le prix, avant que l'acheteur n'en prenne possession. Le DEQ est aussi pertinent lorsque le déchargement à quai de la marchandise, faisant partie du transport proprement dit, est assurée par le personnel du bateau. C'est le cas des céréaliers, qui déchargent leur cargaison dans des silos, et des vraquiers transportant un liquide, qui pompent leur marchandise dans des citernes à terre.

Les parties doivent convenir non seulement d'un port de destination, mais aussi d'un quai de déchargement de la marchandise. Si aucun quai n'est déterminé, le vendeur choisira celui qui lui convient le mieux. Ce choix peut s'avérer d'une importance majeure, comme en fait foi la mise en situation suivante.

DEQ (*delivered ex quay* ou « **rendu à quai** », **port de destination convenu**) Incoterm pour le transport par voie d'eau, suivant lequel le vendeur dédouane la marchandise à l'exportation, l'amène au port d'embarquement du transporteur avec lequel il a conclu un contrat, la charge sur le bateau, puis la décharge sur le quai du port de destination. Il assume tous les coûts et les risques jusque-là.

---

13. Cette précision a été apportée lors de la dernière révision des incoterms, en 2000.

MISE EN SITUATION

Le quai choisi par les parties n'est pas disponible au moment de l'arrivée du bateau, et ce dernier est redirigé vers un autre quai par l'autorité portuaire. Or, l'acheteur avait prévu faire charger les marchandises dans un train pour les acheminer à l'intérieur du pays. Le quai initialement choisi était pourvu d'un accès au chemin de fer, mais pas l'autre. L'incoterm DEQ prévoit que les frais de déplacement de la marchandise jusqu'au train, qui peuvent être très élevés, sont assumés par le vendeur.

La figure 7.11 illustre les obligations et les responsabilités du vendeur et de l'acheteur en vertu de l'incoterm DEQ.

Figure 7.11

DEQ: les obligations et les responsabilités du vendeur et de l'acheteur

Préparation et disponibilité à l'usine du vendeur-exportateur	Dédoua-nement à l'expor-tation	Livré au lieu de départ convenu (quai, terminal, frontière)	Chargement – port d'origine		Déchargement – port de destination		Livré au lieu de destination convenu (quai, terminal, frontière)	Dédoua-nement à l'impor-tation	Établissement de l'acheteur-importateur
			Bastingage du bateau		Bastingage du bateau				
			Sur le quai	Sur le bateau	Sur le bateau	Sur le quai			
Risques									
Coûts									

Vendeur   **Acheteur**

Notons que si, pour une raison ou pour une autre, le vendeur accepte d'assumer aussi les risques et les frais relatifs à la manutention des marchandises depuis le quai du port de destination jusqu'à un autre endroit, il aura avantage à utiliser les incoterms DDU ou DDP plutôt que le DEQ.

DDU

L'incoterm **DDU** (*delivered duty unpaid* ou « **rendu droits dus** », **lieu de destination convenu**) est valable pour tout mode de transport. DDU signifie que le vendeur doit organiser le transport des marchandises à partir de son établissement jusque dans le pays de l'acheteur, et y mettre les marchandises à la disposition de l'acheteur au lieu convenu, déchargement compris.

DDU (*delivered duty unpaid* ou « **rendu droits dus** », **lieu de destination convenu**) Incoterm suivant lequel le vendeur organise le transport de la marchandise et en assume tous les coûts et les risques jusqu'au lieu convenu dans le pays de l'acheteur, y compris le déchargement. L'acheteur est responsable du dédouanement et du transport à son établissement.

Le transfert des risques de perte et de dommage s'effectue au moment où l'acheteur prend possession des marchandises déchargées dans son pays, au point de livraison convenu. Dès lors, l'acheteur n'assume que les formalités douanières à l'importation, ainsi que, s'il y a lieu, le transport jusqu'à son établissement.

La figure 7.12 illustre les obligations et responsabilités du vendeur et de l'acheteur en vertu de l'incoterm DDU.

Figure 7.12

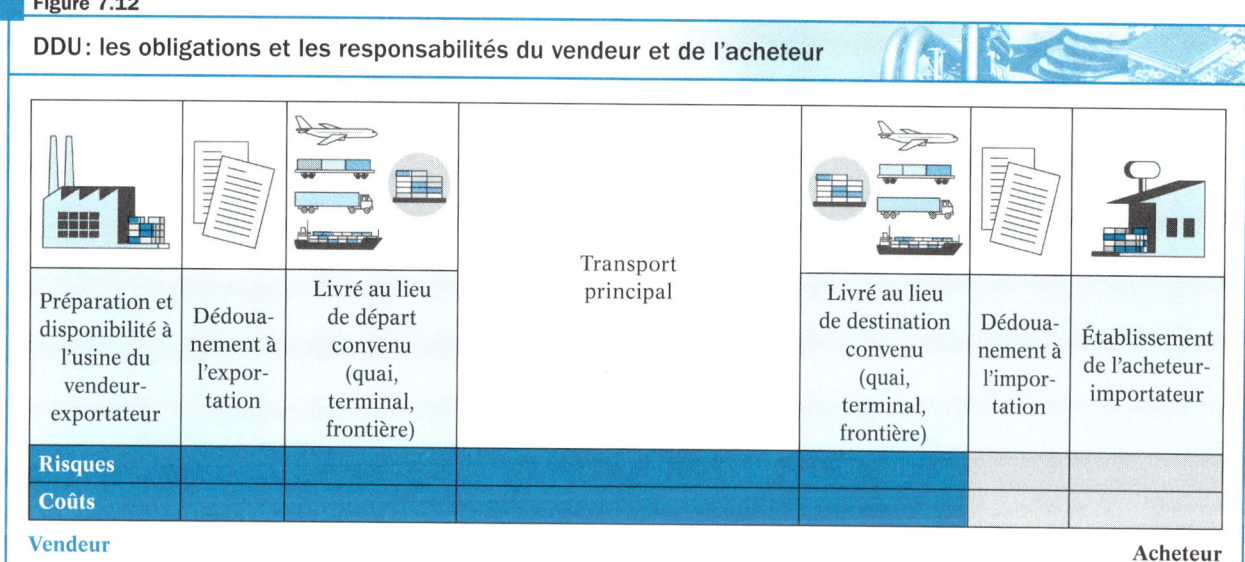

DDU : les obligations et les responsabilités du vendeur et de l'acheteur

Préparation et disponibilité à l'usine du vendeur-exportateur	Dédoua-nement à l'expor-tation	Livré au lieu de départ convenu (quai, terminal, frontière)	Transport principal	Livré au lieu de destination convenu (quai, terminal, frontière)	Dédoua-nement à l'impor-tation	Établissement de l'acheteur-importateur
Risques						
Coûts						

Vendeur   Acheteur

DDP

L'incoterm **DDP** (***delivered duty paid*** ou « **rendu droits acquittés** », **lieu de destination convenu**) est valable pour tout mode de transport. DDP est l'incoterm qui attribue le maximum d'obligations au vendeur, puisque le transfert des coûts et des risques ne s'effectue qu'au moment où les marchandises sont livrées à l'établissement de l'acheteur, les formalités de dédouanement à l'importation ayant été réglées par le vendeur.

Seul le déchargement des marchandises à son établissement incombe à l'acheteur (sauf mention contraire dans le contrat de vente, bien sûr)[14].

La figure 7.13 (voir page suivante) illustre les obligations et les responsabilités du vendeur et de l'acheteur en vertu de l'incoterm DDP

DDP (***delivered duty paid*** ou « **rendu droits acquittés** », **lieu de destination convenu**) Incoterm suivant lequel le vendeur organise le transport de la marchandise et en assume tous les coûts et risques jusqu'à l'établissement de l'acheteur. L'acheteur n'a plus qu'à décharger la marchandise chez lui.

---

14. Le déchargement final incombe toujours à l'acheteur, sauf mention contraire dans le contrat. Cette précision a été apportée lors de la sixième révision des incoterms, en 2000.

Figure 7.13

DDP: les obligations et les responsabilités du vendeur et de l'acheteur

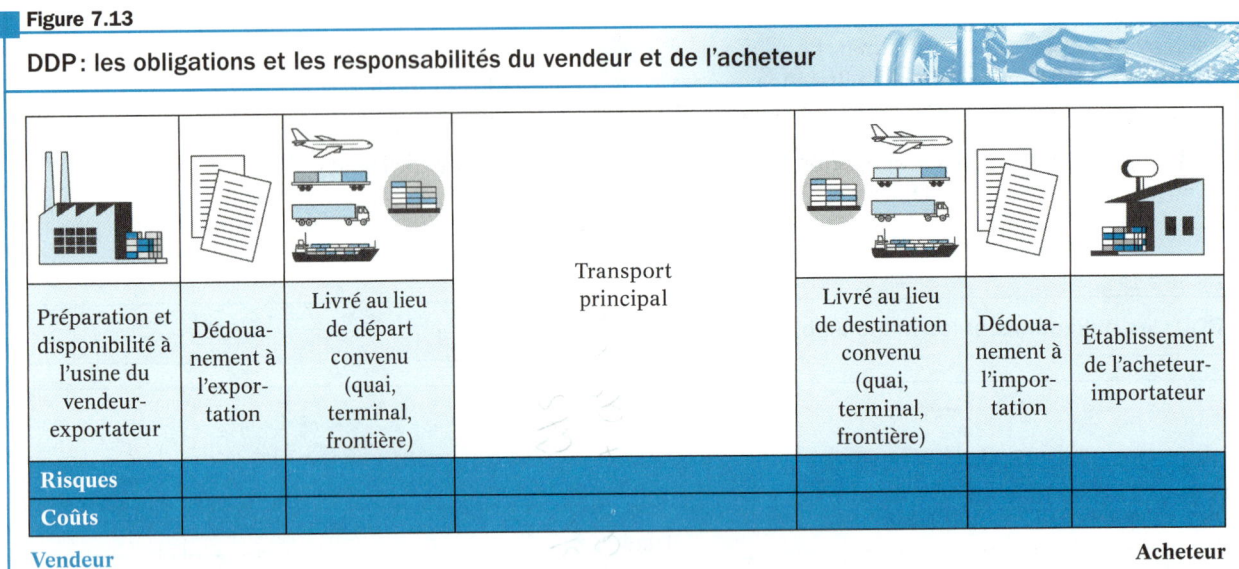

		Livré au lieu de départ convenu (quai, terminal, frontière)	Transport principal	Livré au lieu de destination convenu (quai, terminal, frontière)	Dédoua-nement à l'impor-tation	Établissement de l'acheteur-importateur
Préparation et disponibilité à l'usine du vendeur-exportateur	Dédoua-nement à l'expor-tation					
Risques						
Coûts						

Vendeur   **Acheteur**

Le tableau 7.6 résume les obligations et les responsabilités du vendeur et de l'acheteur en vertu de chacun des cinq incoterms du groupe D.

Tableau 7.6

Les obligations et les responsabilités du vendeur (V) et de l'acheteur (A) selon les incoterms du groupe D

	DAF	DES	DEQ	DDU	DDP
Emballage, documentation commerciale et préparation de la marchandise	V	V	V	V	V
Chargement	V	V	V	V	V
Acheminement vers un transporteur ou vers la frontière	V	V	V	V	V
Formalités douanières à l'exportation	V	V	V	V	V
Chargement sur le transporteur principal (et frais de port, s'il y a lieu)	s.o.	V	V	V	V
Transport principal	A et V*	V*	V	V	V
Assurance transport	V	V	V	V	V
Déchargement du transporteur principal (et frais de port, s'il y a lieu)	A	A	V*	V	V
Formalités douanières à l'importation, droits et taxes	A	A	A	A	V
Transport dans le pays de l'acheteur	A	A	A	V	V
Déchargement à l'arrivée	A	A	A	A*	A*

* À ce point, les risques de perte ou de dommage de marchandise sont transférés à l'acheteur.

MISES EN GARDE

Étant donné que les incoterms de la CCI font régulièrement l'objet de révisions, et compte tenu de l'existence des FOB américains, il est primordial de porter attention à la répartition des coûts et des risques entre le vendeur et l'acheteur. Ceux-ci doivent mentionner, dans le contrat de vente qui les lie de même que dans toute correspondance qu'ils échangent à ce sujet, la version des incoterms qu'ils entendent utiliser et respecter ainsi que le lieu ou le port de destination convenu. Par exemple, si un vendeur souhaite utiliser l'incoterm FCA jusqu'à Sherbrooke, il précisera « FCA Sherbrooke (incoterm CCI 2000) ».

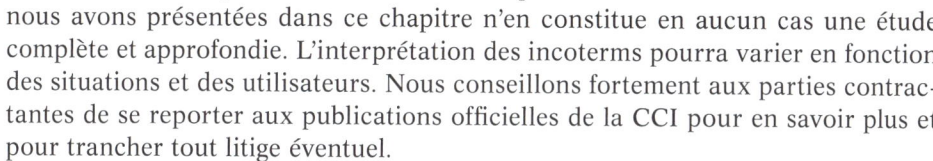

D'autre part, l'aperçu des incoterms de la CCI et de leurs implications contractuelles que nous avons présentées dans ce chapitre n'en constitue en aucun cas une étude complète et approfondie. L'interprétation des incoterms pourra varier en fonction des situations et des utilisateurs. Nous conseillons fortement aux parties contractantes de se reporter aux publications officielles de la CCI pour en savoir plus et pour trancher tout litige éventuel.

Enfin, les versions françaises des incoterms que nous avons données dans ce chapitre constituent des expressions officielles et légalement légitimes, et non pas une traduction qui pourrait être contestée. Toutefois, force est de constater que la langue d'origine des incoterms est l'anglais, et que leur utilisation est internationale. Aussi, l'utilisation de la version française des incoterms pourrait engendrer des problèmes d'incompréhension. Pour cette raison, nous avons aussi présenté les noms anglais des incoterms, que nous recommandons de toujours utiliser en consultant le tableau des mots clés de ce chapitre à la page 323.

Les incoterms de la CCI constituent une norme reconnue dans le monde entier. À ce titre, comme toutes les autres normes et standards (ISO, CSA, ULC), leur appellation ne doit souffrir d'aucune approximation. Par exemple, il est interdit d'utiliser, à la place de CFR ou de CIF, abréviations standardisées et reconnues par la CCI, le sigle CAF, qui peut être confondu avec *currency adjustment factor* (surcharge d'ajustement monétaire)[15] dans le fret maritime, C+F, C&F ou d'autres mentions douteuses que l'on rencontre encore. Comme tout standard, il faut y faire explicitement référence. Comme dans le cas des chevaux DIN[16], de la norme ISO ou du standard UIT[17], les trois lettres d'un incoterm doivent être suivies, outre des lieux convenus, de la mention « incoterm », voire « incoterm CCI, année de la version désignée ».

---

15. Cette notion sera vue au chapitre 8, « Le transport international de marchandises », p. 331.
16. Puissance d'un moteur exprimé selon une norme allemande
17. Le standard de communication adopté par plusieurs entreprises offrant un service de téléphonie Internet.

Figure 7.14

Vue d'ensemble des 13 incorterms

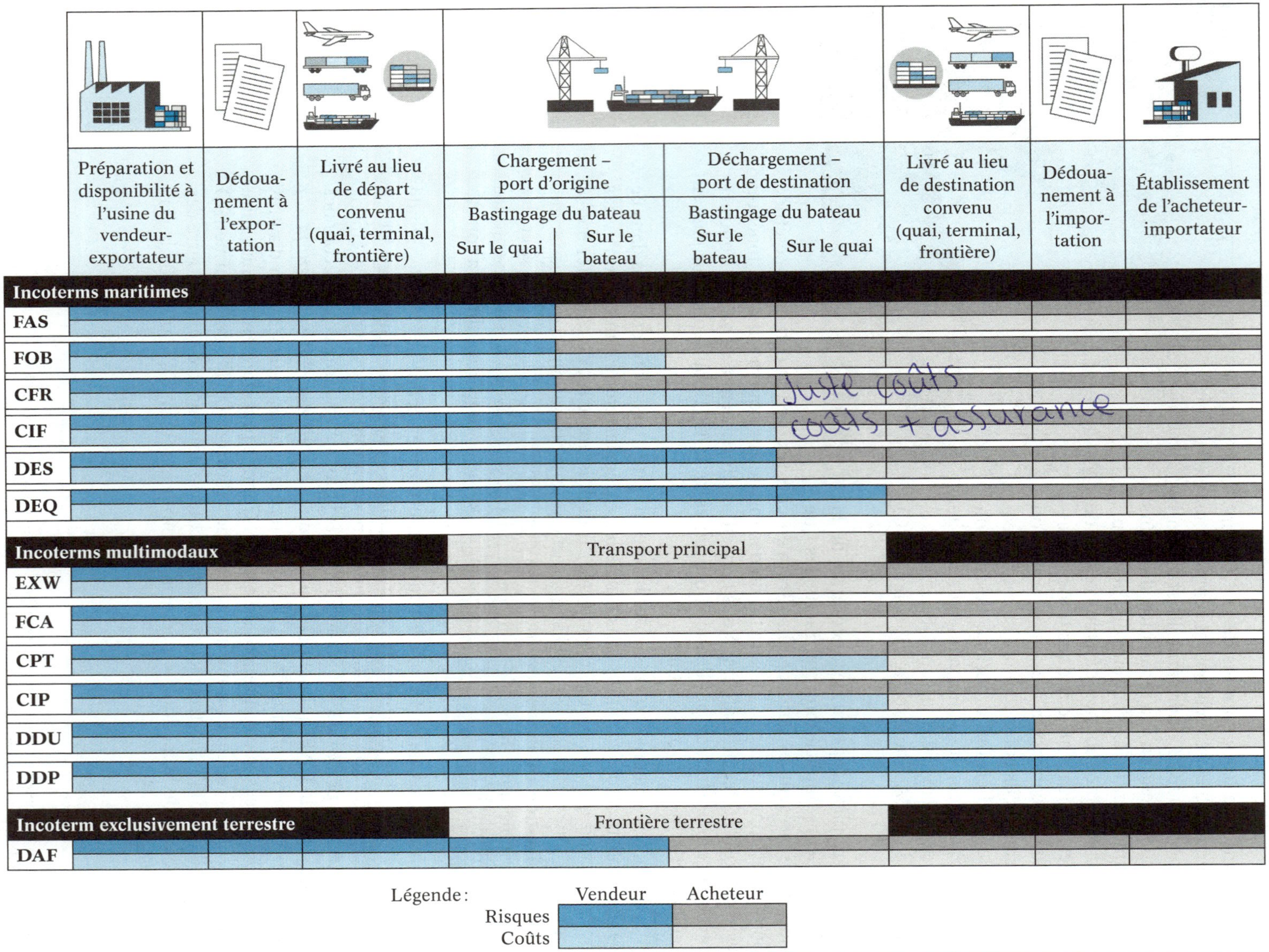

III. LES FACTEURS LIÉS AU CHOIX DES INCOTERMS

OBJECTIF 5

Pouvoir déterminer l'incoterm qu'il convient de choisir dans une situation donnée.

LES FACTEURS ENVIRONNEMENTAUX

Selon des documents émanant des HEC Montréal[18] et de la CCI Belgique[19], des facteurs environnementaux sont susceptibles d'influencer la sélection des incoterms. Voici les plus importants de ces facteurs[20].

LA VALEUR DE L'EXPÉDITION

Plus la valeur de la marchandise expédiée est élevée, plus l'entreprise exportatrice a tendance à utiliser l'incoterm EXW ou un autre incoterm de vente au départ. Dans le cas d'une expédition de faible valeur, les exportateurs sont plus enclins à utiliser des incoterms des vente à l'arrivée. Ainsi, la valeur de la marchandise expédiée a un effet sur le choix des incoterms : les exportateurs tendent à assurer le transport jusqu'aux installations des clients si la valeur de l'expédition est faible, et optent plutôt pour les incoterms EXW, FCA, FAS ou FOB, laissant ainsi la charge et la responsabilité du transport principal à l'acheteur, si la valeur de l'expédition est importante. On constate ainsi que les entreprises exportatrices considèrent les incoterms comme un moyen de gérer le risque.

LES CARACTÉRISTIQUES DU CLIENT

Cette utilisation des incoterms comme mode de gestion du risque est encore plus flagrante en ce qui a trait au risque-client. En exportant à un client dont les antécédents de paiement sont bons, les entreprises ont tendance à recourir à un incoterm du groupe C ou D (plus grande responsabilité du vendeur). Si elles font plutôt affaire avec un nouveau client ou avec un client à risque, elles optent plutôt pour un incoterm du groupe E ou F (responsabilité moindre du vendeur).

LE RISQUE-PAYS

Les incoterms choisis pour des pays à risque sont sensiblement les mêmes que dans les cas de clients à risque. Les entreprises exportant vers des pays exposés à un risque de guerre élevé ou dont les autorités douanières sont corrompues ont tendance à opter pour l'incoterm EXW. Comme le risque-client, le risque-pays amène souvent les exportateurs à laisser le transport principal à la charge de l'acheteur.

---

18. Nicolas Hien, Gilbert Laporte et Jacques Roy, *Sélection et utilisation des incoterms dans les entreprises exportatrices québécoises*, s.d., [www.zonecours.hec.ca/documents/A2006-1-937086.incoterms-L&M.pdf], (3 mars 2009).

19. CCI Belgique, *Enquête sur l'application et la révision des incoterms 2000*, Bruxelles, s.d., [www.iccwbo.be/index.html ?file=143], (3 mars 2009).

20. Nicolas Hien, « Présentation des résultats d'un sondage auprès des exportateurs : Les incoterms comme mode de gestion du risque », *Gestion et logistique*, s.d., [www.gestionlogistique.com/httpdocs/visionner.php ?id=189], (3 mars 2009).

L'INTENSITÉ CONCURRENTIELLE

L'intensité de la concurrence dans le pays de destination joue aussi sur le choix des incoterms. Lorsqu'elle est forte, les exportateurs cherchent à augmenter leur offre de service en prenant en charge le transport principal afin d'offrir à leurs clients potentiels des prix comparables à ceux des producteurs du pays. Ils optent alors pour les incoterms des groupes C et D.

LE POUVOIR DE NÉGOCIATION

Si le pouvoir de négociation du client est grand, un exportateur doit opter pour un incoterm du groupe C ou D, bien que, dans ce cas, le client soit souvent en position d'imposer l'incoterm de son choix. Au contraire, si c'est l'exportateur qui dispose d'un important pouvoir de négociation, il doit recourir à un incoterm du groupe E ou F. Les exportateurs préfèrent ainsi les incoterms de vente au départ, tandis que leurs clients penchent pour ceux du groupe C ou pour les incoterms de vente à l'arrivée (groupe D). Cette polarisation illustre bien l'importance de la négociation et du contexte dans lequel elle se déroule.

OBJECTIF 6

Comprendre l'importance des incoterms dans le calcul des coûts de l'exportations.

LES COÛTS DE L'EXPORTATION

Nous venons de dresser un portrait assez complet des 13 incoterms de la Chambre de commerce internationale. Nous examinerons maintenant de plus près leur utilité à l'aide de deux exemples illustrant les opérations quotidiennes d'entreprises exportatrices.

Exemple 1

Votre entreprise, située à Toronto, exporte des sacs à main à travers le monde *via* le port de Montréal ou celui de Vancouver. Vous recevez une demande de prix de la part d'un client égyptien dont l'entreprise est située au Caire. Ce dernier aimerait obtenir une soumission selon les incoterms suivants :

- EXW Toronto ;
- FAS Montréal ;
- FOB Montréal ;
- CFR Alexandrie (ville portuaire du nord de l'Égypte) ;
- CIF Alexandrie ;
- DDP Caire.

Vous vérifiez votre structure de coût auprès de votre département de comptabilité, qui vous fournit les informations suivantes :

- Votre marge de profit doit se situer à 20 % du coût de revient ;
- Les frais relatifs aux formalités douanières à l'exportation sont de 200 CAD ;

- L'acheminement de la marchandise par camion vers Montréal coûte 500 CAD ;

- Le coût de revient des sacs à main est de 50 000 CAD ;

- L'emballage de la marchandise pour l'exportation coûte 800 CAD ;

- Le chargement de la marchandise sur le bateau au port de Montréal coûte 200 CAD ;

- Le transport maritime Montréal-Alexandrie coûte 3 000 USD ;

- L'acheminement de la marchandise par camion du port d'Alexandrie vers le Caire coûte 1 500 EGP[21] ;

- Les frais relatifs aux formalités douanières à l'importation sont de 650 EGP ;

- Les frais de dédouanement de la marchandise sont de 20 000 EGP ;

- L'assurance maritime coûte 600 USD ;

- On suppose que 1 CAD = 0,985 USD et que 1 CAD = 5,24 EGP.

Soumission EXW Toronto

Selon cet incoterm, le vendeur est seulement responsable de l'emballage de la marchandise.

+	Coût de revient des sacs à main	50 000 CAD
+	Marge de profit 20 %	10 000 CAD
	Emballage de la marchandise pour l'exportation	800 CAD
	TOTAL	**60 800 CAD**

Soumission FAS Montréal

En plus de ce qu'exige l'incoterm EXW, le vendeur est responsable du dédouanement à l'exportation et de l'acheminement de la marchandise vers le port de Montréal.

+	EXW Toronto	60 800 CAD
+	Formalités douanières à l'exportation	200 CAD
	Transport par camion vers Montréal	500 CAD
	TOTAL	**61 500 CAD**

Soumission FOB Montréal

En plus de ce qu'exige l'incoterm FAS, le vendeur est responsable du chargement de la marchandise à bord du bateau au port de Montréal.

+	FAS Montréal	61 500 CAD
	Le chargement de la marchandise sur le bateau	200 CAD
	TOTAL	**61 700 CAD**

---

21. EGP : code ISO de la livre égyptienne (*Egyptian Pound*).

Soumission CFR Alexandrie

En plus de ce qu'exige l'incoterm FOB, le vendeur est responsable du transport maritime vers le port d'Alexandrie.

+	FOB Montréal	61 700 CAD
	Le transport maritime (3 000 USD ÷ 0,985)	3 046 CAD
	TOTAL	**64 746 CAD**

Soumission CIF Alexandrie

En plus de ce qu'exige l'incoterm CFR, le vendeur doit souscrire à une assurance maritime en faveur de l'acheteur.

+	CFR Alexandrie	64 746 CAD
	Assurance maritime (600 USD ÷ 0,985)	609 CAD
	TOTAL	**65 355 CAD**

Soumission DDP Le Caire

En plus de ce qu'exige l'incoterm CIF, le vendeur doit s'occuper des formalités douanières à l'importation, acquitter les frais de dédouanement et livrer la marchandise au lieu convenu entre les parties (souvent chez l'acheteur).

+	CIF Alexandrie	65 355 CAD
+	Les formalités douanières à l'importation (650 EGP ÷ 5,24)	124 CAD
+	Les frais de dédouanement (20 000 EGP ÷ 5,24)	3 817 CAD
+	L'acheminement par camion vers Le Caire (1 500 ÷ 5,24)	286 CAD
	TOTAL	**69 582 CAD**

Exemple 2

Vous êtes l'acheteur principal d'une entreprise manufacturière située à Montréal. Vous recherchez un équipement de production et vous avez reçu les soumissions suivantes pour trois machines identiques :

- Offre n° 1 : 80 000 EUR, FOB Livorno Italie, d'un fournisseur italien.

- Offre n° 2 : 115 000 USD, CIF Montréal, d'un fournisseur américain.

- Offre n° 3 : 130 000 CAD, DDP Montréal, d'un fournisseur australien.

Voici certains coûts obtenus de votre courtier :

• Transport maritime Livorno-Montréal	10 000 CAD
• Assurance maritime	0,6 % de la valeur (CFR + 10 %)
• Frais de déchargement au port de Montréal	1 500 CAD
• Transport du port de Montréal vers l'entreprise	2 200 CAD
• Formalités douanières à l'importation	250 CAD
• Frais de douanes	4 000 CAD

Au moment de l'achat, 1 EUR = 1,40 CAD et 1 USD = 1,03 CAD.

Laquelle des trois offres choisirez-vous ?

Pour faire le meilleur choix, vous devez comparer les trois offres selon le même incoterm. Pour obtenir un prix DDP, vous devez ajouter des frais, assumés par l'acheteur, à l'incoterm FOB et à l'incoterm CIF. De plus, vous devez convertir les devises étrangères en CAD dans le but de mieux comparer les trois offres. Le tableau 7.7 fait la synthèse des trois offres.

Tableau 7.7

Comparaison des trois offres de l'exemple 2

	Fournisseur italien	Fournisseur américain	Fournisseur australien
FOB	80 000 EUR × 1,40 112 000 CAD		
CFR (+ transport maritime)	+ 10 000 CAD 122 000 CAD		
CIF (+ assurance maritime)	+ 805 CAD[a] 122 805 CAD	115 000 USD × 1,03 118 450 CAD	
DDP (+ frais de déchargement) (+ formalités douanières à l'importation) (+ frais de douane) (+ transport vers les locaux de l'entreprise)	+ 1 500 CAD + 250 CAD + 4 000 CAD + 2 200 CAD **130 755 CAD**	+ 1 500 CAD + 250 CAD + 4 000 CAD + 2 200 CAD **126 400 CAD**	**130 000 CAD**

a. Calculé selon la formule 0,6 % x (122 000 x 1,1) = 805,20 CAD, arrondi à 805 CAD.

Résultat, le fournisseur américain est le moins cher.

Le Canada et ses partenaires commerciaux

LA NORVÈGE

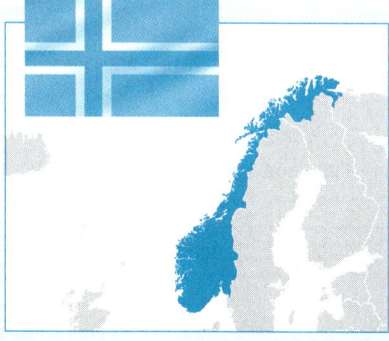

La Norvège et le Canada entretiennent des relations diplomatiques officielles depuis le 24 janvier 1942. Nordiques, les deux pays partagent aussi le fait d'avoir une population relativement faible dispersée sur un grand territoire, d'avoir deux langues officielles et de toujours se classer parmi les premiers en matière de qualité de vie. Dans des organisations multilatérales telles que l'OTAN, l'ONU, l'OSCE, l'OCDE et l'OMC, les deux pays collaborent étroitement.

Méconnue des Canadiens, la Norvège semble plus lointaine qu'elle ne l'est en réalité. La Norvège, pays prospère de l'Espace économique européen occupant le huitième rang en ce qui a trait aux exportations et aux importations avec le Canada, compte environ 5 millions d'habitants. Comme le montrent les tableaux suivants, en 2007, le Canada a importé pour 5,3 milliards de CAD de produits de la Norvège, dont environ 90 % en pétrole. La même année, les exportations du Canada vers la Norvège ont atteint 3,68 milliards de CAD (deux fois plus qu'en 2006), et elles étaient composées surtout de nickel et de ses dérivés.

De nos jours, la Norvège se distingue du reste de l'Europe par son niveau de vie, bien plus élevé qu'ailleurs.

Comptant parmi les États les plus pauvres d'Europe occidentale il y a 30 ans, le pays a su profiter des richesses naturelles de son domaine maritime, dont les gisements de pétrole en mer. En moins de 20 ans, la société norvégienne, très ancrée dans ses traditions, a évolué vers une société de consommation. De cette mutation découlent des occasions d'affaires pour les entreprises canadiennes, notamment les PME.

Dans le domaine pétrolier, l'incoterm utilisé par les producteurs norvégiens et par les pays membres de l'OPEP est une variante du CIF, soit le CIF ASWP (*Any Safe World Port*), ce qui rend beaucoup plus flexible le transport des produits pétroliers en mer. Le vendeur est responsable du transport jusqu'au port de destination … pourvu qu'il soit considéré comme sécuritaire. Le transport par voie d'eau étant bien adapté au transport de grandes quantités de liquides, le pétrole peut franchir d'importantes distances et ainsi faire l'objet de transactions commerciales entre des pays distants les uns des autres.

Les tableaux 7.8 et 7.9 donnent un aperçu du commerce international entre le Canada et la Norvège pour les dernières années.

Sources : Shirley Wolff Serafini, *Le Canada et la Norvège. 60 ans de relations diplomatiques*, Ambassade du Canada en Norvège, 2008, [www.geo.international.gc.ca/canada-europa/norway/embassy/ambassadorop1-fr.aspx], (3 mars 2009) ; Olivier Remond, « L'essentiel d'un marché Norvège », *Informations Pays. Les publications des missions économiques*, septembre 2007, [www.missioneco.org/Norvege/documents_new.asp?V=1_PDF_138613], (3 mars 2009).

Tableau 7.8

Les importations canadiennes de la Norvège par type de produit, en milliers de CAD

	2006	2007	2008
Huiles de pétrole ou de minéraux bitumineux brutes	4 929 252	4 772 910	5 640 952
Ferromanganèse contenant moins de 3 % de carbone	38 579	35 652	115 504
Huiles de pétrole ou de minéraux bitumineux non brutes incluant les huiles légères	179 402	212 519	93 883
Parties de machines et d'appareils mécaniques ayant une fonction propre	8 357	7 418	17 325
Appareils d'émission pour les signaux radiophoniques, téléphoniques, télévisuels ou de téléguidage	–	16 223	15 359
Munitions, projectiles et leurs parties en incluant les bombes, les grenades, les torpilles, les mines et les missiles	137	3 690	14 786
Ferrosilicomanganèse	6 717	7 543	13 996
Fromages	11 354	15 117	12 845
Conducteurs électriques supportant une tension supérieure à 1000 V	53	2	11 406
Sièges rembourrés	7 302	8 530	10 927
Total partiel	**5 225 868**	**5 125 628**	**6 028 219**
Autres produits	229 994	240 902	190 538
Total	**5 455 862**	**5 366 530**	**6 218 757**

Source : Tiré et adapté d'Industrie Canada, *Données sur le commerce en direct*, Importations canadiennes totales de Norvège (10 premiers produits), (codes SH6), s.d., [www.ic.gc.ca/epic/site/tdo-dcd.nsf/fr/accueil], (rapport généré le 3 mars 2009).

Tableau 7.9

Les exportations canadiennes vers la Norvège par type de produit, en milliers de CAD	2006	2007	2008
Mattes de nickel	1 420 664	3 020 815	2 051 506
Cobalt brut et autres produits métallurgiques intermédiaires de cobalt	68 638	167 090	268 146
Mattes de cuivre, cuivre de cément (précipité de cuivre)	n.d.	177 948	152 153
Minerais de zinc et leurs concentrés	15 566	21 935	40 872
Huiles de pétrole ou de minéraux bitumineux non brutes, autres que les huiles légères	15	12 548	28 168
Avions et véhicules aériens d'un poids à vide 2001-15000 kg	n.d.	n.d.	23 180
Avions et véhicules aériens d'un poids à vide supérieur à 15000 kg	n.d.	n.d.	19 612
Parties de machines de sondage ou de forage des sols autopropulsées ou non	3 905	12 856	16 284
Instruments et appareils de géodésie, de topographie, de photogrammétrie, de météorologie et autres similaires	8 517	8 294	14 017
Papier journal en rouleaux ou en feuilles	112	8 177	13 093
Total partiel	**1 556 327**	**3 509 547**	**2 696 826**
Autres produits	332 907	174 620	124 340
Total	**1 889 234**	**3 684 167**	**2 821 166**

Source : Tiré et adapté d'Industrie Canada, *Données sur le commerce en direct*, Exportations canadiennes totales vers la Norvège (10 premiers produits), (codes SH6), s.d., [www.ic.gc.ca/epic/site/tdo-dcd.nsf/fr/accueil], (rapport généré le 3 mars 2009).

Données sur la Norvège

Données géographiques

Nom officiel :	Royaume de Norvège
Superficie :	323 802 km²
Population :	4,7 millions d'habitants
Capitale :	Oslo
Villes principales :	Bergen, Stavanger, Kristiansand
Langue(s) :	Norvégien, langues sames
Monnaie(s) :	Couronne (1 NOK = 0,1772 CAD ; 1 CAD = 5,641 NOK au 26 janvier 2009)
Fête nationale :	17 mai, célébration de la Convention nationale de Eidsvoll de 1814

Données démographiques

Croissance démographique :	0,35 % par an
Espérance de vie :	77,16 ans pour les hommes, 82,6 ans pour les femmes
Taux d'alphabétisation :	100 %
Religion :	Églises évangélique et luthérienne de Norvège
Indice de développement humain (classement ONU) :	0,968 (2e rang mondial sur 177)

Données économiques	
PIB (2008):	481,1 milliards de USD
PIB par habitant (2008):	57 500 USD
Taux de croissance:	2,8 %
Taux de chômage:	2,5 %
Taux d'inflation:	3,6 %
Solde budgétaire:	86,7 milliards de USD
Balance commerciale	Exportations: 177,6 milliards de USD Importations: ‾ 93,1 milliards de USD Solde: 84,6 milliards de USD
Principaux clients:	Royaume-Uni (26,3 %), Allemagne (12,3 %), Pays-Bas (10,2 %), France (8 %), Suède (6,5 %), États-Unis (6,2 %)
Principaux fournisseurs:	Suède (14,7 %), Allemagne (13,6 %), Royaume-Uni (6,9 %), Danemark (6,4 %), Chine (6,1 %), États-Unis (4,8 %), Canada (4,3 %)
Exportations du Canada vers la Norvège (2007):	3,684 milliards de CAD ; 0,8 % des exportations mondiales
Importations canadiennes de la Norvège (2007):	5,363 milliards de CAD ; 1,3 % des importations mondiales

OBJECTIF 7

Différencier les incoterms afin de les utiliser adéquatement.

RÉSUMÉ

Les incoterms sont des conventions internationales qui servent à répartir les coûts et les risques entre le vendeur et l'acheteur dans les contrats de vente internationale. Au nombre de 13, ils se répartissent en quatre grands groupes, suivant le degré de responsabilité du vendeur dans la prise en charge des coûts et risques. Ils se présentent selon une hiérarchie croissante des obligations du vendeur. Le tableau 7.11 reprend tous les incoterms en montrant les caractéristiques de chacun.

MOTS CLÉS

Français	Anglais
Armateur (p. 297)	
CFR (coût et fret), port de destination convenu (p. 303)	CFR (cost and freight, named port of destination)
CIF (coût, assurance et fret, port de destination convenu) (p. 304)	CIF (cost, insurance and freight, named port of destination)

Français	Anglais
CIP (port et assurance payés, lieu de destination convenu) (p. 306)	CIP (carriage and insurance paid to, named place of destination)
CPT (port payé, lieu de destination convenu) (p. 305)	CPT (carriage paid to, named place of destination)
DAF (rendu à la frontière, lieu convenu) (p. 308)	DAF (delivered at frontier, named place of destination)
DDP (rendu droits acquittés, lieu de destination convenu) (p. 313)	DDP (delivered duty paid, named place of destination)
DDU (rendu droits dus, lieu de destination convenu) (p. 312)	DDU (delivered duty unpaid, named place of destination)
Débardeur (p. 297)	
DEQ (rendu à quai, port de destination convenu) (p. 311)	DEQ (delivered ex quay, named port of destination)
DES (rendu non déchargé, port de destination convenu) (p. 310)	DES (delivered ex ship, named port of destination)
EXW (en usine, lieu convenu) (p. 292)	EXW (ex works, named place)
FAS (franco le long du bateau, port d'embarquement convenu) (p. 297)	FAS (free alongside ship, named port of shipment)
FCA (franco transporteur, lieu convenu) (p. 295)	FCA (free carrier, named place of destination)
FCA usine (p. 296)	FCA factory
FOB arrimé (p. 300)	FOB stowed
FOB arrimé et équilibré (p. 300)	FOB stowed and trimmed
FOB (franco à bord, port d'embarquement convenu) (p. 299)	FOB (free on board, named port of shipment)
FOB service additionnel (p. 300)	FOB service
Incoterm du groupe E (EXW) (p. 292)	Incoterm of group E (EXW)
Incoterms (conditions internationales de vente) (p. 286)	Incoterms (international commercial terms)
Incoterms de vente à l'arrivée (p. 307)	Incoterms concerning sales on arrival
Incoterms de vente au départ (p. 292)	Incoterms concerning sales at departure
Incoterms du groupe C (CFR, CIF, CPT et CIP) (p. 303)	Incoterms of group C (CFR, CIF, CPT and CIP)
Incoterms du groupe D (DAF, DES, DEQ, DDU et DDP) (p. 308)	Incoterms of group D (DAF, DES, DEQ, DDU and DDP)
Incoterms du groupe F (FCA, FAS et FOB) (p. 294)	Incoterms of group F (FCA, FAS and FOB)
Temps ou jours de planche (p. 297)	Lay days
Transport principal (p. 290)	Transport

VÉRIFIEZ VOS CONNAISSANCES

Questions à choix de réponses

1. Vous **importez** des marchandises DDP Montréal. Qui paie la TPS à l'importation à la douane ?

   a) Le vendeur étranger

   b) Vous (l'acheteur)

   c) Les incoterms ne s'appliquent pas à la TPS

   d) Vous et l'acheteur

2. Vous **vendez** des marchandises CIF Shanghai. Date de livraison : 31 mai. À cette date, où sont les marchandises ?

a) Les marchandises doivent être à bord du bateau au port de Montréal.

b) Les marchandises doivent arriver au port de Shanghai.

c) Les marchandises doivent l'usine du vendeur.

d) Les marchandises doivent arriver chez l'acheteur.

3. Vous **vendez** EXW (en usine). Qui doit charger la marchandise à bord du camion ?

a) Vous   c) Le transporteur

b) L'acheteur   d) L'agent de transport.

4. Vous **vendez** des marchandises FCA Toronto à un client américain. Lorsque les marchandises arrivent à l'entrepôt, il s'avère que votre client les a revendues à une entreprise mexicaine. Qui fait la déclaration d'exportation vers le Mexique ?

a) Vous   c) L'entreprise mexicaine

b) L'acheteur américain   d) Ne s'applique pas

5. Vous **vendez** des marchandises FCA Port de Montréal. Au port, les marchandises sont stockées en entrepôt dans l'attente de l'arrivée du bateau. Qui paie les frais de manutention au terminal ?

a) Vous   c) Le transporteur maritime

b) L'acheteur   d) Il n'y a pas de frais de manutention.

6. Qu'est-ce qui doit figurer à la suite d'un incoterm pour qu'il soit valable sur le plan contractuel ou juridique ?

a) Un nom de ville, de port ou d'aéroport

b) Une date limite de transport

c) Le nom du destinataire

d) Le nom du vendeur

7. Parmi les incoterms suivants, lequel n'est pas un incoterm de vente au départ ?

a) CIF (*cost, insurance and freight* ou « coût, assurance et fret », port de destination convenu)

b) FCA (*free carrier* ou « franco transporteur », lieu convenu)

c) DES (*delivered ex ship* ou « rendu non déchargé », port de destination convenu)

d) CFR (*cost and freight* ou « coût et fret », port de destination convenu)

8. Parmi les incoterms suivants, lequel place le vendeur dans l'obligation de dédouaner les marchandises dans le pays de l'acheteur ?

a) EXW (*ex works* ou « en usine », lieu convenu)

b) FCA (*free carrier* ou « franco transporteur », lieu convenu)

c) DDP (*delivered duty paid* ou « rendu droits acquittés », lieu de destination convenu)

d) DEQ (*delivered ex quay* ou « rendu à quai », port de destination convenu)

9. Un vendeur doit acheminer par bateau, puis par train, des machines industrielles jusqu'en Hongrie. L'acheteur se trouve à Budapest, mais le vendeur ne souhaite pas assumer les risques du transport au-delà de la frontière entre l'Autriche et la Hongrie. L'acheteur, quant à lui, accepte de se charger du dédouanement des machines dans son pays. Quel incoterm correspond aux particularités de cet échange ?

a) DAF (*delivered at frontier* ou « rendu à la frontière », lieu convenu)

b) FCA (*free carrier* ou « franco transporteur », lieu convenu)

c) CPT (*carriage paid to* ou « port payé », lieu de destination convenu)

d) DDU (*delivered duty unpaid* ou « rendu droits dus », lieu de destination convenu)

10. Parmi les affirmations suivantes, laquelle est erronée ?

a) L'usage des incoterms n'est pas juridiquement obligatoire dans les contrats de vente internationale.

b) Les incoterms règlent le problème du transfert de propriété des marchandises.

c) On ne peut appliquer tous les incoterms à tous les types de transports.

d) Le choix de l'incoterm a une incidence sur le prix facturé.

11. La chaîne hôtelière canadienne pour laquelle vous travaillez souhaite se départir de ses vieilles serviettes de toilette et s'en procurer de nouvelles fabriquées en France. Les marchandises seront livrées par bateau, mais vous ne souhaitez pas être responsable du fret ni des risques de dommages à la marchandise durant le transport. Vous aimeriez n'avoir qu'à dédouaner les serviettes à l'importation et à les cueillir sur le quai au port de Québec. Parmi les incoterms suivants, lequel répond à vos attentes ?

a) DEQ (rendu à quai, port de destination convenu)

b) CFR (coût et fret, port de destination convenu)

c) FOB (franco à bord, port d'embarquement convenu)

d) FAS (franco le long du navire, port d'embarquement convenu)

12. Une entreprise québécoise a signé un contrat avec un acheteur suédois. Les marchandises doivent être acheminées par avion à partir de l'aéroport Pierre-Elliott-Trudeau. L'obligation du vendeur est de remettre les marchandises à l'aéroport d'Oslo, et il sera libéré de sa responsabilité à partir du moment où les marchandises seront remises au transporteur à Montréal. Quel incoterm devrait-on choisir ?

a) CPT (port payé, lieu de destination convenu)

b) FOB (franco à bord, port d'embarquement convenu)

c) DDU (rendu droits dus, lieu de destination convenu)

d) EXW (en usine, lieu convenu)

13. Vous souhaitez acheter des marchandises provenant du Sri Lanka. Étant donné la nature des marchandises, votre fournisseur et vous-même optez pour le transport aérien. Parmi les incoterms suivants, indiquez celui qui ne peut s'appliquer à une telle situation.

a) DAF (rendu à la frontière, lieu convenu, non déchargé)

b) FCA (franco transporteur, lieu convenu, non déchargé)

c) CPT (port payé, lieu de destination convenu)

d) CIP (port payé et assurance payés, lieu de destination convenu)

14. Quels incoterms ne peuvent être utilisés lorsque l'échange s'effectue au moyen d'un transporteur maritime ou fluvial ?

a) FOB	d) FAS	g) DAF	j) DES	l) EXW
b) FCA	e) DDU	h) CIP	k) CPT	m) DEQ
c) DDP	f) CFR	i) CIF		

Questions à court développement

15. Que définissent les incoterms ?

16. Un vendeur exporte à destination de Da-Nang, au Viêt Nam, connu pour son encombrement portuaire. En vertu de quel incoterm devrait-il négocier le contrat de vente et pourquoi ?

17. Vous êtes responsable des achats d'une entreprise industrielle et vous devez acquérir une machine pour laquelle vous avez reçu deux offres équivalentes sur le plan technique.

- Première offre : 70 000 CAD FOB Le Havre (France).
- Seconde offre : 70 000 USD CIF Montréal, fournisseur à New York (États-Unis).

Vous vous renseignez auprès d'un transitaire pour évaluer les coûts reliés au transport de la machine et vous obtenez la réponse suivante :

- 10 000 CAD pour le fret maritime Le Havre–Montréal.
- Assurance au taux de 0,6 % sur la valeur CFR + 10 %.
- Votre banquier vous confirme le taux de change suivant : 1 USD = 1,18 CAD.

Quelle offre retiendrez-vous ?

18. Parmi les 13 incoterms, lequel représente l'obligation maximale du vendeur ?

19. Quelle est l'organisation responsable de la mise au point des incoterms ?

20. Quel est le groupe d'incoterms qui comporte des incoterms de vente à l'arrivée ?

21. Pour chacun des éléments suivants, précisez comment l'incoterm CIF répartit-il les responsabilités entre le vendeur (V) et l'acheteur (A) ?

a) Déchargement de la marchandise à l'établissement de l'acheteur à la suite de la livraison finale, en provenance du port de destination.

b) Chargement de la marchandise à bord du bateau (transporteur principal).

c) Transmission de la facture commerciale et des documents relatifs à l'assurance maritime.

d) Prise de possession des marchandises au port de destination convenu.

e) Paiement des coûts liés au chargement des marchandises sur le transporteur principal.

f) Paiement des coûts liés au déchargement des marchandises au port de destination convenu.

g) Dédouanement à l'exportation des marchandises.

h) Abonnement à une assurance transport et paiement de la prime.

Recherches Internet

22. Visitez les sites des quatre entreprises suivantes : Swarovski Crystal, Planète Gourmande, Vin Français et Eyrolles.com. Trouvez les conditions de vente de ces entreprises et déterminez si la vente du produit inclut le transport, l'assurance, la livraison et les frais de douanes. Après avoir effectué votre recherche, déterminez qui, entre le vendeur et l'acheteur, assumera les frais suivants :

a) Le transport   c) Les douanes

b) Les assurances   d) Les taxes

Sites Internet à consulter :

www.swarovski.com/Web_CA/fr/termsconditions ?origin=landing

www.planetegourmande.fr/boutique/page_3.cfm ?code_lg=lg_fr

www.intercaves.fr/cgi-bin/conditions.asp

www.eyrolles.com/Accueil/Aide/Dispo/recap_expedition.html

23. Toujours sur le site de Juris international, vous trouverez plus de 250 contrats internationaux, et dans la section « Fourniture et montage d'équipement » vous trouverez la sous-section « Conditions générales pour la fourniture à l'exportation des matériels d'équipement ». Suite à la lecture de ces conditions, indiquer le terme de vente qui est utilisé.

Site Internet à consulter :

www.jurisint.org/fr/con/index.html

Études de cas

24. Votre entreprise, située à Shawinigan (Mauricie), publie et distribue des calendriers panoramiques. Une entreprise française vous commande 25 000 calendriers, qui doivent être acheminés par avion à l'aéroport Paris-Charles de Gaulle à partir de Montréal-Trudeau, pour ensuite être transportés par camion à l'entrepôt de votre client, situé à Grenoble. Voici les coûts reliés à cette expédition :

- Coût des calendriers : 40 000 CAD
- Douanes : 750 CAD
- Assurance transport aérien : 600 CAD
- Emballage pour l'exportation : 400 CAD
- Marge de profit : 10 % du coût
- Transport par camion Shawinigan–aéroport Montréal-Trudeau : 500 CAD
- Formalités douanières à l'exportation : 75 CAD

- Transport aérien Montréal-Paris : 1 000 CAD
- Formalités douanières à l'importation : 100 CAD
- Transport par camion Paris-Grenoble : 400 CAD

Votre client vous demande les soumissions suivantes :

- EXW Chicoutimi
- FCA Aéroport Montréal-Trudeau
- CPT Aéroport Paris-Charles de Gaulle
- CIP Aéroport Paris-Charles de Gaulle
- DDU Grenoble
- DDP Grenoble

25. Vous travaillez pour Bochapeaux, une entreprise artisanale québécoise située à Saint-Jean-sur-Richelieu. Cette dernière fabrique des chapeaux réputés pour leur originalité. L'entreprise signera un contrat avec une maison de production cinématographique américaine pour la vente de 200 chapeaux qui serviront aux figurants et comédiens d'un film d'époque. Le tournage aura lieu à New York et l'acheteur souhaite donc que les chapeaux soient livrés là-bas. La confection des chapeaux devrait exiger quatre mois.

a) Vous vous êtes entendu avec l'acheteur pour acheminer les chapeaux par avion, à partir de Montréal. Vous devez remettre les marchandises au transporteur aérien choisi par la maison de production, à l'aéroport Pierre-Elliott-Trudeau, sans les décharger. Quel incoterm votre entreprise devrait-elle inscrire dans son contrat ? Justifiez votre réponse.

b) L'acheteur vous dit que vous devriez inscrire « FOB Montréal ». Que lui répondez-vous ?

c) Si vos marchandises avaient été livrées par bateau à vos frais jusqu'au port de New York et que la maison de production vous avait demandé de souscrire à une assurance en son nom, quel incoterm auriez-vous utilisé ? Justifiez votre réponse.

d) La maison de production étant surchargée et surtout très pressée, elle vous demande de vous occuper du transport aérien vers l'aéroport JFK à New York, d'en payer les coûts et d'accepter les risques associés au transport des chapeaux, jusqu'au moment où ils seront livrés, dédouanés à l'import, sur le site de tournage du film. L'acheteur ne s'occupera que de décharger les chapeaux. Indiquez quel incoterm vous choisiriez et pourquoi, ainsi que la façon dont vous l'inscririez dans le contrat.

e) La maison de production prend connaissance de votre ébauche de contrat et vous avise que l'incoterm que vous avez retenu pour la situation d) est incorrect. L'acheteur vous affirme que vous devriez plutôt inscrire « II F FOB New York dédouané ». Que lui répondez-vous ?

Vous trouverez des exercices additionnels dans le **Compagnon Web**, à l'adresse **www.erpi.com/jammal.cw.**

LE **TRANSPORT INTERNATIONAL** DE **MARCHANDISES**

'industrie des transports se trouve évidemment au premier plan du commerce international. Ce sont en effet les transports qui permettent d'acheminer les marchandises de l'exportateur vers l'importateur et, en dernière analyse, du producteur vers le consommateur. Le mode de transport peut être maritime, fluvial, aérien, routier ou ferroviaire ; il existe aussi des combinaisons de deux ou plusieurs de ces modes.

Le transport est un secteur d'activité qui implique de nombreux intervenants et une séquence complexe d'actions. Au fil des ans, et même au fil des siècles, surtout en ce qui concerne le transport maritime, des coutumes ont donné le ton, des réglementations et des normes se sont établies. Il n'y a qu'à penser aux incoterms[1] ou aux modalités d'assurance des biens transportés[2].

Transport international de marchandises
Transport de marchandises dont le point de départ et le point d'arrivée sont situés dans des États différents.

La complexité croissante du **transport international de marchandises** a fait se multiplier les catégories d'intervenants spécialisés dans un domaine du transport ou dans l'autre, qu'il s'agisse du mode de transport, de la réglementation, des formalités administratives, de l'emballage et du marquage des marchandises ou de leur sécurité. La mise en situation présentée ci-dessous n'est qu'un exemple de cas auxquels font face les acteurs du commerce international et du transport de marchandises.

MISE EN SITUATION

La livraison d'un produit hautement sensible à la chaleur

Une entreprise canadienne doit expédier en Afrique centrale un produit hautement sensible à la chaleur. Le point d'arrivée est situé à environ 300 km de l'aéroport le plus près. Les dirigeants de l'entreprise se demandent comment ils pourront assurer la livraison sans que le produit ne soit endommagé.

L'entreprise canadienne devra probablement acheminer son produit par transport multimodal. Comme le produit doit traverser l'Atlantique, le transport principal s'effectuera par voie d'eau ou par voie aérienne. En Afrique, le produit sera fort probablement acheminé par transport routier jusqu'au destinataire. Il serait donc préférable d'emballer adéquatement le produit et de recourir à un conteneur frigorifique pour le protéger de la chaleur. En fait, à moins de bien s'y connaître en la matière, l'entreprise devrait demander conseil auprès d'un transitaire.

---

1. Ce sujet est traité dans le chapitre 7, « Les incoterms », p. 285.
2. Ce sujet fait l'objet du chapitre 9, « L'assurance transport », p. 387.

L'or et ses légendes

Dans l'Antiquité, l'or était fort prisé, comme en font foi les nombreux trésors laissés en Égypte, en Grèce et à Rome. Ce sont les Égyptiens qui, vers 2000 av. J.-C., ont exploité les premières mines d'or. Métal précieux ayant une fonction rituelle, l'or était en grande partie réservé à la fabrication d'objets funéraires pour les pharaons. On s'en servait aussi en diplomatie en tant qu'outil de négociation avec les peuples voisins. Son extraction, permettant d'en raffiner environ une tonne par an, était organisée de manière très rigoureuse. L'Empire romain en produisait pour sa part de cinq à dix tonnes par an, essentiellement en Hispanie tarraconaise, en Lusitanie et en Afrique (auj. Espagne, Portugal et Tunisie). Les Romains l'appréciant avant tout pour ses qualités esthétiques, ils en faisaient des bijoux et des sculptures.

Plusieurs siècles plus tard, en Amérique, dans l'Empire inca, l'or symbolisait le dieu Soleil. À Cuzco, la capitale, l'or était si omniprésent que même les jardins étaient ornés d'animaux et de plantes faits d'or et d'argent. Les Incas avaient d'ailleurs dû perfectionner leurs techniques d'extraction du précieux métal afin de pouvoir répondre à leurs besoins démesurés. Lors de la conquête espagnole, les conquistadors, fascinés jusqu'à la folie par tant d'abondance, se sont livrés à des massacres afin de piller l'or inca.

Après avoir anéanti l'Empire inca et volé tout son or, les Espagnols se sont mis en quête de l'Eldorado, lieu mythique regorgeant supposément de mines d'or. Le fait de n'avoir jamais découvert cette chimère ne les a pas empêchés d'exploiter quelques mines dans leurs colonies d'Amérique, mais ils n'ont produit qu'environ 330 tonnes d'or en quelques décennies ; ils ont cependant eu plus de succès avec les mines d'argent.

Vers 1550, une nouvelle technique de raffinage chimique à base de mercure, de sel et de sulfate de cuivre est venue stimuler la production d'or espagnol en Amérique, le laborieux concassage n'étant désormais plus nécessaire. Le transport de l'or par bateau jusqu'en Espagne n'était cependant pas de tout repos : difficiles à manier et mal adaptés à la haute mer, les navires risquaient de sombrer à tout moment, sans parler des pirates en tout genre et des corsaires au service des puissances rivales. La marine espagnole a donc organisé des convois. Partant de Veracruz pour l'or mexicain, de Panamá pour l'or péruvien ou de Cuba pour l'or antillais, 100 navires faisaient ensemble la longue traversée de l'Atlantique jusqu'en Espagne, où la Maison du Commerce, organisme jouissant du monopole du trafic avec le Nouveau Monde, veillait au traitement, à la comptabilité et à la répartition de ces trésors. C'est ainsi que l'or, se répandant en Europe, a pu devenir monnaie.

À partir de 1871, à l'initiative de l'Empire allemand, l'or a commencé à servir de garantie pour les devises des États et à augmenter leur masse monétaire. C'est ce qui a donné naissance à l'étalon or. Les billets de banque en circulation constituaient alors pour ces États des dettes, garanties par leurs réserves d'or. Il s'agit là du premier véritable système monétaire international. Un siècle plus tard, les pays ont aban-

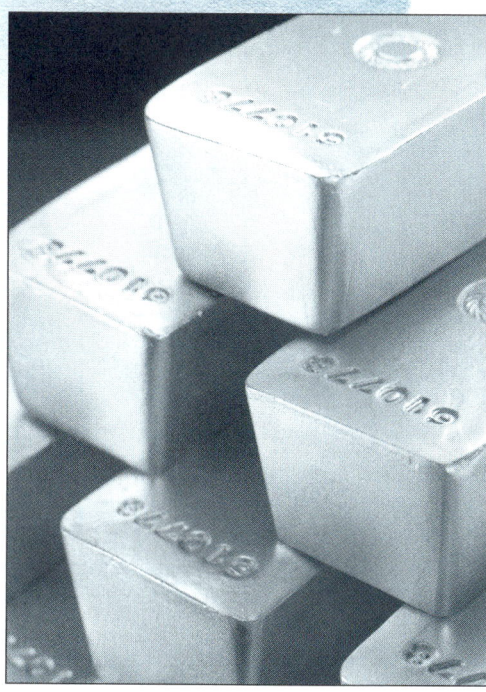

donné ce système en laissant flotter leurs devises par rapport à celles des autres pays.

Le Canada est un exportateur net d'or, comme le montre le tableau 8.1, qui brosse un portrait de la situation des dernières années. Comme vous pouvez le constater dans le tableau, le Canada a exporté en 2008 pour environ 4 404 millions de CAD d'or vers le Royaume Uni[a]. Pour acheminer ce précieux métal de l'autre coté de l'Atlantique, des mesures de transport spéciales doivent être prises. À la fin du présent chapitre, nous verrons comment les entreprises canadiennes transportent ce produit.

---

a. Le Royaume Uni fait l'objet de la rubrique « Le Canada et ses partenaires commerciaux » à la fin du présent chapitre, p. 375.

Source : Compagnie générale de l'or, *L'histoire de l'or*, s.d., [www.cgo.com/or/histoire/orhist.htm], (3 mars 2009).

Tableau 8.1

Les importations et les exportations canadiennes d'or, en millions de CAD

IMPORTATIONS				EXPORTATIONS			
Pays	**2006**	**2007**	**2008**	**Pays**	**2006**	**2007**	**2008**
Pérou	1 119	1 312	1 604	Royaume-Uni	3 068	2 889	4 404
États-Unis	158	281	596	États-Unis	2 089	2 270	2 758
Mexique	61	147	310	Suisse	178	560	474
Suriname	213	191	302	Hong Kong	10	23	193
Guyana	132	152	213	Émirats arabes unis	38	120	192
Mongolie	193	191	188	Inde	3	1	60
Émirats arabes unis	0	0	116	Afrique du Sud	0	0	56
Suisse	2	4	108	Chine	0	0	14
Géorgie	54	66	105	Italie	0	1	2
Soudan	71	64	68	Thaïlande	2	0	1
Total partiel	**2 003**	**2 409**	**3 611**	**Total partiel**	**5 387**	**5 864**	**8 155**
Autres pays	542	542	178	Autres pays	2	38	3
Total	**2 545**	**2 951**	**3 789**	**Total**	**5 389**	**5 902**	**8 158**

Source : Tiré et adapté d'Industrie Canada, *Données sur le commerce en direct*, Importations et exportations totales (10 premiers pays), SH – Or (y compris l'or platiné), sous formes brutes ou mi-ouvrées, ou en poudre), s.d., [www.ic.gc.ca/epic/site/tdo-dcd.nsf/fr/accueil], (rapports générés le 3 mars 2009).

OBJECTIF

Prendre connaissance des grandes étapes de l'histoire des transports.

I. L'HISTOIRE DES TRANSPORTS[3]

Le transport de marchandises remonte à la nuit des temps. En effet, pour survivre, l'être humain y a toujours eu recours, que ce soit sur l'eau ou sur la terre ferme. On se déplaçait sur les mers et sur les cours d'eau navigables, et on transportait les marchandises à dos d'homme ou d'animal, puis à l'aide de chariots tirés par des animaux. Des siècles plus tard, l'invention de la machine à vapeur et son utilisation dans les véhicules ont changé la donne. Quant au transport aérien de marchandises, il n'est apparu qu'au XXe siècle, quelques années après l'invention de l'avion, et, si on fait exception du transport de courrier, il s'est développé lentement.

LE TRANSPORT PAR VOIE D'EAU

Système de transport
Ensemble de tous les éléments publics ou privés utilisés comme moyens de transport dans une zone donnée.

Le premier **système de transport** s'est fait par voie d'eau. Il y a quelques milliers d'années, les Phéniciens pratiquaient déjà le commerce en Méditerranée grâce à leur flotte marchande[4]. Les Grecs et les Romains de l'Antiquité, suivis par les grandes puissances maritimes du Moyen Âge se sont inspirés de leurs méthodes,

3. Tiré et adapté de Michel Abgrall-Lévy, *26601 Organisation des transports*, notes de cours, Chaire de logistique, transport et tourisme, Conservatoire national des arts et métiers, MSN Encarta, *Transport*, s.d., [www.fr.ca.encarta.msn.com/encyclopedia_761558787/transport.html], (3 mars 2009).
4. Pour en apprendre davantage sur ce sujet, voir le chapitre 1, « Introduction au commerce international, p. 3.

dont certaines ont encore cours. Peu à peu, le concept d'**affrètement** prend forme. Au XVIIᵉ siècle, les Hollandais offrent aux marchands européens un service d'affrètement au voyage pour diverses destinations, ce qui concourt à leur garantir la première place dans le secteur du commerce par voie d'eau.

Les navires à voile étaient soumis aux forces de la nature : les intempéries, les courants d'air et d'eau, etc. Au XIXᵉ siècle, l'avènement de la machine à vapeur permet de contrer ces forces et de rendre le transport par voie d'eau plus rapide et plus fiable. Jusqu'à cette époque, les navires appartenaient soit à des marchands, soit à des sociétés commerciales. L'évolution technologique concourt à la création des **messageries maritimes**, dont la première est inaugurée en 1818 entre New York (États-Unis) et Liverpool (Royaume-Uni).

Dans les années 1830, les ports se développent pour répondre à l'accroissement et aux nouveaux besoins de la navigation. De véritables infrastructures apparaissent : on creuse d'immenses bassins, on installe des grues, on construit des voies ferrées, etc. L'année 1869 marque l'ouverture en Égypte du canal de Suez, dont le rôle économique est capital, puisqu'il raccourcit considérablement les trajets maritimes séparant l'Europe de l'Asie : au lieu de contourner l'Afrique, les navires peuvent passer directement de la mer Rouge à la Méditerranée. En 1886, le *Glückauf*, le premier bateau-citerne à vapeur, prend la mer. À l'époque, il se démarque par sa capacité de près de 3 000 tonnes et sa vitesse de 11 nœuds[5].

À la fin du XIXᵉ siècle, l'invention de la turbine à vapeur donne un nouvel essor à la navigation. En 1903, on équipe le vapeur russe *Wandal* d'un moteur diesel. Quelques années plus tard, en 1912, le *Selandia*, un navire danois, devient le premier transocéanique équipé d'un tel moteur. En 1904, 35 ans après l'ouverture du canal de Suez, on ouvre le canal de Panamá, qui relie l'Atlantique et le Pacifique, ce qui évite aux navires d'avoir à contourner l'Amérique du Sud.

La propulsion turboélectrique, mise au point après la Première Guerre mondiale, contribue elle aussi à rendre possible la construction de plus gros bateaux tout en permettant des déplacements plus rapides sur l'eau. À partir des années 1950, on assiste à la disparition progressive du transport maritime de passagers, à l'apparition du gigantisme des navires et des installations portuaires ainsi qu'à la spécialisation tant des navires que de l'équipement de manutention des cargaisons. C'est à la fin des années 1950 qu'apparaît le navire porte-conteneurs, dont l'un des principaux avantages est de pouvoir être chargé ou déchargé en une journée. C'est le début du **transport multimodal** (**transport intermodal** ou **transport combiné**[6]).

LE TRANSPORT PAR ROUTE

En Amérique du Nord, le réseau routier se développe surtout pendant l'entre-deux-guerres, en raison de l'augmentation du nombre de voitures, tandis qu'en Europe ce réseau se construit surtout à partir des routes existantes.

---

5. Le nœud est l'unité de mesure de la vitesse utilisée en navigation. Un nœud correspond à environ 1,85 km/h.
6. Une section du présent chapitre est consacrée à ce sujet ; voir p. 366.

Affrètement
Location d'un navire en tout ou en partie pour le transport de passagers ou de marchandises.

Messageries maritimes
Services de transport régulier de marchandises par voie d'eau entre deux lieux.

Transport multimodal
(**transport intermodal** ou **transport combiné**)
Utilisation de plus d'un mode de transport pour acheminer des marchandises d'un point à un autre.

L'invention du moteur à combustion interne puis celle du pneu concourent à l'avènement de l'automobile. En 1900, les camions commencent à sillonner les routes. En 1914, le transport ferroviaire détient la première place avec près des trois quarts du marché, alors que le transport par voie d'eau et le transport routier se partagent le reste. La Première Guerre mondiale vient cependant changer les choses, et le transport routier prend de plus en plus d'importance.

En 1923, la première autoroute est inaugurée en Italie, longue de 85 kilomètres. Le fameux tunnel du mont Blanc est ouvert en 1965. Dans les années 1970, le transport routier de marchandises détrône le transport ferroviaire.

LE TRANSPORT PAR CHEMIN DE FER

À l'origine, on construit des rails et des wagons pour transporter le charbon extrait des mines jusqu'à une voie navigable. Les rails sont en bois et les wagons sont tirés par des chevaux. C'est en 1825 qu'on inaugure la première **ligne de chemin de fer**, c'est-à-dire la première véritable voie *ferrée* ; elle unit Stockton et Darlington, en Angleterre, et mesure 19 kilomètres. La plus grande partie du réseau ferroviaire est construite entre 1840 et 1890 dans les pays qui disposent de charbon, c'est-à-dire en Europe et en Amérique du Nord.

Ligne de chemin de fer
Trajet emprunté par les trains entre deux localités.

En 1836, le premier chemin de fer canadien entre en service, au Québec : le Champlain and St. Lawrence Railroad unit La Prairie et Saint-Jean, dans l'actuelle Montérégie. La *Compagnie de chemin de fer du Canadien Pacifique* est fondée en 1881.

www8.cpr.ca

Jusqu'au milieu du XXe siècle, les locomotives à vapeur sillonnent les voies ferrées. Après la Seconde Guerre mondiale, on généralise l'utilisation de la locomotive électrique sur les grandes lignes de chemin de fer : la consommation d'énergie est réduite et les performances sont supérieures à celles de la vapeur. Sur les autres lignes, on commence à voir des locomotives à moteur diesel. À partir des années 1960, cependant, le transport routier, tant des personnes que des marchandises, prend de plus en plus d'ampleur, au détriment du transport ferroviaire.

LE TRANSPORT AÉRIEN

Au tournant du XXe siècle, plusieurs personnes tentent de créer une machine volante plus lourde que l'air, dont l'ingénieur français Clément Ader. Le 9 octobre 1890, il aurait réussi à faire décoller l'Éole sur une longueur de 50 m, ce qui constituerait le premier vol d'un appareil plus lourd que l'air dans l'histoire de l'humanité. Toutefois, sa machine était instable en vol et impossible à gouverner ; ses différentes versions n'auront jamais volé plus de quelques centaines de mètres.

Douze ans plus tard, aux États-Unis, les frères Wright fabriquent à leur tour un aéroplane, cette fois beaucoup plus stable et manœuvrable (ils sont les inventeurs des gouvernes, ailerons et empennages que l'on utilise encore de nos jours). Leur concept leur permettra d'effectuer des vols de plusieurs kilomètres et de faire des virages. En 1919, la première liaison commerciale régulière est établie entre Paris et Londres. À cette époque apparaissent les premières **lignes postales**, tant en Europe qu'en Amérique du Nord.

> **Ligne postale**
> Trajet assuré par un mode de transport et desservant la livraison du courrier entre deux localités.

Par la suite, les liaisons aériennes s'imposent dans le transport des voyageurs. Le transport aérien de marchandises met plus de temps à décoller ; il se développe d'abord de façon lente et régulière, mais il finit par prendre de l'ampleur de façon accélérée.

Aujourd'hui, le nombre de routes aériennes tend à diminuer alors que le volume du trafic tend à augmenter. Le transport aérien compte pour 40 % environ du transport de produits manufacturés. Le secteur croît régulièrement, plus rapidement d'ailleurs que le volume des échanges mondiaux. Le progrès technologique, l'action commerciale des compagnies aériennes et l'évolution des méthodes de gestion sont autant de facteurs qui contribuent à la croissance d'un mode de transport qui correspond à 25 % de la valeur du commerce mondial, même s'il ne concerne que 1 % du poids total des marchandises transportées.

Fondée en 1919, puis réorganisée en 1945, l'*Association du transport aérien international* (IATA) regroupe plus de 230 compagnies aériennes, responsables de 93 % du trafic aérien. L'*Organisation de l'aviation civile internationale* (OACI), créée en 1947, relève de l'*Organisation des Nations Unies* (ONU) et vise à promouvoir la coopération internationale et l'uniformité dans la réglementation et les normes ainsi que dans les procédures et les structures de l'aviation civile.

> www.iata.org
> www.icao.int
> www.un.org

Depuis 1929, le transport aérien est régi par la Convention pour l'unification de certaines règles relatives au transport aérien international, mieux connue sous le nom de « Convention de Varsovie ». Cette convention a été modifiée par une série de protocoles : La Haye en 1955, Guadalajara en 1961, Guatemala en 1971 et Montréal en 1975. Ce dernier protocole introduit d'ailleurs la limite de responsabilité des transporteurs de marchandises.

LES MESURES DE SÉCURITÉ[7]

OBJECTIF **2**

Connaître les mesures de sécurité qui touchent au transport international de marchandises.

Depuis les actes terroristes survenus aux États-Unis le 11 septembre 2001, il est impossible de parler de transport de marchandises sans mentionner les mesures de sécurité qui ont été mises en place. Soulignons que ces mesures se modifieront et se raffineront au cours des années à venir.

---

7. Tiré et adapté du U.S. Bureau of Customs and Border Protection, *Container Security Initiative (CSI)*, s.d., [www.cbp.gov/xp/cgov/trade/cargo_security/csi/], (3 mars 2009) ; du ministère des Affaires étrangères et du Commerce international du Canada, *Déclaration sur la frontière intelligente. Création d'une frontière intelligente pour le XXIe siècle soutenue par une zone de confiance nord-américaine*, 7 février 2003, [www.international.gc.ca/anti-terrorism/declaration-fr.asp], (3 mars 2009) ; du ministère du Développement économique, de l'Innovation et de l'Exportation du Québec, *Programmes de lutte contre le terrorisme*, 12 décembre 2007, [www.mdeie.gouv.qc.ca/index.php ?id=2802], (3 mars 2009).

LA CONTAINER SECURITY INITIATIVE (CSI)

L'une de ces mesures est la *Container Security Initiative* (CSI), mise en œuvre en 2001 par le service des douanes américain (U.S. Bureau of Customs and Border Protection) en collaboration avec le ministère des Transports et d'autres organismes américains. La CSI est devenue effective en 2002 ; depuis 2003, elle est gérée par le Department of Homeland Security, nouvellement créé. De nombreux pays, dont le Canada, ont adhéré à la CSI, tout comme plus de 58 ports maritimes de par le monde, représentant plus de 80 % du trafic mondial de marchandises.

www.cbp.gov/xp/cgov/trade/cargo_security/csi/csi_in_brief.xml

Conteneur
Caisse métallique constituant une unité de chargement et destinée à faciliter le transport et la manutention de la marchandise.

En matière de transport de marchandise conteneurisée, la CSI porte essentiellement sur la sécurité liée au **conteneur**. Pourquoi ? Les faits sont éloquents :

- Environ 90 % du fret mondial est transporté dans des conteneurs ;
- Plus de 200 millions de conteneurs circulent annuellement entre les principaux ports de la planète, et 50 000 sont débarqués quotidiennement dans les ports américains ;
- Environ la moitié des importations américaines, en termes de valeur, sont faites par conteneur.

La CSI comporte quatre volets fondamentaux :

- l'établissement de critères de sécurité pour repérer les conteneurs à risque ;
- l'examen des conteneurs à leur point d'origine, soit avant même qu'ils n'entrent aux États-Unis ;
- l'utilisation d'appareils sophistiqués pour détecter les conteneurs à risque ;
- la création de « conteneurs intelligents », c'est-à-dire des conteneurs munis d'un mécanisme de contrôle qui permet de savoir s'ils ont été ouverts ou trafiqués.

LA FRONTIÈRE INTELLIGENTE

En 2001, le Canada et les États-Unis ont convenu de créer une « frontière intelligente » dans le but de mieux gérer leur frontière commune ainsi que de faciliter la libre circulation des personnes et le commerce tout en garantissant la sécurité.

En matière de transport des marchandises, la frontière intelligente comprend les trois aspects suivants :

- l'existence d'un mécanisme de collaboration qui vise à repérer les marchandises à haut risque, tout en permettant d'accélérer la circulation des marchandises à faible risque ;
- la mise en application de normes communes pour le triage des marchandises avant leur arrivée en Amérique du Nord, ne nuisant pas à leur dédouanement à leur point d'entrée ;
- la mise en œuvre de mécanismes de dédouanement sécuritaires accélérant la circulation des marchandises entre le Canada et les États-Unis.

LE CUSTOMS-TRADE PARTNERSHIP AGAINST TERRORISM (C-TPAT)

Le Customs-Trade Partnership Against Terrorism (C-TPAT)[8] est un partenariat contre le terrorisme convenu entre le gouvernement américain et les entreprises qui vise à améliorer la sécurité de leur **chaîne logistique**. Il établit une collaboration étroite entre ce gouvernement, les importateurs et le secteur logistique des transports.

La participation des entreprises au programme est recommandée, mais non obligatoire. Le C-TPAT garantit aux adhérents un haut niveau d'intégrité de l'approvisionnement. Les entreprises doivent présenter une demande d'adhésion pour pouvoir recevoir une certification de participation au programme. Elles doivent ensuite soumettre l'analyse détaillée de leur **chaîne logistique** et, au besoin, instaurer un plan d'amélioration de la sécurité.

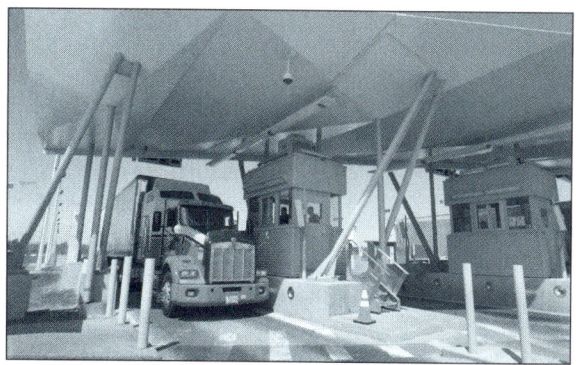

Bien que non obligatoire, l'adhésion au C-TPAT permet d'accélérer la circulation des marchandises entre le Canada et les États-Unis en réduisant les procédures de vérification douanière.

Chaîne logistique
Ensemble des processus interreliés, de l'acheminement des matières premières jusqu'à la livraison des produits ou des services au client.

II. LES INTERVENANTS

Les principaux intervenants[9] en transport international de marchandises sont le chargeur, le groupeur de marchandises, le transitaire, le courtier de transport, le courtier en douane et le transporteur. Au chapitre 9 (voir p. 347), nous verrons les intervenants liés à l'assurance transport.

OBJECTIF 3

Comprendre les rôles des principaux intervenants en transport international de marchandises.

LE CHARGEUR

Le **chargeur** est l'expéditeur de la marchandise, celui qui la confie juridiquement au transporteur. Il peut s'agir du propriétaire de la marchandise ou de son représentant.

Chargeur
Expéditeur de la marchandise; il peut s'agir du propriétaire de la marchandise ou de son représentant.

LE GROUPEUR DE MARCHANDISES

Le **groupeur de marchandises** est un agent ou une entreprise qui rassemble les envois de détail de plusieurs entreprises et les groupe avant de voir à ce qu'ils soient acheminés à destination. Il négocie des tarifs avantageux dont il fait profiter les expéditeurs. C'est un intervenant très présent en transport routier et en transport aérien.

Groupeur de marchandises
Agent ou entreprise qui rassemble les expéditions de détail et les groupe avant de les faire acheminer à destination.

8. Des informations complémentaires sur ce programme sont présentés dans l'encadré 2.1, voir p. 43.

9. Tiré et adapté de Classe export, « Euro, dollar, yen, livre… sortez couverts!», *Classe export – Le magazine*, dossier, 2001, [62.161.248.235/wwwclass/outils/MAG/ AVRIL01/ART8.HTM], (3 mars 2009: page désormais non disponible); Liaison entreprise, *Acheminer votre produit vers un marché étranger. Moyens de transport*, 29 novembre 2006, [www.entreprisescanada.ca/servlet/ContentServer?pagename=CBSC_AB %2Fdisplay&lang=fr&cid=1084286449674&c=GuideFactSheet], (4 mars 2009); Eur-export, *Les transitaires. Le choix de l'auxiliaire de transport*, septembre 2007, [www.eur-export.com/francais/apptheo/logistique/transport/transitaire.htm], (4 mars 2009).

LE TRANSITAIRE

Transitaire (ou commissionnaire de transport)
Entreprise mandatée par l'expéditeur ou le destinataire de marchandises qui font l'objet de transports successifs. Son rôle est d'assurer la continuité des divers transports.

Le **transitaire** (ou **commissionnaire de transport**) joue le rôle d'aide logistique de l'exportateur (ou de l'importateur, selon l'incoterm convenu). Son principal rôle est d'assurer la continuité des divers transports. Il conseille l'expéditeur ou le destinataire sur divers aspects de l'expédition de marchandises qui font l'objet de transports successifs : le mode de transport, l'itinéraire, le choix du transporteur, les frais directs et connexes, etc. Il peut aussi le seconder dans diverses tâches, dont l'exécution des formalités douanières. Bien que certains disposent de leur propre parc de camions, les transitaires ont plutôt l'habitude de faire affaire avec des transporteurs ou avec des correspondants à l'étranger.

Le transitaire peut être mandaté par l'expéditeur ou le destinataire de marchandises qui font l'objet de transports successifs. Son principal rôle est d'assurer la continuité des divers transports. Parmi les transitaires, on distingue :

Transitaire portuaire
Transitaire qui coordonne le transport maritime et tout autre mode de transport au cours de la même expédition.

Transitaire aérien
Transitaire qui coordonne le transport aérien et tout autre mode de transport au cours de la même expédition.

Agent de fret aérien
Transitaire qui se charge d'acheminer aux compagnies aériennes la marchandise qui doit être expédiée par avion.

Courtier en transport routier de marchandises
Personne qui sert d'intermédiaire entre le groupeur et le transporteur.

Affréteur routier
Agent qui nolise les camions pour le compte de son employeur.

- le **transitaire portuaire**, qui coordonne le transport maritime et tout autre mode de transport requis au cours de la même expédition (par exemple, le transport routier) ;
- le **transitaire aérien**, qui coordonne le transport aérien et tout autre mode de transport requis au cours de la même expédition (par exemple, le transport ferroviaire) ;
- l'**agent de fret aérien**, qui se charge d'acheminer aux compagnies aériennes la marchandise qui doit être expédiée par avion ;
- le **courtier en transport routier de marchandises**, qui sert d'intermédiaire entre le groupeur et le transporteur ;
- l'**affréteur routier**, agent qui nolise les camions pour le compte de son employeur.

On peut s'attendre à ce qu'un transitaire offre des services de :

- conseil dans le choix du transporteur approprié ;
- négociation de l'entente avec le transporteur ;
- préparation des documents de transport ;
- coordination et de suivi du transport de la marchandise du point d'origine au point d'arrivée ;
- conseil sur l'emballage et le marquage, et parfois d'emballage et de marquage mêmes ;
- entreposage de la marchandise, au besoin ;
- souscription d'une assurance pour couvrir les dommages qui pourraient être causés à la marchandise.

LE TRANSPORTEUR

Transporteur
Entreprise spécialisée dans le transport des marchandises en vertu de contrats. Il peut s'agir de transport maritime, terrestre ou aérien ou de combinaisons de divers modes de transport.

Le **transporteur** est une entreprise dont l'activité principale est le transport de marchandises. Certains transporteurs (tels que les compagnies maritimes ou aériennes) se consacrent à un seul mode de transport, alors que d'autres proposent à leurs clients une combinaison de plusieurs modes.

LE COURTIER DE TRANSPORT

Le **courtier de transport** est une personne ou une entreprise qui met en relation l'expéditeur et le transporteur sans s'occuper du transport comme tel.

Courtier de transport
Personne ou entreprise qui met en relation l'expéditeur et le transporteur sans s'occuper du transport comme tel.

LE COURTIER EN DOUANE

Le courtier en douane (ou commissionnaire en douane) accomplit les formalités douanières pour le propriétaire de la marchandise transportée[10].

III. LE CHOIX D'UN MODE DE TRANSPORT

OBJECTIF 4

Nommer et comprendre les critères qui permettent de choisir un mode de transport adéquat.

Pour toute opération avec l'étranger, l'entreprise exportatrice doit élaborer une solution globale en matière de transport. Un exportateur qui ne choisit pas les conditions d'acheminement de ses produits doit s'en remettre à son partenaire étranger. Cette situation n'est pas idéale, car, même si les incoterms[11] définissent le partage des risques et des coûts, le vendeur est toujours plus ou moins responsable d'une livraison en retard ou de dommages à la marchandise. Le vendeur a donc généralement intérêt à organiser (ou à tout le moins à surveiller) l'acheminement de ses produits.

L'importateur doit lui aussi se questionner sur les modalités d'acheminement de la marchandise qu'il achète. Le coût du transport a un impact sur le coût d'achat, et les délais de livraison influencent la qualité du service que l'acheteur offre à ses clients. En dernière analyse, le coût du transport agit sur le prix de vente. En matière de transport, on tend à vouloir optimiser à la fois les délais, les coûts et la qualité, mais on n'y arrive jamais : on doit souvent sacrifier l'un de ces aspects pour optimiser les deux autres.

Pour transporter une marchandise d'un point à un autre, il est possible d'utiliser successivement plusieurs **modes de transport**. Des critères relatifs aux coûts, aux délais, à la qualité et à la sécurité guident le choix de ces moyens. Il arrive aussi que la géographie (par exemple, devoir traverser une chaîne de montagnes) ou le climat (par exemple, une inondation) contraigne une entreprise à opter pour un mode de transport plutôt qu'un autre.

Mode de transport
En commerce international, manière de procéder au déplacement de marchandises. Quatre modes de transport sont généralement distingués : le transport routier, ferroviaire, aérien et fluvial/maritime.

Le transport multimodal met en jeu différents modes de transport successifs, que ceux-ci soient routiers, ferroviaires, maritimes, fluviaux ou aériens, et ce, sans égard aux opérations de manutention des marchandises elles-mêmes, qui doivent être transportées dans un contenant déterminé. Les moyens de transport empruntés au début et à la fin du trajet sont relativement lents et généralement individuels, tandis que ceux du milieu du trajet sont habituellement rapides et collectifs (de grande capacité). L'objectif est d'optimiser le transport en réduisant son coût

---

10. Voir le chapitre 6, « Les douanes », p. 223.
11. Ce sujet est traité dans le chapitre 7, « Les incoterms », p. 285.

par l'entremise d'économies d'échelle, d'où l'importance du groupeur de marchandises. Le transport du début ne vise qu'à livrer la marchandise au moyen de transport collectif du milieu, et la dernière partie du trajet ne vise qu'à rejoindre la destination finale.

Comme nous le verrons dans ce chapitre, le choix peut être effectué en fonction de la disponibilité du moyen de transport, de ses qualités (capacité, rapidité, sécurité, conformité à la réglementation applicable aux marchandises et au commerce) et de son coût. La destination et l'itinéraire à suivre pour y parvenir sont aussi des facteurs déterminants, ainsi que les infrastructures de transport : en plus de tenir compte des infrastructures auxquelles elle a facilement accès, l'entreprise doit aussi connaître celles qui se trouvent près du destinataire. La présence d'un aéroport international ou l'absence d'un réseau routier convenable peuvent être déterminantes dans le choix du mode de transport. On doit savoir choisir le mode de transport le plus adapté aux demandes ou aux attentes du destinataire en ce qui a trait aux délais et à la fréquence de livraison.

Des critères relatifs à la marchandise elle-même peuvent aussi être déterminants. Les caractéristiques de la marchandise (sa valeur, ses dimensions, son poids, son emballage et sa quantité) constituent souvent un facteur déterminant dans le choix du mode de transport. Le coût du transport est une valeur ajoutée à la marchandise, ce qui n'empêche pas de nombreux importateurs d'acheter des marchandises à forte valeur ajoutée, pour autant qu'elles leur soient livrées à temps et en excellente condition, d'où l'importance d'un bon emballage.

OBJECTIF 5

Connaître les principales caractéristiques de chaque mode de transport.

OBJECTIF 6

Connaître les modes de calcul du coût du transport.

Fret (ou **taux de fret, fret maritime, ferroviaire, routier ou aérien**)
Coût du transport de marchandises, peu importe le mode de transport utilisé, ou, couramment, ensemble des marchandises qui constituent une expédition.

Quatre modes de transport s'offrent aux exportateurs et aux importateurs : le transport par voie d'eau, le transport routier[12], le transport ferroviaire et le transport aérien. Comme nous le verrons plus loin, la combinaison de deux modes ou plus est fréquente. La voie postale ne constitue pas un mode de transport, car elle peut combiner les quatres modes.

Quel que soit le mode de transport, on parle souvent de **fret**. Il est important de souligner que, selon le contexte, ce terme peut désigner le coût du transport de marchandises (on parle ainsi de taux de fret ou plus spécifiquement de fret maritime, de fret ferroviaire, de fret routier et de fret aérien si l'on veut préciser le mode de transport dont on parle) ou les marchandises transportées elles-mêmes.

LE TRANSPORT PAR VOIE D'EAU[13]

À cause de son coût abordable, le transport par voie d'eau est très populaire en commerce international, surtout dans le cas d'expéditions vers des pays très éloignés. Même si le délai de livraison est plus long qu'en transport aérien, on y recourt généralement pour l'envoi de produits lourds ou volumineux et de marchandise en vrac. Comme nous le verrons plus loin, il existe deux catégories de contrats en transport par voie d'eau : le contrat de transport sur les lignes régulières et le contrat d'affrètement.

---

12. Il arrive souvent qu'on parle de transport terrestre, terme générique qui renvoie à la fois au transport ferroviaire et au transport routier.

13. Tiré et adapté d'Eur-export, *Le contrat de transport*, septembre 2007, [www.eur-export.com/francais/apptheo/logistique/transport/doctrans.htm], (3 mars 2009) ; Classe export, « Euro, dollar, yen, livre… sortez couverts ! », *Classe export – Le magazine*, dossier, 2001, [62.161.248.235/wwwclass/outils/MAG/AVRIL01/ART8.HTM], (3 mars 2009 : page désormais non disponible) ; *Reingex & EENI, Transport et logistique internationale*, s.d., [www.eepedu.com/fr75.asp], (3 mars 2009).

LES AVANTAGES

Voir les principaux avantages du transport par voie d'eau :

- En matière de coût, c'est le mode de transport le mieux adapté aux produits lourds ou volumineux (par exemple, les céréales et les hydrocarbures) ;
- Il existe de nombreuses catégories de bateaux, conçus selon la marchandise à transporter (vraquier, porte-conteneurs, méthanier, etc.) ;
- L'utilisation du conteneur, qui constitue une **unité de chargement**, permet de réduire le coût de la manutention et le risque de dommage que pourrait causer une **rupture de charge** ;
- Il est possible de stocker la marchandise à même les installations portuaires ;
- De nombreuses destinations disposent d'installations portuaires.

Unité de chargement
Regroupement de nombreux colis à l'aide d'une palette, d'un conteneur, etc., en vue de les acheminer ensemble.

Rupture de charge
Désassemblage d'une unité de chargement.

LES INCONVÉNIENTS

Les principaux inconvénients du transport par voie d'eau sont les suivants :

- Les délais de livraison sont importants ;
- Certaines lignes maritimes ne font pas le transport par conteneur ;
- Les coûts de l'emballage et de l'assurance sont généralement plus élevés que ceux des autres modes de transport.

LE CONTRAT

En transport maritime, il existe deux catégories de contrats :

- *Le contrat de transport sur les lignes régulières,* selon lequel le chargeur s'engage à payer un tarif déterminé et le transporteur s'engage à acheminer la marchandise du point de départ au point d'arrivée ;
- *Le contrat d'affrètement,* selon lequel les parties intéressées conviennent de louer un navire et son équipage soit pour une période donnée (affrètement à temps), soit pour une expédition donnée (affrètement au voyage).

Peu importe le type de contrat utilisé, le chargeur doit acheminer la marchandise à transporter au moment et au lieu indiqués dans le contrat. La **prise en charge de la marchandise** est accomplie par l'**armateur**, le plus souvent représenté par son agent. Soulignons que le moment de la prise en charge de la marchandise par le transporteur correspond à l'entrée en vigueur des règles de transport. À ce moment, le transporteur devient en effet responsable de la marchandise qu'on lui a confiée.

Prise en charge de la marchandise
Acte par lequel un transporteur accepte une marchandise dont il devient responsable.

Armateur
Personne ou entreprise qui possède ou exploite des navires à des fins commerciales.

LA DOCUMENTATION

Le **connaissement maritime** est le document officiel le plus important en transport par voie d'eau. Remis par la compagnie maritime ou son agent dans les 24 heures suivant l'embarquement (selon les indications du chargeur ou de son courtier), il doit être en anglais, puisque les versions traduites n'ont aucune valeur légale. Il est ensuite authentifié par le capitaine ou son agent. Le connaissement maritime est la preuve qu'il existe effectivement un contrat de transport lié aux marchandises transportées, que ces dernières ont bel et bien été embarquées à bord du bateau et que le transporteur s'engage à ce qu'elles soient livrées à destination en échange de la remise du connaissement. La figure 8.1 offre un exemple de connaissement maritime.

Connaissement maritime
Document en anglais qui rend compte d'un contrat de transport de marchandises et de la réception ou du chargement des marchandises par le transporteur. Le connaissement maritime constitue un titre de propriété relatif à la marchandise transportée.

Figure 8.1

Le connaissement maritime

Bill of lading for combined transport shipment of port to port shipment	
Shipper	BL No.
Consignee of order	
Notify party / address	Place of receipt
Vessel and voy No.	Place of delivery
Port of loading / Port of discharge	

Particulars as declared by shipper, but not acknowledged by carrier

Marks and Nos.; container Nos.	Number and kind of packages; description of goods	Gross weight (kg)	Measurement (cbm)
Total No. of containers / packages received by the carrier	Movement	Freight payable at	

Received by the carrier from the shipper in apparent good order and condition (unless otherwise noted herein) the total number or quantity of containers or other packages or units indicated in the box above entitled "Total No. of containers / packages received by the carrier" for carriage subject to all the terms and conditions hereof (including the terms and conditions on the reverse hereof and the terms and conditions of the carrier's applicable tariff) from the place of receipt or the port of loading, whichever is applicable, to the port of discharge or the place of delivery, whichever is applicable.

Number of original bills of lading	Place and date of issue	In witness of the contract herein contained the number of originals stated opposite has been issued, one of which being accomplished the other(s) to be void

Légende :

Shipper (chargeur). Coordonnées de l'expéditeur. Si l'entreprise utilise un courtier de transport, son nom devrait aussi apparaître sur le connaissement ; de cette façon, il sera responsable du transport des marchandises.

Consignee of order (destinataire). Coordonnées de la personne qui devra être prévenue lorsque les marchandises arriveront à destination. L'endos du document contient le titre de propriété des marchandises. Trois types de destinataires sont possibles : le destinataire final (le client), un destinataire désigné (une banque) ou un destinataire inconnu (on laisse alors cette case en blanc).

Notify party / address (personne à aviser). Coordonnées de la personne (le destinataire, une tierce personne ou un intermédiaire financier) que la compagnie maritime devra prévenir de l'arrivée des marchandises, au moyen d'un avis d'arrivée, sans tenir compte du destinataire indiqué (*consignee*).

BL No. (numéro du connaissement).

Place of receipt (lieu de départ). Lieu où les conteneurs sont pris en charge. Les indications à inscrire varient selon les incoterms utilisés et le contrat de transport.

Vessel and voy No. (nom du navire et numéro du voyage). Nom du navire transportant les marchandises et numéro du voyage.

Place of delivery (lieu de livraison finale). Les indications à inscrire dans cette section varient selon les incoterms utilisés et le contrat de transport.

Port of loading (port d'embarquement). Les indications à inscrire dans cette section varient selon les incoterms utilisés et le contrat de transport. Ne pas confondre lieu de départ et port d'embarquement, qui peuvent différer.

Port of discharge (port de déchargement). Les indications à inscrire dans cette section varient selon les incoterms utilisés et le contrat de transport. Ne pas confondre lieu de destination et port de déchargement, qui peuvent différer.

Marks and Nos.; container Nos. (marques et numéros des colis et des conteneurs). Numéro identifiant le conteneur et numéro du plomb, c'est-à-dire du sceau de sécurité (le cas échéant). Si les marchandises sont réunies sur des palettes, indiquer les marques des colis[a].

Number and kind of packages; description of goods (description des colis et des marchandises). Si les marchandises sont groupées en palettes, décrire en détail le contenu des palettes. Si l'espace manque pour décrire l'ensemble des marchandises, il est toujours possible d'annexer une liste[b].

Gross weight (kg) (poids brut du conteneur ou des colis en kilogrammes).

Measurement (cbm) (volume des marchandises en mètres cubes). Si les marchandises transitent par conteneur, il n'est pas nécessaire de remplir cette section.

Total No. of containers / packages received by the carrier (nombre de colis ou d'unités qu'a pris en charge la compagnie maritime). Un conteneur équivaut à une unité. Si les marchandises sont groupées en palettes, indiquer le nombre de palettes.

Movement (conteneurisation). On utilise les abréviations LCL (*less than container load*) pour le conteneur de groupage, c'est-à-dire rempli de colis envoyés par plus d'un expéditeur, et FCL (*full container load*) pour le conteneur complet. On aura donc, selon les cas :

• FCL/FCL = conteneur complet, un expéditeur et un destinataire ;
• FCL/LCL = conteneur complet, un expéditeur et plusieurs destinataires ;
• LCL/FCL = conteneur chargé de plusieurs lots de fournisseurs différents pour un même destinataire ;
• LCL/LCL = conteneur chargé de plusieurs lots de fournisseurs différents pour différents destinataires.

Freight payable at (transport payable à). Indiquer dans cette section si le fret est payable au port d'embarquement ou au port de déchargement, selon l'incoterm utilisé.

Number of original bills of lading (nombre de connaissements originaux). Indiquer le nombre de connaissements originaux émis pour chaque envoi.

a. À ce sujet, voir « L'emballage et le marquage des marchandises » dans ce chapitre, p. 373.
b. La formule « said to contain » (STC ou « dit contenir ») est souvent utilisée, car elle dégage le transporteur de toute responsabilité quant au contenu des conteneurs ou des colis.

Source : Classe Export, « Logistique : Transport maritime en pratique : les détails qui vous font gagner », mars 2001, [62.161.248.235/wwwclass/outils/MAG/MARS01/ART8.HTM], (3 mars 2009 : page désormais non disponible).

Le connaissement peut porter diverses mentions :

- La mention **connaissement à ordre** indique que le connaissement est négociable et transmissible par endossement. Dans les paiements par crédit documentaire[14], c'est la mention la plus courante. Elle permet de conserver le titre de propriété jusqu'au paiement de la marchandise.

- La mention **connaissement à personne dénommée** (ou **connaissement nominatif**) rend le connaissement non négociable. Seule la personne ou l'entreprise désignée comme destinataire peut prendre livraison de la marchandise.

- La mention **connaissement à bord** (ou **connaissement embarqué**) atteste que la marchandise a bel et bien été chargée à la date de signature.

- La mention **connaissement reçu pour embarquement** est l'attestation de la prise en charge de la marchandise. Plutôt qu'une attestation de l'expédition définitive, c'est une promesse de chargement.

- La mention **connaissement net** (ou **connaissement sans réserves**) atteste que la marchandise dont on a pris possession semble complète et en bon état.

- La mention **connaissement avec réserves** indique que la marchandise est endommagée ou non complète au point d'expédition. Cette mention permet de réduire la responsabilité du transporteur.

L'ORGANISATION ET LA TARIFICATION

L'abolition des conférences maritimes et les lignes matitimes

Avant le 18 octobre 2008, le transport maritime était majoritairement organisé en « **conférences maritimes**[15] ». Depuis, cette date, elles ont été abolies en Europe, ce qui influe sur l'ensemble du transport maritime mondial. Aujourd'hui, ce sont donc principalement les lignes maritimes qui définissent la fréquence des départs, la rotation des navires entre les compagnies membres et, surtout, les règles tarifaires et les prix. Les tarifs sont établis en fonction de la distance à parcourir d'une zone géographique à une autre, des lieux de départ et de destination, du mode d'expédition (vrac, conteneur, roulage, etc.) et, bien évidemment, des caractéristiques du produit (nature, poids, quantité, volume, etc.).

Connaissement à ordre
Mention indiquant que le connaissement est transmissible par endossement.

Connaissement à personne dénommée (ou **connaissement nominatif**)
Mention rendant le connaissement non négociable. Seule la personne ou l'entreprise désignée comme destinataire peut prendre livraison de la marchandise.

Connaissement à bord (ou **connaissement embarqué**)
Mention attestant que la marchandise a bel et bien été chargée à la date de signature.

Connaissement reçu pour embarquement
Mention attestant de la prise en charge de la marchandise et constituant une promesse de chargement.

Connaissement net (ou **connaissement sans réserve**)
Mention attestant que la marchandise dont on a pris possession semble complète et en bon état.

Connaissement avec réserves
Mention indiquant que la marchandise est endommagée ou non complète au point d'expédition et permettant de réduire la responsabilité du transporteur.

Conférence maritime (**conférence de navigation** ou **conférence de fret**)
Association de transporteurs constituant un cartel en vue d'établir des prix et des conditions de services communs pour l'exportation et l'importation de cargaisons conteneurisées.

---

14. Le crédit documentaire est traité en détail dans le chapitre 11.
15. Pour plus d'informations à ce sujet, consultez le site de *Classe Export Magazine*, septembre 2008, [www.magazine.classe-export.com/vdoc/easysite/go/03r-00000s-02l/archives/2008/septembre-2008/actualites/logistiquemaritime], 20 mars 2009.

En principe, le fret de base se négocie librement. Par ailleurs, on doit tenir compte de divers frais qui peuvent s'ajouter. Ces frais sont brièvement définis dans le tableau 8.2.

Tableau 8.2

Frais supplémentaires au fret de base dans le transport maritime

Frais supplémentaires au fret de base	Définitions
Coefficient d'ajustement de la valeur (CAF[a])	Frais tenant compte de la fluctuation de la devise
Frais de soute (IFP[b] ou BAF[c])	Frais tenant compte de la fluctuation du prix du pétrole
Frais terminaux (TSC[d])	Frais d'embarquement au port d'origine
Frais de conteneur (CSC[e])	Frais de débarquement au port de destination
Frais de sécurité portuaire (ISPS[f])	Frais pour la sécurité (application de la CSI[g])
Les indemnités de surestaries (demurrage)	Frais exigés en cas de dépassement du délai de planche

a. *Currency adjustment factor*
b. *Interim fuel participation*
c. *Bunker adjustment factor*
d. *Terminal service charge*
e. *Container service charges*; voir à ce sujet la mise en situation suivante.
f. *International shipping and port security charges*
g. Voir à ce sujet la section du présent chapitre portant sur les mesures de sécurité, p. 337.

Suite à l'abolition des conférences, les lignes maritimes ont conservé le même système de tarification qu'auparavant. Ce dernier se base sur la catégorie du produit à transporter selon la nomenclature internationale du système harmonisé.

MISE EN SITUATION

Pour bien illustrer le calcul du coût du transport maritime, nous utiliserons les taux de la ligne maritime fictive ISF-Export, qui dessert des ports en Italie, en Espagne et au sud de la France à partir du port de Montréal.

Les tarifs de base en dollars américains de cette ligne pour des conteneurs de 20 pieds et de 40 pieds sont présentés en fonction de la classe de la marchandise déterminée par le chapitre et la position de la marchandise dans le système harmonisé (SH)[a]. Un extrait des documents tarifaires de cette ligne maritime est présenté dans le tableau suivant.

Code SH	Description de la marchandise	Classe	Fret de base (en USD) 20 pieds	40 pieds
7218	Acier inoxydable en lingots	1	1 082	1 389
8703	Voitures de tourisme ou de course	2	1 132	1 464
1100	Produits de minoterie	3	1 182	1 539
7801	Plomb sous forme brute	4	1 232	1 614
6309	Articles de friperie	5	1 282	1 689
0303	Poissons congelés	S-1	3 100	3 150

Par exemple, pour expédier un conteneur complet de lingots d'acier inoxydable du port de Montréal vers l'un des ports desservis par la ligne, il en coûte 1 082 USD ou 1 389 USD en fret de base, selon la dimension du conteneur.

Les frais supplémentaires suivants s'appliquent :

- Le coefficient d'ajustement de valeur (CAF, *currency adjustment factor*)[b] de 19 %, qui tient compte de la dévaluation du dollar américain sur les marchés étrangers ;
- Les frais de soute, en l'occurrence l'*interim fuel participation* (IFP) de 810 USD pour un conteneur de 20 pieds, et de 1 620 USD pour un conteneur de 40 pieds, qui tient compte de l'augmentation du prix du pétrole.

On apprend aussi que les frais terminaux (TSC) sont de 350 USD pour un conteneur de 20 pieds et de et 500 USD pour un conteneur de 40 pieds. Quant aux frais de conteneur (CSC) en Europe, ils suivent les tarifs suivants :

	20 pieds	40 pieds
Ports français	150 EUR	200 EUR
Ports italiens	170 EUR	195 EUR
Ports espagnols	125 EUR	150 EUR

Les frais pour la sécurité (ISPS), quant à eux, sont de 75 USD au port d'origine et de 50 EUR au port de destination, pour les deux dimensions de conteneur.

Supposons que notre entreprise souhaite connaître le coût en USD du transport maritime pour les expéditions suivantes à partir du port de Montréal et que, à ce moment, 1 EUR vaut 1,35 USD :

- Expédition n° 1 : un conteneur de 40 pieds de farine (produits de minoterie) vers le port de Barcelone, en Espagne ;
- Expédition n° 2 : un conteneur de 20 pieds de filets de poisson et un conteneur de 40 pieds de plomb sous forme brute vers le port du Havre, en France.

Expédition n° 1

Coût	Calculs (en USD)	Total (en USD)
Fret de base	Farine (produits de minoterie) : classe 3 40 pieds, classe 3 : 1 539,00	1 539,00
CAF	19 %, donc 1 539,00 × 0,19	292,41
IFP	40 pieds : 1 620,00	1 620,00
TSC	40 pieds : 500,00	500,00
CSC	Espagne, 40 pieds : 150,00 EUR × 1,35	202,50
ISPS	75,00 + (50,00 EUR × 1,35)	142,50
Total		**4 296,41**

Expédition n° 2

Coût	Calculs (en USD), 20 pieds	Calculs (en USD), 40 pieds	Total (en USD)
Fret de base	Filets de poisson : classe S-1 20 pieds, classe S-1 : 3 100,00	Plomb sous forme brute : classe 4 40 pieds, classe 4 : 1 614,00	3 100,00 + 1 614,00 = 4 714,00
CAF	19 %, donc 3 100,00 × 0,19	19 %, donc 1 614,00 × 0,19	589,00 + 306,66 = 895,66
IFP	20 pieds : 810,00	40 pieds : 1 620,00	810,00 + 1 620,00 = 2 430,00
TSC	20 pieds = 350,00	40 pieds = 500,00	350,00 + 500,00 = 850,00
CSC	France : 150,00 EUR × 1,35	France : 200,00 EUR × 1,35	202,50 + 270,00 = 472,50
ISPS	75,00 + (50,00 EUR × 1,35)	75 + (50,00 EUR × 1,35)	142,50 + 142,50 = 285,00
Total			**9 647,16**

a. Le système harmonisé (SH), est présenté dans le chapitre 6, « Les douanes », p. 223.
b. Ne pas confondre avec le sigle CAF, (coûts, assurance et fret), version française de l'incoterm CIF (cost, insurance and freight) vu au chapitre 7, « les incoterms », p. 285.

La mise en situation ci-dessus avait pour but d'illustrer le coût du transport maritime pour un conteneur plein (FCL[16]) de 40 pieds ou de 20 pieds. Si l'expéditeur n'est en mesure de remplir un conteneur que partiellement (LCL[17]), l'unité de tarification est l'**unité payante (UP)** ; elle correspond, à l'avantage du transporteur, soit à une tonne (1 t), soit à un mètre cube (1 m^3), c'est-à-dire que le coût facturé est le plus élevé du coût au poids (W[18]) et du coût au volume (M[19]). On distingue les **marchandises légères** (ou **marchandises au cubage**), que l'on facture au volume, des **marchandises lourdes** (ou **pondéreuses**), que l'on facture au poids. Ainsi, une expédition qui pèse 4 t et dont le volume est de 5 m^3 coûtera 5 UP, alors qu'une expédition qui pèse 4 t et dont le volume est de 3 m^3 coûtera 4 UP. Dans le jargon des transporteurs, on dit que les marchandises voyagent *light* ou qu'elles voyagent *heavy*.

Presque toutes les lignes maritimes ont un tarif minimal pour les petits colis et des règles particulières de tarification à l'unité pour certaines catégories de marchandises (par exemple, les véhicules et les animaux). Enfin, le transport des marchandises de grande valeur est tarifé sur la base de leur valeur (tout comme l'est l'assurance).

L'affrètement de navire

En vertu d'une **charte-partie**, le propriétaire de navire (**fréteur**) met à la disposition de la partie locatrice (**affréteur de navire**) un navire et son équipage pour le transport de marchandises. Voici les principaux types de contrats d'affrètement :

- Selon le contrat d'**affrètement à coque nue**, le fréteur fournit à l'affréteur un navire peu ou pas équipé en matériel et en personnel. L'affréteur a la charge de tous les frais afférents au transport, à la marchandise, à l'équipage, aux réparations et à l'assurance maritime. De nos jours, ce type de contrat est peu courant.

Unité payante (UP)
Unité de tarification appliquée dans les cas où l'expéditeur n'est en mesure de remplir un conteneur que partiellement, et correspondant au poids (1 t) ou au volume (1 m^3).

Marchandises légères (ou **marchandises au cubage**)
Marchandises dont le transport est facturé au volume.

Marchandises lourdes (ou **pondéreuses**)
Marchandises dont le transport est facturé au poids.

Charte-partie
Contrat de location d'un navire.

Fréteur
En vertu d'une charte-partie, armateur qui met son navire à la disposition de l'affréteur.

Affréteur de navire
En vertu d'une charte-partie, personne ou entreprise qui loue un navire d'un fréteur, en tout ou en partie.

Affrètement à coque nue
Contrat d'affrètement en vertu duquel le fréteur fournit à l'affréteur un navire peu ou pas équipé en matériel et en personnel.

16. FCL pour *full container load*.
17. LCL pour *less than a container load*.
18. Pour *Weight*.
19. Pour *Measure*.

Affrètement à temps
Contrat d'affrètement en vertu duquel le fréteur fournit à l'affréteur un navire équipé en matériel et en personnel pour une période déterminée.

Affrètement au voyage
Contrat d'affrètement en vertu duquel le fréteur fournit à l'affréteur un navire pour un ou plusieurs voyages déterminés.

Conditions des lignes régulières (conditions du port ou conditions d'emplacement du navire)
Clause d'un contrat de transport qui précise l'inclusion ou l'exclusion des frais de manutention dans le coût total.

Palan
Appareil de levage apparenté à une grue qu'on utilise pour déplacer verticalement une charge.

Mise sous palan
Opération par laquelle on achemine la marchandise sous l'appareil en vue de son élingage.

Élingage
Opération qui consiste à entourer une charge d'une élingue, c'est-à-dire d'un cordage, d'un câble, d'une chaîne ou d'une sangle permettant de soulever une charge à l'aide d'un appareil conçu pour lever des charges (un appareil de levage).

Accrochage
Fixation des élingues de la marchandise à l'appareil de levage.

Hissage
Opération consistant à élever la marchandise du quai (au chargement) ou du bateau (au déchargement).

Virage
Réalignement de l'angle de l'appareil de levage entre la levée initiale (le hissage) et le dépôt de la marchandise (la descente).

Descente (dans la cale du bateau ou à quai)
Opération consistant à déposer la marchandise dans la cale du bateau (au chargement) ou encore sur le quai (au déchargement).

- Selon le contrat d'**affrètement à temps**, le fréteur fournit à l'affréteur un navire équipé en matériel et en personnel pour une période déterminée. Cet affrètement est considéré comme le plus souple.
- Selon le contrat d'**affrètement au voyage**, le fréteur fournit à l'affréteur un navire équipé en matériel et en personnel pour un voyage ou une série de voyages donnés.

Comme nous l'avons vu au début du présent chapitre, des propriéaires de bateaux hollandais contractaient ce type d'entente dès le XXIIe siècle.

Les conditions des lignes régulières[20]

Les frais de manutention portuaire auxquels nous avons fait allusion précédemment sont définis selon les **conditions des lignes régulières** (**conditions du port** ou **conditions d'emplacement du navire**), qui peuvent comprendre ou non l'accomplissement d'un certain nombre d'opérations portuaires.

Ces opérations portuaires se divisent en deux catégories dépendamment du moment où elles s'effectuent. Le tableau 8.3 montre que l'embarquement et le débarquement de la marchandise comportent en réalité les mêmes étapes, puisqu'il s'agit toujours d'embarquer la marchandise en un lieu et de la débarquer en un autre au moyen d'un **palan**, c'est-à-dire d'un appareil de levage servant à déplacer la marchandise du quai au bateau lors de l'embarquement, et l'inverse lors du débarquement.

Tableau 8.3

Les opérations portuaires

À l'embarquement des marchandise	Au débarquement de la marchandise
1. La **mise sous palan**	1. Le **désarrimage**[*] – La mise sous palan
2. L'**élingage** et l'**accrochage**	2. L'élingage et l'accrochage
3. Le **hissage** et le **virage**	3. Le hissage et le virage
4. La **descente** dans la cale du bateau	4. La descente à quai
5. La **prise sous palan**	5. La prise sous palan
6. L'**arrimage**[*] – Le **désélingage** et le **décrochage**	6. Le désélingage et le décrochage

[*] L'arrimage et le désarrimage ne sont pas des opérations portuaires à proprement parler, puisqu'elles se déroulent sur le bateau; seulement, leur mention dans ce tableau aide à comprendre la logique des opérations.

La figure 8.2 présente les cinq conditions les plus répandues. Notons que ces clauses peuvent être également incluses dans une charte-partie relative à l'affrètement d'un navire.

---

20. Tiré et adapté du Groupe Logistique conseil, « Les Liner Terms », s.d. [www.logistiqueconseil.org/Articles/Transport-maritime/Liner-terms.htm], (21 mars 2009).

Figure 8.2

Conditions des lignes régulières

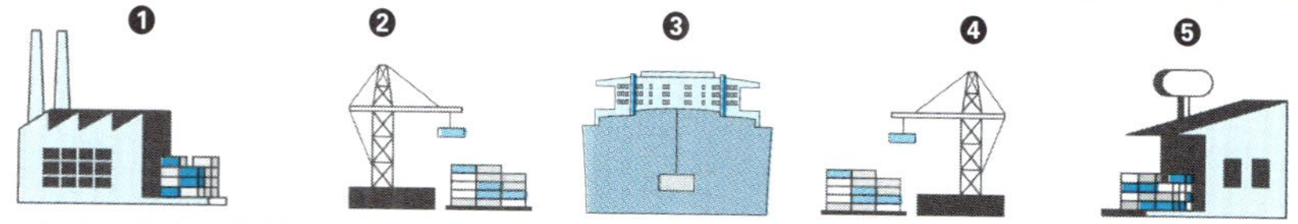

Port d'origine					Transport par bateau		Port d'arrivée					
❶ Quai	❷ Sous-palan				❸ Bord		❹ Sous-palan					❺ Quai
Prise au quai	Mise sous palan	Élinguage et accrochage	Hissage et virage	Descente en cale	Arrimage	Désarrimage	Élinguage et accrochage	Hissage et virage	Descente à quai	Prise sous palan	Désélinguage et décrochage	Mise à quai
				Bord à		bord^a						
				Bord à							sous palan^b	
	Sous palan à									sous palan^c		
	Sous palan à											quai^d
Quai à												quai^e

a. Bord à bord : Le fret maritime n'inclut que l'arrimage et le désarrimage de la marchandise ; aucune opération de manutention n'est comprise.

b. Bord à sous palan : Le fret maritime inclut l'arrimage, désarrimage de la marchandise, puis l'élingage, l'accrochage, le hissage et le virage en vue du déchargement de la marchandise au port d'arrivée.

c. Sous palan à sous palan : Le fret maritime comprend le hissage, le virage et la descente de la marchandise dans la cale du bateau au port d'origine, puis l'élingage, l'accrochage, le hissage, le virage et la descente à quai au port d'arrivée.

d. Sous palan à quai : Le fret maritime inclut seulement le hissage, le virage et la descente de la marchandise dans la cale du bateau au port d'origine, mais toutes les opérations de manutention au quai d'arrivée.

5. Quai à quai : Le fret maritime inclut toutes les opérations de manutention de la prise à quai initiale à la mise à quai finale.

Prise sous palan
Prise de la marchandise sous l'appareil en vue de procéder à son désélingage.

Arrimage
Opération qui consiste à fixer solidement la marchandise à bord du bateau afin d'éviter les ballotements dangereux susceptibles de causer des accidents ou des dommages à la marchandise.

Désélingage
Opération qui consiste à libérer une charge de ses élingues. *Voir élingage.*

Décrochage
Décrochage des élingues de la marchandise de l'appareil de levage.

Désarrimage
Opération qui consiste à libérer la marchandise de ses fixations au bateau.

On ne doit pas confondre les conditions des lignes régulières, relatives au contrat de transport, et les incoterms, relatifs au contrat de vente. Il importe cependant s'assurer que, pour une expédition donnée, ces conditions et ces incoterms sont compatibles. Dans une vente FOB Montréal, par exemple, le vendeur a la responsabilité de mettre la marchandise à bord du bateau au port de Montréal, mais le coût du transport revient à l'acheteur ; si ce coût inclut les opérations de chargement, l'acheteur peut réclamer qu'elles lui soient remboursées.

LE TRANSPORT ROUTIER[21]

Si le transport maritime est efficace pour acheminer des marchandises d'un port à un autre, le transport par camion permet de les acheminer directement d'une entreprise à une autre, même sur de longues distances. Le camionnage est fort répandu. Même dans les envois outre-mer, on y recourt souvent : c'est le moyen le plus utilisé pour relier les exportateurs et les importateurs aux ports ou aux aéroports[22].

LES AVANTAGES

Très flexible, le transport routier comporte les avantages que voici :

- Il est très bien adapté aux petits colis ;
- Il répond aux besoins du **transport de porte-à-porte** et du transport multimodal par conteneur ;
- Il se prête au **groupage des marchandises**, aux exercices de **messageries** et au **cabotage** ;
- Les délais de livraison sont relativement courts grâce à l'infrastructure routière et à la simplicité des procédures douanières ;
- Le rapport entre le délai de livraison et le prix est intéressant.

LES INCONVÉNIENTS

Les principaux inconvénients du transport routier sont les suivants :

- Les conditions climatiques peuvent influer sur les délais de livraison.
- Selon les pays parcourus, l'infrastructure routière peut faire défaut et la sécurité de la marchandise peut être menacée.

Transport de porte-à-porte
Transport de marchandises effectué sans rupture de charge du point de départ au point de destination finale. En transport multimodal, ce terme désigne le transport de conteneurs remplis chez l'expéditeur et vidés chez le destinataire.

Groupage des marchandises
Réunion d'envois de marchandises en provenance de plusieurs expéditeurs ou à destinations diverses de façon à en faire l'acheminement en lot.

Messageries
Services de transport accéléré de marchandises.

Cabotage
Service de transport de marchandises prises à un endroit et déchargées à un autre sur le territoire d'un même pays.

---

21. Tiré et adapté d'Eur-export, *Les différents modes de transport*, s.d., [www.eur-export.com/francais/apptheo/logistique/transport/6modestrans.htm], (3 mars 2009) ; Eur-export, *Le contrat de transport*, s.d., [www.eur-export.com/francais/apptheo/logistique/transport/doctrans.htm], (13 mars 2009 : page désormais non disponible) ; Interex, *Comprendre les termes du transport international*, s.d., [www.interex.fr/fr/methodes/comprendre-les-termes-du-transport-international], (4 mars 2009) ; Reingex & EENI, *Transport et logistique internationale*, 2004, [www.eepedu.com/fr75.asp], (4 mars 2009 : page désormais non disponible) ; Classe Export, « Quel est le vrai coût du transport routier pour votre entreprise ? », 2001, *Classe Export – Le magazine*, dossier, [www.62.161.248.235/wwwclass/outils/MAG/Sept01/ART8.HTM], (4 mars 2009 : page désormais non disponible).
22. Pour en apprendre davantage sur ce sujet, voir la section « Le transport multimodal », p. 366.

LE CONTRAT[23]

L'ALENA contient un chapitre sur l'harmonisation des conditions du commerce entre le Canada, les États-Unis et le Mexique. Aussi, il a créé le Sous-comité sur les normes de transport terrestre de l'ALENA (SNTT), une instance qui se penche sur les questions de normalisation technique et de sécurité.

Jusqu'à maintenant, les négociations en matière de transport routier entre les pays membres de l'ALENA ont porté sur l'harmonisation des normes d'exploitation et de sécurité des véhicules, sur les normes relatives au matériel et au transport des matières dangereuses, sur le poids et les dimensions des véhicules utilisés dans le transport transfrontalier[24], sur les assurances, sur la responsabilité civile et le cargo ainsi que sur les formalités douanières. Ces négociations n'ont aucunement touché aux contrats ou à d'autres questions relatives aux obligations contractuelles des parties, et ce, à cause de la divergence des lois et des juridictions.

Le *Forum des intervenants de l'industrie du camionnage général* met à la disposition des routiers et des donneurs d'ouvrage un contrat commercial type[25], favorisant ainsi la conclusion d'ententes harmonieuses. Ce contrat type établit clairement les principes de base, les droits et obligations des parties et tout autre élément essentiel d'une opération commerciale. Son usage n'est pas imposé en vertu d'une loi ou d'un règlement, mais il est fortement recommandé par l'ensemble des membres du Forum.

| www.forum-cam.qc.ca |

En Europe, le Transit international routier (TIR), un accord qui date de 1949, permet aux véhicules des pays signataires de transiter sans contrôle douanier, sur simple présentation d'un carnet spécial appelé « carnet TIR » et délivré par les associations de transport agréées. Deux conventions ont suivi cet accord, en 1959 et en 1975, et le Canada fait partie des pays signataires.

Contrairement à l'Amérique du Nord, l'Europe a déjà procédé à l'harmonisation des obligations contractuelles des parties. Exception faite de l'Irlande, les contrats de transport routier entre pays européens sont régis par la *Convention relative au contrat de transport de marchandises par route* (CMR), tenue à Genève (Suisse) en 1956. La CMR s'applique dans tous les cas de transport entre deux pays dont au moins un en est signataire. De plus, si le véhicule lui-même est acheminé, sans rupture de charge, par un autre mode de transport, la CMR s'applique aussi.

| www.unece.org/trans/conventn/cmr_f.pdf |

LA DOCUMENTATION

Au Canada, la **lettre de transport routier** (**lettre de voiture** ou **connaissement routier**) est le document essentiel au transport international de marchandises par route ; c'est en quelque sorte la preuve du contrat de transport. Quand il s'agit de

> **Lettre de transport routier** (**lettre de voiture** ou **connaissement routier**)
> Document qui constate le contrat de transport routier, sur lequel figurent le poids et la nature des marchandises ainsi que les conditions de vente.

---

23. Tiré et adapté de la Confédération des syndicats nationaux, « Les conditions de travail dans l'industrie du transport routier en Amérique du Nord », 2005, [www.csn.qc.ca/Pageshtml17/AlenaRoutiers.html], (3 mars 2009).
24. Pour voir les résultats des discussions du SNTT sur ces différents points, consulter Transports Canada, *ALENA – Plenaire 1998*, 2004, [www.tc.gc.ca/pol/nafta-alena/fr/plenaires/Plenaire1998/SNTT-1.htm], (3 mars 2009).
25. Forum des intervenants de l'industrie du camionnage général, *Contrat type*, 2002, [www.forum-cam.qc.ca/documents/ContratType/Contrat_type_F_R.pdf], (3 mars 2009).

transport routier intérieur, on parle de connaissement terrestre ou routier, terme qu'on utilise aussi dans la pratique pour le transport international. En Europe, le terme « récépissé » est courant.

La lettre de transport routier doit être rédigée selon les normes de la CMR. La mention « sans réserves » atteste la prise en charge des marchandises en bon état et l'expédition dès la signature par le transporteur. La lettre de voiture et le contrat sont des éléments distincts. Le rôle de la lettre de voiture est de confirmer les instructions données au transporteur ; c'est pourquoi elle doit accompagner tout envoi. L'article 6 de la CMR prévoit les champs obligatoires suivants : le nom et l'adresse de l'expéditeur et du destinataire et la nature, le poids et la désignation des objets. On peut prévoir d'autres champs (par exemple, l'interdiction de transbordement ou un délai impératif).

LA TARIFICATION

Chargement complet
Chargement de marchandises dont le poids et le volume justifient l'application d'un tarif d'envoi par camion complet.

Comme la concurrence est grande dans le secteur du transport routier, autant pour le groupage que pour le **chargement complet**, les tarifs varient énormément. L'entreprise qui expédie des marchandises régulièrement peut négocier un tarif avantageux auprès des transporteurs. Concernant le groupage, on peut s'adresser à un commissionnaire de transport pour bénéficier de tarifs intéressants.

L'expéditeur qui prévoit des envois par camion devrait tenir compte des variables suivantes :

Coefficient de chargement (ou **coefficient de remplissage**)
Rapport, en pourcentage, entre le nombre de tonnes par kilomètre d'un envoi et le nombre total de tonnes par kilomètre du chargement complet potentiel du véhicule.

- *La marchandise.* Plus la marchandise est volumineuse, plus l'expéditeur devrait songer à expédier par chargement complet. Dans le cas de petites expéditions en groupage, on doit penser à l'emballage et au véhicule qui sera utilisé, puisque le coût est établi selon un **coefficient de chargement** (ou **coefficient de remplissage**). Ainsi, on doit tenir compte de la surface de chargement du véhicule et du volume qu'occupera la marchandise.

- *La destination.* Cette variable détermine le nombre de kilomètres à parcourir, l'itinéraire à emprunter et les frais liés à l'utilisation de certaines infrastructures (par exemple, les droits de péage de routes, de ponts ou de traversiers).

- *Le tarif kilométrique.* Cette variable dépend de plusieurs facteurs, dont le coût du carburant, l'amortissement du véhicule, le salaire payé à la main-d'œuvre et la probabilité d'un chargement pouvant rentabiliser le retour.

- *Les surcoûts d'ordre géographique.* Dans sa tarification, le transporteur tient compte d'autres facteurs : L'expéditeur se trouve-t-il sur un itinéraire régulier de ramassage ? Ses locaux sont-ils situés dans une grande agglomération urbaine ? Le destinataire se trouve-t-il dans une localité lointaine et difficilement accessible ? Le chauffeur du camion sera-t-il pris dans des embouteillages ou éprouvera-t-il des problèmes de stationnement ?

Même si les prix sont fixés librement par les entreprises de transport, la majorité d'entre elles les basent sur la classification standardisée de la *National Motor Freight Traffic Association* (NMFTA). Cet organisme américain à but non

www.nmfta.org

lucratif attribue une classe à chaque produit transporté, en tenant compte des quatre caractéristiques, qui déterminent son degré de transportabilité, à savoir :

- la densité du produit (son poids par volume) ;
- son volume ;
- sa facilité de manipulation ;
- sa fragilité (sa valeur, sa périssabilité, la probabilité qu'il se fasse voler ou endommager).

La NMFTA a créé 18 classes numérotées de produits, allant de 50 (la moins onéreuse) à 500 (la plus coûteuse). Le tableau 8.4 donne une liste de certains produits et de leur classe selon la NMFTA.

Tableau 8.4

Le classement de la NMFTA

Produit (nom en anglais)	Correspondance en français	Classe
Acorns (Nuts)	Noix en écales	70
Aircraft Parts metal	Pièces d'avion	200
Aluminum Table Set	Tables en aluminium	200
Ambulance Stretcher	Civières pour ambulance	200
Assembled Furniture Bathroom cabinet set up	Armoires de salle de bain assemblées	300
Assembled Furniture Tanning bed	Lits de bronzage assemblés	150
Auto Parts : Accessories Wheel iron or steel finished	Pièces d'auto : roues de fer ou d'acier, finies	77,5
Auto Parts : Accessories Car Covers : seat, hood, tire or top covers in boxes	Pièces d'auto : couvercles arrières, capots, sièges ou pneus, en boîtes	100
Bags Cotton bags in packages	Sacs de coton en paquets	85
Bamboo Furniture, furniture made of bamboo	Mobilier en bambou	250
Books/Printed Material New Magazines or periodicals	Imprimés : livres et périodiques	55
Books/Printed Material Newspapers wholly or partly printed	Imprimés : journaux	70
Cars, Passenger cars	Automobiles	150
Case Of Wine wine, bottled wine	Caisses de bouteilles de vin	100
Cement/Concrete/Bricks, cement or mortar	Ciment, béton ou mortier	55
Chiropractic Table	Tables pour chiropraticien	200
Computer : PCs Computerized up to $ 5.00 per pound	Ordinateurs personnels d'une valeur maximale de 5,00 $ USD par livre	92,5
Deer Antlers	Bois de cerf	400
Household : Appliances Coffee Makers	Machines à café à usage domestique	125
Laptop	Ordinateurs portables	250
Painting value not exceeding $ 5.00 per pound	Peintures d'une valeur n'excédant pas 5,00 $ USD par livre	300
Plasma TV	Téléviseur au plasma	250
Televisions, 40" or greater	Téléviseur de 40 pouces ou plus	200
Televisions, Less than 40"	Téléviseur de moins de 40 pouces	125

Le tableau 8.5 offre un exemple des tarifs demandés par la société Reimer Express pour une expédition de Montréal (code postal H2M 1YO) à Brooklyn (code postal 10003), dans l'État de New York.

Tableau 8.5

Tarifs d'expédition de la marchandise du code postal H2M 1Y8 (Canada) au code postal 10003 (É.-U.), en USD par tranche de 100 lbs, selon le poids (en lbs) et la classe

Tarif minimum : 353,51 USD

Classe de la NMFTA	Poids de la marchandise transportée						
	L5C (moins de 500 lb)	**5C** (500-999 lb)	**1M** (1 000-1 999 lb)	**2M** (2 000-4 999 lb)	**5M** (5 000-9 999 lb)	**10M** (10 000-19 999 lb)	**20M** (20 000 lb et plus)
50	109,42	96,30	70,35	53,93	43,25	28,53	21,28
55	119,88	105,51	77,08	59,09	47,39	31,98	23,86
60	123,42	108,62	79,36	60,83	48,79	33,28	24,82
65	132,50	116,61	85,20	65,31	52,37	35,87	26,76
70	**141,42**	124,47	90,94	69,71	55,90	38,90	29,02
77,5	156,97	138,15	100,93	77,37	62,05	44,08	32,88
85	165,28	145,46	106,27	81,46	65,33	47,11	34,82
92,5	177,74	156,43	114,29	87,61	70,26	51,43	36,11
100	191,29	168,35	122,99	94,28	75,61	55,75	37,40
110	210,37	185,15	135,26	103,69	83,15	60,08	38,69
125	246,84	217,25	158,72	121,66	97,57	70,45	45,46
150	286,85	252,46	184,44	141,38	113,39	82,12	52,87
175	334,71	294,58	215,22	164,97	132,31	95,52	61,58
200	382,57	336,70	245,99	188,56	151,22	109,35	70,61
250	478,14	**420,81**	**307,44**	235,67	189,00	136,58	88,02
300	573,86	505,06	368,98	282,84	226,84	164,24	105,75
400	765,14	673,41	491,98	377,13	302,45	218,69	140,89
500	956,43	841,76	614,97	471,41	378,06	273,58	176,03

Source : Tiré et adapté de la société Reimer Express, 2008, [http://my.reimerexpress.com/dynamic/rex/servlet? CONTROLLER=com.rdwy.ec.rexcommon.proxy.http.controller.PublicProxyController&redir=/tfq500], (3 mars 2009).

On notera que la distance à parcourir n'est pas directement liée au tarif. En effet, d'autres facteurs entrent en ligne de compte : la fréquence des transports de marchandises du point d'origine au lieu de destination, les risques liés au transport, le poids des marchandises, etc. De Montréal, il pourrait ainsi en coûter moins cher d'expédier des marchandises à New York qu'à Saint-Joachim-de-Shefford.

MISE EN SITUATION

Votre entreprise, située à Montréal (code postal H2M 1Y8), souhaite expédier des ordinateurs portables vers Brooklyn (code postal 10003), dans l'État de New York, une distance d'environ 617 km. La marchandise pèse 350 kg au total.

Solution :

Dans un premier temps, on convertit les kilogrammes en livres : 1 lb = 0,4536 kg, donc 1 kg = 2,2046 lbs.

$$350 \text{ kg} \times 2{,}2046 = 771{,}60 \text{ lbs}$$

Comme on doit arrondir le résultat au demi-kilogramme ou à la demi-livre supérieure, on utilise 772 lbs.

Ensuite, on trouve à quelle classe la marchandise appartient. Les ordinateurs portables correspondent à la classe 250 (voir tableau 8.4, p. 355).

Puis on trouve, dans le tableau 8.5, la donnée correspondant à la classe 250 et au poids de 772 lbs. Le prix demandé est 420,81 USD par tranche de 100 lbs. On effectue enfin le calcul suivant pour connaître le coût d'expédition total :

$$(772 \text{ lbs} \times 420{,}81 \text{ USD}) / 100 \text{ lbs} = 3\,248{,}65 \text{ USD}$$

Les transporteurs établissant leurs grilles tarifaires à la fois selon l'origine, la destination et la fourchette de poids, ainsi les tarifs étant dégressifs en fonction du **poids de taxation**. Il peut donc parfois être avantageux de payer pour un poids supérieur de façon à bénéficier d'un tarif moindre au kilogramme ou à la livre : c'est ce que l'on appelle la règle du **payant pour**.

Reprenons les mêmes données et vérifions si la règle du payant pour est avantageuse dans ce cas-ci.

En payant pour un poids de 1 000 lbs (fourchette supérieure), le coût du transport sera le suivant : (1 000 lbs × 307,44 USD) / 100 lbs = 3 074,40 USD. En déclarant 1 000 lbs, le transport vous coûtera moins cher que si vous déclarez 772 lbs. La règle du payant pour est donc avantageuse dans le cas présent.

Notons enfin que les transporteurs demandent un tarif minimum sans égard à la destination et au poids de la marchandise. Il est ici de 353,51 USD.

Une entreprise qui souhaite expédier 50 kg de noix en écales de Montréal à Brooklyn, dans l'état de New York (mêmes codes postaux), devra payer un tarif calculé comme suit :

On convertit d'abord les kilogrammes en livres : 50 kg = 110,23 lbs. Après arrondissement, on obtient 110,5 lbs.

On localise ensuite la classe de la marchandise ; dans ce cas, c'est la classe 70.

Puis on trouve la donnée correspondant à la classe 70 et au poids de 110,5 lbs : 141,42 USD par tranche de 100 lbs. On effectue enfin le calcul (110,5 lbs × 141,42 USD) / 100 lbs, qui donne un coût total de 156,27 USD. Puisque le transporteur exige un tarif minimal de 353,51 USD, l'entreprise devra cependant payer ce dernier montant.

Poids de taxation
Poids qui sert de base au calcul du coût de transport de marchandises. En transport aérien, il correspond au poids le plus élevé entre le poids réel et le poid volumétrique.

Payant pour
Mode de tarification selon lequel l'expéditeur bénéficie d'un tarif plus avantageux en payant le transport pour un poids supérieur au poids de taxation.

LE TRANSPORT FERROVIAIRE[26]

En commerce international, notamment avec les États-Unis, le transport ferroviaire fait concurrence au transport maritime, entre autres pour ce qui est de la **capacité de charge**. Par ailleurs, il complète le transport maritime ou aérien à l'arrivée et au départ. Enfin, comme nous le verrons plus loin, le transport ferroviaire est souvent combiné à un autre mode de transport.

Capacité de charge
Charge maximale autorisée pour un véhicule destiné au transport de marchandises, exprimée en tonnes.

LES AVANTAGES

Les principaux avantages du transport ferroviaire sont les suivants :

- Il permet de profiter des installations de transport multimodal.
- Il rend possible le transport de porte-à-porte grâce aux **embranchements particuliers** (ou **voies industrielles privées**) des entreprises.
- Il est généralement fluide et les horaires sont respectés, ce qui permet de planifier les délais de livraison.
- Il est très bien adapté aux longues distances.
- Il est aussi très bien adapté aux grosses expéditions, notamment celles qui requièrent un train entier.

Embranchement particulier
(ou **voie industrielle privée**)
Voie de desserte ou voie de raccordement fermée à la circulation générale et réservée à l'usage d'une entreprise. Les embranchements particuliers peuvent appartenir à l'entreprise ou lui être loués. Les entreprises métallurgiques et pétrochimiques, entre autres, y ont souvent recours.

LES INCONVÉNIENTS

Les principaux inconvénients du transport ferroviaire sont les suivants :

- C'est un mode de transport peu adapté aux courtes distances.
- Il oblige à s'en tenir aux limites de l'infrastructure du réseau ferroviaire.
- Quand l'expéditeur et le destinataire n'ont pas d'embranchements particuliers, ils doivent recourir au camionnage pour compléter l'acheminement des marchandises.

LE CONTRAT

www.cta-otc.gc.ca

Au Canada, le transport ferroviaire relève de l'*Office des transports*, qui traite, entre autres, des plaintes sur les tarifs et les services.

Dans certains États d'Europe, du Moyen-Orient, du Proche-Orient et de l'Afrique du Nord, le transport ferroviaire international est régi par la Convention de Berne, qui a mené aux *Règles uniformes concernant le contrat de transport international*

---

26. Tiré et adapté d'Eur-export, *Les différents modes de transport*, s.d., [www.eur-export.com/francais/apptheo/logistique/transport/6modestrans.htm], (28 novembre 2008) ; Eur-export, *Le contrat de transport*, s.d., [www.eur-export.com/francais/apptheo/logistique/transport/doctrans.htm], (28 novembre 2008) ; Interex, *Comprendre les termes du transport international*, [www.interex.fr/fr/methodes/comprendre-les-termes-du-transport-international], (3 mars 2009) ; Reingex & EENI, *Transport et logistique internationale*, 2004, [www.eepedu.com/fr75.asp], (3 mars 2009) ; Classe Export, « Quel est le vrai coût du transport routier pour votre entreprise ? », 2001, *Classe Export – Le magazine*, dossier, [www.62.161.248.235/wwwclass/outils/MAG/Sept01/ART8.htm], (3 mars 2009 : page désormais non disponible).

ferroviaire des marchandises (CIM). La CIM s'applique si l'acheminement des marchandises passe par au moins deux des pays signataires et si l'expédition est accompagnée d'une lettre de voiture ferroviaire (voir ci-après). Dans les autres cas, les dispositions législatives nationales s'appliquent. Comme dans le cas du transport routier international, il existe en Europe un régime de transit international par voie ferrée (TIF) et, sur le même principe, un carnet spécial appelé « carnet TIF ».

www.cit-rail.org/gueterverkehr/gesetzgebung/er-cim-defren.html

LA DOCUMENTATION

La **lettre de voiture ferroviaire** est un document qui atteste la prise en charge des marchandises par un transporteur ferroviaire et son acceptation de les livrer au destinataire. Cette acceptation est constatée par une indication de réception, qui peut être une signature ou l'apposition, sur la lettre de voiture, du timbre à date de la gare expéditrice. Le transport normal et le transport accéléré ont chacun leur formulaire. Le transporteur complète la plus grande partie du document, et l'expéditeur remplit le reste. L'original est remis au destinataire, alors qu'une copie est retournée à l'expéditeur.

Lettre de voiture ferroviaire
Document qui atteste le contrat, entre l'expéditeur et le transporteur, de transport ferroviaire de marchandises à l'étranger.

LA TARIFICATION

La CIM ne prévoit pas de tarification commune pour les États signataires ; les règles peuvent donc varier d'un pays à l'autre. L'usage prévoit deux méthodes de tarification :

- *L'addition des tarifs nationaux.* En l'absence de tarifs communs aux pays concernés, on applique ce principe selon lequel le coût total est calculé en additionnant les coûts de transport entraînés dans chaque pays (avec opérations de change, au besoin) ;

- *La tarification bilatérale ou multilatérale.* Dans certains pays, on établit le coût total selon une tarification unique basée, d'une part, sur le kilométrage total (peu importe sa répartition sur les territoires traversés) et, d'autre part, sur le pays du point de départ et le pays du point d'arrivée. Le tarif franco-allemand en est un exemple. Notons que la tarification bilatérale concerne toutes les marchandises, alors que la tarification multilatérale ne concerne que certaines catégories de marchandises.

Comme nous l'avons mentionné précédemment, au Canada, c'est l'Office des transports qui réglemente le transport ferroviaire. Cet organisme établit les prix d'interconnexion réglementés et le plafond des recettes engendrées par le transport du grain dans l'Ouest. Il détermine les normes et la réglementation des coûts. Certains transporteurs, tels que le *Canadien National* et le *Chemin de fer Canadien Pacifique*, offrent une tarification distincte pour le transport de marchandises en gros et pour le transport de marchandises de détail.

www.cn.ca
www8.cpr.ca

LE TRANSPORT AÉRIEN[27]

Le fret aérien connaît un véritable essor. Des lignes régulières relient les principaux aéroports canadiens aux principaux aéroports situés aux États-Unis et ailleurs dans le monde. Toutes les destinations ne sont cependant pas desservies, ce qui oblige souvent l'exportateur à affréter un avion.

www.iata.org

Le transport aérien de marchandises est régi par l'*Association du transport aérien international (IATA)*. Cette association soutient l'industrie du transport aérien et les transporteurs sur divers plans : contenir les coûts, améliorer les services et maximiser les revenus.

LES AVANTAGES

Les principaux avantages du transport aérien sont les suivants :

- Parmi tous les modes de transport, il s'agit du plus rapide sur de longues distances ;
- Les compagnies aériennes utilisent certains aéroports comme **plaques tournantes**, ce qui permet de réacheminer rapidement les marchandises ;
- La manutention horizontale réduit le risque de dommage causé à la marchandise, celle-ci n'étant jamais soulevée, comme c'est le cas pour le transport maritime ;
- L'emballage de la marchandise coûte moins cher que pour les autres modes de transport ;
- Le transport aérien est régulier et fiable ;
- Le bon contrôle de l'approvisionnement qu'il permet convient aux méthodes de gestion modernes, telles que la méthode **juste-à-temps** ;
- Certains frais financiers, dont ceux liés au stockage et à l'assurance, sont relativement peu élevés ;
- Les zones géographiques desservies sont très nombreuses.

Plaque tournante
Aéroport à partir duquel une compagnie aérienne organise la desserte de ses escales, ou point de convergence d'un réseau en étoile.

Juste-à-temps
Ensemble de méthodes logistiques qui visent à réduire au minimum le temps d'attente, l'entreposage et les stocks afin de livrer le bon produit au bon client et au bon moment.

LES INCONVÉNIENTS

Les principaux inconvénients du transport aérien sont les suivants :

- Son coût est plus élevé que celui des autres modes de transport ;
- Il peut augmenter sensiblement la valeur ajoutée de la marchandise ;
- Sa capacité, en termes de volume, est plus limitée que celle des autres modes de transport ;
- Le transport aérien de certains produits dangereux est interdit.

---

27. Tiré et adapté de Techniques de l'ingénieur, *L'entreprise industrielle, AG8140*, s.d., [www.techniques-ingenieur.fr/affichage/DispIntro.asp?nGcmId=AG8140], (3 mars 2009) ; Eur-export, *Les différents modes de transport*, s.d., [www.eur-export.com/francais/apptheo/logistique/transport/6modestrans.html], (3 mars 2009) ; Eur-export, *Le contrat de transport*, s.d., [www.eur-export.com/francais/apptheo/logistique/transport/doctrans.htm], (3 mars 2009) ; Les Aéroports français, *Conventions, traités, directives. Le Traité de Varsovie*, 2001, [www.aeroport.fr/portail/guide.cfm?&doc=droit&chapter=E&section=1&sous_section=2&page=2], (3 mars 2009) ; Interex, *Comprendre les termes du transport international*, s.d., [www.interex.fr/fr/methodes/comprendre-les-termes-du-transport-international], (3 mars 2009) ; Collection Juris International – Instruments juridiques internationaux, *Protocole portant modification de la Convention pour l'unification de certaines règles relatives au transport aérien international*, 2003, [www.jurisint.org/fr/ins/181.html], (3 mars 2009).

LE CONTRAT

Le contrat de transport aérien se négocie entre le transporteur et le chargeur (celui-ci pouvant être le transitaire ou l'intervenant qui paye le coût du transport[28]) et il se matérialise par la lettre de transport aérien (LTA). Le transporteur a les obligations suivantes[29] :

- Il est responsable de la marchandise à partir du moment de la prise en charge jusqu'au déchargement. En cas de **manquants** ou de dommages apparents, le destinataire doit indiquer ses réserves en termes de poids et de nombre de colis plutôt qu'en termes de nombre d'articles ;

- En cas de pertes financières dues à un retard, il est responsable des dommages, à moins que des réserves n'aient été émises. Le destinataire doit signaler les pertes par courrier recommandé dans les 21 jours suivant la réception ;

- En cas de dommages ou de perte de marchandise, il en est responsable. Le destinataire doit signaler les pertes ou les dommages par courrier recommandé dans les 14 jours suivant la réception.

L'expéditeur peut couvrir le retard pour les expéditions urgentes en convenant avec le transporteur d'un délai déterminé accompagné d'une garantie d'embarquement ou, encore, convenir de réserves avec le transporteur.

Manquants
Articles faisant manifestement défaut lors de la comparaison des quantités reçues et des quantités mentionnées dans les documents d'accompagnement d'une livraison.

LA DOCUMENTATION

Le document qui atteste le contrat de transport aérien est la **lettre de transport aérien** (**LTA** ou **connaissement aérien**), qui est émise par l'agent de la compagnie aérienne.

La LTA constitue à la fois la preuve de l'existence du contrat, la preuve de la prise en charge et le justificatif du contrat. C'est un document non négociable. L'expédition est considérée effective une fois que la compagnie a rempli la lettre de transport en y indiquant la date d'expédition, le numéro du vol, l'aéroport de départ et l'aéroport d'arrivée.

Lettre de transport aérien (**LTA** ou **connaissement aérien**)
Document qui tient lieu de contrat entre l'expéditeur et le transporteur, sur lequel figurent la nature, la valeur et la destination des marchandises.

Selon la *Convention pour l'unification de certaines règles relatives au transport aérien international*, mieux connue sous le nom de « Convention de Varsovie », la lettre de transport aérien doit comprendre trois exemplaires :

www.fog.it/convenzioni/francese/varsavia-l'aja.htm

- Le premier est remis à l'expéditeur et sert d'accusé de réception ;
- Le deuxième est signé par le transporteur et remis au destinataire comme preuve de prise en charge par le transporteur ;
- Le troisième est conservé par le transporteur qui l'émet.

Les signatures peuvent être imprimées ou remplacées par un timbre.

Cependant, de plus en plus de transporteurs invitent leurs clients à remplir les connaissements par Internet. La figure 8.3 montre la LTA électronique de *FedEx*.

www.fedex.ca

---

28. Ce sujet est traité dans le chapitre 7, « Les incoterms », p. 285.
29. Le chapitre 9, « L'assurance transport », traite abondamment de ce sujet ; voir p. 387.

Figure 8.3

La lettre de transport aérien (LTA) électronique[a]

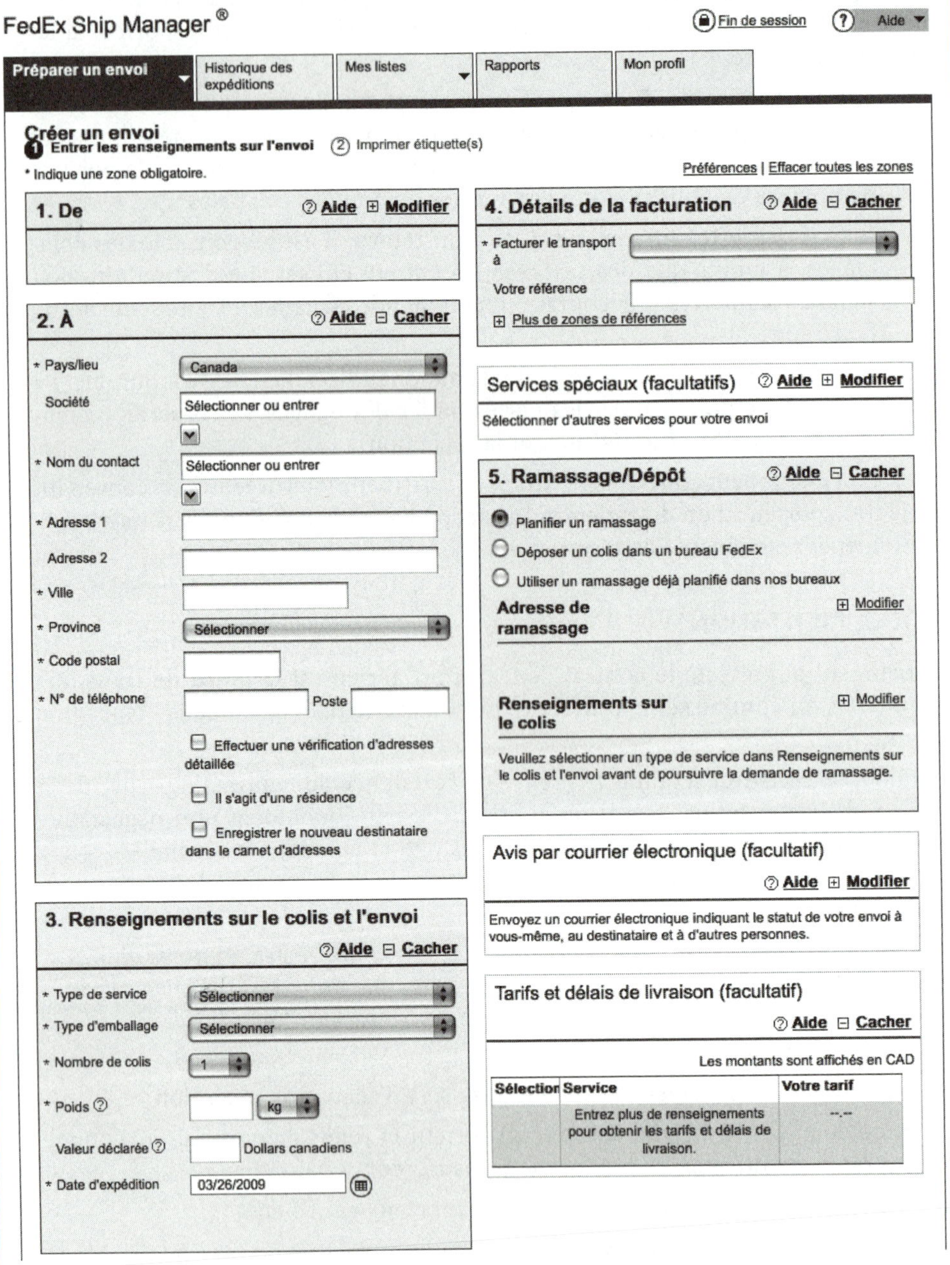

FedEx Ship Manager ®   🔒 Fin de session   ⑦ Aide ▼

| Préparer un envoi | Historique des expéditions | Mes listes | Rapports | Mon profil |

Créer un envoi
① Entrer les renseignements sur l'envoi   ② Imprimer étiquette(s)

Préférences | Effacer toutes les zones

* Indique une zone obligatoire.

1. De   ⑦ Aide ⊞ Modifier

2. À   ⑦ Aide ⊟ Cacher

* Pays/lieu — Canada
Société — Sélectionner ou entrer
* Nom du contact — Sélectionner ou entrer
* Adresse 1
Adresse 2
* Ville
* Province — Sélectionner
* Code postal
* N° de téléphone   Poste

☐ Effectuer une vérification d'adresses détaillée
☐ Il s'agit d'une résidence
☐ Enregistrer le nouveau destinataire dans le carnet d'adresses

3. Renseignements sur le colis et l'envoi   ⑦ Aide ⊟ Cacher

* Type de service — Sélectionner
* Type d'emballage — Sélectionner
* Nombre de colis — 1
* Poids ⑦ — kg
Valeur déclarée ⑦ — Dollars canadiens
* Date d'expédition — 03/26/2009

4. Détails de la facturation   ⑦ Aide ⊟ Cacher

* Facturer le transport à
Votre référence
⊞ Plus de zones de références

Services spéciaux (facultatifs)   ⑦ Aide ⊞ Modifier
Sélectionner d'autres services pour votre envoi

5. Ramassage/Dépôt   ⑦ Aide ⊟ Cacher
◉ Planifier un ramassage
○ Déposer un colis dans un bureau FedEx
○ Utiliser un ramassage déjà planifié dans nos bureaux

Adresse de ramassage   ⊞ Modifier

Renseignements sur le colis   ⊞ Modifier
Veuillez sélectionner un type de service dans Renseignements sur le colis et l'envoi avant de poursuivre la demande de ramassage.

Avis par courrier électronique (facultatif)
⑦ Aide ⊞ Modifier
Envoyez un courrier électronique indiquant le statut de votre envoi à vous-même, au destinataire et à d'autres personnes.

Tarifs et délais de livraison (facultatif)
⑦ Aide ⊟ Cacher
Les montants sont affichés en CAD

Sélection	Service	Votre tarif
	Entrez plus de renseignements pour obtenir les tarifs et délais de livraison.	--.--

a. FedEx offre également une démonstration en ligne permettant de se familiariser avec le traitement électronique des expéditions : fedex.ca

Source : FedEx, *Logiciel FedEx Ship Manager*, 2008, [fedex.ca], (3 mars 2009).

Soulignons trois éléments qui ont fait l'objet d'un protocole (La Haye) apportant des modifications à la Convention de Varsovie et signé en 1955 par 130 pays, y compris le Canada :

- La responsabilité du transporteur aérien a été portée de 8 300 USD à 16 000 USD[30].

- La quantité d'informations à inclure dans la lettre de transport a été réduite.

- Le destinataire a 14 jours pour émettre un avis en cas de perte ou d'endommagement des marchandises.

LA TARIFICATION

En transport aérien, les tarifs sont établis le jour de l'émission de la LTA et sont calculés en fonction de la distance à parcourir de l'aéroport d'origine à l'aéroport de destination. La tarification est établie selon le manuel *The Air Cargo Tariff* de l'IATA (tarifs dits TACT) et comprend :

- un tarif minimum facturé sans égard aux aéroports d'origine et de destination (*M-rate*, pour *minimal rate*) ;

- un tarif général (GCR, pour *general cargo rates*), comprenant :
  - un tarif normal pour les expéditions dont le poids ne dépasse pas 45 kg (*N-rate*, pour *normal rate*) ;
  - un tarif sur quantité pour les expéditions dont le poids dépasse 45 kg (*Q-rate*, pour *quantity rate*) ;
  - un tarif spécial pour certains produits acheminés vers des destinations particulières (SCR, pour *specific commodity rate*) ;
  - un tarif de classification (*class rate*) pour certaines marchandises (animaux vivants, produits de valeur, papier journal, etc.) ;
  - une surprime pour le carburant ou pour la sécurité.

La tarification aérienne est basée sur le poids de taxation (voir définition, p. 357) de la marchandise, arrondi au demi-kilo supérieur. Par exemple, 33,20 kg est arrondi à 33,50 kg, et 33,60 kg, à 34,00 kg. Ce poids se calcule toujours à l'avantage du transporteur ; il correspond au plus élevé des poids suivants :

- le poids réel ;
- le poids volumétrique, calculé selon l'équivalence 1 m^3 = 166,67 kg.

Dans le cas d'envois de plusieurs colis, on utilise le tarif à l'unité de chargement : on mesure le volume de chaque colis en tenant compte des dépassements et on additionne les volumes ; on arrondit ensuite au demi-kilogramme supérieur. On mesure donc le cube imaginaire occupé par chaque colis. Si les colis sont regroupés sur une **palette** ou dans un conteneur, on mesure le volume total, puisque la tarification est basée sur ces unités de chargement. On mesure toujours le volume en centimètres, en présentant les dimensions dans l'ordre suivant : longueur × largeur × hauteur.

Palette
Support plat destiné à rassembler des marchandises. Plus petite unité de chargement, elle est de plus en plus normalisée.

---

30. Voir à ce sujet « Les conventions internationales qui régissent les modes de transports » au chapitre 9, p. 396.

À ce coût s'ajoutent les frais connexes, ceux liés au ramassage, aux assurances, à l'émission de documents, aux droits de douane, aux surtaxes liées aux matières dangereuses, etc. Les compagnies aériennes peuvent aussi appliquer des tarifs particuliers ou des tarifs préférentiels par article pour certaines marchandises (par exemple les biens périssables et les marchandises dont la valeur ajoutée est élevée) et pour certaines destinations. L'IATA fixe les conditions auxquelles ces tarifs sont appliqués.

Les transporteurs aériens établissent leurs grilles tarifaires selon, d'une part, les aéroports de départ et d'arrivée, et, d'autre part, selon les fourchettes de poids. Comme dans le cas du transport routier, les tarifs étant dégressifs en fonction du poids de taxation, il peut parfois être avantageux de payer pour un poids supérieur au poids de taxation, de façon à bénéficier d'un meilleur tarif au kilogramme : c'est la règle du payant pour (voir définition, p. 357). Le transporteur applique automatiquement cette règle au bénéfice du chargeur.

Voici l'exemple d'une grille tarifaire et de sa signification (les tarifs sont en CAD).

Origine Montréal Trudeau (YUL)	Destination Paris Charles de Gaule (CDG)
M	80
N	12*
Q 45	9*
Q 100	6*
Q 500	4*
Surprime	6 %

---

* Tarif par kilogramme.

M : tarif minimum facturé par le transporteur.

N : tarif normal par kg pour une expédition dont le poids ne dépasse pas 45 kg.

Q 45 : tarif facturé par kg pour une expédition dont le poids est supérieur ou égal à 45 kg mais inférieur à 100 kg.

Q 100 : tarif facturé par kg pour une expédition dont le poids est supérieur ou égal à 100 kg mais inférieur à 500 kg.

Q 500 : tarif facturé par kg pour une expédition dont le poids est supérieur à 500 kg.

La surprime correspond à la majoration du tarif due au coût du carburant, à la sécurité dans les aéroports, à la valeur ajoutée de la marchandise ou encore à son caractère périssable.

Une expédition de 5 kg coûterait selon les calculs 60 CAD (5 kg × 12 CAD/kg) ; cependant, le minimum de 80 CAD s'appliquerait. Une expédition de 60 kg coûterait 540 CAD (60 kg × 9 CAD/kg). Une expédition de 90 kg coûterait 600 CAD (100 kg × 6 CAD/kg < 90 kg × 9 CAD/kg) : dans ce cas, la règle du payant pour s'appliquerait. Enfin, on ajouterait la prime de 6 % pour obtenir le tarif TACT.

MISE EN SITUATION

Le calcul du poids de taxation d'une expédition par transport aérien

L'entreprise Arc-en-ciel prépare un envoi pesant au total 140 kg à son client japonais Origami, situé à Tokyo. Combien lui en coûtera-t-il en frais de transport aérien?

1) L'envoi se compose comme suit:
   - 1 palette de 60 kg de dimensions 120 cm × 80 cm × 80 cm
   - 2 colis de 30 kg de dimensions 105 cm × 80 cm × 75 cm
   - 1 colis de 20 kg de dimensions 120 cm × 88 cm × 83,5 cm

2) On doit d'abord calculer le volume total de l'envoi.
   - 1 palette: 1,2 m × 0,8 m × 0,8 m = 0,768 m³
   - 2 colis: (1,05 m × 0,8 m × 0,75 m) × 2 = 1,26 m³
   - 1 colis: 1,2 m × 0,88 m × 0,835 m = 0,88176 m³
   - Volume total: 2,90976 m³

3) On calcule ensuite le poids volumétrique selon l'équivalence 1 m³ = 166,67 kg.
   - 2,90976 m³ × 166,67 kg/m³ = 484,96969 kg
   - Poids arrondi au demi-kilo supérieur: 485 kg

4) Le poids de taxation est le plus élevé des deux poids suivants:
   - Poids réel: 140 kg
   - Poids volumétrique: **485 kg**

5) On établit le coût du transport à partir de l'aéroport Trudeau à Montréal en consultant la grille tarifaire du transporteur.

Origine Montréal Trudeau (YUL)	Destination Tokyo Narita (NRT)
M	120
N	4,65*
Q 45	3,98*
Q 100	**3,45***
Q 500	2,65*
Surprime	7,5 %

→poids de Taxation

_____
* Tarif par kilogramme.

Pour 100 ≤ 500 kg: 3,45 CAD/kg × 485 kg = 1 673,25 CAD

6) En vertu de la règle du payant pour, le coût est moindre.
   Pour 500 kg et plus: 2,65 CAD/kg × 500 kg = 1 325,00 CAD

7) Ensuite, on ajoute la surprime de 7,5 %: 1 325 CAD + (7,5 % x 1 325 CAD) = 1 424,38 CAD

✱ Toujours appliquer surprime

OBJECTIF 7

Connaître les principales caractéristiques du transport multimodal.

LE TRANSPORT MULTIMODAL[31]

Nous avons souligné au début du présent chapitre que le transport multimodal est assez récent. À quelles préoccupations ce transport devait-il répondre ? On souhaitait réduire les coûts du transport, gagner du temps, limiter les transbordements de marchandises et augmenter la sécurité de ces dernières. Dans le transport multimodal, la même expédition est acheminée par divers modes de transport successifs. Un conteneur peut être chargé chez l'expéditeur sur une semi-remorque jusqu'à un port ou un aéroport, où il sera chargé sur un bateau ou un avion, puis déchargé à l'arrivée sur une autre semi-remorque et, finalement, livré au destinataire.

En réalité, le transport multimodal est la combinaison d'au moins deux modes de transport pour une même expédition, dont la plus grande partie se fait soit par transport ferroviaire, soit par transport aérien. L'*Union internationale des sociétés de transport combiné rail-route* constitue une référence en la matière.

www.uirr.com

LES AVANTAGES

Les principaux avantages du transport multimodal sont les suivants :

- En général, ses coûts sont avantageux.
- Il apporte une solution aux problèmes géographiques de certains trajets.
- Il permet à l'exportateur et à l'importateur de bénéficier des infrastructures de plus d'un système de transport.
- Le matériel de transport est normalisé.
- Les transbordements et les ruptures de charge sont évités.
- La sécurité de la marchandise est maximisée.

LES INCONVÉNIENTS

Les principaux inconvénients du transport multimodal sont les suivants :

- Dans certaines circonstances, il arrive que les coûts ne soient pas avantageux ;
- La tarification ne permet que le chargement complet (FCL) ;
- On doit conteneuriser les marchandises en fonction de plusieurs modes de transport, et donc transporter sur certains trajets une **tare** supplémentaire qui fait augmenter les coûts ;

Tare
Masse du conteneur à vide comprenant toutes les pièces d'armature et les dispositifs.

---

31. Tiré et adapté de Reingex & EENI, *Transport et logistique internationale*, 2004, [www.eepedu.com/fr75.asp], (3 mars 2009) ; Gérard Verna, *Extraits actualisés de « Tiers-Monde : Exporter et réaliser des projets »*, Québec, Fischer Presses, 1989, Chapitre VII : L'aspect logistique, s.d., [www.fsa.ulaval.ca/personnel/vernag/PUB/TM7.html], (3 mars 2009) ; J.-P. Rodrigue et C. Comtois, *Le transport intermodal. Chapitre 3 : concept 5*, s.d., [www.geog.umontreal.ca/Geotrans/fr/ch3fr/conc3fr/ch3c5fr.html], (3 mars 2009) ; ministère des Affaires étrangères et du Commerce international du Canada, Service des délégués commerciaux du Canada, *Guide pour les exportateurs. Arrimage sécuritaire*, 3e éd., 2000, [www.infoexport.gc.ca/shipping/SafeStowage-f.pdf], (3 mars 2009 : page désormais non disponible).

- La chaîne logistique n'est pas toujours fiable ;
- L'acheminement des marchandises relativement lent.

LE CONTRAT

Le chargeur signe un contrat avec un seul transporteur, qui est responsable de la marchandise pendant tout l'acheminement.

LA DOCUMENTATION

Le document utilisé en transport multimodal est le **connaissement de transport combiné**.

Connaissement de transport combiné
Document unique couvrant l'acheminement d'une marchandise par deux ou plusieurs moyens de transport successifs.

LES TECHNIQUES DE TRANSPORT MULTIMODAL

Le gerbage, le ferroutage, le système LASH et le roulage comptent parmi les techniques utilisées en transport multimodal.

Le gerbage

Le **gerbage** (ou **empilage**) de conteneurs (voir figure 8.4) sur deux ou trois hauteurs dans des wagons prévus à cet effet permet de doubler, voire de tripler la capacité de fret d'un train à peu de frais, ce qui rend le transport ferroviaire plus compétitif par rapport au transport uniquement routier, particulièrement sur de longues distances.

Gerbage (ou **empilage**)
Technique qui consiste à superposer les conteneurs sur des wagons spéciaux.

Figure 8.4

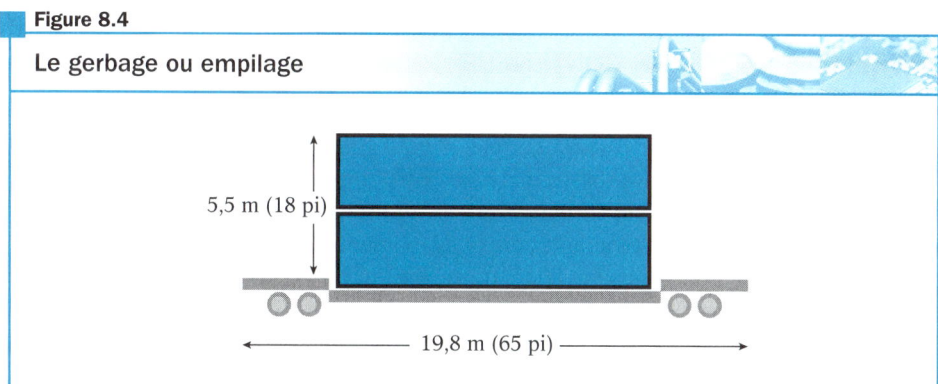

Le gerbage ou empilage

5,5 m (18 pi)

19,8 m (65 pi)

Source : Tiré et adapté de J. J. Coyle, E.J. Bardi et R.A. Novack, 1994, *Transportation*, 4ᵉ éd., St. Paul (Minneapolis), West Publishing Co., p. 262.

Le ferroutage

Le **ferroutage** consiste à transporter les remorques et les semi-remorques routières par chemin de fer, dans des wagons spéciaux et par tracteur routier (voir figure 8.5).

Ferroutage
Transport multimodal de remorques et de semi-remorques par chemin de fer et par tracteur routier.

■ **Figure 8.5**

Le ferroutage

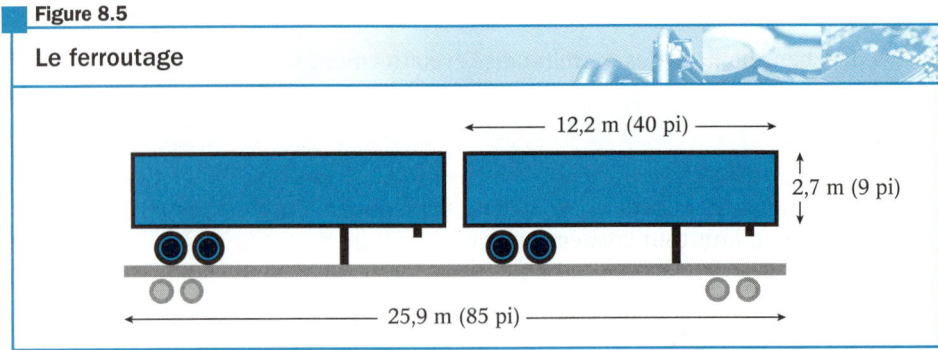

Source : Tiré et adapté de J. J. Coyle, E.J. Bardi et R.A. Novack, 1994, *Transportation*, 4e éd., St. Paul (Minneapolis), West Publishing Co., p. 262.

Le système LASH

Système LASH
Le système LASH consiste à embarquer des barges ou des chalands chargés sur un navire conçu à cet effet.

Navire porte-barges LASH
Navire conçu pour transporter des barges ou des chalands chargés.

Roulier (transroulier, navire ro-ro ou **navire à chargement horizontal)**
Navire aménagé pour le chargement par roulage.

Roulage (transroulage ou **système roll-on/roll-off)**
Technique de chargement ou de déchargement des navires s'effectuant à l'aide de rampes d'accès qui permettent aux véhicules d'embarquer et de débarquer en roulant, c'est-à-dire sans l'aide de grues.

Le **système LASH** consiste à embarquer des barges ou des chalands chargés sur un navire conçu à cet effet, que l'on appelle **navire porte-barges LASH**.

Le roulage

L'aménagement d'un **roulier** (**transroulier**, **navire ro-ro** ou **navire à chargement horizontal**) comprend des rampes d'accès permettant aux camions et aux semi-remorques d'embarquer et de débarquer en roulant, c'est-à-dire sans la nécessité de grues. Il n'y a donc aucune manutention de marchandise comme telle. La technique s'appelle **roulage** (**transroulage** ou **système roll-on/roll-off**). Le tarif du roulage est établi en fonction du type de véhicule ; que son chargement soit complet ou non n'est pas pris en compte.

L'ACHEMINEMENT D'UN CONTENEUR

La conteneurisation permet de déplacer de grandes quantités de marchandises à la fois, mais elle n'élimine évidemment pas la manutention du conteneur lui-même. On n'a qu'à penser aux nombreux intervenants impliqués dans l'acheminement d'un conteneur au cours d'un transport multimodal maritime et routier, que ce soit au départ ou à l'arrivée : les conducteurs de chariot élévateur, les chauffeurs de camion, les conducteurs de grue, les manutentionnaires du transporteur maritime et l'équipage du navire.

Voici les étapes de l'acheminement de marchandises par transport multimodal routier, ferroviaire et maritime entre le Canada et un pays européen :

1) Le conteneur est rempli chez l'expéditeur ;
2) Il est placé sur la plateforme d'une semi-remorque ;
3) Il est acheminé à la gare, déchargé et entreposé sur les lieux ;
4) Il est déplacé, puis chargé sur un wagon plat ;
5) Il est acheminé par train jusqu'au port de départ ;

6) Il est déchargé sur les quais et entreposé sur les lieux ;

7) Il est déplacé ; puis chargé à bord un navire, tel que mentionné dans les conditions des lignes régulières ;

8) Il est acheminé jusqu'au port d'arrivée ;

9) Il est déchargé sur les quais et entreposé sur les lieux ou chargé directement à bord d'une péniche ;

10) Il est chargé sur une semi-remorque et transporté à une gare de triage, puis jusqu'au destinataire final.

IV. LA CONTENEURISATION

Le conteneur[32] est une innovation que l'on doit à un transporteur routier américain, Malcom MacLean, qui, en 1956, eut l'idée de transporter par bateau des caisses de remorques de camion dissociées de leur châssis. Depuis ce temps, la **conteneurisation** a pris de plus en plus d'importance dans le transport international de marchandises. Environ 90 % du transport mondial de marchandises se fait au moyen de conteneurs. Grâce à ce système, on a réduit au minimum la manutention de la marchandise, ce qui a augmenté l'efficacité des opérations et la sécurité de la marchandise.

Dès 1965, l'*Organisation internationale de normalisation* (ISO) a recommandé des normes en la matière, ce qui a eu pour effet de faciliter l'utilisation généralisée du conteneur, d'abord aux États-Unis, ensuite dans le reste du monde. Dans les faits, l'utilisation du conteneur a permis de désengorger les ports et a favorisé la croissance des échanges commerciaux internationaux.

Le système d'unités de mesure anglo-saxon obligeant, la taille et la désignation des conteneurs se fait en pieds et en pouces. Les conteneurs standards mesurent 20 pi (6,096 m) ou 40 pi (12,192 m) de long ; la capacité des premiers est de 33 m^3 et celle des seconds, de 67 m^3. Ils ont tous la même largeur, soit 8 pi (2,438 m) et la même hauteur, soit 8 pi 6 po (2,59 m). La masse chargeable des conteneurs de 20 pi est de 18 t, et on peut y placer 10 palettes de 1 m × 1,20 m. Quant aux conteneurs de 40 pi, leur masse chargeable est de 27 t et on peut y placer 20 palettes de 1 m × 1,20 m. On a aussi mis au point d'autres formes et catégories de conteneurs destinées à divers types de marchandises. L'unité de mesure du conteneur est aujourd'hui l'**EVP (équivalent 20 pieds)**. Ainsi, un conteneur de 40 pi correspond à 2 EVP.

OBJECTIF **8**

Savoir en quoi consiste la conteneurisation et connaître son importance dans le transport international de marchandises.

Conteneurisation
Unification, groupement ou assemblage d'unités multiples dans un conteneur pour rendre plus efficace le transport de marchandises.

www.maerskline.com
www.iso.org

EVP (équivalent 20 pieds)
Unité de mesure correspondant à l'équivalent en marchandises d'un conteneur de 20 pieds. On l'utilise surtout pour indiquer la capacité d'un porte-conteneurs.

32. Tiré et adapté d'Eur-export, *La mise en œuvre transport*, s.d., [www.eur-export.com/francais/apptheo/logistique/transport/miseenoeuvre.htm], (28 novembre 2008) ; ministère de l'Équipement, du Transport et du Logement (France), *Les échanges de marchandises dans le monde par voie maritime, fiche 3, La conteneurisation*, 2002, [www.ac-nancy- metz.fr/enseign/transportslp/PDF/conteneur %20mer.pdf], (3 mars 2009).

LE CONTENEUR MARITIME

Le conteneur n'est pas qu'une simple « boîte », comme on l'appelle dans le jargon des transporteurs : d'une part, le marquage extérieur l'identifie en détail (voir figure 8.6) ; d'autre part, il est doté d'un véritable système de protection de la marchandise, le conteneur est scellé sous plombs et doté d'une isolation thermique. À l'intérieur, la marchandise est solidement arrimée au moyen de filets, de plaques et de coussins d'air.

Figure 8.6

Le marquage d'un conteneur

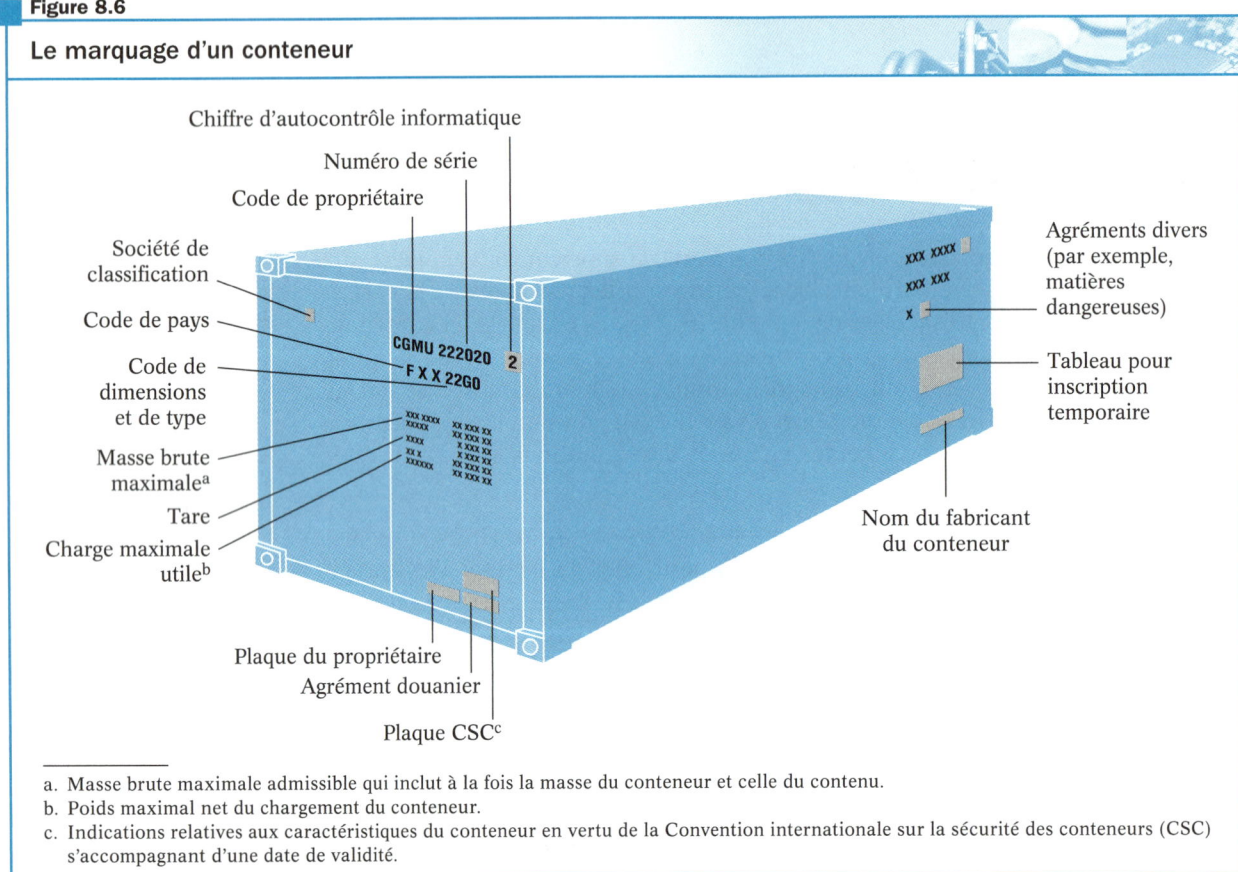

Chiffre d'autocontrôle informatique

Numéro de série

Code de propriétaire

Société de classification

Code de pays

Code de dimensions et de type

Masse brute maximale[a]

Tare

Charge maximale utile[b]

Plaque du propriétaire

Agrément douanier

Plaque CSC[c]

Agréments divers (par exemple, matières dangereuses)

Tableau pour inscription temporaire

Nom du fabricant du conteneur

CGMU 222020 2

F X X 22G0

a. Masse brute maximale admissible qui inclut à la fois la masse du conteneur et celle du contenu.
b. Poids maximal net du chargement du conteneur.
c. Indications relatives aux caractéristiques du conteneur en vertu de la Convention internationale sur la sécurité des conteneurs (CSC) s'accompagnant d'une date de validité.

Source : Tiré et adapté du Groupe Logistique Conseil, « Le marquage d'un conteneur », s.d., [www.logistiqueconseil.org/Fiches/Transport-maritime/Marquage-conteneur.pdf], (21 mars 2009).

LE CONTENEUR AÉRIEN

Les conteneurs aériens (voir figure 8.7) sont plus petits que les conteneurs maritimes, suivant les spécifications dimensionnelles des avions cargos et des soutes à marchandises des avions de passagers. Il existe donc des conteneurs de multiples tailles dont les dimensions varient selon l'usage et le type d'appareil dans lequel ils sont destinés à prendre place. À titre d'exemple, la figure 8.7 illustre trois des multiples modèles de conteneurs offerts par la Compagnie Air Canada.

Figure 8.7

Trois modèles de conteneurs de la compagnie aérienne Air Canada

Conteneurs

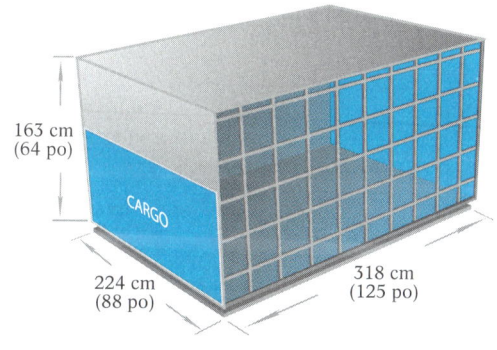

Caractéristiques

LD2 demi-conteneur de soute (série DPN, DPE)

- Classe tarifaire   8D
- Masse nette maximale   1 165 kg (2 568 lb)
- Tare   92 kg (202 lb)
- Masse brute maximale   1 257 kg (2 771 lb)
- Volume intérieur approximatif   3.4 m^3 (120 pi^3)
- Limite de résistance du plancher   977 kg/m^2 (200 lb/pi^2)

Note : Le demi-conteneur de soute (série DPN, DPE) est transporté sur le B777-200 et B767-300.

LD9 conteneur de soute dimensions normales (série AA2, AAP)

- Classe tarifaire   5
- Masse nette maximale   4 898 kg (10 800 lb)
- Tare   200 kg (440 lb)
- Masse brute maximale   5 100 kg (11 244 lb)
- Volume intérieur approximatif   10,6 m^3 (374 pi^3)
- Limite de résistance du plancher   1 465 kg/m^2 (300 lb/pi^2)

Note : Le conteneur LD9 de soute dimensions normales (série AA2, AAP) est transporté sur le B767-300, A330, B777-200 et B767-300.

LD8 conteneur de soute (série ALN, DQN, DQF)

- Classe tarifaire   6A
- Masse nette maximale   2 282 kg (5 030 lb)
- Tare   168 kg (370 lb)
- Masse brute maximale   2 449 kg (5 400 lb)
- Volume intérieur approximatif   6,85 m^3 (242 pi^3)
- Limite de résistance du plancher   977 kg/m^2 (200 lb/pi^2)

Note : Le LD8 conteneur de soute (série ALN, DQN, DQF) est transporté sur le B767-300.

Source : Tiré et adaptée d'Air Canada, *Spécifications Conteneurs*, s.d., [www.aircanada.com/cargo/fr/fleet_ulds/ulds/index.html], (3 mars 2009).

Conteneur spécial
Conteneur dont la conception et la fabrication sont adaptées au transport d'une marchandise donnée.

LES CONTENEURS SPÉCIAUX

Les fabricants ont conçu diverses catégories de conteneurs afin de répondre aux exigences reliées au transport de marchandises multiples : ce sont les **conteneurs spéciaux** (voir tableau 8.6).

Tableau 8.6

Les utilisations des conteneurs spéciaux

Conteneurs	Utilisation	Exemples de produits transportés
Le conteneur à grand volume (ou conteneur hors-cotes)	Ses dimensions extérieures dépassant les normes internationales, il est peu utilisé.	Moquettes, électroménagers, tabac, jouets, marchandises volumineuses.
Le petit conteneur, le demi-conteneur ou le bac de taille non standard	Il sert au transport de marchandises très lourdes ou de taille réduite, ou devant être livrées en régions éloignées ou sur des plateformes de forage en mer.	Lingots de plomb, articles ménagers, petits colis, objets à garder sous clé.
Le conteneur de 20 pi pour marchandises sèches ou en vrac (ou conteneur pour marchandises solides)	Il est conçu pour le transport en vrac des céréales, des produits chimiques, etc.	Malt, pain, céréales, sucre, gravier, sable, écrous, boulons, vis, substances en granules ou en poudre, poudres chimiques.
Le conteneur de 20 pi ou de 40 pi à toit ouvert (ou conteneur sans toit)	Il sert à transporter les marchandises qu'on ne peut charger ni décharger par les extrémités ou par les côtés : les objets lourds, volumineux ou de forme irrégulière.	Tonneaux, tuyaux, rails, tiges, poutres et lingots d'acier, dalles de marbre, charbon, minerais, sable, calcin, déchets, engrais.
Le conteneur à bestiaux	Il est adapté au transport d'espèces animales.	Volaille, bœufs, animaux exotiques.
Le conteneur de 20 pi à paroi latérale ouvrante pour denrées (ou conteneur à chargement latéral)	Il est muni de portes sur les côtés et non aux extrémités. Pour le charger ou le décharger à même un wagon, on utilise les portes latérales.	Articles exigeant un chargement latéral tels que les fruits et les légumes.
Le conteneur citerne pour liquides	Il sert au transport de liquides en vrac. Certains sont conçus pour le transport de matières dangereuses.	Eau, essence, jus, vin, huile d'olive.
Le conteneur de 20 pi ventilé	Il est muni d'un système de ventilation conçu pour accélérer et augmenter la convexion naturelle de l'atmosphère à l'intérieur. On l'utilise pour la marchandise qui produit de la chaleur ou qui nécessite une protection contre la condensation.	Légumineuses, fèves de cacao, café, fruits et légumes, graines de semence, épices, tabac, objets métalliques sujets à la rouille, appareils électroniques.
Le conteneur de 20 pi ou de 40 pi en pontée ou à plate-forme (ou conteneur pour le transport de voitures)	Il sert au transport de bois, de produits usinés, d'objets volumineux, lourds ou encombrants, de machines et de véhicules. Certains sont pourvus de parois amovibles.	Machines aratoires, climatiseurs, bateaux, chaudières, matériaux de construction, génératrices, électrodes, gros objets de forme irrégulière, rouleaux de papier journal, tuyaux, citernes, transformateurs, véhicules, objets de forme très allongée.
Le conteneur réfrigéré, réfrigérant ou isotherme	Il est isolé et muni d'un système de réfrigération intégré qui fonctionne à l'électricité ou à l'aide d'une génératrice ou simplement chargé de glace ou de neige carbonique.	Fruits et légumes, poissons, viandes.

V. L'EMBALLAGE ET LE MARQUAGE DES MARCHANDISES[33]

OBJECTIF 9

Saisir l'importance de l'emballage et du marquage en transport international de marchandises.

Pour réduire le risque de dommage, de perte ou de vol, on doit prendre soin d'emballer et de marquer les marchandises de manière appropriée.

L'EMBALLAGE

En commerce international, lorsqu'il est question d'emballage, on ne parle pas d'emballage de produits à être consommés, mais bien d'**emballage de transport** ; la marchandise doit en effet être protégée pendant son acheminement vers sa destination. Soulignons que de nombreux vols et dommages sont liés à l'emballage. Enfin, en cas de dommage, un emballage inadéquat peut dégager l'assureur et le transporteur de toute responsabilité[34].

Emballage de transport
Emballage dont la conception et la fabrication assurent la protection de la marchandise pendant son transport.

L'emballage doit protéger la marchandise pendant le transport, mais aussi lors de sa manutention et de son entreposage[35]. Pour bien emballer la marchandise, on doit tenir compte des aspects suivants :

- *La catégorie de produit*. Par exemple, certains produits fragiles ou périssables doivent être protégés du froid, de la chaleur, de l'humidité, de la sécheresse, etc. ; on doit ainsi s'assurer qu'ils sont maintenus à une température ou à un taux d'humidité constant.

- *Le mode de transport*. Par exemple, le transport aérien requiert moins de mesures de protection que le transport maritime. Sur un navire, on doit prévoir les infiltrations d'eau, alors qu'en transport ferroviaire, on doit prévoir les vibrations et les secousses ; le transport routier expose, quant à lui, la marchandise au ballottement et aux vibrations.

- *La manutention*. Par exemple, en transport multimodal, les conteneurs sont déplacés à maintes reprises.

- *Les conditions météorologiques*. Par exemple, l'exposition à des températures extrêmes dans le pays de destination peut endommager certaines marchandises.

- *Le pays de destination*. Par exemple, certains pays sont reconnus pour le risque élevé de vol de marchandises.

Il est toujours judicieux de se renseigner sur les normes reconnues. Au Canada, *Transports Canada* réglemente le transport des matières dangereuses depuis le milieu des années 1980, en se fondant sur les recommandations de l'ONU. En France, l'*Association française de normalisation* (AFNOR) établit les normes nationales d'emballage, et le *Syndicat de l'emballage industriel* (SEI) regroupe les intervenants du secteur.

www.tc.gc.ca
www.afnor.fr
www.syndicat-emballage.com

---

33. Tiré et adapté d'Équipe Canada, *Guide pas-à-pas à l'exportation*, 2e éd. 2003, [www.dsp-psd.pwgsc.gc.ca/Collection/E2-189-2003F.pdf], (3 mars 2009) ; Eur-export, *La mise en œuvre transport*, s.d., [www.eur-export.com/francais/apptheo/logistique/transport/miseenoeuvre.htm], (3 mars 2009).
34. À ce sujet, voir « La couverture des risques » au chapitre 9, p. 415.
35. À ce sujet, voir « Les risques spécifiques liés au mode de transport » au chapitre 9, p. 404.

LE MARQUAGE

Marquage des marchandises
Indications sur un emballage qui permettent d'identifier le produit selon certains de ses aspects: pays d'origine, expéditeur, destinataire, nature du produit, etc.

Le **marquage des marchandises** est tout aussi important que son emballage. Il permet d'identifier clairement la marchandise pour en faciliter l'acheminement. Les indications fournies doivent correspondre à celles de la facture et du connaissement (ou de la lettre de transport). Cependant, un marquage trop évident (par exemple, dans le cas de produits de haute valeur) peut inciter au vol.

Le marquage doit être visible et lisible, indélébile et rédigé soit en anglais, soit dans la langue du pays de destination. Il fait l'objet de la norme ISO 6346:1995. De plus, il doit être conforme à la réglementation du pays importateur. Il peut inclure les renseignements suivants:

- le nom et l'adresse de l'expéditeur;
- le nom et l'adresse du destinataire;
- le pays d'origine;
- le point de dédouanement ou le port d'entrée;
- le poids brut et le poids net de la marchandise, en kilogrammes et en livres;
- le volume de la marchandise;
- le nombre de colis;
- des indications sur la nature du produit ou des mises en garde au sujet de sa manipulation (voir figure 8.7);
- la **liste de colisage** (ou **bordereau d'expédition**).

Liste de colisage
(ou **bordereau d'expédition**)
Document utilisé pour tous les modes de transport, qui précise le nombre, la nature, le poids brut et le marquage des colis qui font partie d'une même cargaison.

Figure 8.7

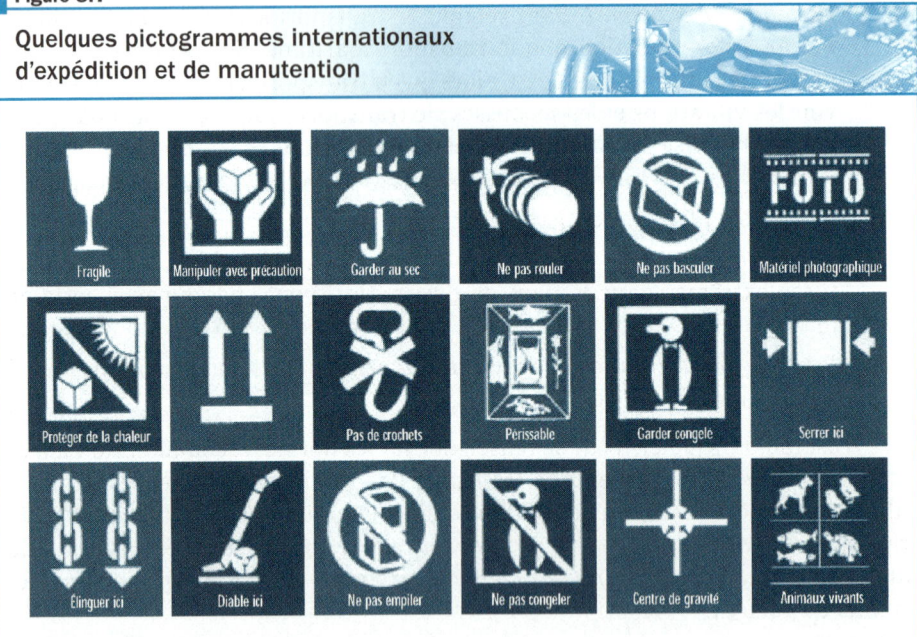

Quelques pictogrammes internationaux d'expédition et de manutention

Fragile | Manipuler avec précaution | Garder au sec | Ne pas rouler | Ne pas basculer | Matériel photographique

Protéger de la chaleur | Pas de crochets | Périssable | Garder congelé | Serrer ici

Élinguer ici | Diable ici | Ne pas empiler | Ne pas congeler | Centre de gravité | Animaux vivants

Source: Ministère des Affaires étrangères et du Commerce international du Canada, Service des délégués commerciaux du Canada, *Guide des exportateurs. Emballage à l'exportation*, 2e éd., 2000, p. 24, [www.infoexport.gc.ca/shipping/ExportPackaging-f.pdf], (3 mars 2009: page désormais non disponible). Adapté et reproduit avec la permission du Ministre des Travaux publics et Services gouvernementaux Canada, 2009.

Le Canada et ses partenaires commerciaux

LE ROYAUME-UNI

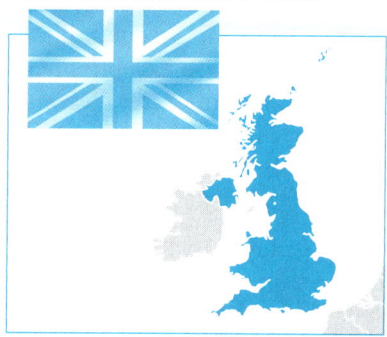

Le Royaume-Uni est membre de toutes les principales organisations économiques et de commerce international, y compris l'Organisation mondiale du commerce (OMC), le G7/8, l'OCDE, l'Union européenne (UE) et le Commonwealth. Comme tous les membres de l'UE, le Royaume-Uni est représenté par celle-ci dans les négociations commerciales actuelles du Cycle de Doha pour le développement ainsi que dans celles de l'« Accord visant à renforcer le commerce et l'investissement » négocié en ce moment avec le Canada. En 2005, il occupait la présidence du G8 et de l'UE (au cours de la deuxième moitié de l'année). En tant que président de l'UE, ses priorités comprennent notamment la réforme budgétaire (dont la controversée politique agricole commune), les lignes directrices sur les services et l'avenir de l'Europe en général.

Le Royaume-Uni constitue pour le Canada le sixième partenaire commercial et la deuxième destination des exportations en importance, lesquelles se sont chiffrées à 12,9 milliards de CAD en 2008.

Les exportations vers le Royaume-Uni augmentent régulièrement, les ressources naturelles demeurant le principal secteur, suivi par les produits fabriqués et agricoles. Les cinq principales exportations vers le pays sont les pierres et les métaux précieux, les éléments chimiques radioactifs, le nickel ainsi que les véhicules aériens ou spaciaux et leurs accessoires.

Le Royaume-Uni constitue un partenaire idéal pour le Canada, tandis que celui-ci cherche de nouveaux marchés et partenariats en commerce et en investissement. Londres est un centre financier mondial ; le pays demeure l'un des États les plus novateurs du monde et est un chef de file dans le domaine culturel. Le défi du Canada est de veiller à ce que les entreprises britanniques connaissent bien l'expertise canadienne et les nombreuses possibilités que le Canada peut offrir. Il doit s'assurer que les

sociétés du Royaume-Uni envisagent de faire des affaires avec un Canada moderne et dynamique lorsqu'elles explorent des débouchés en Amérique du Nord ; certaines sociétés ont une image dépassée du Canada. Celui-ci s'efforce actuellement d'accroître la présence et de renforcer son image dans les diverses régions du Royaume Uni. Les organismes d'expansion régionale de ce dernier jouent un rôle de plus en plus important dans les activités de commerce et d'investissement et mènent un nombre croissant de ces activités au Canada.

Pour ce qui est du Québec, il a toujours reçu une bonne part des investissements britanniques au Canada. En 2007, on comptait ici 132 filiales de sociétés britanniques[a] qui employaient 20 000 personnes, et ce, avant même l'acquisition d'Alcan par Rio Tinto, basée en Grande-Bretagne.

Par ailleurs, les entreprises québécoises comprennent l'importance de diversifier leurs assises pour éviter de trop dépendre du marché américain. Elles sont de plus en plus nombreuses à exporter vers le Royaume-Uni, qui est déjà la deuxième destination internationale pour les exportations québécoises, les États-Unis étant loin devant.

Et si nos ventes aux Américains sont en baisse (au tournant des années 2000, elles représentaient 85 % de nos exportations et ce chiffre a glissé à 75 % en 2007), en revanche, nos échanges avec les Britanniques sont en hausse constante, atteignant 1,7 milliards de CAD en 2007, soit 2,7 % de nos exportations.

Pour chaque produit, les conditions d'exportation sont différentes. Si l'on pense à un produit tel que l'or, par exemple, dont nous avons traité au début de ce chapitre, il est emballé dans des barils (monnaie) ou des boîtes solides (lingots) cerclés avec des rubans de fer, et soigneusement scellés avec des sceaux privés pour assurer l'intégrité de la cargaison pendant le voyage. Comme c'est le cas chez la plupart des transporteurs, un espace est spécialement conçu pour le transport de marchandises de valeur. À un coût d'environ 3/16 de 1 pour cent, ou 1 875 CAD pour chaque million en valeur, le chargeur doit assurer la marchandise contre toute perte. De plus, contrairement à la tarification habituelle de l'unité payante, le transporteur maritime facturera un tarif équivalent à environ 1/8 de 1 pour cent de sa valeur, ou 1 250 CAD pour chaque million. Dans certains cas exceptionnels, lorsque la valeur est très élevée, le transporteur maritime placera des gens armés pour protéger la marchandise pendant tout le voyage.

Les tableaux 8.7 et 8.8 montrent les principaux produits faisant l'objet d'un commerce entre le Canada et les Pays-Bas.

---

a. Journal *Les Affaires*, 3 mai 2008.

Tableau 8.7

Les importations canadiennes du Royaume-Uni par type de produit, en milliers de CAD

Produits	2006	2007	2008
Huiles brutes de pétrole ou de minéraux bitumineux	3 942 061	4 367 661	5 180 208
Turboréacteurs, turbopropulseurs et autres turbines à gaz	674 525	844 137	906 771
Véhicules aériens, véhicules spatiaux et leurs accessoires	684 899	670 385	865 100
Médicaments constitués par des produits mélangés ou non, présentés sous forme de doses	1 071 637	962 665	794 364
Huiles de pétrole ou de minéraux bitumineux	117 384	115 009	356 859
Voitures de tourisme et autres véhicules automobiles pour transport de personnes	340 297	349 767	352 285
Déchets et débris de métaux précieux ou de plaqué ou doublé de métaux précieux	40 643	14 272	174 750
Alcool éthylique non-dénaturé (moins de 80 % vol.); eaux-de-vie, etc.; préalcool; etc.	125 287	142 937	145 896
Tracteurs	100 040	86 725	97 663
Parties destinées aux appareils de terrassement	69 626	82 853	91 696
Total partiel	**7 166 399**	**7 636 411**	**8 965 592**
Autres produits	3 710 264	3 832 552	3 581 799
Total	**10 876 663**	**11 468 963**	**12 547 391**

Source : Tiré et adapté d'Industrie Canada, *Données sur le commerce en direct*, Importations totales canadiennes du Royaume-Uni, 25 premiers produits (code SH6), s.d., [www.ic.gc.ca/epic/site/tdo-dcd.nsf/fr/accueil], (rapport généré le 3 mars 2009).

Tableau 8.8

Les exportations canadiennes vers le Royaume-Uni par type de produit, en milliers de CAD

Produits	2006	2007	2008
Or (y compris l'or platiné), sous formes brutes ou mi-ouvrées, ou en poudre doublé de métaux orécieux	3 067 980	2 888 880	4 404 180
Diamants, non montés ni sertis	543 097	657 908	1 260 848
Éléments chimiques radioactifs, isotopes radioactifs et leurs mélanges ou résidus	767 972	2 148 195	1 024 208
Mattes de nickel, sinters d'oxydes de nickel ou autres produits de la métalurgie du nickel	731 690	1 392 887	784 681
Véhicules aériens, véhicules spatiaux et leurs accessoires	400 956	479 987	701 246
Déchets et débris de métaux précieux ou de plaqué ou doublé de métaux précieux	416 572	541 981	627 022
Huiles de pétrole ou de minéraux bitumineux	47 621	30 451	267 235
Minerais de fer et leurs concentrés	199 195	205 803	190 052
Turboréacteurs, turbopropulseurs et autres turbines à gaz	232 177	192 989	183 768
Papier journal, en rouleaux ou en feuilles	133 888	229 821	180 587
Total partiel	**6 541 148**	**8 768 902**	**9 623 827**
Autres produits	3 595 868	4 029 263	3 316 448
Total	**10 137 016**	**12 798 165**	**12 940 275**

Source : Tiré et adapté d'Industrie Canada, *Données sur le commerce en direct*, Exportations totales canadiennes vers le Royaume Uni, (code SH6), s.d., [www.ic.gc.ca/epic/site/tdo-dcd.nsf/fr/accueil], (rapport généré le 3 mars 2009).

Données sur le Royaume-Uni

Données géographiques

Nom officiel :	Le Royaume-Uni de Grande-Bretagne et d'Irlande du Nord
Superficie :	244 820 Km²
Population :	60 944 millions d'habitants
Capitale :	Londres
Ville principale :	Belfast, Glasgow, Birmingham, Newcastle
Langue(s) :	Anglais, gallois, écossais
Monnaie(s) :	Livre Sterling (1 GBP = 1,77988 CAD ; 1 CAD = 0,567836 au 31 janvier 2009)
Fête nationale :	Aucune

Données démographiques

Croissance démographique :	0,276 %
Espérance de vie :	76,37 ans pour les hommes, 81,46 ans pour les femmes
Taux d'alphabétisation :	99 %
Religion(s) :	Christianisme (anglicanisme, catholicisme, méthodisme, presbytérianisme) 71,6 %, islam 2,7 %, hindouisme 1 %)
Indice de développement humain (classement ONU) :	0,942 (21e rang mondial)

Données économiques

PIB (2008) :	2 281 milliards de USD
PIB par habitant (2008) :	37 400 USD
Taux de croissance :	1,1 %
Taux de chômage :	5,5 %
Taux d'inflation :	3,8 %
Solde budgétaire :	–135 milliards de USD

Balance commerciale :

Exportations :	468,7 milliards de USD
Importations :	645,7 milliards de USD
Solde :	– 177,0 milliards de USD

Principaux clients :	États-Unis (14,2 %) Allemagne (11,1 %), France (8,1 %) Irlande (8 %) Pays-Bas (6,8 %) Belgique(5,3 %) Espagne (4,5 %), Italie (4,1 %)
Principaux fournisseurs :	Allemagne (14,2 %) États-Unis (8,6 %), Chine (7,3 %) Pays-Bas (7,3 %) France (6,9 %), Belgique (4,7 %) Norvège(4,7 %) Italie (4,2 %)
Importations canadiennes du Royaume-Unis (2008) :	12,547 milliards de CAD (2,8 % des importations mondiales)
Exportations du Canada vers le Royaume-Unis (2008) :	12,940 milliards de CAD (2,8 % des exportations mondiales)

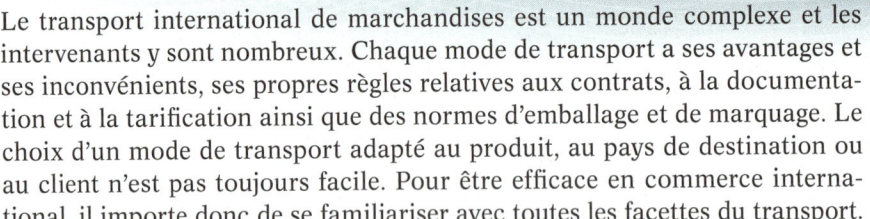

RÉSUMÉ

Le transport international de marchandises est un monde complexe et les intervenants y sont nombreux. Chaque mode de transport a ses avantages et ses inconvénients, ses propres règles relatives aux contrats, à la documentation et à la tarification ainsi que des normes d'emballage et de marquage. Le choix d'un mode de transport adapté au produit, au pays de destination ou au client n'est pas toujours facile. Pour être efficace en commerce international, il importe donc de se familiariser avec toutes les facettes du transport.

MOTS CLÉS

Français	Anglais	Français	Anglais
Accrochage (P. 350)	Coupling	Conteneur (p. 338)	Container
Affrètement (p. 335)	Charter	Conteneur spécial (p. 369)	Special container
Affrètement à coque nue (p. 349)	Demise charter	Conteneurisation (p. 369)	Containerization
Affrètement à temps (p. 350)	Time charter	Courtier de transport (p. 341)	Transport broker
Affrètement au voyage (p. 350)	Trip charter	Courtier en transport routier de marchandises (p. 340)	Motor carrier broker of property
Affréteur de navire (p. 349)	Charterer of a ship	Décrochage (p. 350)	Unhooking
Affréteur routier (p. 340)	Road freighter	Désarrimage (p. 350)	Break Out
Agent de fret aérien (p. 340)	Air-broker	Descente (p. 350)	Descent
Armateur (p. 343)	Ship owner	Désélingage (p. 350)	Unslinging
Arrimage (p. 350)	Stowage	Elingage (p. 350)	Slinging
Cabotage (p. 352)	Cabotage	Emballage de transport (p. 373)	Shipping container
Capacité de charge (p. 358)	Loading capacity	Embranchement particulier (voie industrielle privée) (p. 358)	Private siding (private track, industrial siding)
Chaîne logistique (p. 339)	Supply chain	EVP (équivalent 20 pieds) (p. 369)	Twenty foot equivalent unit (TEU)
Chargement complet (p. 354)	Full load		
Chargeur (p. 339)	Shipper	Ferroutage (p. 367)	Piggyback
Charte-partie (p. 349)	Charter-party	Fret (p. 342)	Freight
Coefficient de chargement (coefficient de remplissage) (p. 354)	Load factor	Fréteur (p. 349)	Owner
		Gerbage (empilage) (p. 367)	Stacking
Conditions des lignes régulières (conditions du port, conditions d'emplacement du navire) (p. 350)	Liner terms	Groupage des marchandises (p. 352)	Grouping of freight
		Groupeur de marchandises (p. 352)	Freight forwarder
Conférence maritime (conférence de navigation, conférence de fret) (p. 346)	Shipping conference (liner conference)	Hissage (p. 350)	Hoisting
		Juste-à-temps (p. 360)	Just-in-time
Connaissement à bord (connaissement embarqué) (p. 346)	On board bill of lading	Lettre de transport aérien (LTA) (connaissement aérien) (p. 361)	Air waybill
Connaissement à ordre (p. 346)	Order bill of lading	Lettre de transport routier (lettre de voiture, connaissement routier) (p. 353)	Road waybill
Connaissement à personne dénommée (connaissement nominatif) (p. 346)	Straight bill of lading		
Connaissement avec réserves (p. 346)	Claused bill of lading (foul bill of lading, unclean bill of lading, dirty bill of lading)	Lettre de voiture ferroviaire (p. 359)	Rail waybill
		Ligne de chemin de fer (p. 336)	Railway line (railway track)
Connaissement de transport combiné (p. 367)	Combined transport bill of lading	Ligne postale (p. 337)	Postal lines
Connaissement maritime (p. 343)	Ocean bill of lading (maritime bill of lading)	Liste de colisage (bordereau d'expédition) (p. 374)	Packing list
		Manquants (p. 361)	Shortage
Connaissement net (connaissement sans réserves) (p. 346)	Clean bill of lading	Marchandises légères (marchandises au cubage) (p. 349)	Measurement cargo
Connaissement reçu pour embarquement (p. 346)	Received for shipment bill of lading	Marchandises lourdes (pondéreuses) (p. 349)	Weight cargo

Français	Anglais	Français	Anglais
Marquage des marchandises (p. 374)	Marking of goods	Rupture de charge (p. 343)	Break bulk
Messageries (p. 352)	Express freight	Système de transport (p. 334)	Transportation system
Messageries maritimes (p. 335)	Line navigation	Système LASH (p. 368)	LASH system
Mise sous palan (p. 350)	Hoisting in	Tare (p. 366)	Tare
Mode de transport (p. 341)	Transport	Taux de fret (p. 342)	Freight rate
Navire porte-barges LASH (p. 368)	LASH vessel	Transitaire (commissionnaire de transport) (p. 340)	Freight forwarder (forwarding agent)
Palan (p. 350)	Hoist	Transitaire aérien (p. 340)	Air freight forwarder
Palette (p. 363)	Pallet	Transitaire portuaire (p. 340)	Port forwarder
Payant pour (p. 357)	As weight	Transport de porte à porte (p. 352)	Door-to-door transport
Plaque tournante (p. 360)	Hub (traffic exchange point)	Transport international de marchandises (p. 332)	International transport of goods (international freight)
Poids de taxation (p. 357)	Chargeable weight	Transport multimodal (transport intermodal, transport combiné) (p. 335)	Multimodal transport (intermodal carriage, combined transport)
Prise en charge de la marchandise (p. 343)	Acceptance of goods		
Prise sous palan (p. 350)	Hoisting out	Transporteur (p. 340)	Carrier
Roulage (transroulage, système roll-on/roll-off) (p. 368)	Roll-on/roll-off system	Unité de chargement (p. 343)	Unit load (shipping unit)
Roulier (transroulier, navire ro-ro, navire à chargement horizontal) (p. 368)	Roll-on/roll-off vessel (RORO ship)	Unité payante (UP) (p. 349)	Freight ton
		Virage (p. 350)	Hook turn

VÉRIFIEZ VOS CONNAISSANCES

Questions à choix de réponses

1. Lequel des énoncés suivants ne s'applique pas au transport maritime ?

   a) Il s'effectue surtout par conteneur.

   b) Les taux de fret sont avantageux.

   c) L'emballage est peu coûteux.

   d) Les délais de livraison sont longs.

   e) De nombreuses zones géographiques sont desservies.

2. Parmi les documents de transport suivants, lequel constitue un titre de propriété des marchandises ?

   a) La lettre de transport aérien (LTA)

   b) La lettre de voiture ferroviaire

c) Le connaissement maritime

d) La lettre de transport routier

3. En transport maritime, combien d'unités payantes en coûtera-t-il pour un envoi de 5 m³ pesant 4 t ?

a) 4 UP   b) 5 UP   c) 9 UP   d) 12 UP

4. Quelle mention rend transmissible par endossement le connaissement maritime ?

a) La mention « connaissement à ordre »

b) La mention « connaissement à personne dénommée »

c) La mention « connaissement à bord »

d) La mention « connaissement reçu pour embarquement »

e) La mention « connaissement avec réserves »

f) Le connaissement maritime est toujours transmissible, peu importe les mentions qu'il porte.

5. Comment se nomme le contrat d'affrètement en vertu duquel l'armateur fournit à l'affréteur un navire équipé en matériel et en personnel pour une période déterminée ?

a) L'affrètement à temps   c) Le contrat des conférences maritimes

b) L'affrètement au voyage   d) L'affrètement à coque nue

6. Afin de réduire les coûts de transport et d'augmenter la sécurité des marchandises, le transport multimodal est né. Certaines techniques ont été développées afin de répondre aux particularités de ce mode de transport. Quelle est la technique qui vise à empiler des conteneurs sur des wagons afin de doubler ou de tripler la capacité de fret d'un train, à peu de frais ?

a) Le gerbage   c) Le roulage (système roll-on/roll-off)

b) Le système LASH   d) Le ferroutage

7. L'entreprise pour laquelle vous travaillez souhaite exporter des marchandises vers un pays étranger. Quel est le mode de transport auquel votre entreprise devrait avoir recours pour du transport de porte-à-porte qui n'est pas adapté aux courtes distances ?

a) Le transport ferroviaire   c) Le transport aérien

b) Le transport maritime   d) Le transport routier

8. Ce mode de transport se prête bien au groupage de marchandises provenant de plusieurs expéditeurs ou allant à diverses destinations. Quel est-il ?

a) Le transport routier   c) Le transport aérien

b) Le transport ferroviaire   d) Le transport multimodal

Questions à court développement

9. Veuillez calculer les poids de taxation des expéditions aériennes suivantes :

a) 25 colis pesant chacun 30 lb et mesurant chacun 18 cm × 25 cm × 25 cm

b) 12 colis pesant chacun 5 kg et mesurant 14 po × 24 po × 36 po chacun

c) 22 colis pesant chacun 22 kg et mesurant chacun 1,05 m × 1,50 m × 1,55 m

d) 2 colis pesant chacun 10 lb et mesurant chacun 24 po × 36 po × 12 po, et 3 colis pesant chacun 11,5 kg et mesurant chacun 40 cm × 22 cm × 36 cm

Remarques: Une livre équivaut à 0,4536 kg.

Un pouce équivaut à 2,54 cm.

10. À l'aide de la grille suivante, déterminez combien vous paierez si :

a) L'expédition a) part pour la destination 1.

b) L'expédition b) part pour la destination 2.

c) L'expédition c) part pour la destination 3.

d) L'expédition d) part pour la destination 4.

Origine Montréal-Trudeau (YUL)	Destination 1: Santiago, Chili (SCL)	Destination 2: Londres, Royaume-Uni (LHR)	Destination 3: Athènes, Grèce (ATH)	Destination 4: Mumbai, Inde (BOM)
M	120	110	120	150
N	4,65	4,25	4,55	4,65
Q 45	3,98	3,75	3,55	4,00
Q 100	3,45	3,33	3,05	3,50
Q 500	2,65	3,02	2,65	3,00
Surprime	6,5 %	7,5 %	6,0 %	9,0 %

11. Quelle est l'unité de mesure d'un conteneur ?

12. Votre entreprise a signé un contrat avec un acheteur américain. Vous acheminez la marchandise jusqu'au transporteur principal. Lorsque ce dernier prend possession de la marchandise, si celle-ci semble complète et en bon état, quelle mention devrait apparaître sur le connaissement ?

13. Votre entreprise doit exporter des marchandises en Uruguay. Comme il s'agit d'une commande importante, vous avez décidé d'affréter un navire. Un problème retarde le chargement de la marchandise sur le navire au port de Montréal et le départ de celui-ci vers Montevideo. Vous devez payer une compensation à l'armateur. Quel est le terme utilisé pour désigner cette compensation ?

14. Une entreprise suisse souhaite acheter diverses composantes d'Horloges+ enr., une entreprise québécoise qui fabrique de magnifiques horloges de style ancien. L'entreprise suisse souhaite s'occuper du transport principal et veut donc signer un contrat FCA pour faire transporter les composantes par avion. Comme elle possède sa propre flotte de camions, les seuls coûts de transport à assumer concerneront le transport aérien. La commande consiste en une grande quantité de cinq différents types de composantes, chacun faisant l'objet d'un colis dont les dimensions sont les suivantes :

a) 1 colis de 22 kg : 95 cm × 65 cm × 50 cm

b) 1 colis de 36 kg : 110 cm × 75 cm × 75 cm

c) 3 colis de 8 kg chacun : 85 cm × 60 cm × 45 cm

La grille tarifaire, en CAD, du transporteur aérien				
Destination	Montant minimal	Moins de 100 kg	100-299 kg	300-499 kg	500 kg et plus
Aéroport de Berne	78,00	3,85	3,78	3,60	3,56
Aéroport de Zurich	78,00	3,80	3,76	3,65	3,54
Aéroport de Genève	78,00	3,79	3,77	3,68	3,57

En tant qu'employé de l'entreprise suisse, vous devez calculer le coût du transport aérien (excluant les frais connexes) et déterminer vers quel aéroport suisse, parmi ceux indiqués, vous devriez acheminer les marchandises.

15. L'entreprise québécoise Bidules fait un envoi à son client allemand Kniff. L'expédition est composée de 10 unités ayant chacune les caractéristiques suivantes :

- Les dimensions sont de 0,75 m sur 0,6 m sur 0,40 m.
- Le poids est de 22 kg.
- L'expédition sera acheminée par transport routier jusqu'à l'aéroport Montréal-Trudeau et par transport aérien jusqu'à l'aéroport Berlin-Tegel. Le transport en Allemagne est à la charge du client.

À l'aide des grilles tarifaires apparaissant ci-dessous, établissez le coût du transport des colis pour l'entreprise Bidules. L'équivalence poids/volume du transporteur routier est 333,33 kg = 1 m³ ou 1 000 kg = 3m³.

Grille tarifaire du transporteur routier pour le trajet entre Bidules et l'aéroport Montréal-Trudeau, en CAD					
Destination	Montant minimal	Moins de 100 kg	100-199 kg	200-299 kg	300-399 kg	400 kg et plus
Aéroport Montréal-Trudeau	79,00	19,79	17,02	15,04	12,57	9,12

Grille tarifaire du transporteur aérien pour le trajet entre l'aéroport Montréal-Trudeau et l'aéroport Berlin-Tegel, en CAD					
Destination	Montant minimal	Moins de 50 kg	50-149 kg	150-249 kg	250-349 kg	350 kg et plus
Aéroport Berlin-Tegel	75,00	4,65	3,98	3,87	3,82	3,20

16. C'est un mode de tarification selon lequel l'expéditeur bénéficie d'un tarif plus avantageux en payant le transport pour un poids supérieur au poids de taxation.

Recherches Internet

17. En vous rendant sur le site de Reimer Express et en cliquant dans la colonne de gauche sur « Rating », calculer le tarif des expéditions suivantes :

a) Un envoi de 225 lb de la classe 100 de Montréal PQ vers Miami Fl

b) Un envoi de 225 lb de la classe 500 de Montréal PQ vers Miami FL

c) Un envoi de 100 lb de la classe 100 de Montréal PQ vers Washington DC

d) Un envoi de 100 lb de la classe 100 de Montréal PQ vers Denver CO

Commentez la différence de prix entre a) et b), puis entre c) et d).

Site Internet à consulter :

www.reimerexpress.com

18. On vous demande d'expédier avec la compagnie maritime un conteneur de 40 pieds qui contient 3 voitures de tourisme du port de Montréal vers le port de Liverpool, au Royaume-Uni. En vous basant sur le tableau de la page 348, vous apprenez que le tarif de base pour cette marchandise est de 1 032 USD pour un conteneur de 20 pieds et de 1 464 USD pour un conteneur de 40 pieds.

On vous demande de faire une recherche sur Internet pour trouver les frais supplémentaires reliés à cette expédition et de calculer le coût total de l'expédition en CAD.

Les frais supplémentaires suivants s'appliquent :

- le coefficient d'ajustement de valeur (*currency adjustment factor*) ;
- les frais de soute (*interim fuel participation* (IFP) ou *bunker adjustment factor* (BAF) ;
- le service de manutention au port de destination (CSC) ;
- le service de manutention au port d'origine (TSC) ;
- les frais pour la sécurité à l'origine (SEO) ;
- les frais de sécurité au port de destination (SEC).

Considérez les taux de change suivants :

- 1 USD = 1,24125 CAD
- 1 EUR = 1,68475 CAD
- 1 GBP = 1,79844 CAD

Site Internet à consulter :

www.oocl.com/eng/resourcecenter/surcharges/tagsurcharges.htm

19. En consultant la Convention concernant l'unification de certaines règles relatives au transport aérien international, (voir p. 361) répondez aux questions suivantes :

a) Quels sont le numéro et nom de l'article traitant de l'obligation pour le transporteur aérien d'émettre une lettre de transport aérien ?

b) Combien de jours après à la date prévue d'arrivée de la marchandise, le destinataire peut-il faire valoir ses droits auprès du transporteur pour de la marchandise perdue ?

c) La Convention précise « Le transporteur est responsable du dommage survenu en cas de destruction, perte ou avarie de la marchandise par cela seul que le fait qui a causé le dommage s'est produit pendant le transport aérien ». Cependant, elle mentionne quatre situations où le transporteur est dégagé de responsabilité. Nommez ces quatre situations.

d) Toujours selon cette convention internationale, à combien de DTS par kilogramme est limitée la responsabilité du transporteur en cas de destruction, de perte, d'avarie ou de retard ?

Site Internet à consulter :

www.jurisint.org/doc/html/ins/fr/2001/2001jiinsfr4.html

Études de cas

20. L'entreprise Climatise inc. a conclu un contrat de vente CFR Alexandrie (Égypte) pour 50 climatiseurs. Les appareils sont emballés en caisses de bois dont les dimensions sont de 0,8 m x 1,0 m x 0,5 m et dont le poids brut est de 80 kg par caisse. Vous disposez des informations suivantes, obtenues de votre transitaire habituel, afin d'évaluer le coût en CAD de cette expédition maritime :

- Climatiseurs – Classe 4 : 200,00 USD W ou M ; min. 2000,00 USD
- IFP : 6 % sur le fret de base
- CAF : 2,5 % sur le fret de base
- Escompte : 5 % sur le fret total (hors frais supplémentaires)
- Frais supplémentaires
- Location du conteneur : 400,00 USD
- Émission du connaissement : 12,00 USD
- Chargement au port de Montréal : 70,00 CAD
- Assurance transport maritime : 850,00 CAD

De plus, le transitaire vous informe que le conteneur ne peut contenir plus de 32,80 m³ et 17 990 kg.

Considérez que 1 CAD = 0,95 USD.

21. Vous devez procéder aux trois expéditions suivantes par voie aérienne à destination d'Istanbul (Turquie) :

- Expédition nº 1 : 120 kg, 1,20 m³ ;
- Expédition nº 2 : 10 kg, 4,8 cm³ ;
- Expédition nº 3 : 250 kg, 1,32 m³.

a) Évaluez le fret pour chacune de ces expéditions selon la grille tarifaire suivante.

Destination : Istanbul (Turquie) (CAD)				
Montant minimal	Moins de 45 kg	45-99 kg	100-299 kg	300 kg et plus
70	5,80	4,25	3,36	2,63

b) Déterminez à partir de quel poids la règle du payant pour s'applique à la tranche 100-299 kg.

22. Vous travaillez pour Les vignobles de Mon pays enr. L'entreprise reçoit le spécimen de connaissement suivant (voir connaissement ci-dessous). Votre supérieur, n'y connaissant rien, vous pose les questions suivantes:

a) S'agit-il d'un connaissement maritime?

b) Le connaissement est-il « à bord »?

c) Le connaissement est-il « net »?

d) Combien de connaissements le transporteur a-t-il émis?

En tant que responsable à la documentation, vous devez expliquer vos réponses à votre supérieur.

Transport les exportations canadiennes Yvavit Inc., 1831 des Aubépines, Québec, Canada

CONNAISSEMENT

CHARGEUR
Les vignobles de mon pays Enr., 7108 chemin du Pré, Saint-Nicolas, Qc, Canada G7A 0A0

DESTINATAIRE
Vinos del mundo, 49-35 Calle de las Empresas, Barcelona, España, 18743

COORDONNÉES DE LA PERSONNE À AVISER Même	**AUSSI À AVISER**
NAVIRE S.S. Eaux Bleues	**QUAI** N° 2
PORT D'EMBARQUEMENT Québec	**PORT DE DÉCHARGEMENT** Barcelone

PARTICULARITÉS FOURNIES PAR LE CHARGEUR

MARQUES ET NUMÉROS DES COLIS	NOMBRE DE COLIS	DESCRIPTION DES COLIS ET MARCHANDISES	POIDS BRUT (KG)	VOLUME (CBM)
8-0509	20	Caisses de cidre de glace *1 caisse endommagée* *JMD*	195	80
		Embarquées le 26 sept. 2009 Transport les exportations canadiennes Yvavit inc. Par: *Jean-Michel Desmeules*		

DATÉ À: ___QUÉBEC, QC___

TRANSPORT PAYABLE À: _____

EN ACCEPTANT CE CONNAISSEMENT, LE CHARGEUR, LE DESTINATAIRE ET LE PROPRIÉTAIRE DES MARCHANDISES ACCEPTENT D'ÊTRE LIÉS AUX TERMES STIPULÉS, EXCEPTIONS ET CONDITIONS DUDIT CONNAISSEMENT. DEVANT TÉMOINS, LE COMMANDANT DUDIT NAVIRE A ÉMIS 5 CONNAISSEMENTS, UN ÉTANT EXÉCUTÉ, LES AUTRES ÉTANT CONSIDÉRÉS COMME SPÉCIMENS.

NUMÉRO DE CONNAISSEMENT 5-180906	DATE 27/09/09	COMMANDANT DE NAVIRE POUR *TRANSPORT LES EXPORTATIONS CANADIENNES YVAVIT INC.* Par: *Jean-Michel Desmeules*

 Vous trouverez des exercices additionnels dans le **Compagnon web**, à l'adresse **www.erpi.com/jammal.cw.**

L'ASSURANCE TRANSPORT

Tout au long de leur acheminement vers le client, les marchandises sont exposées à des risques ordinaires liés à la manutention, au stockage, aux ruptures de charge et au transport lui-même. À ces risques d'autres s'ajoutent, tels que les émeutes, les grèves, le terrorisme, le sabotage et les conflits armés. Ces risques peuvent varier en nombre et en importance, selon la nature et la valeur des marchandises et selon le pays, le mode de transport, le matériel utilisé et le professionnalisme du transporteur.

On pourrait certes se contenter des indemnités prévues par les lois ou les conventions internationales, mais, comme nous le verrons dans ce chapitre, elles ne couvrent généralement qu'une faible partie de la valeur des marchandises. C'est pourquoi l'assurance transport existe. Cette dernière permet de couvrir en tout ou en partie les dommages qui pourraient résulter des différents risques.

L'assurance transport est un aspect important du commerce international. La marchandise transportée par voie aérienne, maritime ou terrestre doit être emballée et préparée adéquatement pour réduire les risques de dommage pendant le transport. Cependant, parce qu'un bon emballage n'élimine jamais totalement ces risques, l'entreprise a intérêt à souscrire une assurance transport. Nombreuses sont celles qui négligent de le faire, considérant que l'assurance de base offerte par le transporteur comble financièrement tout dommage à la marchandise pendant le transport. Ce n'est malheureusement pas le cas : en plus de ne s'engager à verser qu'une indemnisation limitée en cas de dommage, le transporteur peut invoquer des raisons l'exonérant de toute faute ; l'entreprise enregistre alors une perte totale sans possibilité de compensation.

La soie et ses légendes

On a commencé à utiliser la soie en Chine il y a environ 4 500 ans. Selon la légende, le cocon d'un ver à soie serait tombé dans la tasse de thé de la princesse Xi Linshi, qui en aurait dévidé le fil. Grâce à un travail d'observation minutieux, des Chinois ont ensuite réussi à domestiquer ce qui était en réalité la chenille d'un lépidoptère, le *Bombyx mori*. Les Chinois ont gardé secrète leur méthode de fabrication de la soie en menaçant de mort quiconque l'aurait révélée.

Vers le XIIe siècle av. J.-C., en Chine, on produisait la soie en si grande quantité qu'elle coûtait alors moins cher que le chanvre. On s'en servait ainsi non seulement pour fabriquer des vêtements, mais aussi pour faire de la corde d'archer, du fil à pêche, des garnitures pour couettes et des récipients étanches.

En Occident, la soie a d'abord fait son apparition comme produit de luxe importé, destiné à la confection de vêtements. De longues caravanes en

provenance de Chine empruntaient alors la route de la soie. Ce n'est qu'au Moyen Âge, après que les Byzantins en eurent dérobé le secret et que les Arabes l'eurent introduite à la faveur de leurs conquêtes du Moyen-Orient, de l'Afrique du Nord et de l'Espagne, que la sériculture a pu se répandre en Europe.

Cette dissémination de la production a progressivement eu pour conséquence d'ébranler le monopole chinois de la soie. Le Japon, qui avait accompli des progrès considérables en matière de lutte contre les maladies du *Bombyx mori*, a commencé dès la fin du XIXe siècle à exporter de grandes quantités de soie brute aux États-Unis et en Europe. Un déclin de la sériculture occidentale a permis au pays du Soleil levant de se hisser au sommet du marché mondial : en 1923, le plus grand entrepôt de soie du monde se trouvait à Yokohama.

L'industrialisation du Japon à la suite de la Seconde Guerre mondiale a sonné le glas de sa domination dans le domaine de la sériculture. La Chine communiste en a profité pour relancer sa production, si bien qu'elle détient aujourd'hui 70 % du marché mondial de la soie brute (la soie demeure un produit de luxe ne représentant que 0,18 % de l'ensemble de la production de fibres textiles). On peut donc dire que la boucle est bouclée, le premier pays à avoir produit de la soie étant redevenu le premier producteur mondial de cette fibre.

Le Canada est un importateur net de soie, comme en fait foi le tableau 9.1 qui brosse un portrait de ses échanges internationaux de ce produit au cours des dernières années.

Le même tableau nous informe que plus du tiers des importations canadiennes de soie proviennent de la République de l'Inde[a]. Ce produit délicat qui parcours plus de 11 000 km peut subir des dommages pendant le voyage. L'importateur canadien doit connaître les risques encourus et savpir comment se protéger contre ces risques par une couverture d'assurance appropriée. À la fin du présent chapitre, nous verrons comment les entreprises canadiennes assurent ce produit.

a. L'Inde fait l'objet de la rubrique « Le Canada et ses partenaires commerciaux » à la fin du chapitre, p. 421.

Source : Inter Soie France, « Histoire de la soie », *La soie*, 2008, [www.texti.net/inter-soie/histoire.html], (3 mars 2009).

Tableau 9.1

Les importations et les exportations canadiennes de soie, en milliers de CAD

Importations				Exportations			
Pays	**2006**	**2007**	**2008**	**Pays**	**2006**	**2007**	**2008**
Inde	10 056	9 195	7 571	États-Unis	1 388	1 595	1 223
Chine	4 238	4 113	4 291	Italie	11	3	89
Italie	4 373	4 465	3 704	Chine	108	230	67
États-Unis	1 277	1 378	1 148	Colombie	60	49	62
Corée du Sud	726	726	768	Hong Kong	25	7	39
Uruguay	529	336	320	Barbade	10	38	34
France	226	380	243	République dominicaine	90	95	34
Allemagne	344	265	242	Irlande	13	53	27
Royaume-Uni	209	183	201	Honduras	4	0	24
Thaïlande	269	302	188	Norvège	0	0	19
Total partiel	**22 248**	**21 345**	**18 676**	**Total partiel**	**1 708**	**2 071**	**1 617**
Autres pays	680	722	759	Autres pays	482	191	189
Total	**22 928**	**22 067**	**19 435**	**Total**	**2 190**	**2 262**	**1 806**

Source : Tiré et adapté d'Industrie Canada, *Données sur le commerce en direct*, Les importations et exportations totales (10 premiers pays), SH 50 – Soie, s.d., [www.ic.gc.ca/epic/site/tdo-dcd.nsf/fr/accueil], (rapport généré le 3 mars 2009).

I. UN PEU D'HISTOIRE[1]

Comme bien d'autres institutions sociales, l'assurance existe depuis fort longtemps, sous forme de contrats verbaux ou écrits. Il semble bien que l'assurance transport a vu le jour il y a 4 000 ans et qu'elle visait à protéger les marchandises contre les pirates et les pilleurs. Peu à peu, les risques couverts se sont diversifiés, les compagnies d'assurance se sont développées et les États ont légiféré dans le domaine. Voici une petite histoire de l'assurance.

DES CARAVANES ET DES BATEAUX

On trouve les premières références à l'assurance vers l'an 2 000 av. J.-C., sous forme de contrats écrits précisant des modes de répartition des pertes subies dans des activités de transport, notamment par caravanes ou par bateaux. Il faut dire qu'à cette lointaine époque, les pirates, les bandits et les pilleurs régnaient en maîtres dans certaines régions, tant sur terre que sur mer !

Ainsi, à Babylone, le code d'Hammourabi prescrivait qu'en cas de perte ou de vol des marchandises, le transporteur désigné serait relevé de sa responsabilité de livraison, à la condition qu'il soit en mesure de prouver sa non-complicité dans le méfait. La perte était alors répartie entre tous les marchands participant à la caravane.

Au début de notre ère est apparu le «prêt à la grosse aventure», prélude à l'assurance transport. Les créanciers prêtaient les fonds au transporteur pour financer l'expédition, ce dernier ne les remboursant avec intérêts qu'à son retour au port, s'il n'avait pas subi d'avarie de marchandise ou d'attaques de la part des pirates.

L'assurance a pris véritablement naissance au tout début du second millénaire, lorsque des marchands italiens et anglais ont trouvé un moyen de se protéger contre les pertes subies à cause de naufrages ou de méfaits des pirates. Ils s'associèrent sous le nom de Code d'Amalfi pour constituer un fonds de dédommagement.

L'Italie, le Portugal et la France s'attribuent tous trois l'origine de l'assurance maritime. On trouve en effet, dans ces trois pays, des archives datant des XIIIe et XIVe siècles qui traitent des droits maritimes en en stipulant les modalités d'assurance.

L'ASSURANCE «À L'INDEX»

Au XIVe siècle, on considérait que l'«obligation verbale» était la règle en matière commerciale. L'écriture ne servait qu'à établir une preuve, et uniquement lorsque le document avait été rédigé par un notaire. Dans un décret publié à Gênes en 1369, on parle d'«assurance sans écritures» ou d'«assurance secrète».

1. Tiré et adapté du Bureau d'assurance du Canada, «Un peu d'histoire», s.d., [www.bac-quebec.qc.ca/quest•ce•que•le•bac/histoire.asp], (3 mars 2009); MSN Encarta, «Transport», 2005, [www.fr.ca.encarta.msn.com/encyclopedia•761558787/transport.html], (3 mars 2009).

Venise est la première ville État à adopter, en 1468, une loi sur les assurances : elle voulait ainsi établir une procédure pour contrer les fraudeurs. Jusqu'au XVIe siècle, la prohibition du prêt à intérêt a retardé le développement de l'assurance telle qu'on la connaît aujourd'hui : l'Église associait l'assurance aux gageures, comme si c'était un pari sur l'événement.

Il faut dire qu'à cette époque tout individu pouvait contracter une assurance, même sans avoir d'intérêt assurable sur la marchandise visée. Il s'agissait en quelque sorte d'un pari. L'individu contractait une assurance s'il croyait qu'un voyage maritime donné (dans lequel il n'avait aucun intérêt assurable) pouvait faire l'objet d'une attaque. Si une attaque avait lieu, l'assuré était indemnisé ; sinon, l'assuré perdait son pari.

Cette perception devait toutefois changer avec le temps pour permettre à l'assurance d'évoluer en fonction des besoins des citoyens. Mais, encore aujourd'hui, l'article 18 de la *Loi sur l'assurance maritime* (1993, ch. 22) stipule la nullité d'un contrat conclu par jeu ou par pari : « Un contrat est réputé conclu par jeu ou par pari [si] l'assuré n'a pas d'intérêt assurable au sens de la présente loi et [si] le contrat est conclu sans l'attente d'acquérir un tel intérêt[2]. »

LES PREMIÈRES MUTUELLES

Dans la première partie du XVIIe siècle, les premières mutuelles apparaissent en Allemagne. Comme leur nom l'indique, ces sociétés sont la propriété collective des détenteurs de polices. Dans plusieurs villes, un expert désigné par le souverain estime la valeur des propriétés répertoriées dans un registre, et tout membre de la société est tenu de payer une somme proportionnelle à la valeur de son immeuble. Ces sommes forment un fonds qui sert à indemniser les propriétaires dont la maison est sinistrée.

À ce moment, l'assurance maritime est déjà bien structurée, les modalités sont établies et codifiées. On voit naître de véritables compagnies d'assurances, qui décident de se regrouper, dans l'intérêt général de leur nouvelle profession.

On retrouve à Paris, en 1657, les « Offices de Notaires – Greffiers des assurances ». Ces « chambres d'assurances » étaient en quelque sorte des clubs fréquentés par les assureurs, les courtiers et les clients qui y échangeaient des informations et discutaient entre eux.

DE LONDRES JUSQU'AU QUÉBEC

On a aussi vu naître dans d'autres pays européens, vers la même époque, une forme d'assurance incendie qui a connu un essor fulgurant après le grand incendie de Londres, en 1666, au cours duquel les quatre cinquièmes de la ville ont été anéantis.

---

2. On peut consulter le texte de loi sur le site de Justice Canada, *Loi sur l'assurance maritime*, 2008, [www.lois.justice.gc.ca/fr/M-0.6/9559.html], (3 mars 2009 : page désormais non disponible).

Cette époque a aussi été celle de la prestigieuse compagnie Lloyd's of London qui, ironiquement, a vu le jour à Liverpool dans la taverne d'Edward Lloyd, laquelle était fréquentée par des armateurs, des gens de mer et des négociants. Cet établissement a d'abord été une « bourse » de l'assurance pour ensuite devenir le centre de l'assurance des navires et des cargaisons. En 1690, la Lloyd's est devenue un club de propriétaires de navires, qui s'engageaient à se porter assistance mutuelle en cas de perte d'un navire de l'un d'entre eux. Elle est aujourd'hui l'une des plus importantes compagnies d'assurance au monde.

C'est aussi au cours de cette période de commerce international très dynamique que sont nées en Allemagne des entreprises publiques (dont la Caisse générale d'incendie) qui pratiquaient une véritable assurance. Les risques en étaient classifiés et les primes annuelles, facturées selon des ratios proportionnels à la limite maximale du montant d'assurance.

Plus près de chez nous, les années 1700 ont été marquées par l'arrivée en sol américain des premières compagnies d'assurance. Ainsi, en 1752, une mutuelle a été fondée par le célèbre Benjamin Franklin, physicien et politicien, la même année où il a inventé le paratonnerre.

La première compagnie d'assurance anglaise à ouvrir boutique au Canada a été la Phœnix Insurance Co. Ltd., en 1804. Cinq ans plus tard, la première compagnie canadienne était créée, la Fire Association of Halifax qui est par la suite devenue la Halifax Insurance Co. Au Québec, la première entreprise véritablement d'ici a été la Québec Fire Insurance Company, fondée en 1819. Puis, à compter de 1833, des mutuelles québécoises, établies à Montréal et dans les Cantons-de-l'Est et spécialisées en assurance contre les incendies, se sont lancées en affaires.

www.bac-quebec.qc.ca

Plusieurs des membres du *Bureau d'assurance du Canada* (BAC) sont des descendants de certaines de ces vénérables institutions.

MISE EN SITUATION

Une vente à des clients japonais

La société Bec sucré, située à Mirabel, vend annuellement plusieurs conteneurs de sirop d'érable à des clients japonais. La marchandise est d'abord acheminée par avion de Montréal à Vancouver, puis par camion jusqu'au port de cette ville ; enfin, elle est transportée par bateau jusqu'au port de Tokyo, au Japon.

Au cours du transport, le navire s'échoue sur un récif à l'entrée du port de Tokyo. Pour le dégager, le capitaine décide de l'alléger en jetant par-dessus bord une partie de la cargaison, dont le conteneur de la société Bec sucré.

La société Bec sucré réclame à sa compagnie d'assurance la valeur de la cargaison assurée. La compagnie d'assurance refuse de l'indemniser en arguant que ce risque n'était pas couvert.

Les dirigeants de la société Bec sucré s'interrogent sur le genre de couverture qu'il leur aurait fallu prendre.

II. LES NOTIONS DE BASE DE L'ASSURANCE TRANSPORT

La **police d'assurance** est une convention en vertu de laquelle l'assureur s'engage, moyennant le paiement d'une prime par l'assuré, à indemniser ce dernier ou le porteur de mandat en cas de dommage couvert par l'accord conclu entre les parties.

L'assurance transport doit inclure non seulement la protection physique des biens transportés, mais aussi la protection de leur valeur, ce qui permet à l'assuré de récupérer financièrement, en tout ou en partie, la valeur des dommages causés en cas d'avarie. En somme, l'assurance consiste pour l'assuré à faire supporter par un tiers, moyennant le paiement d'une **prime d'assurance**, les risques afférents au transport. L'assurance complète les responsabilités qu'assument déjà les divers intervenants du secteur du transport, qui sont eux-mêmes assurés.

L'assurance des marchandises transportées doit être adaptée au contrat de vente, aux produits et aux moyens de transport. La **protection** (**garantie** ou **couverture**) varie en fonction du produit transporté. Elle garantit l'**indemnisation** de l'assuré en cas de **sinistre** dans de nombreuses situations. En somme, elle permet au vendeur de sous-traiter la gestion des sinistres et l'exercice de ses recours. L'assurance fournit donc une sécurisation globale des ventes et fait en sorte que les règlements ne soient ni retardés ni contestés.

En matière de transport de marchandises, un individu qui détient ce qu'on appelle un **intérêt assurable** (c'est-à-dire un individu qui subirait une perte si les marchandises étaient endommagées, étaient détruites ou n'arrivaient simplement pas à bon port) devrait contracter une assurance qui prévoit l'indemnisation de l'exportateur ou de l'importateur.

De plus en plus, les exportateurs jugent utile d'assurer les marchandises transportées en raison de l'accroissement de certains risques autrefois plutôt rares, tels que les vols de camions chargés et les nombreux cas d'**exonération** qui diminuent la responsabilité des transporteurs.

III. LES INTERVENANTS

Aux intervenants du transport lui-même (le chargeur, le groupeur de marchandises, le transitaire, le courtier de transport, le commissionnaire en douane et le transporteur[3]), il faut ajouter les principaux intervenants en assurance transport, soit l'assuré, le courtier d'assurance, l'expert en sinistres et la compagnie d'assurance.

L'ASSURÉ

L'**assuré** est la personne ou l'entreprise qui souscrit une police en vue d'assurer des marchandises contre des catégories de risques déterminés à l'avance. L'assuré peut être le vendeur ou l'acheteur (selon l'incoterm), ou encore le transitaire.

---

3. Voir « Les intervenants » dans le chapitre 8, p. 339.

Police d'assurance
Document écrit, signé par l'assureur et l'assuré, qui constitue un contrat d'assurance et qui précise, d'une part, le montant de la prime que paie l'assuré et, d'autre part, le capital assuré ainsi que la nature et la limite des risques couverts.

Prime d'assurance
Somme que l'assuré paye à l'assureur en échange de la prise en charge d'un risque.

Protection (**garantie** ou **couverture**)
Nature du risque et montant associé au risque qui font partie du contrat d'assurance.

Indemnisation
Dédommagement, généralement financier, que l'assureur accorde à l'assuré, en vertu d'une assurance, pour un dommage subi par des biens.

Sinistre
Perte provenant d'un événement catastrophique.

Intérêt assurable
Intérêt d'une personne dans un bien susceptible de faire l'objet d'une assurance, du fait que la personne est exposée à un risque de perte financière.

Exonération
Exclusion de responsabilité.

OBJECTIF

Connaître les principaux intervenants en assurance transport.

Assuré
Personne ou entreprise qui souscrit une police en vue d'assurer des marchandises contre des risques déterminés à l'avance.

LE COURTIER D'ASSURANCE

Courtier d'assurance
Personne ou entreprise qui met en rapport une personne ou une entreprise avec une compagnie d'assurance. En principe, le courtier défend les intérêts du mandant car il en est le mandataire. Ne pas confondre avec l'agent d'assurance, qui travaille pour le compte d'une seule compagnie d'assurance.

Courtier d'assurance maritime
Officier public nanti de certains privilèges, dont celui de signer les contrats pour le compte de l'assuré et de certifier le taux de la prime.

Agent d'assurance
Personne qui représente une compagnie d'assurance et dont le travail consiste à faire souscrire pour elle des contrats d'assurance et à en assurer le suivi.

Expert en sinistres
Personne chargée d'enquêter sur un sinistre afin de constater les pertes ou les avaries de marchandises.

Commissaire d'avarie
(ou **expert répartiteur**)
Expert en sinistres dans le transport des marchandises par voie maritime.

Le **courtier d'assurance** a pour fonction de rapprocher un client potentiel (futur assuré) d'une compagnie d'assurance. L'assuré peut mandater un courtier pour rechercher la compagnie d'assurance la plus apte à répondre à ses besoins et pour négocier les conditions et la prime les plus avantageuses pour lui. En principe, le courtier défend les intérêts de l'assuré, puisqu'il en est le mandataire.

Le **courtier d'assurance maritime** est un officier public, un peu comme un agent de change, nanti de certains privilèges, dont celui de signer les contrats d'assurance pour le compte de l'assuré et de certifier le taux de la prime. Soulignons que l'**agent d'assurance**, contrairement au courtier d'assurance, travaille pour le compte d'une seule compagnie d'assurance. Il perçoit comme rémunération une commission proportionnelle aux primes qu'il permet à la compagnie d'encaisser.

L'EXPERT EN SINISTRES

L'**expert en sinistres** à pour rôle de constater, à destination ou en cours de route, les pertes ou les avaries de marchandises. Il est généralement désigné par l'assureur dans la police d'assurance ou par le propriétaire du navire dans le cas d'une avarie commune, et il informe les parties concernées de son constat. Quand il est question de transport de marchandises par voie maritime, on parle de **commissaire d'avarie** (ou d'**expert répartiteur**). L'expert en sinistres et le commissaire d'avarie ont pour responsabilités de :

- constater les dommages ;
- déterminer la nature de l'avarie, son importance et sa cause ;
- préconiser les mesures conservatoires[4] ;
- préserver les droits de recours des assureurs contre les tiers responsables ;
- prévenir les sinistres.

LA COMPAGNIE D'ASSURANCE

Les compagnies d'assurance (ou assureurs) sont nées de l'augmentation des risques qui étaient, à l'origine, supportés par des personnes physiques. Cette augmentation a suscité la création de mutuelles ou de compagnies privées de grande taille. Soulignons que les compagnies, si grandes soient-elles, pratiquent couramment entre elles la **réassurance**, c'est-à-dire qu'elles partagent les risques couverts avec d'autres compagnies, souvent sans en informer l'assuré.

Réassurance
Pratique de partage des risques entre compagnies d'assurance, souvent effectuée à l'insu de l'assuré.

---

4. Mesures en vertu desquelles un bien du débiteur est temporairement remis à la justice en attendant une décision de justice définitive, afin d'assurer l'efficacité des mesures d'exécution qui seront prises une fois les délais de recours passés ou les recours épuisés.

MISE EN SITUATION

Une vente à une entreprise mexicaine

L'entreprise Grandes Cheminées, située à Québec, reçoit une commande alléchante d'une entreprise dont le siège social est situé dans la ville de Mexico. Les dirigeants de l'entreprise ignorent tout du marché mexicain, la presque totalité des ventes se faisant au Canada. Malgré tout, on décide de livrer les 10 cheminées industrielles commandées selon l'incoterm DDP Mexico (rendu droits acquittés[a]).

On confie à l'entreprise Transport-partout l'acheminement des cheminées par voie terrestre jusqu'à Mexico. La marchandise, d'un poids total de 10 tonnes, est évaluée à 20 000 CAD. Le transporteur informe les dirigeants de Grandes Cheminées que toute expédition vers le Mexique est couverte par une assurance transport de base. À Grandes Cheminées, on considère que cette assurance est suffisante.

Lorsque les véhicules routiers de Transport-partout franchissent la frontière mexicaine, une manifestation bloque le passage. Les véhicules et leur chargement sont incendiés et détruits. L'expert en sinistres conclut à une perte totale de la marchandise.

L'entreprise Grandes Cheminées entame des démarches auprès du transporteur pour réclamer une somme équivalant à la valeur totale de l'expédition. Les responsables de Transport-partout refusent d'accorder tout dédommagement, car, selon eux, l'événement constitue une **force majeure** (ou **cas fortuit**) et, en vertu de la police d'assurance, le transporteur est exonéré de sa responsabilité dans ces circonstances. L'entreprise de Québec devra assumer la perte financière de 20 000 CAD. Les dirigeants de l'entreprise se demandent s'ils auraient pu éviter cette perte.

Force majeure
(ou **cas fortuit**)
Résultat des forces de la nature, imprévisible, irrésistible et extérieur, par opposition au fait de la victime ou du créancier.

---

a. Pour en apprendre davantage sur les incoterms mentionnés dans le présent chapitre, voir le chapitre 7, «les incoterms», p. 285.

IV. LA RESPONSABILITÉ DU TRANSPORTEUR[5]

OBJECTIF **2**

Comprendre les notions de responsabilité et d'exonération de responsabilité du transporteur.

Le transporteur est responsable des marchandises qu'il transporte : c'est ce qu'un exportateur ou un importateur peuvent penser de prime abord, et qui peut les amener à ne pas assurer leurs cargaisons, convaincus qu'il pourront réclamer les pertes ou les dommages éventuels auprès de leur transporteur. Pourtant, comme nous l'avons vu dans les mises en situation ci-dessus, ils s'exposent sans le savoir à des désagréments et à des pertes financières. Il existe en effet une réglementation qui limite la responsabilité du transporteur, même lorsque sa faute est reconnue.

---

5. Tiré et adapté de Sarthe Export, *Actualités et réglementations internationales*, s.d., [www.sarthe-international.fr/fr/Actualites-et-reglementations-internationales-55.htm], (3 mars 2009 : page désormais non disponible).

Les réclamations de près de 1,5 milliard de dollars qui ont fait suite au verglas québécois de 1998 ont été en grande partie assumées par les réassureurs, ces compagnies qui assurent les assureurs. Et cette somme n'était pas majeure à leurs yeux.

LES CONVENTIONS INTERNATIONALES RÉGISSANT LES MODES DE TRANSPORT

La responsabilité du transporteur varie énormément, entre autres en fonction du mode de transport, chaque mode faisant l'objet de conventions internationales différentes.

POUR LE TRANSPORT PAR VOIE D'EAU

Le transport par voie d'eau est régi par les Règles de La Haye-Visby, anciennement la Convention de Bruxelles (ou Convention concernant la compétence judiciaire et l'exécution des décisions en matière civile et commerciale), signée par 100 pays en 1924, par 26 autres en 1968 et par 16 de plus en 1979. Le Canada est signataire des Règles de La Haye-Visby.

Existe aussi la Convention de Hambourg (ou Convention des Nations Unies sur le transport de marchandises par mer) de 1978, ratifiée par 20 pays seulement. Le Canada a signé cette convention, mais n'a pas encore légiféré sur sa date d'entrée en vigueur.

POUR LE TRANSPORT ROUTIER

En Europe, le transport routier de marchandises est régi par la Convention de Genève de 1956 relative au transport routier international de marchandises, signée par 24 pays, puis modifiée par la Convention TIR (transport international routier) de 1975.

Au Canada, contrairement au transport par voie d'eau, au transport aérien et à la majeure partie du transport ferroviaire, qui relèvent du gouvernement fédéral, le transport routier est un champ de compétence provinciale. À ce jour, il n'existe pas de convention interprovinciale harmonisant la réglementation du transport routier ; c'est donc le connaissement émis par le transporteur qui résume les obligations des parties.

POUR LE TRANSPORT FERROVIAIRE

Si aucun contrat ne spécifie les limites de la responsabilité du transporteur, c'est le Règlement sur la responsabilité à l'égard du transport ferroviaire des marchandises, qui fait partie de la *Loi sur les transports au Canada*[6], qui s'applique.

POUR LE TRANSPORT AÉRIEN

Le transport aérien est régi par le Protocole de Montréal de 1999, portant modification à la Convention pour l'unification de certaines règles relatives au transport aérien international (Convention de Varsovie de 1929), signée par 89 pays[7].

6. Ministère des Transports du Canada, «Règlement sur la responsabilité à l'égard du transport ferroviaire des marchandises», *Loi sur les transports au Canada*, 15 avril 2009, [www.canlii.org/fr/ca/legis/regl/dors-91-488/derniere/dors-91-488.html], 27 avril 2009.

7. À ce sujet, voir Juris International, *Protocole concernant un amendement à la Convention relative à l'aviation civile internationale (clause finale)*, 2000, [www.jurisint.org/fr/ins/200.html], (3 mars 2009).

L'exportateur vigilant et soucieux d'éviter les pertes financières doit connaître les conventions internationales et l'incoterm stipulé dans chaque contrat de vente. Il a intérêt à savoir exactement qui est responsable du transport et de l'assurance de ses marchandises à chaque moment du transport, la responsabilité du transporteur étant limitée même si sa faute est reconnue (voir « L'exonération de responsabilité du transporteur », p. 400).

Le tableau 9.2 résume, pour chacun des modes de transport et pour le Canada, le fondement juridique et les limites de la responsabilité du transporteur.

Tableau 9.2

Les responsabilités des transporteurs au Canada

Mode de transport	Convention, loi ou autre règle	Limite de l'indemnisation	Délai pour faire une réclamation
Courrier domestique	Loi sur la Société canadienne des postes	Le moindre des montants suivants : 100 CAD ou la valeur déclarée	12 mois à partir de la date d'expédition
Courrier international	Loi sur la Société canadienne des postes Union postale universelle	Le moindre des montants suivants : 100 CAD ou la valeur déclarée	12 mois à partir de la date d'expédition
Transport ferroviaire national	Contrat de transport ou, si inexistant, Règlement sur la responsabilité à l'égard du transport ferroviaire des marchandises	Valeur au contrat ou valeur de la marchandise. Le règlement ne limite pas la responsabilité du transporteur.	4 mois à partir de la date d'expédition
Transport ferroviaire international	Mêmes provisions si le droit applicable est canadien	Mêmes provisions si le droit applicable est canadien	Mêmes provisions si le droit applicable est canadien
Transport routier	Connaissement conforme à la réglementation provinciale	Le moindre des montants suivants : 4,41 CAD/kg (2 CAD/lb) ou la valeur assurée	60 jours à partir de la date de livraison
Transport aérien	Convention de Varsovie (protocole de Montréal)	Le moindre des montants suivants : 16,583 7 DTS/kg ou la valeur assurée	À la livraison si les dommages sont visibles, sinon 7 jours à partir de la date de livraison
Transport par voie d'eau	Règles de La Haye-Visby	Le moindre des montants suivants : 666,67 DTS/colis ou 2 DTS/kg ou la valeur assurée	À la livraison si les dommages sont visibles, sinon 3 jours à partir de la date de livraison

LES DROITS DE TIRAGE SPÉCIAUX

En matière d'assurance, exception faite de la déclaration de valeur des marchandises, on calcule en **droits de tirage spéciaux (DTS)** les garanties des marchandises selon leur poids. Le droit de tirage spécial est une devise internationale créée par le *Fonds monétaire international* (FMI) et allouée aux pays qui participent au Compte de tirage spécial. La valeur d'un DTS a initialement été fixée à 0,888 671 gramme d'or fin, ce qui correspondait à l'origine à un USD. Après l'effondrement du système de Bretton Woods, en 1973, la valeur du DTS a été déterminée par

Droits de tirage spéciaux (DTS)
Monnaie internationale créée par le FMI et allouée aux pays qui participent au Compte de tirage spécial. Les DTS servent de référence dans le calcul des indemnisations pour les pertes et les dommages subis par la marchandise au cours des transports internationaux.

www.imf.org

rapport à un panier de monnaies, qui comprenait une unité de monnaie de différents pays. Pour la période 2005-2010 on a établi le valeur d'un DTS en additionnant le poids des devises américaine, européenne, japonaise et anglaise :

- le dollar américain (USD), 44 % ;
- l'euro (EUR), 34 % ;
- le yen (JPY), 11 % ;
- la livre sterling (GBP), 11 %.

Les montants établis sont ensuite convertis dans la devise pertinente. On comprendra aisément que la valeur du DTS fluctue quotidiennement, et que ces fluctuations puissent avoir des répercussions sur les indemnisations. Le tableau 9.3 donne un aperçu des fluctuations de cette devise par rapport au CAD.

Tableau 9.3

Fluctuations du DTS par rapport au CAD

	1 DTS correspond à	1 CAD correspond à
1er janvier 2005	1,856 CAD	0,539 DTS
1er janvier 2006	1,658 CAD	0,603 DTS
1er janvier 2007	1,758 CAD	0,569 DTS
1er janvier 2008	1,567 CAD	0,638 DTS
1er janvier 2009	1,860 CAD	0,538 DTS

LE CALCUL DES INDEMNISATIONS

L'expéditeur devrait toujours joindre à l'expédition une liste de colisage (ou bordereau d'expédition) détaillée. Ainsi, si le destinataire constate quelque dommage que ce soit lors de la réception des marchandises, il pourra dès ce moment transmettre assez précisément son constat au transporteur et le confirmer ensuite par courrier recommandé. En outre, le constat d'un huissier peut se révéler fort utile, surtout si on n'a pas constaté de dommages apparents dès la réception des marchandises.

En cas de perte ou de dommage, le montant maximal payable correspond à la valeur de la marchandise assurée. Dépendamment du mode de transport, l'indemnisation sera calculée comme suit :

- *pour le transport par voie d'eau*, le moindre de 666,67 DTS par colis et de 2,00 DTS par kilogramme[8], jusqu'à concurrence de la valeur assurée ;

---

8. Selon les Règles de La Haye-Visby. Ces sommes équivalent respectivement à environ 1 240 CAD et à 3,72 CAD respectivement, en date du 1er janvier 2009.

- *pour le transport aérien*, 16,583 7 DTS par kilogramme, jusqu'à concurrence de la valeur assurée[9];

- *pour le transport routier*, 4,41 CAD par kilogramme (2,00 CAD la livre), jusqu'à concurrence de la valeur assurée (l'exportateur est dédommagé en devise nationale par le transporteur).

Voyons un exemple de calcul des indemnisations dans la mise en situation suivante.

MISE EN SITUATION

Un colis d'une valeur assurée de 250,00 CAD et pesant 25 kg est endommagé pendant le transport. On conclut que c'est la faute du transporteur. Supposons que le jour où le colis a été expédié, la valeur du DTS était de 1,567 CAD. Voici l'indemnisation en dollars canadiens que recevrait l'expéditeur de la marchandise, selon le mode de transport utilisé :

- Transport par voie d'eau :
  - Valeur du colis : 250,00 CAD
  - 666,67 DTS × 1,567 CAD/DTS = 1 044,67 CAD ;
  - 25 kg × 2 DTS/kg × 1,567 CAD/DTS = 78,35 CAD ;
  Indemnisation (le moindre des trois montants) = 78,35 CAD

- Transport aérien :
  - Valeur du colis : 250,00 CAD
  - 25 kg × 16,583 7 DTS/kg × 1,567 CAD/DTS = 649,67 CAD
  Indemnisation (le moindre des deux montants) = 250 CAD

- Transport routier :
  - Valeur du colis : 250,00 CAD
  - 25 kg × 4,41 CAD/kg = 110,25 CAD
  Indemnisation (le moindre des deux montants) = 110,25 CAD

- Transport par chemin de fer :
  - Valeur du colis : 250,00 CAD
  Indemnisation (aucune limite pour le transport par chemin de fer) = 250,00 CAD

- Transport par courrier :
  - Valeur du colis : 250,00 CAD
  Indemnisation (montant maximal payé par la Société canadienne des postes) = 100,00 CAD

Si le colis avait été expédié par avion ou par chemin de fer, l'expéditeur aurait reçu une indemnisation de la part du transporteur correspondant à la valeur du colis. Pour les autres modes de transport, le transporteur aurait indemnisé l'expéditeur jusqu'à concurrence du montant calculé, et la compagnie d'assurance l'aurait indemnisé pour la somme restante, pour autant que l'expéditeur ait souscrit une assurance.

---

9. Selon la Convention de Varsovie. Cette somme équivaut environ à 30,85 CAD, en date du 1er janvier 2009.

LE DÉPLAFONNEMENT DE RESPONSABILITÉ

Il arrive que le transporteur commette des fautes considérées comme lourdes, entraînant le déplafonnement de sa responsabilité. Dans de tels cas, l'indemnité n'est plus assujettie aux limites précédemment mentionnées, mais compense l'ensemble du préjudice subi par le chargeur. Ces situations font souvent l'objet d'une décision d'un tribunal. En voici quelques exemples :

- *Transport d'un colis surdimensionné.* Passage sous un viaduc trop bas, ayant causé la destruction du colis. Faute lourde : le transporteur aurait dû vérifier la hauteur du chargement et adapter son itinéraire en conséquence.
- *Expédition de matériel électronique.* Vente de la cargaison par le transporteur à son profit. Faute lourde : il s'agit d'un vol de la part du transporteur ou de l'un de ses préposés.
- *Expédition de n'importe quelle marchandise.* Accident de la route au cours duquel les marchandises sont détruites. Faute lourde : le chauffeur conduisait en état d'ébriété avancée.

Une fois la faute lourde établie par le tribunal, encore faut-il que le transporteur ou sa compagnie d'assurance aient les moyens de procéder à l'indemnisation.

V. L'EXONÉRATION DE RESPONSABILITÉ DU TRANSPORTEUR[10]

Gardien des marchandises
Personne morale ou physique qui a la garde et la responsabilité des marchandises.

Un transporteur indemnisera un propriétaire de marchandises ou un chargeur en cas de dommage si sa responsabilité est engagée à cet effet. On considère en effet que le transporteur est le présumé **gardien des marchandises**. Sur le plan légal, le transporteur a une obligation de résultat envers le chargeur. Il y a donc présomption de responsabilité du transporteur si celui-ci ne livre pas les marchandises dans leur état initial et à l'endroit précisé dans le contrat de transport. Cependant, le transporteur qui réussit à prouver que sa responsabilité n'est pas engagée n'a pas à indemniser le propriétaire ou le chargeur.

Ainsi, quand le dommage subi par la marchandise est consécutif à un cas de force majeure, le transporteur peut se prévaloir de l'exonération de responsabilité. En jurisprudence internationale, le concept de force majeure est très présent et il est sujet à évoluer. On s'entend généralement pour dire qu'un événement de force majeure doit être à la fois imprévisible, irrésistible (c'est-à-dire insurmontable) et extérieur (c'est-à-dire ne pas dépendre de l'une des parties et ne pas être provoqué par l'une d'entre elles). Si ces trois critères sont réunis, le transporteur peut être exonéré de sa responsabilité et n'a donc aucune indemnité à verser en réparation

---

10. Tiré et adapté d'Interex, *Connaître les différentes assurances transport*, 2007, [www.interex.fr/fr/methodes/connaitre-les-differentes-assurances-transport], (3 mars 2009).

du préjudice subi. Nous verrons ci-dessous trois exemples de cas de force majeure : un tremblement de terre, une tornade au mois d'août à Montréal et un vol à main armée (événements imprévisibles, irrésistibles et extérieurs).

Évidemment, malgré la jurisprudence, chaque cas est unique, et ce sont les tribunaux qui ont la compétence pour déterminer si un événement donné est bel et bien un cas de force majeure. Ainsi, un juge pourrait refuser de considérer comme tel un vol à main armée survenu dans un stationnement situé en bordure d'une autoroute au Mexique. Pourquoi ? Même si les agressions de ce genre sont irrésistibles et extérieures (aux parties), on ne peut plus dire qu'elles sont imprévisibles puisqu'elles sont de plus en plus fréquentes au Mexique.

L'encadré 9.1 relate un cas de force majeure auquel la société Shell a été confrontée. On remarquera que Shell n'est pas seulement producteur de pétrole, mais aussi transporteur.

Une tornade en octobre sur la côte de la Floride : l'événement est prévisible.

Encadré 9.1

Cas de force majeure au Nigeria

« La compagnie pétrolière Shell a prolongé l'état de "force majeure" sur l'exportation de brut au terminal de Bonny (sud du Nigeria) après la découverte de nouveaux oléoducs endommagés, a indiqué un de ses porteparole.

« La clause de "force majeure", courante dans les milieux pétroliers et déjà invoquée par Shell au Nigeria, permet à l'industriel de suspendre ses obligations contractuelles, telles que les livraisons de pétrole et de gaz, à la suite d'événements imprévus, *sans encourir de pénalités.* La compagnie n'a pas précisé le délai d'application de cette mesure.

« Le 29 juillet, Shell Nigeria (SPDC) avait déclaré l'état de "force majeure" sur son terminal "Light Stream" de Bonny pour juillet, août et septembre, après une attaque contre au moins un de ses oléoducs par des militants locaux. »

Source : AFP, « Nigeria : état de "force majeure" (Shell) », *Le Figaro,* 13 septembre 2008, [www.lefigaro.fr/flash-actu/2008/09/13/01011-20080913FILWWW00481-nigeria-etat-de-force-majeure-shell.php], (3 mars 2009).

Voici quelques exemples d'événements qui ne sont pas considérés comme des cas de force majeure et les raisons pour lesquelles ils ne le sont pas :

- Une tempête de neige en janvier dans la réserve faunique des Laurentides : l'événement est prévisible.
- La mutinerie de l'équipage d'un navire : l'événement n'est pas extérieur au gardien des marchandises.
- Le barrage d'une route par des manifestants : l'événement n'est pas inévitable, le chauffeur du camion peut emprunter un autre itinéraire.

OBJECTIF **3**

Distinguer les catégories de risques.

Risques communs
Événements incertains courants (par exemple, les incendies, les grèves et les guerres) contre lesquels on s'assure.

Risques spécifiques
Risques particuliers au mode de transport, à la catégorie de produit transporté ou au pays de destination.

VI. LES CATÉGORIES DE RISQUES[11]

En assurance, il existe deux grandes catégories de risques : les **risques communs**, dont il faut tenir compte pour toute expédition, et les **risques spécifiques**, inhérents au mode de transport utilisé, à la catégorie de produit et au pays de destination. Lorsqu'on choisit une assurance, on doit donc tenir compte de ces différents risques.

LES RISQUES COMMUNS

Les risques communs concernent la manutention de la marchandise, son stockage et son arrimage. Les risques de vol et de pillage, d'incendie ou d'explosion, de conflits politiques ou sociaux, de cas de force majeure et de contamination des marchandises sont aussi des risques communs.

LA MANUTENTION DE LA MARCHANDISE

La marchandise peut subir des dommages lors de son chargement ou de son déchargement. Les dommages peuvent être dus à des bris mécaniques ou à des défaillances de l'équipement de manutention (chariots élévateurs, grues, portiques, etc.) ou encore à une manipulation hâtive de la marchandise. L'utilisation d'un équipement inadéquat, la formation lacunaire des manutentionnaires ou une manipulation trop rude des marchandises peuvent aussi causer des dommages.

LE STOCKAGE DE LA MARCHANDISE

Empiler des colis ou des palettes sans tenir compte de leur poids, de leur hauteur ou de leur fragilité est souvent la cause de dommages. Disposer des conteneurs en piles trop hautes sur un porte-conteneurs peut conduire à une surcharge du bateau. Les anciens porte-conteneurs autorisent une hauteur maximale de 9 conteneurs, tandis que les derniers modèles ouverts (dénués de pont) en permettent jusqu'à 18 (10 en cale et 8 sur le pont ; voir photo ci-contre). Si le stockage ou l'empilage ne sont pas bien effectués, les conteneurs du dessous risquent d'être écrasés. Il arrive que des chargeurs déclarent, intentionnellement ou accidentellement, des poids erronés dans le but d'économiser sur le coût du transport par voie d'eau[12]. De telles pratiques sont à l'origine d'écrasements de conteneurs.

---

11. Tiré d'Ace Marine, « Les risques communs », *Baracuda* 3, s.d., [www.ace-marine-baracuda.com/template7.asp ?pageid=136], (3 mars 2009).

12. Voir à ce sujet le chapitre 8, « Le transport international de marchandises », p. 342.

L'ARRIMAGE DE LA MARCHANDISE

Lors du transport, les principales forces pouvant agir sur le chargement sont la force longitudinale (vers l'avant et vers l'arrière), causée par l'accélération ou la décélération, et la force verticale (vers le haut et vers le bas). Leur action peut endommager une marchandise mal arrimée. On a démontré que la force longitudinale vers l'avant peut atteindre jusqu'à 80 % du poids d'un chargement d'une tonne en cas de freinage. En transport aérien, la force longitudinale vers l'arrière peut atteindre 3 fois le poids du chargement lors d'une accélération. En transport par voie d'eau, la force verticale peut atteindre jusqu'à 2,2 fois le poids du chargement.

LE VOL ET LE PILLAGE

Le vol de marchandises et le détournement de conteneurs ou de wagons, voire de trains entiers, sont des contrariétés pouvant survenir dans tout pays. L'encadré 9.2 montre qu'un détournement peut se produire même dans des pays tels que la France.

Encadré 9.2

Attaque d'un train de marchandises à Marseille

« Un convoi ferroviaire de 700 m de long a été attaqué dans les quartiers nord de Marseille par une bande organisée qui s'est emparée du contenu de plusieurs wagons. Les voleurs ont opéré jeudi à la tombée de la nuit à Saint-Louis, dans le 15e arrondissement de la ville, dit samedi le journal *La Provence*, information confirmée par la police.

« Ils ont empilé traverses de bois et barrières métalliques sur la voie pour forcer le train à s'arrêter. Tandis que le conducteur s'enfermait dans sa cabine, ils ont fait sauter les serrures d'une dizaine de conteneurs entreposés sur les wagons. Le butin emporté par les malfrats était toujours en cours d'évaluation samedi. Les voleurs semblaient avoir tout prévu, sauf l'arrivée d'un second convoi qui les a prématurément mis en fuite. »

Source : Reuzer, Jean-François Rosnoblet, « Attaque d'un train de marchandises à Marseille », *Le Point*, 26 avril 2008, [www.lepoint.fr/actualites/attaque-d-un-train-de-marchandises-a-marseille/1037/0/241226], (3 mars 2009).

L'INCENDIE OU L'EXPLOSION

De tous les risques auxquels une marchandise peut être exposée, le plus grave est sans doute l'incendie ou l'explosion à bord du véhicule. Un tel incident peut compromettre l'expédition, voire y mettre fin. Si le sinistre est trop violent, le personnel peut même être contraint d'abandonner le véhicule. Un incendie peut être causé par une étincelle due à la friction, une combustion spontanée, une chaleur extérieure excessive ou une réaction chimique. De simples émanations de fumée peuvent aussi altérer la marchandise.

LES CONFLITS POLITIQUES OU SOCIAUX

Dans certaines parties du monde, des guerres font rage ou à tout le moins les risques de guerre sont-ils élevés. Un véhicule transportant de la marchandise peut ainsi être bloqué ou détruit. Quant aux grèves, celles des **débardeurs** ou des transporteurs

Débardeur
Travailleur dont la tâche est de charger et de décharger la cargaison des bateaux.

routiers, elles peuvent avoir des conséquences graves sur la marchandise, surtout si elle est périssable. Enfin, une cargaison peut être détruite par des producteurs mécontents qui protestent contre une concurrence jugée déloyale.

LES CAS DE FORCE MAJEURE

Nous avons vu précédemment que, si le dommage subi par la marchandise est le fait d'un cas de force majeure, le transporteur peut être exonéré de toute responsabilité. Pour cette raison, le chargeur ou son client doivent évaluer ce risque. Voici un exemple de cas de force majeure.

La société Aledom, située à Saint-Jérôme, vend deux moules à destination d'une usine automobile de Detroit, aux États-Unis, avec pour incoterm DDP Detroit. Elle confie l'acheminement de cette marchandise d'une valeur de 400 000 CAD et d'un poids de 20 t à l'entreprise Robert Transport. Le camion est bloqué au centre-ville de Detroit par une manifestation. La remorque et son contenu sont incendiés. L'expertise révèle qu'il s'agit d'une perte totale de la marchandise. Le transporteur invoque l'exonération de sa responsabilité pour force majeure. Si elle n'a pas contracté d'assurance, Aledom devra accuser la totalité de la perte financière, soit 400 000 CAD.

LA CONTAMINATION DE LA MARCHANDISE

La marchandise transportée peut aussi être endommagée par contamination. Celle-ci peut notamment avoir pour source des matières résiduelles ou des odeurs provenant d'une expédition antérieure (lait transporté dans une citerne mal nettoyée et ayant contenu de l'alcool, café altéré par une odeur due au traitement chimique d'un conteneur), un évènement survenant dans le véhicule lui-même (beurre contaminé par la fumée d'un incendie à bord, jus contaminé par du mazout parce que le double fond du navire a été percé en raison d'une manutention brutale, aluminium d'une citerne ayant contaminé du sucre chargé trop chaud) ou le chargement de matières incompatibles dans un même véhicule (chargement, dans une même cale, de fruits dégageant de l'éthylène et de fruits réagissant à ce gaz, chargement de bois à côté de textiles pouvant en absorber l'humidité, chargement de ciment en sac sur du sucre en vrac).

LES RISQUES SPÉCIFIQUES LIÉS AU MODE DE TRANSPORT[13]

Après avoir traité des risques communs à tous les modes de transport, nous aborderons dans cette section les risques spécifiques à chaque mode de transport (voir tableau 9.4, p. 407). Ces risques ont un effet direct sur la catégorie et le coût de la police d'assurance ainsi que sur les couvertures. Une entreprise n'achètera pas la même police d'assurance si elle expédie sa marchandise par voie maritime ou par camion.

---

13. Tiré et adapté du ministère des Affaires étrangères et Commerce international du Canada, *Emballage à l'exportation : guide des exportateurs*, 2e éd., 2000, [www.zonecours.hec.ca/documents/E2006-1-359899.Option08-Emballage.pdf], (3 mars 2009).

LE TRANSPORT AÉRIEN

En minimisant le poids de l'emballage pour réduire les coûts de transport aérien, on peut exposer le produit à des risques de dommages inacceptables, non pas tant pendant le vol que lors des transports au sol à destination et en provenance des aéroports ainsi que lors du chargement et du déchargement. La plupart des marchandises sont livrées au transporteur et au destinataire par camion, et le fret aérien est souvent stocké dans des entrepôts ou sur des quais de transit avant d'être expédié, ce qui augmente les risques de vol ou de chapardage. L'exportateur ou l'importateur doivent donc insister pour que cette livraison se fasse promptement. De même l'exportateur ne devrait réduire l'emballage que s'il peut remplir lui-même le conteneur aérien tout en ayant l'assurance que son client le videra lui-même.

Des turbulences au cours du vol peuvent faire subir de brusques mouvements verticaux au chargement, ce qui en augmente le poids à un moment, puis le met pratiquement en apesanteur le moment suivant. Par ailleurs, plus l'avion prend de l'altitude, plus la pression atmosphérique diminue, ce qui soumet les contenants étanches à d'importants différentiels de pression susceptibles de causer des fuites de liquides. Une température très basse peut aussi régner dans la soute, ce qui peut altérer certaines marchandises.

LE TRANSPORT FERROVIAIRE

Lors d'une expédition par train, la marchandise est exposée à trois risques principaux. Au moment de l'assemblage des rames dans les gares de triage, les chocs entre les wagons peuvent endommager la marchandise. Des secousses se produisent aussi au moment où les trains démarrent et freinent, à cause du jeu existant entre les attelages des wagons. Par exemple, un wagon roulant à 7 km/h et s'arrêtant sur une distance de 40 cm fait subir à une charge une force longitudinale équivalente à cinq fois son poids. Lors du triage, on constate parfois des accélérations très violentes, appelées « coups de tampon ». Quant aux vibrations, qui varient en fonction de la vitesse du train, du type de wagon et de l'état de la voie ferrée, elles peuvent provoquer le desserrement de vis et de fixations de produits mécaniques et le tassement des matériaux de remplissage, avec tous les dommages qui peuvent en résulter.

LE TRANSPORT ROUTIER

Pendant le transport par route, les vibrations et le ballottement du chargement constituent les risques les plus importants. Leur ampleur dépend de l'état de la chaussée, de la vitesse du camion et de l'état de sa suspension. Une marchandise exportée vers certains pays en développement, où l'état des routes est souvent médiocre, est particulièrement exposée à ces risques. L'écrasement des marchandises par les cordes d'arrimage, leur déplacement et leurs chocs avec d'autres colis sont aussi des risques importants.

Dans les pays industrialisés, certains transporteurs possèdent des camions à suspension améliorée. En Amérique du Nord, où de tels dispositifs sont très répandus, le chargeur devrait opter pour les transporteurs offrant une suspension optimale appelée *Air Ride* ou *Super Air Ride*. Il n'est cependant pas toujours souhaitable de réduire l'emballage lorsqu'on a recours à ce service, car les risques d'endommagement liés aux autres conditions de transport demeurent.

LE TRANSPORT MARITIME

Les mouvements d'un bateau s'effectuent selon trois axes : x, y et z. L'axe des x est longitudinal (sens de la longueur du bateau), l'axe des y est transversal (perpendiculaire à l'axe longitudinal) et l'axe des z est vertical. Six mouvements sont possibles, soit le cavalement, l'embardée et le pilonnement (mouvements rectilignes) ainsi que le roulis, le tangage et le lacet (mouvements alternes de rotation). Ils sont causés par les vagues, le vent ou le courant.

Comme les conteneurs sont conçus pour résister aux intempéries et aux pressions induites par le transport, le principal risque auquel est exposée la marchandise en mer est la pression excessive exercée par la marchandise elle-même à l'intérieur du conteneur. En effet, en raison de l'empilement, la marchandise se trouvant au bas du conteneur pourrait se trouver écrasée due à une surcharge. Il est donc primordial d'arrimer correctement le conteneur afin de parer à un mouvement de son contenu pouvant le déstabiliser.

Des dégâts peuvent aussi être causés par l'eau douce ou l'eau de mer. On les désigne sous le nom de mouille. Une mouille survient lorsque des marchandises entrent en contact avec l'eau, à l'occasion d'un orage, d'une inondation ou d'une tempête ou lorsque la mer est agitée, parce que le bateau ou le conteneur présentent des défauts d'étanchéité ou parce que les locaux d'entreposage sont mal drainés.

La condensation et la moisissure peuvent aussi être à l'origine de mouilles. Elles peuvent être provoquées par des variations de température (changements de climats lors de longs trajets), par l'humidité de l'air, par un suintement de la marchandise elle-même, par une ventilation insuffisante du bateau ou par l'insuffisance ou l'absence de produits desséchants dans les conteneurs.

Bien que les nouveaux porte-conteneurs sans pont aient une capacité très élevée, leur utilisation aggrave considérablement le risque de mouille, car la pluie et l'eau de mer pénètrent plus facilement dans leurs cales.

LES RISQUES SPÉCIFIQUES À LA CATÉGORIE DE PRODUIT

Certains risques sont intrinsèquement liés à la catégorie ou à la nature du produit transporté. On n'a qu'à penser aux détériorations fort différentes qui menacent les produits alimentaires, les produits de haute technologie ou les produits chimiques. Si la connaissance des risques spécifiques à chaque catégorie de produit permet à l'assureur d'adapter les clauses de la police aux risques encourus, elle permet à l'exportateur de réduire ces mêmes risques.

Prenons l'exemple de la soie, dont nous avons raconté l'histoire au début du présent chapitre : à l'intérieur même de cette catégorie, les risques seront différents selon qu'il s'agisse d'un produit brut, semi-fini ou fini. Ainsi, la soie brute est particulièrement sensible aux trois éléments suivants :

- l'humidité, qui peut se déposer avant et pendant l'emballage et causer des taches, des moisissures, voire la décomposition de la fibre ;

Tableau 9.4

Les risques spécifiques liés aux modes de transport	
Transport aérien	• Force due à l'accélération et à la décélération • Inclinaison de l'appareil au moment du décollage, de l'atterrissage et d'un changement de cap • Variation de la pression atmosphérique et de la température • Turbulences • Incendie à bord, collision, écrasement • Multiplicité des manutentions
Transport ferroviaire	• Heurts dus à l'accélération, à la décélération et au freinage • Chocs survenant lors du triage (coups de tampon et autres chocs violents) • Balancement dû à la force centrifuge lors de la négociation d'une courbe ou lors d'un aiguillage • Vibrations et secousses inhérentes au déplacement du train • Déraillement
Transport routier	• Accélération, décélération et freinage à répétition • Chocs dus aux opérations d'attelage et de dételage • Autres chocs et vibrations
Transport par voie d'eau	• Impact des vagues (pontée exposée aux vagues submergeant la proue et la coque) • Enlèvement d'un conteneur par une lame • Encombrement du port exposant la marchandise à une attente prolongée en la soumettant aux intempéries • Frais d'avaries communes[a] • Chargement du bateau par un personnel non qualifié (mauvaise manipulation de la marchandise, non-anticipation du mauvais temps) • Risques liés à l'usage de conteneurs frigorifiques (mauvais entretien des appareils de réfrigération)

a. Cette notion est expliquée à la p. 412.

- la saleté, à laquelle pratiquement tous les textiles sont sensibles ;
- la température, qui, si elle est élevée, provoque le déssèchement et le rétrécissement des fibres.

Dans le cas de produits finis, et plus particulièrement de produits de luxe tels que ceux fabriqués à partir de la soie, le risque principal est le vol.

LES RISQUES SPÉCIFIQUES AU PAYS DE DESTINATION

Les infrastructures portuaires ou aéroportuaires, le climat et la situation politique sont les principaux facteurs qui font varier les risques liés au pays de destination (et aux pays de transit) des marchandises. Par ailleurs, certains pays sont bien connus pour le risque élevé de vol ou de corruption.

Reprenons l'exemple de la soie. Dans le cas d'une expédition par voie d'eau vers l'Europe, on retiendra surtout les risques communs et les risques spécifiques de ce mode de transport ; pour d'autres régions, les risques principaux pourront être le vol ou la corruption.

RÉDUIRE LES RISQUES : UNE BONNE AFFAIRE

L'assurance constitue une dépense que l'on doit prendre en compte dans la détermination du prix à l'exportation[14]. En faisant le nécessaire pour minimiser les risques, une entreprise exportatrice peut réaliser d'importantes économies en primes d'assurance et ainsi réduire le prix de vente de son produit, ce dernier devenant ainsi plus concurrentiel sur les marchés étrangers.

Pour pouvoir minimiser les risques, on doit d'abord savoir les évaluer. On peut évaluer les risques commerciaux au moyen de rapports d'agences de crédit, d'analyses d'états financiers et d'études de l'environnement économique du pays. On peut évaluer les risques politiques en étudiant l'histoire du pays, en considérant notamment la fréquence des coups d'État. Une telle démarche d'évaluation permet à l'exportateur de diminuer les risques, par exemple, en refusant de faire affaire avec des entreprises ou des régions peu sécuritaires, en incluant dans ses démarches les institutions financières du pays hôte ou en optant pour l'exportation en partenariat.

OBJECTIF  **4**

Connaître les diverses catégories de polices d'assurance.

Police au voyage
Police d'assurance qui couvre les marchandises d'une expédition donnée en fonction d'un itinéraire spécifique.

Paramètres d'expédition
Ensemble des renseignements qui concernent une expédition : date de l'envoi, nature, valeur et emballage des biens transportés, mode de transport utilisé, point de départ, point d'arrivée, etc.

Police d'abonnement
(ou **police flottante**)
Police d'assurance qui couvre l'ensemble des expéditions de l'exportateur, peu importe les marchandises, les quantités, les destinations et les modes de transport, et ce, pendant une durée déterminée (généralement sur une base annuelle).

VII. LES CATÉGORIES DE POLICES[15]

LA POLICE AU VOYAGE

La **police au voyage** protège les marchandises d'une expédition donnée en fonction d'un itinéraire spécifique. C'est l'exportateur qui détermine tous les **paramètres d'expédition**, c'est-à-dire la date de l'envoi, la nature, la valeur et l'emballage des biens transportés, le mode de transport utilisé, le point de départ, le point d'arrivée, etc. Ce type de police n'est pas recommandé ; n'étant adapté qu'à la couverture d'expéditions ponctuelles ou dont le nombre est limité dans le temps, il n'est utilisé que par des exportateurs occasionnels.

LA POLICE D'ABONNEMENT

La **police d'abonnement** (ou **police flottante**) sert à couvrir l'ensemble des expéditions de l'exportateur, sans égard à la nature des marchandises, aux quantités, à la destination et aux modes de transport, et ce, pendant une durée déterminée (généralement un an). En vertu de cette police, l'assureur couvre toutes les

14. À ce sujet, voir le chapitre 10, « Le prix à l'exportation », p. 431.

15. Tiré et adapté d'Eur-export, un site mis sur pied par le Centre de recherche PME de l'Université de Liège (Belgique), en partenariat avec la London Business School (Royaume-Uni) et la société G&S Partnership (Luxembourg), s.d., [www.eur-export.com], (4 décembre 2008) ; Classe Export, « Attention Fragile. Savoir gérer les sinistres », *Classe Export*, n° 121, décembre 2002, dossier spécial « Assurance transport », [www.classe-export.com/MAG/ ARCHIVE/01•03•magPDF/janASS.pdf], (27 mars 2005 : page désormais non disponible).

CULTURE ET SOCIÉTÉ

Des pirates somaliens bouleversent le trafic maritime dans le golfe d'Aden

« Une série d'attaques de pirates somaliens a eu lieu dans le golfe d'Aden et l'océan Indien.

« En septembre 2008, un thonier français, le *Drennec*, a été attaqué par des pirates alors qu'il se trouvait à 420 milles des côtes somaliennes, a indiqué Pierre-Alain Carré, directeur d'exploitation de l'armement CMB, basé à Concarneau (ouest de la France).

« Le même jour, un tanker de 137 m, le *Golden Elizabeth*, avec 13 marins philippins à bord, battant pavillon panaméen et affrété par une compagnie japonaise, a échappé à l'une de ces attaques, selon Andrew Mwangura, le responsable du bureau kényan du Programme d'assistance aux marins, une organisation basée à Mombasa (sud-est du Kenya).

« Une vingtaine de navires de pêche français, dont 16 gérés par la CMB, sont actifs dans cette zone de pêche où se concentrent les bancs de thon en cette saison, selon M. Carré. À ces navires, s'ajoutent une trentaine de bateaux espagnols. Le 11 septembre au soir, l'un d'entre eux, le *Plaja Anzora*, a été victime d'une attaque similaire.

« En réaction, dimanche, les navires français et espagnols qui pêchaient au large de la Somalie ont décidé de cesser leur activité et de rentrer à Mahé, leur port d'attache dans les Seychelles.

« Des pêcheurs espagnols ont affirmé que leurs thoniers avaient décidé de s'éloigner de la zone par mesure de sécurité.

« "Ce qui était une piraterie locale près des côtes (somaliennes) se transforme en industrie organisée, à partir vraisemblablement de bateaux mères" qui lancent des petites vedettes rapides pour aller à l'assaut des navires loin des côtes, a expliqué à l'AFP en France Yvon Riva, un représentant des armateurs français de pêche au thon.

« "Nous ne voulons pas armer nos marins, ce sont des pêcheurs", a-t-il ajouté, demandant l'aide de la Marine française.

« La Somalie est devenue le point chaud de la piraterie ces derniers mois. Les pirates y détiennent plusieurs navires et leurs équipages. [...]

« Les eaux somaliennes sont considérées comme les plus dangereuses du monde. Selon le Bureau maritime international (BMI), pas moins de 24 attaques de piraterie ont eu lieu au large des côtes de ce pays au cours du premier semestre de 2008. »

Source : AFP, « Des pirates somaliens bouleversent le trafic maritime dans le golfe d'Aden », *La Dépêche*, Toulouse, 14 septembre 2008, [www.ladepeche.fr/article/2008/09/14/475584-Des-pirates-somaliens-bouleversent-le-trafic-maritime-dans-le-golfe-d-Aden.html], (3 mars 2009).

expéditions, selon des conditions d'assurance et des taux de prime établis à l'avance, peu importe qu'il y ait ou non une déclaration tardive, un oubli ou une omission involontaire. Avec la police d'abonnement la prime par expédition est évidemment moins élevée que dans le cas de la police au voyage.

Cette catégorie de police sert bien les entreprises manufacturières qui exportent et importent des marchandises sur une base régulière ou continue. Elle a l'avantage d'éviter à l'assuré une nouvelle souscription pour chaque expédition et de couvrir automatiquement tous les envois effectués pendant la période en question, et ce, sans nécessiter d'approbation de l'assureur. À chaque expédition, l'exportateur produit un « avis d'aliment » informant l'assureur des détails de l'envoi.

La prime annuelle requise au début de la période est basée sur le nombre d'expéditions prévues ; elle est ajustée à la fin de chaque trimestre.

LA POLICE À ALIMENTER

Police à alimenter
Police d'assurance qui couvre les marchandises dont les paramètres d'expédition ne sont pas connus à l'avance.

La **police à alimenter** couvre les marchandises dont les paramètres d'expédition ne sont pas connus à l'avance. On y recourt pour assurer une série d'expéditions qui sont étalées sur une période généralement assez longue et indéterminée. On souscrit une telle police avec une garantie de la valeur totale des expéditions. On peut ainsi établir un cadre de garantie et de coûts, ce qui facilite la concrétisation d'un marché cible.

Contrairement à la police d'abonnement, où la quantité est indéterminée et la durée déterminée, la police à alimenter est valable pour une durée indéterminée et une quantité déterminée. La police à aliment oblige l'exportateur à aviser l'assureur de l'expédition par une **déclaration d'aliment** dans un délai fixé. Seule la marchandise pour laquelle une déclaration d'aliment est envoyée à l'assureur sera protégée.

Déclaration d'aliment
Avis par lequel un assuré indique à son assureur les biens pour lesquels il demande une assurance dans une opération de transport.

Voici un exemple illustrant ce type de police. Une entreprise canadienne signe un contrat avec un client italien pour la vente de 50 moteurs d'avion d'une valeur de 2 500 000 CAD. L'entreprise canadienne ne connaît à l'avance ni les dates de départ ni le mode d'acheminement, ni le coût exact de chaque expédition. Elle souscrit donc une police à alimenter pour un montant de 2 500 000 CAD. Dès que possible, mais avant l'expédition, elle fait connaître à l'assureur tous les paramètres de celle-ci (coût, dates de départ et d'arrivée, modes de transport, etc.). En pratique, un tel accord-cadre précise un coût maximum par moyen de transport, exclut certains types de marchandises ou certaines destinations, indique la qualité des bateaux et fixe au besoin les franchises et les taux de primes applicables.

LA POLICE TIERS CHARGEUR

Police tiers chargeur
Police d'assurance que souscrit une compagnie de navigation, une compagnie aérienne, un transitaire ou un courtier de transport pour le compte d'un expéditeur.

La **police tiers chargeur** est souscrite par une compagnie de navigation, une compagnie aérienne, un transitaire ou un courtier de transport pour le compte d'un expéditeur. Cette catégorie de police fonctionne comme une police d'abonnement. Pour bénéficier de taux avantageux de police tiers chargeur, les PME ont avantage à s'adresser à un courtier de transport. En cas de sinistre, c'est le transitaire qui prépare le dossier nécessaire à l'indemnisation.

Par voie d'eau, le principe est celui de l'unité et de la continuité de la couverture. Ce principe s'applique en outre au transport multimodal dès qu'une partie de l'itinéraire est maritime ou fluvial.

La garantie de la police tiers chargeur est prolongée de 15 jours après la date de réception de la marchandise. Comme celle-ci n'est habituellement pas minutieusement examinée sur réception, on considère qu'elle le sera dans les jours suivants. Le destinataire peut donc faire une réclamation à l'assureur dans les limites de ce délai supplémentaire. Pour qu'une marchandise soit garantie, l'ordre d'assurance doit avoir été donné avant le début de la période où celle-ci est exposée à des risques. Pour le chargeur, il est donc très important de ne pas oublier d'émettre cette déclaration.

VIII. L'ASSURANCE DES MARCHANDISES TRANSPORTÉES PAR VOIE D'EAU, PAR VOIE TERRESTRE ET PAR VOIE AÉRIENNE[16]

OBJECTIF 5

Connaître les principales caractéristiques de l'assurance des marchandises selon le mode de transport utilisé.

LA PERTE TOTALE ET LES AVARIES FRANCHES

Dans cette section, nous examinerons l'**assurance maritime sur facultés** (qui inclut la police au voyage et la police d'abonnement), que l'on distingue de l'**assurance maritime sur corps** (ou **assurance corps du navire**). L'assurance maritime sur facultés couvre les dommages subis par les marchandises, tandis que l'assurance maritime sur corps protège le navire lui-même contre certains risques. Toutes deux s'appliquent aussi aux autres modes de transport. Notons que l'expression « assurance maritime » concerne tout autant le transport maritime (eau salée) que le transport fluvial (eau douce).

Assurance maritime sur facultés
Assurance qui couvre les dommages subis par les marchandises.

Assurance maritime sur corps (ou **assurance corps du navire**)
Assurance qui protège le navire contre certains risques.

Quand on souscrit une police pour le transport de marchandises par voie d'eau, cette assurance couvre les dommages que les marchandises peuvent subir, et non ceux que le bateau qui les transporte peut subir. L'entreprise se procure donc une assurance sur facultés et le transporteur, une assurance sur corps.

L'assurance maritime sur facultés couvre les dommages suivants : la perte totale, les avaries[17] communes et les avaries particulières.

---

16. Tiré et adapté d'Eur-export, *L'assurance transport*, s.d., [www.eur-export.com/francais/default.htm], (3 mars 2009) ; Interex, *Connaître les différentes assurances transport*, s.d., [www.interex.fr/fr/methodes/connaitre-les-differentes-assurances-transport], (3 mars 2009) ; ministère des Affaires étrangères et du Commerce international du Canada, Service des délégués commerciaux du Canada, *Guide pour les exportateurs. Arrimage sécuritaire*, 3ᵉ éd., [www.infoexport.gc.ca/shipping/Safe Stowage-f.pdf], (3 mars 2009 : page désormais non disponible) ; Classe Export, « Attention Fragile. Savoir gérer les sinistres », *Classe Export*, nᵒ 121, décembre 2002, dossier spécial « Assurance transport », [www.classe-export.com/MAG/ARCHIVE/01•03•magPDF/janASS.pdf], (3 mars 2009 : page désormais non disponible).

17. Il est amusant de constater que le terme anglais *average*, qui sert à déterminer la nature des dommages subis et qui signifie « perte partielle », vient du français. Il a pour origine le mot français « avarie » signifiant « dommage au navire ou à la cargaison », emprunté lui-même à l'arabe *awarijah*, signifiant « marchandises endommagées par l'eau de mer ».

LA PERTE TOTALE

Perte totale
Perte ou destruction totale d'un bien qui donne généralement droit au paiement intégral de la somme pour laquelle le bien est assuré et qui est mentionnée dans la police d'assurance.

La **perte totale** signifie la perte ou la destruction totale de la cargaison d'un navire par un naufrage, un échouement, une explosion, un incendie, etc. Avant de traiter une telle réclamation, l'assureur demandera habituellement qu'on lui fasse parvenir tout connaissement négociable[18], l'original de la facture commerciale et toutes les copies négociables de la police ou du certificat d'assurance.

L'AVARIE COMMUNE

Avarie commune
Dommage volontairement provoqué ou dépense effectuée par le capitaine dans le but de sauvegarder l'équipage, le navire ou une partie de la cargaison.

L'**avarie commune** résulte d'une décision prise par le capitaine lorsqu'un danger menace l'équipage, le navire ou le reste de la cargaison. Malgré son nom, elle est exceptionnelle. La mise en situation « Une vente à des clients japonais » (voir p. 392) en fournit un exemple.

Une perte qualifiée d'avarie commune touche à tous les intérêts de la cargaison qui se trouve à bord du navire, le fret aussi bien que le navire lui-même. Le propriétaire du navire et les propriétaires de la cargaison supportent ainsi à parts égales les frais d'une avarie commune, proportionnellement à la valeur des biens de chacun. On parle alors de contribution d'avarie commune. Voyons deux exemples :

- *Dommage volontairement causé.* Un incendie se déclare dans un compartiment de la cale d'un navire. Par mesure de prudence, le capitaine décide de déclencher les gicleurs dans les compartiments attenants. Le propriétaire du navire et les propriétaires de la cargaison, même ceux dont l'expédition est restée intacte, doivent contribuer au paiement des frais de cette avarie commune.

- *Dépense engagée dans le but de sauvegarder le navire.* À la suite d'un bris de machinerie, le capitaine fait appel à un remorqueur pour ramener le navire dans un port. Le propriétaire du navire et tous les propriétaires de la cargaison doivent contribuer aux dépenses liées à cette avarie.

En vertu du droit maritime, l'armateur peut, en cas d'avarie commune, refuser de livrer la cargaison à son propriétaire, à moins que celui-ci ne verse un dépôt ou ne produise une lettre de garantie écrite par l'assureur de son expédition.

En cas d'avarie commune, le propriétaire du navire désigne un commissaire d'avarie (ou expert répartiteur) pour établir l'état des dépenses, faire l'évaluation du navire et de sa cargaison, puis répartir les coûts entre les intéressés. Comme ces tâches peuvent prendre des mois, sinon des années, il est évident que les propriétaires des cargaisons ne peuvent pas attendre qu'elles soient menées à terme pour prendre livraison de leurs marchandises.

Le commissaire d'avarie procède donc à une estimation préliminaire pour établir le dépôt de garantie que doit faire chacun des intéressés. Les propriétaires de cargaison qui sont assurés peuvent, sur présentation de la lettre de garantie de leur assureur, disposer immédiatement de leurs marchandises. Par contre, si un propriétaire de cargaison n'est pas assuré, il doit verser un dépôt fondé sur la valeur totale de sa cargaison avant de pouvoir disposer de cette dernière.

---

18. À ce sujet, voir le chapitre 8, « Le transport international de marchandises », p. 331.

Lorsque le commissaire d'avarie procède au règlement, les assureurs qui ont émis une lettre de garantie doivent payer leur part des coûts engendrés. Comme l'estimation préliminaire est toujours effectuée à son maximum potentiel, les dépôts sont habituellement suivis d'un remboursement établi en fonction des coûts réels. Si un assuré verse un dépôt et ne demande pas de lettre de garantie, l'assureur lui remboursera le dépôt en prenant possession du reçu afférent endossé à son nom et il en informera le commissaire d'avarie de façon à ce que tout remboursement lui soit versé.

Les encadrés 9.3 et 9.4 relatent des cas d'avaries communes. L'encadré 9.4 est accompagné d'une mise en situation présentée à la page suivante.

Encadré 9.3

Déclaration d'avarie commune sur un navire péruvien

«Le 5 octobre 2008, APL (le transporteur) a fait savoir à Milgram (le transitaire) qu'un incendie s'est déclaré à bord du navire *APL Peru v028*, à la suite duquel les propriétaires du navire, Hanseatic Lloyd Schiffahrt GmbH & Co. KG et APL ont déclaré une avarie commune. [...]

«Pour l'instant, nous ne sommes pas au courant des dommages subis par la cargaison, le cas échéant. APL explique que les conteneurs destinés au Canada qui n'ont subi aucun dommage évident seront placés dans des convois ferroviaires en partance de Vancouver. Entre-temps, les importateurs touchés sont priés de prendre note qu'un cautionnement d'avarie commune doit être émis à l'attention de Groninger & Welke (experts en sinistres nommés par les propriétaires du navire). La protection contre les avaries communes est habituellement fournie dans le cadre de toute police d'assurance sur facultés maritimes. Vos assureurs sont habituellement touchés par ce genre de situation et nous vous recommandons de les aviser immédiatement.

«La contribution relative aux avaries communes n'est pas obligatoire; les propriétaires du navire ne libéreront aucune partie de la cargaison avant qu'un cautionnement et une preuve d'émission ne soient parvenus aux experts en sinistres. [...]»

Source: Milgram et compagnie Ltée, «Délaration d'avarie commune sur le navire APL Peru v028», *Nouvelles,* 24 octobre 2008, [www.milgram.com/milgram/fr/news/article?id=4482], (3 mars 2009).

Encadré 9.4

Un effort commun

«Mars 2006: le *Hyundai Fortune*, un porte-conteneurs en provenance d'Extrême-Orient et en route vers l'Europe, est la proie des flammes dans l'océan Indien[a]. Suite aux moyens mis en œuvre pour éteindre le feu, le capitaine déclare le navire en avarie commune. Des milliers de réceptionnaires européens sont alors appelés à déposer des garanties de contribution à l'avarie commune du navire et de sa cargaison proportionnellement à la valeur respective de leurs biens. En d'autres termes, chaque réceptionnaire doit participer à l'effort financier commun pour récupérer sa marchandise, même lorsque celle-ci est intacte et alors qu'elle est livrée avec du retard. Dans le cas spectaculaire du *Hyundai Fortune*, cette somme représentera probablement 30 à 40 % de la valeur des marchandises. Ces coûts sont couverts par l'assurance transport, mais si le réceptionnaire n'en a pas souscrit, il se verra contraint de les payer de sa poche. [...]»

Source: Christian Labhart, «Au diable l'avarie!», *Prévoyance,* mars 2006, [www.winterthur-leben.ch/fr/pdf-vorsorge•2006-3•gueter.pdf], (3 mars 2009).

L'AVARIE PARTICULIÈRE

Avarie particulière
Dommage accidentel subi par une partie de la cargaison au cours du transport en mer ou au cours du chargement, du déchargement, de l'arrimage, etc.

L'**avarie particulière** consiste en des dommages subis accidentellement ou causés par la faute d'un tiers. Le dommage a un caractère accidentel, fortuit, inattendu et indépendant de la volonté humaine ; enfin, il est inhérent à l'objet qui l'a subi. C'est un événement très fréquent qui peut toucher aux marchandises de la cargaison d'un navire.

Les conséquences d'une avarie particulière sont entièrement supportées par les parties qui ont subi le dommage. Une perte de marchandises décrite comme résultant d'une avarie particulière est à la charge de la partie directement concernée, c'est-à-dire le propriétaire des marchandises qui ont subi le dommage ou qui ont entraîné une dépense en assurance.

Franche d'avaries particulières
Se dit d'une police d'assurance qui ne couvre pas les avaries particulières.

Une police qui comporte une clause d'avarie particulière fournit certes une plus grande protection que celle qui n'en a pas, dite **franche d'avaries particulières** (voir p. xx) et surtout utilisée dans les cas de perte partielle, mais les assureurs fixent des franchises assez élevées afin de réduire le nombre de réclamations de faibles valeurs.

MISE EN SITUATION

Le calcul de votre participation à l'avarie commune dans le cas de l'incendie du *Hyundai Fortune* (voir encadré 9.4, p. 413)

Supposons que la valeur du navire était de 35 millions de CAD et qu'il transportait des marchandises valant 10 millions de CAD, dont la vôtre, d'une valeur de 300 000 CAD. Après avoir inspecté le porte-conteneurs, le commissaire d'avarie tire les conclusions suivantes : les dommages au navire sont de 3,5 millions de CAD et les dommages à la marchandise sont de 4 millions de CAD. Vos conteneurs n'ont pas été endommagés par l'incendie. Pour prendre possession de votre marchandise, vous devez déposer ou garantir une contribution d'avarie commune qui sera calculée de la façon suivante :

- Valeur totale du navire et des marchandises :
  35 millions de CAD + 10 millions de CAD = 45 millions de CAD
- Valeur totale de l'avarie commune :
  Dommages au bateau + dommages aux marchandises
  3,5 millions de CAD + 4 millions de CAD = 7,5 millions de CAD
- Taux de contribution totale à l'avarie commune :
  Valeur totale de l'avarie commune / valeur totale du navire et des marchandises
  7,5 millions de CAD / 45 millions de CAD = 16,67 %.
- Participation du navire à l'avarie commune :
  Taux de contribution totale à l'avarie commune × valeur du bateau
  16,67 % × 35 millions de CAD = 5 833 331 CAD
- Participation des propriétaires de la marchandise à l'avarie commune :
  Taux de contribution totale à l'avarie commune × valeur des marchandises
  16,67 % × 10 millions de CAD = 1 666 667 CAD
- Votre participation à l'avarie commune :
  Valeur de vos marchansises / valeur totale des marchandises
  (300 000 CAD / 10 millions CAD) × 1 666 667 = 50 000 CAD

LA COMBINAISON D'UNE AVARIE COMMUNE ET D'UNE AVARIE PARTICULIÈRE

Un sinistre couvert par une seule police peut faire l'objet à la fois d'une avarie commune et d'une avarie particulière (la plupart des polices prévoient le risque d'avarie commune). L'indemnisation et la contribution sont alors établies selon la valeur nette des marchandises au port de destination. Prenons l'exemple d'une expédition restée intacte après un sinistre d'avarie commune. Si cette expédition est volée après avoir été déchargée sur les quais, une réclamation sera faite en vertu de la clause d'avarie particulière. La mise en situation suivante constitue un autre exemple.

MISE EN SITUATION

La combinaison d'une avarie commune et d'une avarie particulière

Un incendie se déclare dans la cargaison d'un navire. Tous les dommages subis par des marchandises se trouvant dans le même compartiment de la cale, qu'ils soient causés par l'eau ou par la fumée, sont traités en vertu de la clause d'avarie particulière.

Cependant, on remplit délibérément d'autres compartiments de vapeur dans le but d'éviter la propagation de l'incendie, et une partie de la cargaison qui s'y trouve est déclarée perte totale. Cette perte est assimilée à une avarie commune et est répartie à parts égales entre les propriétaires de tout ce qui est resté intact (c'est-à-dire le navire et le reste de la cargaison).

On calcule la valeur de récupération (établie en vertu de l'avarie particulière) en fonction de la proportion des dépenses engagées en raison de l'avarie commune.

LA COUVERTURE DES RISQUES[19]

En transport par voie d'eau, les principales garanties auxquelles on doit prêter attention sont les suivantes :

- la garantie tous risques ;
- la garantie franche d'avaries particulières sauf (FAP sauf) ;
- la garantie du risque de guerre et de mines.

La police d'assurance pour le transport terrestre (routier ou ferroviaire) ou aérien prévoit les trois catégories de garanties suivantes :

- la garantie tous risques, qui est sensiblement la même que celle qui vise le transport par voie d'eau ;
- la garantie du risque de guerre et de mines ;
- la garantie accidents caractérisés, qui est le pendant de la garantie FAP sauf du transport par voie d'eau ; elle couvrira, par exemple, la chute d'un conteneur chargé sur un train ou le renversement de la marchandise causé par la fausse manœuvre d'un camionneur.

19. Tiré et adapté de Thierry Jouan, *Cours complet de marketing*, s.d., [www.marketing.thus.ch/loader.php], (3 mars 2009).

Notons que le transport aérien est rapide et qu'il présente un faible taux de dommages subis par les marchandises. On peut donc alléger les emballages et réduire la prime d'assurance.

CULTURE ET SOCIÉTÉ

La petite histoire de l'assurance au Maroc

Au Maroc et dans d'autres pays musulmans, l'assurance a longtemps été considérée comme immorale, car on croyait qu'elle encourageait la négligence et qu'elle constituait un pari. Le système juridique islamique l'a donc uniformément rejetée, sauf dans les cas spécifiques où le refus de l'assurance hypothéquait le développement économique du pays.

Le pouvoir d'achat limité de certaines couches de la population, qui considéraient l'assurance comme un produit de luxe réservé aux classes à revenu élevé, a empêché le développement de ce secteur. L'assurance, toutes branches confondues, étant totalement étrangère à la tradition juridique du Maroc, elle n'a pu voir le jour qu'après l'avènement des protectorats français et espagnol. Avec le temps, elle a pu se tailler une place dans la société marocaine. Les premières sociétés d'assurance étaient des compagnies étrangères offrant leurs services dans le domaine maritime. Ce n'est que plus tard que cette activité a pu se généraliser pour toucher d'autres secteurs.

La transplantation de cette technique au Maroc se justifie, d'une part, par l'arrivée des étrangers, attirés par les richesses du pays et l'abondance de ses matières premières ainsi que par les facilités administratives et fiscales que leur accordaient les autorités du protectorat et, d'autre part, par la volonté des Marocains de se prémunir contre les aléas de l'avenir.

LA GARANTIE TOUS RISQUES

Garantie tous risques
Garantie qui protège contre la perte totale, l'avarie commune et l'avarie particulière, mais non contre les autres risques, en particulier ceux qui sont expressément exclus de la police.

On ne saurait trop recommander l'assurance tous risques en matière de transport de marchandises par voie d'eau. La **garantie tous risques** couvre tous les risques maritimes, soit la perte totale, l'avarie commune et l'avarie particulière. Cependant, on ne doit pas s'illusionner: malgré son nom, cette garantie n'offre pas une protection contre tous les risques, certains d'entre eux étant exclus. En réalité, elle couvre toutes les pertes liées à des causes physiques externes, mais non les dommages découlant d'un retard dans l'arrivée des marchandises. Elle ne couvre pas non plus, par exemple, les risques de guerre ou de soulèvement populaire. Ces risques particuliers doivent être expressément mentionnés dans la police pour être couverts (moyennant une surprime), et un assureur peut refuser de les couvrir pour certaines destinations.

Par ailleurs, la garantie tous risques n'annule pas les exclusions qui peuvent être mentionnées dans la police, telles que celles qui concernent les pertes dues à :

- la faute intentionnelle de l'assuré ;
- la violation de lois par l'assuré ;

- les vices cachés de la marchandise ;
- l'exploitation commerciale illégale ;
- les variations de température ;
- les emballages inadéquats ;
- les risques de mer ;
- le risque de guerre atomique ;
- la **freinte de route**.

Soulignons une différence importante entre ces deux types de risques :

- Les **périls maritimes** (ou **fortunes de mer**), qui renvoient aux événements fortuits pouvant toucher un navire ou sa cargaison, par exemple les orages, les tempêtes, les naufrages, les abordages et les incendies.
- Les **risques de mer**, qui concernent plutôt les conditions régnant en mer (par exemple, la corrosion causée par l'eau salée ou l'humidité, les chocs et les vagues).

Les premiers sont couverts par une assurance tous risques, mais non les seconds.

LA GARANTIE DU RISQUE DE GUERRE ET DE MINES

La **garantie du risque de guerre et de mines** est une protection supplémentaire qui couvre l'assuré contre les pertes ou les dommages matériels subis par des biens transportés par voie d'eau dus à l'une ou l'autre des situations suivantes :

- des hostilités, des opérations de guerre, une guerre civile, une révolution, une rébellion, une insurrection ou les troubles civils qui en résultent ;
- des mines, des torpilles, des bombes ou d'autres engins de guerre, même sans la survenance d'un fait de guerre.

Cette garantie est toujours offerte séparément des autres et fait l'objet d'une tarification supplémentaire. Le coût moyen de ce genre de garantie, qui se situe autour de 0,03 % de la valeur assurée, varie selon le degré de risque de l'itinéraire.

LA GARANTIE FRANCHE D'AVARIES PARTICULIÈRES (FAP)

La **garantie franche d'avaries particulières** (**FAP**) couvre uniquement les avaries communes. Elle ne couvre donc pas les avaries particulières.

LA GARANTIE FRANCHE D'AVARIES PARTICULIÈRES SAUF (FAP SAUF)

La **garantie franche d'avaries particulières sauf** (ou **FAP sauf**) couvre uniquement les avaries communes et les avaries particulières mentionnées au contrat. Elle est plus complète que la garantie FAP, qui protège contre l'avarie commune seulement. On ne doit pas se méprendre sur la signification du terme *sauf* : en plus des avaries communes, tout ce qui suit *sauf* est couvert. S'ils sont mentionnés dans le contrat, les risques liés au naufrage, à l'abordage, à la collision, à l'incendie, aux chutes pendant le chargement et les avaries communes sont couverts par cette garantie, mais les risques de mouille (avarie causée par l'eau ou l'humidité), de vol et d'écrasement sont exclus.

Freinte de route
Perte inévitable de volume ou de poids subie par certaines marchandises pendant leur transport.

Périls maritimes
(ou **fortunes de mer**)
Événements fortuits qui peuvent toucher un navire ou sa cargaison, tels que les orages, les tempêtes, les naufrages, les abordages, etc.

Risques de mer
Conditions qui règnent en mer, telles que la corrosion causée par l'eau salée ou l'humidité, les chocs, les vagues, etc.

Garantie du risque de guerre et de mines
Garantie qui protège contre les pertes ou les dommages causés par des situations de guerre (y compris les guerres civiles, les révolutions, les rébellions, etc.) ou par des engins de guerre (même sans la survenance d'un fait de guerre).

Garantie franche d'avaries particulières (ou **FAP**)
Garantie qui couvre uniquement les dommages liés aux avaries communes

Garantie franche d'avaries particulières sauf
(ou **FAP sauf**)
Garantie qui protège contre les avaries particulières, sauf celles qui sont nommément exclues dans la police.

MISE EN SITUATION

Des colis souillés et endommagés arrivent au port de destination. Avant de prendre possession de la marchandise, l'importateur demande à un expert répartiteur de venir constater les dommages. Après analyse du contrat d'assurance, l'expert confirme que la marchandise est protégée par une garantie FAP sauf « périls maritimes ». Il s'approche du colis, trempe son doigt dans une flaque d'eau se trouvant sur le colis et constate que celle-ci n'est pas salée. Il statue donc que le propriétaire de la marchandise ne doit pas recevoir d'indemnisation, la protection FAP sauf « périls maritimes » ne couvrant pas les risques de mouille.

OBJECTIF 6

Savoir calculer les coûts de l'assurance transport.

IX. LE COÛT DE L'ASSURANCE TRANSPORT[20]

En général, l'acheteur et le vendeur sont libres de souscrire ou non une assurance transport, selon l'incoterm. Pour certaines destinations cependant, l'assurance est indispensable.

En moyenne, le coût de l'assurance oscille entre 1,1 % et 2 % du coût du transport. Pour certains pays en développement, ce rapport peut parfois atteindre 8 %. Les facteurs suivants influenceront le coût de l'assurance transport :

- la nature de la marchandise, selon qu'elle est fragile, périssable, dangereuse, etc. ;
- la qualité de l'emballage et du marquage ;
- le mode de transport (par exemple, l'assurance transport par voie aérienne coûte moins cher que l'assurance transport par voie d'eau) ;
- l'itinéraire et la zone géographique desservie ;
- les garanties exigées par l'assuré.

La prime d'assurance est toujours calculée en fonction de la valeur assurée, quel que soit le mode de transport. Toutefois, la responsabilité des transporteurs terrestres est beaucoup plus limitée que celle des transporteurs par voie d'eau ou par voie aérienne. La valeur assurée fixe la limite d'indemnisation ; en général, elle correspond au coût de revient des marchandises arrivées à destination, majoré de 10 % à 20 %, afin de tenir compte du profit envisagé et des frais d'expédition. L'incoterm qui s'applique aux fin de calculs est CIF (coût, assurance et fret).

20. Tiré et adapté d'Eur-export, *L'assurance transport*, s.d., [www.eur-export.com/francais/default.htm], (3 mars 2009) ; Freightgate, Guide assurance cargo, s.d., [http://fr.freightgate.com/insurance/guide.tet], (21 mars 2009).

MISE EN SITUATION

Une vente se chiffre à 125 000 CAD et est livrée suivant l'incoterm CFR (coût et fret). Le taux de la prime d'assurance est de 0,25 %, calculé sur le montant CIF (coût, assurance et fret) majoré de 10 %. On calcule la prime d'assurance comme suit:

1) Coût de l'assurance = CIF − CFR

2) $0{,}0025 \times (1{,}1\ \text{CIF}) = \text{CIF} - 125\ 000\ \text{CAD}$

3) $0{,}00275\ \text{CIF} = \text{CIF} - 125\ 000\ \text{CAD}$

4) $125\ 000\ \text{CAD} = 0{,}99725\ \text{CIF}$

5) CIF = 125 345 CAD

6) Prime d'assurance = 125 345 CAD − 125 000 CAD = 345 CAD

X. LES RÉCLAMATIONS

OBJECTIF **7**

Comprendre le processus de réclamation en assurance transport.

LES ÉTAPES

À l'arrivée de la marchandise, le destinataire doit vérifier son état ainsi que celui de l'emballage (colis, palettes, conteneurs), et ce, en présence du transporteur. Si des dommages sont apparents, il doit noter les réserves avec précision sur le titre de transport, motifs à l'appui, et les confirmer au transporteur par lettre recommandée dans un délai de trois jours. L'émission de réserves est très importante puisqu'elle permet de «prouver» que le sinistre a bel et bien eu lieu au cours du transport et de maintenir la possibilité d'intenter un recours juridique à l'encontre du transporteur présumé responsable des dommages.

En l'absence de réserves, le destinataire doit fournir la preuve des dommages, ce qui, même après expertise et en raison du nombre important d'intermédiaires, est très difficile à faire. L'assureur peut alors refuser l'indemnisation.

De plus, l'assuré doit prendre des mesures conservatoires (voir définition p. xxx) pour protéger la marchandise en vue d'éviter que les dommages ne s'aggravent.

LES DOCUMENTS REQUIS

Lorsqu'on fait une réclamation auprès d'un assureur, on doit constituer un dossier-sinistre comportant des pièces justificatives. Dans le domaine de l'assurance transport, les principaux documents que l'on doit joindre à la demande dépendent du mode de transport utilisé. Les documents nécessaires sont les suivants:

- *Le titre de transport comportant les réserves.* Il s'agit de la preuve du contrat de transport qui lie les intervenants, et les réserves qui témoignent de la faute contractuelle.

- *La police ou le certificat d'assurance.* Ce document constitue la preuve du droit à l'indemnité de celui qui le détient.
- *Les factures d'origine.* Ces documents émis avant sinistre comprennent la liste des marchandises transportées.
- *Les devis ou factures de réparation ou de remplacement.* Ces informations sont utilisées par l'assureur pour vérifier la valeur des biens et la valeur d'assurance s'il y a lieu, ainsi que pour préparer une proposition de règlement.

L'assureur vérifie les conditions dans lesquelles le dommage est survenu et les éléments du dossier-sinistre, puis verse le montant des indemnités en fonction des clauses de la police et des pièces justificatives fournies par l'assuré.

LE DÉLAI DE PRESCRIPTION

Délai de prescription
Délai au terme duquel le transporteur ne peut être tenu responsable d'une perte.

Le connaissement maritime précise généralement que le transporteur ne peut être tenu responsable d'une perte dans le cas d'une poursuite intentée plus d'un an après la date de livraison fixée : c'est le **délai de prescription**. Sachant que le règlement peut dépasser deux mois, si une réclamation est faite tardivement (par exemple, plus de 10 mois après la date de livraison) auprès de l'assureur, on doit obtenir un prolongement de délai auprès du transporteur afin de permettre l'application du droit de recours. En négligeant de protéger son droit de recours, on s'expose à deux conséquences : la perte du règlement du sinistre et les répercussions sur les primes ultérieures.

LES PERTES DE PEU D'IMPORTANCE

Qu'une perte soit importante ou non, l'assureur indemnisera l'assuré en vertu des clauses stipulées dans la police, du moment qu'on lui aura fourni tous les documents exigés. Cependant, on doit garder à l'esprit que le recouvrement d'une perte minime coûte, sur le plan administratif, autant que celui d'une lourde perte. Ainsi, dans certains cas, il n'est pas avantageux de faire une réclamation, sans compter que toutes les réclamations faites par l'entreprise sont portées au dossier de l'assuré.

MISE EN SITUATION

Une vente à des clients japonais (suite de la p. 392)

La société Bec sucré aurait eu avantage à souscrire une police d'abonnement. Ce genre de police sert en effet à couvrir l'ensemble des expéditions d'un exportateur, peu importe les marchandises, les quantités, les destinations et les modes de transport, et ce, pendant une durée déterminée. Par ailleurs, en transport par voie d'eau, il est primordial de prendre la garantie tous risques avec clause d'avarie commune.

Une vente à une entreprise mexicaine (suite de la p. 395)

L'entreprise Grandes Cheminées aurait évité la perte financière de 20 000 CAD si elle avait contracté une police au voyage comportant la garantie tous risques. En effet, comme nous l'avons vu, la police au voyage protège les marchandises d'une expédition donnée en fonction d'un itinéraire précis. L'exportateur définit alors les paramètres de l'expédition (date, nature, valeur et emballage des biens transportés, mode de transport utilisé, point de départ, point d'arrivée, etc.). Cette catégorie de police aurait été tout à fait adaptée à la situation de l'entreprise Grandes Cheminées.

Le Canada et ses partenaires commerciaux

L'INDE

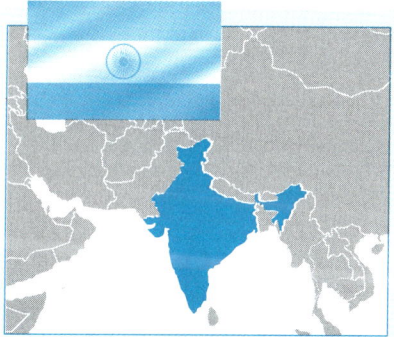

Le Canada et l'Inde ont une longue tradition commerciale. L'Inde a été et demeure l'un des plus importants producteurs de soie au monde. Le Canada comme l'Europe continuent de s'approvisionner en soie indienne. Cependant, le transport de ce produit se révèle plus laborieux qu'il n'y paraît les importateurs ont donc tout intérêt à assurer leur marchandise. En effet, la soie étant un produit hautement hygroscopique, elle a la caractéristique d'augmenter en volume de 30 à 40 % lorsqu'elle est dans un environnement humide. L'emballage plastique doit être imperméable pour protéger le produit, sans quoi de la moisissure peut se former. La soie nécessite une tem- pérature de transport qui se situe entre 0 et 30°C, une humidité relative qui se situe entre 65 et 70 % et une ventilation adéquate. Hormis ces risques, il faut aussi compter les insectes, les parasites et les rongeurs susceptibles de gruger ou de contaminer le soyeux matériau.

Le commerce Canada-Inde est loin de se limiter à la soie. Partageant les valeurs que sont la démocratie et le pluralisme, les deux pays ont cherché ces dernières années à renforcer leur coopération bilatérale dans certains domaines jugés prioritaires. La *Déclaration commune de l'Inde et du Canada* de 2005 réaffirme que les deux pays souhaitent approfondir leur dialogue bilatéral en ce qui a trait à d'importants enjeux internationaux, et qu'ils souhaite renforcer leur coopération, notamment dans les domaines suivants :

- la sécurité régionale et la lutte contre le terrorisme ;
- la science et la technologie ;
- l'environnement ;
- le commerce et l'investissement bilatéraux ;
- les liens entre les populations.

La croissance rapide de l'économie indienne, conjuguée à une réforme du marché local, favorise le commerce international. L'Inde est ainsi devenue un partenaire commercial de premier plan pour le Canada.

En 2008, la valeur des échanges bilatéraux Inde-Canada a atteint la somme sans précédent de 4,6 milliards de CAD. Pendant les trois dernières années, les exportations canadiennes vers l'Inde ont crû de 44 %, atteignant 2,4 milliards de CAD en 2008. Quant aux importations canadiennes en provenance de l'Inde, sur la même période, elles ont augmenté de 16 % pour atteindre 2,2 milliards de CAD.

Le Canada exporte vers l'Inde surtout ses ressources naturelles, mais quelques industries de pointe se sont aussi illustrées sur ce marché récemment. Depuis cinq ans, on constate une croissance annuelle supérieure à 60 % des exportations d'instruments médicaux, d'instruments de navigation, de mesure et de contrôle, de matériel de télécommunications, de machines-outils pour le travail des métaux et de produits aéronautiques.

Le secteur des services est aussi en pleine expansion en Inde, les importations et exportations annuelles de ce pays étant supérieures à 48 milliards de CAD. Des investissements massifs dans les infrastructures ont entraîné la multiplication des importations de services et d'équipements. En 2008, 4,8 milliards de CAD ont été affectés aux infrastructures rurales telles que l'irrigation, l'eau potable, l'assainissement, les routes, l'électricité, les télécommunications et les logements. De plus, cinq centrales électriques de 4 000 MW chacune seront bientôt construites. D'ici 2012, le gouvernement indien compte investir 39 milliards de CAD dans les routes, 9 milliards de CAD dans les aéroports et 11 milliards de CAD dans les ports. Tous ces secteurs sont des points forts du Canada.

Le gouvernement indien souhaitant favoriser la formule des partenariats publics-privés, il devra attirer beaucoup de capitaux étrangers, chose rare en Inde pour le moment: bien qu'en légère augmentation, les entrées annuelles de capitaux ne totalisaient encore que 6,7 milliards de USD en 2005. Quant à l'investissement canadien en Inde, il ne totalise qu'un maigre total de 250 millions de CAD. La prochaine phase de développement de l'Inde exigera de la part des investisseurs étrangers d'aller au-delà de leurs réticences habituelles.

Les tableaux 9.5 et 9.6 donnent un aperçu du commerce international entre le Canada et l'Inde pour les dernières années.

Source: Adapté de Stephen Poloz, *Quel avenir pour le commerce entre le Canada et l'Inde?*, Exportation et développement Canada, 29 mars 2006, [www.edc.ca/french/docs/ereports/commentary/publications_9754.htm], (21 mars 2009); Haut-commissariat du Canada en Inde, Relations Canada-Inde, octobre 2008, [geo.international.gc.ca/asia/new-delhi/geo/india-bb-fr.aspx], (21 mars 2009).

Tableau 9.4

Les importations canadiennes de l'Inde par type de produit, en milliers de CAD

	2006	2007	2008
Composés hétérocycliques, hétéroatome d'azote; acides nucléiques et leurs sels	48 878	90 964	171 142
Diamants non industriels	131 015	123 428	128 862
Articles de bijouterie et parties en métal précieux	46 694	60 463	75 590
Linge de lit tissé, coton, imprimé	61 797	65 494	68 455
Autres composés hétérocycliques	34 699	31 974	66 409
T-shirts ou maillots de corps tricotés, coton	52 899	51 835	50 005
Parties de robinets, valves et articles similaires	39 062	37 932	47 370
Riz	21 584	23 237	43 253
Composés aminés à fonctions oxygénées	17 648	32 345	42 427
Costumes tailleurs, ensembles, vestes, robes, jupes, etc, pour femmes/fillettes	58 193	45 258	41 178
Total partiel	**512 469**	**562 930**	**734 691**
Autres produits	1 406 700	1 417 065	1 466 914
Total	**1 919 169**	**1 979 995**	**2 201 605**

Source : Tiré et adapté d'Industrie Canada, *Données sur le commerce en direct*, Les importations totales canadiennes de l'Inde, en milliers de CAD, 25 premiers produits (codes SH6), s.d., [www.ic.gc.ca/epic/site/tdo-dcd.nsf/fr/accueil], (rapport généré le 3 mars 2009).

Tableau 9.5

Les exportations canadiennes vers l'Inde par type de produit, en milliers de CAD

	2006	2007	2008
Engrais minéraux ou chimiques potassiques	118 478	177 442	688 024
Légumes à cosse secs, écossés	148 816	370 960	422 819
Papier journal en rouleaux ou en feuilles	203 407	132 107	232 339
Pâtes mi-chimiques de bois	57 055	66 370	76 672
Véhicules aériens; véhicules spatiaux et leurs accéssoires	134 656	43 033	70 653
Postes téléphoniques et appareils pour transmettre et recevoir voix, images et données	56 216	79 609	62 172
Or (y compris l'or platiné), sous formes brutes ou mi-ouvrées, ou en poudre	2 624	844	59 947
Minerais de cuivre et leurs concentrés	149 342	108 667	46 031
Amiante (asbeste)	31 929	33 633	44 022
Pâtes chimiques de bois, à la soude ou au sulfate	58 820	57 923	33 869
Total partiel	**961 343**	**1 070 588**	**1 736 548**
Autres produits	713 459	721 142	677 532
Total	**1 674 802**	**1 791 730**	**2 414 080**

Source : Tiré et adapté d'Industrie Canada, *Données sur le commerce en direct*, Les exportations totales canadiennes de l'Inde, en milliers de CAD, 25 premiers produits (codes SH6), s.d., [www.ic.gc.ca/epic/site/tdo-dcd.nsf/fr/accueil], (rapport généré le 3 mars 2009).

Données sur l'Inde

Données géographiques

Nom officiel :	République de l'Inde
Superficie :	3 287 590 km^2
Population :	1 147 millions d'habitants
Capitale :	New Delhi
Villes principales :	Mumbai, Bhopal, Bangalore, Panaji
Langue(s) :	18 langues officielles, dont l'hindi (41 %) et le bengali (8,1 %)
Monnaie :	Roupie indienne (1 INR = 0,0249 CAD ou 1 CAD = 40,1926 INR)
Fête nationale :	26 janvier, jour de la République ; 15 août, jour de l'Indépendance

Données démographiques

Croissance démographique :	1,578 %
Espérance de vie :	66,87 ans pour les hommes, 71,9 ans pour les femmes
Taux d'alphabétisation :	90,9 %
Religion(s) :	Hindouisme, islam, christianisme, sikhisme, bouddhisme
Indice de développement humain (classement ONU) :	0,619 (128e rang mondial sur 177)

Données économiques

PIB (2007) :	1 099 milliards de USD
PIB par habitant (2007) :	2 600 USD
Taux de croissance :	9 %
Taux de chômage :	7,2 % dans les régions urbaines ; très élevé dans les régions rurales
Taux d'inflation :	6,4 %
Solde budgétaire :	– 31,4 milliards de USD
Balance commerciale :	Exportations : 151,0 milliards de USD Importations : – 230,5 milliards de USD Solde : – 79,5 milliards de USD
Principaux clients :	États-Unis (15 %), Chine (8,8 %), Émirats arabes unis (8,7 %), Royaume-Uni (4,4 %)
Principaux fournisseurs :	Chine (10,7 %), États-Unis (7,8 %), Allemagne (4,5 %), Singapour (4,4%)
Importations canadiennes de l'Inde (2007) :	1,791 milliards (0,4 % des importations mondiales)
Exportations canadiennes vers l'Inde (2007) :	1,979 milliards (0,5 % des importations mondiales)

Source : Tiré et adapté du ministre des Affaires étrangères et du commerce international du Canada, *Informations sur les pays et les régions – Inde*, 16 septembre 2008, [http://geo.international.gc.ca/cip-pic/geo/india-fr.aspx], 27 avril 2009.

RÉSUMÉ

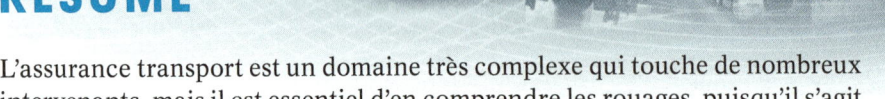

L'assurance transport est un domaine très complexe qui touche de nombreux intervenants, mais il est essentiel d'en comprendre les rouages, puisqu'il s'agit d'un aspect fondamental du commerce international.

Le technicien de commerce international doit d'abord être capable, dans chaque situation, de bien délimiter les risques liés au transport de marchandises et, ensuite, de choisir la police d'assurance appropriée. Il doit aussi savoir recourir aux spécialistes quand c'est nécessaire. De trop nombreuses entreprises laissent aux acheteurs la responsabilité de ces formalités. Pour réussir en commerce international, tout comme dans les affaires en général, on doit avoir la volonté de maîtriser l'offre et le prix de revient de ses opérations commerciales.

L'exportateur doit maximiser les avantages de l'assurance transport. En s'adressant d'abord aux compagnies d'assurance canadiennes, il pourra avoir une plus grande maîtrise des garanties et de la sécurité liées à ses opérations commerciales. Ce faisant, il évitera bien des tracas, souvent imprévisibles, qui le guetteraient à l'étranger. Sans compter qu'en cas de litige, l'exportateur pourra bénéficier d'un environnement juridique connu et généralement favorable au commerçant canadien.

MOTS CLÉS

Français	Anglais
Agent d'assurance (p. 394)	Insurance agent
Assurance maritime sur corps (assurance corps du navire) (p. 411)	Marine hull insurance
Assurance maritime sur facultés (p. 411)	Cargo marine insurance
Assuré (p. 393)	Insured
Avarie commune (p. 412)	General average
Avarie particulière (p. 414)	Particular average
Commissaire d'avarie (expert répartiteur) (p. 394)	Average agent (average surveyor)
Courtier d'assurance (p. 394)	Broker (insurance broker)
Courtier d'assurance maritime (p. 394)	Marine insurance broker
Débardeur (p. 403)	Docker
Déclaration d'aliment (p. 410)	Declaration of interest (declaration on open policy)
Délai de prescription (p. 420)	Period of limitation
Droits de tirage spéciaux (DTS) (p. 397)	Special drawing rights (SDRs)
Exonération (p. 393)	Exculpation from liability
Expert en sinistres (p. 394)	Adjuster (claim adjuster)
Force majeure (cas fortuit) (p. 395)	Superior force (fortuitous event)
Franche d'avaries particulières (p. 414)	Free of particular average
Freinte de route (p. 417)	Loss in transit
Garantie franche d'avaries particulières (FAP) (p. 417)	Free of particular average
Garantie franche d'avaries particulières sauf (FAP sauf) (p. 417)	Free of particular average unless coverage
Garantie du risque de guerre et de mines (p. 417)	War and mines risk coverage
Garantie tous risques (p. 416)	All risks coverage
Gardien des marchandises (p. 400)	Goods keeper
Indemnisation (p. 393)	Compensation (indemnity)
Intérêt assurable (p. 393)	Insurable interest
Paramètres d'expédition (p. 408)	Expedition data
Périls maritimes (fortunes de mer) (p. 417)	Perils of the sea (sea hazards)
Perte totale (p. 412)	Total loss
Police à alimenter (p. 410)	Open cover
Police au voyage (p. 408)	Voyage policy (trip policy)
Police d'abonnement (police flottante) (p. 408)	Open cargo policy (floating policy)
Police d'assurance (p. 393)	Insurance policy
Police tiers chargeur (p. 410)	Third party shipper policy
Prime d'assurance (p. 393)	Insurance premium
Protection (garantie, couverture) (p. 393)	Coverage (protection, cover)
Réassurance (p. 394)	Reinsurance
Risques de mer (p. 417)	Sea risks (maritime perils)
Risques communs (p. 402)	Common risks
Risques spécifiques (p. 402)	Special risks
Sinistre (p. 393)	Loss

VÉRIFIEZ VOS CONNAISSANCES

Questions à choix de réponses

1. Parmi les risques suivants, lesquels sont presque toujours exclus d'une police d'assurance transport comportant la garantie tous risques ?

   a) Les risques liés au transport principal

   b) Les risques liés à la manutention

   c) Les risques liés au préacheminement et au postacheminement

   d) Les vols de marchandise

2. En général, l'acheteur et le vendeur sont libres de souscrire ou non à une assurance transport, selon l'incoterm. Pour certaines destinations, l'assurance est indispensable. Dans certains cas, soit parce que cette prime d'assurance est exorbitante, soit parce que le risque est minime, l'acheteur et le vendeur peuvent décider de ne pas assurer la marchandise. Dans quel mode de transport doit-on à tout prix éviter cette attitude ?

   a) Le transport aérien

   b) Le transport routier

   c) Le transport maritime

   d) Le transport ferroviaire

3. En assurance transport, il existe plus d'une catégorie de polices d'assurance. Quelle est celle qui sert à couvrir les marchandises d'une expédition donnée en fonction d'un itinéraire donné ?

   a) La police au voyage

   b) La police d'abonnement

   c) La police tiers-chargeur

   d) La police à aliment

4. La garantie tous risques peut comprendre certaines exclusions. Parmi les situations suivantes, laquelle n'est pas couverte par la police avec garantie tous risques ?

   a) La faute accidentelle de l'assuré

   b) L'exploitation commerciale illégale

   c) Le risque de guerre atomique

   d) Les vices cachés de la marchandise

5. Lorsqu'une entreprise souhaite faire une réclamation auprès de son assureur, elle doit fournir certains documents. Selon vous, lequel de ces documents n'est pas obligatoire ?

   a) L'original du connaissement (maritime, terrestre, aérien)

   b) L'original du certificat d'assurance ou de la police d'assurance

   c) L'original ou une copie signée du rapport de l'expert en sinistres

   d) Une copie de la déclaration en douane

6. Déterminez, en choisissant parmi les formules suivantes, la façon dont est calculée l'indemnisation pour le transport par voie d'eau.

   a) Le moindre de 666,67 DTS par colis et de 2,00 DTS par kilogramme, jusqu'à concurrence de la valeur assurée.

   b) 16,5837 DTS par kilogramme, jusqu'à concurrence de la valeur assurée.

c) 16,5837 DTS par colis, jusqu'à concurrence de la valeur assurée.

d) Le moindre de 666,67 DTS par kilogramme et de 2,00 DTS par colis.

7. En assurance, il existe deux grandes catégories de risques : les risques communs, et les risques spécifiques. Parmi les éléments suivants, lequel ne constitue pas un risque commun ?

a) Le vol et le pillage

b) L'incendie ou l'explosion

c) Les cas de force majeure

d) Les vibrations et le ballottement du chargement

8. Parmi ces polices, laquelle sert à couvrir l'ensemble des expéditions de l'exportateur, quels que soient les marchandises, les quantités, les destinations et les modes de transport, et ce, pendant une durée déterminée ?

a) La police au voyage

b) La police d'abonnement

c) La police à alimenter

d) La police tiers chargeur

Questions à court développement

9. Une entreprise expédie des téléviseurs par voie maritime. Les appareils sont emballés individuellement, puis chargés dans un conteneur. L'assurance de l'entreprise comporte la garantie tous risques. Au port d'arrivée, le conteneur est intact, mais toutes les boîtes sont endommagées. L'assureur indemnisera-t-il l'entreprise ? Justifiez votre réponse.

10. Une entreprise européenne expédie de l'eau minérale au Canada par transport maritime. La cale du navire est chauffée. Pendant le trajet, on manque de carburant et le système de chauffage de la cale tombe en panne. La température de la cale se met alors à baisser, et les contenants d'eau minérale explosent. Y a-t-il une indemnisation possible pour l'assuré ?

11. L'entreprise Aledom importe des rouleaux de soie de Chine par transport maritime. La vente a été conclue pour la somme de 12 500 CAD FOB Ningbo, et la marchandise doit être acheminée jusqu'au port de Montréal. Il s'agit plus précisément d'une commande de 20 rouleaux de soie de 550 kg chacun. À l'arrivée, seulement huit rouleaux sont présents. La responsabilité du transporteur est engagée, et aucune clause d'exonération de responsabilité ne peut s'appliquer dans ce cas.

a) Sur la base des règles de La Haye-Visby, indiquez le montant de l'indemnité susceptible d'être versé en réparation du préjudice.

b) Quel est le plafond d'indemnisation en transport maritime selon les règles de La Haye-Visby ?

c) Calculez la limite d'indemnisation en DTS et en CAD. Utilisez comme équivalence 1 CAD = 0,7125 DTS.

d) Quelle aurait été la limite d'indemnisation si le transport avait eu lieu par avion ?

12. Supposons une expédition de 35 colis valant chacun 1 250 CAD et pesant chacun 38,5 kg. Le taux de conversion pour les droits de tirage spéciaux (DTS) est le suivant : 1 DTS = 1,520 CAD. Calculez le montant maximal qu'un transporteur doit rembourser à l'entreprise propriétaire si les colis sont endommagés et que sa faute est établie. Faites le calcul pour les modes de transport maritime, aérien et routier.

13. L'assurance maritime sur facultés couvre certains dommages, dont le dommage accidentel que peut subir une partie de la cargaison au cours du transport, du chargement ou du déchargement. Dans le jargon maritime, comment appelle-t-on ce dommage ?

14. Sur quoi se base-t-on pour déterminer la valeur de la prime d'assurance que devra payer l'assuré pour couvrir ses marchandises en cours de transport ?

15. En transport maritime, quelle assurance protège le navire lui-même contre certains risques ?

Recherches Internet

16. En vous rendant sur le site « fortune de mer », dans l'encadré *Réglementation*, cliquez sur *Polices d'assurance*. Une série de photos apparaîtront au bas de la page, cliquez sur *Polices Facultés "Conditions Françaises"*.

Récupérez le document intitulé *Police Française d'Assurance Maritime sur Facultés (Tous Risques)*, du 30 juin 1983, modifié le 1er juillet 2002. Après avoir lu ce document, précisez si les événements listés ci-dessous sont couverts par cette police d'assurance maritime ou s'ils ne le sont pas.

Événement	Couvert	Non Couvert	Commentaires
Saisie par une autorité compétente			
Freinte de route			
Vol de marchandises constaté par un commissaire d'avaries			
Chute du colis assuré pendant les opérations d'embarquement			
Contamination (vermine)			
Retard causé par une congestion au port de destination			
Attaque de pirates brésilien			

Sites Internet à consulter :

www.fortunes-de-mer.com

www.fortunes-de-mer.com/documents%20pdf/polices%20facultes/
Francaises/Police%20tous%20risques%201983%20mod%202002.pdf
(pour accéder directement au document)

Études de cas

17. Moulins Ôvent est une entreprise artisanale québécoise située à Chambly qui fabrique divers types de farine, dont trois sont exclusifs à l'entreprise. Celle-ci a signé un contrat avec un maître pâtissier belge pour la vente de 250 kg d'un de ces trois types de farine. L'humidité à bord des bateaux étant très néfaste pour ce genre de marchandise, celle-ci sera expédiée par avion, de l'aéroport Pierre-Elliott-Trudeau à l'aéroport Zaventem (Bruxelles). La vente CPT (*carriage paid to*) est de 4 325 CAD. Le maître pâtissier belge souhaite souscrire à une assurance transport aérien qui couvrira les risques particuliers au transport aérien ainsi que les risques de perte totale et d'avarie commune. Comme vous travaillez pour le maître pâtissier, il vous demande dans un premier temps de déterminer les types de garanties qu'il devrait inclure dans sa police d'assurance.

Lorsqu'il contacte sa compagnie d'assurance, cette dernière l'informe que le taux de la prime est de 1,75 % calculé sur le montant CIP (*carriage and insurance paid to*) majoré de 15 %. Le maître pâtissier vous demande de calculer la prime qu'il devra payer à la compagnie d'assurance, puisqu'il n'y comprend rien.

Quelques jours plus tard, les marchandises sont acheminées à l'aéroport Pierre-Elliott-Trudeau. De là, elles sont chargées sur l'avion qui s'envole pour Bruxelles. Pendant le transport, un colis mal arrimé par le transporteur, contenant une grande quantité de liquide, se renverse et transperce le colis de Moulins Ôvent, mouillant toute la farine destinée au maître pâtissier. Ce dernier vous demande de déterminer le montant minimal que le transporteur aérien devra lui verser, considérant que les DTS étaient équivalents à 1,889 CAD le jour où le colis de farine a été inondé.

 Vous trouverez des exercices additionnels dans le **Compagnon Web**, à l'adresse **www.erpi.com/jammal.cw.**

10

LE **PRIX** À **L'EXPORTATION**

1 Savoir calculer le coût de revient d'un produit exporté, p. 434.

2 Connaître les caractéristiques du marché qui influent sur le prix à l'exportation, p. 446.

3 Comprendre les implications des différentes stratégies en matière de prix internationaux et leurs répercussions sur le marketing mix, p. 454.

4 Savoir utiliser la feuille de calcul, p. 457.

Aucun élément de marketing n'influence aussi directement et immédiatement la rentabilité d'une entreprise que le prix de vente de ses produits. Une variation du prix de vente agit plus directement sur les ventes qu'une variation de tout autre élément du marketing mix. Une étape cruciale dans la conquête des marchés d'exportation est donc la fixation d'un prix d'exportation qui tienne compte de la réalité économique et commerciale des marchés visés. L'entreprise doit formuler une offre susceptible d'intéresser l'importateur ou le partenaire étranger et, indirectement, le consommateur. Trop souvent, on fixe le prix des marchandises destinées à l'exportation sur la seule base du prix intérieur, auquel on ajoute les frais de transport et d'assurance. Le prix peut ainsi être déraisonnablement élevé, avec pour résultat des ventes insuffisantes ; il peut aussi être trop bas, avec pour conséquence une demande déraisonnable par rapport à la capacité de production.

Par ailleurs, les modèles théoriques de détermination d'un prix optimal pour le marché domestique se révèlent souvent inappropriés pour les ventes à l'étranger. L'entreprise qui aspire à exporter devrait se rappeler que les acheteurs étrangers ont facilement accès, surtout grâce à Internet, aux prix de fournisseurs d'un grand nombre de pays, et qu'ils cherchent à obtenir le meilleur rapport qualité-prix. Le défi consiste donc à maintenir les prix à l'exportation les plus bas possible tout en conservant une **marge commerciale** (ou **marge bénéficiaire brute**) conforme à l'objectif fixé.

Marge commerciale
(ou **marge bénéficiaire brute**)
Différence entre le prix de vente et le coût de revient.

L'établissement d'un prix à l'exportation est une opération délicate demandant de prendre en considération plusieurs facteurs internes et externes, soit :

- le coût de revient du produit ;
- les facteurs relatifs au marché ;
- les facteurs politiques et juridiques ;
- les politiques de profitabilité de l'entreprise, notamment le rendement espéré du projet par rapport à celui de l'entreprise en général ;
- le marketing mix de la concurrence.

La légende de la bière

En Mésopotamie, comme en font foi des tablettes d'argile remontant à 4 000 ans av. J.C., on faisait usage d'une boisson fermentée d'orge, d'épeautre, de blé et de millet : le *sikaru*. Les Égyptiens en ont amélioré la technique de fabrication en préparant une boisson claire destinée aux pauvres et une bière plus concen-

trée, assaisonnée de gingembre et de miel, réservée aux riches. De leur côté, les Chinois de l'Antiquité, dont les techniques étaient plus avancées, fabriquaient la *t'ien tsiou*, une bière verte partiellement fermentée contenant peu d'alcool, et la *tsiou*, une bière fermentée à plus haute teneur en alcool. Ce n'est que plus tard qu'ils commenceront à

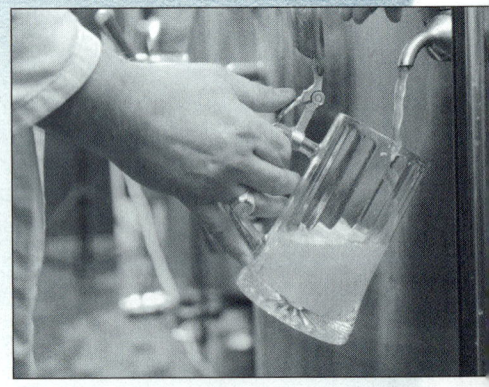

préparer des bières à base de riz. Les Grecs et les Romains considérant le vin comme la boisson des peuples civilisés, ils associaient la bière aux barbares. Quatre cents ans av. J.C., les Gaulois avaient quant à eux fait de la bière leur boisson de prédilection.

Dans l'Europe médiévale, des moines et des religieuses ont amélioré les techniques de fabrication de la bière en y introduisant le houblon, dont ils avaient découvert les propriétés aromatiques et aseptiques. Ainsi, à la faveur du développement des grandes routes de pèlerinage, certains monastères et abbayes ont acquis la réputation d'offrir une bière exceptionnelle, réputation dont les religieux ont usé pour attirer davantage de pèlerins.

L'urbanisation amorcée au Xe siècle a par la suite favorisé la multiplication des brasseries. Comme les autres artisans, les maîtres brasseurs ont constitué des corporations pour protéger leur profession et empêcher la distribution de produits de mauvaise qualité. En 1516, en Bavière, on a édicté la loi sur la pureté de la bière, loi toujours en vigueur qui définit les ingrédients et les procédés de fabrication autorisés.

Au milieu du XIXe siècle, une évolution radicale des techniques a eu lieu, notamment dans les domaines de la verrerie, des appareils de filtration, du soutirage sous pression, de l'embouteillage et, surtout, de la réfrigération, permettant la surveillance des températures pendant la fabrication de la bière. Les recherches du Français Louis Pasteur sur les micro-organismes ont par ailleurs rendu possibles la maîtrise du processus de fermentation alcoolique, l'amélioration des conditions sanitaires générales des brasseries et la production d'une boisson plus saine et plus claire.

De nos jours, l'Allemagne, la Belgique et les Pays-Bas sont les pays les plus réputés pour leurs bières. Le Canada importe sa bière des Pays-Bas[a], un pays reconnu pour sa Heineken qui est maintenant disponible dans plus de 170 pays à travers le monde… mais à quel prix ! Le fût pression de 5 litres se vend au Québec à 29,99 CAD, tandis qu'il se vend au prix de 31,89 USD (environ 40 CAD) près de Boston et 34,95 CAD en Ontario. Pourtant, l'entreprise vend bien plus de bière chez nos voisins du Sud ; comment expliquer cet écart de prix ? Le prix à l'exportation, bien sûr. La réponse détaillée à cette question se trouve dans la rubrique pays à la fin du présent chapitre.

Le tableau 10.1 brosse le portrait des importations et des exportations canadiennes de bière au cours des dernières années.

a. Les Pays-Bas font l'objet de la rubrique « Le Canada et ses partenaires commerciaux » à la fin du présent chapitre, p. 460.

Tableau 10.1

Les importations et les exportations canadiennes de bière, en milliers de CAD

IMPORTATIONS				EXPORTATIONS			
Pays	**2006**	**2007**	**2008**	**Pays**	**2006**	**2007**	**2008**
Pays-Bas	101 531	116 555	136 508	États-Unis	324 290	315 158	325 453
Mexique	103 606	125 014	120 358	**Total partiel**	**324 290**	**315 158**	**325 453**
États-Unis	85 310	97 461	93 609	Autres pays	0	0	0
Belgique	59 628	71 202	71 819	**Total**	**324 290**	**315 158**	**325 453**
Irlande	24 731	26 866	30 105				
Allemagne	24 522	26 175	28 329				
Royaume-Uni	24 097	25 671	27 854				
Danemark	7 824	8 348	11 962				
France	4 969	6 551	7 321				
Brésil	13 634	10 276	6 938				
Total partiel	**449 852**	**514 119**	**534 803**				
Autres pays	24 086	26 869	28 527				
Total	**473 938**	**540 988**	**563 330**				

Source : Tiré et adapté d'Industrie Canada, *Données sur le commerce en direct*, Les importations et exportations totales (10 premiers pays), SH 2203 – Bières de malt, s.d., [www.ic.gc.ca/epic/site/tdo-dcd.nsf/fr/accueil], (rapports générés le 3 mars 2009).

OBJECTIF

Savoir calculer le coût de revient d'un produit exporté.

I. LE CALCUL DU COÛT DE REVIENT

LES COMPOSANTES DU COÛT DE REVIENT

Coût de revient
Ensemble des coûts engagés pour fabriquer un produit et le mettre à la disposition du consommateur.

Le **coût de revient** d'un produit est la somme des coûts des ressources utilisées pour obtenir ce produit. Traditionnellement, l'expression renvoyait au coût de revient de fabrication, c'est-à-dire à la somme des coûts des ressources requises pour fabriquer le produit. Aujourd'hui, on peut également considérer le coût de revient d'un produit vendu ou exporté. Ainsi, le coût de revient d'un produit destiné à l'exportation comprend, en plus des coûts de fabrication, un ensemble de coûts associés aux ressources engagées pour exporter le produit.

Le coût de revient d'un produit destiné à l'exportation inclut donc le coût de production de base, auquel s'ajoutent :

- les coûts d'adaptation du produit aux normes du pays où il est exporté ainsi qu'à ses particularités culturelles ;
- les coûts de structure liés à l'exportation (employés affectés à l'exportation, installations à l'étranger) ;
- les frais commerciaux et les frais de marketing (représentation, voyages à l'étranger) ;
- les frais financiers et les frais de couverture des risques (conversion de devises, financement) ;
- les coûts de la chaîne logistique (transport, transitaire, courtier, assurance transport) ;
- les droits de douane et les taxes.

Chacun de ces coûts peut être directement lié au produit exporté (coûts directs) ou alors y être indirectement lié (coûts indirects) Ce serait, par exemple, le cas des coûts administratifs ne variant pas en regard du produit.

Le tableau 10.2 présente la liste des coûts pouvant entrer dans le calcul du coût de revient d'un produit destiné à l'exportation. Il va de soi que tous ces frais ne s'appliquent pas forcément à toutes les opérations d'exportation et que, en fonction de la méthode de calcul retenue, certains coûts pourraient ne pas être pris en considération.

Avant de voir des méthodes de calcul du coût de revient, considérons certaines particularités des coûts de fabrication et des coûts de commercialisation ainsi que les coûts de la chaîne logistique rattachés à l'exportation.

Les coûts de représentation commerciale à l'étranger font partie des coûts de commercialisation dont on doit tenir compte dans le calcul du coût de revient d'un produit exporté.

Tableau 10.2

Les composantes du coût de revient d'un produit exporté

Les coûts directs[a]

Coûts de fabrication variables[b]

- Fournitures et matières premières
- Préparation (emballage, étiquetage, marquage)
- Main-d'œuvre affectée à la production

Coûts de fabrication fixes

- Équipements et machines acquis pour l'exportation
- Développement du produit lié à l'exportation (inspection, certification, préparation des documents d'accompagnement)

Coûts de commercialisation variables

- Commission des agents
- Transport et assurances
- Frais bancaires
- Couverture des risques de change
- Droits de douane, frais de courtage en douane

Coûts de commercialisation fixes

- Main-d'œuvre affectée à l'exportation (salaire fixe des représentants et des distributeurs)
- Frais de marketing (publicité, relations avec les médias, cartes de visite)
- Frais de prospection et d'étude de marché (foires commerciales, expositions, voyages)
- Installations à l'étranger (loyer, entretien, etc.)

Les coûts indirects[c]

Coûts généraux de fabrication fixes

- Salaire du contremaître de l'usine
- Coûts reliés aux machines et équipements existants

Coûts d'administration fixes

- Frais généraux de l'entreprise
- Salaires des cadres
- Frais bancaires

---

a. Les coûts directs sont ceux qui peuvent être imputés directement au produit exporté.
b. Les notions de coûts fixes et de coûts variables sont expliquées dans la section du Compagnon Web portant sur le plan marketing abordé au chapitre 4).
c. Les coûts indirects sont attribués au fonctionnement de l'entreprise avant d'être répartis entre ses différents produits.

LES COÛTS DE FABRICATION D'UN PRODUIT EXPORTÉ

Dans son calcul du coût de revient d'un produit destiné à l'exportation, l'entreprise qui bénéficie d'une exonération des droits de douane sur les matières premières qu'elle importe doit prendre en compte le remboursement qu'elle reçoit dans le cadre du Programme de *drawback*[1]. Ce remboursement vient réduire le coût d'achat des matières premières inclus dans le calcul du prix de revient.

MISE EN SITUATION

L'entreprise BelChoco importe du chocolat de Belgique, qui entre dans la fabrication de certains de ses produits, dont les amandes et les canneberges enrobées de chocolat. Elle doit payer des droits de douane sur ce chocolat importé, mais les produits qu'elle exporte lui donnent droit au remboursement de ces droits. Ainsi, les coûts EXW (à l'usine) de ses produits destinés à l'exportation sont moins élevés que ceux de ses produits destinés au marché canadien.

On doit inclure dans le calcul du coût du produit exporté les frais d'adaptation aux marchés étrangers[2]. Ces modifications peuvent être de nature technique (adaptation aux normes, aux lois et aux règlements en vigueur dans les différents marchés) ou commerciale (adaptation aux goûts et aux habitudes des consommateurs). Les frais d'adaptation ne sont pas récurrents et peuvent être amortis sur la base de la durée d'usage et des ventes attendues ou encore ventilés dans un poste général de recherche et développement de l'entreprise. En raison des risques associés à la vente à l'étranger, la période d'amortissement peut être plus courte que la durée d'usage (de la moitié ou du tiers).

Il arrive aussi, mais plus rarement, que l'exportation amène une baisse des coûts variables, notamment lorsqu'on peut utiliser sur les marchés étrangers des éléments différents et moins coûteux que sur le marché intérieur ou lorsque de plus gros volumes permettent de réaliser des économies d'échelle.

LES COÛTS DE DISTRIBUTION ET DE COMMERCIALISATION D'UN PRODUIT EXPORTÉ

Les commissions accordées aux agents et à des intermédiaires constituent les principaux coûts variables de commercialisation des produits exportés. On doit leur ajouter une partie des coûts fixes de commercialisation ainsi que les frais de distribution locale et les marges des détaillants, s'il y a lieu.

Les frais fixes de marketing et de commercialisation sont attribuables à la mise sur pied d'un réseau de commercialisation destiné à promouvoir et à vendre les produits sur les marchés internationaux. Les frais découlant du fonctionnement de la structure d'exportation doivent être intégrés au coût de revient du produit. L'entreprise les répartira entre les différents produits exportés ou entre ses marchés

---

1. Voir à ce sujet le chapitre 6, « Les douanes », p. 270.
2. Voir à ce sujet le chapitre 4, « Le marketing international », p. 140.

d'exportation, soit sur une base réelle (par exemple les frais de mission) si la comptabilité permet une affectation directe, soit au prorata du chiffre d'affaires à l'exportation réalisé par chacun.

Les frais de prospection des marchés étrangers peuvent être étalés sur un certain nombre d'années. Il n'est pas recommandé d'amortir les frais de prospection sur la base du chiffre d'affaires pouvant en résulter, car il n'y aura pas forcément de ventes sur le marché prospecté et que cela nuirait à la pénétration de nouveaux marchés tout en risquant de faire augmenter le prix de vente. Cela créerait des écarts de prix entre les nouveaux et les anciens marchés, les premiers portant seuls les coûts de la prospection.

LES COÛTS DE LA CHAÎNE LOGISTIQUE

Le calcul du coût de revient doit intégrer l'ensemble des frais de la chaîne logistique directement liés à l'activité commerciale internationale. Les étapes entraînant des frais logistiques sont principalement le transport, l'assurance de la marchandise, l'entreposage et le courtage relatif aux formalités douanières, le cas échéant, ainsi que toute la chaîne locale de distribution et de prospection sur les marchés étrangers.

Les incoterms que nous avons présentés au chapitre 7 déterminent la façon dont l'acheteur et le vendeur se partagent les frais et les responsabilités engagés pour acheminer la marchandise entre l'usine ou l'entrepôt du vendeur et le lieu final de livraison. Ainsi, le prix d'une vente selon l'incoterm DDP est plus élevé que celui d'une vente selon l'incoterm EXW. La mise en situation suivante montre l'effet que peuvent avoir les charges de la chaîne logistique sur le prix de vente, les écarts de coûts selon l'incoterm choisi pouvant atteindre 40 %!

MISE EN SITUATION

Votre entreprise, située à Laval, doit faire une proposition de prix à un client brésilien situé à São Paulo selon quatre incoterms : EXW Laval, FOB Montréal, CIF Santos, et DDP São Paulo. Il s'agit d'expédier des ordinateurs dont le poids total est de 3 000 kg.

Taux de change : 1,00 CAD = 0,80 USD

Coût de revient des ordinateurs : 50 000,00 CAD

Marge commerciale du fabricant : 10 % du coût de revient

Emballage pour l'exportation : 100,00 CAD

Transport par camion jusqu'au port de Montréal : 300,00 CAD

Formalités douanières à l'exportation : 75,00 CAD

Manutention portuaire à Montréal : 100,00 CAD

Transport maritime : 3,00 USD/kg

Assurance transport : 0,5 % de la valeur FOB

Postacheminement par camion Santos-São Paulo : 400,00 CAD

Formalités douanières à l'importation : 100,00 CAD

Droits de douane : 6 % de la valeur CIF

Les coûts de cette expédition sont, selon les incoterms :

Composantes	Calculs	Total en CAD
Coût de revient des ordinateurs		50 000
Marge commerciale du fabricant	50 000 CAD × 0,10	+ 5 000
Emballage pour l'exportation		+ 100
Proposition EXW Laval		**55 100**
Formalités douanières à l'exportation		+ 75
Transport par camion jusqu'au port de Montréal		+ 300
Manutention portuaire à Montréal		+ 100
Proposition FOB Montréal		**55 575**
Transport maritime	$\dfrac{3\,000\ \text{kg} \times 3\ \text{USD/kg}}{0,80\ \text{USD/CAD}}$	+ 11 250
Assurance transport	55 575 CAD × 0,005	+ 278
Proposition CIF Santos		**67 103**
Postacheminement par camion Santos-São Paulo		+ 400
Formalités douanières à l'importation		+ 100
Droits de douane	67 103 CAD × 0,06	+ 4 026
Proposition DDP São Paulo		**71 629**

L'ÉTABLISSEMENT DU PRIX DE VENTE SELON LES MÉTHODES DE CALCUL DU COÛT DE REVIENT

Pour calculer le coût de revient, on peut utiliser diverses méthodes. On peut considérer le coût de la dernière unité fabriquée, soit le coût marginal, qui varie selon le volume de produits exportés (méthode des coûts variables), on peut considérer seulement les coûts directs, c'est-à-dire les coûts associés aux ressources directement liées aux produits exportés, (méthode des coûts spécifiques à l'exportation) ou encore, considérer un coût plus global qui inclut une juste part des frais fixes (méthode du coût complet). On a ainsi :

1) la méthode des coûts variables ;

2) la méthode des coûts spécifiques à l'exportation ;

3) la méthode du coût complet.

Le prix de vente établi sera toujours égal au coût de revient plus une certaine marge. La marge ne sera pas la même selon que le coût de revient est un coût variable, un coût spécifique ou un coût complet.

Notons que les informations nécessaires à l'établissement du prix à l'exportation sont issues en grande partie du système de coûts de revient de l'entreprise. L'entreprise doit avoir un bon système de comptabilité de gestion, qui permette à l'exportateur d'extraire les données à prendre en compte dans le calcul du coût de revient et, par conséquent, dans le calcul du prix de vente.

La mise en situation qui suit permet d'appliquer les trois méthodes de calcul et de voir la manière dont elles influent sur le prix de vente final.

MISE EN SITUATION

Une entreprise de Victoriaville négocie un contrat pour la vente, selon l'incoterm DDP, de son système d'éclairage résidentiel en Europe. Pour ce faire, elle doit acheter une nouvelle machine, car sa capacité de production est déjà utilisée au maximum pour fournir le marché nord-américain.

Les coûts de fabrication variables sont de 70,00 CAD l'unité, comprenant les matières premières (45,00 CAD), l'emballage (5,00 CAD) et les salaires des employés de la production (20,00 CAD).

La nouvelle machine a été acquise au coût de 100 000,00 CAD.

Les coûts de commercialisation variables comprennent la commission de l'agent (10 %), le transport, les assurances et la couverture du **risque de change** (5 %) et les droits de douane (10 %).

Les coûts de commercialisation fixes de 200 000,00 CAD correspondent à la rémunération, y compris les charges sociales, du personnel commercial affecté à l'exportation (100 000,00 CAD par année), aux frais de communication (50 000,00 CAD par année) et aux frais de prospection (50 000,00 CAD). Il est à noter que les frais de prospection ne sont pas récurrents.

Les frais généraux de fabrication fixes correspondent aux coûts liés aux machines et autres équipements existants (200 000,00 CAD) et au salaire annuel du contremaître de l'usine (100 000,00 CAD).

Finalement, les frais d'administration comprennent, annuellement, les frais généraux de l'entreprise (500 000 CAD), le salaire des cadres (250 000,00 CAD) et les frais financiers (50 000,00 CAD).

Le volume actuel de production de l'entreprise est de 100 000 unités. Les coûts fixes de commercialisation sur le marché national sont de 300 000,00 CAD.

Les perspectives de vente sur le marché européen se présentent comme suit :

Année 1	Année 2	Année 3	Année 4	Année 5
10 000 unités	20 000 unités	50 000 unités	100 000 unités	100 000 unités

La durée moyenne des amortissements est de 5 ans.

La marge moyenne que souhaite obtenir l'entreprise sur le produit est de 10 %.

Risque de change
Risque que la monnaie nationale se déprécie par rapport aux monnaies étrangères.

LA MÉTHODE DES COÛTS VARIABLES

La **méthode des coûts variables** consiste à tenir compte uniquement des coûts variables (de fabrication et de commercialisation) dans le calcul du coût de revient d'un produit. Elle implique donc une séparation des coûts variables et des coûts fixes. On détermine le prix de vente du produit en ajoutant au coût variable une marge suffisante pour que la somme des marges réalisées sur les différents produits couvre au moins les frais fixes. Cette marge s'appelle **marge sur coûts variables**. La figure 10.1 en illustre la logique.

Méthode des coûts variables
Méthode de calcul du coût de revient d'un produit qui ne tient compte que des coûts variables rattachés au produit.

Marge sur coûts variables
Excédent du prix de vente d'un produit sur les coûts variables qui s'y rattachent.

Figure 10.1

La marge sur coûts variables

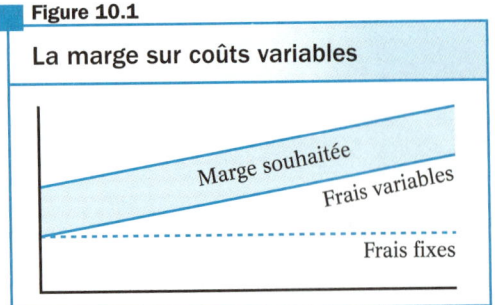

La méthode des coûts variables est facile à appliquer et fort répandue. Toutefois, elle entraîne souvent une sous-estimation du coût de revient à l'exportation, car on détermine le prix de vente en ne tenant compte que des coûts variables. Il en résulte donc un prix moins élevé qu'à l'aide des deux autres méthodes, ce qui peut cependant s'avérer un avantage de taille pour la pénétration des marchés internationaux hautement compétitifs. Par ailleurs, elle ne peut être utilisée que par les entreprises dont les revenus sur le marché local couvrent l'ensemble des coûts de fabrication et de commercialisation fixes ainsi que les frais généraux fixes.

Le tableau 10.3 présente l'application de la méthode des coûts variables à la situation décrite ci-dessus. Vu l'absence de frais fixes à amortir, le prix de vente demeure le même, peu importe la démarche (dynamique ou prudente) utilisée. Une démarche prudente demande d'amortir les frais fixes sur 10 000 unités la première année, tandis qu'une démarche dynamique permet de tenir compte du nombre d'unités que l'entreprise prévoit vendre lorsqu'elle atteindra sa vitesse de croisière sur les marchés étrangers, soit 100 000 unités.

Tableau 10.3

Application de la méthode des coûts variables, en CAD par unité	Démarche prudente 10 000 unités	Démarche dynamique 100 000 unités
Coûts de fabrication variables	70,00	70,00
Total n° 1	**70,00**	**70,00**
Transport, assurances, risque de change (5 %)	+ 3,50	+ 3,50
Total n° 2	**73,50**	**73,50**
Marge souhaitée (10 %)	+ 7,35	+ 7,35
Commission de l'agent (10 %[a])	+ 8,08	+ 8,08
Frais de douane (10 %[b])	8,89	8,89
Prix de vente suivant l'incoterm DDP	**97,82**	**97,82**

a. La commission est calculée sur le total n° 2 plus la marge de 10 %.
b. Les frais de douane sont calculés sur le total n° 2 plus la marge de 10 % plus la commission de l'agent de 10 %.

Méthode des coûts spécifiques à l'exportation
Méthode de calcul du coût de revient d'un produit qui, outre les coûts variables, tient compte des coûts fixes de fabrication et de commercialisation directement liés à l'exportation.

LA MÉTHODE DES COÛTS SPÉCIFIQUES À L'EXPORTATION

La **méthode des coûts spécifiques à l'exportation** apparaît comme un prolongement de la méthode des coûts variables. Selon cette méthode, on ajoute aux coûts variables de fabrication et de commercialisation les coûts fixes additionnels de fabrication et de commercialisation directement liés à la décision d'exporter de l'entreprise.

Ces coûts fixes sont alors considérés comme des coûts directs à l'exportation. Seuls les coûts pouvant être reliés directement au produit destiné à l'exportation doivent être inclus dans le calcul du coût de revient. Par conséquent, les frais généraux de fabrication fixes et les frais d'administration fixes de l'entreprise sont exclus du calcul.

En réalité, la méthode des coûts spécifiques de l'exportation consiste à faire porter le poids de la structure fixe de l'entreprise par les marchés initiaux, principalement le marché intérieur, de manière à abaisser le coût de revient des produits destinés à l'exportation et leur prix de vente, ce qui est un atout pour pénétrer de nouveaux marchés.

Avec cette méthode, toutefois, on tient compte de la hausse des coûts fixes de fabrication et de commercialisation que peut entraîner l'augmentation de l'activité sur de nouveaux marchés. Sous-évaluer ces coûts pourrait conduire une entreprise à adopter une stratégie d'établissement des prix à l'exportation erronée et compromettre ses chances de succès.

Le tableau 10.4 présente l'application de la méthode des coûts spécifiques à la situation décrite ci-dessus. On y constate que seuls les coûts liés à la décision d'exporter sont pris en compte dans le calcul du coût de revient selon l'incoterm DDP.

Tableau 10.4

Application de la méthode des coûts spécifiques à l'exportation, en CAD par unité	Démarche prudente 10 000 unités	Démarche dynamique 100 000 unités
Coûts de fabrication variables	70,00	70,00
Coûts de fabrication fixes directs	+ 10,00[a]	+ 0,20[c]
Coûts de commercialisation fixes	+ 20,00[b]	+ 1,60[d]
Total n° 1	**100,00**	**71,80**
Transport, assurances et risque de change (5 %)	+ 5,00	+ 3,59
Total n° 2	**105,00**	**75,39**
Marge souhaitée (10 %)	+ 10,50	+ 7,54
Commission de l'agent (10 %)[e]	+ 11,55	+ 8,30
Frais de douane (10 %)[f]	+ 12,70	+ 9,12
Prix de vente suivant l'incoterm DDP	**139,75**	**100,35**

a. Acquisition de la nouvelle machine (100 000 CAD / 10 000 unités).
b. 200 000 CAD / 10 000 unités.
c. Le coût de la machine est amorti sur 5 ans et ensuite réparti sur le nombre d'unités : (100 000 CAD / 5 ans) / 100 000 unités.
d. (150 000 CAD / 100 000 unités) + (50 000 CAD / 5 ans) / 100 000 unités. Ici, les frais de prospection sont amortis sur 5 ans.
e. La commission est calculée sur le total n° 2 plus la marge de 10 %.
f. Les frais de douane sont calculés sur le total n° 2 plus la marge de 10 % plus la commission de l'agent de 10 %.

CULTURE ET SOCIÉTÉ

Négocier avec des Japonais

« Les négociations se compliquent singulièrement lorsque le partenaire est étranger.

« C'est déjà le cas en Europe, où on ne discutera pas "prix" de la même manière avec un Allemand ou un Italien. Et que dire des échanges avec les Asiatiques ! Par exemple, Gilles Denoyelle, consultant en relations franco-japonaises, dresse le catalogue des erreurs les plus fréquentes.

« Tendre la main pour se présenter au lieu de remettre sa carte de visite à deux mains avec un petit hochement de tête.

« Adopter une tenue décontractée (style "Friday wear") et faire de l'humour ou des blagues pendant les discussions.

« Imposer une femme décideur à la table des négociations, alors que les Japonais sont mal à l'aise avec les femmes d'affaires.

« Considérer que celui qui a la position hiérarchique la plus élevée est le principal décisionnaire dans le groupe. Engager des pourparlers bille en tête, alors que la culture des Japonais les pousse à éviter échanges d'argumentation, controverses et désaccords.

« Croire que le oui de politesse est un oui d'acceptation, alors qu'il signifie simplement que vos interlocuteurs ont compris l'enjeu. Vouloir clore une réunion par un engagement ferme, alors que les Japonais font toujours un rapport à leur hiérarchie avant de prendre une décision.

« Ne pas organiser leur temps libre quand ils viennent en France (bars, restaurants, cabarets...) et ne pas les accompagner dans leurs sorties.

« Ne pas les relancer alors qu'ils manquent d'informations précises et n'osent pas en faire la demande pour prendre une décision. »

Source : Corinne Moriou et Sébastien Pierrot, « Les secrets des rois de la négo. Négocier avec un Japonais », *L'Entreprise*, 22 octobre 2002, [www.lentreprise.com/3/3/1/dossier/9205/1753.html], (2 février 2009).

LA MÉTHODE DU COÛT COMPLET

Méthode du coût complet
Méthode de calcul du coût de revient d'un produit qui tient compte de toutes les charges, fixes et variables, pouvant lui être attribuées.

Suivant la **méthode du coût complet**, on calcule le coût de revient en tenant compte de tous les coûts de fabrication, fixes et variables. On impute alors tous les frais généraux fixes en fonction de la quote-part des nouveaux marchés d'exportation par rapport à la production globale de l'entreprise.

Ainsi, les marchés traditionnels et les nouveaux marchés à l'exportation supportent également les frais communs. On obtient une baisse du coût de revient sur le marché national, car une partie des frais généraux fixes est imputée aux produits exportés.

La méthode du coût complet comporte cependant l'inconvénient de rendre moins compétitifs les produits d'exportation sur les marchés étrangers. En effet, le prix de ces produits est plus élevé puisqu'il intègre à la fois une partie des coûts généraux fixes de l'entreprise et la totalité des coûts fixes additionnels que rend souvent nécessaire la pénétration de nouveaux marchés.

Le tableau 10.5 présente un exemple de l'application de la méthode du coût complet à la situation décrite ci-dessus. Une démarche prudente demande d'amortir les frais fixes sur 10 000 unités, nombre correspondant aux ventes anticipées la première année, tandis qu'une démarche dynamique permet de tenir compte du nombre d'unités que l'entreprise prévoit vendre lorsqu'elle atteindra sa vitesse de croisière sur les marchés étrangers, soit 100 000 unités. Compte tenu du fait que le volume actuel de production est de 100 000 unités, la production totale correspond à 110 000 unités selon une démarche prudente, et à 200 000 selon une démarche dynamique.

Tableau 10.5

Application de la méthode du coût complet, en CAD par unité

	Démarche prudente 10 000 unités	Démarche dynamique 100 000 unités
Coûts de fabrication variables	+ 70,00	+ 70,00
Coûts de fabrication fixes	+ 10,00[a]	+ 0,20[e]
Frais généraux de fabrication fixes	+ 1,27[b]	+ 1,50[f]
Coûts de commercialisation fixes	+ 20,00[c]	+ 1,60[g]
Frais d'administration fixes	+ 7,27[d]	+ 4,00[h]
Total n° 1	**108,54**	**77,30**
Transport, assurances, risque de change (5 %)	+ 5,43	+ 3,86
Total n° 2	**113,97**	**81,16**
Marge souhaitée (10 %)	+ 11,40	+ 8,12
Commission de l'agent (10 %)[i]	+ 12,54	+ 8,93
Frais de douane (10 %)[j]	+ 13,79	+ 9,82
Prix de vente suivant l'incoterm DDP	**151,70**	**108,03**

a. Acquisition de la nouvelle machine (100 000 CAD / 10 000 unités).
b. [(200 000 CAD / 5 ans) / 110 000 unités] + (100 000 CAD / 110 000 unités).
c. 200 000 CAD / 10 000 unités.
d. On répartit les coûts sur le volume actuel de production de l'entreprise (100 000 unités) et les perspectives d'activité sur les marchés étrangers (10 000 unités) : (800 000 CAD / 110 000 unités).
e. Le coût de la machine est amorti sur 5 ans et ensuite réparti sur le nombre d'unités : (100 000 CAD / 5 ans) / 100 000 unités.
f. (200 000 CAD / 200 000 unités) + (100 000 CAD / 200 000 unités). Les 200 000 unités correspondent à la production actuelle (100 000 unités) et aux perspectives de ventes à l'étranger selon la démarche dynamique.
g. (150 000 CAD / 100 000 unités) + [(50 000 CAD 5 ans) 100 000 unités].
h. 800 000 CAD / 200 000 unités.
i. La commission est calculée sur le total n° 2 plus la marge de 10 %.
j. Les frais de douane sont calculés sur le total n° 2 plus la marge de 10 % plus la commission de l'agent de 10 %.

RETOUR SUR LES MÉTHODES DE CALCUL

Le tableau 10.6 permet de comparer les prix de vente finaux obtenus au moyen des trois méthodes de calcul du coût de revient. On y voit bien les écarts importants auxquels peuvent mener les différentes méthodes décrites. Il est évident que la stratégie de détermination du prix à l'exportation et le potentiel d'exportation sont fortement influencés par la méthode retenue.

Tableau 10.6

Comparaison du prix obtenu selon les méthodes de calcul du coût de revient, en CAD par unité

Méthode de calcul	Démarche prudente	Démarche dynamique
Coûts variables	97,82	97,82
Coûts spécifiques de l'exportation	139,75	100,35
Coût complet	151,70	108,03

Le coût de revient constitue le prix plancher sous lequel on ne peut descendre sans nuire à la rentabilité commerciale d'une opération. Souvent, les entreprises établissent un prix usine (EXW) auquel elles appliquent un multiplicateur[3] variant selon l'incoterm négocié avec l'acheteur. Ce multiplicateur permet de passer directement d'un prix local à un prix d'exportation, ce qui facilite et accélère la conduite de la négociation.

MISE EN SITUATION

Retournons au cas de l'entreprise lavalloise vendant des ordinateurs à un client brésilien que nous avons vue dans la mise en situation de la page XX. Dans cette mise en situation, nous avons calculé le prix de vente de la marchandise selon différents incoterms. L'entreprise peut établir une façon facile et rapide de déterminer le prix de vente pour n'importe quelle commande en établissant un multiplicateur pour chaque proposition (incoterm utilisé); elle procède simplement en divisant le montant de la vente par le coût de revient. Le petit tableau ci-dessous liste les multiplicateurs s'appliquant à cet exemple.

	Prix de vente	Multiplicateur
Coût de revient de la marchandise	50 000 CAD	1,00000
Proposition EXW Laval	55 100 CAD	1,10200
Proposition FOB Montréal	55 575 CAD	1,11150
Proposition CIF Santos	67 103 CAD	1,34206
Proposition DDP São Paulo	71 629 CAD	1,43258

3. Le multiplicateur correspond au nouveau prix divisé par le prix établi (EXW usine).

L'entreprise peut ainsi établir une grille de consultation qui lui permet de donner rapidement au client les prix EXW, FOB, CIF et DDP. Pour établir cette grille, il lui suffit d'appliquer le multiplicateur correspondant à l'incoterm au coût de revient de la marchandise. La grille peut s'appliquer à une zone en particulier. Le tableau ci-dessous suppose que la valeur de la commande du client brésilien est de 60 000 CAD.

Incoterm	Calcul	Prix proposé au client
EXW Laval	60 000 CAD × 1,10200	66 120 CAD
FOB Montréal	60 000 CAD × 1,11150	66 690 CAD
CIF Santos	60 000 CAD × 1,34206	80 524 CAD
DDP São Paulo	60 000 CAD × 1,43258	85 955 CAD

Dans certaines situations, l'entreprise exportatrice souhaite savoir si sa marge bénéficiaire est assez élevée pour justifier l'exportation de son produit. La mise en situation suivante illustre une façon d'évaluer si cette condition est rencontrée. Après avoir fait les calculs nécessaires, l'entreprise peut faire les ajustements qui lui assureraient une marge bénéficiaire suffisante.

MISE EN SITUATION

L'entreprise Danzo, fabricant canadien de chandails de coton ouaté, a créé l'an dernier un modèle haut de gamme qu'elle commercialise sur le marché local et sur le marché asiatique. Ses dirigeants exigent une marge de 10 % du premier marché, et de 15 % du second marché. Danzo vous demande de fixer les prix de vente pour ses deux marchés, en respectant les exigences de ses dirigeants.

Pour produire ce modèle, on a implanté un atelier doté de deux chaînes de fabrication, l'une pour le modèle vendu au Canada, l'autre pour le celui destiné à l'Asie. L'an dernier, les coûts de production ont été les suivants :

- Main-d'œuvre directe : 20,00 CAD/h pour chaque chaîne ;
- Matières premières : 5,00 CAD/mètre de tissu.

Les coûts indirects de fabrication annuels ont été de 1 440 000 CAD pour l'ensemble de l'atelier. On estime que 75 % de cette somme doit être imputée à la production canadienne et le reste à la production asiatique. La fabrication d'un chandail sur chacune des chaînes nécessite en moyenne 75 minutes de main-d'œuvre et 150 cm de tissu.

L'an dernier, l'atelier a produit 360 000 chandails, dont 270 000 sur la chaîne « canadienne » et 90 000 sur la chaîne « asiatique ». Toute cette production a été vendue. Les charges administratives et commerciales ont atteint 900 000 CAD : 60 % (540 000 CAD) imputées à la production canadienne, le reste (360 000 CAD) à la production asiatique. Des frais d'introduction et de commercialisation de 1,50 CAD doivent être inclus dans le prix de chaque chandail exporté en Asie.

Élément	Calculs	Marché canadien, en CAD par unité	Marché asiatique, en CAD par unité
Matières premières	1,5 m × 5,00 CAD/m	7,50	7,50
Coût de production	1,25 h × 20,00 CAD/h	25,00	25,00
Coûts indirects de fabrication	marché canadien : (1 440 000 CAD × 75 %) / 270 000 unités marché asiatique : (1 440 000 CAD × 25 %) / 90 000 unités	4,00	4,00
Frais administratifs et commerciaux	marché canadien : 540 000 CAD / 270 000 unités marché asiatique : 360 000 CAD / 90 000 unités	2,00	4,00
Frais d'introduction sur le marché étranger			1,50
Coût de revient		**38,50**	**42,00**

Pour qu'une marge de 10 % soit réalisée sur le marché canadien, le profit doit être d'au moins 3,85 CAD (38,50 CAD x 0,10) ; le prix de vente serait donc d'au moins 42,35 CAD (38,50 CAD + 3,85 CAD).

Pour qu'une marge de 15 % soit réalisée sur le marché asiatique, le profit doit être d'au moins 6,30 CAD (42,00 CAD x 0,15) ; le prix de vente serait donc de 48,30 CAD (42,00 CAD + 6,30 CAD).

 **OBJECTIF 2**

Connaître les caractéristiques du marché qui influent sur le prix à l'exportation.

II. LES FACTEURS RELATIFS AU MARCHÉ QUI INFLUENCENT LE PRIX À L'EXPORTATION[4]

La fixation du prix de vente de produits exportés est une opération délicate, car elle est soumise à des facteurs extérieurs à l'entreprise, émanant souvent des conditions économiques prévalant dans le pays importateur. Parmi ces facteurs externes, nous verrons :

1) les conditions du marché (taille et dynamisme de la demande) ;
2) l'élasticité de la demande par rapport au prix et aux autres variables du marketing mix ;
3) le pouvoir d'achat ;
4) le prix psychologique ;
5) la perception du « fabriqué en » ;
6) la concurrence ;
7) l'inflation.

---

4. Tiré et adapté d'Eur-export, *Le marché : demande*, s.d., [www.eur-export.com/francais/apptheo/marketing/prix/prixdemande.htm], (2 février 2009).

LES CONDITIONS DU MARCHÉ

L'entreprise exportatrice doit mesurer la demande potentielle pour son produit sur les marchés étrangers afin de pouvoir déterminer le prix qu'elle peut demander (prix économique). En effet, ce prix doit refléter la **valeur** et l'**utilité** que les consommateurs des marchés cibles attribuent au produit. En outre, il doit aussi tenir compte de leur capacité de payer. L'entreprise doit se donner une marge de manœuvre entre un **prix plancher**, au-dessous duquel elle compromettrait sa rentabilité ou sa capacité de produire, et un **prix plafond**, au-delà duquel les consommateurs ne voudraient pas ou ne pourraient pas acheter son produit.

L'exportateur doit aussi considérer le fait que les marchés étrangers ne sont pas homogènes. Aussi peut-il décider d'établir un prix différent pour chaque marché cible. Cette hétérogénéité de la demande relève d'une série de facteurs : démographie, économie, culture, organisation sociale, etc.

Convenons qu'il peut être difficile pour une PME d'estimer de façon précise la demande sur les marchés étrangers et, conséquemment, d'établir un prix à l'exportation en fonction de cette demande. En effet, il peut être coûteux et difficile d'obtenir et de compiler ces données, dont il faut par ailleurs s'assurer la fiabilité, surtout pour les pays éloignés ou en voie de développement, mais aussi pour les pays proches et développés qui regorgent d'escrocs vendant des études de marché de piètre qualité. C'est pourquoi les gouvernements de pays tels que le Canada proposent une série de services et d'outils pour aider les entrepreneurs à la recherche de nouveaux marchés, entre autres la *Banque de développement du Canada* et le *ministère du Développement économique, de l'Innovation et de l'Exportation du Québec*.

Valeur
Caractère économique et mesurable d'un produit, compte tenu de son coût, de l'offre, de la demande, etc.

Utilité
Qualité d'un produit qui le rend apte à satisfaire un besoin ou un désir dans le marché.

Prix plancher
Prix minimal demandé par un vendeur pour un produit, au-dessous duquel il compromet sa rentabilité.

Prix plafond
Prix maximal que peut demander un vendeur pour un produit, au-dessus duquel il n'y aura plus ou presque plus d'acheteurs.

www.bdc.ca
www.mdeie.gouv.qc.ca

L'ÉLASTICITÉ DE LA DEMANDE PAR RAPPORT AU PRIX

Nous avons vu précédemment que le prix doit refléter la valeur et l'utilité que les consommateurs des marchés cibles attribuent au produit. Il existe cependant une certaine **élasticité de la demande par rapport au prix**. Celle-ci mesure la sensibilité des consommateurs aux variations de prix. La demande des produits de consommation courante est, dans la majorité des cas, une fonction décroissante des prix ; autrement dit, la demande diminue à mesure que les prix augmentent. Cependant, la demande est aussi, comme nous l'avons vu, sensible à la nature du produit, à ses caractéristiques et à d'autres facteurs tels que l'image de marque, le service après-vente, etc.

Certaines entreprises peuvent ainsi profiter d'une hausse de la demande et de l'image de qualité qu'elles se sont bâties pour hausser leurs prix. La mise en situation suivante illustre un aspect de la dynamique prix-demande.

Élasticité de la demande par rapport au prix
Rapport entre la variation du prix d'un produit et celle de la demande pour ce produit.

MISE EN SITUATION

En 1998, le fabricant automobile japonais *Honda* a augmenté le prix de ses véhicules utilitaires sport et de ses camions vendus aux États-Unis. La compagnie a justifié cette augmentation des prix par la faiblesse du yen par rapport au dollar américain. À l'analyse, il est apparu que la valeur de la devise japonaise avait peu fluctué par rapport à celle du dollar américain au cours des six mois précédents. La réalité était en fait que la demande pour ces véhicules avait augmenté d'environ 9 % sur les ventes de l'année précédente, et que Honda avait jugé que l'élasticité de la demande permettait une augmentation du prix.

LE POUVOIR D'ACHAT

Pouvoir d'achat
Ensemble de biens et de services qu'une personne peut acquérir pour une certaine somme d'argent.

www.levi.com

Pour évaluer le **pouvoir d'achat** des acheteurs cibles, et donc leur capacité à payer le produit à un prix donné, on se sert d'un indicateur réputé fiable, qui est le revenu moyen par habitant[5]. Par exemple, dans les pays où le revenu par habitant est faible, il vaut mieux vendre un produit modifié ou, si cela est possible, vendre le produit dans des emballages de petites quantités ou dans des formats réduits. Cependant, il arrive que, pour certains produits, comme les jeans *Levi's* en Russie, la demande et le prix de vente ne soient pas altérés par la faiblesse du revenu. Même dans les pays en voie de développement, l'entreprise peut décider de cibler la classe aisée, auquel cas elle peut demander un prix relativement élevé, en dépit d'un revenu moyen par habitant plutôt faible. Connaître la répartition de la richesse dans les pays cibles aidera l'entreprise à établir sa stratégie d'entrée sur les marchés.

LE PRIX PSYCHOLOGIQUE

Le prix est un facteur susceptible de modifier la perception du produit par le consommateur. Celui-ci ne veut pas se faire avoir en payant trop cher. Par contre, un prix trop bas le rendra méfiant : il se dira qu'à ce prix-là, la qualité doit être médiocre. Le **prix psychologique** (ou **prix d'acceptabilité**) est celui pour lequel le consommateur croit avoir le meilleur rapport qualité-prix.

Prix psychologique
(ou **prix d'acceptabilité**)
Prix qu'un maximum de personnes est prêt à payer pour le produit d'après la perception de sa qualité et de son utilité.

Tests de prix
Enquêtes qualitatives menées auprès d'un échantillon représentatif de consommateurs que l'on interroge sur le prix potentiel d'un produit de manière à établir une fourchette de prix acceptables.

Fourchette de prix
Écart compris entre un prix de vente minimal, le prix plancher, et un prix de vente maximal, le prix plafond.

L'entreprise exportatrice doit déterminer le prix qui lui rapportera le plus grand volume de ventes tout en lui assurant la meilleure marge commerciale possible. Pour ce faire, elle procède idéalement à des **tests de prix**, qui consistent en des enquêtes qualitatives menées auprès d'un échantillon représentatif de consommateurs pour en arriver à établir une **fourchette de prix** acceptables. Notons que ces enquêtes nécessitent souvent des déplacements sur le marché étranger et entraînent donc des coûts supplémentaires. Une analyse détaillée de la demande et de l'offre de quelques concurrents peut régler ce problème facilement, à distance et sans trop d'effort.

LA PERCEPTION DU «FABRIQUÉ EN»

L'étiquette «fabriqué en» peut influer sur la perception du produit et, par ricochet, sur la demande. L'exportateur doit tenir compte de ce facteur dans l'établissement d'une fourchette de prix réaliste. Dans certains pays, l'étiquette indique l'origine d'un produit. Or, la perception d'un produit, de sa qualité et de son prix est influencée par des stéréotypes et des préjugés (favorables ou non) envers le pays d'origine.

---

5. Cependant, cet indicateur s'avère souvent insuffisant : une moyenne cache d'énormes disparités de revenus, ce qui peut causer de mauvaises surprises.

TENDANCES ET ENJEUX

La faim : l'envers de la mondialisation

En 2008, de nombreuses émeutes de la faim ont eu lieu dans plusieurs pays en développement. De Dakar au Caire, en passant par Port-au-Prince et Jakarta, on appelle l'État à trouver des solutions à la hausse vertigineuse des prix des aliments et des matières premières agricoles. Ainsi, les prix du blé, du riz, du maïs et du lait ont doublé entre février 2007 et février 2008. Selon l'Organisation des Nations Unies pour l'agriculture et l'alimentation (FAO), la facture des importations de céréales des pays en développement augmentera de 53 % en 2008, et la malnutrition touchera 80 millions de personnes de plus pour atteindre un total 900 millions d'êtres humains. La crise alimentaire est donc lourde de conséquences et entrave le développement de nombreux pays.

Plusieurs facteurs expliquent l'explosion des prix des matières premières agricoles.

Il semble que les mauvaises récoltes, provoquées par des aléas climatiques imprévisibles, en aient été l'élément déclencheur. L'Australie a connu la sécheresse, l'Europe, une surabondance de pluie, l'Argentine, le gel... Ces pays comptent, avec les États-Unis et le Canada, parmi les principaux producteurs de blé de la planète. Ces problèmes n'ont pas provoqué de pénurie, mais une contraction des stocks disponibles à moyen terme.

Un autre facteur a été l'augmentation de la demande, due entre autres à l'amélioration du régime alimentaire des nouvelles classes moyennes des pays émergents tels que la Chine et l'Inde. La Chine a multiplié sa consommation de viande par cinq en 20 ans. Or, l'alimentation du bétail et de la volaille requiert une quantité phénoménale de céréales fourragères et d'oléagineux. La demande s'est aussi accrue à cause du recours croissant aux biocarburants tels que l'éthanol, qui draine 10 % de la production mondiale de maïs. Conjugués, ces facteurs ont fait exploser les cours mondiaux au cours de l'hiver 2007-2008. Du côté de l'offre, des barrières érigées par certains pays, dont la Russie et l'Argentine, pour limiter l'exportation ont alimenté la tendance.

Dans les pays du Sud, les prix des produits de première nécessité tels que le pain ont considérablement augmenté. En Afrique subsaharienne, par exemple, les ménages consacrent environ 60 % de leur budget à l'alimentation (comparativement à 15 % dans les pays du Nord). Qu'il y ait eu des émeutes n'a donc rien de surprenant. Dans certains pays un peu plus développés, tels que l'Égypte et le Maroc, les gouvernements ont subventionné les prix afin d'éviter des troubles politiques, et ce, malgré l'avis contraire du Fonds monétaire international (FMI).

Malgré de multiples appels du Programme alimentaire mondial (PAM) et la possibilité imminente d'une famine dans les pays les moins avancés, l'aide alimentaire des pays développés producteurs de céréales se fait attendre. Provenant essentiellement de surplus agricoles, l'aide vise avant tout à faire baisser les stocks des pays exportateurs pour soutenir les prix. En 2008, comme les stocks étaient très faibles, la générosité a été inversement proportionnelle à la hausse des cours. Ainsi, l'aide alimentaire en céréales est passée de 8,3 millions de tonnes en 2005-2006 à 7,5 millions en 2006-2007, puis à 6 millions de tonnes en 2007-2008.

Voilà donc une crise alimentaire illustrant parfaitement les conséquences néfastes de la mondialisation néolibérale sur l'accès à l'alimentation.

Source : Tiré et adapté de « La crise alimentaire : la mondialisation en miroir », *Pôle convictions : le blog*, 24 septembre 2008, [convictions.mjsfrance.org/?p= 370], (2 février 2009).

Par exemple, une importante proportion des jouets vendus au pays sont d'origine chinoise. Depuis peu, à la suite d'une série de rappels de produits chinois, beaucoup de consommateurs vérifient l'origine d'un jouet avant de l'acheter (un nouveau comportement) et sont plus enclins à en choisir un qui a été fabriqué au Québec... jusqu'à une certaine limite : le prix psychologique.

En l'absence d'autres informations, le consommateur utilise l'image du pays d'origine pour évaluer les produits (le vin français, la vodka russe, le sirop d'érable québécois, par exemple, étant réputés), même si d'autres pays exportent ces mêmes produits. Ainsi, l'exportateur peut parfois tirer profit de l'image positive de son pays. Une mauvaise perception du pays producteur ou un prix élevé risquent de se traduire par une faible demande sur les marchés d'exportation. Il est possible que l'exportateur soit alors porté à abaisser ses prix pour être plus concurrentiel. Une telle décision a pour inconvénient de créer la perception que le produit n'est pas de bonne qualité, mais aussi de réduire la marge commerciale en rendant quasi impossible son augmentation ultérieure. Ce problème touche surtout les PME et les exportateurs inexpérimentés.

Chaque marché a ses caractéristiques, qui évoluent par ailleurs au fil du temps. Ces particularités influent sur la demande et sur le prix qui semble juste aux consommateurs. C'est pourquoi l'exportateur doit adapter son produit et son prix, comme toute sa stratégie marketing, à chaque marché, évaluer régulièrement ses résultats et réajuster le tir au besoin.

LA CONCURRENCE[6]

Le lecteur aura sans doute compris que les coûts déterminent le prix plancher du produit, et que le prix plafond dépend, quant à lui, de la demande. Avant de fixer un prix optimal situé dans la fourchette, l'exportateur doit examiner la concurrence qu'il aura à affronter dans les marchés cibles.

Concurrence
Ensemble des entreprises et des commerçants qui s'affrontent librement dans un marché, tant sur le plan de l'offre que sur celui de la demande.

L'entreprise qui souhaite lancer un produit, que ce soit sur le marché intérieur ou à l'exportation, doit au préalable connaître la **concurrence** présente et à venir. Quelles sont les compagnies déjà présentes sur le marché ? Quels produits offrent-elles ? À quel prix ? Quelle est la qualité de leurs produits ? Quelle est leur part de marché ? Quelle est leur politique de prix ? Un joueur majeur s'apprête-t-il à entrer sur ce marché ? Voilà autant de questions, parmi d'autres, que l'on doit se poser.

À l'heure de l'internationalisation des marchés et du commerce électronique, on ne peut plus se permettre de fixer un prix sur les marchés étrangers sans tenir compte des concurrents actuels et potentiels. En fait, l'exportateur doit analyser les pratiques de ses concurrents directs en matière de prix sur tous les marchés étrangers ciblés.

Tenir compte de la concurrence oblige à comparer son propre prix (le prix de vente au consommateur) et ses coûts. À partir de cette comparaison, l'exportateur établit une fourchette de prix acceptables, puis cherche dans cette fourchette le prix qui lui assurera la plus grande marge de manœuvre et la position la plus concurrentielle. Trois stratégies d'établissement des prix par rapport à la concurrence sont possibles : vendre moins cher, vendre au même prix et vendre plus cher. Examinons brièvement chacune de ces options :

- *Prix inférieur à celui de la concurrence.* En fixant un prix réduit et une marge commerciale faible, l'exportateur adopte une stratégie de pénétration du marché. Son objectif est de percer le marché ou de toucher le plus grand nombre de consommateurs possible. Cette décision doit s'appuyer sur l'analyse des coûts internes et du positionnement du produit sur le marché et sur l'assurance d'une perception positive du rapport qualité-prix chez la clientèle visée. Une stratégie énergique de pénétration de marché offre souvent l'avantage d'induire des économies d'échelle par augmentation de la quantité produite, mais entraîne aussi la quasi-impossibilité d'élever les prix par la suite. « Qui attaque par le bas y reste. »

---

6. Tiré et adapté d'Eur-export, *Le marché : concurrence*, s.d., [www.eur-export.com/francais/apptheo/marketing/prix/prixconcurrence.htm], (2 février 2009).

- *Prix semblable à celui de la concurrence.* L'exportateur s'alignera sur la concurrence pour deux raisons : son prix de revient l'empêche de fixer un prix réduit pour son produit, et le marché est très concurrentiel et les consommateurs réagiraient négativement à un prix plus élevé. L'exportateur doit alors se démarquer de ses concurrents au moyen des autres composantes du marketing mix (produit, distribution, publicité).

- *Prix plus élevé que celui de la concurrence.* L'entreprise fixera un prix plus élevé que la moyenne pour vendre un produit haut de gamme, nouveau ou accompagné d'un excellent service après-vente. Cette stratégie s'appelle **écrémage du marché**. L'objectif est alors de maximiser la marge commerciale. En l'absence de concurrence manifeste, un exportateur peut être enclin à essayer de vendre un produit à prix élevé. Ce faisant, il doit faire attention de ne pas créer un marché que d'autres cueilleront rapidement en haussant leurs prix à leur tour.

Écrémage du marché
Élément de la politique de prix qui consiste à vendre un produit nouveau à un prix élevé, de façon à attirer la clientèle la plus avantagée.

Lorsque le marché est déjà partagé entre de nombreux concurrents, les deux premières stratégies que nous venons de voir, c'est-à-dire fixer un prix inférieur ou semblable à celui de la concurrence, sont généralement les plus appropriées.

Il est possible aussi que l'exportateur ait calculé un prix de vente plus élevé que le prix maximal acceptable par la clientèle visée (prix plafond). Trois solutions s'offrent alors à lui, et sa décision dépendra des objectifs stratégiques qu'il poursuit :

- Décider de ne pas vendre son produit sur ce marché ;

- Vendre son produit au prix prévu parce qu'il offre un avantage concurrentiel, et travailler son positionnement et sa différenciation à l'aide d'une stratégie de communication adéquate ou simplement en étant présent sur le marché ;

- Réduire le prix du produit en le situant dans la fourchette de prix acceptables. À cette fin, l'exportateur doit abaisser sa marge commerciale ou diminuer ses coûts de production et de commercialisation, ou augmenter sa production sans alourdir ses frais fixes en ayant recours à la sous-traitance.

L'entreprise exportatrice doit constamment mettre à jour ses informations sur la politique de prix des concurrents. Ses partenaires commerciaux dans les marchés étrangers peuvent lui être très utiles dans cette tâche.

L'INFLATION[7]

L'entreprise doit également surveiller de près le contexte économique. L'un des principaux défis dans ce domaine concerne l'attitude à adopter vis-à-vis de l'**inflation**. Que peut faire une entreprise exportatrice devant les tendances inflationnistes ? Ses options sont au nombre de trois :

Inflation
Hausse généralisée, continue et plus ou moins importante du prix des biens et des services.

1) Augmenter régulièrement ses prix de vente à l'exportation en fonction du taux d'inflation du marché cible. On intègre ainsi les coûts supplémentaires qu'amène la hausse généralisée des prix. Ce choix peut placer l'entreprise en dehors de la fourchette de prix des produits concurrents sur le marché local ;

7. Tiré et adapté d'Eur-export, *Le marché : environnement économique et réglementaire*, s.d., [www.eur-export.com/francais/apptheo/marketing/prix/prixenvpolitique.htm], (2 février 2009).

2) Ne pas modifier le prix de vente au consommateur, mais plutôt réduire sa marge commerciale. Bien que plus positive, cette solution ne peut être que temporaire, sinon l'exportateur finit par vendre à perte;

3) Abandonner le marché de façon permanente ou temporaire, jusqu'à ce que l'inflation soit maîtrisée.

III. LES FACTEURS POLITIQUES ET JURIDIQUES INFLUENÇANT LE PRIX À L'EXPORTATION[8]

Nous avons vu au chapitre 2 que le système politique et les lois des pays importateurs exercent une grande influence sur le commerce international. Pour cette raison, les entreprises doivent examiner attentivement les aspects suivants des marchés étrangers:

- la politique douanière et les accords entre pays;
- la politique de contrôle des prix;
- la législation antidumping.

LA POLITIQUE DOUANIÈRE ET LES ACCORDS ENTRE PAYS

Rappelons que chaque État essaie d'équilibrer ses échanges et de conserver une balance commerciale positive au moyen d'une politique douanière plus ou moins protectionniste. Cette politique, souvent associée à des tarifs douaniers élevés, freine les exportations vers ce pays.

Le tarif douanier a une incidence directe sur le prix de vente final des produits; en effet, plus les droits de douane sont élevés, plus le vendeur fixera un prix élevé pour maintenir sa marge commerciale. C'est en outre sur le prix du produit dédouané que seront calculées les taxes à la consommation (TPS). La mise en situation suivante illustre cette incidence.

MISE EN SITUATION

Vous décidez d'importer des sandales de caoutchouc du Brésil (DDP Montréal). Ce produit (6401.99.10) est frappé de droits de douane de 20 % et d'une taxe sur les produits et services (TPS) de 5 % que le vendeur ne pourra pas récupérer. Le vendeur doit tenir compte de ces coûts additionnels (25 %) dans l'établissement de ses prix à l'exportation, sinon sa marge commerciale sera considérablement réduite.

---

8. Tiré et adapté d'Eur-export, *Le marché: environnement économique et réglementaire*, s.d., [www.eur-export.com/francais/apptheo/marketing/prix/prixenvpolitique.htm], (2 février 2009).

LA POLITIQUE DE CONTRÔLE DES PRIX

Les principaux pays industrialisés interviennent généralement peu pour fixer les prix. Ces derniers sont plutôt soumis aux lois du marché, c'est-à-dire à l'offre et à la demande. Les pays légifèrent toutefois contre la concurrence déloyale et les ententes de fixation des prix ou de partage de marché conclues par certaines entreprises, qui contribuent à une hausse des prix. Il existe cependant des exceptions pour certains produits : la poste, les transports en commun et les loteries, par exemple, sont des monopoles d'État, tandis que l'essence, les produits agricoles, les médicaments, etc. font l'objet d'un contrôle des prix.

En effet, il n'est pas rare que les gouvernements adoptent une politique de **contrôle des prix** pour certains produits, par exemple pour les médicaments, le pain, le lait et les produits pétroliers. Plus rarement, c'est un contrôle général des prix qui est mis en œuvre. Les gouvernements recourent à de telles politiques pour limiter les augmentations de prix et pour combattre une forte inflation ou un déficit commercial avec les autres pays. Les exportateurs, qui subissent ces décisions politiques, jouissent alors d'une moins grande liberté en matière de fixation des prix.

Contrôle des prix
Décision du pouvoir politique en matière de prix visant à limiter ou à supprimer le libre jeu de la loi de l'offre et de la demande.

Quand un gouvernement fixe un prix minimal (prix plancher) pour un produit, il le fait habituellement pour empêcher les entreprises d'éliminer leurs concurrents en abaissant leurs prix. Il s'agit d'une façon de contrer la formation de monopoles. Dans ces cas, peu importe la méthode de calcul qu'ils utilisent pour fixer leurs prix, les exportateurs doivent veiller à ne pas descendre au-dessous du prix minimal légal.

Par ailleurs, lorsque le prix maximal est réglementé, une hausse des coûts entraîne souvent une réduction de la marge commerciale, à moins que l'entreprise ne se mette à offrir une version de moindre qualité de ce même produit. L'entreprise peut aussi retirer son produit de ce marché. Dans cette perspective, les exportateurs peuvent tout simplement éviter les marchés dont la politique de contrôle des prix leur semble trop contraignante.

LA LÉGISLATION ANTIDUMPING

Quand une entreprise exportatrice déclare une guerre des prix en vendant à perte sur un marché étranger afin d'augmenter son volume de vente, on parle de dumping intentionnel.

En revanche, le dumping n'est pas intentionnel lorsqu'une variation du taux de change, entre le moment de la vente et l'arrivée du produit sur le marché, fait en sorte que le prix de vente final est plus bas que le coût de revient ou le prix en vigueur dans le pays d'origine.

Signalons que la plupart des pays ne porteront pas plainte pour cause de dumping si le prix de l'exportateur est inférieur à son prix de vente intérieur, mais tout de même supérieur au prix dans leur pays. D'abord une façon de protéger les entreprises nationales, les lois antidumping visent, dans certains cas, à limiter la concurrence étrangère.

OBJECTIF **3**

Comprendre les implications des différentes stratégies en matière de prix internationaux et leurs répercussions sur le marketing mix.

IV. LES POLITIQUES DE L'ENTREPRISE ET LE MARKETING MIX[9]

Nous avons vu que l'entreprise qui cible un marché commence par en étudier les caractéristiques et qu'elle se définit ensuite des objectifs et des stratégies qui correspondent à ses connaissances à ce moment précis. À mesure que surviendront des changements dans l'environnement économique de ce marché, elle devra revoir ses objectifs et sa stratégie de prix. Parmi les nombreux objectifs et stratégies possibles, l'entreprise privilégiera le plus souvent :

- la rentabilité ;
- l'écrémage du marché ;
- la pénétration du marché ;
- la promotion d'un produit ;
- le maintien sur le marché ;
- la recherche d'un marché secondaire ;
- l'alignement sur la concurrence.

LA RENTABILITÉ

Dans le cas où l'entreprise privilégie un objectif de rentabilité, l'exportateur cherche à établir un prix qui maximise le profit global sur une période déterminée. Pour calculer le profit total, on se sert de la formule suivante :

$$\text{Profit total} = \text{recettes totales} - \text{coût total}$$

La fixation d'un prix qui maximise le profit global est complexe pour plusieurs raisons :

- Le prix optimal n'est pas forcément le prix le plus élevé. Il dépend de la période sur laquelle ont été calculées les estimations de profit ainsi que de la réaction des concurrents et des autorités des marchés concernés face au prix ;
- Le niveau de prix influe sur le volume des ventes en vertu de l'élasticité de la demande par rapport au prix, ce qui se répercute sur la production. Un prix à la hausse fait généralement chuter les ventes, alors qu'un prix réduit les fera augmenter ;
- Le niveau de prix agit indirectement sur les coûts, puisque l'attribution des frais fixes dépend du volume de production.

Cette simple formule ne tient pas compte de la complexité du réel. En effet, en pratique le calcul des profits totaux doit tenir compte de plusieurs variables.

L'ÉCRÉMAGE DU MARCHÉ

L'entreprise peut opter pour une stratégie d'écrémage du marché, c'est-à-dire, comme nous l'avons vu, fixer un prix élevé qui lui permettra de dégager une marge commerciale importante à court terme et de donner une image de marque à son

---

9. Tiré et adapté d'Eur-export, *Stratégie interne de l'entreprise : marketing mix*, s.d., [www.eur-export.com/francais/apptheo/marketing/prix/prixmktgmix.htm], (2 février 2009).

TENDANCES ET ENJEUX

Le vrai prix d'un t-shirt chinois[a]

Prix d'un t-shirt vendu 10 CAD

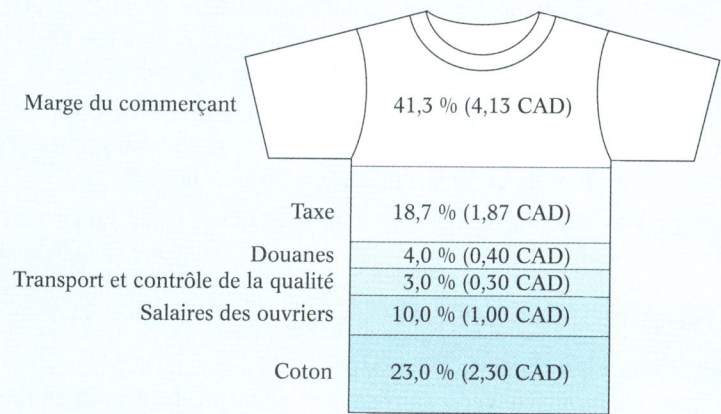

Marge du commerçant	41,3 % (4,13 CAD)
Taxe	18,7 % (1,87 CAD)
Douanes	4,0 % (0,40 CAD)
Transport et contrôle de la qualité	3,0 % (0,30 CAD)
Salaires des ouvriers	10,0 % (1,00 CAD)
Coton	23,0 % (2,30 CAD)

Le textile est le secteur le plus touché par les délocalisations. Il enregistre des baisses annuelles de 3 % à 4 % depuis plusieurs années. Avec la fin des quotas sur le textile chinois, les importations ont fait un bond incroyable au Canada, passant de 570 millions de CAD en 1998 à 4,3 milliards en 2008[b]. Il est certes impossible de rivaliser avec les usines chinoises, mais, pour vendre un t-shirt 10 CAD, il faut tout de même rogner sur la qualité : tissu plus mince, découpes simplifiées. Sans parler des chaussettes de tennis, qui sont fabriquées à partir de slips de coton recyclés !

a. Adaptation de « Le vrai prix d'un t-shirt chinois », *Savoir*, L'Internaute, s.d., [www.linternaute.com/savoir/dossier/mondialisation/10-prix-t-shirt.shtml], (2 février 2009).
b. Source : Statistique Canada, *Données sur le commerce en direct*, Importations totales canadiennes de la Chine, 25 premier produits (codes SH6), s.d., [www.ic.gc.ca/epic/site/tdo-dcd.nsf/fr/accueil], (rapport généré le 3 mars 2009).

produit. L'exportateur cible une clientèle restreinte, peu sensible au prix demandé et qui accepte de payer cher la valeur qu'elle accorde au produit. Cette stratégie implique de la part du producteur un investissement substantiel et une promotion intense pour faire connaître le produit.

LA PÉNÉTRATION DU MARCHÉ

La stratégie de pénétration du marché repose sur une politique de prix très bas et une marge commerciale à peu près nulle. Elle vise à rejoindre le plus de consommateurs possible, à s'emparer d'une part du marché et à occuper le terrain aux dépens de la concurrence. Les entreprises y ont surtout recours lorsque le marché visé leur est inconnu.

On utilise cette stratégie dans les circonstances suivantes :

- Lorsque le prix constitue le premier critère d'achat des consommateurs ou que la demande est très élastique par rapport au prix, une réduction du prix peut faire augmenter suffisamment les ventes pour que le profit attendu se réalise. L'augmentation du nombre d'articles vendus compense la réduction de la marge commerciale réalisée sur chaque article. L'entreprise peut réduire ses coûts en bénéficiant rapidement d'économies d'échelle. En effet, en augmentant sa production, l'entreprise réduit ses coûts fixes sur des quantités plus grandes, ce qui signifie une baisse des coûts à l'unité.

- Lorsque l'entreprise est en mesure de répondre à la demande accrue créée par un prix bas. Elle possède les ressources financières ainsi que les ressources de fabrication et de commercialisation pour le faire.

Cette stratégie permet d'accroître les ventes sur des marchés en croissance.

LA PROMOTION D'UN PRODUIT

Prix d'appel
Prix plus bas que le prix usuel, utilisé pour attirer la clientèle.

www.unilever.ca
www.dove.ca

Une entreprise déjà présente sur un marché lance un nouveau produit. Elle mise sur l'aspect complémentaire du nouveau venu dans sa gamme de produits pour en faire la promotion et stimuler l'intérêt pour les autres. Elle peut alors vendre le nouveau produit à un **prix d'appel** lui laissant peu de marge commerciale, voire aucune. En revanche, ses autres produits qui se vendent plus cher ont une marge commerciale plus élevée. *Unilever* a très bien utilisé cette stratégie avec sa marque vedette *Dove*. Pour chaque nouveau produit Dove, elle a fait une promotion à prix d'appel, profitant de l'occasion pour présenter les autres produits Dove, vendus au prix régulier.

LE MAINTIEN SUR LE MARCHÉ

Le prix fixé peut aussi traduire la volonté de l'exportateur de se maintenir sur un marché étranger et de conserver sa part de marché. Cette stratégie est en relation directe avec les actions de la concurrence.

LA RECHERCHE D'UN MARCHÉ SECONDAIRE

Il se peut également que l'entreprise recherche un marché secondaire pour vendre certains produits. Par exemple, elle veut écouler un surplus de production ou des produits démodés ou obsolètes sur son marché intérieur. Comme il s'agit d'un marché secondaire, l'entreprise a des attentes limitées quant à la part de marché et au volume de vente.

L'ALIGNEMENT SUR LA CONCURRENCE

Dans un marché hautement concurrentiel, s'aligner sur la concurrence peut être la meilleure stratégie, et certainement la plus simple. Le risque est que l'entreprise vende à un prix qui ne respecte pas son coût de revient et sa structure de production, mais plutôt celle de ses concurrents.

V. LA FEUILLE DE CALCUL[10]

OBJECTIF **4**

Savoir utiliser la feuille de calcul.

La feuille de calcul est un outil précieux pour l'exportateur qui cherche à détermi-ner son prix à l'exportation. D'abord, elle lui permet d'inclure dans son calcul tous les frais possibles dont il y a lieu de tenir compte. Puis elle lui assure de disposer d'un dossier exact et complet des offres (prix et conditions) faites à chaque client des marchés étrangers ciblés.

Il existe plusieurs modèles de feuille de calcul, qui varient selon l'entreprise, le produit exporté et la méthode d'établissement du coût de revient. La feuille de calcul que nous présentons ci-dessous est un modèle standard pour l'établissement du prix, basé sur la méthode du coût complet, pouvant répondre aux besoins de plusieurs entreprises.

Les coûts figurant dans les feuilles de calcul dépendent de l'incoterm utilisé, de même que les prix qui en découlent, bien sûr. La mise en situation suivante contient les données nécessaires pour le calcul d'un prix suivant les incoterms EXW, FOB, CIF et DDP. Le tableau 10.7 contient quant à lui la feuille de calcul remplie en conséquence.

MISE EN SITUATION

Un producteur de sirop d'érable de Mirabel a reçu une demande de soumission d'un acheteur potentiel belge pour 4 000 litres de sirop d'érable. La requête exige un prix fixe selon CIF Anvers, en Belgique, et DDP Bruxelles, également en Belgique. Le produc-teur procède à l'examen des coûts liés à cette transaction et voici ses résultats :

- Coût pour le marché québécois : 7,50 CAD par litre
- Adaptation et préparation pour l'exportation : 0,75 CAD par litre
- Transport au port de Montréal : 0,10 CAD par litre
- Assurance transport Mirabel-port de Montréal : incluse
- Déchargement, entreposage et frais de port : 0,25 CAD par litre
- Transport maritime Montréal-Anvers : 1,50 CAD par litre
- Assurance maritime : 5,00 CAD par 100,00 CAD sur 110 % FOB[a]
- Assurance crédit à l'exportation : 1 % du coût du produit à l'usine
- Frais de chargement sur le navire : inclus dans le transport
- Frais de déchargement et entreposage à Anvers : 0,10 EUR[b] par litre
- Droits de douane : 2 % de la cotation CIF
- Frais de courtage (dédouanement) : 45,00 CAD
- Transport Anvers-Bruxelles : 0,12 EUR par litre
- Marge commerciale : 2,00 CAD par litre

---

a. Comme nous l'avons mentionné dans le chapitre sur les assurances, la valeur assurée doit correspon-dre à 110 % de la valeur de la marchandise.
b. Prenons comme hypothèse que 1 EUR = 1,64 CAD.

---

10. La feuille de calcul présentée dans cette section est tirée et adaptée de Liaison Entreprise, *Fiche d'établissement des coûts d'exportation*, s.d., [www.rcsec.org/alberta/tbl.cfm?fn=expcost&pf=1], (2 février 2009)

Tableau 10.7

La feuille de calcul des prix à l'exportation du sirop d'érable

1. CALCUL D'UNE TRANSACTION SELON EXW[a]

Coût du produit à l'usine		
Fabrication du produit		
Matériel		
Main-d'œuvre		
Frais généraux de l'usine		
Administration		
Coûts de financement		
Total – Coût de fabrication du produit	4 000 L × 7,50 CAD/L	30 000 CAD
Préparation pour l'expédition		
Étiquetage		
Emballage		
Empaquetage		
Marquage, etc.		
Total – Coût de préparation pour l'expédition	4 000 L × 0,75 CAD/L	3 000 CAD
Total – Coût du produit à l'usine		**33 000 CAD**
Financement international		
Assurance crédit à l'exportation	33 000 CAD × 1 %	330 CAD
Escompte des effets à recevoir		
Frais de change		
Intérêts sur emprunts		
Total – Coût du financement international		**330 CAD**
Marge commerciale	4 000 L × 2 CAD/L	**8 000 CAD**
	COTATION SELON EXW	**41 330 CAD**

2. CALCUL D'UNE TRANSACTION SELON FOB[b]

Produit selon FOB		
Total coût du produit à l'usine[c]		33 000 CAD
Transport dans le pays du vendeur		
Documentation		
Frais de chargement à l'usine	inclus	
Transport jusqu'au port de Montréal	4 000 L × 0,10 CAD/L	400 CAD
Assurance transport	incluse	
Déchargement au port	4 000 L × 0,25 CAD/L	1 000 CAD
Entreposage		
Droits de port		
Frais de chargement du navire	inclus	
Total – Coût du transport dans le pays du vendeur		1 400 CAD
Total – Coût du produit selon FOB		**34 400 CAD**
Financement international		
Coût des effets		
Assurance crédit à l'exportation	33 000 CAD × 1 %	330 CAD
Escompte des effets à recevoir		
Frais de change		
Total – Coût du financement international		**330 CAD**
Marge commerciale	4 000 L × 2,00 CAD/L	**8 000 CAD**
	COTATION SELON FOB	**42 730 CAD**

3. CALCUL D'UNE TRANSACTION SELON CIF[d]

Produit selon CIF		
Coût total du produit selon FOB		34 400 CAD
Fret international		
Frais de transport maritime	4 000 L × 1,50 CAD/L	6 000 CAD
Assurance transport		
(en général, calculée sur 110 % de la valeur)	34 400 CAD × 1,10 x 0,05	1 892 CAD
Total – Coût du fret international		**7 892 CAD**
Total – Coût du produit selon CIF		**42 292 CAD**
Financement international		
Coût des effets		
Assurance crédit à l'exportation	33 000 CAD × 0,01	330 CAD
Escompte des effets à recevoir		
Frais de change		
Intérêts sur emprunts		
Total – Coût du financement international		**330 CAD**
Marge commerciale	**4 000 L × 2 CAD/L**	**8 000 CAD**
	COTATION SELON CIF	**50 622 CAD**

4. CALCUL D'UNE TRANSACTION SELON DDP[e]

Produit selon DDP		
Coût total du produit selon CIF		42 292 CAD
Frais au port d'arrivée		
Déchargement au port d'arrivée	4 000 L × 0,10 EUR/L × 1,64 CAD/EUR	656 CAD
Droits de douane étrangers	50 622 CAD[f] × 0,02	1 012 CAD
Frais de courtage		45 CAD
Entreposage		
Total – Frais au port d'arrivée		**1 713 CAD**
Transport dans le pays de l'acheteur		
Frais de chargement		
Frais de transport	4 000 L × 0,12 EUR/L × 1,64 CAD/EUR	787 CAD
Frais de déchargement à la destination finale		
Total – Coût du transport dans le pays de l'acheteur		**787 CAD**
Total – Coût du produit selon DDP		**44 792 CAD**
Financement international		
Coût des effets		
Assurance crédit à l'exportation	33 000 CAD × 1 %	330 CAD
Escompte des effets à recevoir		
Frais de change		
Intérêts sur emprunts		
Total – Coût du financement international		**330 CAD**
Marge commerciale	**4 000 L × 2 CAD/L**	**8 000 CAD**
	COTATION SELON DDP	**53 122 CAD**

a. L'acheteur s'occupe de tout, sauf de l'emballage pour l'exportation.
b. Le vendeur a rempli ses obligations lorsque la marchandise passe le bastingage du bateau au port d'origine.
c. On reprend ici le montant avant le coût de financement et la marge bénéficiaire qui ont été calculés dans la section précédente du tableau.
d. Le vendeur a rempli ses obligations en payant pour le transport et l'assurance jusqu'au port de destination.
e. Le vendeur a rempli ses obligations lorsque la marchandise est livrée et dédouanée au point de destination.
f. La valeur en douane tient compte de la marge bénéficiaire et du coût du financement : 42 292 CAD + 8 000 CAD + 330 CAD.

Le Canada et ses partenaires commerciaux

LES PAYS-BAS

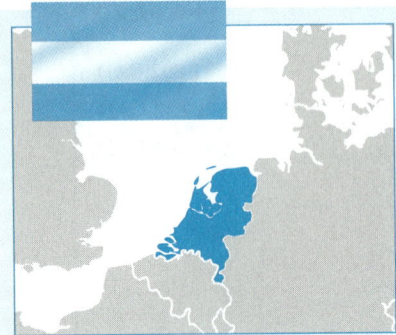

Les Pays-Bas, sixième marché pour les exportations canadiennes, ont une économie très développée, et leur PIB se compare à celui du Canada. Comme le pays possède peu de ressources naturelles (à la grande exception du gaz naturel), la clé de sa prospérité est le commerce international. La situation géographique du pays, au centre du réseau de transports de l'Europe, et la petite taille de son marché intérieur ont encouragé ses citoyens à faire de leur économie l'une des plus ouvertes. Plus des deux tiers du commerce international du pays a lieu au sein de l'Union européenne, l'Allemagne effectuant à elle seule le quart des échanges commerciaux des Pays-Bas.

En 2007, la croissance de l'économie néerlandaise a gardé son dynamisme, nourrie par les exportations et la demande intérieure. Malgré le ralentissement de la production de produits gaziers en début d'année, les exportations ont poursuivi leur croissance, soutenues par les réexportations (environ 50 % du total) et les performances de l'industrie chimique. La vigueur du marché de l'emploi a favorisé les dépenses des ménages. Les entreprises ont quant à elles poursuivi leur investissement, mais à un rythme modéré.

En 2007, le commerce bilatéral entre le Canada et les Pays-Bas atteignait plus de 5,7 milliards de CAD (4 milliards de CAD pour les exportations et 1,7 milliard de CAD pour les importations). Ce pays est l'un des rares en Europe avec lequel le Canada a affiché une balance commerciale nettement positive dans les années d'après-guerre.

Traditionnellement, le Canada a surtout exporté des matières premières ou semi-transformées aux Pays-Bas, bien que la part de produits manufacturés (équipements informatique, bureautique et électronique) soit en train d'augmenter. L'aluminium, les produits forestiers, les minerais, les machines, les instruments médicaux, les produits chimiques organiques, les combustibles minéraux, le nickel et les céréales sont les produits les plus exportés par le Canada, qui importe surtout des combustibles minéraux, des antisérums, des bières et des plantes.

Multinationales néerlandaises au Canada

Beaucoup de multinationales néerlandaises sont présentes au Canada, les plus importantes étant Philips, Unilever, ING Group et Azko-Nobel. Shell Canada, filiale de la société anglo-néerlandaise Royal Dutch Shell, entreprend un plan d'expansion de ses investissements de plusieurs milliards de dollars dans les sables bitumineux de l'Athabasca, en Alberta.

Des sociétés néerlandaises ont réalisé des investissements majeurs au Canada ces dernières années. Parmi elles, DSM Biologics a

investi 33 millions de CAD dans un projet biopharmaceutique polyvalent situé près de Montréal, ING a investi 50 millions CAD dans sa première filiale bancaire au Canada, et Pink Elephant a implanté ses activités de services informatiques à Toronto. À ces investissements s'ajoutent les prises de contrôle de plusieurs entreprises canadiennes.

Pour les firmes canadiennes dont la stratégie européenne implique un investissement direct, les Pays-Bas sont un point d'entrée fort prisé. La situation stratégique du pays, la stabilité de son économie, la qualité de ses infrastructures et de ses moyens de transport, son usage très répandu des grandes langues internationales et sa rela-

tion de longue date avec le Canada sont des facteurs offrant aux sociétés canadiennes un accès direct à l'un des plus grands et des plus riches blocs commerciaux du monde.

Enfin, comme nous l'avons mentionné un peu plus tôt, les Pays-Bas sont aussi mondialement connus pour leur bière, dont la fameuse Heineken, distribuée dans plus de 170 pays au rythme de 13 000 bouteilles… la minute! Plus près de chez nous, les Pays-Bas sont le premier fournisseur de bières pour le Québec et l'Ontario tandis que le Mexique (pays producteur de la non moins connue Corona) occupe la seconde place. Aux États-Unis c'est le contraire: le Mexique occupe la première

place et les Pays-Bas suivent. Résultat? La Heineken est moins cher au Québec qu'à Boston, mais pas la Corona, qui se vend à meilleur prix chez nos voisins du sud. En effet, dans le cas de la bière, les prix dépendront de la part de marché que possède l'entreprise.

Les tableaux 10.8 et 10.9 donnent un aperçu du commerce international entre le Canada et les Pays-Bas des dernières années.

Source : Tiré et adapté de l'Ambassade du Canada à La Haye, « Les Pays-Bas. Lesrelations de commerce et d'investissement », *CanadaEUROPA*, 16 janvier 2006, [www.international.gc.ca/canada-europa/netherlands/can·nether-2bus-fr.asp], (21 mars 2009).

Tableau 10.8

Les importations canadiennes des Pays-Bas, en millions de CAD			
Produits	**2006**	**2007**	**2008**
Huiles de pétrole ou de minéraux bitumineux	227	274	607
Sang humain; sang animal préparé; sérums spécifiquement d'animal ou de personne; vaccins, etc.	115	182	219
Bières de malt	102	117	137
Médicaments constitués de produits mélangés ou non, présentés sous forme de doses	66	68	58
Fils à haute ténacité de nylon/autres polyamides, non pour vente au détail	34	37	48
Pelleteries brutes	30	34	42
Bulbes (tulipe), oignons, etc., en repos végétatif; racines chicorée	41	44	41
Graines, fruits et spores à ensemencer	17	19	24
Appareils à rayon X ou utilisant les radiations alpha, bêta ou gamma	22	23	23
Papier hygiénique, mouchoirs, couches, etc. pour usage domestique ou hospitalier	18	21	22
Total partiel	**671**	**819**	**1 221**
Autres produits	919	946	949
Total	**1 590**	**1 765**	**2 170**

Source : Tiré et adapté d'Industrie Canada, *Données sur le commerce en direct*, Les importations totales canadiennes des Pays-bas, 25 premiers produits (codes SH6), s.d., [www.ic.gc.ca/epic/site/tdo-dcd.nsf/fr/accueil], (rapport généré le 3 mars 2009).

Tableau 10.9

Les exportations canadiennes vers les Pays-Bas, en millions de CAD

Produits	2006	2007	2008
Huiles de pétrole ou de minéraux bitumineux	193	103	750
Aluminium sous forme brute	362	652	541
Nickel sous forme brute	137	453	267
Ordinateurs et leurs accessoires	76	140	148
Minerais de molybdène et leurs concentrés	66	128	145
Houilles ; briquettes, boulets/combustibles solides similaires obtenus à partir de houille	143	113	140
Locomotives et locotracteurs	33	66	111
Bois de chauffage ; bois en particules ; sciures, déchets	39	54	90
Éléments chimiques radioactifs, isotopes radioactifs et leurs mélanges ou résidus	212	535	82
Ferro-alliages	36	57	79
Total partiel	**1 297**	**2 301**	**2 352**
Autres produits	1 767	1 744	1 328
Total	**3 064**	**4 045**	**3 680**

Source : Tiré et adapté d'Industrie Canada, *Données sur le commerce en direct*, Les exportations totales canadiennes vers les Pays-Bas, 25 premiers produits (codes SH6), s.d., [www.ic.gc.ca/epic/site/tdo-dcd.nsf/fr/accueil], (rapport généré le 3 mars 2009).

Données sur les Pays-Bas

Données géographiques

Nom officiel :	Royaume des Pays-Bas
Superficie :	41 526 km²
Population :	16,645 millions d'habitants (2008)
Capitale :	Amsterdam
Villes principales :	Amsterdam, Rotterdam, La Haye
Langue(s) :	Néerlandais, frison
Monnaie :	Euro (1 EUR = 1,594 CAD ou 1 CAD = 0,627 EUR)
Fête nationale :	Le 30 avril, fête de la Reine

Données démographiques

Croissance démographique :	0,436 %
Espérance de vie :	76,66 ans pour les hommes, 81,98 ans pour les femmes
Taux d'alphabétisation :	99 %
Religion(s) :	Catholicisme, calvinisme et autres religions protestantes, islam
Indice de développement humain (classement ONU) :	0,952 (10ᵉ rang mondial sur 177)

Données économiques

PIB (2007) :	645,5 milliards de USD
PIB par habitant (2007) :	39 000 USD
Taux de croissance :	3,5 %
Taux de chômage :	4,6 %
Taux d'inflation :	1,6 %
Solde budgétaire :	3 milliards de USD
Balance commerciale :	

Exportations :	456,8 milliards de USD
Importations :	406,3 milliards de USD
Solde :	+ 50,5 milliards de USD

Principaux clients :	Allemagne (24,4 %), Belgique (13,5 %), Royaume-Uni (9,1 %), Italie (5,1 %), États-Unis (4,4 %)
Principaux fournisseurs :	Allemagne (17,6 %), Chine (10,5 %) Belgique (9,3 %), États-Unis (7,3 %), Royaume-Uni (5,8 %), Russie (5,0 %), France (4,4 %)
Exportations du Canada vers les Pays-Bas (2007) :	4,044 milliards de CAD ; 0,9 % des exportations mondiales
Importations canadiennes des Pays-Bas (2007) :	1,764 milliards de CAD ; 0,43 % des importations mondiales

RÉSUMÉ

Comment fixer le prix des produits exportés ? La réponse à cette question n'est pas seulement arithmétique ou statistique : elle repose également sur un ensemble d'éléments psychologiques et contextuels, et doit tenir compte des objectifs de l'entreprise et des stratégies qui en découlent.

Nous avons décrit les composantes du coût de revient et diverses méthodes de calcul de ce coût de revient. Les caractéristiques des marchés étrangers et la situation concurrentielle peuvent influer sur l'établissement d'une fourchette de prix acceptable, de même que sur les objectifs et stratégies de l'entreprise en matière d'exportation. Finalement, nous avons présenté une feuille de calcul du prix de vente, outil pouvant aider l'exportateur à déterminer son prix à l'exportation.

Précisons que le Service des finances et de la comptabilité de l'entreprise joue un rôle très important dans la démarche de fixation d'un prix, car c'est lui qui compile et vérifie l'information financière. Le système d'information comptable de l'entreprise doit être en mesure de faire ce travail avec précision. En effet, des informations erronées conduisent à de mauvaises stratégies, qui peuvent entraîner des pertes considérables, voire la faillite de l'entreprise.

MOTS CLÉS

Français	Anglais
Concurrence (p. 450)	Competition
Contrôle des prix (p. 453)	Price control
Coût de revient (p. 434)	Cost
Écrémage du marché (p. 451)	Skimming price policy
Élasticité de la demande par rapport au prix (p. 447)	Price elasticity of demand
Fourchette de prix (p. 448)	Price range
Inflation (p. 451)	Inflation
Marge commerciale (marge bénéficiaire brute) (p. 432)	Mark-on (markup)
Marge sur coûts variables (p. 439)	Contribution margin
Méthode des coûts spécifiques de l'exportation (p. 440)	Specific costing
Méthode des coûts variables (p. 439)	Direct costing
Méthode du coût complet (p. 442)	Full costing
Pouvoir d'achat (p. 448)	Purchasing power
Prix d'appel (p. 456)	Loss leader price
Prix plafond (p. 447)	Ceiling price
Prix plancher (p. 447)	Floor price
Prix psychologique (prix d'acceptabilité) (p. 448)	Psychological price
Risque de change (p. 439)	Foreign exchange risk
Test de prix (p. 448)	Price test
Utilité (p. 447)	Utility
Valeur (p. 447)	Value

VÉRIFIEZ VOS CONNAISSANCES

Questions à choix de réponses

1. Si une entreprise fixe le prix de son produit haut de gamme, nouveau ou accompagné d'un excellent service après-vente à un prix plus élevé que celui de ses concurrents, quelle stratégie ou quel objectif de prix utilise-t-elle ?

   a) La stratégie d'écrémage du marché

   b) La stratégie de pénétration du marché

   c) La stratégie de promotion d'un produit

   d) La stratégie d'alignement sur la concurrence

2. Lorsqu'une entreprise fixe son prix à l'exportation, elle doit, entre autres, vérifier la capacité des acheteurs cibles à payer le produit à un prix donné. De quel type de facteur externe s'agit-il ?

   a) Le pouvoir d'achat

   b) La politique de contrôle des prix

   c) L'écrémage du marché

   d) Le prix psychologique

3. Le coût de revient d'un produit exporté comporte plusieurs composantes. Comment nomme-t-on les coûts qui sont propres à la prospection, aux études de marché et aux frais de publicité ?

   a) Les coûts de commercialisation fixes

   b) Les coûts de commercialisation variables

   c) Les frais d'administration fixes

   d) Les frais généraux de commercialisation

4. L'entreprise pour laquelle vous travaillez exporte vers divers pays de façon régulière. La méthode qu'elle utilise pour déterminer le coût de revient de son produit est toujours la même, soit la méthode qui englobe les coûts variables ainsi que les coûts fixes de fabrication et de commercialisation liés à l'exportation. Quelle est cette méthode ?

   a) La méthode des coûts propres à l'exportation

   b) La méthode du coût complet

   c) La méthode des coûts variables

   d) La méthode de Shim et Sudit

5. Parmi les éléments suivants, lequel ne constitue pas un facteur relatif au marché susceptible d'influencer le prix à l'exportation ?

   a) Le pouvoir d'achat

   b) La concurrence

   c) L'inflation

   d) Le dumping intentionnel

6. À quel type de coûts la commission des agents doit-elle être associée ?

   a) Les coûts de fabrication fixes

   b) Les coûts de commercialisation variable

   c) Les coûts de commercialisation fixes

   d) Les coûts d'administration fixes

Questions à court développement

7. Plusieurs méthodes de calcul du coût de revient servent à déterminer un prix de vente à l'étranger, notamment la méthode du coût complet et la méthode des coûts variables. Définissez chaque méthode, puis dites laquelle permet d'offrir le prix de vente le plus concurrentiel à l'étranger et pourquoi.

8. Nommez les facteurs internes, externes, politiques et juridiques qui peuvent avoir une influence sur le prix de vente à l'exportation ?

9. Expliquez comment la législation antidumping peut avoir un effet sur le prix à l'exportation.

10. Votre entreprise, située au Saguenay, publie et distribue des calendriers panoramiques du Québec. Dernièrement, elle a reçu une commande d'un grand magasin français pour 25 000 calendriers. Ces calendriers devront être acheminés par avion à l'aéroport Charles-de-Gaulle *via* l'aéroport Pierre-Elliott-Trudeau, et ensuite par camion vers leur destination finale, qui est l'entrepôt du magasin dans la ville de Grenoble en France. Les coûts sont les suivants :

   - coût de revient des calendriers : 40 000 $
   - marge commerciale du fabricant : 10 % du coût de revient
   - emballage pour l'exportation : 400 $
   - transport par camion jusqu'à l'aéroport Pierre-Elliott-Trudeau : 500 $
   - formalités douanières à l'exportation : 75 $
   - transport aérien Pierre-Elliott-Trudeau à Charles-de-Gaulle : 1 000 $
   - assurance transport : 600 $
   - postacheminement par camion Paris-Grenoble : 400 $
   - formalités douanières à l'importation : 100 $
   - droits de douane : 750 $

   Déterminez les coûts de cette expédition selon les incoterms suivants :

   a) EXW Chicoutimi.
   b) FCA Pierre-Elliott-Trudeau.
   c) CPT Charles-de-Gaulle.
   d) CIP Charles-de-Gaulle.
   e) DDU Grenoble.

11. Quel nom donne-t-on à l'ensemble des coûts engagés pour fabriquer un produit et le mettre à la disposition du consommateur ?

12. L'entreprise qui vend son produit tout en ne respectant pas son coût de revient et sa structure de production utilise quelle stratégie ?

13. Comment appelle-t-on la somme des coûts associés aux ressources utilisées pour obtenir un produit ?

14. Le _____ permet à l'entreprise de calculer son prix de vente à partir du coût de revient de la marchandise selon les incoterms qu'elle souhaite proposer au client. Cela peut être appliqué à une zone en particulier.

15. Quel est le facteur relatif au marché qui mesure la sensibilité des consommateurs aux variations de prix ?

Recherches Internet

16. Vous devez faire une recherche Internet pour déterminer le prix des jeans « Levi's *501 original* » de la compagnie Levi's dans cinq pays différents où ceux-ci se vendent.

À l'aide du site de conversion des devises xe.com, indiquez le prix en CAD des jeans et la date de la conversion.

Expliquez la raison de cette variation de prix en mentionnant les caractéristiques des marchés susceptibles d'influer le prix.

Sites Internet à consulter:

www.sears.ca/cgi-bin/uncgi/lang.cgi (au Canada)

www.levisstore.com, www.sears.com (aux États-Unis)

www.jeans-online.pl, laredoute.fr (en France)

www.levis.com.au (en Australie)

www.cloggs.co.uk (au Royaume-Uni)

www.xe.com (convertisseur de devises)

Études de cas

17. Vous travaillez pour Le jardin de grand-père, une entreprise située à Sainte-Adèle qui fabrique divers produits du terroir. Un acheteur japonais potentiel vous fait parvenir une requête dans laquelle il demande un prix fixe CIP Tokyo, au Japon et DDP Takasaki, également au Japon, pour 2 500 contenants de pâté de foie de volaille à la ciboulette et au Grand Marnier, format 250 ml. En utilisant les données qui suivent, vous devez élaborer la feuille de calcul pour votre employeur à l'aide du modèle présenté sur le Compagnon Web.

Coût sur le marché québécois	5,00 $ par contenant de 250 ml
Préparation pour l'exportation	0,55 $ par contenant
Transport Sainte-Adèle-aéroport Pierre-Elliott-Trudeau (assurance transport incluse)	0,30 $ par contenant
Déchargement, entreposage et frais d'aéroport	0,15 $ par contenant
Frais de chargement sur l'avion	inclus dans le transport
Transport aérien Montréal-Tokyo	2,00 $ par contenant
Assurance transport aérien	0,15 $ par 100,00 $, sur 110 % FOB
Assurance crédit à l'exportation	0,50 % de la valeur de l'expédition EXW
Frais de déchargement et d'entreposage à Tokyo	1,72 yen par contenant[a]
Frais de courtage	65,00 $
Droits de douane	3,5 % de la cotation CIP
Transport routier Tokyo-Takasaki	2,36 yens par contenant
Marge commerciale	1,50 $ par contenant

a. Considérez que 1 yen = 0,1672 CAD.

Vous trouverez des exercices additionnels dans le **Compagnon Web**, à l'adresse **www.erpi.com/jammal.cw.**

LE **PAIEMENT,** LE **FINANCEMENT** ET LES **RISQUES FINANCIERS**

es entrepreneurs sont souvent amenés à importer et à exporter. Or, toute transaction commerciale comporte des risques. Dans le chapitre 2, nous avons traité des risques politiques et juridiques liés aux transactions internationales ; dans les chapitres 3 et 4, nous avons abordé les risques inhérents aux spécificités culturelles et à la mise en marché des produits ; dans le chapitre 5, il a été question des risques d'association et des risques découlant de la structure juridique de l'entreprise exportatrice ; dans le chapitre 7, portant sur les incoterms, nous avons examiné les risques relatifs aux responsabilités de l'acheteur et du vendeur dans l'acheminenment de la marchandise ; dans le chapitre 9, nous avons discuté des risques que comporte le transport des marchandises sous l'angle de l'assurance, que ces risques découlent du transport lui-même, de la nature des produits transportés ou du pays de destination. Dans le présent chapitre, il sera question des risques inhérents à toute transaction commerciale : le risque financier, le risque de payer pour de la marchandise non reçue et le risque de ne pas être payé pour une marchandise expédiée. Par exemple, quel recours a l'entrepreneur qui n'est pas payé ou qui ne l'est que partiellement pour des produits qu'il a livrés ou des services qu'il a rendus ? Et que peut faire celui qui ne reçoit pas ou ne reçoit qu'en partie des marchandises qu'il a dûment payées ?

L'antinomie commerciale demeure toujours la même : d'un côté, l'exportateur aimerait être payé dès que ses marchandises sont arrivées à bon port ; de l'autre, l'importateur n'est pas disposé à payer pour des marchandises qu'il n'a pas encore reçues. C'est pour se sortir de cette impasse qu'on fait appel à un intermédiaire, le plus souvent une banque, qui joue en quelque sorte un rôle d'arbitre. Il revient alors à la banque de transférer les fonds de l'acheteur au vendeur, une fois seulement que certaines conditions précisées au contrat sont remplies. Vu la dimension internationale de ce genre d'arbitrage, la plupart des banques sont plus ou moins engagées dans le commerce international.

www.bdc.ca
www.edc.ca

Qu'il s'agisse de banques spécialisées, telles que la *Banque de développement du Canada* ou *Exportation et développement Canada*, ou de banques à charte, leur rôle va bien plus loin que celui d'encaisseur passif ou de prêteur d'argent. Dans les transactions internationales modernes, les banques guident à la fois l'exportateur et l'importateur dans les méandres des nombreuses réglementations en jeu, que celles-ci soient d'ordre financier ou autre. Quand il est question de clauses financières dans un contrat, les banques jouent le rôle de conseillers techniques et commerciaux. Ce sont aussi des organismes de contrôle dans le domaine des paiements ainsi que des intervenants déterminants en matière de **fluctuations monétaires**. En effet, comme le montre la mise en situation suivante, le cours des devises a un effet certain sur le commerce international ; nous y reviendrons (voir p. XX).

Fluctuations monétaires
Variations dans le cours des devises.

MISE EN SITUATION

L'exportation de pièces en plastique moulées

Il y a quelques années, Pierre Deschamps a fondé son entreprise, Moulages de plastique Deschamps. Il vient tout juste de décrocher deux contrats de fabrication de pièces pour l'un des grands constructeurs d'automobiles américains : il fournira des pièces d'origine et fabriquera des pièces de rechange. Au Service de recherche et développement du constructeur d'automobiles, on lui indique que l'avenir semble prometteur pour ce genre de pièces en Amérique du Nord, particulièrement au Mexique.

À l'occasion d'un salon professionnel, Pierre rencontre le représentant d'un manufacturier mexicain qui se dit intéressé par les pièces de Moulages de plastique Deschamps. Comme Pierre n'a jamais fait affaire avec des entreprises mexicaines, il se renseigne sur le manufacturier auprès d'une agence d'évaluation du crédit international, auprès de personnes auxquelles l'a référé le représentant et auprès d'un fournisseur canadien de l'entreprise mexicaine. Celle-ci semble avoir une excellente réputation.

Malgré les doutes qu'il entretient encore quant à la solvabilité du manufacturier mexicain, Pierre accepte une première commande de pièces totalisant 15 000 CAD parce qu'il tient vraiment à pénétrer le marché mexicain. Tout se déroule bien, jusqu'à ce que Pierre se rende compte que les fluctuations de la devise mexicaine lui font perdre de l'argent. La commande, qui, au moment de la signature du contrat, vaut 125 000 MXN (pesos mexicains), doit être payée en devises mexicaines. Malheureusement pour Pierre, peu après le début de la production des pièces commandées, le cours de la devise mexicaine chute, et les 125 000 MXN ne valent plus que 11 000 CAD. La date de livraison et, par conséquent, la date de paiement approchent.

Tout en se questionnant sur les moyens qu'il aurait pu prendre pour se protéger des fluctuations monétaires, Pierre prie le ciel pour que la devise mexicaine reprenne de la valeur.

Source : Tiré et adapté de BMO Nesbitt Burns, *Étude de cas : l'exportateur*, 2009, [www.bmocm.com/francais/produits/tresorerie/tradefinance/export/service/default.aspx], (26 janvier 2009).

L'entrepreneur dispose de toute une panoplie d'instruments bancaires et financiers qui lui permettent de réduire ou même de supprimer les risques financiers liés aux transactions internationales. Parmi ces instruments, le crédit documentaire attirera particulièrement notre attention. C'est en effet le mode de paiement qui offre la plus grande sécurité, tant pour l'exportateur que pour l'importateur.

Tout comme les paiements, le financement est un élément fondamental du commerce international. En effet, les entreprises ont souvent de plus grands besoins de financement pour le commerce extérieur que pour le commerce intérieur. Cette réalité tient, notamment, à l'allongement du cycle d'exploitation, soit le délai entre la production et le paiement, puisque celui-ci est tributaire du transport et du transit.

L'entreprise qui souhaite exporter doit donc se familiariser avec les modes et les stratégies de financement. Il serait tout à fait imprudent de se lancer dans le commerce international sans avoir étudié au préalable la vaste question du financement des opérations y étant impliquées. Sinon, comment se protéger contre les acheteurs lointains qui ne respecteraient pas leurs obligations ou qui tarderaient à le faire ? Faire des affaires sur les marchés étrangers exige de plus grands besoins en trésorerie et en financement. L'entreprise qui n'est pas préparée en conséquence court le risque de mettre en péril sa situation, même si celle-ci est très saine sur le marché intérieur. Des facteurs externes tels que la guerre ou les fluctuations du cours d'une devise peuvent avoir des effets imprévisibles sur les activités d'exportation d'une entreprise. La mise en situation suivante montre d'autres questions auxquelles un exportateur ou un client doivent réfléchir avant de se lancer dans le commerce international. Dans la section du présent chapitre portant sur les risques, nous reviendrons sur ces mises en situation (voir p. XX).

MISE EN SITUATION

L'importation de robes confectionnées en Chine

Sylvie Darche est propriétaire de Beaux atours. L'entreprise vient d'ouvrir trois magasins de prêt-à-porter pour femmes dans la région de Montréal. Au cours de ses activités régulières d'«espionnage» de sa concurrence, en inspectant quelques modèles fabriqués en Chine : Sylvie découvre que la coupe est impeccable et «originale» et que la qualité du tissu est relativement bonne. Elle fait même quelques achats et constate que les couleurs tiennent bien. Bref, pense-t-elle, ces articles se vendraient bien dans ses trois nouveaux magasins.

Comme Sylvie n'a jamais fait affaire avec des entreprises chinoises, elle souhaite se renseigner. Après avoir communiqué avec l'attaché commercial de la Chine au Canada, puis avec un délégué commercial, elle obtient des informations sur le fabricant dont elle a étudié les produits. Elle se renseigne sur sa réputation auprès de clients nord-américains, puis elle décide d'aller en Chine afin de visiter l'entreprise. Après avoir examiné la gamme de produits du fabricant, Sylvie décide de passer une commande totalisant 5 000 USD. Elle accepte les conditions de vente : un acompte de 20 % sur réception de la facture télécopiée et le règlement du solde par virement bancaire dès la réception de la marchandise. Sylvie traverse divers états d'âme : d'abord, l'expédition arrive en retard ; ensuite, la marchandise n'est pas tout à fait conforme à sa commande.

Au bout du compte, les vêtements fabriqués en Chine se vendent très bien dans ses magasins. Sylvie décide donc d'aller de l'avant en passant une autre commande auprès du même fabricant. Comme cette commande totalise 30 000 USD, elle insiste sur le respect du délai de livraison et sur la conformité de la marchandise avec la commande. Et puis, comme le montant est assez élevé, Sylvie s'interroge sur les outils qui pourraient l'aider à rendre la transaction tout à fait sécuritaire.

Source : Tiré et adapté de BMO Nesbitt Burns, *Étude de cas : l'importateur*, 2009, [www.bmocm.com/francais/produits/tresorerie/tradefinance/import/service/default.aspx], (26 janvier 2009).

Le coton et ses légendes

Les origines de l'exploitation du coton sont floues. Elle aurait commencé en deux endroits distincts : l'Asie et l'Amérique.

Le tissu en coton le plus ancien que l'on ait découvert remonte à environ 3 200 av. J.-C. et provient du site archéologique de Mohenjo-Daro, sur les rives de l'Indus. Dans l'Antiquité, des étoffes de coton ont d'abord été exportées en Mésopotamie, où l'on en faisait le commerce dès 600 av. J.-C. Les Grecs ont exporté du coton vers Rome au IVe siècle av. J.-C., à l'époque d'Alexandre le Grand. La découverte de la voie maritime passant au sud du cap de Bonne-Espérance a permis au commerce du coton de prendre un essor considérable et a conduit à la mise en place de comptoirs commerciaux en Inde. L'image du Mahatma Gandhi filant le coton à l'aide d'un rouet constitue une icône du XXe siècle. Un rouet figure d'ailleurs sur le drapeau de l'Inde. En colonisant les Amériques, les Européens y ont développé la culture du coton, avec laquelle ils étaient familiers.

Quant au coton originaire des civilisations précolombiennes, il aurait d'abord été cultivé en Amérique du Sud, pour ensuite migrer vers le nord, jusqu'au Mexique. Ce sont bien les Européens qui ont introduit la culture du coton aux États-Unis, mais la principale variété qu'on y trouve aujourd'hui est le cotonnier Upland, un cultivar de l'espèce précolombienne *Gossypium hirsutum*.

De nos jours, l'industrie du coton fournit le meilleur exemple des effets désastreux des subventions au commerce international des matières premières. Aux États-Unis, les subventions fédérales que reçoit un producteur augmentent à chaque boisseau supplémentaire qu'il produit ; ces programmes encouragent donc la surproduction. On écoule ensuite les surplus en pratiquant le dumping[a] sur le marché international, ce qui fait baisser les prix, réduisant de ce fait les moyens de subsistance (déjà faibles) de millions d'agriculteurs du monde entier… dont les agriculteurs chinois.

En effet, la Chine[b] est le plus gros producteur mondial de coton et le deuxième plus important exportateur vers le Canada. Pourtant, et ce malgré un très grand volume de vente, l'empire du milieu doit aussi évaluer les risques inhérents aux fluctuations du prix (effets du dumping), une petite fluctuation pouvant créer des pertes se chiffrant en milliards de dollars. Les risques de non-paiement de la part des entreprises avec lesquelles on commerce sont parmi auxquels on pense moins ; il s'agit là d'un autre type de risque auquel on doit penser, surtout lorsque les transactions concernent des montants élevés. À la fin du présent chapitre, vous serez surpris d'apprendre quels sont ces pays qui ont un taux élevé de défaut de paiement.

Le tableau 11.1 brosse le portrait des importations et des exportations canadiennes de coton. On remarque les

effets que les programmes agricoles encourageant la surproduction ont eus sur la valeur des échanges. Cette baisse de prix, de plus de 50 %, a aussi pour cause l'arrivée de nouveaux matériaux synthétiques remplaçant graduellement le coton.

---

a. Comme nous l'avons vu au chapitre 6, le dumping est un ensemble de pratiques et de mesures considérées déloyales et consistant à exporter des biens ou des services à des prix anormalement et volontairement bas, dans le but d'écouler un stock excédentaire ou de concurrencer efficacement les autres biens ou services analogues offerts sur les marchés étrangers.
b. La Chine fait l'objet de la rubrique « Le Canada et ses partenaires commerciaux » à la fin du présent chapitre, p. 529.

Sources : Conférence des Nations Unies sur le commerce et le développement (CNUCED), « Coton », *InfoComm*, s.d., [www.unctad.org/infocomm/francais/coton/descript.htm], (26 janvier 2009) ; Oxfam International, *Une histoire sur le coton*, 2009, [www.oxfam.org/fr/campaigns/trade/real_lives/burkina_faso], (26 janvier 2009).

Tableau 11.1

Les importations et les exportations canadiennes de coton, en milliers de CAD

IMPORTATIONS				EXPORTATIONS			
Pays	**2006**	**2007**	**2008**	**Pays**	**2006**	**2007**	**2008**
États-Unis	161 908	114 055	76 056	États-Unis	55 450	40 414	23 097
Chine	26 180	24 823	23 211	Honduras	219	643	3 201
Italie	17 297	17 200	15 744	Chine	635	624	1 755
Corée du Sud	11 370	10 831	12 547	Jordanie	448	4 931	1 657
Pakistan	16 011	12 018	11 534	Colombie	1 066	3 951	1 106
Inde	25 588	20 194	10 033	Royaume-Uni	844	1 185	761
Thaïlande	4 396	3 412	4 836	Tunisie	0	0	703
Japon	5 688	4 646	4 359	Vénézuela	1 218	6 545	522
Turquie	3 323	4 041	3 827	Mexique	1 466	611	434
Indonésie	5 817	4 628	3 218	Hong Kong	401	562	431
Total partiel	**277 579**	**215 849**	**165 366**	**Total partiel**	**61 747**	**59 468**	**33 666**
Autres pays	36 814	31 562	22 838	Autres pays	15 160	24 903	3 086
Total	**314 393**	**247 411**	**188 204**	**Total**	**76 907**	**84 371**	**36 752**

Source : Tiré et adapté d'Industrie Canada, *Données sur le commerce en direct*, Importations et exportations totales, SH 52 - Coton, 10 premiers pays, s.d., [www.ic.gc.ca/epic/site/tdo-dcd.nsf/fr/accueil], (rapports générés le 3 mars 2009).

I. LE PAIEMENT

OBJECTIF

Connaître les instruments de paiement utilisés dans les transactions internationales.

Risque d'insolvabilité
Risque qu'une personne ou une entreprise court de ne pas pouvoir satisfaire à ses obligations financières ou de ne pas pouvoir recouvrer certaines de ses créances.

Instrument de paiement
Tout ce qui est généralement accepté en contrepartie de la vente d'un bien ou de la prestation d'un service, qu'il s'agisse d'espèces ou de monnaie scripturale.

LES INSTRUMENTS DE PAIEMENT[1]

D'une part, tout importateur a intérêt à s'assurer que les conditions de vente sont les plus intéressantes pour lui et que le prix est le plus bas possible ; d'autre part, tout exportateur doit évaluer le **risque d'insolvabilité** de ses clients et offrir des conditions de vente compétitives. On choisit l'**instrument de paiement** selon le degré de risque associé à une opération commerciale.

Au sens large, on entend par instrument de paiement tout ce qui est généralement accepté en contrepartie de la vente d'un bien ou de la prestation d'un service. On distingue les espèces (billets de banque et pièces métalliques) et la **monnaie scripturale**, qui repose sur des écritures comptables (avis de prélèvements, cartes de crédit, chèques, virements, etc.).

---

1. Tiré et adapté d'Eur-export, *Les instruments et techniques de paiement international*, septembre 2007, [www.eur-export.com/francais/apptheo/finance/instrutech], (21 mars 2009) ; RBC Services internationaux, « Bibliothèque de référence. L'essentiel du commerce international pour les importateurs – Paiement », *Commerce international*, 2009, [www.rbcservicesinternationaux.com/affaires/itrade/res_im_payment.html], (21 mars 2009).

L'entreprise qui achète ou vend des marchandises sur les marchés étrangers dispose de quatre instruments de paiement :

- le virement bancaire ;
- le chèque ;
- la lettre de change (ou traite) ;
- le billet à ordre.

Le document écrit correspondant à un ordre de paiement de ce genre s'appelle **effet de commerce**. L'ordre de paiement est émis soit en monnaie nationale (monnaie du pays), soit en devise étrangère.

LE VIREMENT BANCAIRE

Le **virement bancaire** est un instrument de paiement par lequel un importateur demande à sa banque de transférer électroniquement une somme de son compte à celui de l'exportateur. Cette opération consiste donc à débiter un compte pour en créditer un autre. Lorsqu'un importateur demande à sa banque de transférer à un exportateur une somme correspondant à sa **créance** envers ce dernier, l'importateur est le **donneur d'ordre** (ou **donneur d'instruction**) et l'exportateur, le **bénéficiaire**.

Le réseau de la *Society for Worldwide Interbank Financial Telecommunication* (SWIFT) est utilisé par la majorité des banques. Il a été fondé en 1973 par 239 banques représentant 15 pays ; aujourd'hui, plus de 8 300 institutions financières réparties dans plus de 208 pays en sont membres. Chaque jour, ce réseau informatique sert à plus de 15 millions de virements, d'une durée moyenne de 20 secondes. Certaines banques de pays en développement qui ne sont pas affiliées à ce réseau transmettent les informations bancaires par télex, ce qui augmente grandement le délai de transaction.

Le virement SWIFT constitue la forme de virement électronique interbancaire sécurisé la plus ancienne et la plus répandue. Il est fortement conseillé à l'exportateur d'indiquer sur sa facture ses numéros IBAN ou BIC[2], ceux-ci permettant à la banque du donneur d'ordre d'effectuer le virement électronique rapidement. Le tableau 11.2 résume les avantages et les inconvénients du paiement par virement bancaire.

> **Monnaie scripturale**
> Toute monnaie qui repose sur des écritures comptables (avis de prélèvements, cartes de crédit, chèques, virements, etc.) et qui ne circule pas sous la forme de billets ou de pièces.
>
> **Effet de commerce**
> Document écrit correspondant à un virement bancaire, à un chèque, à une lettre de change ou à un billet à ordre.

> **OBJECTIF 2**
> Comprendre le fonctionnement des effets de commerce utilisés dans les transactions internationales.
>
> **Virement bancaire**
> Mode de paiement par lequel une banque transfère une somme d'un compte à un autre par un jeu d'écritures.
>
> **Créance**
> Somme que doit une personne ou une entreprise à la suite de l'achat de marchandises.
>
> **Donneur d'ordre**
> (ou **donneur d'instruction**)
> Personne ou entreprise qui initie un transfert de fonds.
>
> **Bénéficiaire**
> Personne ou entreprise en faveur de laquelle un paiement est émis.

www.swift.com

Tableau 11.2

Les avantages et les inconvénients du paiement par virement bancaire	
Avantages	**Inconvénients**
• Rapide • Fiable • Accessibilité 24 heures par jour, 7 jours par semaine • Coût abordable • Sécuritaire • Facilité d'utilisation	• Aucune garantie de paiement, l'acheteur devant encore en donner l'ordre • N'élimine pas le risque de change si le virement est effectué en devise étrangère

---

2. IBAN : *International Bank Account Number* ; BIC : *Bank Identifier Code*.

LE CHÈQUE

Chèque
Effet de commerce par lequel le titulaire d'un compte bancaire donne l'ordre à sa banque ou à un autre établissement financier de payer une somme puisée à même le crédit de son compte.

Les instruments de paiement utilisés lors de transactions effectuées sur le marché intérieur, dont le chèque, sont rarement utilisés en commerce international, vu les risques qui y sont liés (perte, insolvabilité de l'acheteur, non-harmonisation des réglementations, etc.). Le **chèque** est un effet de commerce par lequel le titulaire d'un compte bancaire donne l'ordre à sa banque ou à un autre établissement financier de payer une somme puisée à même le crédit de son compte.

CULTURE ET SOCIÉTÉ

Un chèque sans provision

Au Canada, l'émission d'un **chèque sans provision** est considéré comme un acte criminel, à moins que la personne l'ayant émis n'ait des motifs raisonnables de croire qu'il puisse être honoré dans un délai raisonnable. Aux États-Unis, on peut pour cette raison se voir imposer un dossier criminel, tandis que dans d'autres pays, c'est un motif d'incarcération.

La Gazette du Maroc relate la mésaventure d'une jeune femme, Fouzia Benchekri, qui « commence avec un vol à l'arraché devant l'école de son fils. [Elle] vit depuis quelques mois un cauchemar avec la police. "Les voleurs ont juste pris mon carnet de chèques et ma carte nationale et ils ont jeté tout le reste", commence-t-elle par raconter. Le carnet de chèques et la carte nationale, c'était juste de quoi lui rendre la vie dure. Car depuis ce jour, [elle] s'est fait embarquer à plusieurs reprises par la police pour chèques sans provision [...]. "J'ai été embarquée à mon domicile, devant mes enfants, comme une criminelle, pour chèque sans provision"[a]. »

a. « Gare à vos chèques », *La Gazette du Maroc*, 14 février 2005, [www.lagazettedumaroc.com/articles.php ?id_artl=5883&n=407&r=7&sr=959], (21 mars 2009).

Chèque sans provision
Chèque émis par une personne ou une entreprise dont le compte bancaire ou la marge de crédit ne sont pas suffisants pour en effectuer le paiement.

Chèque certifié
(ou **chèque visé**)
Chèque dont le paiement est garanti par la banque de l'émetteur.

Pour éviter de se retrouver « bénéficiaire » d'un chèque sans provision, l'entreprise peut exiger de son acheteur un **chèque certifié**[3] (ou **chèque visé**), c'est-à-dire un chèque dont le paiement est garanti par la banque, qui bloque alors les fonds dans le compte de son client jusqu'à ce que le chèque soit encaissé. Le tableau 11.3 résume les avantages et les inconvénients du paiement par chèque.

---

3. En France et en Belgique, la loi distingue le chèque visé du chèque certifié : le chèque visé garantit seulement l'existence du montant dans le compte de l'émetteur, tandis que le chèque certifié garantit que le montant est bloqué dans le compte pour couvrir le chèque.

Tableau 11.3

Les avantages et les inconvénients du paiement par chèque	
Avantages	**Inconvénients**
• Mode de paiement très répandu • Simplicité d'utilisation • Coût abordable • Garantie de paiement si le chèque est certifié	• Aucune garantie de paiement si le chèque n'est pas certifié • Long délai d'encaissement • Risque de change si le virement est effectué en devise étrangère • Aucune protection contre le risque commercial • Risque de vol ou de falsification • Émission reposant entièrement sur le client

Le chèque est un mode de paiement dont les origines sont lointaines. Déjà, au IVe siècle av. J.-C., Isocrate, dans son *Trapézitique* (discours sur les banques), parlait du chèque (ou à tout le moins de la lettre de change) comme d'un instrument de paiement pratique.

LA LETTRE DE CHANGE

La **lettre de change** (ou **traite**) est un effet de commerce par lequel une personne, le **tireur** (ici, l'exportateur), ordonne à une deuxième personne, le **tiré**, (ici, l'importateur), de remettre une somme d'argent précise, **à vue** (ou **sur présentation**) ou **à terme**, à une personne dénommée, le bénéficiaire. Le bénéficiaire est soit l'exportateur lui-même, soit une autre entité désignée dans le document.

Si la lettre de change est *acceptée*, on la désigne souvent par le terme **acceptation**, c'est-à-dire que le tiré s'engage à la payer à l'échéance en inscrivant dans le document le mot « accepté » (ou l'équivalent) et la date, suivis de sa signature. L'**acceptation bancaire** correspond à l'**aval** que donne un banquier de premier ordre, ce qui garantit le paiement à l'échéance. Cet aval peut porter sur la somme totale de la lettre de change ou sur une partie seulement.

Le bénéficiaire de la lettre de change dispose de trois options :

1. Il peut attendre l'échéance, puis encaisser sa traite ;

2. Il peut remettre la traite à sa banque, qui va l'escompter[4] ;

3. Il peut endosser la traite et la remettre à une tierce personne pour régler une dette[5].

Le tableau 11.4 résume les avantages et les inconvénients du paiement par lettre de change.

---

4. La banque lui remet le montant de la traite moins les intérêts (escompte) calculés sur la période entre la date de remise et la date d'échéance.

5. Cela revient à payer un fournisseur avec un montant à recevoir d'un client.

Lettre de change (ou **traite**)
Effet de commerce par lequel une personne, le tireur, ordonne à une deuxième personne, le tiré, de remettre une somme d'argent précise, à vue ou à une certaine date, à une personne dénommée, le bénéficiaire.

Tireur
Personne ou entreprise qui donne au tiré un ordre de payer (sous forme de lettre de change ou de chèque) une personne dénommée, le bénéficiaire.

Tiré
Personne ou entreprise à laquelle est donné l'ordre de payer une personne dénommée, le bénéficiaire, en honorant un chèque ou une lettre de change, moyennant une commission, le cas échéant.

À vue (ou **sur présentation**)
Se dit d'un paiement comptant qui doit être accepté dans les deux jours qui suivent sa présentation à l'acheteur.

À terme
Se dit d'un paiement de crédit comportant une date d'échéance.

Acceptation
Engagement irrévocable du tiré de payer à l'échéance une lettre de change.

Acceptation bancaire
Lettre de change tirée sur une banque qui s'engage par une signature à payer une certaine somme à l'échéance, moyennant une commission.

Aval
Engagement par lequel un tiers se porte garant du paiement d'un effet de commerce à l'échéance.

Tableau 11.4

Les avantages et les inconvénients du paiement par lettre de change	
Avantages	**Inconvénients**
• Concrétisation d'une créance négociable par la banque • Émission à l'initiative du vendeur plutôt que de l'acheteur • Date de paiement déterminée	• Aucune garantie de paiement • Aucune protection contre la perte ou le vol • Possibilité d'un long délai de recouvrement • Aucune protection contre le risque de faillite de la banque

MISE EN SITUATION

Le paiement par lettre de change

L'entreprise Arc-en-ciel conclut un contrat de vente de 500 cerfs-volants avec une entreprise américaine. La vente totalise 10 000 CAD, à payer dans les 30 jours suivant la date de livraison. Comme Arc-en-ciel n'a pas les ressources financières pour acheter le tissu nécessaire à la confection des cerfs-volants, elle tire une lettre de change sur le compte de la société américaine, qui accepte de payer à l'entreprise québécoise la somme de 10 000 CAD 30 jours après la date de livraison. Arc-en-ciel remet cette lettre de change à sa banque qui l'escompte et lui remet la somme, moins les intérêts. Trente jours après la livraison, la société américaine rembourse la somme de 10 000 CAD à la banque d'Arc-en-ciel.

Lettre de change (traite) à vue

Montréal, **le** 25 septembre **20**08

Payer sur présentation à l'ordre de Arc-en-ciel (bénéficiaire),
la somme de dix mille (10 000) CAD **pour valeur reçue.**

Kite USA inc. (tiré)
1234 Sky Road
New York NY 13254

Jean Volant (tireur)

Cette lettre de change est tirée à vue (sur présentation) le 25 septembre 2008 à Montréal. Le tireur est Jean Volant (président d'Arc-en-ciel), le tiré est Kite USA (l'entreprise américaine) et le bénéficiaire est Arc-en-ciel.

Lettre de change (traite) à terme

Montréal, le 25 septembre 2008

À 60 jours de la date indiquée, payer à terme à l'ordre d'Arc-en-ciel la somme de dix mille (10 000) CAD pour valeur reçue.

Kite USA Inc. (tiré)
1234 Sky Road
New York NY 13254

Jean Volant (tireur)

Cette lettre de change est tirée à terme (à 60 jours). Le tireur est Jean Volant (président d'Arc-en-ciel), le tiré est Kite USA inc. (l'entreprise américaine) et le bénéficiaire est Arc-en-ciel.

LE BILLET À ORDRE

Le **billet à ordre** est un effet de commerce par lequel un **souscripteur** (souvent l'importateur) s'engage à payer, à vue ou à une date déterminée, une somme à un bénéficiaire (l'exportateur). Il comporte les mêmes dispositions que la lettre de change concernant l'échéance, l'endossement, l'aval et le paiement. Un élément distingue cependant ces deux effets de commerce : alors que la lettre de change est émise sur l'initiative du vendeur bénéficiaire du paiement, le billet à ordre est émis sur l'initiative de l'acheteur qui promet le paiement.

Du fait de cette distinction, l'exportateur ne contrôle pas le processus de paiement. Pour cette raison, le billet à ordre est peu utilisé en commerce international, alors que la lettre de change est courante.

Billet à ordre
Effet de commerce par lequel un souscripteur s'engage à payer, à vue ou à une date déterminée, une somme à un bénéficiaire.

Souscripteur
Personne ou entreprise qui émet un billet à ordre et s'engage à le payer.

Billet à ordre (à terme)

Montréal, le 25 septembre 2008

À 60 jours de cette date, je promets de payer à l'ordre d'Arc-en-ciel (bénéficiaire) la somme de dix mille (10 000) CAD pour valeur reçue.

Kite USA inc. (souscripteur)

Ce billet est une reconnaissance de dette par laquelle le souscripteur (Kite USA, l'entreprise américaine) promet au bénéficiaire (Arc-en-ciel) de le payer dans 60 jours.

Billet à ordre (à vue)

> Montréal, **le** 25 septembre **20**08
>
> **Je promets de payer à l'ordre** d'Arc-en-ciel (bénéficiaire) **la somme de** dix mille (10 000) CAD **pour valeur reçue.**
>
> Kite USA inc. (souscripteur)

Ce billet est une reconnaissance de dette par laquelle le souscripteur (Kite USA, l'entreprise américaine) promet au bénéficiaire (Arc-en-ciel) de le payer à vue (sur présentation du billet).

OBJECTIF 3

Distinguer les différentes formes d'encaissement utilisées dans les transactions internationales.

LES TECHNIQUES DE PAIEMENT NON DOCUMENTAIRES[6]

Comme leur nom l'indique, les techniques de paiement non documentaires n'obligent pas le bénéficiaire d'un effet de commerce à présenter des documents pour être payé. Le vendeur ne doit donc y recourir qu'avec des acheteurs dignes de confiance, provenant de pays sans risques.

L'ENCAISSEMENT SIMPLE

Encaissement simple
Recouvrement d'un effet de commerce qui ne nécessite pas la présentation de documents.

Lorsqu'on a opté pour l'**encaissement simple**, l'exportateur expédie et facture la marchandise à l'acheteur, qui doit payer dans un délai précis (par exemple, dans les 30 jours suivant la date de livraison). Pour ce faire, l'acheteur a recours à l'un des instruments de paiement que nous avons vus ci-dessus. Le tableau 11.5 résume les avantages et les inconvénients de l'encaissement simple.

Tableau 11.5

Les avantages et les inconvénients de l'encaissement simple

Avantages	Inconvénients
• Coût abordable • Simplicité d'utilisation	• Aucune garantie de paiement, l'importateur recevant les marchandises avant de les payer • Financement de l'importateur par l'exportateur pendant tout le terme du crédit

6. Tiré et adapté d'Algomtl, *Les techniques de paiement*, 1999, [www.algomtl.com/techniques_de_paiement.html], (21 mars 2009) ; Français des affaires, *Le commerce international*, s.d., [instruct.uwo.ca/french/343e-650/topic07/index.html], (21 mars 2009).

MISE EN SITUATION

L'encaissement simple

L'entreprise Arc-en-ciel et l'entreprise britannique Rainbow entretiennent de bonnes relations commerciales depuis de nombreuses années. Arc-en-ciel considère Rainbow comme une entreprise ayant l'habitude de payer rubis sur l'ongle. Aussi, quand l'entreprise britannique lui passe d'importantes commandes, Arc-en-ciel lui expédie la marchandise et attend simplement le paiement. Dans un tel contexte, si jamais, pour une raison ou une autre, l'entreprise britannique ne pouvait honorer la facture, Arc-en-ciel devrait s'en remettre aux tribunaux, avec tout ce que cela comporte de délais, de coûts et d'incertitudes.

L'ENVOI CONTRE REMBOURSEMENT

L'envoi **contre remboursement** (**CR** ou *COD*) est une condition de vente obligeant l'acheteur à payer la marchandise sur livraison. Le transporteur remet donc la marchandise en échange du paiement. On peut procéder à un tel encaissement par le biais des services postaux, des transporteurs routiers ou des transitaires tels que *UPS* ou *FedEx*.

> **Contre remboursement** (**CR** ou **COD**)
> Condition de vente qui oblige l'acheteur à payer les marchandises à leur livraison.

> www.ups.com
> www.fedex.com

Pour le vendeur, le risque est que l'acheteur ne prenne pas possession de la marchandise. Dans un tel cas, le vendeur doit assumer les coûts du retour de la marchandise ou la vendre sur place. Pour pallier ce risque, il peut opter pour le paiement d'avance, qui a lieu avant la fabrication ou l'expédition d'un produit. Il s'agit du mode de paiement le plus simple et le plus sûr pour l'exportateur, mais pas pour l'importateur. Certains pays l'ont même interdit afin d'empêcher des sorties de devises basées sur des importations potentiellement fictives.

Le tableau 11.6 résume les avantages et inconvénients de l'envoi contre remboursement.

Tableau 11.6

Les avantages et les inconvénients de l'envoi contre remboursement

Avantages	Inconvénients
• Simplicité d'utilisation • Meilleur contrôle des risques de non paiement par le vendeur • Assurance d'obtenir les marchandises pour l'acheteur	• Possibilité de chèque sans provision • Possibilité de refus de prise de possession par l'acheteur, et, dans ce cas, possibilité de frais d'entreposage ou de transport • Délai de paiement tributaire du transporteur ou des services postaux • Risque de change dans le cas d'un paiement en devises étrangères

CULTURE ET SOCIÉTÉ

Le Bélarus interdit le paiement d'avance des importations

Afin de réduire les sorties de devises en cette période de crise économique, la Banque centrale du Bélarus a interdit aux entreprises du pays de payer d'avance la marchandise qu'elles importent.

En Tunisie, le paiement d'avance des marchandises est interdit. Les exportateurs étrangers ne peuvent être payés que sur réception des marchandises ayant franchi la douane.

Source : Tiré et adapté de « Belarus cbank bans advance payment on imports », *Forbes*, 17 novembre 2008, [www.forbes.com/afxnewslimited/feeds/afx/2008/11/17/afx5703588.html], (21 mars 2009).

MISE EN SITUATION

L'envoi contre remboursement

L'entreprise Arc-en-ciel exploite un site Internet de commerce électronique. Un consommateur brésilien y passe une commande de deux cerfs-volants à livrer contre remboursement. Les cerfs-volants sont confiés à Postes Canada. Au Brésil, la Société des postes informe l'acheteur qu'un colis est arrivé à son nom. L'acheteur prend possession du colis après avoir payé la facture et les frais liés au mode de paiement. La Société des postes brésiliennes transfère la somme à Postes Canada, qui la remet ensuite à l'entreprise Arc-en-ciel.

LES TECHNIQUES DE PAIEMENT DOCUMENTAIRES[7]

Remise documentaire
Ensemble des documents afférents à l'expédition d'une marchandise.

Les techniques de paiement documentaires font intervenir la notion de **remise documentaire**, c'est-à-dire l'ensemble des documents afférents à l'expédition d'une marchandise, accompagnés le plus souvent d'une traite tirée sur l'acheteur. Il s'agit, en réalité, de tout effet de commerce accompagné de documents et devant être délivré contre paiement ou acceptation, ou selon d'autres conditions.

7. Tiré et adapté d'Eur-export, *Les techniques de paiement international*, septembre 2007, [www.eur-export.com/francais/apptheo/finance/instrutech/techpai.htm], (21 mars 2009) ; Eur-export, *Le crédit documentaire (Crédoc)*, septembre 2007, [www.eur-export.com/francais/apptheo/finance/risnp/credocinco.htm], (21 mars 2009) ; Interex Bretagne, *Choisir les moyens de paiement à l'international*, 2007, [www.interex-bretagne.com/fr/methodes/choisir-les-moyens-de-paiement-international], (21 mars 2009) ; Français des affaires, *Le commerce international*, s.d., [instruct.uwo.ca/french/343e-650/topic07/index.html], (21 mars 2009).

L'ENCAISSEMENT DOCUMENTAIRE

L'**encaissement documentaire** est une technique relativement simple. L'exportateur, c'est-à-dire le donneur d'instruction, confie à sa banque, qu'on appelle la **banque remettante**, les documents commerciaux et financiers, tout en chargeant cette dernière du mandat de les faire transmettre par une autre banque, qu'on appelle **banque présentatrice**, à l'acheteur, contre soit le paiement comptant (remise D/P) soit l'acceptation ou l'engagement de payer par traite bancaire (remise D/A).

Le scénario relatif au paiement par encaissement documentaire comporte les huit étapes suivantes (voir figure 11.1, page suivante) :

1) L'exportateur (ou donneur d'ordre) et l'importateur signent un contrat pour convenir que la technique de paiement est l'encaissement documentaire ;

2) L'exportateur envoie la marchandise et réunit les documents exigés par l'importateur ;

3) L'exportateur transmet les documents à sa banque (la banque remettante) avec l'ordre d'encaissement correspondant ;

4) La banque remettante vérifie l'ordre d'encaissement ainsi que le nombre et l'intitulé des documents reçus[8], puis les envoie à la banque de l'acheteur (la banque présentatrice) en lui donnant l'instruction de ne délivrer les documents à l'acheteur que contre paiement. Le donneur d'ordre en reçoit la confirmation ;

5) Contre paiement ou acceptation d'une traite, la banque présentatrice remet à l'importateur les documents, qui constituent en réalité le titre de propriété des marchandises[9] ;

6) L'importateur prend possession de la marchandise ;

7) La banque présentatrice transmet le paiement à la banque remettante ;

8) La banque remettante transmet le paiement à l'exportateur après avoir déduit les frais d'encaissement, s'il y a lieu.

Si l'exportateur a des liens avec la banque présentatrice, il peut lui soumettre directement les documents et réduire de ce fait le nombre d'étapes.

Encaissement documentaire
Technique de paiement qui consiste à remettre à sa banque les documents commerciaux et financiers tout en lui donnant le mandat de les faire remettre à l'acheteur contre le paiement ou contre l'engagement de payer.

Banque remettante
Banque qui a la responsabilité de faire transmettre les instructions ou les ordres par document pour qu'une action soit prise par l'intéressé.

Banque présentatrice
Banque à laquelle la banque remettante confie le mandat de transmettre à l'intéressé les instructions ou les ordres par document pour qu'une action soit prise.

---

8. Comme l'article 1 des RUE (voir page suivante) le précise, le rôle de la banque consiste uniquement à vérifier si les documents présentés sont conformes quant à leur nombre et à leur catégorie. La banque n'en vérifie pas le contenu.

9. Les documents sont remis à l'importateur contre paiement ; c'est donc dire que celui-ci peut décider de ne pas payer et de ne pas prendre possession de la marchandise.

Figure 11.1

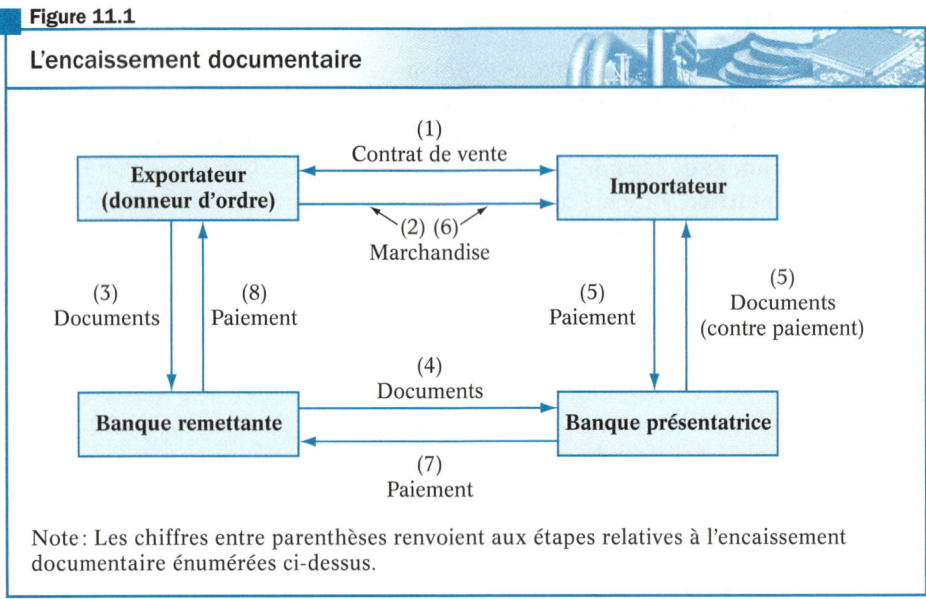

L'encaissement documentaire

Note : Les chiffres entre parenthèses renvoient aux étapes relatives à l'encaissement documentaire énumérées ci-dessus.

Source : Adaptée d'Eur-export, *Les techniques de paiement international,* septembre 2007, [www.eur-export.com/francais/apptheo/finance/instrutech/techpai.htm], (26 janvier 2009).

Les règles uniformes relatives aux encaissements

www.iccwbo.org

Règles uniformes relatives aux encaissements (ou **RUE**)
Directives applicables aux encaissements documentaires, codifiées par la Chambre de commerce internationale et adoptées dans presque tous les pays.

La *Chambre de commerce internationale* a codifié une série de directives dans le but de standardiser les pratiques bancaires en matière d'encaissement. Le traitement des encaissements documentaires repose sur les **règles uniformes relatives aux encaissements** (**RUE**), qui précisent les droits et les devoirs essentiels des parties engagées dans de telles opérations. Les RUE 522[10] sont entrées en vigueur le 1er janvier 1996 et se sont imposées à l'international. Elles comportent notamment les articles suivants :

- L'article 6, qui spécifie que les documents émis à l'ordre de la banque présentatrice ne le sont qu'avec son accord préalable ;

- Les articles 11 à 14, qui stipulent que l'ordre d'encaissement doit préciser la devise du paiement, et que la banque présentatrice ne délivre les documents à l'importateur qu'après réception de l'intégralité des documents ;

- Les articles 15 et 16, qui mentionnent que la banque présentatrice n'est pas responsable de l'authenticité des signatures ;

- L'article 19, qui mentionne que les banques n'ont aucune responsabilité vis-à-vis de la marchandise ; si elle prennent des mesures pour la protéger, les frais occasionnés sont à la charge du donneur d'ordre.

---

10. Voir Chambre de commerce internationale, *Règles uniformes de la CCI relatives aux encaissements,* publication ICC n° 522, Paris, ICC Services, 1995.

Les motifs de non-paiement

L'acheteur ou sa banque peuvent invoquer divers motifs pour refuser de prendre possession des marchandises. En voici quelques-uns :

- Le montant facturé est supérieur à celui convenu lors de la commande ;
- La licence d'importation n'a pas encore été délivrée ;
- Les documents sont incomplets ;
- Les documents sont parvenus à l'acheteur après l'arrivée de la marchandise, entraînant des droits de port ou des frais d'entreposage non prévus.

Si l'acheteur refuse de prendre possession de la marchandise, l'exportateur doit transmettre des instructions précises à la banque remettante ou à la banque présentatrice, selon le cas, de façon à protéger la marchandise.

Si la marchandise est acheminée par bateau, l'acheteur ne peut en prendre possession que contre présentation du connaissement. Mais, dans le cas des autres modes de transport, la marchandise est livrée directement à l'acheteur ; si ce dernier en est le destinataire, il peut en prendre possession sans remettre le moindre document, c'est-à-dire sans que l'acheteur n'ait reçu de paiement ou n'ait accepté de traite. Pour éviter ce problème, il est fortement conseillé de faire livrer la marchandise chez un transitaire, qui ne la libérera que contre preuve de paiement.

Le tableau 11.7 résume les avantages et les inconvénients de l'encaissement documentaire.

Tableau 11.7

Avantages et inconvénients de l'encaissement documentaire

Avantages	Inconvénients
• Assurance que l'acheteur réglera le paiement à la banque avant la livraison • Souplesse pour tout ce qui touche aux documents et aux dates • Certitude, pour l'importateur, de ne pas avoir à payer l'exportateur tant que la marchandise n'a pas été livrée, preuves à l'appui • Coût abordable	• Aucune garantie de paiement pour l'exportateur, le client pouvant refuser de prendre possession de la marchandise • Immobilisation de la marchandise en cas de non-paiement, malgré les frais de transport engagés • Possibilité d'avoir à brader la marchandise sur place ou de la rapatrier, ce qui occasionnerait des frais supplémentaires

MISE EN SITUATION

L'encaissement documentaire

L'entreprise Arc-en-ciel vient d'obtenir un contrat d'approvisionnement d'une grande chaîne londonienne. On a choisi de recourir au transport maritime et à l'encaissement documentaire. Le connaissement maritime[a] remis à Arc-en-ciel par le transporteur constitue à la fois un reçu et un titre de propriété de la marchandise.

Arc-en-ciel transmet à sa banque tous les documents pertinents, y compris le connaissement et une lettre de change. La banque transmet à son tour ces documents à la banque de l'acheteur. Dès que celui-ci a le titre de propriété en main, il peut prendre possession de la marchandise au port d'arrivée.

_____

a. À ce sujet, voir le chapitre 8, « Le transport international de marchandises », p. 343.

OBJECTIF 4

Comprendre les notions relatives au crédit documentaire.

Crédit documentaire (ou CRÉDOC)
Engagement écrit, pris par la banque de l'importateur, de payer des marchandises sur présentation de certains documents.

Banque émettrice
Banque qui émet le crédit documentaire à la demande du donneur d'ordre.

Banque notificatrice
Banque chargée de transmettre au bénéficiaire le crédit documentaire de la banque émettrice située dans un autre pays.

LE CRÉDIT DOCUMENTAIRE

Le **crédit documentaire** (ou **CRÉDOC**) est un engagement écrit, pris par la banque de l'importateur, de payer des marchandises sur présentation de certains documents. Le processus peut paraître lourd, mais il apporte une sécurité aux parties intéressées : d'un côté, il garantit le paiement au vendeur dès que ce dernier remet les documents pertinents à sa banque ; de l'autre côté, il garantit à l'acheteur que le vendeur sera payé, pour autant que les documents remis attestent que la marchandise est conforme aux exigences. Le crédit documentaire peut permettre au vendeur d'obtenir une avance sur le paiement et à l'acheteur d'obtenir une marge de crédit jusqu'à l'arrivée de la marchandise.

Le crédit documentaire est d'abord transmis par l'importateur (le donneur d'ordre) à sa banque (la **banque émettrice**) qui, à son tour, le transmet à la banque de l'exportateur (la **banque notificatrice**), qui le remettra finalement à l'exportateur (le bénéficiaire). Un exemple de demande de crédit documentaire est présenté à la page 493..

Alors que l'encaissement documentaire ne comporte aucun engagement de paiement, le crédit documentaire garantit le paiement contre la remise des documents prouvant que la marchandise commandée a bel et bien été envoyée, conformément aux instructions. Une fois que la demande est acceptée, l'importateur demande à sa banque de faire le paiement à la banque de l'exportateur, et celle-ci avise son client que les dispositions nécessaires ont été prises. L'exportateur expédie alors la marchandise et présente à sa banque la facture et les documents mentionnés dans le crédit documentaire.

Le dossier de crédit documentaire doit être préparé minutieusement, car les banques en respectent scrupuleusement les instructions. Les documents doivent satisfaire aux conditions suivantes :

- *L'intégralité.* Les documents doivent être complets quant à l'information donnée et au nombre de documents et d'exemplaires ;

- *La concordance.* Les informations (description de la marchandise, date, etc.) doivent être consistantes, c'est-à-dire en accord les unes avec les autres ;

- *La conformité.* Les informations doivent correspondre en tous points avec le crédit documentaire ;

L'encadré 11.1 offre quelques exemples d'irrégularités majeures que les banques peuvent découvrir lorsqu'elles font une analyse scrupuleuse du dossier de crédit documentaire. Il s'agit de cas de non-respect des termes et conditions du crédit documentaire ; entre parenthèses est mentionnée la condition n'ayant pas été satisfaite.

Encadré 11.1

Crédit documentaire : des irrégularités majeures

- Le crédit documentaire est échu, les documents ayant été remis après la fin de sa période de validité (conformité).
- Seule une partie des marchandises a été expédiée, ce que le crédit documentaire interdit (conformité).
- Le transbordement de la marchandise a eu lieu, ce que le crédit documentaire interdit (conformité).
- Les marchandises ont été expédiées après la date limite d'expédition mentionnée dans le crédit documentaire (conformité).
- La description de la marchandise sur la facture ne correspond pas à celle du sommaire figurant dans le crédit documentaire (concordance).
- La quantité de documents présentés n'est pas la même que celle que prévoit le crédit documentaire (intégralité).
- Le port de chargement (ou de déchargement) inscrit sur les documents de transport ne correspond pas à celui figurant sur le crédit documentaire (conformité).
- La marchandise à laquelle fait référence le certificat d'assurance ne correspond pas à celle faisant l'objet du crédit documentaire (concordance).
- Le montant assuré ne correspond pas à celui exigé par le crédit documentaire (conformité).

Source : Exemples inspirés de SITPRO, *Letters of Credit*, décembre 2008, [www.sitpro.org.uk/trade/lettcred.html], (21 mars 2009).

Avant d'analyser le mécanisme et les étapes du crédit documentaire, voici l'exemple d'une transaction conclue par l'encaissement d'un crédit documentaire.

L'entreprise francaise Vol-au-vent commande 1 000 cerfs-volants à la société lavalloise Arc-en-ciel. Voici quelques éléments extraits du contrat de vente négocié par les parties :

- valeur du contrat CIF Le Havre : 80 000 CAD, réglé par crédit documentaire ;
- transport par voie maritime ;
- banque émettrice : BNP Paribas à Paris (agence de la rue de Rivoli) ;
- banque notificatrice et confirmatrice : Banque Royale du Canada ;
- documents requis :
  - facture commerciale (3 exemplaires) ;
  - liste de colisage ;
  - connaissement maritime ;
  - certificat d'origine canadienne émis par la Chambre de commerce du Canada ;
  - certificat d'assurance.

Le scénario relatif au paiement par crédit documentaire comporte les 11 étapes suivantes (voir figure 11.2, p. 489) :

1) Arc-en-ciel (l'exportateur) et Vol-au-vent (l'importateur) concluent un contrat dans lequel ils prévoient le paiement par crédit documentaire.

Arc-en-ciel envoie une facture pro forma à Vol-au-vent, nécessaire à l'ouverture du dossier[11].

2) Vol-au-vent demande à BNP Paribas (la banque émettrice) d'établir un crédit documentaire de 80 000 CAD en faveur d'Arc-en-ciel sur présentation de certains documents. À cette étape, il est important que les instructions soient claires et précises, ni compliquées ni techniques. Dans les instructions d'ouverture, Vol-au-vent énumère les documents dont il a besoin pour l'importation de la marchandise.

3) BNP Paribas établit le crédit documentaire en vérifiant préalablement si les instructions d'ouverture sont complètes et précises et si Vol-au-vent est solvable, puis transmet les documents à la Banque Royale du Canada (la banque notificatrice).

4) La Banque Royale du Canada vérifie la solvabilité de la banque émettrice, l'authenticité du crédit documentaire et l'absence de conditions erronées ou peu claires. Elle confirme irrévocablement qu'elle s'engage à payer et transmet ensuite le crédit documentaire à Arc-en-ciel (le bénéficiaire).

5) Informé d'un crédit documentaire ouvert à son nom, Arc-en-ciel voit si elle peut remplir ses conditions. Si tel est le cas, elle procède à l'expédition des cerfs-volants et rassemble les documents exigés en vertu du crédit documentaire. Sinon, elle peut demander à Vol-au-vent (le donneur d'ordre) d'en modifier certaines clauses ; sinon,

> **Banque confirmatrice**
> Banque (habituellement située dans le pays du bénéficiaire) qui, à la demande de la banque émettrice, s'engage, conjointement avec cette dernière, à honorer les tirages effectués par le bénéficiaire, pourvu que les conditions du crédit documentaire soient respectées.

6) Arc-en-ciel remet à la Banque Royale du Canada (la **banque confirmatrice**) tous les documents requis selon le délai prévu dans le crédit documentaire. Soulignons que la Banque Royale du Canada refusera le règlement en cas de non-respect de clauses du crédit documentaire ou en présence d'irrégularités[12].

7) La banque confirmatrice vérifie l'intégralité, la concordance et la conformité des documents en les comparant aux conditions du crédit documentaire, puis paie le vendeur après avoir déduit les frais, s'il y a lieu[13].

8) La Banque Royale du Canada envoie les documents à BNP Paribas.

9) BNP Paribas vérifie à son tour la conformité des documents aux conditions du crédit. Si tout est en règle, elle accepte et rembourse la Banque Royale du Canada.

10) BNP Paribas remet les documents à Vol-au-vent et débite son compte du montant du crédit documentaire et des frais supplémentaires.

11) En possession de ces documents, dont le connaissement, Vol-au-vent réclame les cerfs-volants auprès de la compagnie maritime et procède au dédouanement.

---

11. La facture pro forma confirme l'entente commerciale conclue. Elle est établie avant la vente et contient tous les éléments qui apparaîtront sur la facture. Il arrive souvent que l'importateur la réclame pour faire une demande de licence d'importation ou d'ouverture de crédit documentaire.

12. Si le crédit documentaire indique une vente de cerfs-volants rouges et que la facture commerciale mentionne que ceux-ci sont d'une autre couleur, les banques refuseront d'émettre les documents.

13. Le paiement au vendeur n'est pas conditionnel au paiement effectué à la banque confirmatrice par la banque émettrice.

Figure 11.2

Le crédit documentaire

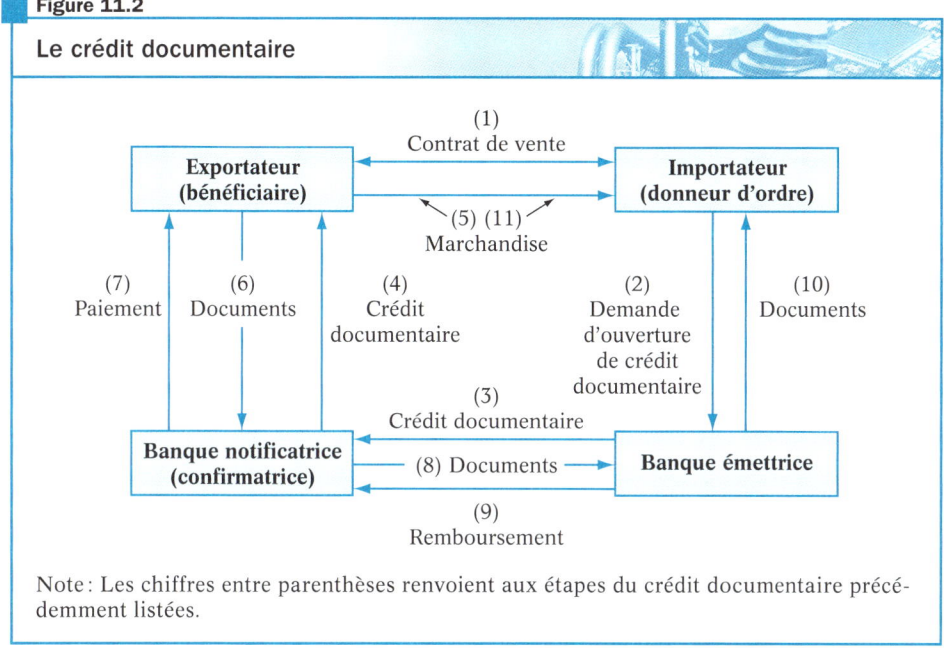

Note : Les chiffres entre parenthèses renvoient aux étapes du crédit documentaire précédemment listées.

Source : Tirée et adaptée d'Eur-export, *Le crédit documentaire (Crédoc)*, septembre 2007, [www.eur-export.com/francais/apptheo/finance/risnp/techge.htm], (26 janvier 2009).

Les règles et usances du crédit documentaire (RUUCD ou RUU)

Dès 1933, la Chambre de commerce internationale a codifié une série de directives dans le but de standardiser les pratiques bancaires en matière de crédit documentaire. Ces directives ont été adoptées dans presque tous les pays. Il s'agit des **règles et usances uniformes relatives aux crédits documentaires** (ou **RUUCD**), qu'on appelle couramment **RUU**. On révise ces directives environ tous les 10 ans. La dernière révision, qui porte le nom de *Publication 600*, est entrée en vigueur le 1er juillet 2007 et remplace la *Publication 500* remontant à janvier 1994. En voici les principes généraux :

- Par sa nature même, le crédit documentaire constitue une transaction distincte de la vente ou d'un autre contrat sur lequel il peut reposer.

- La banque n'est ni touchée ni liée par de tels contrats, même si le crédit documentaire en fait état.

- Dans toutes les opérations de crédit documentaire, les parties traitent des documents et non des biens ou des services auxquels ces documents renvoient. La banque se dégage de toute responsabilité relative à la forme ou à l'authenticité des documents, des marchandises ou des services décrits dans les documents ou relative à la prestation du bénéficiaire. Le donneur d'ordre accepte et assume tous les risques liés à la transaction.

- Les banques disposent d'un maximum de cinq jours ouvrables pour examiner les documents, au lieu des sept jours stipulés dans les RUU 500.

Le tableau 11.8 résume les avantages et les inconvénients du crédit documentaire.

Règles et usances uniformes relatives aux crédits documentaires (**RUUCD** ou **RUU**)
Directives applicables aux crédits documentaires, codifiées par la Chambre de commerce internationale et adoptées dans presque tous les pays.

Tableau 11.8

Les avantages et les inconvénients du crédit documentaire

Avantages	Inconvénients
• Assurance, pour l'importateur, de ne pas avoir à payer l'exportateur tant que la marchandise n'a pas été livrée, preuves à l'appui • Facilité, pour l'importateur, de négocier avec l'exportateur des tarifs préférentiels et les conditions de paiement • Garantie de paiement de la banque permettant à l'exportateur de traiter en toute confiance avec l'importateur • Possibilité d'escompter le crédit documentaire sur le marché financier, celui-ci étant un document négociable	• Absence de protection contre les problèmes liés à la qualité de la marchandise ou à sa quantité • Nécessité d'une marge de crédit suffisante • Difficulté pour l'exportateur de fournir toute la documentation exigée

Le crédit documentaire et les incoterms

Quand il est question de crédit documentaire, on doit prêter attention aux incoterms[14], puisqu'ils définissent les obligations des parties en matière d'assurance et de transport. En général, ce sont les incoterms de vente au départ qui s'avèrent les plus utiles au vendeur.

Dans les ventes conclues selon les incoterms de vente au départ, le transfert de risques s'effectue du vendeur à l'acheteur soit dès que la marchandise est rendue disponible chez le vendeur ou en un autre lieu convenu (incoterm EXW), soit dès que la marchandise a été remise au transporteur principal (incoterms des groupes F et C). Le vendeur ayant rempli ses obligations, il a dès lors en main tous les documents nécessaires au paiement.

Dans les ventes conclues selon les incoterms de vente à l'arrivée (incoterms du groupe D), les choses ne sont pas aussi simples : le transfert de risques se fait relativement tard et le vendeur n'obtient les documents nécessaires au paiement par crédit documentaire (et ne peut se faire payer) que lorsque la marchandise est arrivée dans le pays de l'acheteur, voire chez le client.

MISE EN SITUATION

Le crédit documentaire

L'entreprise Arc-en-ciel entretient quelques doutes sur la solvabilité de l'entreprise japonaise Kyoto Kite, qui vient de lui passer une importante commande de cerfs-volants. Les dirigeants de l'entreprise québécoise entrevoient qu'ils auront à rapatrier la marchandise en cas de non-paiement, une opération à la fois onéreuse et stérile. Ils décident donc de demander un crédit documentaire.

---

14. Pour plus de précisions sur les incoterms, voir le chapitre 7, p. 285.

L'entreprise japonaise fait à sa banque une demande de crédit documentaire en faveur d'Arc-en-ciel. Le crédit documentaire est émis et il suit son cours, de la banque japonaise à la banque canadienne, puis à l'exportateur. Arc-en-ciel confie alors le transport de la marchandise à un transporteur maritime, qui lui remet le connaissement de l'expédition.

L'entreprise québécoise réunit tous les documents nécessaires, y compris le connaissement, et les transmet à sa banque, qui en vérifie la conformité avec les conditions du crédit documentaire. Comme les documents sont conformes, la banque canadienne les transmet à la banque de l'importateur. À partir de ce moment, vu que l'intégralité, la conformité et la concordance des documents ont été attestées, les dirigeants d'Arc-en-ciel ont la certitude d'être payés, peu importe que l'acheteur règle ou non. Après vérification des documents, la banque canadienne paie Arc-en-ciel. Après avoir vérifié les documents, la banque japonaise rembourse la banque canadienne.

Les modes de réalisation du crédit documentaire

Un crédit documentaire désigne une banque autorisée à payer ou à contracter un engagement de paiement différé, ou à accepter la ou les traites, ou à négocier. Il peut donc se réaliser selon les modes suivants :

- *Le paiement à vue.* Le paiement à vue est un paiement immédiat[15], c'est-à-dire que la **banque désignée** règle le crédit documentaire après avoir vérifié la conformité, la concordance et l'intégralité des documents présentés par l'acheteur.

- *Le paiement différé.* Dans le cas du paiement différé, la banque émettrice règle les documents conformes selon une échéance convenue à l'avance (par exemple, 90 jours).

- *L'acceptation.* Le paiement par acceptation (voir définition p. 477) comporte l'émission d'un effet de commerce soit à la banque émettrice, soit à une autre banque, effet que le bénéficiaire peut faire escompter auprès de sa propre banque.

- *La négociation.* Le paiement par négociation correspond à un paiement effectué d'avance par la **banque négociatrice**, qui est généralement la banque du bénéficiaire. Sur réception des documents, la banque émettrice paie la banque négociatrice.

Après vérification des documents, la banque désignée prend l'une ou l'autre de ces trois décisions :

- *Payer sans réserve.* La banque effectue un paiement définitif ; elle ne peut ensuite plus rien réclamer au bénéficiaire, même si les documents se révèlent non conformes.

Banque désignée
Banque nommée dans le crédit documentaire, qui confirme l'acceptation de la traite à terme en la datant et en la signant au recto et qui s'engage ainsi, sur le plan juridique, à payer le montant de la traite à l'échéance.

Banque négociatrice
Banque (habituellement, la banque du bénéficiaire) qui s'assure de la conformité des documents et accepte de payer le bénéficiaire.

---

15. L'article 14b des RUU indique que la banque dispose de cinq jours ouvrables pour examiner les documents.

- *Refuser de payer.* Si les documents ne sont pas conformes, la banque refuse d'effectuer le paiement ; elle peut tout de même permettre au bénéficiaire de présenter des documents conformes à l'intérieur du délai du crédit documentaire.

- *Payer avec réserve.* En cas de doute sur la conformité des documents, la banque exprime ses réserves avant que ceux-ci ne soient transmis au donneur d'ordre. Ce dernier prend la décision finale d'accepter ou de refuser des documents. S'il les refuse, la banque peut réclamer un remboursement au bénéficiaire.

Les dates clés du crédit documentaire

Dans un crédit documentaire, on doit distinguer trois dates clés :

- *La date limite d'expédition de la marchandise.* Cette date correspond à la date d'émission du document de transport principal.

- *La date limite d'envoi des documents.* Cette date contraint le vendeur à envoyer les documents à l'acheteur à l'intérieur du délai fixé. S'il n'en est pas fait mention, les RUU prévoient un délai de 21 jours suivant la date d'expédition.

- *La date de validité.* Cette date correspond au dernier jour où les documents peuvent être présentés.

Les catégories de crédit documentaire

Tout crédit documentaire porte la mention « révocable » ou « irrévocable ». Il existe trois catégories de tels modes de paiement, qui répondent à leur degré de révocabilité ; les voici :

Crédit documentaire révocable
Catégorie de crédit documentaire qui ne comporte pas d'engagement ferme de la banque émettrice et qui peut être annulé ou amendé à la demande de l'acheteur.

Crédit documentaire irrévocable
Catégorie de crédit documentaire qui comporte un engagement ferme de la banque émettrice vis-à-vis du bénéficiaire et qui ne peut être annulé ni amendé sans l'accord de toutes les parties.

Crédit documentaire irrévocable et confirmé
Catégorie de crédit documentaire qui comporte non seulement l'engagement de la banque émettrice vis-à-vis de l'exportateur, mais aussi celui de la banque notificatrice.

- *Le **crédit documentaire révocable.*** Cette mention indique que le crédit documentaire peut être annulé ou amendé en tout temps par la banque émettrice, à la demande de l'acheteur et sans avis au vendeur. L'exportateur devrait éviter de recourir à cette catégorie de crédit documentaire car, malgré l'engagement bancaire, ils ne lui procurent pas la garantie d'être payé. Les règles concernant cette catégorie de crédits ont disparu avec les RUU 600, car, en plus d'être rarement utilisés, ils n'offrent aucune garantie réelle à l'exportateur.

- *Le **crédit documentaire irrévocable.*** Cette mention indique que le crédit documentaire ne peut être annulé ni amendé sans l'accord de toutes les parties. Cette catégorie de crédits documentaires est donc sûre, puisqu'elle correspond à un engagement ferme de la banque émettrice. L'article 6 des RUU stipule qu'à moins d'indication contraire, un crédit est réputé irrévocable.

- *Le **crédit documentaire irrévocable et confirmé.*** Cette mention indique que le crédit documentaire implique non seulement l'engagement de la banque émettrice vis-à-vis de l'exportateur, mais aussi celui de la banque notificatrice. Comme cette confirmation couvre le risque politique, l'exportateur a une garantie totale, pour autant qu'il remplisse ses obligations. C'est la catégorie de crédits documentaires qui offre la meilleure protection à l'exportateur.

Banque Royale

 FORMULE É 51000 (04/2007)

CRÉDIT DOCUMENTAIRE

Directives pour l'établissement d'une demande et convention de crédit documentaire

VOICI COMMENT REMPLIR UNE DEMANDE ET CONVENTION DE CRÉDIT DOCUMENTAIRE

MESURES À PRENDRE :	NOTES EXPLICATIVES
1. a) Si le bénéficiaire demande que le crédit soit transférable	**transférable** : si vous consentez à ce que le crédit soit transféré à un autre fournisseur/bénéficiaire. **irrévocable** : le crédit ne peut être annulé ou modifié qu'avec le consentement de toutes les parties au contrat. Si vous avez des doutes au sujet de la responsabilité du bénéficiaire, procurez-vous un rapport de solvabilité avant de présenter cette demande.
b) la manière dont le crédit doit être émis par la Banque	**par courrier** : par la poste / messager. **par Swift / télex** : envoi du texte complet par télex.
2. Nom et adresse de la société qui achète les marchandises du bénéficiaire	habituellement votre société.
3. Nom et adresse au complet du bénéficiaire	**Bénéficiaire** : partie à qui le crédit est payable (habituellement le vendeur).
4. Devise et montant maximum du crédit	
5. La date limite à laquelle le bénéficiaire peut présenter les documents dans son pays (ou dans un autre pays, s'il est précisé)	Cette date peut être identique à la date limite d'expédition (voir 11 b ci-dessous) ou environ 7 à 10 jours plus tard pour faciliter la présentation des documents.
6. PAIEMENT a) échéance du paiement en faveur du bénéficiaire b) % de la facture commerciale à payer en vertu du crédit	Par exemple, à vue : sur présentation des documents. habituellement 100%.
7. CONDITIONS D'EXPÉDITION Conditions d'expédition des marchandises conformément à l'entente de votre société avec le vendeur si les conditions que vous avez choisies ne sont pas indiquées ici, il faut consulter la brochure Incoterms. indiquer le point ou le port d'embarquement / de destination, selon le cas	Les caractéristiques des trois conditions les plus courantes sont les suivantes : **CAF** : Le vendeur indique le prix, coût des marchandises, assurance et fret compris. Les documents de transport portent la mention «Port payé». Le vendeur souscrit l'assurance. **CFR** : Le vendeur indique le prix, fret compris, et les documents de transport portent la mention «Port payé». Votre société souscrit séparément l'assurance. **FOB** : Le vendeur indique le prix des marchandises chargées, à l'exclusion du fret et de l'assurance. Les documents de transport portent la mention «Port dû». Votre société souscrit séparément l'assurance.
8. a) Point ou port d'expédition des marchandises b) Point ou port d'arrivée des marchandises	
9. Mode d'expédition des marchandises	**Expédition en conteneurs** : Les marchandises sont expédiées dans des conteneurs. **Expédition partielle** : Les marchandises sont expédiées en plusieurs envois. **Transbordement** : Les marchandises sont déchargées puis rechargées d'un navire à un autre, d'un avion à un autre, d'un camion à un autre, au cours du transport.
10. Brève description des marchandises. Indiquer le numéro du bon de commande, s'il est connu.	Éviter la profusion de détails afin d'accélérer le traitement des documents par la Banque.
11. DOCUMENTS DE TRANSPORT b) Type de document de transport que vous demandez c) Date limite à laquelle les marchandises doivent quitter le point d'embarquement d) Indiquer si le port est payé ou dû e) Nom de la société à notifier à l'arrivée du chargement.	**AUTRE** : Indiquer le document exigé. voir note explicative au point 7 ci-dessus. habituellement votre courtier en douane ou votre société
12. Nombre de copies de la facture commerciale que vous demandez	Ce document devrait toujours être demandé, car il sert à déterminer la valeur des marchandises expédiées.
13. a) Nom du pays d'importation b) Nombre de copies que vous demandez	Le pays où sont expédiées les marchandises peut exiger le présent document aux fins du dédouanement
14. Nombre de copies du bordereau d'expédition, s'il y a lieu.	
15. a) Indiquer si le certificat d'assurance doit être présenté avec d'autres documents et le nombre de copies exigé b) Les risques que la police doit couvrir c) % de la valeur de d) ci-dessous d) Valeur de base servant à déterminer le montant de la protection e) Pays où les dommages sont payables	Voir note explicative au point 7 ci-dessus. Le bénéficiaire doit fournir le certificat d'assurance pour les envois CAF. Habituellement tous les risques, y compris les risques de guerre. Habituellement 10 % de plus que la valeur de la facture ou de l'envoi CAF/CIP Habituellement la valeur de la facture ou de l'envoi CAF/CIP (voir la note explicative au point 7 ci-dessus) Habituellement le pays de l'importateur.
16. Tout autre document dont vous avez besoin pour importer des marchandises. Indiquer le nombre de copies exigé.	Par exemple, certificat d'origine, certificat de santé.
17. Indiquer ici toutes les conditions particulières attachées au crédit	Par exemple, transport aérien assuré par (nom du transporteur). Ces conditions particulières doivent être confirmées par des documents.
18. Nombre de jours accordés au bénéficiaire pour présenter les documents après la date d'expédition.	Accorder au bénéficiaire quelques jours pour présenter les documents à la Banque. Si rien n'est indiqué, cette période sera réputée être de 21 jours. La date limite de présentation des documents ne peut être postérieure à la date d'expiration du crédit indiquée au point 5 ci-dessus.
19. a) Partie qui assumera les frais bancaires	soit votre société ou le bénéficiaire.
20. Si le crédit est couvert par un contrat de change à terme, inscrire «O» ainsi que le numéro du contrat et le taux de change. Si le crédit n'est pas couvert par un contrat de change à terme, inscrire «N».	**Contrat de change à terme** : Contrat conclu exclusivement avec la Banque Royale, en vertu duquel cette dernière s'engage à vendre à votre société des devises étrangères à un taux préétabli et à une date fixe, ou au cours d'une période ultérieure déterminée.
21. Nom de la société qui garantit à la Banque Royale du Canada le remboursement des sommes payées en vertu du crédit, et les signatures des représentants autorisés à signer à la Banque.	

Vous devez connaître :

- les règlements internationaux applicables aux crédits documentaires

- les termes de transport acceptés à l'échelle internationale

Nous pouvons vous fournir :

les brochures de la Chambre de commerce internationale :

- Règles et usances uniformes relatives aux crédits documentaires

- Incoterms

Pour de plus amples renseignements :

Votre directeur de comptes de RBC Banque Royale ou l'un de nos spécialistes au Centre international de commerce de votre région

Ligne Info-Commerce international : 1 800 757-4525

FORMULE É 51000 (04/2007)

RBC

DEMANDE ET CONVENTION DE CRÉDIT DOCUMENTAIRE

123, rue de la Banque
Montréal (Québec) H3L 2L4 CANADA

16 novembre 20X5

12345		
N° d'identification	Adresse de la succursale	Date

1 Veuillez émettre un crédit documentaire irrévocable et ☐ transférable par : ☐ courrier/messager [X] ☐ Swift/télex (détaillé)

2 Donneur d'ordre (Nom complet et adresse)
Arc-en-ciel
345, rue de la Commune
Montréal (Québec) H2P 2S8   Canada

Contact : M. Michel Ducharme
Tél. : (514) 555-1212   Téléc. : (514) 555-1414

3 Bénéficiaire (Nom complet et adresse)
Shanghai Textiles
123, rue Xiang
Pékin (CHINE)

Tél. : (222) 555-1313   Téléc. : (222) 555-1414
Banque notificatrice : Bank of China

4 a) Devise   CAD
b) Montant   50 000,00

5
Date d'expiration : Montréal, 30 juin 20X5

6 Modalités de paiement : Disponible par traite tirée par le bénéficiaire de la manière suivante (choisir une option)

(a) ☐ à vue   ☐ _____ jours de vue   [X] 90 jours après la date du connaissement   ☐ payable le _____ (date)
(Les conditions de la traite n'ont aucune influence sur la date d'échéance du crédit)
(b) représentant 100 % du montant de la facture tirée à votre gré, sur vous ou sur vos correspondants)

7 Conditions d'expédition : (choisir une option)

☐ FOB/FCA _____ (Port de chargement/lieu convenu)   ☐ CFR/CPT _____ (Port /lieu de destination)   [X] CIF/CIP Port de Montréal (Port /lieu de destination)
☐ EXW _____ (Lieu convenu)   ☐ Autre

8 Expédition

De : Shanghai (CHINE)
À : Montréal (Québec) CANADA

9

	Autorisé	Non autorisé	Requis
Expédition en conteneurs	☐	☐	[X]
Expédition partielle	☐	[X]	
Transbordement	☐	[X]	

10 Couverture de : (brève description de la marchandise)
50 000 mètres de tissu acrylique @ 1,00 CAD/m

11 Document de transport : (choisir une option)   a) [X] jeu complet   ☐ 2/3   ☐ 1/3

b) [X] connaissement maritime net à bord   ☐ connaissement de transport combiné   ☐ récépissé du transitaire   ☐ lettre de transport aérien
☐ connaissement de transport par camion   ☐ autre (préciser) _____
c) ☐ daté au plus tard du _____   d) portant la mention port [X] payé ou ☐ dû
tiré sur/expédié à la Banque Royale du Canada   e) notifier   M. Michel Ducharme

accompagné des documents suivants :

12 [X] Facture commerciale 4 (Nbre de copies)   **13** ☐ Facture douanière _____ (Pays) _____ (Nbre de copies)   **14** ☐ Bordereau d'expédition _____ (Nbre de copies)

15 [X] Certificat ou police d'assurance 1 (Nbre de copies) en couverture de Tous risques, risque de guerre et de mines (Indiquer risques)

représentant 110 % du montant 50 000 CAD (CIF/facture)
sous forme négociable, avec dommages payables à la Banque Royale du Canada au/en CANADA (Pays)

16 Autres documents :
Certificat d'inspection en deux (2) copies
émi par Shanghai Inspection inc.

17 Conditions spéciales :

18 Les documents doivent être présentés au plus tard _____ jours après la date d'émission du document de transport, mais avant la date d'échéance du crédit.

19 Tous les frais bancaires à l'extérieur du Canada sont à la charge du :
[X] bénéficiaire   ☐ donneur d'ordre

20 Avez-vous signé un contrat de change à terme en couverture de ce crédit documentaire ?
☐ Oui   [X] Non
(Si oui, préciser le numéro du contrat _____
et le taux _____)

21 EN SIGNANT CETTE FORMULE, LE CLIENT ACCEPTE LES CONDITIONS CI-JOINTES ET S'ENGAGE À LES RESPECTER. POUR LES SOCIÉTÉS LÉGALEMENT CONSTITUÉES ET AUTRES ORGANISMES, CETTE FORMULE DOIT ÊTRE SIGNÉE PAR DES REPRÉSENTANTS DÛMENT AUTORISÉS. TOUTE RESPONSABILITÉ SERA ENGAGÉE AU NOM DE LA SOCIÉTÉ, DE L'ORGANISME OU DE LA PERSONNE DONT LE NOM FIGURE CI-DESSOUS.

Raison sociale de la société (s'il y a lieu)

p.p. :   p.p. :

Réservé à la Banque :

N° du donneur d'ordre au FCR _____	N° du directeur de compte : _____	Nom de la partie responsable (Autre que le donneur d'ordre)
N° d'ident. de l'unité responsable : _____	Nom : _____	
Cote de risque de l'emprunteur : _____	Tél. : _____	N° au FCR de la partie responsable : _____
N° de la facilité : _____	Débiter ☐ le donneur d'ordre ☐ Partie responsable	N° d'ident. : _____
Contact (nom) à la succursale/au CSSE : _____	Débiter le compte tenu à la succursale (n° d'ident.) : _____	
Tél. : _____	☐ N° du compte en $ CAN _____	
	☐ N° du compte en $ US : _____	

Nous certifions que les instructions données dans le folio FCRCA-2 ont été respectées.

Signature du fondé de pouvoir : _____   Timbre : _____

Sauf stipulations contraires expresses, ce crédit documentaire est assujetti aux Règles et usances uniformes relatives aux crédits documentaires (Révision 1993) de la Chambre de commerce internationale (Publication n° 500) révisées de temps à autre.

RBC

♻ FORMULE É 51000 (04/2007)

DEMANDE ET CONVENTION DE CRÉDIT DOCUMENTAIRE

123, rue de la Banque
Montréal (Québec) H3L 2L4 CANADA

16 novembre 20X5

12345	Adresse de la succursale	Date
N° d'identification		

1 Veuillez émettre un crédit documentaire irrévocable et ☐ transférable par : ☒ courrier/messager ☐ Swift/télex (détaillé)

2 Donneur d'ordre (Nom complet et adresse)	**3** Bénéficiaire (Nom complet et adresse)
Arc-en-ciel	Shanghai Textiles
345, rue de la Commune	123, rue Xiang
Montréal (Québec) H2P 2S8 Canada	Pékin (CHINE)
Contact : M. Michel Ducharme	Tél. : (222) 555-1313 Téléc. : (222) 555-1414
Tél. : (514) 555-1212 Téléc. : (514) 555-1414	Banque notificatrice : Bank of China

4 a) Devise CAD	**5**
b) Montant 50 000,00	Date d'expiration : Montréal, 30 juin 20X5

6 Modalités de paiement : Disponible par traite tirée par le bénéficiaire de la manière suivante (choisir une option)

(a) ☐ à vue   ☐ _____ jours de vue   ☒ 90 jours après la date du connaissement   ☐ payable le _____ (date)
(Les conditions de la traite n'ont aucune influence sur la date d'échéance du crédit)
(b) représentant 100 % du montant de la facture tirée à votre gré, sur vous ou sur vos correspondants)

7 Conditions d'expédition : (choisir une option)

☐ FOB/FCA _____ (Port de chargement/lieu convenu)   ☐ CFR/CPT _____ (Port /lieu de destination)   ☒ CIF/CIP   Port de Montréal (Port /lieu de destination)

☐ EXW _____ (Lieu convenu)   ☐ Autre _____

8 Expédition	**9**	Autorisé	Non autorisé	Requis
De : Shanghai (CHINE)	Expédition en conteneurs	☐	☐	☒
À : Montréal (Québec) CANADA	Expédition partielle	☐	☒	
	Transbordement	☐	☒	

10 Couverture de : (brève description de la marchandise)
50 000 mètres de tissu acrylique @ 1.00 CAD/m

11 Document de transport : (choisir une option)   a) ☒ jeu complet   ☐ 2/3   ☐ 1/3

b) ☒ connaissement maritime net à bord   ☐ connaissement de transport combiné   ☐ récépissé du transitaire   ☐ lettre de transport aérien

☐ connaissement de transport par camion   ☐ autre (préciser)

c) ☐ daté au plus tard du _____   d) portant la mention port ☒ payé ou ☐ dû

tiré sur/expédié à la Banque Royale du Canada   e) notifier   M. Michel Ducharme

accompagné des documents suivants :

12 ☒ Facture commerciale 4 (Nbre de copies)	**13** ☐ Facture douanière _____ (Pays) _____ (Nbre de copies)	**14** ☐ Bordereau d'expédition _____ (Nbre de copies)

15 ☒ Certificat ou police d'assurance 1 (Nbre de copies)   en couverture de Tous risques, risque de guerre et de mines (Indiquer risques)

représentant 110 % du montant 50 000 C (CIF/facture)

sous forme négociable, avec dommages payables à la Banque Royale du Canada au/en _____ (Pays)

16 Autres documents :	**17** Conditions spéciales :
Certificat d'inspection en deux (2) copies émis par Shanghai Inpection inc.	

18 Les documents doivent être présentés au plus tard _____ jours après la date d'émission du document de transport. mais avant la date d'échéance du crédit.

19 Tous les frais bancaires à l'extérieur du Canada sont à la charge du :	**21** EN SIGNANT CETTE FORMULE, LE CLIENT ACCEPTE LES CONDITIONS CI-JOINTES ET S'ENGAGE À LES RESPECTER. POUR LES SOCIÉTÉS LÉGALEMENT CONSTITUÉES ET AUTRES ORGANISMES, CETTE FORMULE DOIT ÊTRE SIGNÉE PAR DES REPRÉSENTANTS DÛMENT AUTORISÉS. TOUTE RESPONSABILITÉ SERA ENGAGÉE AU NOM DE LA SOCIÉTÉ, DE L'ORGANISME OU DE LA PERSONNE DONT LE NOM FIGURE CI-DESSOUS.
☒ bénéficiaire ☐ donneur d'ordre	
20 Avez-vous signé un contrat de change à terme en couverture de ce crédit documentaire ?	Raison sociale de la société (s'il y a lieu)
☐ Oui ☒ Non	
(Si oui, préciser le numéro du contrat _____ et le taux _____)	p.p. : _____ p.p. : _____

Sauf stipulations contraires expresses, ce crédit documentaire est assujetti aux Règles et usances uniformes relatives aux crédits documentaires (Révision 1993) de la Chambre de commerce internationale (Publication n° 500) révisées de temps à autre.

Pour obtenir des renseignements et de l'aide partout au Canada, composez le 1 800 757-4525, ou communiquez avec l'unité de service à la clientèle la plus près de chez vous qui est indiquée ci-dessous :

ALBERTA / SASKATCHEWAN	COLOMBIE-BRITANNIQUE	ONTARIO
Centre de commerce international - N° 02129	Centre de commerce international - N° 02120	Centre de commerce international - N° 02126
335 - 8th Avenue SW, 5th Floor	1025 West Georgia Street, R2 Level	180 Wellington Street West, 9th Floor
calgary (Alberta) T2P 1C9	Vancouver (C.-B.) V6E 3N9	Toronto (Ontario) M5J 1J1
Tél. : (403) 292-3808 Téléc. : (403) 292-3543	Tél. : (604) 606-3945 Téléc. : (604) 665-8411	Tél. : (416) 974-3497 Téléc. : (416) 974-4053
PROVINCES DE L'ATLANTIQUE	MANITOBA	QUÉBEC
Centre de commerce international - N° 02123	Centre de commerce international - N° 02127	Centre de commerce international - N° 02121
5161 George Street, P.O. Box 1147	220, avenue Portage, 2e étage	1, Place Ville-Marie, 2e étage
Halifax (N.-E.) B3J 2Y1	Winnipeg (Manitoba) R3C 3A6	Montréal (Québec) H3C 3A7
Tél. : (902) 421-6140 Téléc. : (902) 421-9211	Tél. : (204) 988-4086 Téléc. : (204) 988-6174	Tél. : (514) 874-5750 Téléc. : (514) 874-5168

Envoyez l'original à votre succursale ou au centre des services à l'entreprise

COPIE - REMETTRE AU DONNEUR D'ORDRE

En contrepartie de l'émission, de l'exécution, de la révision et de la modification par la Banque Royale du Canada (ci-après la « Banque »), à la demande de la ou des personnes qui ont apposé leur signature au recto des présentes (ci-après collectivement le « client », leur responsabilité étant solidaire) d'un crédit documentaire (ci-après le « crédit »), dont les conditions énoncées ci-dessous sont acceptées par le client, sous réserve des modifications que la Banque peut apporter au crédit entre la date à laquelle la demande (la « demande ») a été signée et la date d'émission du crédit, le client prend les engagements suivants :

1. Constituer provision pour les lettres de change, traites, demandes de paiement télégraphiques ou écrites et reçus tirés ou émis en vertu d'un crédit (un « tirage ») en versant comme suit les montants correspondant à la succursale de la banque à laquelle cette demande est adressée, conformément aux dispositions suivantes :
   (a) pour un tirage dans la monnaie du lieu d'émission du crédit, la provision sera constituée par versement dans la même monnaie ;
   (b) pour un tirage effectué dans une monnaie autre que celle du lieu d'émission du crédit (« devise étrangère »), la provision sera constituée soit par versement dans la monnaie du lieu d'émission du crédit, à raison d'un montant égal à celui du crédit en devises converti au taux de change approprié alors appliqué par la Banque, soit par versement dans cette devise étrangère, par traite bancaire à demande approuvée par la Banque ou par virement télégraphique ;
   (c) si le tirage est payable à vue, le paiement sera effectué sur demande de la Banque, majoré des intérêts courus à partir de la date à laquelle la Banque a honoré le tirage ;
   (d) dans le cas d'un tirage autre qu'à vue, le paiement sera effectué un nombre suffisant de jours avant l'échéance, pour permettre à la Banque de virer les fonds, au moins un jour ouvrable franc avant l'échéance du tirage, de la succursale à laquelle la demande est adressée au lieu où le crédit doit être honoré, et pour valeur à cet endroit.
2. Payer à la Banque les frais et commissions d'émission, d'exécution, de révision et de modification des crédits documentaires, au taux alors en vigueur. En outre, le client confirme qu'il remboursera à la Banque tous les frais supplémentaires ou le manque à gagner résultant de : (i) l'imposition ou l'augmentation de taxes, autres que celles qui s'appliquent sur le revenu global net de la Banque, sur la somme que le client doit payer à la Banque en vertu du crédit ; (ii) l'imposition ou l'augmentation de la réserve ou exigence analogue relativement aux avoirs que détient la Banque, aux dépôts qu'elle détient ou qui sont détenus pour son compte, aux prêts qu'elle a octroyés ou à tous les autres fonds acquis aux fins de tels prêts ; (iii) la modification de la manière dont la Banque est tenue d'affecter ses ressources pécuniaires à ses obligations aux termes du crédit ; (iv) l'imposition de toute autre condition à l'égard du crédit par un gouvernement, un organisme ou une agence gouvernementale, un tribunal ou des autorités investies d'un pouvoir de réglementation, au moyen de directive, règlement, sommation ou prescription, ayant ou n'ayant pas force de loi, que les institutions financières soumises à la juridiction concernée ont coutume d'observer.
3. Payer les intérêts sur tous les montants en souffrance, qu'il s'agisse de paiements, de commissions ou de frais. Tout intérêt exigé en vertu des présentes est payable au taux d'intérêt annuel annoncé de temps à autre par la Banque à titre de taux de référence alors en vigueur pour déterminer les taux d'intérêt sur les prêts consentis dans la devise et le lieu visés. Ces intérêts sont calculés quotidiennement, exigibles mensuellement et composés au taux applicable au capital.
4. Payer tous les frais et honoraires raisonnables (notamment les frais juridiques et administratifs) engagés par la Banque relativement au crédit ou en vertu des droits que lui confère la présente convention, de même que tous les intérêts y afférents.
5. Considérer que les utilisateurs du crédit sont réputés être les mandataires du client, et que ni la Banque, ni les mandataires ou correspondants de celle-ci ne seront responsables de l'existence, de la nature, de la condition, de la qualité, du poids, de la quantité ou de la valeur de tout bien acquis par l'utilisation du crédit (les « marchandises »), ni de l'emballage, de l'expédition, de l'exportation, de l'importation, de la manutention ou de l'entreposage desdites marchandises et de leur sécurité, ou leur conservation, et ce, à quelque moment que ce soit ; en outre, ni la Banque, ni ses mandataires ou correspondants ne pourront être tenus responsables des pertes résultant de la destruction partielle ou totale des marchandises, de leur endommagement, de leur détérioration ou d'une baisse de leur valeur, ni de l'insuffisance ou de l'invalidité de tout document ou de toute assurance, ni des erreurs ou omissions dans les messages ou leur interprétation, ni de vices ou retards dans l'expédition, la transmission, l'arrivée ou la livraison de tout message, chiffré ou non, par courrier, télégramme, câble, radio ou autrement ; il est de plus convenu que la responsabilité du client envers la Banque ne pourra être diminuée ou modifiée d'aucune manière si une traite ou un document accepté ou payé, ou sur la foi duquel la Banque, ses mandataires ou ses correspondants ont agi, devait s'avérer nul, insuffisant, falsifié ou frauduleux, sous quelque rapport que ce soit ou si une traite ne porte pas de référence ou de référence suffisante au crédit, ou encore si le crédit ne porte aucune mention de ladite traite.
6. Obtenir promptement tous les permis, licences et lettres d'autorisation nécessaires à l'expédition, l'exportation ou l'importation des marchandises et se conformer à toutes les exigences des gouvernements canadien et étrangers à cet égard, le tout sans engager aucunement la responsabilité de la Banque, ni engager de dépenses imputables à la Banque, et remettre à la Banque les certificats s'y rapportant chaque fois que cette dernière jugera à propos de les demander.
7. Consentir de temps à autre à la Banque une garantie portant sur des connaissements, récépissés d'entrepôt et biens y compris, sans aucune restriction, toute marchandise, de même que tous les documents y afférents, titres, fonds, droits incorporels et toute autre forme de bien, immobilier ou mobilier, et tout droit ou intérêt du client qui s'y rapporte, qui peut être acquis par l'utilisation du crédit (les biens) et du produit de celui-ci.
8. Reconnaître à la Banque un droit incontestable et absolu quant à la possession et à la disposition des biens, que ces derniers aient été ou non remis au client contre récépissé du transitaire ou du dépositaire ou autrement, des documents d'expédition, récépissés d'entrepôt, polices ou certificats d'assurance et pièces accompagnant tout tirage en vertu du crédit ou s'y rapportant, du produit provenant de l'un ou l'autre des effets précités, et de tous les droits du client en qualité de vendeur impayé, jusqu'au moment où toutes les obligations et tous les engagements contractés par le client envers la Banque, en vertu du crédit ou de la présente convention (les obligations), auront été exécutés, étant bien entendu que les documents susmentionnés et les biens qu'ils représentent seront affectés à la garantie de l'exécution et du paiement des obligations.
9. Accepter que, chaque fois que la Banque le jugera nécessaire à sa protection et sans tenir compte de l'échéance des obligations, sans publicité et sans avis ou mise en demeure au client, elle puisse vendre par vente publique ou privée ou liquider de la manière qui, à son avis, est la plus appropriée, la totalité ou une partie des biens, avant ou après leur arrivée et qu'ils aient été ou non libérés en faveur du client contre récépissé du transitaire ou du dépositaire ou autrement, et tous les documents d'expédition, récépissés d'entrepôt, polices ou certificats d'assurance et pièces accompagnant toute traite émise en vertu du crédit ou s'y rapportant, et tout autre bien ou garantie en sa possession ou son contrôle. Ladite vente ou liquidation pourra intervenir aux conditions que la Banque jugera appropriées pour une contrepartie pécuniaire ou autre. La Banque aura également le droit d'acheter la totalité ou une partie desdits biens, francs de tous droits de rachat, lesquels sont abandonnés par les présentes. Les sommes perçues par la Banque et provenant de ladite vente ou liquidation seront, après déduction de tous les frais et dépenses se rapportant à la vente et des intérêts qui sont tous pour le compte du client, affectées au règlement des obligations du client de la manière jugée à propos par la Banque, ainsi que toute somme au crédit du client. Le client s'engage, par les présentes, à faciliter la vente ou la liquidation en signant les documents qu'il peut s'avérer nécessaire et souhaitable d'établir de temps à autre pour transférer le produit de la vente ou les biens à la Banque ou à son cessionnaire, ou pour en faire livraison, selon que la Banque le jugera à propos, et en effectuant toutes les démarches qui peuvent s'avérer de temps à autre nécessaires ou utiles. Nonobstant toute autre disposition de la présente convention, la Banque peut, lorsqu'elle le désire et sans préavis, procéder à une compensation, une appropriation ou une affectation de tous les dépôts (généraux et spécifiques), versés au compte du client, par lui-même ou à son ordre, à toute succursale de la Banque, qu'ils soient ou non parvenus à échéance, et quelles que soient la monnaie et les autres dettes de la Banque vis-à-vis du client, le tout en déduction des montants payables à la Banque ou des engagements du client vis-à-vis d'elle en vertu de cette convention, qu'il y ait eu ou non demande de paiement par la Banque, que les montants en cause soient alors exigibles ou non et que les obligations soient éventuelles ou non.
10. Fournir à la Banque, chaque fois qu'elle en fera la demande, les garanties supplémentaires qu'elle jugera satisfaisantes quant à leur nature et leur montant pour les obligations en jeu ; en outre, la Banque pourra en tout temps retenir tout bien du client qui se trouve en possession de la Banque ou sous son contrôle en garantie de toutes les obligations envers elle.
11. Assurer les marchandises et les garder assurées, ou faire en sorte qu'elles soient assurées et demeurent assurées contre tous risques, y compris les risques de guerre, auprès de compagnies d'assurance et au moyen de polices que la Banque jugera satisfaisantes et dans laquelle il sera prévu que les pertes seront, dans chaque cas, payées à la Banque ; d'autre part, il est entendu que tous les certificats ou polices d'assurance seront remis à la Banque. En cas de sinistre couvert par l'une des polices, la Banque est, par les présentes, autorisée irrévocablement à encaisser directement le plein montant de l'assurance, à donner quittance officiellement aux assureurs au nom du client et à affecter la somme reçue à l'acquittement des obligations.
12. Reconnaître que ce crédit est assujetti à tous les règlements, lois ou coutumes qui peuvent être en vigueur aux lieux de négociation ou de paiement.
13. La Banque peut, à sa seule et absolue discrétion, recourir aux services de tout mandataire afin de notifier, confirmer ou émettre le crédit ou exécuter tout autre acte ou contrat relativement au crédit ou à la présente convention.
14. Reconnaître que ce contrat ainsi que les droits et obligations qui s'y rattachent sont réputés faire partie du crédit comme s'ils y étaient intégrés.
15. Reconnaître que ce contrat et les obligations qui s'y rattachent demeureront en vigueur en dépit des changements, quelle qu'en soit la cause ou la nature, qui pourraient intervenir dans la composition de toute entreprise partie aux présentes et utilisatrice du crédit, qu'ils lient le client, ses héritiers, exécuteurs testamentaires, administrateurs, successeurs et ayants droit, et qu'ils bénéficient à la Banque, ses successeurs et ayants droit.
16. Reconnaître qu'en cas de renouvellement ou de prolongation du crédit ou des traites tirées en vertu de celui-ci, ou en cas d'augmentation du montant du crédit ou de la modification des conditions, toutes les obligations du client au titre de la présente convention subsisteront et s'appliqueront intégralement auxdites traites de même qu'au crédit ainsi renouvelé, prolongé, augmenté ou modifié.
17. Indemniser la Banque contre toute réclamation, perte, obligation, poursuite, et contre tous jugements, frais, dommages et intérêts, y compris les honoraires et frais juridiques auxquels la Banque pourrait avoir à faire face suite à l'émission de tout crédit ou à toute mesure prise, tolérée ou subie de bonne foi, conformément aux instructions, demandes ou ordres du client ou sur la foi de tout document raisonnablement considéré comme authentique par la Banque.
18. Sauf stipulations contraires expresses, ce crédit est soumis aux « Règles et usances uniformes relatives aux crédits documentaires » (Révision 1993) de la Chambre de commerce internationale (Publication n° 500) révisée de temps à autre.

[mc] Marque de commerce de la Banque Royale du Canada. RBC et Banque Royale sont des marques déposées de la Banque Royale du Canada.

MISE EN SITUATION

Le crédit documentaire irrévocable et confirmé

L'entreprise Arc-en-ciel passe une commande de tissu totalisant 10 000 USD à l'entreprise américaine Boston Textiles. Les deux parties s'entendent pour recourir à un crédit documentaire irrévocable et confirmé, payable dans les 90 jours suivant la date du connaissement. Arc-en-ciel demande à sa banque d'ouvrir ce crédit documentaire auprès de la banque de l'entreprise américaine, qui agira aussi à titre de banque confirmatrice.

Boston Textiles expédie les marchandises dans les délais prévus et présente à sa banque, toujours dans les délais prévus, une lettre de change de 10 000 USD accompagnée de tous les documents nécessaires. La banque américaine examine et approuve les documents, puis elle les transmet à la banque d'Arc-en-ciel. Après avoir vérifié la conformité des documents avec le crédit documentaire, la banque accepte d'effectuer le paiement à l'échéance.

À l'échéance, soit 90 jours à compter de la date du connaissement, la banque américaine paie Boston Textiles et se fait rembourser par la banque d'Arc-en-ciel.

Les crédits documentaires particuliers

Outre les catégories de crédits documentaires décrites précédemment, voici différents crédits dont on peut disposer selon les circonstances et les besoins particuliers.

Le crédit documentaire transférable

Le **crédit documentaire transférable** accorde le droit au bénéficiaire de donner les instructions nécessaires à l'utilisation du crédit ou d'une partie de ce dernier par un tiers. Pour être transférable, cette catégorie de crédits documentaires doit être irrévocable.

> **Crédit documentaire transférable**
> Catégorie de crédit documentaire qui accorde le droit au bénéficiaire de donner les instructions nécessaires à l'utilisation du crédit ou d'une partie de ce dernier par un tiers.

MISE EN SITUATION

Le crédit documentaire transférable

L'entreprise Arc-en-ciel achète à la société américaine Flying Outdoors des cerfs-volants d'un modèle qu'elle ne fabrique pas elle-même, et les vend ensuite à la société australienne Boomerang. Comme Arc-en-ciel ne veut pas divulguer l'identité de son fournisseur américain à Boomerang, elle fait établir un crédit documentaire à son nom, transférable à Boomerang. Une fois le crédit en main, elle peut le transférer au nom de Flying Outdoors.

Le crédit renouvelable

Crédit renouvelable
Clause qui renouvelle automatiquement le crédit après son utilisation, sans qu'on ait besoin d'en faire la demande.

La clause de **crédit renouvelable** rétablit automatiquement le crédit après son utilisation, sans qu'on ait besoin d'en faire la demande. Les crédits révocable, irrévocable et irrévocable et confirmé peuvent comporter cette clause, souvent utilisée par les importateurs et les exportateurs qui achètent ou vendent régulièrement la même marchandise en des quantités comparables.

MISE EN SITUATION

Le crédit documentaire renouvelable

La société australienne Boomerang est très satisfaite de la marchandise qu'elle a achetée à Arc-en-ciel au cours de l'année dernière. Aussi décide-t-elle de passer une commande de 40 000 cerfs-volants répartis en quatre livraisons trimestrielles. Les deux entreprises conviennent donc d'un crédit documentaire renouvelable trois fois.

Le crédit avancé

Crédit avancé
(ou **clause rouge**)
Clause incluse à la demande du donneur d'ordre, qui autorise la banque notificatrice à effectuer des avances au bénéficiaire avant la présentation des documents exigés dans le crédit documentaire (ou sur présentation de documents provisoires).

Le **crédit avancé** (ou **clause rouge**[16]) est une clause qui autorise la banque notificatrice à verser des avances au bénéficiaire avant la présentation des documents exigés dans le crédit documentaire ou sur présentation de documents provisoires. C'est le donneur d'ordre qui demande l'inclusion de cette clause. L'exportateur qui en bénéficie peut ainsi financer la production de sa marchandise, payer ses sous-traitants, etc. Cependant, cette clause comporte un risque pour l'importateur, car il demeure responsable du remboursement des avances si l'exportateur ne remet pas à temps les documents exigés. Dans le même esprit, si l'exportateur n'expédie pas la marchandise et ne rembourse pas les avances, la banque notificatrice réclamera ce remboursement à la banque émettrice, qui agira de la même façon avec l'importateur.

MISE EN SITUATION

Le crédit documentaire avancé

Arc-en-ciel conclut avec une entreprise allemande une vente d'une valeur de 200 000 CAD. Pour préparer la commande, la compagnie québécoise doit acheter une quantité importante de tissu à la société Shanghai Textiles ; elle demande donc à l'entreprise allemande d'insérer une clause autorisant la banque confirmatrice à verser une avance de 50 000 CAD au bénéficiaire, ce qui lui permettra d'acheter une partie du tissu nécessaire à la réalisation de la commande.

Le crédit de soutien

Crédit de soutien
(ou **crédit stand-by**)
Garantie donnée par la banque contre le défaut de paiement de l'acheteur, selon une somme précise et dans un délai donné.

Le **crédit de soutien** (ou **crédit stand-by**) est une garantie donnée par la banque contre le défaut de paiement de l'acheteur, selon une somme précise et un délai donné. Contrairement au crédit documentaire, cette garantie n'est appliquée qu'en

---

16. Autrefois, on mettait en évidence cette clause en l'écrivant en rouge.

cas de non-paiement de la part de l'acheteur. Par contre, le crédit de soutien est soumis aux mêmes règles et usances que le crédit documentaire. Dans le cas où il n'est pas irrévocable, le crédit de soutien peut être annulé avant l'échéance sans l'autorisation écrite du bénéficiaire.

Lorsque l'importateur ne paie pas (voir figure 11.3), le crédit de soutien est mis en application. Voici le scénario type :

1) L'exportateur et l'importateur signent un contrat. L'exportateur fait parvenir à l'importateur une facture pro forma grâce à laquelle on peut ouvrir le crédit de soutien ;

2) L'importateur s'adresse à sa banque (la banque émettrice) pour ouvrir un crédit de soutien en faveur de l'exportateur ;

3) La banque émettrice établit le crédit de soutien et le transmet à la banque de l'exportateur (la banque notificatrice) ;

4) L'exportateur expédie la marchandise ;

5) L'importateur n'effectue pas le paiement de la marchandise livrée, alors il faut recourir à la garantie du crédit de soutien ;

6) L'exportateur transmet les documents à sa banque ;

7) Sa banque les fait parvenir à la banque émettrice ;

8) La banque émettrice envoie le paiement à la banque notificatrice ;

9) La banque notificatrice transmet le paiement à l'exportateur.

Figure 11.3

Le crédit de soutien

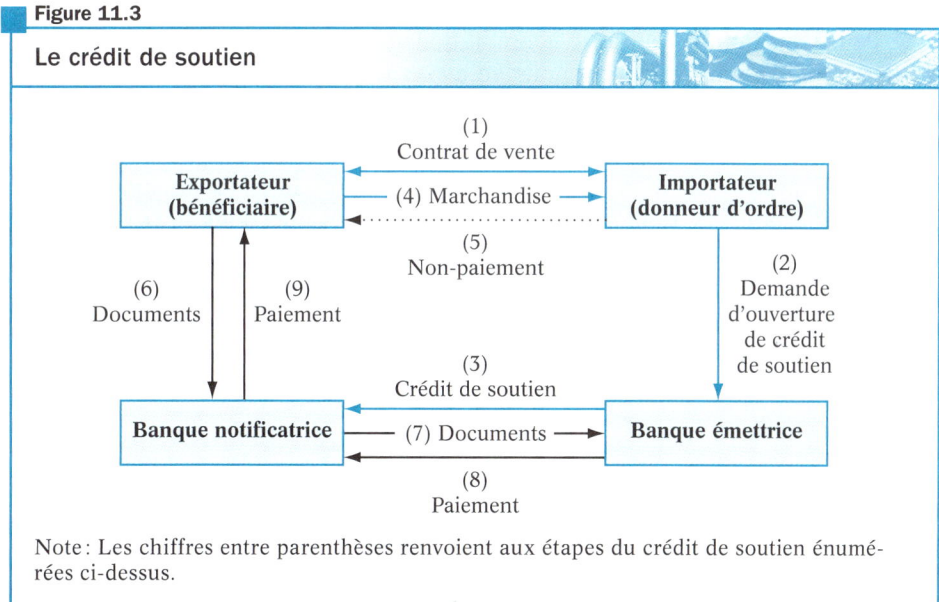

Note : Les chiffres entre parenthèses renvoient aux étapes du crédit de soutien énumérées ci-dessus.

Source : Tirée et adaptée d'Eur-export, *Les techniques de paiement international*, septembre 2007, [www.eur-export.com/francais/apptheo/finance/instrutech/techpai.htm], (26 janvier 2009).

Le crédit adossé

Crédit adossé
(ou contre-crédit)
Clause qui offre la possibilité
à l'exportateur d'ouvrir un
second crédit documentaire,
garanti par le crédit initial.

La clause de **crédit adossé** (ou **contre-crédit**) offre la possibilité à l'exportateur d'ouvrir un second crédit documentaire dans le cas où il ne fournit pas lui-même la marchandise. Le crédit initial sert alors de garantie au crédit adossé. Cette clause s'avère très utile quand le premier crédit documentaire n'est pas transférable ou quand certaines conditions d'achat ne peuvent pas s'appliquer au crédit initial. On parle aussi parfois de « crédit documentaire adossé au crédit maître ». Il est à noter que le crédit adossé n'est pas régi par les RUU.

MISE EN SITUATION

Le crédit documentaire adossé

L'entreprise marocaine Al Ghazâl passe à la société Arc-en-ciel une commande de 1 000 cerfs-volants aux couleurs du drapeau du Maroc. Comme l'entreprise québécoise n'a pas d'expertise en impression sur tissu, elle confie cette étape de la production à la société française Plein air. Pour tenir compte des pertes associées à l'impression, Arc-en-ciel commande l'impression de 1 050 cerfs-volants. Cette transaction est payable par crédit documentaire irrévocable.

Comme les quantités sont différentes (1 000 par rapport à 1 050), Arc-en-ciel ne peut pas utiliser un crédit documentaire transférable : elle demande à l'entreprise marocaine d'ouvrir un crédit documentaire en sa faveur et demande à sa banque d'ouvrir un crédit documentaire de soutien en faveur de la compagnie Plein air. En garantie, Arc-en-ciel offre la valeur du crédit documentaire marocain dont elle est bénéficiaire.

Pour vous familiariser avec le crédit documentaire, en voici un exemple. Le crédit est émis en anglais, mais nous en avons traduit certains passages lorsque cela était possible.

La société Arc-en-ciel de Laval vend des cerfs-volants à la société Kyoto Kite de Tokyo (Japon). Voici le message SWIFT d'ouverture de crédit documentaire et quelques questions s'y rapportant. Les réponses à ces questions se trouvent à la page 502.

   a) Qui est le donneur d'ordre ?

   b) Qui est le bénéficiaire ?

   c) Quelle est la banque émettrice ?

   d) Quelle est la banque notificatrice ?

   e) Le crédit est-il confirmé ? Si oui, par quelle banque et pourquoi ?

   f) De quel type est ce crédit documentaire ?

   g) Quel en est le mode de réalisation ?

   h) Tel qu'il est présenté, estimez-vous qu'un amendement est nécessaire ? Si oui, quelles clauses devrait-on modifier ? Pour quelle(s) raison(s) ?

27: SEQUENCE OF TOTAL
1/1

40A: CATÉGORIE DU CRÉDIT DOCUMENTAIRE / FORM OF DOCUMENTARY CREDIT
IRRÉVOCABLE

20: NUMÉRO DU CRÉDIT DOCUMENTAIRE / DOCUMENTARY CREDIT NUMBER
2008112011

31C: DATE D'ÉMISSION / DATE OF ISSUE
081122

40E: RÈGLES APPLICABLES / APPLICATION RULES
RUU DERNIÈRE VERSION / UCP LAST VERSION

31D: DATE ET LIEU D'EXPIRATION / DATE AND PLACE OF EXPIRY
090501 DANS LE PAYS DU BÉNÉFICIAIRE / IN BENEFICIARY'S COUNTRY

50: DONNEUR D'ORDRE / APPLICANT
KYOTO KITE TOKYO JAPAN ZIP 123456

59: BÉNÉFICIAIRE / BENEFICIARY
ARC-EN-CIEL INC LAVAL QC H2H 2H2

32B: CODE DE LA DEVISE, MONTANT / CURRENCY CODE, AMOUNT
USD 125 000

39B: MONTANT MAXIMUM / MAXIMUM AMOUNT
NOT EXCEEDING

41D: MODALITÉS D'UTILISATION / AVAILABLE WITH
ROYAL BANK OF CANADA

42C: TRAITE À VUE / DRAFT AT SIGHT

42D: TIRÉ / DRAWEE
DRAWN ON HIROTO BANK (TOKYO JAPAN)

43P: EXPÉDITIONS PARTIELLES PROHIBÉES / PARTIAL SHIPMENTS PROHIBITED

43T: TRANSBORDEMENT PROHIBÉ / TRANSHIPMENTS PROHIBITED

44E: CHARGEMENT À BORD / LOADING ON BOARD
YUL-TRUDEAU AIRPORT (MONTREAL CANADA)

44F: À DESTINATION DE / FOR TRANSPORTATION TO
NARITA AIRPORT (TOKYO JAPAN)

44C: DATE LIMITE D'EXPÉDITION / LATEST DATE OF SHIPMENT
090515

45A: NATURE DE LA MARCHANDISE ET/OU DES SERVICES / DESCRIPTION OF GOODS AND/OR SERVICES
CERFS-VOLANTS D'ORIGINE CANADIENNE TEL QUE MENTIONNÉ DANS LE CONTRAT ET LA FACTURE NO 12345 EN DATE DU 080808 / KITES CANADIAN ORIGIN AS CONTRACT AND INVOICE NUMBER 12345 DATED 080808
CPT NARITA ICC 2000

46A: DOCUMENTS REQUIS / DOCUMENTS REQUIRED
FACTURE COMMERCIALE SIGNÉE, EN DUPLICATA / SIGNED COMMERCIAL INVOICE IN DUPLICATE
FACTURE PRO FORMA, UNE COPIE / PRO FORMA INVOICE ONE COPY
LISTE DE COLISAGE, EN TRIPLICATA / PACKING LIST IN TRIPLICATE

LETTRE DE TRANSPORT AÉRIEN (LTA) EXPÉDIÉE À BANQUE JAPONAISE, INDIQUANT FRET PAYÉ ET NOTIFIANT DONNEUR D'ORDRE / AIRWAYS BILL CONSIGNED TO JAPAN BANK MARKED FREIGHT PAID AND WITH NOTIFY APPLICANT

CERTIFICAT D'ASSURANCE COUVRANT 110% DE LA VALEUR EXW DE LA MARCHANDISE / CERTIFICATE OF INSURANCE COVERING 110% OF EXW VALUE

CERIFICAT D'ORIGINE DEVANT ÊTRE ÉMIS PAR LA CHAMBRE DE COMMERCE DU CANADA / CERTIFICATE OF ORIGIN ISSUED BY CANADIAN CHAMBER OF COMMERCE ONLY

47A: CONDITIONS SPÉCIALES / ADDITIONAL CONDITIONS

1. *CLAUSE PÉNALE / PENALTY CLAUSE: LA MARCHANDISE DOIT ÊTRE EXPÉDIÉE DANS LES DÉLAIS PRÉVUS, SANS QUOI LE VENDEUR DOIT VERSER À L'ACHETEUR UNE SOMME ÉQUIVALANT À 0,5% DE LA SOMME TOTALE PAR JOUR DE RETARD, SANS EXCÉDER 10% / GOODS TO BE SHIPPED WITHIN AGREED PERIOD OTHERWISE SELLER MUST PAY TO THE BUYER A PENALTY EQUAL TO 0,5 PCT OF THE TOTAL COST FOR EACH DAY OF DELAY OF WITH A MAXIMUM OF 10 PCT*

2. *LA LTA DOIT ÊTRE ÉMISE PAR AIR CANADA CARGO OU PAR JAPAN AIRLINES CARGO / AWB MUST BE ISSUED BY AIR CANADA CARGO OR JAPAN AIRLINES CARGO*

3. *TOUS LES FRAIS BANCAIRES SONT À LA CHARGE DU BÉNÉFICIAIRE / ALL BANKING CHARGES ARE FOR THE BENEFICIARY*

4. *UNE PÉNALITÉ DE 1 000 000 JPY SERA DÉDUITE DE LA DEMANDE DE REMBOURSEMENT SI LES DOCUMENTS PRÉSENTENT DES IRRÉGULARITÉS / IF DOCUMENT CONTAINING DISCREPANCIES ARE PRESENTED, A FEE OF 1 000 000 JPY SHOULD BE DEDUCTED FROM THE REIMBURSEMENT CLAIM*

48: PÉRIODE DE PRÉSENTATION / PERIOD FOR PRESENTATION

LES DOCUMENTS DE TRANSPORT DOIVENT ÊTRE PRÉSENTÉS DANS LES 3 JOURS SUIVANT L'EXPÉDITION / TRANSPORT DOCUMENTS MUST BE PRESENTED WITHIN 3 DAYS OF SHIPMENT WITHIN THE EXPIRY DATE OF THIS CREDIT

49: INSTRUCTION DE CONFIRMATION / CONFIRMATION INSTRUCTIONS

CONFIRMER / CONFIRM

57D: BANQUE NOTIFICATRICE / ADVISING BANK

ROYAL BANK OF CANADA (MONTRÉAL CANADA)

Réponses aux questions suivant l'exemple de crédit documentaire

a) 50 : Kyoto Kite Tokyo Japan Zip 123456.

b) 59 : Arc-en-ciel inc. Laval QC H2H 2H2.

c) 42d : Hiroto Bank (Tokyo Japan).

d) 57d : Royal Bank of Canada (Montreal Canada).

e) Le crédit est confirmé par la banque du bénéficiaire (Banque Royale du Canada)[17].

f) C'est un crédit documentaire irrévocable et confirmé.

---

17. Afin de diminuer le risque, le vendeur est prêt à payer des frais supplémentaires représentant environ 0,1 % du montant. Cette confirmation fait en sorte que la Banque Royale paiera même si la banque japonaise constate des irrégularités.

g) 42C: Crédit réalisé par négociation d'une traite à vue.

h) Voici les principales incohérences de ce crédit documentaire : la date d'expiration du crédit est antérieure à la date limite d'expédition des marchandises ; un certificat d'assurance ne peut être fourni, car l'incoterm CPT Narita oblige le vendeur à acheminer la marchandise à l'aéroport japonais sans obligation d'assurer la marchandise ; le vendeur assume tous les frais bancaires, ceux du Canada comme ceux du Japon ; il est préférable de répartir les frais entre les deux parties, le vendeur assumant les frais du Canada et l'acheteur, ceux du Japon ; la pénalité concernant les irrégularités des documents est anormalement élevée ; la période de présentation des documents est assez courte ; il faut prévoir au moins dix jours.

II. LE FINANCEMENT

SAVOIR PROFITER DES OCCASIONS[18]

Quand il s'agit de pénétrer un marché étranger, il y a souvent loin de la coupe aux lèvres. Une longue période peut s'écouler entre l'engagement des dépenses et le règlement par l'acheteur. Comment une entreprise peut-elle faire face à l'investissement nécessaire et aux dépenses inhérentes à chaque étape ? L'entreprise qui n'a pas la capacité réelle pour y parvenir dispose de moyens pour éviter les difficultés de trésorerie.

Le **financement des exportations** (ou **financement à l'exportation**) touche spécifiquement aux transactions liées à l'exportation et aux commandes de biens destinés à l'exportation. Il englobe toute une série de mécanismes de soutien utilisés par les banques, les organismes gouvernementaux et les fournisseurs de services du secteur privé. Grâce à ce soutien, les exportateurs canadiens peuvent profiter des occasions qui se présentent sur les marchés étrangers.

Financement des exportations (ou **financement à l'exportation**) Mise à disposition des capitaux nécessaires à l'exportation de biens ou de services.

En plus des banques, trois organismes fédéraux peuvent venir en aide aux exportateurs au moyen de diverses formes de financement : la Banque de développement du Canada (BDC), Exportation et développement Canada (EDC) et la Corporation commerciale canadienne (CCC).

Soulignons que le financement des exportations facilite l'accès à de nouvelles sources de capitaux, souvent essentiels à l'expansion des marchés et à la croissance de l'entreprise. Par ailleurs, l'exportateur doit toujours soupeser le coût du financement par rapport à ce qu'il lui en coûterait s'il assumait lui-même le risque.

18. Tiré et adapté d'Équipe Canada, Aspects financiers de l'exportation, s.d., [dsp-psd.pwgsc.gc.ca/Collection/EE4-1-2003F.pdf], (21 mars 2009) ; Interex, *Le financement à l'exportation*, s.d., [www.interex.fr/serv/frame_dynamique.asp?url=/ atlas/interex/method12.htm], (21 mars 2009 : page désormais non disponible).

OBJECTIF 5

Connaître les principales
sources de financement
des exportations.

www.bdc.ca

LES SOURCES DE FINANCEMENT

LA BANQUE DE DÉVELOPPEMENT DU CANADA

La *Banque de développement du Canada* (BDC)[19] offre aux entreprises qui exportent ou qui souhaitent exporter diverses solutions de financement à long terme et dont les modalités de remboursement sont souples. Le financement peut avoir pour objet l'achat d'équipement, l'accroissement des stocks, le fonds de roulement, etc.

Le groupe-conseil de la BDC assiste les exportateurs en leur proposant diverses solutions pour les aider, par exemple, à évaluer leur potentiel d'exportation ou à mettre en place des canaux de distribution sur les marchés étrangers. La BDC offre aussi aux nouveaux exportateurs le programme *Le virage mondial,* soit des services de consultants qui les initient aux diverses étapes du processus d'exportation, dont l'élaboration d'un plan d'exportation.

EXPORTATION ET DÉVELOPPEMENT CANADA

www.edc.ca

Exportation et développement Canada (EDC)[20] est une institution financière dont la mission consiste à fournir des services de financement aux exportateurs et aux investisseurs canadiens sur environ 200 marchés, y compris 130 marchés situés dans les pays en développement. Dans la plupart des pays industrialisés, on trouve des **organismes de crédit à l'exportation** (ou **OCE**) qui reçoivent des crédits gouvernementaux pour soutenir la promotion des exportations nationales.

Organismes de crédit à l'exportation (ou **OCE**)
Organismes destinés à soutenir la promotion des exportations grâce à des crédits gouvernementaux.

EDC se distingue des OCE par son double mandat, commercial et public. En vertu du volet commercial, EDC fonctionne comme une entreprise : elle perçoit des intérêts sur les prêts qu'elle consent et des primes sur les polices d'assurance qu'elle contracte. Ces revenus procurent à EDC son autonomie financière.

Voici un aperçu des services d'EDC :

- l'assurance crédit ;
- l'assurance comptes clients ;
- l'assurance risque politique ;
- la recherche économique et politique, un service qui permet de suivre l'évolution et les tendances d'un marché cible ;
- l'octroi de subventions ou de marges de crédit à des acheteurs étrangers de biens canadiens (une entreprise peut ainsi faire une vente au comptant à une entreprise à l'étranger, et EDC se fait rembourser par cette dernière) ;
- Vérif-EXPORT, un service de vérification en ligne du profil de crédit d'un client à l'étranger ;

19. Tiré et adapté de la Banque de développement du Canada, *Meilleures pratiques de crédit pour le financement à l'exportation*, s.d., [www.bdc.ca/fr/my_project/Projects/articles/export_financing. htm?iNoC=1], (21 mars 2009).

20. Tiré et adapté d'Exportation et développement Canada, « Questions les plus courantes », 2005, [www. edc.ca/corpinfo/whoweare/whoweare_faq_f.htm], (21 mars 2009 : page désormais non disponible).

- ProtEXPORT, un service de protection en ligne contre le risque de non-paiement d'un client à l'étranger ;
- Prêt-à-L'EXPORT ?, un outil diagnostique qui permet à une entreprise d'évaluer son niveau de préparation à l'exportation.

LA CORPORATION COMMERCIALE CANADIENNE[21]

La *Corporation commerciale canadienne* (CCC) est un organisme de passation de contrats. Elle met en relation les acheteurs étrangers avec les vendeurs canadiens au moyen de contrats dont les modalités sont des plus intéressantes. Depuis sa création en 1946, la CCC est venue en aide à des milliers d'entreprises canadiennes et leur a permis de conclure des ententes commerciales avantageuses, d'une valeur de plus de 30 milliards de CAD, tant avec des gouvernements qu'avec des entreprises à l'étranger.

www.ccc.ca

Le sceau du Canada que la CCC appose sur le projet d'un exportateur canadien est la garantie du respect des modalités du contrat que donne le gouvernement canadien. Comme EDC, la CCC propose une gamme de services à utiliser avant ou après la passation d'un contrat, y compris des services consultatifs. Elle consulte quotidiennement les appels d'offres du gouvernement des États-Unis. Après s'être inscrit (gratuitement) à la CCC, l'exportateur canadien bénéficie d'avis d'information par courriel sur tous les appels d'offres qui concernent ses produits et ses services. L'entreprise qui souhaite soumissionner se voit indiquer par la CCC la marche à suivre.

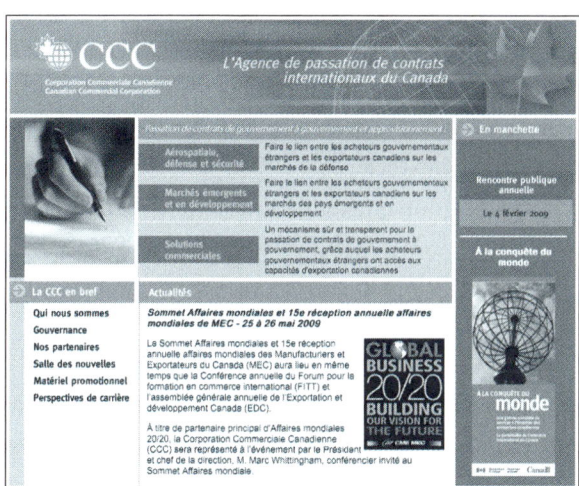

Chaque année, la **Corporation commerciale canadienne** et **Exportations et développement Canada** soutiennent les exportateurs canadiens par des garanties de prêts et des assurances de livraison totalisant des milliards de dollars.

21. Tiré et adapté de la Corporation commerciale canadienne, La CCC en bref, s.d., [www.ccc.ca/fre/abo_whoweare_corporateprofile.cfm], (21 mars 2009) ; Banque de développement du Canada, *Meilleures pratiques de crédit pour le financement à l'exportation*, s.d., [www.bdc.ca/fr/my_project/projects/articles/export_financing.htm ?inoc=1], (21 mars 2009).

OBJECTIF

Connaître les formes de financement accessibles en commerce international.

LES FORMES DE FINANCEMENT

Nous examinerons maintenant la gamme, plutôt complète, des formes de financement qu'Exportation et développement Canada offre aux entreprises canadiennes, soit :

1) le prêt direct ;
2) la ligne de crédit ;
3) la prise de participation ;
4) l'achat de billet à ordre.

LE PRÊT DIRECT[22]

Prêt direct
Accord de financement qui intervient entre un prêteur et un acheteur (ou un emprunteur qui agit pour le compte d'un acheteur) en vue d'une transaction spécifique.

Le **prêt direct** est un accord de financement entre un prêteur (par exemple EDC) et un acheteur (ou un emprunteur qui agit pour le compte d'un acheteur) en vue d'une transaction spécifique. De façon générale, de tels prêts oscillent entre 100 000 USD et 5 millions de USD, et ils sont remboursables à long terme. L'approbation d'une proposition de financement par EDC repose sur l'évaluation de la transaction et sur la solvabilité de l'emprunteur étranger.

Une entreprise qui souhaite obtenir un emprunt inférieur à cette fourchette peut recourir au programme Crédit acheteur simplifié d'EDC. Le **crédit acheteur** est un crédit accordé par un organisme financier spécialisé à un acheteur étranger pour lui permettre de régler la facture du fournisseur canadien sur réception de la marchandise.

Crédit acheteur
Crédit accordé par un organisme financier spécialisé à un acheteur étranger pour lui permettre de payer le fournisseur à la réception de la marchandise.

Les critères d'admissibilité

EDC peut financer une transaction d'exportation si les trois conditions suivantes sont remplies :

- L'entreprise doit être située au Canada ;
- La transaction doit viser un marché extérieur ;
- Les biens ou les services exportés doivent avoir une teneur canadienne substantielle (en général, plus de 50 %) ou engendrer des retombées importantes pour le Canada.

LA LIGNE DE CRÉDIT[23]

Ligne de crédit
(ou **marge de crédit**)
Forme simplifiée de financement des exportations par laquelle un organisme consent un prêt à un acheteur étranger ou à une institution financière étrangère qui prêtera ces fonds à des acheteurs étrangers de biens et de services canadiens.

La **ligne de crédit** (ou **marge de crédit**) est une forme simplifiée de financement des exportations. L'organisme (par exemple, EDC) accorde un prêt à un acheteur étranger ou à une institution financière étrangère qui prêtera ces fonds à des acheteurs étrangers de biens et de services canadiens. La ligne de crédit est très bien adaptée aux acheteurs étrangers qui font régulièrement de petites transactions, soit entre 50 000 USD et 5 millions de USD. Présentement, EDC compte 52 lignes de crédit pour des acheteurs de 26 pays.

---

22. Tiré et adapté d'Exportation et développement Canada, *Financement pour acheteurs*, 2009, [www.edc.ca/french/financing_foreign_buyer.htm], (21 mars 2009).
23. *Ibid.*

EDC et l'emprunteur conviennent à l'avance des diverses modalités, y compris celles qui touchent au taux d'intérêt et au remboursement, ce qui garantit la rapidité de la conclusion d'une telle transaction.

LA PRISE DE PARTICIPATION[24]

Il peut arriver qu'une entreprise qui souhaite exporter soit prête à investir dans la construction d'usines, dans de l'équipement de fabrication ou dans de la main d'œuvre, tant au Canada qu'à l'étranger. L'exportateur doit parfois être prêt à investir pour compléter la structure du capital de l'acheteur étranger. On parle alors de **prise de participation**, c'est-à-dire l'acquisition, par une société, d'un certain nombre d'actions d'une autre société.

EDC Capital Actions a pour mission de fournir aux exportateurs canadiens du capital à moyen terme, par investissement direct ou par investissement indirect.

L'**investissement direct** est un investissement sous forme de capital-actions. Cet investissement peut viser des PME canadiennes ayant un grand potentiel d'exportation ou des entreprises étrangères (ou des projets étrangers) qui soit comportent des structures transfrontalières, soit nécessitent un approvisionnement en biens ou en services canadiens.

L'**investissement indirect** est un investissement que fait un organisme à titre de commanditaire dans des fonds de capital de risque qui sont professionnellement contrôlés et qui sont réinvestis dans des sociétés canadiennes en croissance.

L'ACHAT DE BILLET À ORDRE[25]

Rappelons que le billet à ordre est un effet de commerce par lequel un souscripteur s'engage à payer une somme au bénéficiaire (voir ci-dessus la section « Les instruments de paiement »). EDC peut acheter des billets à ordre émis par un acheteur étranger en faveur d'un exportateur canadien et destinés à payer des biens ou des services.

Prise de participation
Acquisition par une société d'un certain nombre d'actions d'une autre société.

Investissement direct
Investissement fait sous la forme de capital-actions dans des PME du pays exportateur ou des entreprises étrangères susceptibles d'importer des produits canadiens.

Investissement indirect
Investissement sous la forme de capital-actions que fait un organisme à titre de commanditaire dans des fonds de capital de risque qui sont réinvestis dans des sociétés en croissance.

III. LES RISQUES FINANCIERS

LES RISQUES, UN INCONTOURNABLE[26]

Soyons clair : le contrat de vente parfait, sans aucun risque, n'existe simplement pas ! Toute activité commerciale comporte des risques, davantage encore à l'international, et l'exportateur doit accepter ces risques, tout en essayant de les réduire

OBJECTIF

Comprendre les risques financiers liés au commerce international et les moyens de les réduire.

24. Tiré et adapté d'Exportation et développement Canada, *Investissements en capital actions*, 2009, [www.edc.ca/french/financing_equity_investments.htm], (21 mars 2009).

25. Tiré et adapté d'Exportation et développement Canada, *Financement pour fournisseurs*, 2009, [www.edc.ca/french/financing_supplier_financing.htm], (21 mars 2009).

26. Tiré et adapté de ministère des Affaires étrangères et du Commerce international du Canada, Service des délégués commerciaux du Canada, *Faire affaires en Chine avec l'appui de EDC*, décembre 2004, [www.infoexport.gc.ca/ie-fr/displaydocument.jsp?did=14095], (21 mars 2009).

le plus possible. Bien sûr, le recours à un intermédiaire (par exemple, une banque) l'aidera en ce sens, mais on ne doit pas oublier que le rôle de cet intermédiaire se limitera souvent à vérifier les documents et les instructions. Avant tout, l'exportateur doit analyser les risques liés aux transactions internationales qu'il compte faire.

On classe généralement les risques liés à l'exportation en trois catégories : le risque commercial, le risque politique et le risque économique. Voici quelques exemples pour chacun.

- *Le risque commercial* : l'insolvabilité de l'acheteur étranger ; le non-paiement, qu'il soit volontaire ou non ; le refus de l'acheteur d'honorer ses engagements ; le refus de l'acheteur de prendre livraison de la marchandise expédiée ; la résiliation unilatérale du contrat ; les complications attribuables aux délais de livraison.
- *Le risque politique* : l'état de guerre et les coups d'État ; l'annulation de licences d'importation et d'exportation par les autorités ; les problèmes de transfert de fonds ; les changements dans l'orientation politique ; l'agitation sociale ou ouvrière ; l'expropriation.
- *Le risque économique* : les mouvements du taux de change ; l'inflation et la hausse du taux de chômage ; la santé économique du pays ; le PIB ; les réserves en devises fortes ; les difficultés de conversion de la monnaie locale.

Les risques qui appartiennent à l'une des deux dernières catégories sont indépendants de la volonté des parties ; ils sont plutôt liés aux impondérables des situations politique et économique. Il reste que l'on doit en tenir compte. Passons en revue trois risques parmi les plus courants, soit le risque de non-paiement, le risque de non-exécution et le risque de change, ainsi que les moyens que l'on doit connaître pour s'en protéger.

LE RISQUE DE NON-PAIEMENT

L'ÉVALUATION DU RISQUE[27]

Compte tenu de la concurrence sur les marchés internationaux, les créances douteuses ne peuvent que nuire à la santé d'une entreprise exportatrice. Sur le plan stratégique, l'exportateur doit donc bien gérer ses comptes clients s'il veut rester dans la course et assurer sa croissance interne.

Dans ce contexte, le principal risque auquel l'exportateur s'expose est le risque de non-paiement, c'est-à-dire la possibilité que l'acheteur n'exécute pas ses obligations ou ne les exécute que partiellement. Ce risque peut être lié au risque d'insolvabilité ou au risque politique. Ce n'est qu'en l'évaluant que l'exportateur peut vraiment choisir la couverture appropriée, notamment l'assurance crédit et l'assurance risque politique.

27. Tiré et adapté d'Eur-export, *Le risque de non-paiement*, septembre 2007, [www.eur-export.com/francais/apptheo/finance/risnp], (21 mars 2009).

L'ASSURANCE CRÉDIT[28]

En général, les entreprises assurent leurs immeubles, leurs stocks, leur équipement lourd, leurs véhicules, leur matériel et leur encaisse. Même si les créances constituent souvent l'élément d'actif le plus important du bilan d'entreprise, il arrive qu'on ne les assure pas. Pourtant, l'**assurance crédit** peut couvrir jusqu'à 90 % de la valeur des créances contre divers risques, dont les suivants :

Assurance crédit
Assurance qui garantit à un fournisseur le paiement de ses créances en cas de non-paiement par le client.

- le non-paiement par l'acheteur ;
- l'insolvabilité de l'acheteur ;
- le retard dans le paiement (blocage des fonds, difficultés dans le transfert, etc.) ;
- le refus du client de prendre livraison de la marchandise (sauf en cas de non-respect des modalités du contrat par l'exportateur) ;
- l'état de guerre ;
- l'annulation ou le non-renouvellement des licences d'exportation et d'importation par le gouvernement local.

Voici le scénario relatif à la situation, protégée par l'assurance crédit, où l'importateur ne paie pas (voir figure 11.4, page suivante) :

1) L'exportateur et l'importateur négocient un contrat ;
2) L'exportateur fait une demande d'assurance crédit ;
3) L'assurance crédit est accordée ;
4) L'exportateur paie la prime ;
5) L'exportateur livre et facture la marchandise à l'importateur ;
6) L'importateur ne paie pas ;
7) L'exportateur informe son assureur du non-paiement ;
8) L'assureur procède au recouvrement ou constate l'insolvabilité de l'importateur ;
9) L'assureur indemnise l'exportateur.

L'assurance crédit peut porter sur une seule transaction ou être renouvelable (selon la limite de la ligne de crédit de l'exportateur). La prime est établie en fonction du pays de l'acheteur et en fonction de la part de risque que l'exportateur est prêt à assumer ; en général, elle correspond à 1,5 % du montant de la couverture.

Les critères d'admissibilité

Les critères d'admissibilité à l'assurance crédit peuvent varier. EDC a trois exigences concernant la transaction :

- Elle doit engendrer des retombées au Canada ;
- Elle doit avoir une teneur canadienne d'au moins 50 % ;
- Elle doit porter sur des produits exportés.

---

28. Tiré et adapté d'Exportation et développement Canada, *Assurance-comptes clients*, 2009, [www.edc.ca/french/insurance_accounts_receivable.htm], (21 mars 2009).

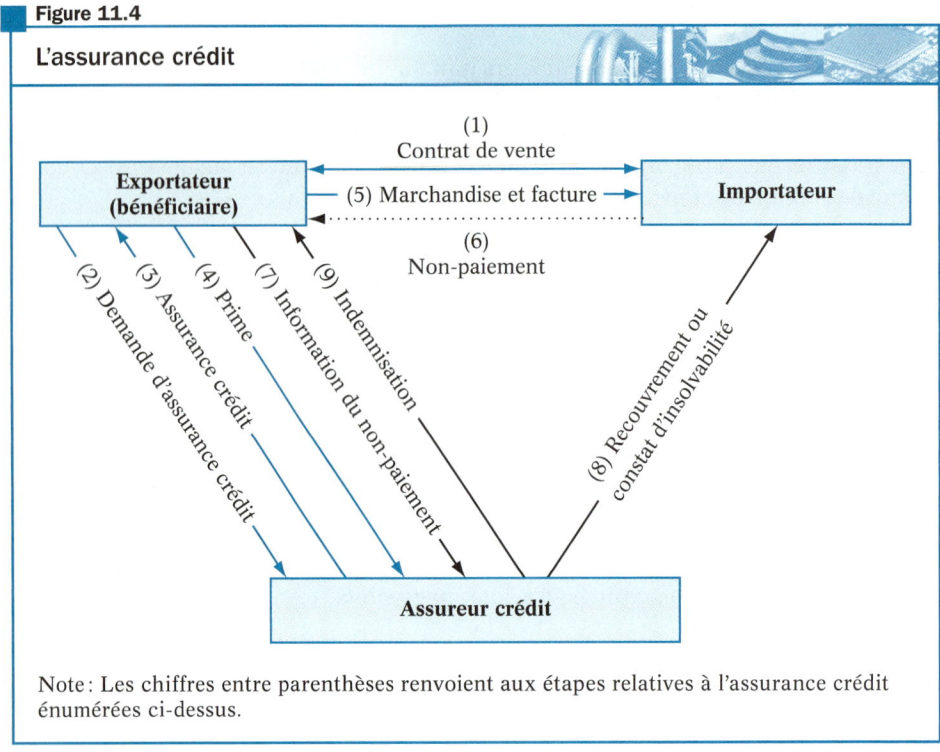

Figure 11.4

L'assurance crédit

Note : Les chiffres entre parenthèses renvoient aux étapes relatives à l'assurance crédit énumérées ci-dessus.

Source : Tirée et adaptée d'Eur-export, *L'assurance-crédit*, septembre 2007, [www.eur-export.com/francais/apptheo/finance/risnp/assucredit.htm], (26 janvier 2009).

L'ASSURANCE RISQUE POLITIQUE[29]

La notion de risque politique est propre aux transactions internationales, particulièrement dans les **marchés émergents**. L'assurance risque politique vise à protéger les transactions à l'étranger à l'aide d'une couverture habituelle de 90 % dans les situations suivantes :

- le non-transfert d'une monnaie, quand un gouvernement interdit la sortie du pays de la monnaie locale ;
- la non-convertibilité d'une monnaie, quand un gouvernement interdit la conversion de la monnaie locale en devises fortes ;
- les actes de violence politique et les conflits de nature politique qui peuvent causer des dommages matériels ou la destruction d'actifs et entraîner l'interruption des activités commerciales ;
- l'expropriation, quand un gouvernement décide de nationaliser ou de confisquer des biens.

Marchés émergents
Marchés se situant dans des pays en développement ou en transition, qui ont connu une forte croissance au cours des années précédentes et qui s'avèrent prometteurs.

29. Tiré et adapté d'Exportation et développement Canada : *Assurance-risques politiques*, 2009, [www.edc.ca/french/insurance_political_risk.htm], (21 mars 2009) ; « Assurance-risques politiques : Stratégie gagnante sur les marchés émergents », chronique spéciale de Terri-Sue Buchanan, 2005, [www.edc.ca/corpinfo/pubs/exportwise/summer04/p26_f.htm], (21 mars 2009 : page désormais non disponible).

Soulignons par ailleurs que l'assurance risque politique ne couvre pas les risques commerciaux tels que la dévaluation de la monnaie locale, le non-respect des conditions d'un contrat par l'une des parties et le non-respect des modalités financières.

Les critères d'admissibilité

Pour assurer un investissement contre le risque politique, on doit démontrer que cet investissement a des retombées économiques pour le Canada et le pays hôte. En général, on évalue les projets d'investissement selon un code d'éthique commerciale qui tient compte, notamment, de l'engagement du gouvernement à protéger l'environnement et à lutter contre la corruption.

LE RISQUE DE NON-EXÉCUTION[30]

Contrairement à ce que plusieurs pensent, le vendeur n'est pas le seul intervenant exposé aux aléas d'une activité commerciale. L'acheteur doit également se protéger contre le risque de non-exécution, c'est-à-dire le risque que l'exportateur n'exécute que partiellement ou pas du tout ses obligations. Il peut ainsi exiger du vendeur un **cautionnement** (ou **garantie**), instrument par lequel un tiers se porte garant de l'exportateur. Le cautionnement est surtout fourni par une compagnie d'assurance, alors que la garantie est un instrument bancaire. Dans certaines catégories d'appels d'offres, on demande à l'exportateur de présenter une garantie.

Cautionnement (ou **garantie**)
Dépôt destiné à servir de garantie pour une créance éventuelle.

LES TYPES DE CAUTIONNEMENTS OU DE GARANTIES

La garantie est dite directe si elle est émise par la banque de l'exportateur en faveur de l'acheteur étranger, à la condition que celui-ci l'accepte et qu'elle soit autorisée par la réglementation locale. La garantie bancaire est indirecte si elle engage une banque autre que celle de l'exportateur, qui sera responsable de la **contre-garantie**.

Contre-garantie
Garantie qui s'ajoute à la première garantie d'un autre garant.

La garantie directe

La garantie directe implique trois intervenants, et le scénario qui lui est relatif comporte huit étapes (voir figure 11.5, page suivante) :

1) L'importateur et l'exportateur négocient un contrat ;
2) L'importateur demande une garantie à l'exportateur ;
3) L'exportateur demande une ouverture de garantie à sa banque et l'obtient ;
4) La banque de l'exportateur informe l'importateur de l'ouverture de la garantie ;
5) L'exportateur n'exécute pas ses obligations ;

---

30. Tiré et adapté de LTD Classe export, *La boîte à outils de l'exportateur*, s.d., [bao.classe-export.com/wwwclass/outils/paiement/Csoumiss.HTM], (21 mars 2009 : page désormais non disponible).

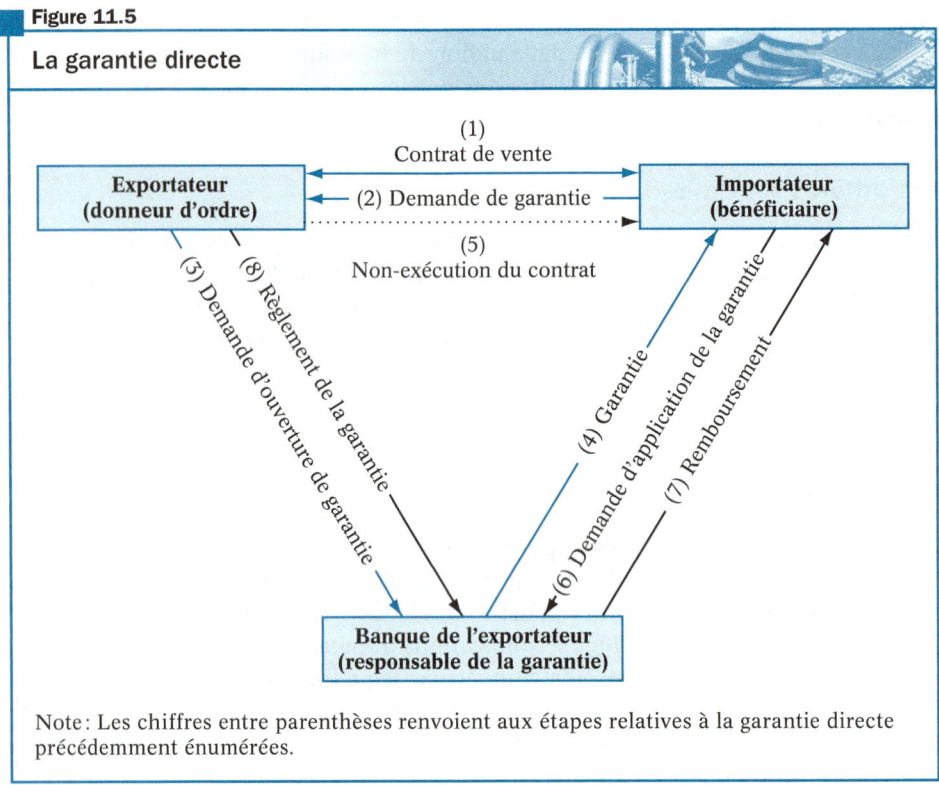

Figure 11.5

La garantie directe

Note : Les chiffres entre parenthèses renvoient aux étapes relatives à la garantie directe précédemment énumérées.

Source : Tirée et adaptée d'Eur-export, *Le risque de non-exécution*, 2002, [www.eur-export.com/francais/apptheo/finance/risne], (26 janvier 2009).

6) L'importateur demande par écrit à la banque de l'exportateur l'application de la garantie ;

7) La banque de l'exportateur rembourse l'importateur ;

8) L'exportateur règle la garantie auprès de sa banque.

La garantie indirecte

La garantie indirecte implique quant à elle quatre intervenants, et le scénario qui lui est relatif comporte les 10 étapes suivantes (voir figure 11.6, page suivante) :

1) L'importateur et l'exportateur négocient un contrat ;

2) L'importateur demande une garantie à l'exportateur ;

3) L'exportateur demande une ouverture de garantie à sa banque et l'obtient ;

4) La banque de l'exportateur informe la banque de l'importateur de l'ouverture de la garantie ;

5) La banque de l'importateur informe ce dernier de l'ouverture de la garantie ;

6) L'exportateur n'exécute pas ses obligations ;

7) L'importateur demande par écrit à sa banque l'application de la garantie ;

Figure 11.6

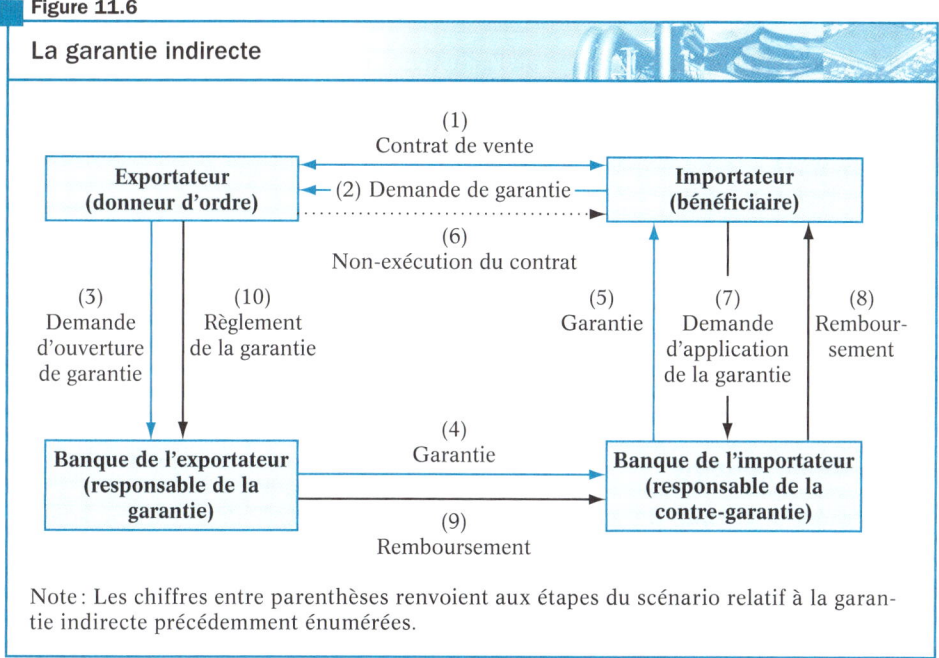

La garantie indirecte

Note: Les chiffres entre parenthèses renvoient aux étapes du scénario relatif à la garantie indirecte précédemment énumérées.

Source: Tirée et adaptée d'Eur-export, *Le risque de non-exécution*, 2002, [www.eur-export.com/francais/apptheo/finance/risne], (26 janvier 2009).

8) La banque de l'importateur rembourse ce dernier;

9) La banque de l'exportateur rembourse la banque de l'importateur;

10) L'exportateur règle la garantie auprès de sa banque.

Les principales catégories de garanties sont les suivantes:

1) la garantie de soumission;

2) la garantie de restitution d'acompte;

3) la garantie de bonne exécution;

4) la retenue de garantie.

La garantie de soumission

La **garantie de soumission** vise à protéger le bénéficiaire (l'acheteur ou le donneur d'ordre) contre le risque de retrait de l'offre par le vendeur. En réalité, la banque établit que le vendeur a les moyens d'exécuter le travail correspondant à la soumission. Le montant du cautionnement se situe entre 2 % et 5 % du montant du contrat.

En cas de désistement du vendeur, la somme est destinée à dédommager l'acheteur des frais occasionnés par la perte de temps et l'organisation d'un nouvel appel d'offres. Cette garantie accompagne l'offre et comporte une durée de validité, qui est habituellement de trois mois, mais qui n'excède pas la durée de l'offre. En général, la date d'expiration de la validité est mentionnée.

Garantie de soumission
Garantie qui vise à protéger le bénéficiaire contre le risque de retrait de l'offre par le vendeur.

La garantie de restitution d'acompte

Garantie de restitution d'acompte
Garantie qui protège l'acheteur contre le risque de non-réalisation des engagements du fournisseur.

Il est fréquent que le vendeur exige de l'acheteur un acompte. Ainsi, la **garantie de restitution d'acompte** protège l'acheteur contre le risque de non-réalisation des engagements du fournisseur. Cette garantie assure l'acheteur de la restitution d'une partie ou de la totalité de l'acompte qu'il a versé.

La garantie de bonne exécution

Garantie de bonne exécution (ou cautionnement d'exécution)
Garantie qui protège l'acheteur contre la non-exécution du vendeur sous la forme d'un engagement de payer émis par la banque.

La **garantie de bonne exécution** (ou **cautionnement d'exécution**) protège les droits de l'acheteur vis-à-vis du vendeur dans les cas de livraison de biens ou de prestation de services défectueuses ou non conformes aux modalités du contrat, et ce, sous la forme d'un engagement de payer émis par la banque.

La retenue de garantie

Retenue de garantie
Somme que l'acheteur retient provisoirement sur le paiement qu'il doit faire au vendeur en vue de garantir l'exécution complète et satisfaisante des engagements du vendeur.

En vertu de la **retenue de garantie**, l'acheteur peut retenir une certaine somme (entre 5 % et 10 %) du paiement qu'il doit faire au vendeur. Cette retenue vise à protéger l'acheteur contre les défaillances qui peuvent survenir avant l'exécution complète des engagements du vendeur. La somme est débloquée après la constatation de l'exécution complète.

LE RISQUE DE CHANGE[31]

Comme nous l'avons vu précédemment, le risque de change est un risque lié aux fluctuations monétaires qui peuvent toucher un effet de commerce. Il existe diverses façons de se protéger contre ce risque.

LE TAUX DE CHANGE

Marché des échanges
Marché du commerce international libre des contingences ou des entraves, d'ordre tarifaire ou non, à la circulation des biens et des services depuis la libéralisation des économies à l'échelle planétaire.

Marché des changes (ou marché des devises)
Marché, au comptant ou à terme, de devises qui sont généralement cotées par rapport à la monnaie nationale.

Le taux de change correspond au prix d'une monnaie établi par rapport à une autre, résultant de la confrontation des offres et des demandes de chacune de ces monnaies sur le **marché des échanges**. Quant au **marché des changes** (ou **marché des devises**), il permet de connaître la valeur d'une monnaie par rapport à celle d'une autre (voir encadré 11.2, page suivante).

En raison de divers facteurs tels que les échanges commerciaux et financiers, les flux monétaires et l'inflation, le taux de change fluctue à chaque seconde, ce qui entraîne de l'incertitude dans les transactions internationales. Cette fluctuation peut avantager ou désavantager l'un ou l'autre des intervenants d'une transaction.

---

31. Tiré et adapté d'IC-Agency, *Marchés des changes : Principes de base,* s.d., [www.guide-finance.ch/ica_french/les_marches/marches_des_changes/principes_de_base/wcba4.html], (21 mars 2009) ; Eur-export : « Choix de la monnaie de facturation », *Les techniques de couverture du risque de change,* 2007, [www.eur-export.com/francais/apptheo/finance/rischange/choixmofact.htm], (21 mars 2009) ; « Clauses d'indexation », *ibid.* ; « Termaillage », *ibid.* ; « Assurance change », *ibid.*

Encadré 11.2

La lecture des taux de change

De façon générale, quand on pense au taux de change on pense à ce que vaut la monnaie étrangère en unités de monnaie locale. Par, exemple :

Au Canada, on dira :	1,00 USD = 1,4002 CAD
Aux États-Unis, on dira :	1,00 CAD = 0,7142 USD

Pour changer la devise de référence, on utilise la règle de trois ou, tout simplement, on se dit :

Si	1,4002 CAD = 1,00 USD
Alors,	1,00 CAD = 1,00 USD / 1,4002
Donc,	1,00 CAD = 0,7142 USD

MISE EN SITUATION

Un taux de change avantageux

Le 1er février, l'entreprise Arc-en-ciel conclut avec une entreprise américaine une vente de cerfs-volants totalisant 200 000 USD. Comme le taux de change du dollar américain est de 1,4002 CAD, le contrat vaut 280 004 CAD.

Le 30 avril suivant, l'entreprise américaine paie Arc-en-ciel en devises américaines. Comme le dollar canadien a perdu du terrain face au dollar américain et ne vaut plus que 0,6800 USD, le paiement totalise 294 118 CAD, un gain de plus de 14 000 CAD !

LE MARCHÉ DES CHANGES

Le marché des changes comporte les deux principaux secteurs suivants :

- le marché au comptant ;
- le marché à terme.

Le marché au comptant

Le **marché au comptant** est un marché des changes dans lequel le règlement et la livraison d'actifs financiers ou de marchandises ont lieu immédiatement. Grâce à ce marché, les banques peuvent s'approvisionner en devises étrangères. Quand on achète des devises et qu'on en prend livraison le jour même, on le fait sur le marché au comptant.

Les nombreux changements se produisant dans le cycle économique influent sur le taux de change au comptant. Ce taux de change est en effet tributaire du flux international de devises, sans compter qu'une transaction au comptant peut se conclure en quelques secondes à peine. Dans le monde bancaire, on utilise la

Marché au comptant
Marché des changes où le règlement et la livraison d'actifs financiers ou de marchandises ont lieu immédiatement.

Date de valeur
Date à laquelle les fonds sont à la disposition du bénéficiaire.

Date de valeur au comptant
Date à laquelle les fonds sont à la disposition du bénéficiaire sur le marché au comptant, c'est-à-dire dans les 48 heures qui suivent la transaction (dans les 24 heures pour les transactions entre le Canada et les États-Unis).

Cours d'achat
(ou **cours acheteur**)
Prix que la banque est prête à payer pour des devises.

Cours de vente
(ou **cours vendeur**)
Prix auquel la banque consent à vendre des devises.

Marché à terme
Marché des changes où le règlement et la livraison d'actifs financiers ou de marchandises ont lieu à une date postérieure à la négociation.

Date de valeur à terme
Date à laquelle les fonds sont à la disposition du bénéficiaire sur le marché à terme, c'est-à-dire la date de valeur au comptant à laquelle on ajoute le nombre de jours sur lequel se sont entendues les parties.

notion de **date de valeur**, qui correspond à la date où les fonds sont à la disposition du bénéficiaire. Le règlement dit immédiat se fait dans les deux jours suivant la transaction. Pour en rendre compte, on utilise l'expression T+2, ce qui signifie que les devises seront livrées dans les 48 heures, soit à la **date de valeur au comptant**. Cependant, la date de valeur au comptant entre le Canada et les États-Unis est T+1, ce qui correspond à une livraison dans les 24 heures.

En matière de devises, on doit distinguer le **cours d'achat** (ou **cours acheteur**), c'est-à-dire le prix auquel la banque achète des devises, du **cours de vente** (ou **cours vendeur**), soit le prix auquel elle les vend.

Le marché à terme

Le **marché à terme** est un marché des changes dans lequel les transactions ont lieu à une date postérieure à la négociation, qu'on appelle **date de valeur à terme**, et à un prix convenu au moment de la négociation. Pour calculer cette date, on se base sur la date de valeur au comptant, calculée elle-même à partir de la date de transaction. Ainsi, si une transaction survient le 3 avril avec un terme de 30 jours, la date de valeur au comptant étant le 5 avril, la date de valeur à terme sera le 5 mai. La fourchette des échéances disponibles se situe entre trois jours et deux ans.

Le marché à terme est très utile : l'exportateur peut s'assurer du produit de sa vente en devise nationale au moment de la transaction, et l'importateur peut fixer à l'avance le coût de ses approvisionnements.

MISE EN SITUATION

La couverture d'une exportation

L'entreprise Bec sucré exporte du sirop d'érable. Elle conclut une vente totalisant 1 000 000 USD avec l'entreprise américaine House of Pancakes. La facturation est en USD et le terme est de trois mois. Au moment de la transaction, les cours sont les suivants :

- cours au comptant, 1 USD = 1,40 CAD ;
- cours à trois mois, 1 USD = 1,42 CAD.

L'entreprise québécoise souhaite une couverture sur le marché à terme et vend 1 000 000 USD à trois mois, s'assurant ainsi de percevoir 1 420 000 CAD (1 000 000 × 1,42 CAD). Trois mois plus tard, le cours au comptant est 1 USD = 1,35 CAD, et les dirigeants de Bec sucré sont heureux de la couverture qu'ils ont prise. Évidemment, si le cours était monté à 1 USD = 1,45 CAD, les dirigeants de l'entreprise auraient regretté d'avoir pris une couverture.

Cependant, on doit se dire que le marché à terme permet à l'exportateur de savoir exactement quelle somme il recevra. L'inverse est aussi vrai pour l'importateur, qui sait à l'avance combien lui coûteront des marchandises sur le marché à terme.

LA COUVERTURE DU RISQUE DE CHANGE

C'est généralement en fonction du montant de la transaction, de la volatilité de la devise et de l'échéance de la créance que l'on choisit une couverture du risque de change plutôt qu'une autre. Certaines entreprises privilégient la facturation en monnaie locale pour les transactions de faible valeur, mais on doit se rappeler que cela n'est pas toujours bien accueilli dans le contexte commercial. D'autres entreprises préfèrent ne prendre aucune couverture.

Dans ce dernier cas, il reste l'**affacturage**, qui consiste à confier ses mauvaises créances à un établissement spécialisé qui se chargera de leur recouvrement (et assumera le risque de perte) moyennant une commission et des intérêts.

Passons en revue les différentes couvertures du risque de change.

Affacturage
Cession des créances à un établissement financier spécialisé qui, en contrepartie d'une commission et d'intérêts, se charge de leur recouvrement et assume le risque de perte.

L'utilisation du dollar canadien

Un bon moyen de réduire le risque de change est d'utiliser le dollar canadien. Cela permet aux PME de prévoir avec certitude la somme qu'elles recevront.

L'utilisation d'une devise pivot

Il peut être avantageux de facturer une transaction en utilisant une **devise pivot** (ou **monnaie de référence**), c'est-à-dire une devise qui parfois n'est ni celle de l'acheteur ni celle du vendeur, mais qui est une devise forte. Ainsi, de nombreuses entreprises, qu'elles soient canadiennes ou d'autres nationalités, exigent un paiement en USD quand elles font affaire avec certains pays étrangers sujets à des troubles politiques ou économiques. La devise américaine est alors une devise pivot.

Devise pivot
(ou **monnaie de référence**)
Devise choisie pour une transaction en raison de sa force, et qui parfois n'est ni celle de l'acheteur ni celle du vendeur.

La clause d'indexation

La **clause d'indexation**, qu'on inclut dans le contrat de vente pour se prémunir contre une variation du prix de vente de la marchandise, peut aussi s'appliquer au taux de change.

Clause d'indexation
Clause en vertu de laquelle une obligation financière prévue dans un contrat peut varier en fonction d'un indice de référence (par exemple, le cours d'une monnaie).

Le termaillage

Le **termaillage** est une opération qui consiste à profiter de la variation du taux de change en faisant varier les modalités de remboursement des créances. Prenons le cas d'une devise à la hausse et susceptible de s'apprécier davantage : une entreprise dont les comptes débiteurs sont dans cette devise aurait avantage à prolonger le délai de paiement, alors qu'une entreprise qui devrait des sommes dans la même devise aurait plutôt avantage à devancer ses paiements.

Termaillage
Opération qui consiste à faire varier les modalités de remboursement des créances afin de bénéficier d'un taux de change favorable.

L'assurance taux de change

L'assurance taux de change, comme son nom l'indique, sert à protéger les entreprises contre le risque de change. Un exportateur peut ainsi déterminer son prix de vente et vendre dans telle ou telle devise sans avoir à se préoccuper de la variation des cours.

M I S E   E N   S I T U A T I O N

L'exportation de pièces plastiques moulées (suite de la p. 470)

Pierre aurait dû se protéger contre les fluctuations monétaires, précaution fort utile quand on fait affaire avec un pays dont la devise fluctue beaucoup. Il aurait pu soit faire ajouter une clause d'indexation au contrat, soit acheter des devises sur le marché à terme.

Pierre aurait pu négocier les modalités suivantes au contrat :

- paiement par encaissement documentaire (un paiement par crédit documentaire aurait aussi été acceptable) ;
- paiement en dollars canadiens ;
- marchandises décrites en détail et expédiées FOB Altamira (Mexique) dans un conteneur unique ;
- transport maritime avec précision d'une date limite pour l'arrivée ;
- paiement à vue.

L'entreprise Moulages de plastique Deschamps aurait expédié la marchandise à l'entreprise mexicaine et présenté les documents nécessaires à sa banque (la banque remettante), qui les aurait transmis à la banque de l'acheteur (la banque présentatrice). Celle-ci aurait alors transmis les documents à l'acheteur contre paiement pour ensuite transmettre le paiement à la banque remettante qui aurait crédité l'entreprise de Pierre.

M I S E   E N   S I T U A T I O N

L'importation de robes confectionnées en Chine (suite de la p. 472)

Sylvie pourrait s'adresser à la Banque de développement du Canada ou à Exportation et développement Canada pour demander un financement sous la forme d'un prêt direct.

Compte tenu de l'importance des risques financiers de cette transaction, Sylvie devrait communiquer avec sa banque et choisir de payer par crédit documentaire irrévocable, tout en faisant inclure au contrat les conditions suivantes :

- paiement en USD ;
- description et prix des marchandises ;
- contrôle de la marchandise par un agent d'inspection indépendant à raison d'un article sur cinq ;
- expédition CIF Montréal ;
- transport maritime avec précision d'une date limite pour l'arrivée ;
- paiement par lettre de change à vue (30 jours).

Comme elle dispose déjà d'une ligne de crédit auprès de sa banque, Sylvie fait établir un crédit documentaire de 30 000 USD, en y mentionnant les conditions convenues avec le vendeur. Par la suite, la banque de Sylvie (la banque émettrice) reçoit de la banque notificatrice les documents requis : facture, lettre de change, connaissement, certificat d'inspection de la marchandise, liste de colisage et facture des douanes canadiennes. La banque émettrice vérifie la conformité des documents avec le crédit documentaire et, le cas échéant, paie la banque notificatrice. Sylvie est informée de l'arrivée des marchandises et, après les formalités d'usage, en prend possession. Ensuite, la banque de Sylvie débite son compte et transmet le montant du règlement à la banque notificatrice. Sylvie est très satisfaite de ce nouveau fournisseur et décide de continuer à faire affaire avec lui. Afin de se protéger contre les fluctuations du dollar américain, elle décide d'acheter des dollars américains sur le marché à terme.

Le Canada et ses partenaires commerciaux

LA CHINE

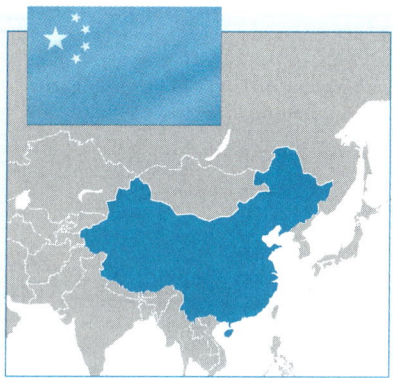

Les exportations canadiennes de marchandises vers la Chine ont augmenté rapidement au cours des 10 dernières années, passant de 3,5 milliards en 1995 à 10,4 milliards de CAD en 2008. Les importations de produits chinois par le Canada ont quintuplé, leur valeur étant passée de 4,6 milliards à 42,6 milliards de CAD pendant cette période. Affichant un taux de croissance annuel de 18 %, ces importations sont nettement supérieures à celles qui proviennent du Brésil ou de l'Inde par exemple, bien que ces dernières aient aussi augmenté. Sixième source des importations canadiennes en 1995, la Chine a rapidement gravit les échelons économiques et est devenue l'un des plus importants partenaires commerciaux du Canada. les tableaux 11.9 et 11.10 (voir pages suivantes) illustrent bien cette réalité.

Après avoir atteint 11,9 % en 2007, la croissance économique de la Chine a ralenti en 2008, passant à 9,5 %. Au premier trimestre de 2008, elle était de 10,6 %. L'impact du ralentissement américain sur l'économie chinoise devrait donc être limité, la croissance continuant à être stimulée par la demande interne. Par ailleurs, l'inflation a pris de l'ampleur en 2007, atteignant 6,5 %, et affichant 8 % au premier trimestre de 2008, surtout à cause de la montée des prix des aliments et de l'énergie. Elle restera sans doute élevée toute l'année en 2009, les autorités ayant décidé en juin 2008 d'augmenter de 18 % les prix du diesel, de l'essence et de l'électricité. Notons cependant que l'inflation sousjacente reste inférieure à 2 %. Inquiètes du climat social, les autorités devraient poursuivre leur resserrement monétaire par une hausse des taux d'intérêt et des réserves obligatoires (cinq hausses depuis le début 2008), même si cela n'a pour l'instant que peu d'impact. Par ailleurs, les autorités pourraient bientôt adopter des mesures administratives ponctuelles, telles qu'un gel des prix. Enfin, l'appréciation du yuan (CNY) s'accélère : sa valeur a augmenté de 9,3 % en mai 2008 (en glissement annuel), contre 6,9 % en 2007. Néanmoins, il est à noter que, même s'il gagnait 10 % par an, le CNY aurait besoin de douze ans pour ne plus être sous-évalué, le FMI évaluant la parité d'équilibre de la monnaie chinoise à 1,96 CNY pour 1 USD (contre 7,39 CNY pour 1 USD en 2007).

Sur le plan financier, malgré le ralentissement attendu des exportations chinoises, l'excédent courant restera important. L'excès de liquidité généré par cet excédent courant et par des entrées massives de capitaux se retrouve sur le marché boursier (+110 % pour l'indice de la Bourse de Shanghai en 2007). De plus, malgré les corrections survenues entre janvier et mai 2008 (–35 %), le ratio cours-bénéfice reste très élevé (60), indiquant que les risques de bulle et de volatilité restent importants. L'année 2008 aura été marquée par les Jeux olympiques : les investissements dans les infrastructures effectués à cette occasion ont constitué une occasion pour le pays. Toutefois, une étude de JP Morgan, analysant l'impact des JO sur l'activité en Corée (1988), en Espagne (1992), aux États-Unis (1996), en Australie (2000) et en Grèce (2004) conclut qu'il n'est que très marginal. En entraînant un dégonflement des dépenses d'investissement et de consommation, l'après-JO pourrait même contribuer au ralentissement de l'économie. Enfin, les soulèvements sociaux et politiques liés au creusement des inégalités entre zones urbaines et rurales ainsi que les hausses des prix sont à surveiller.

Une économie aussi importante que celle de la Chine est donc loin d'être à l'abri des contingences mondiales. Qui plus est, le dynamisme du commerce expose les commerçants chinois aux acheteurs rebelles. L'agence de crédit à l'exportation chinoise Sinosure a réévalué le risque de non paiement de certains pays acheteurs de coton chinois. Résultat, 48 pays ont vu leur cote baissée tandis que 14 autres ont vu la leur élevée. Contrairement à ce que la croyance populaire aurait pu laisser présager, la majorité des 14 pays « modèles » étaient d'Amérique du Sud et d'Afrique, les États-Unis, responsables d'environ 10 millions de USD de mauvaise créance étaient de loin les plus délinquants, selon l'agence chinoise.

Source : Canada-Export, *L'assurance transport*, s.d., [www.eur-export.com/francais/default.htm], (3 mars 2009) ; [fr.freightgate.com/insurance/guide6.tet], (27 mars 2009).

Tableau 11.9

Les importations canadiennes de la Chine, en millions de CAD

Produits	2006	2007	2008
Ordinateurs et leurs accessoires	4 104	3 239	3 664
Postes téléphoniques et appareils pour transmettre et recevoir voix, images et données	645	1 359	1 875
Articles pour jeux de société, billards	752	1 106	1 503
Moniteurs et projecteurs télé	526	1 359	1 388
Jouets à roues, poupées et landaus, modèles réduits, casse-tête	779	1 083	1 035
Meubles et leurs parties	778	921	987
Sièges et leurs parties	720	802	870
Chandails, pull-overs, cardigans, gilets et articles similaires de laine ou de poils fins	493	578	717
Malles, valises et contenants similaires, en cuir ou en matières plastiques/textiles	533	615	707
Costumes tailleurs, ensembles, vestes, robes, jupes, etc., pour femmes et fillettes	654	713	704
Total partiel	**9 982**	**11 774**	**13 449**
Autres produits	24 522	26 532	29 165
Total	**34 504**	**38 306**	**42 614**

Source : Tiré et adapté d'Industrie Canada, *Données sur le commerce en direct*, Importations totales canadiennes de la Chine, 25 premiers produits (codes SH6), s.d., [www.ic.gc.ca/epic/site/tdo-dcd.nsf/fr/accueil], (rapport généré le 4 mars 2009).

Tableau 11.10

Les exportations canadiennes vers la Chine, en millions de CAD

Produits	2006	2007	2008
Alcools acycliques et leurs dérivés halogénés, sulfonés, nitrés ou nitrosés	845	1 062	870
Pâtes chimiques de bois, à la soude ou au sulfate	705	923	858
Graines de navette ou de colza	170	331	777
Nickel sous forme brute	719	1 027	704
Soufres de toute espèce	221	255	686
Engrais minéraux ou chimiques potassiques	244	415	535
Pâtes mi-chimiques de bois	324	404	410
Minerais de fer et leurs concentrés	274	245	316
Polymères de l'éthylène, sous formes primaires	190	240	260
Déchets et débris de cuivre	212	248	254
Total partiel	**3 903**	**5 150**	**5 669**
Autres produits	3 899	4 362	4 715
Total	**7 802**	**9 512**	**10 384**

Source : Tiré et adapté d'Industrie Canada, *Données sur le commerce en direct*, Exportations totales canadiennes vers la Chine, 25 premiers produits (codes SH6), s.d., [www.ic.gc.ca/epic/site/tdo-dcd.nsf/fr/accueil], (rapport généré le 4 mars 2009).

Données sur la Chine

Données géographiques

Nom officiel :	République populaire de Chine
Superficie :	9 596 960 km^2
Population :	1330 millions d'habitants
Capitale :	Beijing
Villes principales :	Shanghai, Guangzhou, Ningbo
Langue(s) :	Mandarin, cantonnais
Monnaie :	Yuan (1 CNY = 0,1813 CAD ou 1 CAD = 5,5171 CNY)
Fête nationale :	1er octobre, fête de la fondation de la République populaire de Chine

Données démographiques

Croissance démographique :	0,629 %
Espérance de vie :	71,37 ans pour les hommes, 75,18 ans pour les femmes
Taux d'alphabétisation :	90,9 %
Religion(s) :	Bouddhisme, confucianisme, religions chrétiennes, islam, taoïsme, religion populaire
Indice de développement humain (classement ONU) :	0,777 (81e rang mondial sur 177)

Données économiques

PIB (2007):	7 099 milliards de USD
PIB par habitant (2007):	5 400 USD
Taux de croissance:	11,9 %
Taux de chômage:	4 % dans les régions urbaines; très élevé dans les régions rurales
Taux d'inflation:	4,8 %
Solde budgétaire:	23 milliards de USD
Balance commerciale:	Exportations: 1 220,0 milliards de USD Importations: ⁻ 904,6 milliards de USD Solde: 315,4 milliards de USD
Principaux clients:	États-Unis (19,1 %), Hong Kong (15,1 %), Japon (8,4 %), Corée du Sud (4,6 %)
Principaux fournisseurs:	Japon (14 %), Corée du Sud (10,9 %), Taiwan (10,5 %), États-Unis (7,3 %)
Importations canadiennes de la Chine (2007):	38,306 milliards de CAD; 9,41 % des importations mondiales
Exportations du Canada vers la Chine (2007):	9,512 milliards de CAD; 2,11 % des exportations mondiales

RÉSUMÉ

Le commerce international est en pleine évolution, de nouveaux marchés sont en émergence et la porte s'ouvre à une nouvelle concurrence. De la même façon, le paiement, le financement et les risques associés évoluent. Il est essentiel que les exportateurs et les importateurs connaissent bien les différents instruments et techniques de paiement, les rouages du financement et les risques encourus. C'est ainsi qu'ils pourront choisir les bons outils en toute connaissance de cause, selon leur secteur d'activité et selon les contrats à conclure.

MOTS CLÉS

Français	Anglais
À terme (p. 477)	Forward
À vue (sur présentation) (p. 477)	On sight
Acceptation (p. 477)	Acceptance
Acceptation bancaire (p. 477)	Bank acceptance
Affacturage (p. 513)	Factoring
Assurance crédit (p. 505)	Credit insurance
Aval (p. 477)	Aval (backing)
Banque confirmatrice (p. 488)	Confirming bank
Banque désignée (p. 491)	Nominated bank

Français	Anglais
Banque émettrice (p. 486)	Issuing bank
Banque négociatrice (p. 491)	Negotiating bank
Banque notificatrice (p. 486)	Advising bank
Banque présentatrice (p. 483)	Presenting bank
Banque remettante (p. 483)	Remitting bank
Bénéficiaire (p. 475)	Payee
Billet à ordre (p. 479)	Promissory note
Cautionnement (garantie) (p. 511)	Bond
Chèque (p. 476)	Cheque (check)
Chèque certifié (chèque visé) (p. 476)	Certified cheque
Chèque sans provision (p. 476)	NSF cheque (not-sufficient-funds cheque)
Clause d'indexation (p. 517)	Escalation clause
Contre-garantie (p. 511)	Counter-guarantee
Contre remboursement (CR ou COD) (p. 481)	Cash on delivery (COD)
Cours d'achat (cours acheteur) (p. 516)	Buying rate of exchange
Cours de vente (cours vendeur) (p. 516)	Asked price
Créance (p. 475)	Account receivable
Crédit acheteur (p. 506)	Buyer's credit
Crédit adossé (contre-crédit) (p. 500)	Back-to-back credit
Crédit avancé (clause rouge) (p. 498)	Red clause
Crédit de soutien (crédit stand-by) (p. 498)	Standby credit
Crédit documentaire (CRÉDOC) (p. 486)	Documentary credit
Crédit documentaire irrévocable (p. 492)	Irrevocable documentary credit
Crédit documentaire irrévocable et confirmé (p. 492)	Confirmed irrevocable letter of credit
Crédit documentaire révocable (p. 492)	Revocable documentary credit
Crédit documentaire transférable (p. 497)	Transferable documentary credit
Crédit renouvelable (p. 498)	Revolving credit
Date de valeur (p. 516)	Value date
Date de valeur à terme (p. 516)	Forward value date
Date de valeur au comptant (p. 516)	Spot value date
Devise pivot (monnaie de référence) (p. 517)	Reference currency
Donneur d'ordre (donneur d'instruction) (p. 475)	Instructing party
Effet de commerce (p. 475)	Commercial paper
Encaissement documentaire (p. 483)	Documentary credit collection
Encaissement simple (p. 480)	Clean collection
Financement des exportations (financement à l'exportation) (p. 503)	Export financing
Fluctuations monétaires (p. 470)	Currency fluctuations
Garantie de bonne exécution (cautionnement d'exécution) (p. 514)	Performance bond
Garantie de restitution d'acompte (p. 514)	Advance payment guarantee
Garantie de soumission (p. 513)	Bid security
Instrument de paiement (p. 474)	Payment instrument
Investissement direct (p. 507)	Direct investment

Français	Anglais
Investissement indirect (p. 507)	Indirect investment
Lettre de change (traite) (p. 477)	Bill of exchange
Ligne de crédit (marge de crédit) (p. 506)	Line of credit
Marché à terme (p. 516)	Forward exchange market
Marché au comptant (p. 515)	Spot market
Marché des changes (marché des devises) (p. 514)	Foreign exchange market (currency market)
Marché des échanges (p. 514)	Trade market
Marchés émergents (p. 510)	Emerging markets
Monnaie scripturale (p. 475)	Bank money
Organisme de crédit à l'exportation (OCE) (p. 504)	Export credit agency
Prêt direct (p. 506)	Direct loan
Prise de participation (p. 507)	Acquisition of shareholding
Règles et usances uniformes relatives aux crédits documentaires (RUUCD, RUU) (p. 489)	Uniform customs and practice for documentary credits (UCPDC)
Règles uniformes relatives aux encaissements (RUE) (p. 484)	Rules for documentary instruments
Remise documentaire (p. 482)	Documentary remittance
Retenue de garantie (p. 514)	Holdback
Risque d'insolvabilité (p. 474)	Insolvency risk
Souscripteur (p. 479)	Maker
Termaillage (p. 517)	Leads and lags
Tiré (p. 477)	Drawee
Tireur (p. 477)	Drawer
Virement bancaire (p. 475)	Bank transfer

VÉRIFIEZ VOS CONNAISSANCES

Questions à choix de réponses

1. L'entreprise québécoise pour laquelle vous travaillez a été approchée par un client brésilien potentiel qui dit vouloir signer divers contrats avec votre entreprise au cours des trois prochaines années, pourvu que du financement puisse être obtenu. Vous contactez Exportation et développement Canada (EDC) afin de déterminer la forme de financement la plus appropriée à cette situation. Quelle est-elle?

   a) La ligne de crédit   c) L'achat de billet à ordre
   b) Le prêt direct   d) La prise de participation

2. Votre entreprise a signé un contrat avec un acheteur péruvien, dans lequel il est indiqué que 15 % du montant prévu au contrat sera payable à la signature du contrat et que la différence sera payable trois mois après la livraison

de la marchandise à l'entrepôt de l'acheteur. La marchandise a été livrée depuis plus de neuf mois et vous attendez toujours votre argent. De quelle catégorie de risque s'agit-il ?

a) D'un risque commercial
c) D'un risque économique

b) D'un risque politique
d) D'un risque-pays

3. Vous travaillez pour une institution financière. Un client vous appelle pour que vous lui expliquiez en quoi consiste le crédit documentaire irrévocable et confirmé. Parmi les choix suivants, lequel ne s'applique pas à cette catégorie de crédit documentaire ?

a) Peut être renouvelé automatiquement

b) Ne peut être annulé ou amendé

c) Comporte l'engagement de la banque émettrice et notificatrice

d) Offre la meilleure protection à l'exportateur

4. Quelle garantie permet à l'acheteur de se protéger contre les défaillances qui peuvent survenir avant l'exécution complète des engagements du vendeur ?

a) La retenue de garantie

b) La garantie de bonne exécution

c) La garantie de soumission

d) La garantie de restitution d'acompte

5. Que doit vérifier la banque confirmatrice ou notificatrice dans un crédit documentaire ?

a) La conformité des documents fournis avec la spécification qui en est faite dans le crédit documentaire.

b) La conformité des marchandises et de leur acheminement avec la spécification qui en est faite dans le crédit documentaire.

c) La conformité des documents fournis, des marchandises et de leur acheminement avec la spécification qui en est faite dans le crédit documentaire.

6. À quel moment l'exportateur ou l'importateur doit-il tenir compte du risque de change ?

a) Avant la facturation

b) Au moment de la facturation

c) Après la facturation

7. Parmi les crédits documentaires suivants, lequel a disparu pour cause de rareté d'utilisation et d'absence de garantie réelle pour l'exportateur ?

a) Le crédit documentaire révocable

b) Le crédit documentaire irrévocable

c) Le crédit documentaire irrévocable et confirmé

d) Le crédit documentaire transférable

Questions à court développement

8. Quelle précaution garantit à un fournisseur le paiement de ses créances en cas de non-paiement par le client?

9. Une entreprise peut utiliser divers moyens pour couvrir ses risques de change. Comment se nomme celui qui consiste à profiter de la variation du taux de change en faisant varier les modalités de remboursement des créances?

10. Quels sont les risques encourus par l'acheteur dans le cas d'un paiement par crédit documentaire (CRÉDOC)?

11. Faites la distinction entre l'encaissement documentaire et le crédit documentaire.

12. En quoi consistent la clause de crédit avancé et la clause de crédit adossé (ou contre-crédit)?

13. Quels sont les risques encourus par le vendeur lorsque le crédit documentaire est révocable?

14. Dans le marché des changes, quel nom donne-t-on au marché dans lequel les transactions ont lieu à une date postérieure à la négociation, qu'on appelle date de valeur à terme, et à un prix convenu au moment de la négociation?

Recherches Internet

15. En examinant la lettre de crédit que vous trouverez sur le site de Unz & Co, répondez aux questions suivantes:

a) Qui est le donneur d'ordre?

b) Qui est le bénéficiaire?

c) Quelle est la banque émettrice?

d) Quelle est la banque notificatrice?

e) Le crédit est-il confirmé? Si oui, par quelle banque et pourquoi?

f) Quel est le type de CRÉDOC?

g) Quel est le mode de réalisation?

h) Tel qu'elle est présentée, pensez-vous qu'un amendement soit nécessaire, si oui, quelle clause devront être modifiées et pourquoi?

Site Internet à consulter:

www.unzco.com/basicguide/figure13.html

16. En visitant les sites des trois organismes canadiens d'aide à l'export (EDC, BDC, CCC), indiquez au moyen d'un X dans le tableau ci-dessous lequel des organismes offre les services indiqués.

	EDC	BDC	CCC
Assurance comptes clients			
Assurance risques politiques			
Aide pour accéder au marché spatial américain (NASA)			
Financement de projets			
Financement pour fournisseurs			

	EDC	BDC	CCC
Service d'agent d'approvisionnement pour les acheteurs gouvernementaux			
Financement à long terme			
Financement capital de risque			

Sites Internet à consulter :

www.edc.ca/french/index.htm

www.bdc.ca/fr/home.htm

www.ccc.ca/fre/home.cfm

Études de cas

17. L'entreprise québécoise Beau et chaud, spécialisée dans la fabrication de parapluies, conclut une vente avec la société française Sans pluie. En vertu de l'entente conclue, l'entreprise québécoise est informée de l'ouverture d'un crédit documentaire. Voici un extrait du document :

> Nous sommes heureux de vous informer que notre correspondant désigné ci-dessous nous demande par écrit, en date du 14 mars 2010, de vous transmettre les informations suivantes :
>
> La société Sans pluie bénéficie de l'ouverture d'un crédit documentaire irrévocable (n° 12345) en faveur de l'entreprise canadienne Beau et chaud pour un montant maximal de 50 000 EUR, utilisable à vue contre remise des documents suivants :
>
> - cinq (5) exemplaires de la facture conforme à la facture pro forma n° 5678 en date du 14 avril 2010 ;
> - le certificat d'origine ;
> - le certificat d'assurance transport tous risques, y compris le risque de guerre et les risques assimilés ;
> - le connaissement portant la mention « fret payé ».

Par ailleurs, la facture pro forma portait la mention FOB Montréal.

L'entreprise Beau et chaud peut-elle juger que cette lettre d'ouverture de crédit documentaire est acceptable ? Justifiez votre réponse.

18. L'entreprise européenne Grand gourmet, spécialisée en transformation des aliments, achète à l'entreprise québécoise Pitpit 3 tonnes de graines de tournesol au coût de 1 000 USD la tonne, contre paiement dans les 60 jours suivant la livraison.

Le cours des devises est le suivant :
- au moment de l'achat : 1 USD = 1 EUR
- au moment de la livraison : 1 USD = 1,1 EUR

La transaction coûtera-t-elle plus cher ou moins cher à Grand gourmet ? Justifiez votre réponse.

19. L'entreprise québécoise Culinaire est un exportateur de farine. Elle conclut un contrat de vente avec l'entreprise américaine True Chefs. La vente totalise 500 000 USD, payable dans les trois mois suivant la livraison. Culinaire décide de prendre une couverture sur le marché à terme.

Le cours des devises est le suivant :
- au comptant : 1 USD = 1,35 CAD
- à terme de trois mois : 1 USD = 1,33 CAD

Culinaire vend 500 000 USD à trois mois sur le marché à terme. Trois mois plus tard, le cours au comptant est de 1 USD = 1,31 CAD.

Les dirigeants de l'entreprise québécoise peuvent-ils penser qu'ils ont pris une bonne décision en prenant cette couverture ? Justifiez votre réponse.

20. L'entreprise Arc-en-ciel de Montréal achète de la soie en provenance de la Chine pour la confection de ses cerfs-volants. Shirley Gratton, responsable des ventes à l'international, vient de signer un contrat de vente (voir p. 529) avec un détaillant d'articles de sport italien.

Examinez le crédit documentaire ouvert par le client italien et apportez-y les amendements qui s'imposent.

21. Vous travaillez pour l'entreprise Québec Scope inc., située à Montréal. Cette entreprise fabrique des microscopes et les exporte partout dans le monde. Vous avez reçu une demande de prix d'un acheteur indien relative à 50 microscopes de modèle JS24.

Le 10 mars 2005, vous lui envoyez la facture pro forma n° 3325 relative à la commande ; le prix unitaire est de 700 CAD FOB Montréal. La facture pro forma mentionne « net 60 jours » et Québec Scope demande un règlement par crédit documentaire irrévocable et confirmé.

Les livraisons de la marchandise seront échelonnées jusqu'à la fin du mois d'août. La première expédition aura lieu 45 jours après réception de l'avis d'ouverture du crédit documentaire.

Un mois plus tard, la RBC Banque Royale vous communique l'avis d'ouverture du crédit documentaire irrévocable émis par l'Industrial Bank of India (voir p. 530). On vous informe que la RBC Banque Royale y ajoute sa confirmation.

a) Quelles sont les quatre parties concernées par la transaction ?

b) Compte tenu de l'offre formulée dans la facture pro forma, quelles anomalies constatez-vous dans l'ouverture de crédit documentaire ?

c) Comment pouvez-vous corriger la situation ?

Remarque : tous les crédits documentaires sont rédigés en anglais. Cependant, afin de favoriser la compréhension des étudiants, une version bilingue est présentée.

CONTRAT DE VENTE INTERNATIONALE

Il a été convenu entre :

La compagnie Arc en Ciel Inc. 134 rue St-Denis, Montréal Qc. Canada H2R 2F7, ci-après dénommée l' exportateur

Et

La compagnie sportivo LLC 345 via Amore, Rome Italie ci après dénommée l'acheteur.

CE QUI SUIT

Article 1

L'exportateur vend à l'acheteur aux conditions définies dans le présent contrat la marchandise suivante :

350 Cerfs- volant en soie modèle platine 2321054 selon page 34 du catalogue printemps 2009

Toutes les pièces du cerf- volant sont garanties contre les défauts de fabrication pour 4 mois à compter de la date d'expédition du port de Montréal

Article 2

Le prix de vente est de : 350 cerfs- volant à 150 USD = 52500 USD CIF La Spezia, Italie

Article 3

Le paiement de la marchandise faisant l'objet du présent contrat sera effectué par l'acheteur :

Par crédit documentaire irrévocable, transférable et confirmé par la Banque de Montréal succursale Centre ville, Montréal Québec Canada payable sur acceptation à 90 jours à compter de la date du connaissement maritime, régit par les règles et usances uniformes relatives aux crédits documentaires (révision 2007, publication n° 600)

Contre présentation de la totalité des documents originaux suivants dans 15 jours à compter de la date du connaissement maritime :

4 exemplaires de la facture commerciale signée.

À un jeu complet du connaissement maritime net à bord établi à l'ordre de Banco di Napoli indiquant que le fret a été payé et qu'un avis sera envoyé à l'acheteur à l'arrivée de la marchandise en Italie.

Une police d'assurance de 110% du montant de la facture couvrant tous les risques et risques de guerre.

Une liste de colisage.

Un certificat d'inspection de la marchandise au port de Montréal émis par Intertek.

Article 4

L'expédition de la marchandise se fera par le premier bateau en partance de Montréal, Québec, Canada à destination du port de La Spezia Italie dans les 30 jours à compter de l'ouverture en faveur de l'exportateur du crédit documentaire dont il est question ci-dessus.

En cas de force majeure, l'exportateur ne sera pas tenu de respecter ce délai.

L'exportateur demandera aux frais de l'acheteur, à Intertek de vérifier, avant l'expédition, si la marchandise est conforme à la description fournie dans le présent contrat.

Le transbordement est autorisé, l'expédition partielle de la marchandise est prohibé.

Article 5

La marchandise qui fait l'objet du présent contrat demeurera la propriété de l'exportateur jusqu'au règlement total par l'acheteur du prix à payer conformément aux conditions de paiement mentionnées ci-dessus.

Article 6

Tout différend ou litige qui viendrait à se produire à la suite ou à l'occasion du présent contrat sera tranché définitevent sous l'égide de la cour internationale d' arbitrage de la chambre de commerce internationale par voie d'arbitrage et à l'éxclusion des tribunaux, conformément à son règlement d'arbitrage commercial en vigueur au moment de la signature de ce contrat et auquel les parties déclarent adhérer.

La Loi québecoise est la seule applicable. L'arbitrage aura lieu à Paris.

Fait à Montréal le 10 Octobre 2009

L'exportateur : *Shirley Gratton*   L'acheteur : *Antonio Rosso*

Avis d'ouverture du crédit documentaire		
1	**Form of documentary credit** IRREVOCABLE	**Forme du crédit documentaire** IRRÉVOCABLE
2	**Documentary credit number** 04-125-66	**Numéro du crédit documentaire** 04-125-66
3	**Date of issue** 10 May 2010	**Date d'émission** 10 mai 2010
4	**Date of expiry** 31 July 2010	**Date d'expiration** 31 juillet 2010
5	**Applicant** Indian Electrical Service Ltd. – 158 Gandhi Avenue – New Delhi – INDIA	**Donneur d'ordre** Indian Electrical Service Ltd. – 158 Gandhi Avenue – New Delhi – INDIA
6	**Beneficiary** Québec Scope inc. – 123 rue du Domaine – Montréal – Québec – CANADA – H1H 2S2	**Bénéficiaire** Québec Scope inc. – 123 rue du Domaine – Montréal – Québec – CANADA – H1H 2S2
7	**Currency code and amount** USD 42 000,00 max.	**Code de devise et montant** USD 42 000,00 max.
8	**Available with / by** Advising Bank : RBC Banque Royale, Succ. Centre-ville – Montréal – Québec – CANADA By deferred payment at 60 days after shipment	**Disponible avec / par** Banque notificatrice : RBC Banque Royale , Succ. Centre-ville – Montréal – QC Par paiement différé, 60 jours après livraison
9	**Partial shipment** Allowed	**Envoi partiel** Autorisé
10	**Transshipment** Prohibited	**Transbordement** Non autorisé
11	**On board from** Port of Montreal	**À bord de** Port de Montréal
12	**On board For transportation to** Latest 31 July 2010 New Delhi	**À bord Pour transport à** Au plus tard le 31 juillet 2010 New Delhi
13	**Description of goods** 50 microscopes model JS24 as per pro forma invoice #3235	**Description du produit** 50 microscopes de modèle JS24, en conformité avec la facture pro forma n° 3235
14	**Documents required** • Signed commercial invoice quintuplicate (5) mentioning the number of the import license • Full set of clean on board ocean bills of lading marked freight prepaid made out to the order of Industrial Bank of India and notify applicant • Certificate of quality • Certificate of Canadian origin • Insurance certificate covering all risks including theft war for 110 % CIF value	**Documents requis** • Cinq (5) copies signées de la facture commerciale qui mentionne le numéro de la licence d'importation • Jeu complet de connaissance net, fait à l'ordre d'Industrial Bank of India, avec les mentions «transport prépayé» et «notifier le donneur d'ordre» • Certificat de qualité • Certificat d'origine canadienne • Certificat d'assurance tous risques incluant vol et risque de guerre pour 110 % de la valeur CIF
15	**Period for presentation** Documents be presented within 10 days of B/L date but within credit validity period	**Période de présentation** Les documents doivent être présentés dans un délai de 10 jours de la date du connaissement, mais avant la date d'expiration du crédit.
16	**Sender to receiver information** This credit is subject to ICC UCP pub No. 600	**Information supplémentaire** Ce crédit est assujetti à la publication n° 600 de la CCI.

Vous trouverez des exercices additionnels
dans le **Compagnon Web**, à l'adresse
www.erpi.com/jammal.cw.

Glossaire

À TERME (p. 477)

Se dit d'un paiement de crédit comportant une date d'échéance.

À VUE (ou **SUR PRÉSENTATION**) (p. 477)

Se dit d'un paiement comptant qui doit être accepté dans les deux jours qui suivent sa présentation à l'acheteur.

ACCEPTATION (p. 477)

Engagement irrévocable du tiré de payer à l'échéance une lettre de change.

ACCEPTATION BANCAIRE (p. 477)

Lettre de change tirée sur une banque qui s'engage par une signature à payer une certaine somme à l'échéance, moyennant une commission.

ACCORD DE LIBRE-ÉCHANGE NORD-AMÉRICAIN (ALENA) (p. 46)

Traité entré en vigueur en 1994, qui permet la libre circulation des produits entre les pays membres, soit le Canada, les États-Unis et le Mexique.

ACCROCHAGE (p. 350)

Fixation des élingues de la marchandise à l'appareil de levage.

AFFACTURAGE (p. 517)

Cession des créances à un établissement financier spécialisé qui, en contrepartie d'une commission et d'intérêts, se charge de leur recouvrement et assume le risque de perte.

AFFRÈTEMENT (p. 335)

Location d'un navire en tout ou en partie pour le transport de passagers ou de marchandises.

AFFRÈTEMENT À COQUE NUE (p. 349)

Contrat d'affrètement en vertu duquel le fréteur fournit à l'affréteur un navire peu ou pas équipé en matériel et en personnel.

AFFRÈTEMENT À TEMPS (p. 350)

Contrat d'affrètement en vertu duquel le fréteur fournit à l'affréteur un navire équipé en matériel et en personnel pour une période déterminée.

AFFRÈTEMENT AU VOYAGE (p. 350)

Contrat d'affrètement en vertu duquel le fréteur fournit à l'affréteur un navire pour un ou plusieurs voyages déterminés.

AFFRÉTEUR DE NAVIRE (p. 349)

En vertu d'une charte-partie, personne ou entreprise qui loue un navire d'un fréteur, en tout ou en partie.

AFFRÉTEUR ROUTIER (p. 340)

Agent qui nolise les camions pour le compte de son employeur.

AGENT COMMERCIAL (p. 186)

Personne mandatée par une entreprise exportatrice pour la représenter de façon permanente et exclusive sur un territoire donné. Indépendant de l'entreprise qu'il représente, l'agent commercial dispose généralement de sa propre force de vente.

AGENT D'ASSURANCE (p. 394)

Personne qui représente une compagnie d'assurance et dont le travail consiste à faire souscrire pour elle des contrats d'assurance et à en assurer le suivi.

AGENT DE FRET AÉRIEN (p. 340)

Transitaire qui se charge d'acheminer aux compagnies aériennes la marchandise qui doit être expédiée par avion.

ANALYSE DE LA STRUCTURE DU MARCHÉ (p. 122)

Deuxième étape d'un processus d'approche des marchés étrangers, cette analyse permet à une entreprise d'appréhender les marchés qu'elle a retenus lors de l'étude préliminaire dans la globalité de leur fonctionnement. Elle permet de circonscrire la concurrence sur ces marchés, et de voir lequel de ceux-ci sera le plus attrayant.

ANALYSE FFPM (p. 105)

Technique d'évaluation de la capacité d'exportation d'une entreprise qui est basée à la fois sur les aspects internes, soit les forces et les faiblesses de l'entreprise, et sur les aspects externes, soit les possibilités d'affaires et les menaces du secteur d'activité ou du marché.

ANTIDUMPING (p. 71)

Droits supplémentaires imposés par un pays importateur lorsque les produits sont facturés à un prix inférieur au prix «normalement» demandé sur le marché national de l'exportateur, ce qui cause un préjudice important à l'industrie nationale du pays importateur.

APPEL D'OFFRES (p. 180)

Annonce ou document par lesquels des fournisseurs de biens ou de services sont invités à présenter une offre précise en vue de l'attribution d'un contrat ou d'un marché.

AVANTAGE ABSOLU (p. 29)

Position avantageuse qui permet à une entreprise ou à un pays de produire un bien ou un service en utilisant moins de ressources qu'un tiers.

APPROVISIONNEMENT (p. 26)

Activité consistant à se procurer les matières premières, produits ou fournitures dont on a besoin.

ARBITRAGE (p. 79)

Règlement d'un différend ou sentence arbitrale rendue par une ou plusieurs personnes auxquelles les parties ont décidé, d'un commun accord, de s'en remettre.

ARMATEUR (p. 297)

Propriétaire ou locataire d'un bateau l'exploitant sur une base commerciale.

ARMATEUR (p. 343)

Personne ou entreprise qui possède ou exploite des navires à des fins commerciales.

ARRIMAGE (p. 351)

Opération qui consiste à fixer solidement la marchandise à bord du bateau afin d'éviter les ballotements dangereux susceptibles de causer des accidents ou des dommages à la marchandise.

ASSURANCE CRÉDIT (p. 509)

Assurance qui garantit à un fournisseur le paiement de ses créances en cas de non-paiement par le client.

ASSURANCE MARITIME SUR CORPS
(OU ASSURANCE CORPS DU NAVIRE) (p. 411)

Assurance qui protège le navire contre certains risques.

ASSURANCE MARITIME SUR FACULTÉS (p. 411)

Assurance qui couvre les dommages subis par les marchandises.

ASSURÉ (p. 393)

Personne ou entreprise qui souscrit une police en vue d'assurer des marchandises contre des risques déterminés à l'avance.

AVAL (p. 477)

Engagement par lequel un tiers se porte garant du paiement d'un effet de commerce à l'échéance.

AVANTAGE COMPARATIF (p. 31)

Position d'avantage qui permet à une entreprise ou à un pays de produire un bien ou service à un coût moindre que d'autres produits ou services.

AVARIE COMMUNE (p. 412)

Dommage volontairement provoqué ou dépense effectuée par le capitaine dans le but de sauvegarder l'équipage, le navire ou une partie de la cargaison.

AVARIE PARTICULIÈRE (p. 414)

Dommage accidentel subi par une partie de la cargaison au cours du transport en mer ou au cours du chargement, du déchargement, de l'arrimage, etc.

BALANCE COMMERCIALE (p. 10)

Différence entre la valeur des exportations d'un pays et celle de ses importations, pour une période donnée. Un montant négatif correspond à un déficit commercial, tandis qu'un montant positif correspond à un excédent.

BALANCE DES PAIEMENTS (p. 28)

Dispositif comptable qui résume les transactions d'un pays avec le reste du monde.

BANQUE CONFIRMATRICE (p. 488)

Banque (habituellement située dans le pays du bénéficiaire) qui, à la demande de la banque émettrice, s'engage, conjointement avec cette dernière, à honorer les tirages effectués par le bénéficiaire, pourvu que les conditions du crédit documentaire soient respectées.

BANQUE DÉSIGNÉE (p. 491)

Banque nommée dans le crédit documentaire, qui confirme l'acceptation de la traite à terme en la datant et en la signant au recto et qui s'engage ainsi, sur le plan juridique, à payer le montant de la traite à l'échéance.

BANQUE ÉMETTRICE (p. 486)

Banque qui émet le crédit documentaire à la demande du donneur d'ordre.

BANQUE NÉGOCIATRICE (p. 491)

Banque (habituellement, la banque du bénéficiaire) qui s'assure de la conformité des documents et accepte de payer le bénéficiaire.

BANQUE NOTIFICATRICE (p. 486)

Banque chargée de transmettre au bénéficiaire le crédit documentaire de la banque émettrice située dans un autre pays.

BANQUE PRÉSENTATRICE (p. 483)

Banque à laquelle la banque remettante confie le mandat de transmettre à l'intéressé les instructions ou les ordres par document pour qu'une action soit prise.

BANQUE REMETTANTE (p. 483)

Banque qui a la responsabilité de faire transmettre les instructions ou les ordres par document pour qu'une action soit prise par l'intéressé.

BARRIÈRES TARIFAIRES (p. 54)

Mesures protectionnistes pouvant prendre la forme de droits de douane ayant pour but de restreindre le commerce international de certains biens et services.

BÉNÉFICIAIRE (p. 475)

Personne ou entreprise en faveur de laquelle un paiement est émis.

BESOIN (p. 137)

État de manque ou de privation qui provoque un désir et qui est à l'origine du processus de décision d'achat.

BILLET À ORDRE (p. 479)

Effet de commerce par lequel un souscripteur s'engage à payer, à vue ou à une date déterminée, une somme à un bénéficiaire.

BREVET (p. 83)

Titre par lequel un gouvernement confère à toute personne qui prétend être l'auteur d'une découverte ou d'une invention industrielle et qui en fait le dépôt dans les formes, un droit exclusif d'exploitation pour un temps déterminé.

BUREAU D'ACHAT (p. 194)

Comptoir d'achats établi par une entreprise étrangère (la société mère) pour effectuer des opérations d'achats importantes et répétées. Un bureau d'achat acquiert de fournisseurs de l'endroit où il est installé les produits que vendra la société mère importatrice.

BUREAU DE REPRÉSENTATION (p. 188)

Établissement commercial non autonome, généralement installé à l'étranger par une entreprise pour y assumer la fonction commerciale.

CABOTAGE (p. 352)

Service de transport de marchandises prises à un endroit et déchargées à un autre sur le territoire d'un même pays.

CAPACITÉ DE CHARGE (p. 358)

Charge maximale autorisée pour un véhicule destiné au transport de marchandises, exprimée en tonnes.

CAS DE FORCE MAJEURE (p. 85)

Circonstance imprévisible et inévitable résultant de forces extérieures aux contractants et qui rend l'exécution de l'obligation absolument impossible.

CAUTIONNEMENT (OU **GARANTIE**) (p. 511)

Dépôt destiné à servir de garantie pour une créance éventuelle.

CERTIFICAT D'ORIGINE (p. 252)

Document officiel, dûment signé par une personne autorisée dans le pays d'origine, servant de preuve de l'origine de la marchandise achetée et permettant aux autorités du pays importateur de calculer les droits de douane auxquels elle est soumise.

CERTIFICAT D'UTILISATION ULTIME (p. 263)

Document attestant l'utilisation qui sera faite des marchandises importées et sa conformité au numéro de classement tarifaire déclaré.

CFR (*COST AND FREIGHT* OU « **COÛT ET FRET** », **PORT DE DESTINATION CONVENU**) (p. 303)

Incoterm pour le transport par bateau, suivant lequel le vendeur dédouane la marchandise, l'amène au port d'embarquement du transporteur avec lequel il a lui-même conclu un contrat, et la charge sur le navire. Il assume les coûts de transport jusqu'au port de destination, mais pas les risques de perte ou de dommage sur le bateau.

CHAÎNE LOGISTIQUE (p. 339)

Ensemble des processus interreliés, de l'acheminement des matières premières jusqu'à la livraison des produits ou des services au client.

CHARGEMENT COMPLET (p. 354)

Chargement de marchandises dont le poids et le volume justifient l'application d'un tarif d'envoi par camion complet.

CHARGEUR (p. 339)

Expéditeur de la marchandise ; il peut s'agir du propriétaire de la marchandise ou de son représentant.

CHARTE-PARTIE (p. 349)

Contrat de location d'un navire.

CHÈQUE CERTIFIÉ (OU **CHÈQUE VISÉ**) (p. 476)

Chèque dont le paiement est garanti par la banque de l'émetteur.

CHÈQUE (p. 476)

Effet de commerce par lequel le titulaire d'un compte bancaire donne l'ordre à sa banque ou à un autre établissement financier de payer une somme puisée à même le crédit de son compte.

CHÈQUE SANS PROVISION (p. 476)

Chèque émis par une personne ou une entreprise dont le compte bancaire ou la marge de crédit ne sont pas suffisants pour en effectuer le paiement.

CIBLAGE (p. 151)

Découpage d'un marché en zones cibles pour atteindre certaines catégories de clients potentiels.

CIF (*COST, INSURANCE AND FREIGHT* OU «COÛT, ASSURANCE ET FRET», PORT DE DESTINATION CONVENU) (p. 304)

Incoterm pour le transport par bateau, suivant lequel le vendeur a les mêmes obligations qu'avec le CFR, mais doit, en plus, fournir à l'acheteur une assurance maritime contre le risque de perte et de dommage durant le transport par bateau.

CIP (*CARRIAGE AND INSURANCE PAID TO* OU «PORT ET ASSURANCE PAYÉS», LIEU DE DESTINATION CONVENU) (p. 306)

Incoterm suivant lequel le vendeur dédouane la marchandise et se charge du transport jusqu'au lieu désigné par l'acheteur, dans le pays de ce dernier. Il doit en outre fournir à l'acheteur une assurance contre les risques de perte et de dommage durant le transport. Les risques sont transférés à l'acheteur lors du chargement de la marchandise sur le premier transporteur.

CIRCUIT DE DISTRIBUTION (OU RÉSEAU/CANAL DE DISTRIBUTION) (p. 111, 135)

Réseau des établissements commerciaux, des commerçants et des intermédiaires par lequel un bien vendu chemine entre le producteur et le consommateur.

CLASSIFICATION TARIFAIRE (p. 240)

Catégorie particulière du SH dans laquelle un produit est classé à des fins tarifaires.

CLAUSE D'INDEXATION (p. 517)

Clause en vertu de laquelle une obligation financière prévue dans un contrat peut varier en fonction d'un indice de référence (par exemple, le cours d'une monnaie).

COEFFICIENT DE CHARGEMENT (OU COEFFICIENT DE REMPLISSAGE) (p. 354)

Rapport, en pourcentage, entre le nombre de tonnes par kilomètre d'un envoi et le nombre total de tonnes par kilomètre du chargement complet potentiel du véhicule.

COENTREPRISE (p. 203)

Groupement par lequel plusieurs personnes ou entités s'associent selon des modalités diverses et s'engagent à collaborer à une activité industrielle ou commerciale, ou encore décident de mettre en commun leurs ressources et d'exercer un contrôle conjoint sur celles-ci en vue d'atteindre un objectif particulier, tout en prévoyant un partage des frais engagés et des bénéfices.

COENTREPRISE CONTRACTUELLE (p. 204)

Entreprise qui résulte de la signature d'un contrat de collaboration entre deux entités, sans constituer une nouvelle structure sociétaire.

COENTREPRISE SOCIÉTAIRE (p. 203)

Société par actions indépendante résultant de l'alliance de deux entreprises ou plus.

COMMISSAIRE D'AVARIE (OU EXPERT RÉPARTITEUR) (p. 394)

Expert en sinistres dans le transport des marchandises par voie maritime.

COMMON LAW (p. 75)

Ensemble des règles non écrites formant le droit d'origine anglaise, qui se sont graduellement dégagées des décisions des tribunaux.

COMMONWEALTH (p. 248)

Fédération de 54 États souverains anciennement réunis sous l'Empire britannique, placés encore officiellement, mais librement, sous l'allégeance de la monarchie du Royaume-Uni.

COMMUNICATION-PRODUIT (p. 139)

Communication dont l'objet est le produit ou le service de l'entreprise et qui vise essentiellement à le faire connaître.

CONCESSIONNAIRE (p. 197)

Commerçant indépendant qui achète les produits d'une entreprise exportatrice pour les revendre ensuite en son nom propre et pour son propre compte. Par contrat, l'entreprise lui garantit une exclusivité de distribution sur un territoire qui est le sien, et il fournit à l'entreprise certaines garanties concernant la commercialisation de ses produits.

CONCURRENCE (p. 450)

Ensemble des entreprises et des commerçants qui s'affrontent librement dans un marché, tant sur le plan de l'offre que sur celui de la demande.

CONDITIONS DES LIGNES RÉGULIÈRES (CONDITIONS DU PORT OU CONDITIONS D'EMPLACEMENT DU NAVIRE) (p. 350)

Clause d'un contrat de transport qui précise l'inclusion ou l'exclusion des frais de manutention dans le coût total.

CONDITIONNEMENT (p. 113)

Opération par laquelle un produit est placé dans un contenant pour assurer sa conservation, son transport ou sa commercialisation.

CONFÉRENCE MARITIME (CONFÉRENCE DE NAVIGATION OU CONFÉRENCE DE FRET) (p. 346)

Association de transporteurs constituant un cartel en vue d'établir des prix et des conditions de services communs pour l'exportation et l'importation de cargaisons conteneurisées.

CONNAISSEMENT À BORD
(OU CONNAISSEMENT EMBARQUÉ) (p. 346)
Mention attestant que la marchandise a bel et bien été chargée à la date de signature.

CONNAISSEMENT À ORDRE (p. 346)
Mention indiquant que le connaissement est transmissible par endossement.

CONNAISSEMENT À PERSONNE DÉNOMMÉE
(OU CONNAISSEMENT NOMINATIF) (p. 346)
Mention rendant le connaissement non négociable. Seule la personne ou l'entreprise désignée comme destinataire peut prendre livraison de la marchandise.

CONNAISSEMENT AVEC RÉSERVES (p. 346)
Mention indiquant que la marchandise est endommagée ou non complète au point d'expédition et permettant de réduire la responsabilité du transporteur.

CONNAISSEMENT DE TRANSPORT COMBINÉ (p. 367)
Document unique couvrant l'acheminement d'une marchandise par deux ou plusieurs moyens de transport successifs.

CONNAISSEMENT MARITIME (p. 343)
Document en anglais qui rend compte d'un contrat de transport de marchandises et de la réception ou du chargement des marchandises par le transporteur. Le connaissement maritime constitue un titre de propriété relatif à la marchandise transportée.

CONNAISSEMENT NET
(OU CONNAISSEMENT SANS RÉSERVE) (p. 346)
Mention attestant que la marchandise dont on a pris possession semble complète et en bon état.

CONNAISSEMENT REÇU POUR EMBARQUEMENT (p. 346)
Mention attestant de la prise en charge de la marchandise et constituant une promesse de chargement.

CONTENEUR (p. 338)
Caisse métallique constituant une unité de chargement et destinée à faciliter le transport et la manutention de la marchandise.

CONTENEUR SPÉCIAL (p. 372)
Conteneur dont la conception et la fabrication sont adaptées au transport d'une marchandise donnée.

CONTENEURISATION (p. 369)
Unification, groupement ou assemblage d'unités multiples dans un conteneur pour rendre plus efficace le transport de marchandises.

CONTINGENT (p. 239)
Quantité ou valeur maximale d'un produit qui peut être importée ou exportée par un pays.

CONTRE-GARANTIE (p. 511)
Garantie qui s'ajoute à la première garantie d'un autre garant.

CONTRE REMBOURSEMENT (CR ou COD) (p. 481)
Condition de vente qui oblige l'acheteur à payer les marchandises à leur livraison.

CONTRÔLE DES PRIX (p. 453)
Décision du pouvoir politique en matière de prix visant à limiter ou à supprimer le libre jeu de la loi de l'offre et de la demande.

COURS D'ACHAT (OU COURS ACHETEUR) (p. 516)
Prix que la banque est prête à payer pour des devises.

COURS DE VENTE (OU COURS VENDEUR) (p. 516)
Prix auquel la banque consent à vendre des devises.

COURTIER D'ASSURANCE (p. 394)
Personne ou entreprise qui met en rapport une personne ou une entreprise avec une compagnie d'assurance. En principe, le courtier défend les intérêts du mandant, car il en est le mandataire. Ne pas confondre avec l'agent d'assurance, qui travaille pour le compte d'une seule compagnie d'assurance.

COURTIER D'ASSURANCE MARITIME (p. 394)
Officier public nanti de certains privilèges, dont celui de signer les contrats pour le compte de l'assuré et de certifier le taux de la prime.

COURTIER DE TRANSPORT (p. 341)
Personne ou entreprise qui met en relation l'expéditeur et le transporteur sans s'occuper du transport comme tel.

COURTIER EN DOUANE (p. 233)
Commissionnaire qui fait profession d'accomplir pour le compte de propriétaires de marchandises les formalités de douanes.

COURTIER EN TRANSPORT ROUTIER DE MARCHANDISES (p. 340)
Personne qui sert d'intermédiaire entre le groupeur et le transporteur.

COÛT DE REVIENT (p. 434)
Ensemble des coûts engagés pour fabriquer un produit et le mettre à la disposition du consommateur.

CPT (*CARRIAGE PAID TO* OU « PORT PAYÉ », LIEU DE DESTINATION CONVENU) (p. 305)
Incoterm suivant lequel le vendeur dédouane la marchandise à l'exportation et se charge du transport jusqu'au lieu désigné par l'acheteur, dans le pays de l'acheteur. Les risques sont transférés à l'acheteur lors du chargement de la marchandise sur le premier transporteur.

CRÉANCE (p. 475)

Somme que doit une personne ou une entreprise à la suite de l'achat de marchandises.

CRÉDIT ACHETEUR (p. 506)

Crédit accordé par un organisme financier spécialisé à un acheteur étranger pour lui permettre de payer le fournisseur à la réception de la marchandise.

CRÉDIT ADOSSÉ (OU **CONTRE-CRÉDIT**) (p. 500)

Clause qui offre la possibilité à l'exportateur d'ouvrir un second crédit documentaire, garanti par le crédit initial.

CRÉDIT AVANCÉ (OU **CLAUSE ROUGE**) (p. 498)

Clause incluse à la demande du donneur d'ordre, qui autorise la banque notificatrice à effectuer des avances au bénéficiaire avant la présentation des documents exigés dans le crédit documentaire (ou sur présentation de documents provisoires).

CRÉDIT DE SOUTIEN (OU **CRÉDIT STAND-BY**) (p. 498)

Garantie donnée par la banque contre le défaut de paiement de l'acheteur, selon une somme précise et dans un délai donné.

CRÉDIT DOCUMENTAIRE (OU **CRÉDOC**) (p. 486)

Engagement écrit, pris par la banque de l'importateur, de payer des marchandises sur présentation de certains documents.

CRÉDIT DOCUMENTAIRE IRRÉVOCABLE (p. 492)

Catégorie de crédit documentaire qui comporte un engagement ferme de la banque émettrice vis-à-vis du bénéficiaire et qui ne peut être annulé ni amendé sans l'accord de toutes les parties.

CRÉDIT DOCUMENTAIRE IRRÉVOCABLE ET CONFIRMÉ (p. 492)

Catégorie de crédit documentaire qui comporte non seulement l'engagement de la banque émettrice vis-à-vis de l'exportateur, mais aussi celui de la banque notificatrice.

CRÉDIT DOCUMENTAIRE RÉVOCABLE (p. 492)

Catégorie de crédit documentaire qui ne comporte pas d'engagement ferme de la banque émettrice et qui peut être annulé ou amendé à la demande de l'acheteur.

CRÉDIT DOCUMENTAIRE TRANSFÉRABLE (p. 497)

Catégorie de crédit documentaire qui accorde le droit au bénéficiaire de donner les instructions nécessaires à l'utilisation du crédit ou d'une partie de ce dernier par un tiers.

CRÉDIT RENOUVELABLE (p. 498)

Clause qui renouvelle automatiquement le crédit après son utilisation, sans qu'on ait besoin d'en faire la demande.

CRÉNEAU (p. 152)

Petit segment de marché d'un produit ou d'un service qui répond aux attentes d'une certaine clientèle, qui est peu exploité ou ne l'est pas encore.

CYCLE D'URUGUAY (p. 47)

Ronde importante de négociations qui portaient sur la libéralisation des échanges au sein des pays membres de l'Accord général sur les tarifs douaniers et le commerce (GATT). Les négociations s'étendirent de 1986 à 1994 et débouchèrent sur l'accord de Marrakech, qui créa l'OMC en remplacement du GATT.

CYCLE DE VIE DU PRODUIT (p. 110)

Cheminement d'un produit, de son introduction à son déclin, en passant par la croissance et la maturité.

DAF (*DELIVERED AT FRONTIER* OU « **RENDU À LA FRONTIÈRE** », **LIEU CONVENU**) (p. 308)

Incoterm suivant lequel le vendeur dédouane la marchandise à l'exportation et l'amène au point frontalier convenu, sur un véhicule de transport d'approche non déchargé, assumant tous les coûts et les risques jusque-là.

DATE DE VALEUR À TERME (p. 516)

Date à laquelle les fonds sont à la disposition du bénéficiaire sur le marché à terme, c'est-à-dire la date de valeur au comptant à laquelle on ajoute le nombre de jours sur lequel se sont entendues les parties.

DATE DE VALEUR AU COMPTANT (p. 516)

Date à laquelle les fonds sont à la disposition du bénéficiaire sur le marché au comptant, c'est-à-dire dans les 48 heures qui suivent la transaction (dans les 24 heures pour les transactions entre le Canada et les États-Unis).

DATE DE VALEUR (p. 516)

Date à laquelle les fonds sont à la disposition du bénéficiaire.

DDP (*DELIVERED DUTY PAID* OU « **RENDU DROITS ACQUITTÉS** », **LIEU DE DESTINATION CONVENU**) (p. 313)

Incoterm suivant lequel le vendeur organise le transport de la marchandise et en assume tous les coûts et risques jusqu'à l'établissement de l'acheteur. L'acheteur n'a plus qu'à décharger la marchandise chez lui.

DDU (*DELIVERED DUTY UNPAID* OU « **RENDU DROITS DUS** », **LIEU DE DESTINATION CONVENU**) (p. 312)

Incoterm suivant lequel le vendeur organise le transport de la marchandise et en assume tous les coûts et les risques jusqu'au lieu convenu dans le pays de l'acheteur, y compris le déchargement. L'acheteur est responsable du dédouanement et du transport à son établissement.

DÉBARDEUR (p. 297)

Employé du port qui s'occupe entre autres du chargement et du déchargement des bateaux.

DÉBARDEUR (p. 403)

Travailleur dont la tâche est de charger et de décharger la cargaison des bateaux.

DÉCLARATION D'ALIMENT (p. 410)

Avis par lequel un assuré indique à son assureur les biens pour lesquels il demande une assurance dans une opération de transport.

DÉCLARATION D'ORIGINE (p. 252)

Document présenté par les exportateurs pour les marchandises valant moins de 1 600 $ CAN.

DÉCROCHAGE (p. 351)

Décrochage des élingues de la marchandise de l'appareil de levage.

DÉDOUANEMENT (p. 231)

Ensemble de formalités par lesquelles des marchandises se trouvent libérées des douanes (formulaires et déclarations à remplir, droits à payer, etc.).

DÉLAI DE PRESCRIPTION (p. 420)

Délai au terme duquel le transporteur ne peut être tenu responsable d'une perte.

DEMANDE (p. 137)

Ensemble des besoins d'un produit ou d'un service provenant de différentes sources, à un moment donné.

DÉMOCRATIE (p. 53)

Organisation politique à l'intérieur de laquelle la souveraineté appartient à l'ensemble des citoyens.

DÉPÔT DE DOUANE (p. 266)

Entrepôt douanier où les marchandises saisies, confisquées ou non réclamées sont retenues jusqu'à leur dédouanement ou leur disposition par Revenu Canada.

DEQ (*DELIVERED EX QUAY* OU « RENDU À QUAI », PORT DE DESTINATION CONVENU) (p. 311)

Incoterm pour le transport par voie d'eau, suivant lequel le vendeur dédouane la marchandise à l'exportation, l'amène au port d'embarquement du transporteur avec lequel il a conclu un contrat, la charge sur le bateau, puis la décharge sur le quai du port de destination. Il assume tous les coûts et les risques jusque-là.

DES (*DELIVERED EX SHIP* OU « RENDU NON DÉCHARGÉ », PORT DE DESTINATION CONVENU) (p. 310)

Incoterm pour le transport par bateau, suivant lequel le vendeur dédouane la marchandise à l'exportation, l'amène au port d'embarquement du transporteur avec lequel il a conclu un contrat et la charge sur le navire. Il assume tous les coûts et les risques jusqu'au port de destination, avant le déchargement.

DÉSARRIMAGE (p. 351)

Opération qui consiste à libérer la marchandise de ses fixations au bateau.

DESCENTE (**DANS LA CALE DU BATEAU** OU À QUAI) (p. 350)

Opération consistant à déposer la marchandise dans la cale du bateau (au chargement) ou encore sur le quai (au déchargement).

DÉSÉLINGAGE (p. 351)

Opération qui consiste à libérer une charge de ses élingues.

DEVISE PIVOT (OU **MONNAIE DE RÉFÉRENCE**) (p. 517)

Devise choisie pour une transaction en raison de sa force, et qui parfois n'est ni celle de l'acheteur ni celle du vendeur.

DISTRIBUTION (p. 134)

Ensemble des activités d'intermédiation s'exerçant entre la production et la consommation d'un bien vendu.

DONNEUR D'ORDRE (OU **DONNEUR D'INSTRUCTION**) (p. 475)

Personne ou entreprise qui initie un transfert de fonds.

DROIT CIVIL (p. 75)

Ensemble des règles écrites formant le droit d'origine romano-germanique, qui sont rassemblées dans des codes auxquels les juges doivent recourir pour rendre leurs jugements.

DROIT D'AUTEUR (p. 86)

Droit de propriété incorporelle exclusif et opposable à tous, conféré à la personne sous le nom de qui une œuvre de l'esprit est divulguée, soit un auteur ou son mandataire, d'exploiter à son profit pendant une durée déterminée une œuvre littéraire, artistique ou scientifique.

DROITS ANTIDUMPING ET COMPENSATEURS (p. 229)

Mesure de dédommagement qui consiste à exiger une contribution sur des marchandises importées qui font l'objet de dumping ou bénéficient de subvention et qui, de ce fait, peuvent causer un dommage à l'industrie nationale (tel qu'une baisse de prix ou une perte de ventes).

DROITS DE TIRAGE SPÉCIAUX (**DTS**) (p. 397)

Monnaie internationale créée par le FMI et allouée aux pays qui participent au Compte de tirage spécial. Les DTS servent de référence dans le calcul des indemnisations pour les pertes et les dommages subis par la marchandise au cours des transports internationaux.

DUMPING (p. 229)

Vente d'un produit importé à un prix inférieur à celui qui a cours dans le pays d'origine ou inférieur à son coût total de production. Dans un sens plus large, toute mesure destinée à abaisser les prix des biens exportés de manière à ce qu'ils concurrencent efficacement les autres biens analogues offerts sur un ou plusieurs marchés étrangers, incluant les subventions.

ÉCHANGE DE DONNÉES INFORMATISÉES (EDI) (p. 260)

Échange, entre les systèmes informatiques de deux ou plusieurs organisations, de données structurées conformément à des procédures normalisées.

ÉCONOMIES D'ÉCHELLE (p. 24)

Économies réalisées sur le coût moyen d'un produit consécutivement à une augmentation de la production.

ÉCOULEMENT (p. 26)

Activité consistant à vendre sa production sur le marché.

ÉCRÉMAGE DU MARCHÉ (p. 451)

Élément de la politique de prix qui consiste à vendre un produit nouveau à un prix élevé, de façon à attirer la clientèle la plus avantagée.

EFFET DE COMMERCE (p. 475)

Document écrit correspondant à un virement bancaire, à un chèque, à une lettre de change ou à un billet à ordre.

ÉLASTICITÉ DE LA DEMANDE PAR RAPPORT AU PRIX (p. 447)

Rapport entre la variation du prix d'un produit et celle de la demande pour ce produit.

ÉLINGAGE (p. 350)

Opération qui consiste à entourer une charge d'une élingue, c'est-à-dire d'un cordage, d'un câble, d'une chaîne ou d'une sangle permettant de soulever une charge à l'aide d'un appareil conçu pour lever des charges (un appareil de levage).

EMBALLAGE DE TRANSPORT (p. 373)

Emballage dont la conception et la fabrication assurent la protection de la marchandise pendant son transport.

EMBARGO (p. 48)

Interdiction d'exporter ou d'importer concernant des produits ou des pays particuliers, pour des raisons politiques, économiques ou sanitaires.

EMBRANCHEMENT PARTICULIER (OU VOIE INDUSTRIELLE PRIVÉE) (p. 358)

Voie de desserte ou voie de raccordement fermée à la circulation générale et réservée à l'usage d'une entreprise. Les embranchements particuliers peuvent appartenir à l'entreprise ou lui être loués. Les entreprises métallurgiques et pétrochimiques, entre autres, y ont souvent recours.

ENCAISSEMENT DOCUMENTAIRE (p. 483)

Technique de paiement qui consiste à remettre à sa banque les documents commerciaux et financiers tout en lui donnant le mandat de les faire remettre à l'acheteur contre le paiement ou contre l'engagement de payer.

ENCAISSEMENT SIMPLE (p. 480)

Recouvrement d'un effet de commerce qui ne nécessite pas la présentation de documents.

ENTENTE À L'AMIABLE (p. 79)

Mode de règlement d'un litige par voie de conciliation, sans recours aux tribunaux.

ENTREPÔT D'ATTENTE (p. 264)

Entrepôt douanier privé agréé par l'ASFC où les marchandises sont gardées pour un maximum de 40 jours, en attendant la mainlevée des douanes.

ENTREPÔT DE STOCKAGE (p. 265)

Entrepôt douanier privé ou public où les marchandises destinées à l'exportation sont gardées à plus long terme (en général un maximum de quatre ans), l'importateur bénéficiant alors d'un report intégral des droits à payer.

ÉTUDE DE MARCHÉ (p. 122)

Menée après l'étude préliminaire et l'analyse de la structure du marché, l'étude du marché proprement dite consiste à analyser l'offre, la demande et les conditions du marché cible. Elle permet à l'entreprise de comprendre et de délimiter ce marché.

ÉTUDE PRÉLIMINAIRE (p. 118)

Étape préalable à une véritable étude de marché qui permet à une entreprise de déterminer quels marchés entre tous s'avèrent les plus attrayants pour ses produits.

ÉVALUATION DE LA CAPACITÉ D'EXPORTATION (p. 100)

Technique d'analyse de la capacité d'une entreprise à commercialiser son produit ou son service sur les marchés étrangers. Réalisée à l'interne par un cadre ou à l'externe par un spécialiste en la matière, elle permet de déterminer les forces de l'entreprise et les faiblesses auxquelles elle doit remédier.

EVP (ÉQUIVALENT 20 PIEDS) (p. 369)

Unité de mesure correspondant à l'équivalent en marchandises d'un conteneur de 20 pieds. On l'utilise surtout pour indiquer la capacité d'un porte-conteneurs.

EXCÉDENT COMMERCIAL (p. 10)

Si la valeur des exportations dépasse celle des importations, on dit qu'il y a excédent commercial ou que la balance commerciale est excédentaire.

EXONÉRATION (p. 393)

Exclusion de responsabilité.

EXONÉRATION DES DROITS (p. 269)

Exemption de droits de douane sur des marchandises importées destinées à l'exportation.

EXPERT EN SINISTRES (p. 394)

Personne chargée d'enquêter sur un sinistre afin de constater les pertes ou les avaries de marchandises.

EXPORTATION DIRECTE (p. 178)

Mode de distribution à l'étranger selon lequel une entreprise se charge elle-même de l'ensemble des démarches visant à conclure une vente et à livrer ses produits aux clients.

EXPORTATION EN PARTENARIAT OU EN ALLIANCE (p. 178)

Mode de distribution à l'étranger selon lequel une entreprise s'associe à d'autres entreprises pour exporter ses produits.

EXPORTATION INDIRECTE (p. 178)

Mode de distribution internationale selon lequel une entreprise a recours à un ou à des intermédiaires pour exporter ses produits vers des marchés étrangers.

EXW (*EX WORKS* OU « EN USINE », LIEU CONVENU) (p. 292)

Incoterm suivant lequel le vendeur fournit les documents commerciaux, prépare et emballe la marchandise et la rend disponible dans son établissement ou à un point de départ convenu.

FACTURE PRO FORMA (p. 81)

Facture provisoire établie par le vendeur afin de faire connaître à l'acheteur le contenu et le montant de la commande qu'il a passée.

FAS (*FREE ALONGSIDE SHIP* OU « FRANCO LE LONG DU BATEAU », PORT D'EMBARQUEMENT CONVENU) (p. 297)

Incoterm pour le transport par bateau, suivant lequel le vendeur dédouane la marchandise à l'exportation et l'amène au port d'embarquement du transporteur désigné par l'acheteur, où il la dépose le long du bateau.

FCA (*FREE CARRIER* OU « FRANCO TRANSPORTEUR », LIEU CONVENU) (p. 295)

Incoterm suivant lequel le vendeur dédouane la marchandise à l'exportation et l'amène au transporteur et au lieu désignés par l'acheteur, dans le pays du vendeur.

FCA USINE (p. 296)

Variante de l'incoterm FCA qui prévoie que le vendeur procède au chargement de la marchandise en plus de son dédouanement

FERROUTAGE (p. 367)

Transport multimodal de remorques et de semi-remorques par chemin de fer et par tracteur routier.

FILIALE COMMERCIALE (p. 188)

Établissement commercial créé par une société mère, qui dispose d'une personnalité morale et qui agit en son nom propre et à ses propres risques. Bien que juridique-ment indépendante, la filiale est majoritairement dirigée par sa société mère.

FINANCEMENT DES EXPORTATIONS (OU FINANCEMENT À L'EXPORTATION) (p. 503)

Mise à disposition des capitaux nécessaires à l'exportation de biens ou de services.

FLUCTUATIONS MONÉTAIRES (p. 470)

Variations dans le cours des devises.

FOB (*FREE ON BOARD* OU « FRANCO À BORD », PORT D'EMBARQUEMENT CONVENU) (p. 299)

Incoterm pour le transport par bateau, suivant lequel le vendeur dédouane la marchandise, l'amène au port d'embarquement et la charge sur le bateau du transporteur principal désigné par l'acheteur.

FOB ARRIMÉ (p. 300)

Incoterm équivalent au FOB, sauf que le vendeur se charge également des frais d'arrimage de la marchandise.

FOB ARRIMÉ ET ÉQUILIBRÉ (p. 300)

Incoterm équivalent au FOB arrimé, sauf que le vendeur paie l'équilibrage des empilements de marchandises en plus de l'arrimage.

FOB SERVICE ADDITIONNEL (p. 300)

Incoterm équivalent au FOB mais comprenant également certains services offerts par le vendeur moyennant un ajustement du prix (le prix FOB).

FORCE DE VENTE (p. 186)

Ensemble des collaborateurs d'une entreprise qui sont chargés de l'action commerciale auprès de clients actuels et potentiels, avec lesquels ils sont en contact direct.

FORCE MAJEURE (OU CAS FORTUIT) (p. 395)

Résultat des forces de la nature, imprévisible, irrésistible et extérieur, par opposition au fait de la victime ou du créancier.

FORMULE DE CODAGE B3 (p. 261)

Formulaire de déclaration détaillée des marchandises importées qui permet de calculer les droits et les taxes à payer lors du dédouanement.

FOURCHETTE DE PRIX (p. 448)

Écart compris entre un prix de vente minimal, le prix plancher, et un prix de vente maximal, le prix plafond.

FRANCHE D'AVARIES PARTICULIÈRES (p. 414)

Se dit d'une police d'assurance qui ne couvre pas les avaries particulières.

FRANCHISE COMMERCIALE
(OU FRANCHISE DE DISTRIBUTION) (p. 201)

Droit temporaire et exclusif de commercialiser des produits ou des services dans un territoire donné, qui est concédé à un franchisé par un franchiseur par contrat de franchisage.

FREINTE DE ROUTE (p. 417)

Perte inévitable de volume ou de poids subie par certaines marchandises pendant leur transport.

FRET (OU TAUX DE FRET, FRET MARITIME, FERROVIAIRE, ROUTIER OU AÉRIEN) (p. 342)

Coût du transport de marchandises, peu importe le mode de transport utilisé, ou, couramment, ensemble des marchandises qui constituent une expédition.

FRÉTEUR (p. 349)

En vertu d'une charte-partie, armateur qui met son navire à la disposition de l'affréteur.

GARANTIE DE BONNE EXÉCUTION
(OU CAUTIONNEMENT D'EXÉCUTION) (p. 514)

Garantie qui protège l'acheteur contre la non-exécution du vendeur sous la forme d'un engagement de payer émis par la banque.

GARANTIE DE RESTITUTION D'ACOMPTE (p. 514)

Garantie qui protège l'acheteur contre le risque de non-réalisation des engagements du fournisseur.

GARANTIE DE SOUMISSION (p. 513)

Garantie qui vise à protéger le bénéficiaire contre le risque de retrait de l'offre par le vendeur.

GARANTIE DU RISQUE DE GUERRE ET DE MINES (p. 417)

Garantie qui protège contre les pertes ou les dommages causés par des situations de guerre (y compris les guerres civiles, les révolutions, les rébellions, etc.) ou par des engins de guerre (même sans la survenance d'un fait de guerre).

GARANTIE FRANCHE D'AVARIES PARTICULIÈRES (OU FAP) (p. 417)

Garantie qui couvre uniquement les dommages liés aux avaries communes

GARANTIE FRANCHE D'AVARIES PARTICULIÈRES SAUF (OU FAP SAUF) (p. 417)

Garantie qui protège contre les avaries particulières, sauf celles qui sont nommément exclues dans la police.

GARANTIE TOUS RISQUES (p. 416)

Garantie qui protège contre la perte totale, l'avarie commune et l'avarie particulière, mais non contre les autres risques, en particulier ceux qui sont expressément exclus de la police.

GARDIEN DES MARCHANDISES (p. 400)

Personne morale ou physique qui a la garde et la responsabilité des marchandises.

GERBAGE (OU EMPILAGE) (p. 367)

Technique qui consiste à superposer les conteneurs sur des wagons spéciaux.

GROUPAGE DES MARCHANDISES (p. 352)

Réunion d'envois de marchandises en provenance de plusieurs expéditeurs ou à destinations diverses de façon à en faire l'acheminement en lot.

GROUPE DES HUIT (G8) (p. 16)

Groupe des huit pays les plus industrialisés : France, Allemagne, États-Unis, Japon, Royaume-Uni, Italie, Canada et Russie.

GROUPEUR DE MARCHANDISES (p. 339)

Agent ou entreprise qui rassemble les expéditions de détail et les groupe avant de les faire acheminer à destination.

GROUPEMENT D'EXPORTATEURS (p. 199)

Alliance d'entreprises non concurrentes et idéalement de taille semblable qui désirent mener de front et en commun une partie ou la totalité de leurs activités d'exportation.

HISSAGE (p. 350)

Opération consistant à élever la marchandise du quai (au chargement) ou du bateau (au déchargement).

IMPORTATEUR (p. 197)

Commerçant indépendant qui achète les produits d'une entreprise exportatrice pour les revendre ensuite en son nom propre et pour son propre compte. Aucun contrat ne le lie à l'entreprise, et il est seul maître de sa politique de commercialisation.

IMPORTATEUR OFFICIEL (OU ATTITRÉ) (p. 232)

Personne qui est mentionnée sur les documents comptables des douanes et qui est responsable du paiement de la taxe sur les produits et services (TPS).

INCOTERM DU GROUPE E (EXW) (p. 292)

Incoterm en vertu duquel le vendeur a rempli ses obligations quand il a rendu la marchandise disponible au point de départ convenu.

INCOTERM (CONDITIONS INTERNATIONALES DE VENTE) (p. 82 et 286)

Terme de commerce international (généralement exprimé par un sigle) définissant le partage des obligations et des responsabilités entre le vendeur et l'acheteur.

INCOTERMS DE VENTE À L'ARRIVÉE (p. 307)

Groupe d'incoterms en vertu desquels le vendeur assume les coûts et les risques associés au transport des marchandises jusqu'à ce qu'elles arrivent à destination.

INCOTERMS DE VENTE AU DÉPART (p. 292)

Groupe d'incoterms en vertu desquels l'acheteur assume, dans une plus ou moins large mesure, les coûts et les risques associés au transport principal des marchandises.

INCOTERMS DU GROUPE C (CFR, CIF, CPT et CIP) (p. 303)

Groupe d'incoterms en vertu desquels le vendeur a rempli son obligation de livraison quand il a dédouané la marchandise et l'a remise au transporteur avec qui il a lui-même conclu le contrat. Le vendeur assume les coûts du transport principal, mais non les risques de perte et de dommage de la marchandise durant le voyage.

INCOTERMS DU GROUPE D (DAF, DES, DEQ, DDU et DDP) (p. 308)

Groupe d'incoterms en vertu desquels le vendeur a rempli son obligation de livraison quand la marchandise est mise à la disposition de l'acheteur au moins à la frontière, sinon dans le pays de l'acheteur. Le vendeur assume tous les frais et les risques liés à la livraison de la marchandise.

INCOTERMS DU GROUPE F (FCA, FAS et FOB) (p. 294)

Groupe d'incoterms en vertu desquels le vendeur a rempli son obligation de livraison quand il a dédouané la marchandise à l'exportation et l'a livrée au transporteur que lui a indiqué l'acheteur. Le vendeur ne paie pas le transport principal.

INDEMNISATION (p. 393)

Dédommagement, généralement financier, que l'assureur accorde à l'assuré, en vertu d'une assurance, pour un dommage subi par des biens.

INFLATION (p. 451)

Hausse généralisée, continue et plus ou moins importante du prix des biens et des services.

INSTRUMENT DE PAIEMENT (p. 474)

Tout ce qui est généralement accepté en contrepartie de la vente d'un bien ou de la prestation d'un service, qu'il s'agisse d'espèces ou de monnaie scripturale.

INTÉGRATION ÉCONOMIQUE (p. 57)

Réduction des barrières économiques entre deux ou plusieurs pays, dans le but de réunir des secteurs ou des industries comme s'ils appartenaient à un seul pays.

INTÉRÊT ASSURABLE (p. 393)

Intérêt d'une personne dans un bien susceptible de faire l'objet d'une assurance, du fait que la personne est exposée à un risque de perte financière.

INTERMÉDIAIRE (p. 190)

Personne physique ou morale qui sert de relais à l'exportateur et au client, prenant en charge, en tout ou en partie, le processus d'exportation et de commercialisation.

INVESTISSEMENT DIRECT (p. 507)

Investissement fait sous la forme de capital-actions dans des PME du pays exportateur ou des entreprises étrangères susceptibles d'importer des produits canadiens.

INVESTISSEMENT DIRECT À L'ÉTRANGER (IDE) (p. 16)

Investissement qui se fait par l'installation ou le développement d'unités de production à l'étranger.

INVESTISSEMENT INDIRECT (p. 507)

Investissement sous la forme de capital-actions que fait un organisme à titre de commanditaire dans des fonds de capital de risque qui sont réinvestis dans des sociétés en croissance.

JUSTE-À-TEMPS (p. 360)

Ensemble de méthodes logistiques qui visent à réduire au minimum le temps d'attente, l'entreposage et les stocks afin de livrer le bon produit au bon client et au bon moment.

LETTRE DE CHANGE (OU TRAITE) (p. 477)

Effet de commerce par lequel une personne, le tireur, ordonne à une deuxième personne, le tiré, de remettre une somme d'argent précise, à vue ou à une certaine date, à une personne dénommée, le bénéficiaire.

LETTRE DE TRANSPORT AÉRIEN (LTA OU CONNAISSEMENT AÉRIEN) (p. 361)

Document qui tient lieu de contrat entre l'expéditeur et le transporteur, sur lequel figurent la nature, la valeur et la destination des marchandises.

LETTRE DE TRANSPORT ROUTIER (LETTRE DE VOITURE OU CONNAISSEMENT ROUTIER) (p. 353)

Document qui constate le contrat de transport routier, sur lequel figurent le poids et la nature des marchandises ainsi que les conditions de vente.

LETTRE DE VOITURE FERROVIAIRE (p. 359)

Document qui atteste le contrat, entre l'expéditeur et le transporteur, de transport ferroviaire de marchandises à l'étranger.

LIBRE ENTREPRISE (p. 54)

Régime qui permet aux individus de décider de leurs propres activités économiques, et où les prix sont fonction de l'offre et de la demande.

LICENCE D'IMPORTATION OU D'EXPORTATION (p. 230)

Permis conférant l'autorisation d'importer ou d'exporter des marchandises dont les échanges sont réglementés.

LIGNE DE CHEMIN DE FER (p. 336)

Trajet emprunté par les trains entre deux localités.

LIGNE DE CRÉDIT (OU MARGE DE CRÉDIT) (p. 506)

Forme simplifiée de financement des exportations par laquelle un organisme consent un prêt à un acheteur étranger ou à une institution financière étrangère qui prêtera ces fonds à des acheteurs étrangers de biens et de services canadiens.

LIGNE POSTALE (p. 337)

Trajet assuré par un mode de transport et desservant la livraison du courrier entre deux localités.

LISTE DE COLISAGE (OU **BORDEREAU D'EXPÉDITION**) (p. 374)

Document utilisé pour tous les modes de transport, qui précise le nombre, la nature, le poids brut et le marquage des colis qui font partie d'une même cargaison.

MAINLEVÉE (p. 232)

Acte écrit par lequel une autorité douanière autorise l'entrée de marchandises dans son pays, après l'accomplissement des formalités et des obligations.

MAISON DE COMMERCE (p. 191)

Entreprise indépendante constituée d'experts en commerce international qui travaillent pour le compte des sociétés exportatrices ou importatrices, qui présente, négocie et fournit des biens et des services à des acheteurs étrangers potentiels.

MANQUANTS (p. 361)

Articles faisant manifestement défaut lors de la comparaison des quantités reçues et des quantités mentionnées dans les documents d'accompagnement d'une livraison.

MARCHANDISES LÉGÈRES (OU **MARCHANDISES AU CUBAGE**) (p. 349)

Marchandises dont le transport est facturé au volume.

MARCHANDISES LOURDES (OU **PONDÉREUSES**) (p. 349)

Marchandises dont le transport est facturé au poids.

MARCHÉ À TERME (p. 516)

Marché des changes où le règlement et la livraison d'actifs financiers ou de marchandises ont lieu à une date postérieure à la négociation.

MARCHÉ AU COMPTANT (p. 515)

Marché des changes où le règlement et la livraison d'actifs financiers ou de marchandises ont lieu immédiatement.

MARCHÉ CIBLE (p. 139)

Marché, clientèle ou groupe de consommateurs auquel un produit ou un service est destiné.

MARCHÉ DES CHANGES (OU **MARCHÉ DES DEVISES**) (p. 514)

Marché, au comptant ou à terme, de devises qui sont généralement cotées par rapport à la monnaie nationale.

MARCHÉ DES ÉCHANGES (p. 514)

Marché du commerce international libre des contingences ou des entraves, d'ordre tarifaire ou non, à la circulation des biens et des services depuis la libéralisation des économies à l'échelle planétaire.

MARCHÉS ÉMERGENTS (p. 510)

Marchés se situant dans des pays en développement ou en transition, qui ont connu une forte croissance au cours des années précédentes et qui s'avèrent prometteurs.

MARGE COMMERCIALE (OU **MARGE BÉNÉFICIAIRE BRUTE**) (p. 432)

Différence entre le prix de vente et le coût de revient.

MARGE SUR COÛTS VARIABLES (p. 439)

Excédent du prix de vente d'un produit sur les coûts variables qui s'y rattachent.

MARKETING INTERNATIONAL (p. 134)

Ensemble des études, des décisions, des actions et des techniques commerciales mises en œuvre dans le cadre de la conquête et de l'exploitation de marchés étrangers.

MARKETING MIX (p. 123)

Application pratique du marketing caractérisée par une combinaison et une articulation stratégiques des différents moyens d'action que l'entreprise met en œuvre pour atteindre ses objectifs. Les moyens d'action renvoient au produit lui-même, à son prix, à la promotion et à la distribution qui en est faite.

MARQUAGE DES MARCHANDISES (p. 374)

Indications sur un emballage qui permettent d'identifier le produit selon certains de ses aspects : pays d'origine, expéditeur, destinataire, nature du produit, etc.

MARQUE (p. 139)

Signe particulier (nom, sigle, logotype, dessin, emblème, etc.) qu'une entreprise emploie pour distinguer ses produits ou services de ceux de ses concurrents.

MARQUE DE COMMERCE (p. 85)

Marque qu'associe à un produit ou à un service l'entreprise ou l'organisme qui le commercialise ou le distribue, qu'il en soit ou non le fabricant, afin de le distinguer des produits ou services concurrents.

MERCANTILISME (p. 28)

Doctrine des économistes des XVIe et XVIIe siècles, fondant la richesse des États sur leurs réserves en or et en argent.

MESSAGERIES (p. 352)

Services de transport accéléré de marchandises.

MESSAGERIES MARITIMES (p. 335)

Services de transport régulier de marchandises par voie d'eau entre deux lieux.

MÉTHODE DES COÛTS SPÉCIFIQUES DE L'EXPORTATION (p. 440)

Méthode de calcul du coût de revient d'un produit qui, outre les coûts variables, tient compte des coûts fixes de fabrication et de commercialisation directement liés à l'exportation.

MÉTHODE DES COÛTS VARIABLES (p. 439)

Méthode de calcul du coût de revient d'un produit qui ne tient compte que des coûts variables rattachés au produit.

MÉTHODE DU COÛT COMPLET (p. 442)

Méthode de calcul du coût de revient d'un produit qui tient compte de toutes les charges, fixes et variables, pouvant lui être attribuées.

MISE SOUS PALAN (p. 350)

Opération par laquelle on achemine la marchandise sous l'appareil en vue de son élingage.

MISSION COMMERCIALE (p. 199)

Voyage commercial qu'un État organise en vue d'augmenter le degré de connaissance et d'échange des produits, et donc de favoriser les exportations des entreprises établies sur son territoire. Réunissant des chefs de gouvernements et d'entreprises, les missions commerciales attirent généralement l'attention des médias et des gens d'affaires étrangers.

MODE DE TRANSPORT (p. 341)

En commerce international, manière de procéder au déplacement de marchandises. Quatre modes de transport sont généralement distingués : le transport routier, ferroviaire, aérien et fluvial/maritime.

MONDIALISATION (p. 40)

Constitution d'un réseau global de marchés où se croisent les flux financiers, les États, les réseaux d'information, les cultures, les individus, etc. Il en résulte une certaine homogénéisation, voire une perte, des identités nationales.

MONNAIE SCRIPTURALE (p. 475)

Toute monnaie qui repose sur des écritures comptables (avis de prélèvements, cartes de crédit, chèques, virements, etc.) et qui ne circule pas sous la forme de billets ou de pièces.

NAVIRE PORTE-BARGES (LASH) (p. 368)

Navire conçu pour transporter des barges ou des chalands chargés.

OFFRE (p. 137)

Quantité d'un bien ou d'un service que les différents agents économiques d'un marché sont disposés à fournir, à un moment donné.

ORGANISATION MONDIALE DES DOUANES (OMD) (p. 238)

Organisme intergouvernemental indépendant comptant quelque 160 membres, dont l'objectif est d'améliorer l'efficacité et la transparence du processus et de l'environnement douaniers.

ORGANISATION MONDIALE DU COMMERCE (OMC) (p. 46)

Organisation internationale sise à Genève et qui regroupe environ 150 États entre lesquels elle a pour but de favoriser les négociations commerciales multilatérales. Elle doit veiller à l'application des accords déjà signés et les administrer, superviser les politiques commerciales nationales et coopérer avec les autres organisations internationales telles que le Fonds monétaire international et la Banque mondiale.

ORGANISMES DE CRÉDIT À L'EXPORTATION (OU OCE) (p. 504)

Organismes destinés à soutenir la promotion des exportations grâce à des crédits gouvernementaux.

PALAN (p. 350)

Appareil de levage apparenté à une grue qu'on utilise pour déplacer verticalement une charge.

PALETTE (p. 363)

Support plat destiné à rassembler des marchandises. Plus petite unité de chargement, elle est de plus en plus normalisée.

PARAMÈTRES D'EXPÉDITION (p. 408)

Ensemble des renseignements qui concernent une expédition : date de l'envoi, nature, valeur et emballage des biens transportés, mode de transport utilisé, point de départ, point d'arrivée, etc.

PART DE MARCHÉ (p. 137)

Pourcentage des ventes d'une entreprise par rapport aux ventes totales de l'industrie ou par rapport au marché potentiel.

PAYANT POUR (p. 357)

Mode de tarification selon lequel l'expéditeur bénéficie d'un tarif plus avantageux en payant le transport pour un poids supérieur au poids de taxation.

PÉNÉTRATION DU MARCHÉ (p. 153)

Mise en application de la politique de l'entreprise quant aux débouchés d'un produit ou d'un service et aux moyens d'atteindre les marchés visés, soit la distribution et la commercialisation.

PÉRILS MARITIMES (OU FORTUNES DE MER) (p. 417)

Événements fortuits qui peuvent toucher un navire ou sa cargaison, tels que les orages, les tempêtes, les naufrages, les abordages, etc.

PERTE TOTALE (p. 412)

Perte ou destruction totale d'un bien qui donne généralement droit au paiement intégral de la somme pour laquelle le bien est assuré et qui est mentionnée dans la police d'assurance.

PLAN MARKETING (p. 122)

Mise en forme détaillée d'une stratégie de marketing, incluant les différentes tactiques et les programmes de réalisation.

PLAQUE TOURNANTE (p. 360)

Aéroport à partir duquel une compagnie aérienne organise la desserte de ses escales, ou point de convergence d'un réseau en étoile.

POIDS DE TAXATION (p. 357)

Poids qui sert de base au calcul du coût de transport de marchandises. En transport aérien, il correspond au poids le plus élevé entre le poids réel et le poids volumétrique.

POLICE À ALIMENTER (p. 410)

Police d'assurance qui couvre les marchandises dont les paramètres d'expédition ne sont pas connus à l'avance.

POLICE AU VOYAGE (p. 408)

Police d'assurance qui couvre les marchandises d'une expédition donnée en fonction d'un itinéraire spécifique.

POLICE D'ABONNEMENT (ou **POLICE FLOTTANTE**) (p. 408)

Police d'assurance qui couvre l'ensemble des expéditions de l'exportateur, peu importe les marchandises, les quantités, les destinations et les modes de transport, et ce, pendant une durée déterminée (généralement sur une base annuelle).

POLICE D'ASSURANCE (p. 393)

Document écrit, signé par l'assureur et l'assuré, qui constitue un contrat d'assurance et qui précise, d'une part, le montant de la prime que paie l'assuré et, d'autre part, le capital assuré ainsi que la nature et la limite des risques couverts.

POLICE TIERS CHARGEUR (p. 410)

Police d'assurance que souscrit une compagnie de navigation, une compagnie aérienne, un transitaire ou un courtier de transport pour le compte d'un expéditeur.

PORTAGE (p. 200)

Forme de collaboration internationale à l'exportation entre deux entreprises dont les produits sont complémentaires. L'une des deux entreprises, dite porteuse, se chargera de distribuer dans les marchés étrangers où ses infrastructures sont établies les produits de l'autre, dite portée.

POSITIONNEMENT D'UN PRODUIT (p. 152)

Définition de la position d'un produit donné sur un marché, compte tenu de ses qualités propres, des attentes de la clientèle, des images de la concurrence perçues par la clientèle, et par rapport aux marques et aux produits concurrents.

POUVOIR D'ACHAT (p. 448)

Ensemble de biens et de services qu'une personne peut acquérir pour une certaine somme d'argent.

PRÊT DIRECT (p. 506)

Accord de financement qui intervient entre un prêteur et un acheteur (ou un emprunteur qui agit pour le compte d'un acheteur) en vue d'une transaction spécifique.

PRIME D'ASSURANCE (p. 393)

Somme que l'assuré paye à l'assureur en échange de la prise en charge d'un risque.

PRISE DE PARTICIPATION (p. 507)

Acquisition par une société d'un certain nombre d'actions d'une autre société.

PRISE EN CHARGE DE LA MARCHANDISE (p. 343)

Acte par lequel un transporteur accepte une marchandise dont il devient responsable.

PRISE SOUS PALAN (p. 351)

Prise de la marchandise sous l'appareil en vue de procéder à son désélingage.

PRIX D'APPEL (p. 456)

Prix plus bas que le prix usuel, utilisé pour attirer la clientèle.

PRIX PLAFOND (p. 447)

Prix maximal que peut demander un vendeur pour un produit, au-dessus duquel il n'y aura plus ou presque plus d'acheteurs.

PRIX PLANCHER (p. 447)

Prix minimal demandé par un vendeur pour un produit, au-dessous duquel il compromet sa rentabilité.

PRIX PSYCHOLOGIQUE (ou **PRIX D'ACCEPTABILITÉ**) (p. 448)

Prix qu'un maximum de personnes est prêt à payer pour le produit d'après la perception de sa qualité et de son utilité.

PRODUIT NATIONAL BRUT (**PNB**) (p. 16)

Valeur des biens et services produits au cours d'une année par l'ensemble des agents économiques d'un pays.

PROFIT (p. 165)

Gain net qu'on retire d'une activité.

PROPRIÉTÉ INTELLECTUELLE (p. 83)

Résultat d'un travail de création de l'esprit qui fait l'objet d'un droit.

PROTECTION (**GARANTIE OU COUVERTURE**) (p. 393)

Nature du risque et montant associé au risque qui font partie du contrat d'assurance.

PROTECTIONNISME (p. 2)
Ensemble de mesures visant à protéger la production d'un pays contre la concurrence étrangère. On distingue le protectionnisme tarifaire et le protectionnisme administratif.

QUOTA D'IMPORTATION (p. 45)
Quantité maximale d'un produit qui peut être importée, pour une période donnée.

RATIO D'ÉCHANGE INTÉRIEUR (p. 33)
Ratio qui définit la limite dans laquelle l'échange international doit se trouver pour que les deux pays tirent avantage de leur commerce.

RATIO D'ÉCHANGE INTERNATIONAL (p. 33)
Ratio qui définit l'échange sur lequel deux pays se sont entendus pour échanger leurs biens.

RÉASSURANCE (p. 394)
Pratique de partage des risques entre compagnies d'assurance, souvent effectuée à l'insu de l'assuré.

RÈGLE D'ORIGINE (p. 249)
Ensemble de règles en vertu desquelles il est possible de déterminer dans quel pays a été fabriqué un produit, aux fins du traitement tarifaire.

RÈGLES ET USANCES UNIFORMES RELATIVES AUX CRÉDITS DOCUMENTAIRES (RUUCD OU **RUU)** (p. 489)
Directives applicables aux crédits documentaires, codifiées par la Chambre de commerce internationale et adoptées dans presque tous les pays.

RÈGLES UNIFORMES RELATIVES AUX ENCAISSEMENTS (OU RUE) (p. 484)
Directives applicables aux encaissements documentaires, codifiées par la Chambre de commerce internationale et adoptées dans presque tous les pays.

REMBOURSEMENT DE DROITS (p. 270)
Remboursement total ou partiel des droits ou taxes d'importation, lorsque les biens importés sont réexportés ou incorporés dans d'autres produits destinés à l'exportation, ou encore deviennent désuets ou en excédent.

REMISE DOCUMENTAIRE (p. 482)
Ensemble des documents afférents à l'expédition d'une marchandise.

REPORT DES DROITS (p. 269)
Remise à plus tard du paiement de droits de douane sur des marchandises importées non dédouanées et gardées dans des entrepôts de stockage douaniers.

REPRÉSENTANT DE COMMERCE (p. 184)
Travailleur qui s'engage à prospecter et à visiter une clientèle, à recueillir ou provoquer des commandes de biens et de services, sous l'autorité et pour le compte d'une entreprise, dans le pays où celle-ci souhaite exporter ses produits ou services.

RÉSERVE DE PROPRIÉTÉ (p. 85)
Clause qui, dans un contrat de vente, prévoit que la propriété d'un bien ne sera transférée à l'acheteur qu'après le paiement du prix et, le cas échéant, l'accomplissement des autres obligations de l'acheteur.

RÉSUMÉ DE CONTRÔLE DOUANIER DU FRET (A10) (p. 261)
Formulaire de déclaration des marchandises importées à l'arrivée au poste frontalier.

RETENUE DE GARANTIE (p. 514)
Somme que l'acheteur retient provisoirement sur le paiement qu'il doit faire au vendeur en vue de garantir l'exécution complète et satisfaisante des engagements du vendeur.

RISQUE D'INSOLVABILITÉ (p. 474)
Risque qu'une personne ou une entreprise court de ne pas pouvoir satisfaire à ses obligations financières ou de ne pas pouvoir recouvrer certaines de ses créances.

RISQUE DE CHANGE (p. 439)
Risque que la monnaie nationale se déprécie par rapport aux monnaies étrangères.

RISQUE-PAYS (p. 54)
Risque que des acheteurs d'un pays donné ne puissent s'acquitter de leurs obligations en raison de la situation politique, économique ou sociale de leur pays.

RISQUES COMMUNS (p. 402)
Événements incertains courants (par exemple, les incendies, les grèves et les guerres) contre lesquels on s'assure.

RISQUES DE MER (p. 417)
Conditions qui règnent en mer, telles que la corrosion causée par l'eau salée ou l'humidité, les chocs, les vagues, etc.

RISQUES SPÉCIFIQUES (p. 402)
Risques particuliers au mode de transport, à la catégorie de produit transporté ou au pays de destination.

ROULAGE (TRANSROULAGE OU **SYSTÈME ROLL-ON/ROLL-OFF)** (p. 368)
Technique de chargement ou de déchargement des navires s'effectuant à l'aide de rampes d'accès qui permettent aux véhicules d'embarquer et de débarquer en roulant, c'est-à-dire sans l'aide de grues.

ROULIER (TRANSROULIER, NAVIRE RO-RO OU **NAVIRE À CHARGEMENT HORIZONTAL)** (p. 368)
Navire aménagé pour le chargement par roulage.

RUPTURE DE CHARGE (p. 343)
Désassemblage d'une unité de chargement.

SANCTION (p. 48)

Mesure de contrainte prise par un groupe de nations contre un État exportateur qui est en violation du droit international.

SEGMENT DE MARCHÉ (p. 141)

Sous-ensemble d'acheteurs similaires quant à leurs caractéristiques, à leurs besoins ou à leur comportement de consommation, pour lesquels on peut concevoir une stratégie commerciale adaptée.

SEGMENTATION DU MARCHÉ (p. 122)

Division d'un marché en groupes d'individus homogènes ou caractérisés par leur comportement d'achat.

SINISTRE (p. 393)

Perte provenant d'un événement catastrophique.

SOUSCRIPTEUR (p. 479)

Personne ou entreprise qui émet un billet à ordre et s'engage à le payer.

SOUS-TRAITANCE (p. 205)

Action par laquelle un donneur d'ordre (ici, une entreprise exportatrice) confie à un sous-entrepreneur, le sous-traitant, le tout ou une partie de l'exécution d'un contrat dont il garde néanmoins la responsabilité. Le sous-traitant doit faire ce travail en suivant les directives du donneur d'ordre.

SUCCURSALE (p. 188)

Établissement commercial qu'une société mère crée dans un pays étranger dans le but d'y desservir le marché local. La succursale jouit d'une certaine autonomie vis-à-vis de la société mère sans en être juridiquement distincte.

SYSTÈME DE TRANSPORT (p. 334)

Ensemble de tous les éléments publics ou privés utilisés comme moyens de transport dans une zone donnée.

SYSTÈME HARMONISÉ DE DÉSIGNATION ET DE CODIFICATION DES MARCHANDISES (ou SYSTÈME HARMONISÉ [SH]) (p. 238)

Nomenclature douanière universelle de produits correspondant à une structure à six chiffres et ayant été élaborée à des fins de classification tarifaire et de statistiques.

SYSTÈME LASH (p. 368)

Le système LASH consiste à embarquer des barges ou des chalands chargés sur un navire conçu à cet effet.

TARE (p. 366)

Masse du conteneur à vide comprenant toutes les pièces d'armature et les dispositifs.

TAXE D'ACCISE (p. 229)

Impôt indirect prélevé par l'État, le plus souvent au moment de la fabrication, sur certains produits de consommation, notamment les boissons alcoolisées et le tabac.

TARIF DES DOUANES (p. 242)

Liste des différents produits pouvant être importés avec indication, pour chacun, du droit de douane correspondant.

TEMPS OU JOURS DE PLANCHE (p. 297)

Délai déterminé dont l'affréteur dispose pour charger ou décharger le bateau.

TERMAILLAGE (p. 517)

Opération qui consiste à faire varier les modalités de remboursement des créances afin de bénéficier d'un taux de change favorable.

TERMES DE L'ÉCHANGE (p. 26)

Rapport entre la valeur des importations et celle des exportations d'un pays, plus précisément entre la valeur des produits vendus et celle des produits achetés au cours d'une même année.

TERMES RÉELS (p. 6)

Chiffres absolus, dont on a éliminé les effets de la variation des prix.

TESTS DE PRIX (p. 448)

Enquêtes qualitatives menées auprès d'un échantillon représentatif de consommateurs que l'on interroge sur le prix potentiel d'un produit de manière à établir une fourchette de prix acceptables.

TIRÉ (p. 477)

Personne ou entreprise à laquelle est donné l'ordre de payer une personne dénommée, le bénéficiaire, en honorant un chèque ou une lettre de change, moyennant une commission, le cas échéant.

TIREUR (p. 477)

Personne ou entreprise qui donne au tiré un ordre de payer (sous forme de lettre de change ou de chèque) une personne dénommée, le bénéficiaire.

TOTALITARISME (p. 53)

Organisation politique à parti unique, lequel dirige souverainement, sans admettre d'opposition organisée, la totalité des activités de la société qu'il domine.

TRANSITAIRE (ou COMMISSIONNAIRE DE TRANSPORT) (p. 340)

Entreprise mandatée par l'expéditeur ou le destinataire de marchandises qui font l'objet de transports successifs. Son rôle est d'assurer la continuité des divers transports.

TRANSITAIRE AÉRIEN (p. 340)

Transitaire qui coordonne le transport aérien et tout autre mode de transport au cours de la même expédition.

TRANSITAIRE PORTUAIRE (p. 340)

Transitaire qui coordonne le transport maritime et tout autre mode de transport au cours de la même expédition.

TRANSPORT DE PORTE-À-PORTE (p. 352)

Transport de marchandises effectué sans rupture de charge du point de départ au point de destination finale. En transport multimodal, ce terme désigne le transport de conteneurs remplis chez l'expéditeur et vidés chez le destinataire.

TRANSPORT INTERNATIONAL DE MARCHANDISES (p. 332)

Transport de marchandises dont le point de départ et le point d'arrivée sont situés dans des États différents.

TRANSPORT MULTIMODAL (TRANSPORT INTERMODAL OU TRANSPORT COMBINÉ) (p. 335)

Utilisation de plus d'un mode de transport pour acheminer des marchandises d'un point à un autre.

TRANSPORT PRINCIPAL (p. 290)

Mode de transport employé lors du passage frontalier des marchandises.

TRANSPORTEUR (p. 340)

Entreprise spécialisée dans le transport des marchandises en vertu de contrats. Il peut s'agir de transport maritime, terrestre ou aérien ou de combinaisons de divers modes de transport.

TRANSPORTEUR CAUTIONNÉ (p. 232)

Transporteur autorisé par l'ASFC à transporter des marchandises en douane entre un entrepôt de débarquement et un entrepôt de douane ou entre deux entrepôts de douane.

TRIBUNAL CANADIEN DU COMMERCE EXTÉRIEUR (TCCE) (p. 237)

Organisme quasi judiciaire qui effectue des recherches et mène des enquêtes sur les questions touchant au commerce au Canada et au commerce international.

TROC (p. 25)

Échange direct d'un bien contre un autre, excluant l'emploi de monnaie.

UNITÉ DE CHARGEMENT (p. 343)

Regroupement de nombreux colis à l'aide d'une palette, d'un conteneur, etc., en vue de les acheminer ensemble.

UNITÉ PAYANTE (UP) (p. 349)

Unité de tarification appliquée dans les cas où l'expéditeur n'est en mesure de remplir un conteneur que partiellement, et correspondant au poids (1 t) ou au volume (1 m^3).

UTILITÉ (p. 447)

Qualité d'un produit qui le rend apte à satisfaire un besoin ou un désir dans le marché.

VALEUR (p. 447)

Caractère économique et mesurable d'un produit, compte tenu de son coût, de l'offre, de la demande, etc.

VALEUR AJOUTÉE (p. 107)

Différence entre le prix de vente d'un produit et la valeur des matières premières ou des services qui ont été utilisés par l'entreprise pour le fabriquer.

VALEUR EN DOUANE (p. 254)

Valeur d'un bien importé sur lequel sont appliqués les droits de douane. La valeur est le montant de la facture, sauf si le chiffre est trop faible.

VALEUR TRANSACTIONNELLE (p. 254)

Prix d'un produit effectivement payé ou à payer.

VENTE DIRECTE (p. 179)

Technique d'exportation directe suivant laquelle l'entreprise réalise elle-même ses ventes à l'étranger, sans disposer d'infrastructure ou de représentants à l'étranger.

VIRAGE (p. 350)

Réalignement de l'angle de l'appareil de levage entre la levée initiale (le hissage) et le dépôt de la marchandise (la descente).

VIREMENT BANCAIRE (p. 475)

Mode de paiement par lequel une banque transfère une somme d'un compte à un autre par un jeu d'écritures.

Sources des photographies

CHAPITRE 1

p. 3 : The Travel Library/Rex Features/CPimages.ca.

p. 8 : Larry Macdougal/CPimages.ca.

p. 14 : Ryan Remiorz/CPimages.ca.

p. 23 : Action Press/Krug,Franziska/CPimages.ca.

CHAPITRE 2

p. 41 : Robert Olsson/iStock photo.

p. 70 : © Photo OCDE.

p. 86 : Agence Publiphoto.

p. 87 : © iTunes.

CHAPITRE 3

p. 101 : Eric Isselée/Shutterstock.

p. 105 : Marcin Balcerzak/Shutterstock.

CHAPITRE 4

p. 136 : Gosphotodesign/Shutterstock.

p. 142 : Jean-Pierre Amet/Sygma/Corbis.

p. 145 : KSPhotography/Shutterstock.

p. 149 : Tim Gainey/Alamy.

p. 150 : Stuwdamdorp/Alamy.

p. 152 (g et d) : Gracieuseté de Mercedes-Benz.

p. 159 : Walter G. Allgöwer/Imagebroker/Alamy.

CHAPITRE 5

p. 176 : Yuri Arcurs/Shutterstock.

CHAPITRE 6

p. 225 : AKG-Images.

p. 226 : Whaldener Endo/Shutterstock.

p. 232 : Lidian/Shutterstock.

p. 237 (h) : Photothèque ERPI.

p. 237 (b) : Photothèque ERPI.

p. 250 : Martin Mejia/AP/CPimages.ca.

CHAPITRE 7

p. 287 : Tonylady/Shutterstock.

p. 311 : Anyka/Shutterstock.

p. 315 : Jorge Salcedo/Shutterstock.

CHAPITRE 8

p. 333 : Artdesign/Shutterstock.

p. 339 : Paul Chiasson/CPimages.ca.

p. 375 : Sajko/Shutterstock.

CHAPITRE 9

p. 388 : Christopher Waters/Shutterstock.

p. 396 : Ryan Remiorz/CPimages.ca.

p. 401 : Phil Coale/AP Photo/CPimages.ca.

p. 402 : USN/CPimages.ca.

CHAPITRE 10

p. 432 : Dragan Trifunovic/Shutterstock.

p. 434 : Photothèque ERPI.

p. 460 : Jeff Blackler/Rex Features/CPimages.ca.

CHAPITRE 11

p. 473 (h) : Mihhail Triboi/Shutterstock.

p. 472 (b) : Shebecko/Shutterstock.

Index